图版 4-1-1　2011年6月27日，中共岱岭畲族乡十届一次代表大会会场。（岱岭畲族乡提供）

图版 4-1-2　2014年2月25日，岱岭籍畲族政协委员蓝祥秋（右）参加苍南县政协九届三次会议。

图版 4-1-3　2014年3月26日，岱岭畲族乡召开人大十届四次会议。（岱岭畲族乡提供）

图版 4-1-4　2015年2月4日，岱岭畲族乡代表团代表正在审议苍南县人大九届四次会议报告。

图版 4-1-5　2019年11月15日，《岱岭畲族乡志》编委会和编辑部成员合影。（前排左起：钟政明、郑祖团、钱辉、蓝德超、李辅正、杨道敏、张乃标、郑维国、郑书跃，后排左起：肖昌谱、林诚、杨邦准、郑德树、李中仙、雷开勇、林时良、郑春萍）

图版 4-2-1 2015年7月的岱岭盆地（谢康生摄）

图版 4-2-2 2011年的富源村南山田园（萧云集摄）

图版 4-2-3 鹤顶山风光（陈萍摄于2015年春）

图版 4-2-4 笔架山风光（萧云集摄于2015年春）

图版 4-3-1 富源村新貌（谢康生摄于2015年）

图版 4-3-2 东宫村全景（陈红卫摄于2015年）

图版 4-3-4 建于2009年的富源村办公楼（丁双双摄于2012年）

图版 4-3-3 2009年，坑门村横浚自然村35户157人移居坑门岭隧道口（陈红卫摄于2015年）

图版 4-3-5 杨家边村民中心和居家养老服务照料中心（陈红卫于2015年）

图版 4-3-6 2015年的大厝基村一角（杨邦准提供）

图版 4-4-1 富源村百亩油菜种植基地（杨道敏摄于2015年）

图版 4-4-2 修建于1973年的福掌水库（陈红卫摄于2015年）

图版 4-4-3 大厝基村现代化大棚农业设施（陈红卫摄于2015年）

图版 4-4-4 修建于2011年的杨家边大溪堤防加固工程（陈红卫摄于2015年）

图版 4-4-5 坑门村梯田局部（谢作澡摄于2015年）

图版 4-4-6 1959年马站十八孔水库工后，大厝基村从此依山傍水。（萧云集摄于2015年）

图版 4-6-1 富源畲族村民采摘温州特早熟蜜橘（萧云集摄于2011年9月）

图版 4-6-2 云遮甜橘柚（温怀意摄于2015年）

图版 4-6-3 加工盐水蘑菇（萧云集摄于2000年）

图版 4-6-4 岱岭特产细纹花生（陈红卫摄于2015年）

图版 4-6-5 2013年，陈永森在大厝基村建设的占地158亩的鲜花产业基地。（唐升溪摄于2015年）

图版 4-6-1 2010年，杨昌金建设的云遮成发养猪场。（陈红卫摄于2013年）

图版 4-6-2 坑门村畲民养殖马站红鸡(萧云集摄于2015年)

图版 4-6-3 坑门村民在山场草地上牧牛（萧云集摄于2015年）

图版 4-6-4 坑门畲民开办的南江黄羊养殖场（萧云集摄于2015年）

图版 4-7-1 总装机容量达1.74万千瓦的鹤顶山风电场（萧云集摄于2011年）

图版 4-7-2 富源村民在加工无纺布袋（陈红卫 摄于2015年）

图版 4-7-3 股份制改造后重修启用的云脚水电站（陈红卫 摄于2015年）

图版 4-7-4 云山村民在包装番薯枣（邱新福摄于2015年）

图版 4-7-6 番薯粉片条（萧云集摄于2015年）

图版 4-7-5 2014年11月，岱岭畲族乡在杨家边村新建的供水站（陈红卫摄于2015年）

图版 4-7-7 番薯粉丝（丁云真摄于2015年）

图版 4-8-1 2010年7月17日建成通车的232省道鹤顶山隧道（陈红卫摄于2015年）

图版 4-8-2 2010年7月17日建成通车的232省道坑门岭高架桥（陈红卫摄于2015年）

图版 4-8-3 2015年的老78省道富源段（杨邦准提供）

图版 4-8-4 坑门通村公路（陈红卫摄于2015年）

图版 4-8-5 始建于南北朝、明清时重修的坑门岭古道（邱新福摄于2015年）

图版 4-8-6 建于2012年的富源村笔架山登山游步道（谢作澡摄于2015年）

图版 4-8-7 2011年建成的大厝基村邮站（陈红卫摄于2015年）

图版 4-9-1 2013年9月从岱岭中心校析出的岱岭畲族乡中心幼儿园（丁云真摄于2015年）

图版 4-9-2 庙校合一的坑门小学
（萧云集摄于1995年）

图版 4-9-3 2006年建成的岱岭畲族乡学校新校园（陈红卫摄于2015年）

图版 4-9-4 20世纪90年代初的岱岭畲族乡学校

图版 4-9-5 2015年新建的富源村畲族博物馆
（陈红卫摄于2015年）

图版 4-9-6 2009年新建的岱岭畲族乡文化站大楼
（丁云真摄于2015年）

图版 4-9-7 2001年新建的岱岭畲族乡卫生院
（丁云真摄于2015年）

图版 4-9-8 2013年在富源村新建的岱岭畲族文化广场（杨邦准提供）

图版 4-10-1 2012年3月，岱岭畲族乡在东宫村举办"三月三"文艺演出。（项光敬摄）

图版 4-10-2 2011年11月16日，岱岭畲族乡首届重阳畲歌会在云遮村举行。（萧云集摄）

图版 4-10-3 岱岭畲族八卦舞传承（萧云集摄于2011年）

图版 4-10-4 富源村畲歌手蓝瑞桃和她的徒弟（雷开勇摄）

图版 4-10-5 农历"三月三"，在富源村畲族文化广场进行竹竿舞表演。（丁云真摄于2015年）

图版 4-10-6 2012年，岱岭畲族乡学校畲族学生进行就球训练。（萧云集摄）

图版 4-10-7 2015年"三月三"，在富源村进行押加比赛。（谢作澡摄）

图版 4-11-1 清道光年间进士、知县林芳赠予福掌陈世洋吴氏始迁祖吴大烈的匾额（陈红卫摄于2015年）

图版 4-11-2 大厝基明弘治年间建筑的大宅院遗址门当遗物

图版 4-11-3 县级文保点、建于清咸丰年间的福掌陈世洋吴氏古民居（陈红卫摄于2015年）

图版 4-11-4 建于清光绪三十年（1904年）冬的县级文保单位利济桥 （章鹏华摄于2015年）

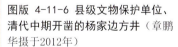

图版 4-11-5 县级文物保护单位、清代中期开凿的杨家边圆井（章鹏华摄于2012年）

图版 4-11-6 县级文物保护单位、清代中期开凿的杨家边方井（章鹏华摄于2012年）

图版 4-11-7 刻立于清咸丰十一年（1861年）的杨家边方圆双井《共汲所志石碑》（章鹏华摄于2012年）

图版 4-11-8 位于富源斗垟清道光二十九年（1849年）开凿的鸣山圣井（章鹏华摄于2012年）

图版 4-12-1 制作民族服装（岱岭畲族乡提供）

图版 4-12-2 畲族头饰（丁云真摄于2015年）

图版 4-12-3 畲族妇女织花带（项光敬摄于
2012年）

图版 4-12-4 畲族拦花银花（陈红卫摄于2015年）

图版 4-12-5 20世纪90年代初身着民族盛装的岱岭畲族乡学校畲族学生

图版 4-13-1 畲族制作糯米糕（项光敬摄于2012年3月）

图版 4-13-2 岱岭糍粑（陈永杰摄于2015年）

图版 4-13-3 畲族舂年糕（项光敬摄于2012年3月）

图版 4-13-4 21世纪之前的岱岭农家标准酒席八大盘（王斌摄于2015年）

图版 4-13-5 蒸乌米饭（丁云真摄于2015年）

图版 4-13-6 包粽子（雷开勇摄于2015年）

图版 4-13-7 婴儿百廿日生日礼品红糖龟（林子周摄于2015年）

图版 4-13-8 竹壳粽（雷必贵摄于2015年）

图版 4-14-1 重修于2010年的杨家边村林氏宗祠
（陈红卫摄于2015年）

图版 4-14-2 清同治五年（1866年）贡生雷云
编纂的《雷氏族谱》（雷必贵摄于2012年）

图版 4-14-3 重修于2002年的门村蓝氏宗祠
（陈红卫摄于2015年）

图版 4-14-4 2014年重修的坑门岭畲族《蓝氏宗
谱》（郑祖团摄于2015年）

图版 4-14-5 东宫村郑氏宗祠春祭人群（郑祖摄于
2015年）

图版 4-14-6 民国5年（1916年）编纂的杨家边
《梁氏宗谱》（郑祖团摄于2015年）

图版 4-14-7 清同治五年（1866年）编纂的福掌畲族《李氏宗谱》中的家训（郑祖团摄于2015年）

图版 4-15-2 位于云遮村、1984年重建的明云道观（陈红卫摄于2015年）

图版 4-15-1 始建于明崇祯年间的云遮村广利侯王宫（陈红卫摄于2015年）

图版 4-15-4 位于云山村、清光绪年间始建、2001年重建的白云寺（陈红卫摄于2015年）

图版 4-15-3 抬刀轿（金子友摄）

图版 4-15-5 地处大厝基村、始建于明弘治年间的马仙宫（陈红卫摄于2015年）

图版 4-15-6 1997年10月重建的岱岭基督教堂（陈红卫摄于2015年）

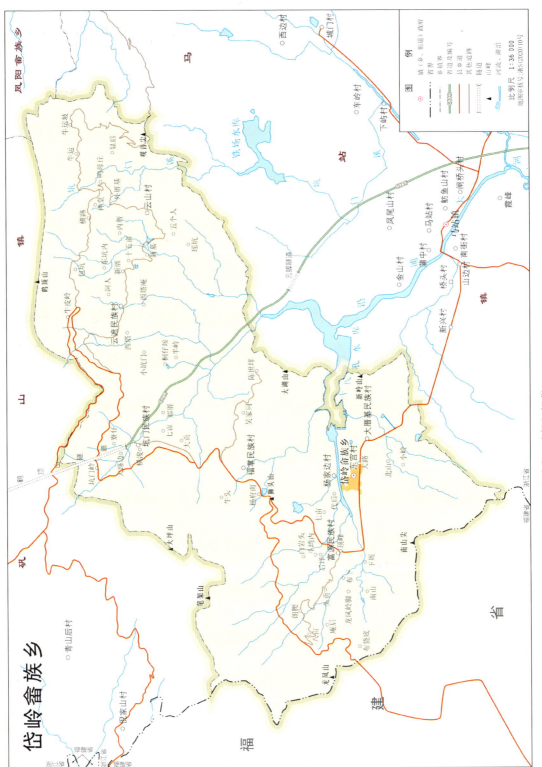

图版 4-16-1　2015年岱岭畲族乡政区图（《浙江省民族乡镇志》编辑部提供）

浙江省民族乡（镇）志

第四卷

岱岭畲族乡志

《浙江省民族乡（镇）志》编纂委员会 编

西泠印社出版社

《浙江省民族乡（镇）志》编纂委员会

主　任: 冯志礼（2015.03—2017.01）

楼炳文（2017.01—）

副主任: 莫幸福

李俊杰（2015.09—2020.07）

汪亚明（2020.08—）

委　员:（按姓氏笔画为序）

方土新	王传良	兰明顺	叶梦梅	兰绯绯	兰瑞仙	许积高
李旭琴	杨　杰	吴友波	张彦良	陈仁伟	邵根松	金　伟
金　茹	金伟庆	金国平	金黎萍	周林茂	周国文	周祖平
郑　浩	郑晓霞	胡建平	钟芳源	钟秀明	钟鼎春	施　强
娄　恒	贺再军（2018.05—）		高成锋	夏朝敏	蓝　青
蓝　建	蓝水林	蓝永慧	蓝伟军	蓝传德	蓝幸杏	蓝建军
蓝智伟	蓝德超	楼剑涛	雷文宾	雷伟斌	雷华林	雷菊香
蔡松芝（2015.03—2018.04）		樊国斌	潘胜华

主　编: 莫幸福

执行主编: 施　强

副主编: 杨　杰

蔡松芝（2015.03—2018.04）

贺再军（2018.05—）

编　辑:（按姓氏笔画为序）

万中一	王闰吉	包才德	刘凌宇	汤陈生	李祖平	杨道敏
吴伯卿	吴海波	林臣波	林兴亮	胡　健	施　展	钟昌元
钟桂鸿	徐世槐	蓝义荣	蓝双一	雷　霄	雷土根	雷火元
雷柏成	雷朝欣	蔡蓉蓉

《岱岭畲族乡志》编纂委员会

顾　问：钱克辉　　雷顺银

主　任：李辅正

副主任：蓝成子　　蓝德超

委　员：张乃标　　钱　辉　　曹伊娜　　钟政明　　郑书跃　　杨邦准
　　　　林　诚　　汤秋黎　　黄瑞耀　　肖昌谱　　郑祖团

主　编：杨道敏

编　辑：郑维国　　李中仙　　郑祖团　　郑春萍　　郑德树　　雷开勇
　　　　林时良

序 一

我国是一个统一的多民族国家。在中华民族历史演进过程中，造就了各民族在分布上交错杂居、文化上兼收并蓄、经济上相互依存、情感上相互亲近的多元一体格局。生活在浙江大地的56个民族，就是这种多元一体格局的具体体现。

2015年3月，省民宗委决定编纂《浙江省民族乡（镇）志》，目的是通过编纂"一方之史"的18个民族乡（镇）志，客观记述一乡一镇区域范围内自然和社会诸方面的历史和现状，达到"资政、存史、育人"之功效，对繁荣乡镇经济、促进社会和谐发展、坚守"四个自信"起到不可或缺的作用。历届民宗委领导高度重视，各民族乡（镇）党委政府尽心尽责。《浙江省民族乡（镇）志》是少数民族地方经济、政治、社会、文化、生活的丰富展演，更是民族团结的重要成果，也是全体编纂人员无私奉献与辛勤耕耘的结晶。

浙江属少数民族散杂居省份。世居少数民族有畲族、回族和满族，其他少数民族大多是中华人民共和国成立后，特别是改革开放以来因工作、经商或婚嫁而落户浙江的。2010年，浙江省56个民族成分齐全，少数民族人口总数1214697人。其中畲族人口为166276人。

1956年12月，经平阳县委、县府批准建立的凤阳畲族乡，是浙江省最早成立的畲族乡。几经撤建，至1992年5月，全省建立了18个民族乡（镇），其中有14个是革命老区。2015年，18个民族乡（镇）行政区划面积为1068.30平方千米，耕地面积9138.67公顷，人口19.61万。其中少数民族人口4.41万，辖245个行政村，其中有80个民族村。它们分布在杭州、温州、金华、衢州和丽水的13个县（市、区），目前已经全部实现通公路、通自来水、通电与通邮。

进入21世纪，省民宗委根据省委、省政府对民族工作的部署，牢牢把握铸牢中华民族共同体意识及各民族"共同团结奋斗，共同繁荣发展"的主题，深入实施"八八战略"。通过目标引领，强化区域特色，推进全省民族地区经济社会的发展；通过深化民族事务的依法治理工作，推进民族地区治理体系现代化；通过强化帮扶机制，推进浙江民族地区小康建设的"加速度"。

习近平指出，中国特色社会主义文化，源自于中华民族五千多年文明历史所孕育的中华优秀传统文化，熔铸于党领导人民在革命、建设、改革中创造的革命文化和社会主义先进文化，植根于中国特色社会主义伟大实践。《浙江省民族乡（镇）志》的编纂出版，正是贯彻落实习近平关于文化建设重要论述，体现了民族文化的传承与创新，也是推动浙江畲族文化研究工作向广度拓展、向深度推进的重要实践。也正是通过民族文化的创新性发展，将浙江畲族源远流长的灿烂文化转化为现实经济优势，对提高浙江畲族文化软实力，增强浙江畲族文化的竞争力，扩大浙江畲族文化的影响力，加快地方经济社会发展和促进社会和谐，推动民族地区政治文明、精神文明、物质文明、社会文明和生态文明的协调发展，都具有重大的现实和深远的历史意义。

《浙江省民族乡（镇）志》在篇章布局上既体现乡（镇）志编纂要求，又体现畲族文化特色。这样，有裨于贯彻党和政府的民族政策，进一步推动民族平等、民族团结、各民族共同繁荣；有裨于民族间的学习交流与文化互动；有裨于畲族民众更加了解自己民族的发展历史，提高民族凝聚力；有裨于畲族教育文化工作者更加深入全面了解浙江畲族文化内涵和现代畲族文化现象；有裨于帮助广大民众了解民族地区社会、经济与文化发展情况，具有丰富的资料性与较高的学术价值。

"修史之难，无出于志。"值此本志出版之际，谨对参加编写的全体编纂人员，以及对志书编纂工作提供帮助和付出艰辛劳动的社会各界人士、专家学者及相关人员，致以衷心感谢与崇高的敬意！

施香美

2020年11月

序　二

　　浙江省苍南县岱岭畲族乡于1957年6月成立，乡境内物产丰富，茶叶、细纹花生、蘑菇、温州特早熟蜜橘、玫瑰等农产品在县内外市场享有盛誉。

　　据宗谱记载，早在南宋时期，就有杨姓从东阳仁川（今属磐安县）辗转温州入迁大厝基繁衍生息，至今已有800多年。明嘉靖戊申年（1548年）畲族蓝姓始迁于牛皮岭，此后畲族李、蓝、雷、钟4姓陆续入迁岱岭，形成畲族聚居区。汉族林、郑、陈、叶诸姓也陆续迁入，畲汉同胞一起筚路蓝缕，共同建设这片家园。民国24年（1935年）4月，中国共产党鼎平县委下属的平阳中心区委在今富源村布袋底自然村建立党支部，组建福掌赤卫队，畲汉同胞一起开展抗租、抗债、抗粮、抗捐、抗税"五抗"武装斗争，全乡有41位英雄儿女为中华民族的解放而牺牲。1986年3月，温州市民政局批准岱岭畲族乡为革命老区乡。1999年1月，福掌村被命名为苍南县爱国主义教育基地。

　　1978年改革开放前，因自然条件和政策限制，岱岭许多人衣食困难。改革开放后，上级党委、政府十分重视岱岭的扶贫工作，在资金、项目、技术上给予诸多支持，乡党委、政府因势利导，全乡人民努力发展经济，特别是农业产业，如富源村的温州特早蜜橘基地、坑门村的白沙枇杷基地、云遮村的甜橘柚基地、东宫村的毛竹基地、杨家边村的脐橙基地和富源村、坑门村的桃花园等，并建设集畲族风情休闲观光为一体的农业综合体，吸引众多游客到岱岭登花山、观果园、赏杜鹃、游畲乡，体验畲乡民俗风情和自然景观。从1978至2015年，经过37年不懈努力，岱岭经济长足发展，人民生活根本改善，各项社会事业空前繁荣。特别是近5年来，我们深入贯彻落实县委、县政府重要部署，抢抓发展机遇，加快产业转型，大力实施"生态立乡、产业富乡、集聚强乡、开放活乡、和谐兴乡"五大战略，努力把岱岭打造成生态、美丽、特色、和谐畲乡。农村经济总收入从2012年的4567万元增加到2016年的10180万元，年均增长12.20%；农村居民人均纯收入从2012年的6388元增加到2016年的12522元，年均增长12.50%。

为完整记录岱岭发展的光辉历程，2016年，我们组建班子，着手编写《岱岭畲族乡志》。全体采编人员不辜负乡党委、政府重托，兢兢业业，废寝忘食，广征博采，辛勤笔耕，3年中五易其稿，终于编成岱岭首部志书——《岱岭畲族乡志》。这是一项功在当代、利在千秋、惠及后世的壮举。在此，谨向他们表示衷心的感谢！

《岱岭畲族乡志》翔实记载了岱岭的地理环境、历史变迁、人口迁徙、口传文化、民俗传承、经济社会发展等现状，具有鲜明的时代性和地方特色。它的出版问世，是全乡文化建设的一件大事，也是全乡社会主义精神文明建设的一项丰硕成果。

一志在手，可以明古详今。以史为鉴，可以鉴往昭来、温故知新。它的出版，既为后代留下一部宝贵的地方文献，从而更好地为当代经济社会建设服务，同时也有利于进一步提高全乡干部群众热爱中国共产党、热爱中华人民共和国、热爱社会主义的政治思想觉悟。因此，它又是一部向全乡人民进行社会主义和爱国主义教育的乡土教材，希望它能激励后人更好地继承革命传统，在新时期里再创辉煌。

解读岱岭，始于志书。我们要认真研究乡情，汲取前人的经验教训，发挥志书的"存史、资政、教化"作用，坚持修用结合，不断改革创新，为在2020年前把岱岭全面建成小康社会而努力奋斗！

中共岱岭畲族乡委员会书记　李辅正
岱岭畲族乡人民政府乡长　蓝成子
2018年2月

凡　例

　　第一条　宗旨。以马克思列宁主义、毛泽东思想、邓小平理论、"三个代表"重要思想、科学发展观、习近平新时代中国特色社会主义思想为指导，遵循辩证唯物主义和历史唯物主义原理，全面、客观、系统地记述浙江省自然、政治、经济、文化和社会的历史与现状。服务当代，垂鉴后世。

　　第二条　起迄时间。上溯事物发端，下限为2015年12月31日，必要时以注释等形式作适当下延。

　　第三条　地域范围。以下限时浙江省民族地区的行政区域为界，原则上越境不书。

　　第四条　体裁。采用述、记、志、传、图、表、录等体裁，以志体为主，图照辅之，表随文设置。全志首列序言、凡例、概述、大事记。

　　第五条　结构。以卷章结构为主。设章、节、目、子目4个层次，横排门类，纵述史实，力求充分体现地方特色和时代特点。

　　第六条　文体。使用规范的现代语体文。直接引用资料使用原文文体。

　　第七条　文字。以经中华人民共和国国务院批准、1986年10月10日国家语言文字工作委员会重新发布的《简化字总表》，1955年12月22日中华人民共和国文化部、中国文字改革委员会发布的《第一批异体字整理表》及2013年6月5日中华人民共和国国务院公布的《通用规范汉字表》为准；异形词以2001年12月19日中华人民共和国教育部、国家语言文字工作委员会发布的《第一批异形词整理表》为准。

　　人名、地名、书名、文章篇名及引录的原著文句，凡可能引起歧义、误解者，仍用原繁体字或异体字。

　　第八条　标点符号。以2011年12月30日中华人民共和国国家质量监督检验检疫总局、中国国家标准化管理委员会发布的《标点符号用法》为准。

　　第九条　称谓。中华人民共和国成立前的国家、民族、地名、组织、机构、职官等名称，除明显带有歧视、污蔑含义者加以适当处理外，原则上仍用文献记载的原名称。

志书下限时的地名使用各级政府审定的标准地名，必要时括注俗称地名。地名古今不同者，各章首次出现时在其后括注志书下限时的标准地名；隶属地域变化者，注明志书下限时所属地域。

外国的国名、地名、人名、民族名，以及政府机构、党派团体、报刊等名称，主要依照《辞海》（第六版）译名及新华通讯社译名室常用译名。

生物名称使用学名，记述自然资源涉及有关生物名称的，各章首次出现时采用二名法，必要时加注当地俗名。

第十条　简称。 各种较复杂的名称重复出现时，各章首次出现时使用全称并括注简称，其后出现直接使用简称；简称均以《有关机构、单位全称与规范化简称对照表》为准；有关机构单位2015年前的简称及其他简称采用社会上通行、不产生歧义者，且全卷保持一致。

第十一条　纪年。 干支纪年、年号纪年及其他非公历纪年等，以汉字书写，括注公历纪年；非公历纪年后有月日的，同时括注经换算后公历纪年的月日。

民国纪年以阿拉伯数字书写，括注公历纪年。

同一自然段中同一纪年多次出现时，只在首次括注公历纪年，其后不再括注。

括注公历纪年于年份后加"年"字；括注某一时间段，则只在后一个公历纪年后加"年"字。

括注公元前年份，年份前冠"前"字；括注公元元年后年份直接书写年份，不冠"公元"。

自1949年10月1日起，采用公历纪年。

公历纪年及公历的世纪、年代、月、日和时分，均以阿拉伯数字书写。

第十二条　数字。 按2011年7月29日中华人民共和国国家质量监督检验检疫总局、中国国家标准化管理委员会发布的《出版物上数字用法》表述，凡一个数字与"以上""以下""以内"等连用的，均含该数字。

第十三条　数据。 中华人民共和国成立前的数据按文献记载入志。

中华人民共和国成立后的统计数据以统计部门公布数据为准。统计部门缺失者则采用相关部门经过核实的数据，并以注释形式说明资料来源。同一内容数据有不同者，也以注释形式加以说明。重要地理信息数据采用测绘部门公布的法定数据。

第十四条　计量单位。按1984年2月27日中华人民共和国国务院发布的《中华人民共和国法定计量单位》规定表述。行文中使用单位名称或单位符号视具体情况而定。

中华人民共和国成立前的计量单位根据需要沿用旧制。

第十五条　货币。中华人民共和国成立前的货币币值均按文献记载入志。

中华人民共和国成立后货币币值均指人民币币值。1953年3月1日前后人民币各按当时币值记载，不作换算。

外国货币按文献记载入志，币值不作换算。

第十六条　地图。按2015年11月26日中华人民共和国国务院公布的《地图管理条例》和浙江省人民政府2014年11月11日公布、2015年12月28日修正的《浙江省地图管理办法》的规定，采用经浙江省测绘行政主管部门审核的地图。

第十七条　注释。直接引用（引文）、地图、图片、表格及有关重要内容，均注明资料来源，其他需要说明者亦酌情加以注释。

引用清代及清代以前编纂的志书，注明朝代、纪年、志书名称及卷次（或卷次与篇名）；引用民国时期编纂的志书，注明"民国"两字和志书名称、卷次（或卷次与篇名）；引用1949年10月1日（含）以后编纂、出版的志书，注明志书名称、出版单位、出版时间及页码。志书名称与篇名均用书名号。引用私修志书除上述各项内容外，于志书名称前注明作者姓名。

第十八条　资料。取之于档案、书籍、报刊、网络及社会调查等，均经考订、核实。凡记载不一者，正文采其一说，其余说法以注释形式记述。

第十九条　人物。以"生不立传"为原则，专设《人物传略》《人物名录》予以记载；所涉人物按"以事系人""人随事出"加以证述。

目 录

概　述

　　岱岭畲族乡地处苍南县南部，北距苍南县城灵溪镇25.50千米。地域界于北纬27°6′18″—27°18′19″，东经120°24′18″—120°51′5″。东南与马站镇为邻，西南与福建省福鼎市佳阳畲族乡接壤，西北与矾山镇相连，东北与凤阳畲族乡以鹤顶山分水岭为界。该乡是一个典型的生态乡、少数民族乡、经济欠发达乡和革命老区乡，拥有畲族风情名园、精品水果强乡、生态休闲佳所、幸福宜居福地等4张金名片。

　　2015年，全乡工农业总产值由1985年的300万元增至2532万元，增长7.44倍；农民人均收入由1985年的229元增至10936元，增长46.76倍。是年，全乡国内生产总值3453.20万元，其中第一产业1692万元，第二产业135万元，第三产业1626.20万元，分别占国内生产总值的49%、3.90%、47.10%。

一

　　岱岭畲族乡"七山一水二分田"。据1986年9月苍南县农业区划委员会办公室主编的《浙江省苍南县自然资源社会经济数据资料汇编》记载，辖区总面积20.17平方千米，其中丘陵与山地面积占1775.40公顷。2015年，有耕地306.40公顷、宜林土地1333.33公顷。岱岭四面环山，中间为小盆地，地形从西北向东南倾斜。山地结构以低山和丘陵为主，山地面积大于丘陵，海拔150米以下山地占总面积近三分之一，山脉绵延横亘，错落有致，构成巨大的弧形山系，主峰鹤顶山海拔990米。

　　乡境内鹤顶山与笔架山、龙凤山、南山尖连绵蜿蜒，成为全境之西北屏障，形成冷空气难进易出的特殊小气候。属亚热带海洋性季风气候区，夏季为东南风，冬季为西北风。雨量充沛，年平均降雨量1670毫米，降雨主要集中在5—6月份的梅雨期和7—9月份的台风期，有"城门头风巢，岱岭内雨橱"之称。冬暖夏凉，春秋宜人，年平均气温18.5℃，积温5932℃，是浙江省热量资源最丰富的地区之一。1月最冷，平均气温8℃；7月最热，平均气温28.5℃；无霜期长达284天。

岱岭原称大岭，马站片区闽语曾普遍称呼为大岭内。之所以称"内"，是因为岱岭地处鹤顶山脚，周围群山环抱。相对于边上马站平原之平坦，岱岭所处环境颇有"山内"之味。观周围，能称大岭者，唯坑门岭也。而岱岭亦算是岭底了，故此又有了大岭底地名。清光绪二十年（1894年）石印本《道里记·平阳县图》（为清光绪年间湖州知府宗源瀚组织测绘人员绘制）上就这样标注。至民国14年（1925年）石印本《平阳县志》"建置志"及"舆地志"（卷一）所载《蒲门乡图（下）》中，大岭底已不见记载，取而代之的是岱岭，并沿用至今。岱岭，因山峰雄伟壮丽，气势磅礴，犹如五岳之岱宗，故名。

明弘治《温州府志》和马站城门《朱氏宗谱》记载，今岱岭区域自南宋至明代属平阳县招顺乡五十四都岑山里和榕树里（含云遮）管辖。明正德年间，榕树里改称城门里。清宣统三年（1911年），招顺乡改名蒲门乡，今岱岭畲族乡境内所属不变。民国建立后，沿宣统三年划定的自治区域，今岱岭畲族乡地域仍属蒲门乡。民国《平阳县志》"建置志"中，岱岭境内属蒲门乡五十四都岑山里的有坑门、岱岭、程西阳（今称陈世垟），属五十三都城门里的有云遮。民国18年（1929年），平阳县实行村里制，全县划分为蒲门等8个区，今岱岭畲族乡境内属于蒲门区管辖。民国19年（1930年），改村里制为乡镇制，县以下为区、乡镇、闾、邻四级，乡境内分别属于由岑山里改建的马站乡和城门里改建的狮城乡（后改称城门乡）管辖。民国21年（1932年）6月，蒲门区改为第六区，今岱岭畲族乡境内由其管辖。民国24年（1935年），废闾邻，编保甲，改行县与乡镇二级制，在今岱岭畲族乡境内增设岱岭、云山二乡，属平阳县第六区管辖。据《平阳县县政概况一览》记载，民国27年（1938年）6月，岱岭、云山二乡撤销，所辖行政区域除牛皮岭（含今云遮村全部和福掌、坑门两村各一部分）、西岙（今云山）划归城门乡，称第六保外，坑门岭（含今坑门村、福掌村各一部分）、岱岭（含今大厝基、杨家边、东宫、富源）均划归平阳县昆南区（第六区改名）马站乡管辖。民国29年（1940年），对乡镇区域进行调整，恢复马站镇，今岱岭畲族乡境内归属平阳县矾山区（昆南区改名）马站镇管辖。民国32年（1943年）属马站区(矾山区改名)马站镇。民国35年（1946年）9月乡镇缩编后，今岱岭畲族乡境内属平阳县蒲门区(马站区改名)马站镇管辖。1949年4月24日，蒲门区全境解放，岱岭境内仍属蒲门区马站镇管辖。

1950年6月，蒲门区分为马站、矾山2区，岱岭时属平阳县马站区马站镇。1952年6月，由马站镇析出的岱顶、岱下全部和福掌、坑门各一部分与城门乡析出的云山、云遮（含西塔）全部和福掌、坑门各一部分合并成立岱岭乡；是年10月，又将岱岭乡析为岱岭、坑门2乡，其中岱岭乡管辖岱顶（含今东宫、富源2个行政村）、岱下（含今大厝基、杨家边2个行政村）、福掌3个行政村，坑门乡管辖坑门、云遮、云山3个行政村。1956年3月，撤销岱岭、坑门2乡，同时将原岱岭、坑门2乡和马站镇的桥头、后岘、霞峰3村合并，成立合作乡。1957年3月，撤销合作乡，将桥头、后岘、霞峰划归马站镇，在余下的行政区域建立岱岭乡；是年6月，经浙江省民政厅批准，岱岭乡改称岱岭畲族乡。1958年10月，根据中共中央《关于在农村建立人民公社问题的决定》和平阳县人民委员会《关于建立人民公社的决定》精神，撤销马站区，成立马站人民公社（以下简称"公社"），岱岭畲族乡改称岱岭大队，属平阳县马站公社管辖；所辖行政村改称生产队。1959年3月8日，岱岭大队改称岱岭管理区。1961年10月，岱岭管理区改名为岱岭公社，仍由马站公社恢复的马站区管辖。

1981年6月18日，苍南建县后，岱岭公社属苍南县马站区。1984年2月，苍南县人民政府（以下简称县政府）决定撤销岱岭公社管理委员会，恢复岱岭乡建制，所属东风大队更名为东宫村；是年5月31日，马站区改为马站镇，同时恢复岱岭畲族乡，实行镇管乡体制，岱岭畲族乡属苍南县马站镇管辖。1985年5月，撤销镇管乡体制，恢复马站区，岱岭畲族乡属苍南县马站区管辖。1992年5月，进行撤区、扩镇、并乡工作，岱岭畲族乡直属苍南县。2001年7月，经县政府批准，岱岭畲族乡由东宫、杨家边、大厝基、南山、龙凤、朗腰、斗塆、坑门、福掌、云山、云遮11个行政村，调整为东宫、杨家边、大厝基、富源（由南山、龙凤、朗腰、斗塆4个行政村合并而成）、坑门、福掌、云山、云遮8个行政村，其中大厝基、富源、坑门、福掌、云遮5个行政村为畲族村。

岱岭地处山区、半山区，生产、生活条件相对恶劣，开发较迟。据大厝基《杨氏宗谱》记载，南宋时期，原籍东阳仁川（今属磐安县）的杨子学与杨子有兄弟俩经温州入迁平阳县招顺乡五十四都岑山里岱岭大厝基定居，距今已有800多年，这是迄今为止发现的岱岭移民的最早记载。

明嘉靖三十一年(1552年)以后的三四年间，倭寇不断登陆浙南沿海，烧杀抢掠，岱岭一带人口锐减。至嘉靖四十三年（1564年），倭患基本平息后，平阳知县从闽南迁进一批人口补籍。明万历三十八年（1610年），坑门陈姓始迁祖陈良璧从福建泉州府晋江县迁此定居。明崇祯年间，有更多闽南移民入迁。

清顺治七年（1650年）五月，反清农民起义军领袖陈仓率部进据蒲门，是年七月被清军击败。清军一路烧杀，杀平民无数，乡境内民众四散逃匿，深受其害。顺治十八年（1661年）秋，为防止沿海居民接济郑成功，清廷颁布迁界令，实行残暴的坚壁清野、移民并村政策。平阳沿海居民内迁十里，界外房屋全部烧毁，岱岭居民被剥夺了生活资源驱离家园后，住在庙宇和别人家门外，肥沃田地不能耕种，逃难时因生活无依靠，饿死、病死的不计其数。不愿意离开的往往被杀。马站城门《朱氏宗谱》以俚语记载了"迁界"带来的灾难："登山涉水道路长，老少吞声哭路旁。路旁歧逢蹙额齐相告，铁石人也闻断肠。父子不相见，兄弟妻子离散。富储数日之米，贫赁隔宿之粮。时长日久，无粒可食，无屋可栖，典妻鬻子。色惨烟云结脸求居，觅冤磷火烧心至。"岱岭境内部分汉族迁至几十里外的平阳县北港渔塘等地，部分畲民迁至附近的福鼎双华，后子孙分散居住在闽东、浙南各地。康熙五年（1666年），扩大"迁界"范围，乡境内人口一度被清空。康熙二十二年（1683年）收复台湾，蒲门次年才开始"展界复井"，因当地"地亩荒芜，百姓流亡"，迁民回家的只有525丁，人口已大不如前，大量田园无人耕种。为了补籍，清政府实行招民垦荒政策，原籍福建安溪的杨家边林氏先祖林元初从福鼎沙埕辗转灵溪迁居于此，原籍福建永春县的郑君明经平阳北港、南港、蒲门岑山方家宅（今马站镇金山村十八孔水库附近）辗转入迁东宫。康熙五十一年（1712年），清廷又以"盛世滋丁，永不加赋"来鼓励生产，部分福建居民移民至今岱岭区域，择地定居。至清乾隆年间（1736—1795年），乡境内土地都已有主，加上当地人口增加，人地矛盾加剧，乡境内移民潮基本结束。畲族移民潮于民国24年结束。

据中华人民共和国成立后第一次全国人口普查，全乡总人口为3539人，每平方千米175.46人；1957年6月岱岭畲族乡建立时，畲族占全乡总人口的36.90%；经1982年7月1日第三次全国人口普查，岱岭境内总人口5828人，共有2个民族，其中汉族4002人、畲族1826人，畲族占全乡总人口的31.33%。1983年开始，陆续有其他少数民族女性从外地嫁入，乡境内民族成分日趋多样化。经1990年7月1日第四次全国人口普查，岱岭乡总人口为5705人，共有3个民族，其中汉族3880人、畲族1822人、回族3人，畲族占全乡总人口数的31.94%。经2000年7月1日全国第五次全国人口普查，岱岭乡居住地普查人口数为4383人，共有8个民族，其中畲族1533人，占全乡总人口数的34.97%。2005年全乡总人口为6424人，其中畲族人口为2133人（蓝姓1002人，雷姓579人，钟姓301人，李姓251人），占全乡总人口数的33.20%。至2010年11月1日零时止，经全国第六次人口普查，岱岭畲族乡居住地普查人口数为3323人，共有10个民族。[①] 2015年，全乡共有1692户，总人口为6879人，共有12个民族，主要为汉族和畲族。其中畲族人口为531户、2272人，占全乡总人口数的33.03%，主要分布在云遮、坑门、福掌、大厝基、富源等5个村；回族、土家族、苗族、彝族、壮族、布依族、傈僳族、哈尼族、仫佬族、侗族等10个少数民族总数仅有45人，每个民族人口少者1人，最多10人。

　　明嘉靖二十七年（1548年），蓝意必从福建罗源入迁牛皮岭，此为岱岭境内已知最早的畲族始迁祖。至清顺治年间，畲族移民迁入渐多，至清康熙二十三年（1684年）形成高潮，至乾隆年间基本结束。今岱岭畲族先祖约有20多人于清康熙年间来此定居。由于乡境内汉族移民时间大多早于畲族，因而汉族主要居住在海拔较低，生产、生活条件相对较好的半山区，形成闽南语聚居区；畲族主要居住在海拔较高，生产、生活条件相对较差的山区，形成畲语聚居区。畲族居住特点为"大分散，小聚居"。

　　据民国22年（1933年）官方撰写的《平阳畲民调查》记载，蒲门马站有畲民300多人，牛皮岭有畲民200多人。当年蒲门马站畲族主要居住在今岱岭畲族乡境内，牛皮岭则含今岱岭畲族乡云遮村全部和坑门村、福掌村的一部分。

　　岱岭居民多为明末清初闽南、闽东移民后代，受闽地妈祖信仰、陈十四信仰、白马爷信仰、看牛大王信仰等影响较深，现存宫庙大多建于清代。2015年，在岱岭20.17平方千米区域的面积内，单是苍南县民族宗教局登记的庙宇就有28座，祭祀的神灵有几十个。有的居民甚至崇拜附近的一块石头、一口水井，定时烧香祭祀。居民有多神崇拜现象，大多数庙宇都摆放有他们崇拜的众多神像。畲族居民笃信神灵，对祖灵、土地公、陈十四、盘古帝王、厕神、栏神、檐神、灶神等都十分崇拜，每到初一、十五和岁时节日，都要烧香祭祀，以祈求神灵保佑他们家庭平安、事业发达、财丁兴旺、农业丰收。境内居民主要信仰道教。境内有2座全真教道观，有3位住观道士；另有15位正一派散居道士，不住道观。有2座基督教教堂，有500多位信徒。佛教、天主教信仰者寥寥无几，乡境内无寺院和天主教堂，58位天主教信徒需到邻近的马站天主堂做礼拜。

---

① 2010年，全乡有户籍人口1730户6635人，其中畲族504户2521人，占全乡总人口的38%。

二

1978年改革开放前，乡境内为单一的农业经济，农民收入微薄，温饱问题没有彻底解决。改革开放后，各级政府鼓励少数民族发展多种经营，扶持除虫菊、蘑菇、茶叶等产业，发展特色经济。进入21世纪以来，又成立一批农业合作社，大力建设千亩精品水果、千亩优质蔬菜、千亩生态油茶、千头放心肉猪、百亩玫瑰等效益农业基地，初步形成了"一村一品""四季鲜果"的局面，农民收入稳步提高。2015年，全乡农村经济总收入8558万元，是1993年528万元的16.20倍；农业总产值2312万元，是1993年374.80万元的6.20倍；农民人均收入10936元，是1993年328元的33.30倍。2015年，主要产业有农业、林业、畜牧业、工业、矿山井巷业和商业，居民仍然以农业生产为主。

岱岭畲族乡是个农业乡，粮食生产以水稻、甘薯为主。明末清初，畲族迁入乡境内后，开始在山区聚族而居，从事较原始的农业生产，直到20世纪40年代，仍有"刀耕火种"（在农历二三月时，砍伐山上灌木杂草，晒干后放火延烧；过二三日，把种子与泥土、草木灰一起翻入土中）习惯。这种刀耕火种式的耕作制度和栽培技术十分落后，加上畲民耕种的田地大多在高山山坡上，土地贫瘠，易旱易涝，粮食收成极低，地处高山的畲族粮食亩产只有六七十千克。与汉族杂居的畲民即使采用先进的锄耕细作，一般年成水稻平均亩产仅有150千克，丰收年份亩产也只有200千克左右，主要靠广种薄收来养家糊口，还不足以果腹。

中华人民共和国成立后，中国共产党（以下简称中共）和人民政府重视农业生产，改革耕作制度，推广优良品种和先进栽培技术，促进农业生产。1955年，农业合作化时期，粮食亩产325千克，比中华人民共和国成立前的1948年增长80%。1981年，全乡有3988.05亩耕地，粮食总产量1591.55吨。1999年全乡粮食总产量增至1911吨，比1982年增长3.80%。由于退耕还林和交通建设等原因，2015年，全乡耕地面积缩减为2071亩，粮食亩产362.80千克，总产量为751.36吨。

明末清初，有种茶传统的畲族先民迁入岱岭后，在旱地间种茶树。早在清乾隆年间，岱岭茶叶产业就十分鼎盛，主要产地为云遮、云山、坑门岭、顶峰、南山等地，云遮云雾茶名闻蒲门三都，鸣山（今名笔架山）旗枪闻名于福建、台湾等地，留有"门迎鸣山春常在，户对旗枪名特产"的诗句。抗日战争全面爆发后，茶叶滞销，茶价暴跌，茶农放弃种茶，茶叶产量锐减。中华人民共和国成立后，政府下拨一批经费和肥料扶持茶农，促进了茶叶生产的恢复和发展。1956年，全乡茶园面积达1000亩。至1982年，全社茶园面积增至1375亩，年产茶叶11.75吨。1989年，茶叶滞销，产量下降，全乡茶园面积1284亩，当年采摘面积895亩，茶叶年产量7.74吨，比1982年减少4.01吨。1990年后，茶叶销路欠佳，产量继续下降，乡境内转而发展早茶、名茶。1993年垦殖速生茶500亩，茶园面积增至1546亩，年产茶叶8.40吨，产值6.72万元。1994年，全乡茶叶产量增至15吨。2005年全乡茶园1088亩，年产茶叶4吨。2015年，岱岭朗腰茶厂因效益不佳而停止生产，当地茶园面积降至610亩，主要品种为大白毫，管理较好的仅有富源村的105亩，所产茶叶全部销往邻近的福鼎。

除虫菊是制造环保蚊香、避蚊油、臭虫粉、除虫乳剂的重要原料。1973年，除虫菊从邻近的马站传入岱岭东宫、大厝基、杨家边、南山等村，经济效益明显。20世纪80年代，乡境内先后引进贵州省和日本、南斯拉夫等国优良除虫菊品种，提高了单株产量。1987年全乡除虫菊面积增至1269亩，大厝基、杨家边、东宫、南山、福掌、坑门、云遮等7村均有种植，其中大厝基种植195亩，占全乡面积的15.37%。1988年全乡种植1150亩，总产量达55吨。1990年后，因廉价化学替代原料的出现，除虫菊滞销，价格下跌。至1994年，全乡停止除虫菊种植。

蘑菇种植于1980年传入岱岭。因投资少、周期短、见效快、效益好，1980—2000年，曾是岱岭支柱产业。1987年，全乡有近半农户种植蘑菇，总面积达6.67万平方米，年产值100多万元，占全乡工农业总产值的40%，种蘑菇年收入达3000元以上的农户比比皆是，成为全县第一蘑菇基地乡，单是杨家边村就有蘑菇大棚30多个。之后，根据市场需求，乡政府重视蘑菇新品种、新技术的引进开发，至2010年，富源村的秀珍菇、东宫村的地板菇仍有一定产量。

中华人民共和国成立前，因矾山矾窑对木柴的大量需求，乡境内山区几乎都变成了荒山秃岭，为数不多的大树因为是风水树而得以保留。1958年开始的山林公有化和大炼钢铁，给森林资源造成了毁灭性破坏。此后虽然进行过多次植树造林运动，但成效不大。改革开放后，国家于1982年实施林业"三定"政策(稳定山权林权、划定自留山、确定林业生产责任制)，给广大林农吃下了定心丸，同时国家多次对乡境内山区进行飞播造林，原先的荒山秃岭很快变绿。经过1986—2001年的5次飞播造林和封山育林，乡境内森林覆盖率由1986年的

24.83%提高至2011年的57.60%，林地面积增至17683.05亩。至2015年，乡境内森林覆盖率已增加至60%，以马尾松面积最大。

岱岭境内乌桕、油桐、油茶种植历史比较悠久，其中油桐、乌桕曾建基地，有一定产量。1981年5月31日，浙江省林业厅批准岱岭等6个公社为全省油桐生产重点基地，配备专职辅导员，每造林1亩，国家补助资金12元、原粮50千克、化肥15千克，一般造林也给予每亩6元资金补助。1978—1984年，乡境内重点油桐基地造林面积3586亩，其中3年桐纯林2416亩、千年桐纯林721亩、田旁面积449亩。1980年，县林业部门在岱岭公社大厝基大队和藻溪公社青山内大队成功试验千年桐"三随法"育苗，即随起苗、随嫁接、随造林，随后推广到全县，1982年获温州市科技成果奖三等奖。1982年全社栽培油桐2521亩，其中600亩已成林产籽，成为苍南县油桐生产基地之一。因选地、选种不当和受价格政策影响，1984年以后，乡境内油桐基本处于无人管理状态。今山地仍有零星分布，任其自生自灭。中华人民共和国成立前后，岱岭大颗桕（过冬青）名闻中外，马站为主产区。民间曾有"家栽千株棕、百株桕，子孙吃用不愁穷"的俗语。1983年，林业生产责任制落实之后，山林基本到户经营，又因桕籽收购价格不合理，甚至限量收购或不收购，加上此后制蜡、制皂改用化学油脂，原有资源遭到严重破坏，现乡境内仅有零星分布。早期油茶在坑门、云遮、云山等地零星分布，经营粗放。1978年后，政府重视发展油茶，在经济补助政策鼓励下，坑门、云遮、云山等地在山地上种植油茶，至2010年，共有油茶500亩。

1989年，全乡柑橘面积只有42亩，均为零星种植。2006年，富源村瞄准10月时令水果空档期，将特早熟温州蜜橘作为特色产业发展项目。半年后，500亩特早熟温州蜜橘基地顺利落户富源村。2008年，岱岭乡有91亩柑橘投产。至2010年，云遮村的甜橘柚基地成为县级精品园区，杨家边村的脐橙也已投产，富源村的500亩特早熟温州蜜橘基地开展精品水果采摘游，并初见效益。至2015年，全乡已建成2500亩水果基地，主要品种有特早熟温州蜜橘、甜橘柚、脐橙、四季柚、瓯柑、芦柑、桃形李等，其中富源村的特早熟温州蜜橘已打出品牌。

岱岭居民素有零星养殖猪、羊、牛、兔、鸡的传统，收入用以贴补家用。改革开放后，规模养殖业发展较快，形成了万头放心肉猪生产基地。2010年，云遮成发生猪养殖公司年出栏生猪1000多头，成为苍南县生猪养殖协会会长单位。至2015年，因乡境内实行"五水共治"和垃圾革命，对水源污染严重的规模养猪业被禁止，生猪全面禁养。牛、羊、兔、鸡、鸭、鹅均为家庭散养，总量很小。

民国时期，乡境内没有乡村工业，仅有少数个体手工业和家庭工副业，主要有铁、木、篾、榨油、成衣、理发、织布和酿酒等作坊，畲族约有百分之一二从事木工、泥水匠、裁缝、首饰加工等行业。中华人民共和国成立后，在原有个体手工业和家庭工副业基础上，逐步发展规模较小的乡村工业。1978年12月中共十一届三中全会后，乡境内工业发展较快。1979年，全乡创办乡村工业9家，从业人员40人，工业产值2.23万元。至2015年，乡境内工业主要为自来水、矿泉水加工、食品加工业以及环保无纺布袋代加工。其中富源村和坑门村有2个环保无纺布袋来料加工点，购置缝纫机40多台，拥有固定工人60多人，年产值220多万元（按照统计口径，未计入当地工业总产值）。乡境内风电有相当规模，因属于国有企业，乡里未予统计；小水电装机容量400千瓦，因不属于乡里管辖，产值也未统计。

岱岭地处山区，是个出石头的地方。随着当地对石材需求量的增大，股份制的朗腰采石场于2004年4月创办，有员工10人，开办初期日采石量50立方米左右。至2010年，员工增至16人，日开采量增至120立方米。岱岭靠近世界最大矾矿所在地矾山，很早以前即有人在矾矿当矾工和挑运工，乡境内还有矾山大王信仰。21世纪初，受矾山的矿山井巷业蓬勃发展影响，岱岭山区也有许多青年人外出从事采矿业，最多时有数百人在矿山打工，以富源、云山、云遮、坑门、福掌等村为主，少数人成为事业有成的老板。富源村林逢润20世纪90年代中期即在广西南宁从事采矿业，后承包露天矿山，为当地冶炼企业提供原料，事业越做越大，成为岱岭籍在外知名人士，并带动一批本地人到其企业参与管理。富源村的林庆竹21世纪初进入采矿行业，2010年在广西壮族自治区合山承包一座煤矿，有二三百名工人，岱岭有十几人在其企业打工，皆为管理人员。富源村林庆元2015年停止生产茶叶后，也去云南开矿，成为矿老板。

民国年间，中心村东宫村即开有南货店，主要经营日常用品。由于商店小，商品品种少，有记载以来，当地居民主要到附近的马站街购物售货。岱岭供销合作分社始建于1963年，地点设在大厝基内宫。以后20年间，尽管受计划经济体制制约，商品流通量仍有很大增长。1970年在杨家边大路自然村建二层砖木结构商用房1幢，建筑面积450平方米，设农资用房和副食品、日用品用房。1983年，岱岭供销合作分社推行以经营承包责任制为中心的一系列改革。至1995年，乡供销合作社有12名工作人员。此后由于市场竞争激烈，效益不佳，供销合作分社职工就各找门路，各自经营，岱岭供销合作分社关闭。2009年，东宫村开设百一超市。2015年，全乡共有19家小商店和1家超市，主要经营居民日常生活用品。20世纪80年代末，由于附近的沿浦镇有不少人在广东省开设皮鞋制造厂，福掌、东宫、杨家边、大厝基、富源一些青年人到广东省广州、东莞等地开设皮鞋专卖店；20世纪90年代末，杨家边村一些人到西安、台州等地开设时装店，将生意做到全国各地；21世纪开始，杨家边村又有人转行在广东、苏州等地开超市；2004年，大厝基人将药店开到南非，开创了岱岭人到国外经商先例。

中华人民共和国成立前，乡境内无金融机构，民间高利贷流行。中华人民共和国成立后，为打击高利贷活动，乡政府于1954年10月成立岱岭乡农村信用社，主要为农民提供金融服务的农村合作金融机构。1983年4月，岱岭信用社进行体制改革，入社扩股面不断壮大，入股股金由原来的30.65万元，增至43.24万元。由于存贷款业务量不大，1992年11月，岱岭农村信用社撤销，并入马站农村信用联社。从2011年起，岱岭境内有人到上海开办金融公司，从事金融借贷业务。

2010年后，随着富源村温州特早蜜橘基地、坑门村白沙枇杷基地、云遮村甜橘柚基地、杨家边村脐橙基地和富源村、坑门村的桃花园等集畲族风情休闲观光于一体的农业综合体陆续建成，越来越多的游客到此登花山、摘水果、观奇石、赏杜鹃、游畲乡，推动了岱岭新农村建设。2011年9月11日，岱岭畲族乡首次在已有500亩温州特早熟蜜橘基地的富源村举办温州特早熟蜜橘采摘节，富源村乡村旅游打出了自己的品牌。2013年9月，富源村建成投资1000万元、建筑面积1.50万平方米的畲族文化广场，每年"三月三"在此开展广场文化活动、婚嫁表演、手工制作豆腐、捣糍粑、跳竹竿舞、畲族男女青年盘歌对歌、文艺晚会等一系列赏心悦目的文艺活动，充分展现地方民族风俗，提升了畲乡知名度。之后投资310万元，新建一座建筑面积1359平方米的苍南畲族文化博物馆，免费对外开放，让游客体验到畲乡民俗风情，推进了乡村旅游业的发展。2015年，岱岭畲族乡完成富源、东宫2个村的房屋立面装修，突出畲乡文化内涵，为在岱岭境内开展文化旅游提供了支撑。

三

岱岭位置偏僻，经济不发达，教育曾经十分落后。直到清乾隆末年（1795

年），庠生梁尚拱在家乡杨家边石皮脚创办私塾，乡境内文风始盛。东宫、福掌陈世垟、杨家边、坑门等地汉族因受到良好教育，出现19名庠生、贡生、监生，东宫村人郑振挺以军功六品补蓝翎守备，守温州右营。至清末，杨家边石皮脚、福掌陈世垟、东宫等村文化人均在当地创办私塾，并亲自执教，培养了一批人才。清宣统三年（1911年）4月，乡绅郑慎斋向当地郑、林众富户集资创办鸣山学堂，校址在东宫地主爷庙，以培养人才。民国元年（1912年）2月改称岱岭小学。民国7年（1918年）开始，境内乡绅陆续开办云山小学、福掌小学、云遮小学、顶峰小学、大厝基小学和坑门小学等6所村校，培养子弟。但畲族能入学读书者极少。民国22年（1933年），官方在《平阳畲民调查》中称："学校教育，实无萌芽可言，畲民在学校读书者，不过千分之一……惟近来有畲民送子弟与汉人共读于私塾者。"1949年，岱岭境内每亩收谷4升以及按营业税20%征收附捐，用于乡自治教育经费。民国末期，乡境内各村校均因经济困难而时办时停。至中华人民共和国成立，乡境内初中毕业者寥寥无几，其中畲族未有高等小学毕业生。

中华人民共和国成立后，大厝基小学并入岱岭中心校。1952年10月，因坑门建乡，坑门小学定校名为坑门乡中心小学，学生50多人。1956年3月，撤销坑门乡，成立岱岭乡，更校名为坑门村民族小学。1963年，随着经济发展，云山小学、福掌小学、云遮小学、顶峰小学均复办。1982年，有公社中心学校1所、村小5所、教师34人、学生580人，学龄儿童入学率达86%。至1984年7月，全乡有6所学校，含中心校1所、完小1所、村小4所、幼儿班2班；中小学教师33人，其中公办17人、民办4人、代课12人。全乡小学生677人，初中105人（3个班）。1987年，为普及初等教育，增设一所简易小学（小学夜校），有学生71人。1987年和1988年，乡境内脱盲率达88%，其中畲族少年、青年、壮年879人中有789人脱盲，脱盲率达89.76%。1988年1月，实现无盲乡目标。1989年，基本普及初等教育。1994年，岱岭中心学校实行小学初中九年制义务教育。2005年，全乡有学生506名、教职工50名，其中专任教师46名，教师具有中级职称的有24名、初级职称21名，小学、初中入学率分别为99.75%和99.20%，巩固率为100%。2006年经过校网调整，撤销坑门、顶峰2所完全小学，全乡仅保留1所岱岭畲族乡学校，为九年一贯制学校。2015年，全乡设辅导中心学校1所，拥有教学楼、办公楼、宿舍楼和食堂，占地面积9712.20平方米，建筑面积2940平方米，其中教学楼1幢1700平方米，学生宿舍楼1000平方米。共有9个班级，学生222人，教职员工30人。其中：初中3个班，学生62人，教职员工14

人；小学6个班，学生160人，教职员工16人。小学适龄儿童入学率达100%，初中适龄儿童入学率达100%，小学升初中升学率达100%，九年义务教育覆盖率达100%。另有公办幼儿园1所。

1978年改革开放后，因接受良好教育，乡境内汉族、畲族大学生层出不穷，还涌现一批硕士生、博士生和专家、教授，为国家和社会作出了自己应有的贡献。

岱岭畲族一向"男耕女馌[①]，恪守法纪，其风俗近古"（《雷氏宗谱序》）。他们能歌善舞，无时不歌，无处不歌，有"村村有歌声，人人是歌手"之美誉。节日和婚庆时的盘歌、对歌是最具特色的一项传统民间艺术，题材广泛，内容丰富，形式自由活泼，既有口头传承，也有随编随唱，主要有历史传说歌、情歌、生活歌、劳动歌、时政歌、仪式歌等。畲家传统舞蹈多由唢呐、笛子、京胡、二胡及打击乐伴奏，舞姿优美，颇具特色。乡境内往昔传统畲族舞蹈主要是在殡葬和祭祀仪式中表演，由民间职业"功德师"登法坛吹灵角、洒净水、唱灵歌、踏八卦、舞水袖。随着社会的进步，这种古老的舞蹈已经失传，取而代之的是新的民族舞蹈。直至2015年，岱岭畲族生活习俗、生产习俗、人生礼俗、岁时习俗、信仰习俗仍有自己的特色，尤其是"二月二"、"三月三"、"九月九"等民族民俗活动与众不同。

岱岭境内畲族非物质文化遗产有刺绣（凤凰盛装）、婚俗、畲歌、彩带编织、民间吹奏、九使爷宫庙会、畲药等。为传承畲族文化，2010年，乡政府花大力气收集畲族工艺品和特色生活用品，投资建设乡村文化活动中心和畲族民俗文化展览室；并组建一支畲歌队，精心举办重阳畲歌会。2012年4月以来，岱岭畲族乡加强畲族传统民俗文化建设，先后在东宫村、富源村举办"三月三"民族民俗文化节，在云遮村举办"九月九"畲歌会，影响力不断扩大，受到国家民族委员会（以下简称国家民委）、浙江省民族宗教委员会（以下简称省民宗委）和温州市、苍南县领导的赞扬，来自温州、宁德等地的游客纷纷前来参加活动。

中华人民共和国成立前，岱岭境内文化基础设施一片空白。从20世纪70年代开始，陆续建立岱岭公社广播站、电影队、电视转播台等，以丰富人民群众的业余文化生活。1973年7月，又创办岱岭畲族京剧团，全团有演员33人，演出剧目有《狸猫换太子》《朱家坟》等，先后在平阳（今苍南地域）、福鼎、

---

① 馌：音 yè，意为给在田里耕作的人送饭。

秦屿、白琳等地演出。1983年，岱岭京剧团在龙港参加全县业余剧团会演，获第二名。1984年，建立岱岭畲族乡文化站。图书室有藏书1.50万多册。2013年和2015年，分别建成富原村畲族文化广场和苍南畲族博物馆，乡境内畲族文化元素愈益丰富。

中华人民共和国成立前，岱岭境内多数百姓贫病交加，缺医少药，卫生条件极差，村民主要靠祖传的畲医畲药治疗疾病。由于天花、霍乱、麻疹、白喉、流行性脑脊髓膜炎、乙型脑炎、结核病等十多种传染病在乡境内不时流行，尤其是天花、霍乱、麻疹等烈性传染病流行面广，死亡率高，这些传染病一旦大流行，往往死亡惨重。加上土法接生，人口死亡率很高，畲民平均寿命不到40岁。中华人民共和国成立后，政府对畲族医药费实行减免政策，凡群众到卫生院、医院看病，经村（大队）乡（公社）证实身份后，给予减免20%—60%的医疗费，特殊困难户减免70%以上。1956年，岱岭境内成立村联合诊所。1958年7月在此基础上创办岱岭畲族乡卫生院，配备医生，购置先进的医疗设备，为当地老百姓开展门诊和出诊服务，并及时进行防疫，普及卫生知识，群众医疗卫生条件大为改善，从而大大降低了人口死亡率。是年，各大队创办保健室。1969—1970年大力培训"赤脚医生"，各大队办医疗室，使得群众健康水平大为提高，人均寿命明显延长。20世纪80年代开始，畲族医疗补助费按人口包干到岱岭公社，由公社掌握使用。1985年改"赤脚医生"为乡村医生，开始重视儿童免疫工作，在常规免疫基础上，对4周岁以下儿童一律进行二轮免疫糖丸普服，挨家挨户登记造册、发放糖丸，普服率达100%，基本消灭小儿麻痹症、百日咳、天花等严重危害儿童身体健康的疾病。对流行性脑炎、乙肝、霍乱等流行性疾病及时发现和治疗，至2010年，未发生死亡病例。是年，岱岭畲族乡卫生院有434.60平方米楼房1座，卫生从业人员6人，100mA X光机1架，B超、心电图各1台，胃镜1套。2005年，全乡农村新型合作医疗参保3000多人，参保率达50%；2010年，乡政府给予参保人员每人补贴10元，全乡参保6635人，参保率提高至100%。2015年，全乡参保人数6180人。

岱岭乡爱国卫生委员会于1952年6月成立，领导全乡人民开展爱国卫生运动，抓好农村饮水安全工程。1990年，全乡有60%以上居民饮用自来水，改变历史以来居民饮用溪水以及饮水用水不分的卫生习惯。1994年，全面解决农村饮用水问题。2015年，岱岭境内已经普及自来水，人均寿命已经提高到70多岁。

岱岭境内素有尚武风气。清末，福掌陈世垟吴可清、东宫郑振挺从军回乡后，在家乡开设拳馆、棍馆，拳馆主要教授五肢、鹤拳，棍馆主要教授长棒、短棍。当地武术有畲家人拳、蓝技术拳、八井拳、法山拳、连环拳、五肢、鹤拳等，棍术与拳术较普及。畲族拳师崇尚武德，以武会友，旨在健身。

中华人民共和国成立前，岱岭境内农村常见象棋、武术等活动，学校设有篮球、乒乓球和象棋等体育活动。中华人民共和国成立后，学校又增加排球、足球等运动。2005年，全乡安装全民健身器材2套；2012年，全乡8个行政村，村均安装1套健身活动器材，东宫、杨家边等人口集中的半山区村还建有水泥标准篮球场，以便于村民早晚锻炼。富源村畲族文化广场2013年9月竣工后，每逢春节、"三月三"、"九月九"等佳节，均举行全民健身活动，如拔河比赛、跳竹竿舞等。平时天气好时，年轻畲汉妇女在老师指导下跳广场舞或进行其他健身活动。2013年，成功创建"浙江省体育强乡"，成功举办岱岭畲族乡首届全民健身运动会，并新建大厝基村灯光篮球场和福掌村门球场。

四

中华人民共和国成立后，各级政府十分重视岱岭基础设施建设，大大改善了当地居民的生产生活环境。兴修水利方面，从1967年2月至1981年3月，全乡先后建造南山、福掌、云山、大厝基、王坑内5座水库，总库容达14.61万立方米，灌溉面积达71.33公顷，基本实现旱涝保收。2015年，在福掌村坑门岭脚新建云遮水库，工程总投资0.78亿元，总库容286万立方米，以解决岱岭畲族乡以及下游马站镇、沿浦镇和霞关镇的中长期用水问题。21世纪以来，岱岭畲族乡抓好大溪堤防加固工程，关朗溪堤保护工程新建堤防435米，其中左岸107米、右岸328米，主要工程项目有河道护岸、岸边休闲步行道、绿化，保证了溪流两岸和下游人民群众的生命财产安全。为保证农田灌溉，至2015年，全乡已建引水渠15.15千米。

民国34年（1945年）前，岱岭照明用菜油灯或蜡烛。为省钱，许多人还用当地盛产的乌桕籽油点灯，贫穷山民也用松明、火篾或苎麻秆照明，当地畲民"火篾当灯点"。民国34年8月，抗日战争胜利后，时称洋油的外国煤油开始进口，岱岭境内有人使用煤油灯。富家出门一般用灯笼或桅灯，少数人用电筒。

1982年冬，朗腰大队利用境内山区丰富的水力资源，投资建成一座45千瓦的小型水力发电站，所发电力用于本村村民的夜间照明，成为乡境内率先通电的村庄。1985年秋接通低压输电线路，乡境内4个村用上电灯。1988年所有村庄全部通电，用户1200多户，全年供电量100多万千瓦时。1989年6月，马站水电站在云遮岭脚建设云脚小型发电站，装机100千瓦，架设5千米高压线路，电力输往马站。1993年，投资4万元架设云山高压线路，解决了云山人民用电问题；投资6万元更新东宫、杨家边、大厝基等村的低压线路，全部换上水泥杆。1995年，全乡用电照明入户率达100%。2004年10月，全乡8个村低压线路农电改造工程全部完工，有5个村架设路灯。2005年，全乡用电量45万千瓦时。2014年，各村家用电器已经普及。2015年，高压线路全部改造完成，全乡用电量增至175.20万千瓦时。同时，安装太阳能路灯3千米。

岱岭地势险峻，号称"条条通天顶"的蒲门三条岭途经于此，矾山至马站公路开通之前，货物进出需肩挑背驮，十分艰辛。1961年9月，78省道矾山至马站段建成通车，岱岭境内始通汽车。20世纪80年代初，随着道路条件的改善和居民经济条件的好转，乡境内出现自行车；1984年后，农用拖拉机加入运输队伍；20世纪90年代出现摩托车、三轮卡、农用四轮卡；2010年，实现村村通公路，基本解决了居民出行难问题，小轿车开始进入寻常百姓家。

1956年，乡里始通电话。2001年，开通程控电话。2005年，全乡固定电话装机数700多部；建有中国移动、中国联通2座移动基站以及小灵通基站1座，移动电话信号覆盖率100%。至2015年底，全乡手机户均1.50部；新建岱岭邮政所1座，面积200平方米。

中华人民共和国成立前，岱岭生产条件十分恶劣，农民收入微薄，百姓生活十分困难，光棍众多。国民党当局统治时期，苛捐杂税多如牛毛，百姓生活雪上添霜。中华人民共和国成立初期，各级党委、政府十分关心老区畲族生活，给岱岭畲族贫困户送来棉衣、棉被、单衣，并于1955年秋拨款给革命老区福掌村新建了3幢26间楼房。1956年7月，又拨款5000元、木材200立方米，为福掌修理民房10幢30间，贫困畲民告别茅草房和破房，住上新房。继后，各级党委、政府时刻把岱岭畲族乡作为重点扶贫对象，在资金、物资等方面给予大力支持，老区村民陆续住上新房，改善了生活条件。1999年6—7月，苍南县政府投入48万元，对全乡103间茅草房、油毡房进行拆除，新建瓦房3500平方米，岱岭彻底消灭人居草房。乡境内下山异地脱贫自2007年开始，至2015年底，大厝基、富源、东宫、坑门4个村378户1604人陆续搬迁下山，新建下山脱贫小区（点）4个，集中建房378间，让他们实现了安居乐业，彻底摆脱贫困。

随着改革开放的不断深入，当地经济条件不断改善，改善居住环境成为当地居民越来越迫切的要求。21世纪以来，岱岭畲族乡加大生态文明建设力度，以创建省级生态乡为目标，不断推进清洁家园和村庄整治工作。2001年，上级政府帮助新建公厕7座。2009年，在清洁家园行动中，全乡共投入22万元建设垃圾集中点，购买清洁卫生用具及支付9名保洁员工资等，实现垃圾"户集、村收、乡运、区域集中处理"，使乡村垃圾得到及时处理，卫生面貌大为改观。2010年，投资30万元建设东宫、杨家边、富源村生活污水处理管道延伸工程，对农村生活污水进行集中处理，农村生活环境得到了净化、美化。2012年，启动坑门村污水处理工程和太阳能垃圾分类处理工程。2013年实行"村收集、乡转运、县处理"的农村生活垃圾分级处理方式，全乡设立8座垃圾收集站、1座垃圾转运站、1座太阳能垃圾分类处理站，每名保洁员配备1辆简易垃圾车，及时清运生活垃圾，垃圾无害化处理率达到100%；6个村建成污水处理工程，生活污水集中处理率达75%；投入98万元建设坑门村污水处理工程，减少疫病传染源。2015年，岱岭畲族乡深入开展"四边三化"①和"五水共治"②行动，进一步完善"驻村干部包村，联系领导包片"和"周排名、月考核"制度，实行"定员、定岗、定责"网格化精细管理，加强重点区域、重点地段、重点部位的环境整治。全面禁止重污染的牛蛙和生猪养殖，加强十八孔水库水源保护。

五

中华人民共和国成立前，畲族处于社会底层，民国《平阳县志》称之"与宁绍之堕民、丐户，志称为宋俘之遗仿佛相类，其族有雷、蓝、李、钟四姓云"，备受歧视。清康熙三十六年（1697年），"大分散、小聚居"的岱岭畲民不堪都里保地棍借端勒索，与平阳、瑞安各地畲民一起，向政府提出申诉。康熙三十七年五月，平阳知县徐绍先奉闽浙总督批转告示："（畲民）各处开山为田，以供税敛，不编丁甲，不派差徭，历朝成例，各省皆然……但法久弊生，瑞平各都里保地棍，阳奉阴违……嗣后如有各都里保地棍，依前借端科派畲民丁甲、差徭以及采买杂项者，许即指名控究，以便正法施行，断不宽贷。"并立碑于县衙前，"以济畲困"。后碑毁，畲民又于乾隆二年（1737

① 四边三化：指中共浙江省委、省政府提出的，在公路边、铁路边、河边、山边等区域开展洁化、绿化、美化行动。
② 五水共治：指治污水、防洪水、排涝水、保供水、抓节水。

年）、十七年（1752年），嘉庆七年（1802年）数次请准重行勒石。抗日战争时期，立于平阳县衙前的石碑因城墙拆毁而被废弃。

岱岭畲族乡人民有着光荣的革命传统，为鼎平革命根据地的创建作出很大贡献。民国24年（1935年），中共平阳中心区委在岱岭福掌村等地组织抗租团和赤卫队，开展抗租、抗税、抗捐、抗债、抗丁斗争，刘英、林辉山等曾在此领导革命斗争。是年冬，福掌村成为中共平阳中心区委驻地，并成立福掌村赤卫队，雷子奎任队长。是年10月，雷子奎率领赤卫队伏击蒲门铲共义勇队。民国25年（1936年）10月18日凌晨，国民党蒲门区反共防务会会长林友森带领100多名军警到岱岭清剿，烧毁福掌村民房96间、茅屋28间，全村52户、220人无家可归。战斗中，雷子奎所率赤卫队有10多人当场牺牲或被捕后英勇就义。据统计，全乡共有42位革命烈士为了中华人民共和国的成立而牺牲，其中福掌村有14位畲族烈士。乡境内参加革命的畲民尽管经受种种酷刑磨难，但从未有人叛变革命。中华人民共和国成立后，岱岭乡被划为革命老区乡。

中华人民共和国成立后，党和政府十分关心畲族的政治生活，大力培养畲族干部，岱岭畲族开始参政议政，畲族地位明显提升。特别是1957年6月，岱岭畲族乡成立后，历任乡（大队、管理区、公社）党委副书记中必有一人由畲族人士担任，乡长（大队长、管理区主任、公社革委会主任）均由畲族人士担任。1981年苍南建县后，重视培养和使用畲族干部。1991年和1993年招聘乡镇干部时，对畲族予以适当照顾；1997—1998年两次从大中专毕业生中定额招收畲族乡镇干部；同时，从教育系统选调少量畲族教师充实乡镇党政机关。至2015年底，岱岭畲族乡畲族已有7人先后担任乡科级以上领导干部。1981年苍南建县后，历次县党代会党代表和每届县人大代表，均有1—2名畲族人士；一批畲族先进人物还担任省、市人大代表，成为县政协委员，为国家、民族事务献计献策。

一批畲族模范人物受到上级表彰。1957年5月1日，蓝春崇以浙江省扫盲办学积极分子身份，赴北京参加"五一"国际劳动节庆典活动，受到国家主席毛泽东、国务院总理周恩来的亲切接见，并合影留念；1957年10月1日，钟春花作为浙江省少数民族劳动模范代表，赴北京参加中华人民共和国国庆观礼活动，受到毛泽东、刘少奇、周恩来、朱德等党和国家领导人的亲切接见，并合影留念；1978年10月1日，福掌村妇女联合会主任蓝梅花（畲族）赴京参加国庆观礼活动。1960年3月29日，坑门生产队民兵连长蓝成魁（畲族）出席浙江省第一次民兵代表大会。1987年12月，中共岱岭畲族乡宣传统战委员李中仙被评为浙江省民族团结进步先进个人；2014年12月，在浙江省第　次民族团结进步表彰会上，岱岭畲族乡乡长蓝成子被评为浙江省民族团结进步模范个人。

当前，勤劳智慧的岱岭人民，在中共岱岭畲族乡委员会和乡人民政府的坚强领导下，正以百倍的信心和饱满的热情，用自己的双手在这块古老的土地上继续创造出更大的辉煌，为富乡、强乡而不懈努力！

大事记

一、清代及以前各朝

宋
南宋

杨子学与其兄杨子有由浙江金华东阳县仁川（今属磐安县）入迁平阳县招顺乡五十四都岑山里岱岭大厝基定居。

元
元初

大厝基杨子学四世孙杨伯余小时避乱泰顺六都松垟，依王家为嗣，后归宗姓杨，今其后裔主要住泰顺县松垟乡。

元贞元年（1295 年）

平阳县户逾5万户。升县为州。岱岭地属平阳州。

至正二十二年（1362 年）

八月，大风，次年饥。

明
洪武年间

江南夏口（今属钱库镇）明经进士吴任游福鼎山（今称鹤顶山），写下诗歌《福鼎山》。

弘治八年（1495 年）

八月，大厝基村杨家大宅院打制石鼓（即抱鼓石，又称门当）一对，置于台门前，直径约50厘米。2014年被盗时，石鼓上文字已模糊不清。

弘治年间

大厝基建造马氏仙姑庙，又称娘娘宫，前后两进各5间，内建古戏台，东西厢房各3间，建筑古朴。

正德十二年（1517 年）

四月甲子日，地震。

嘉靖八年（1529 年）

县令民二三十家为一社，设义仓，筹谷充之，由殷实富户司理，饥年贷，稔年还仓。

嘉靖二十三年（1544 年）

三月十八日，大冰雹。

嘉靖二十七年（1548 年）

蓝意必从福建罗源入迁牛皮岭，此为岱岭乡境内已知最早的畲族始迁祖。

嘉靖三十二年（1553 年）

倭寇侵扰蒲门。

嘉靖四十二年（1563 年）

四月，倭寇自闽入境侵扰。

万历二十一年（1593 年）

甘薯由自闽迁居岱岭的移民引入。

万历三十三年（1605 年）

十一月初九日，地震。

万历三十八年（1610 年）

坑门陈姓始迁祖陈良璧从福建泉州府晋江县迁此定居。

万历年间（1573—1620 年）

岱岭梁姓始迁祖梁魁艳由瑞安迁至杨家边定居。

崇祯年间（1628—1644 年）

畲民李振三从华阳牛角湾迁至蒲门岱岭内岙头岗定居，刘世辉从南港渡龙埭头（今属灵溪镇）迁至云山西岙定居。

清

顺治四年（1647 年）

秋收后，廖元、陈仓率反清农民起义军百余人屯大岭（今称岱岭）撒屎岩筹饷招兵。蒲门乡兵协同官兵分二路赶至车岭头与之对阵，廖元被杀，义军牺牲13人。陈仓遂为首领，率剩余19人撤往江南灵鹫寺（在今钱库镇桐桥村）招兵，活动于南港、北港一带。

顺治六年（1649 年）

大旱，虫灾，是春大饥，民众饿死甚众，乡境内生民尽潜逃。

顺治七年（1650 年）

五月，陈仓率农民起义军进据蒲门。

六月，明将沈可耀、尤希和自闽前来支援陈仓，攻杀清军。

十月，清军游击萧起荣率部进剿，与陈仓义军激战于蒲门，陈仓义军在沿浦被击败，撤出蒲门。

顺治八年（1651 年）

金华总兵马进宝与温州守将王晓等从括苍山出发，由瑞安、平阳而桐山（今福鼎），沿路逢山设卡，逐处搜剿，何绍龙、石旗牌、沈可耀等义军骨干先后被捕。清军一路烧杀，杀平民无数，乡境内民众四散逃匿，深受其害。一些义军藏匿乡境内山谷，斗争延续十余载（据民国夏绍俅编《金乡志》）。

顺治十二年（1655 年）

十一月三十日，郑成功从江西垟（今苍南县灵溪镇和平阳县萧江镇一带）率部出发，兵分两路入蒲门城内筹饷，其中一路经过赤洋（今称赤垟）坑门，当地群众响应助粮。

顺治十四年（1657 年）

十二月一日，午后炎热，蛰虫尽出。是夜严霜加雪，野外蛇死无数。

顺治十八年（1661 年）

闰七月初一，清廷为杜绝沿海居民接济郑成功军队，强令蒲门居民内迁10里，插木为界，界外房屋全部烧毁。蒲门诗人项师契（字玄生，一作元牲）亲历这场浩劫，以《十禽言并序》记录"迁界"时当地老百姓的悲惨情景。

是年，蓝永应从蒲门湖垅（今马站镇新村小后拢）迁大岭内（今属富源村）呑头，为呑头蓝姓始迁祖；蓝永汶从蒲门甘溪岚下迁大岭内南山。

康熙元年（1662 年）

冬，陈仓离浙入闽，中途在今苍南县境内的玉苍山"偶憩山岭，复以锦褥，群鸦死噪，被樵夫擒献而戮之"（据清代沈时《金乡困城记》和顾清标《述志二首》）。

康熙五年（1666 年）

因蒲门局势不稳，清廷扩大迁界范围，部分岱岭蓝姓畲民迁居与原居地仅一山之隔的福建福鼎双华。

康熙九年（1670年）

东南沿海局势逐趋稳定，清廷下令"展界"，但仅展界至三跳岭和将军岭，宋洋（今南宋镇和矾山镇埔坪社区）、蒲门仍属界外。

康熙十年（1671年）

五月二日廿九日，蝗虫聚集，田禾被食五日。

康熙十二年（1673年）

中国南方发生"三藩之乱"，盘踞福建的靖南王耿精忠出兵浙江，战乱波及今岱岭境内，一批居民流离失所。

康熙十五年（1676年）

清兵在平阳县境内大败耿精忠部。在清廷大兵压境和招抚下，加上沿海郑成功部的夹击威胁，耿精忠向清廷投降，福建"耿王之乱"宣告平息。

康熙二十三年（1684年）

清廷下命撤销"迁海令"（即"展界"），外迁百姓复归蒲门的只有525丁，当地人口已大不如前，大量"地亩荒芜"。为了补籍，清政府实行招民垦荒政策，由福建安溪县赤岭移居福鼎沙埕的林元初，于此时入迁蒲门岱岭杨家边。

康熙三十二年（1693年）

郑君明由蒲门岑山方家宅（今马站镇金山村十八孔水库附近）移居岱岭东宫内台下。

康熙三十三年（1694年）

云山村牛运自然村范氏始迁祖范日生由马站凤尾山到此定居。

平阳知县金以埈游福鼎山（今称鹤顶山），写下诗歌《福鼎山》。

康熙三十六年（1697年）

乡境内畲民多次参与平阳、瑞安畲民组织的反对都保里地棍强加的苛捐杂税斗争，呈请闽浙总督郭世隆，并要求勒石示禁，"以济畲困"。

康熙三十七年（1698年）

二月，平阳、瑞安畲民反对都保里地棍强加苛捐杂税的诉讼获得胜诉，温处兵备道刘廷玑颁发告示一道，着平阳官吏将禁止都保里地棍强加给畲族苛捐杂税、"以济畲困"的告示张挂于县衙前，公之于众。

五月，平阳知县徐绍先将温处兵备道刘廷玑颁发的禁止都保里地棍强加给畲民苛捐杂税、"以济畲困"的告示勒石于县衙前，申明："嗣后如有各都里保地恶，依前借端科派畲民丁甲差徭以及采买杂项者，许即指名控究，以凭正法流行，断不宽贷。"

八月，总长30千米的岑山里（在今马站镇）积谷岭至将军岭脚道路修复竣工，并在积谷岭立碑。坑门陈姓三世祖陈邦格（1633—1705年）投入巨资参与修建，造福于民。"

康熙五十一年（1712年）

清廷以"盛世滋丁，永不加赋"来鼓励生产，乡境内移民增多：蓝永贵由蒲门甘溪岚下入迁小岭下（今属大厝基村），蓝国余由福建福鼎前岐双华入迁福掌，雷光居由平阳县北港青街入迁福掌上厝，雷光窗由平阳县北港青街章山入迁云遮，蓝世贤由杨家坑（今称尤家坑，属钱库镇括山社区龙山村）入迁牛皮岭（今属云遮村），雷廷宝由平阳县北港青街入迁坑门岭，陈与吾从平阳县北港水头北山呑入迁大厝基。

康熙五十二年（1713年）

正月初六，平阳县蒲壮五十三都、五十四都（今岱岭畲族乡境内时属五十四都）、五十五都里民陈云霞、周宠、陈显、梁明等，以穷乡僻壤积弊日深、现年陋规、战船油麻赔耗、横征盐斤银两、滥派差役等缘由，向总督福浙部院投诉，希望减轻百姓负担，敕准立碑。初七，总督闽浙部院批文，请温州府查报。

三月初八，温州府宪陶申详陈云霞等呈勒石禁革事宜，请平阳县官吏照察详前事理，即便速采青石具报，勒石永禁。

十月，《禁革现年各陋规》碑记立于蒲城，碑文规定：禁修造战船，油、麻、棕、铁原有部价，不许混派现年；禁现年久奉题革，须照例设立滚单卯期，止比欠户，不许勒索；禁上司承差及运米□长夫、大轿夫工食自有额制，与小民无涉，不许混派；禁横征杂项，黄□工食盐斤不许混派，现年赔纳；禁□□□都带领白役传食里户，扰乱地方。

康熙五十七年（1718年）

农历闰八月，温州知府陶范赠"冰节松龄"木匾一面，嘉奖大厝基杨门李氏。

康熙六十年（1721年）

农历二月，平阳知县王元位赠"全贞裔盛"木匾一面，嘉奖大厝基杨门李氏。

雍正十年（1732年）

田禾遍地生黑蝇，稻谷无收，翌年大饥。

雍正十一年（1733 年）

蒲门三都俱虫灾。

清乾隆二年（1737 年）

云遮村十五亩赵氏先祖赵钦祥从马站铁场入迁。

乡境内畲民参与平阳、瑞安畲民组织的反对都保里地棍强加的苛捐杂税，胜诉，并请准在平阳县衙前重行勒石。

乾隆七年（1742 年）

是年，云山村横路自然村范氏姓迁祖范大任到此定居。

是年，大厝基杨氏修《杨氏宗谱》。

乾隆十七年（1752 年）

乡境内畲民参与平阳、瑞安畲民组织的反对都保里地棍强加的苛捐杂税，胜诉，并在平阳县衙前重立禁石。

乾隆三十七年（1772 年）

蒲门山水涌溢。

乾隆五十三年（1788 年）

18 岁的吴大烈从蒲门长沙迁居程西垟（今称陈世垟）务农，开垦荒山，建筑住宅，娶妻生子，成为程西垟吴氏始迁祖。

乾隆五十九年（1794 年）

东宫郑氏始修《郑氏宗谱》。

乾隆六十年（1795 年）

庠生梁尚拱在家乡杨家边石壁（皮）脚创办私塾，教育乡人，乡里文风始盛。

乾隆年间（1736—1795 年）

云遮村曾氏始迁祖曾仁助入迁。

嘉庆三年（1798 年）

杨家边林氏始修《林氏宗谱》。

嘉庆七年（1802 年）

乡境内畲民参与平阳、瑞安畲民组织的反对都保里地棍强加的苛捐杂税，胜诉，并在平阳县衙前重立禁石。

嘉庆十六年（1811 年）

夏旱至秋，禾苗枯槁，年歉大饥，蒲门赤阳山产白石粉（观音土），穷民取食，得胀满症，百无一愈。

嘉庆年间

坑门陈姓八世祖陈景梧投入巨资"付工购料"，建造一条长470米、宽3米、高2米的岑山拦水坝，将洪水拦阻于山溪中，通过蒲江排入大海，让岑山居民安居乐业。

道光八年（1828年）

农历八月，曾任武昌、洪洞、石楼等县知县的进士和诗人林芳赠予程西垟吴姓始迁祖吴大烈"怀葛秀民"木匾一面，以表彰他家庭教育和民众教化卓有成效。

道光十四年（1834年）

夏，雨，蒲门大水。九、十两月间，连旬大雨，歉收。岁大饥。

道光二十年（1840年）

建东宫，坐北朝南，有正厅一座五间，左右有横轩各一座计六小间，天井偏前有戏台，紧靠天井和戏台后面有门头楼房五小间。

道光二十一年（1841年）

岱岭斗垟撰修《雷氏宗谱》，为乡境内现存年代最早的畲族宗谱。

道光二十六年（1846年）

五月，监生吴可清生于岱岭程西垟，后以军功钦加六品衔。

道光二十九年（1849年）

五月初二，招顺乡雷雨，乡境内山水骤发，平地丈余，冲毁农田，冲塌民宅，人物漂没，坝崩。水退，各处尸骸、衣物堆积树巅。

是年，开凿鸣山圣井（在今富源村斗垟自然村），并立石碑。

咸丰三年（1853年）

六月十八日，飓风，大雨至二十九始霁，平地水深六七尺，田庐被淹，田禾无收，是岁大饥。

咸丰十一年（1861年）

四月，杨家边林氏合族出资重建圆井，同时在井旁刻立《共汲所志碑》。

同治三年（1864年）

四月，温州知府经逐细钩稽裁革浮费，酌减钱粮南米征数，平阳县蒲门五十三都、五十四都、五十五都地漕征新、陈粮，定每两计实征钱二千五、七百文；南米旧征分作上下忙，上忙（农历二月至五月征收）每石征钱三千九百文，下忙（农历八月至十一月征收）征钱四千八百文，业经出示在案，并刻碑立丁蒲城后英庙内。

同治五年（1866年）

九月，温州总镇孙□赠"经明行修"匾一面，以嘉奖为人公正、才学渊博、教子有方、百姓尊敬、德高望重的程西垟吴可仁。

同治七年（1868年）

东宫郑亦健考取秀才第九名。

同治十年（1871年）

农历八月，当地居民捐资重修南山岭，以方便闽、浙两省过往行人及商贾出入，并刻立《重修南山岭碑》于富源村南山岭上坡约500米处路侧，碑文记叙了修路缘由和捐资者姓名及捐资金额。

同治十三年（1874年）

东宫郑振谦考取秀才第一名。

光绪二年（1876年）

六月十一日，飓风大雨，平地水深数尺，岁收大歉。

是年，程西垟人吴成艺考取光绪丙子科府学第一名。

光绪十六年（1890年）

五月二十八日，飓风大雨，拔树毁屋；六月初一风雨又作，秋歉收。

光绪十九年（1893年）

岱岭东宫人郑慎斋（赞谟）考中平阳县秀才第十名。

光绪二十三年（1897年）

郑祖培（号叔滋）生于岱岭东宫，民国时期历任瑞安县教育科科长、矾山区区长、马站镇镇长等职。

光绪二十四年（1898年）

八月十五，飓风大水，田禾歉收。

光绪二十九年（1903年）

闰五月十八，六月二十二、二十七3次飓风大水。

是年，基督教自立会传入岱岭东宫。

光绪三十年（1904年）

仲冬，位于福掌村坑门岭上的重要交通设施——利济桥建成。

光绪三十二年（1906年）

二月，范登良在沿浦文昌阁创办蒲乡公学，首届毕业生称"蒲门十八叔"，在今岱岭境内有郑叔滋、郑叔远、吴叔响、郑叔珊4人。

宣统三年（1911 年）

是年，招顺乡改称蒲门乡，下辖五十二、五十三、五十四、五十五4个都。今岱岭境内时属招顺乡五十四都管辖。

是年，乡绅郑慎斋在东宫村创办鸣山学堂。

是年，基督教自立会传入岱岭云山。

二、中华民国

民国元年（1912 年）

2月，鸣山学堂改称岱岭小学，校长林紫腾，学制4年，教师2人，学生58人。

民国 2 年（1913 年）

2月，东宫廪生郑慎斋与颜临庄、范蕴、林树棠、林毓椿、吴番圃等蒲门乡绅发起募捐1800多银圆，在马站街天后宫与陈桷公祠之间筹建蒲门高等小学新校舍。

民国 3 年（1914 年）

春，"蒲门高等小学"迁新址，郑慎斋被平阳县国民政府委任为校长，办学成绩颇著，深受好评。

民国 7 年（1918 年）

岱岭东宫自立会教堂始建，时有信徒65人。

民国 9 年（1920 年）

始建岱岭云山自立会教堂。

民国 11 年（1922 年）

郑允中考入国民党中央军事政法学校武汉分校，翌年毕业。

民国 14 年（1925 年）

是年印行的民国《平阳县志》"建置志"蒲门乡"五十四都"一目，记载有阬门（今作坑门）、岱岭、程西阳（今作陈世垟）3个地名，这是乡境内地名在县志上的首次出现。

民国 15 年（1926 年）

平阳县矾山区立程坪小学在岱岭程西阳创办，设2个班，学生68人，教员3人，校长吴叔响。

民国 16 年（1927 年）

3月18日，岱岭农民小组到马站镇霞峰宫参加区农民协会成立大会。

民国 18 年（1929 年）

8月18日至11月5日，大旱79天，虫灾暴发，水稻颗粒无收。是年，平阳县划分为蒲门等8个区，今岱岭畲族乡境内属蒲门区管辖。

民国 20 年（1931 年）

曾为乡村教师的福掌村民雷子奎曾因家庭贫困、兄弟4人遭国民政府抓壮丁，被迫逃至福建省厦门做苦工谋生，在那里参加革命队伍。

民国 21 年（1932 年）

6月，蒲门区改为第六区，今岱岭畲族乡境内由其管辖。

民国 22 年（1933 年）

9月18日至次年2月11日，大旱146天，岁大饥。

是年，岱岭小学成为中共地下党组织联络站，校长和部分教师经常为党组织书写标语，递送秘密文件。

是年，据官方《平阳畲民调查》记载，蒲门马站有畲民300多人，牛皮岭有畲民200多人。当年蒲门马站辖区内的畲族主要居住在今岱岭畲族乡，牛皮岭则含今岱岭畲族乡云遮、坑门、云山3个村。

是年，有畲民送子弟与汉人共读于私塾。同年，当局在《平阳畲民调查》中称："畲民能在学校读书者，不过千分之一。"

是年，东宫人郑慎斋编写的《世界美术院选集》由上海广益书局出版发行，刘海粟作序。

民国 23 年（1934 年）

1月，福掌雷子奎与矾山华阳牛角湾村李圣肤一起回到家乡，开展革命宣传活动。

2月，福掌畲民李友仁为逃避国民党抓壮丁，到福建省福鼎县山区帮工砍柴为生，后参加福鼎县贫农团组织。他和蒲城陈昌会、赤溪半垟林辉山等人与中共福鼎县委取得联系后，被派回家联系雷子奎等人组织贫农团，由雷子奎出任团长。会后发动群众开展抗租、抗税、抗捐、抗债、抗丁斗争。

4月8日，中共平阳县支部在福掌村建立交通站，并把贫农团改编成赤卫队，进一步扩大武装力量；同时成立抗租团，革命烈火燃烧到附近的云遮、坑门、斗墌、朗腰、龙凤、南山等村，抗租团发展到300多人。

是年，东宫人郑慎斋编写的《高小美术课本》在上海青光书局出版发行。

民国 24 年（1935 年）

3 月，岱岭布袋底党支部建立，属中共平阳中心区委领导。

5 月 5 日，国民党平阳县政府召开建筑碉楼第五次会议，在蒲门添设 5 座碉堡，希望借此来控制红军和赤卫队的活动范围。

6 月 24 日，从江西到此的中国工农红军浙南挺进师进入与岱岭仅隔一小山的福鼎小华阳活动，岱岭地方许多民众加入共产党组织。福鼎、平阳两地国民党官兵往剿，其中福鼎国民党官兵在小华阳被红军挺进师包围，连排长死数人，枪械被缴数十支。

7 月，平阳县自镇下关（今称霞关）至分水关一带，皆有共产党组织在活动，岱岭一带加入共产党组织者甚多。国民党平阳县保安团注重苏区保安，基干队悉调蒲门和矾山，并江南之驻队而亦调之，平阳县城内仅剩有残兵二三十名。

7 月 29 日，蒲门区因驻防队伍归省改编，成立防务委员会，华栋臣为主席，范良甫为自卫队分队长，以对抗红军和赤卫队。

8 月 20 日，蒲门共产党领导人陈昌会等率红军数十人在雾城口登陆，经鹤顶山腰之云山乡，擒获反共的国民党云山乡乡长叶正芳及当地人范某。

8 月 22 日、27 日夜，皆有红军在蒲门沿海登陆。蒲门共产党领导人陈昌会、郑志云等仍在四岱、云山等乡活动。

10 月 17 日，蒲门、雾城等乡鼎平红军独立团活动频繁；夜，有 165 人，枪支百余，乘海船至雾城登陆；半夜，由车岭脚经乡境内前往矾山。至 26 日，鹤顶山上每夜均有灯火、电光发现。

10 月，平阳中心区委成立福掌村党支部，书记雷子奎；同时成立福掌村苏维埃政府，李友仁任主席。

是月，国民党蒲门区剿共义勇队队长范良甫带领数十名队员到福掌村进行清剿，福掌赤卫队长雷子奎率领队员配合中共平阳中心区委下属武装力量进行伏击，打死敌人 2 人，伤数人，其余四散逃去。

是月，福掌赤卫队组织 300 多人配合鼎平红军独立团攻击马站镇敌人据点，战斗持续 3 个多小时，由于敌人利用有利地形进行顽抗，独立团指挥员钟友盘中弹牺牲，队伍主动撤出。

11 月，福掌赤卫队配合鼎平红军独立团攻打赤溪镇敌据点，战斗持续 4 个多小时，因敌人利用碉堡进行顽抗，无法攻占，主动撤退到矾山昌禅安基堂整训。

冬，福掌村成为中共平阳中心区委驻地，并成立福掌村赤卫队，队长雷子奎，开展抗租、抗税、抗捐、抗债、抗丁斗争。

是年，废闾邻，编保甲，改为县乡（镇）二级制，在今岱岭畲族乡境内增设岱岭、云山二乡，属平阳县第六区管辖。

民国 25 年（1936 年）

1月，福掌赤卫队参加福鼎店下战斗。

2月，鼎平红军独立团组织力量袭击蒲门区公所，福掌赤卫队派数十人参战。

7月17日，鼎平红军独立团再次组织力量袭击蒲门区公所，福掌赤卫队派数十人参战。

农历八月十五，蒲门防务会派一名侦探化装成乞丐进入福掌村挨家挨户乞讨，被福掌赤卫队查获处决。

9月，蒋介石从湖南调来正规军刘建绪部和福建56师、80师，加上地方保安团共八九万人围剿闽浙边区，实行"三光"①政策。

10月18日凌晨，国民党蒲门区反共防务会派遣武装100多人围剿岱岭福掌村，烧毁民房124间，全村52户220人无家可归。战斗中，雷子奎所率赤卫队有十多人当场牺牲或被捕后英勇就义。

10月23日凌晨，红军浙南挺进师政委刘英带部队到福掌村召开群众大会，慰问大家。

民国 26 年（1937 年）

2月，国民党第19师突袭岱岭。同月，福掌村赤卫队队长雷子奎不幸在昌禅大姐家被捕。

3月，雷子奎在矾山英勇就义，年仅38岁。

4月10日，国民党强迫蒲门岱岭一带百姓联保并村，建立义勇军组织，并大规模清乡搜山；是月，中共下东区委书记蓝青解在浙闽交界北坑头被捕，被押解到东宫学校进行酷刑审讯。

农历三月十九日，龙跃率领浙南特委干部和一个排兵力，冲破敌人层层封锁，在包含岱岭在内的蒲门一带活动。

民国 27 年（1938 年）

6月，岱岭、云山二乡撤销，所辖行政区域除牛皮岭（含今云遮村全部和

---

① 三光：指杀光、烧光、抢光。

福掌村、坑门村各一部分）、西岙（今云山）划归城门乡，称第六保外，坑门岭（含今坑门村、福掌村各一部分）、岱岭（含今大厝基、杨家边、东宫、富源）均划归平阳县昆南区（第六区改名）马站乡管辖。

民国 29 年（1940 年）

平阳县对乡镇区域进行调整，恢复马站镇，今岱岭地域时属平阳县矾山区（昆南区改名）马站镇管辖。

秋，岱岭小学奉命改名马站镇第十二、十三、十四、十五保国民学校。

民国 30 年（1941 年）

福掌村创办于民国15年（1926年）的平阳县矾山区立程坪小学复办，奉命改校名为平阳马站镇第十一保国民学校。

民国 31 年（1942 年）

云遮小学迁至西塔，校名改为平阳县城门乡第六保国民学校，有学生73人。

民国 32 年（1943 年）

属马站区(矾山区改名)马站镇。

9月10日至次年1月27日，大旱138天，粮食收成锐减。

是年，平阳县政府派员到青田林业改造区购进油桐和乌桕苗木，无偿提供给岱岭农民，使之形成规模种植。

民国 33 年（1944 年）

2月，大厝基人杨宏深、杨汝霖创办平阳县马站镇第十四保国民学校。

是年，迁居马站岑山的坑门村陈氏十二世陈绍申捐献巨资，发起建造岑山十八孔石桥。

民国 34 年（1945 年）

乡绅郑叔滋极力赞助支持并推荐林羲为岱岭国民学校校长。

民国 35 年（1946 年）

9月，今岱岭畲族乡境内属蒲门区（马站区改名）马站镇管辖。

是年,甘薯虫灾,粮食锐减。

民国 36 年（1947 年）

扩乡并保，岱岭国民学校改名为马站镇第六、七保国民学校，复式2个班，教员3人，学生60人。

民国 37 年（1948 年）

马站区署迁设矾山后改称矾山区，今岱岭畲族乡境内归属不变。是年，旱灾，蒲门区各乡村水稻歉收。

1949 年

4月24日，岱岭全境解放，仍属矾山区改名后的蒲门区马站镇管辖。

是年，岱岭境内每亩收谷4升和按营业税20%征收附捐，用作乡自治教育经费。

三、中华人民共和国成立后

1950 年

6月，蒲门区分为马站、矾山2区，岱岭时属平阳县马站区马站镇。

是年，办在大厝基村的平阳县马站镇第十四保国民学校并入岱岭中心校。

1951 年

12月1日，平阳县人民政府（以下简称"县政府"）加强对柏籽（油）的管理，规定私商、小贩一律不得从事收购活动，岱岭为重点管理区域。

是年，实行土地改革，大量没收和征收地主、富农土地，分与无地少地的雇农、贫农、下中农。畲族与汉族人民团结互让，以平等权利分得土地。

1952 年

6月，由马站镇析出的岱顶、岱下、福掌、坑门4个村与城门乡析出的云山、云遮（含西塔）2个村合并成立岱岭乡。

是月，岱岭乡爱国卫生委员会成立，领导全乡人民大搞室内外卫生环境。

10月，岱岭乡析为岱岭、坑门2乡，其中岱岭乡管辖岱顶（含今东宫、富源2个行政村）、岱下（含今大厝基、杨家边2个行政村）、福掌3个行政村，驻地东宫；坑门乡管辖坑门、云遮、云山3个行政村，驻地七亩。

是月，岱岭乡和坑门乡农民协会分别成立，主任分别为蔡起缎和蓝朝央。

是月，福掌村被平阳县政府认定为革命老区村。

1953 年

7月1日零时，进行中华人民共和国成立后第一次人口普查，全乡总人口为3539人。

冬，全乡进行了"查田定产"工作，将全乡耕地划分为12个等级。第1等级亩产定为510斤，每等级降低25斤，至第12等级每亩产量定为235斤。

1954 年

10月，成立岱岭乡农村信用社，为农民入股的集体金融机构。主要任务是办理农村信贷工作，吸收存款，发放贷款扶持农业。

是年，民兵组织采取与生产组织相适应的编制，成立乡队部，下设1个中队。

1955 年

5月18日，暴风加冰雹袭击岱岭乡，全乡春花作物无收。

7月，国家对农村粮食实行"三定"，全乡定产1442.10吨，定征购368.25吨，定销23吨。

秋，平阳县政府拨款2万元为福掌村新建3幢26间楼房，部分村民住上新房。

冬，全乡掀起农业合作化高潮，并从初级农业社向高级农业社发展，办起民新（今东宫村）、新一（今杨家边村、大厝基村、福掌村）、民主（今富源村）、连和（今坑门村）、永星（今云山村）、永联（今云遮村）6个高级农业合作社。

冬，岱岭民办教师进修班为民办学校培训教师，龙凤村的蓝春崇（畲族）成为扫盲运动一面旗帜。

是年，平阳县卫生部门组织医疗队，到乡境内畲区作地方病普查。

1956 年

3月，根据浙江省人民委员会《关于调整区、乡行政区域的决定》精神，小乡并大乡，撤销岱岭、坑门2乡，将原岱岭、坑门2乡行政区域与从马站镇划出的桥头、后岘、霞峰3村合并，成立合作乡，乡政府驻地桥头村。

6月中旬至9月初，大旱83天，全乡水稻受旱，山园甘薯无法种植。

7月，平阳县政府拨款5000元、木材200立方米，为福掌村民修理民房10幢30间。

12月，国务院正式公布畲族为单一民族。

年底，乡境内各社队普遍利用柴油机动力碾米，水碓、踏碓碾米被淘汰。

是年，乡政府通上电话。

是年，孤寡老人开始由农业合作社实行"五保"：保吃、保住、保穿、保医、保葬。

是年，岱岭成立村联合诊所。

是年，全乡开展以"除四害（鼠、蚊、蝇、麻雀）、讲卫生"为中心的爱国卫生运动。

1957 年

3月，撤销合作乡，将桥头、后岘、霞峰3个行政村划归马站镇，在余下的行政区域建立岱岭乡，管辖云山、云遮、坑门、福掌、岱岭、岱下6个行政村。

5月1日，民主高级农业社社长（今富源村龙凤自然村）蓝春崇（畲族）以浙江省扫盲办学积极分子身份，赴北京参加"五一"国际劳动节庆典活动，受到毛泽东、周恩来等党和国家领导人的亲切接见，并合影留念。

6月，经浙江省民政厅（以下简称"省民政厅"）批准，岱岭乡改称岱岭畲族乡，畲族占全乡总人口36.90%。

10月1日，坑门村畲民钟春花作为浙江省少数民族劳动模范代表，赴北京参加中华人民共和国国庆观礼活动，受到毛泽东、刘少奇、周恩来、朱德等党和国家领导人的亲切接见，并合影留念。

1958 年

7月，岱岭畲族乡卫生院成立，为卫生行政兼医疗预防综合机构。

9月4日10时，12级台风在马站登陆，降雨量381.20毫米，岱岭境内树倒屋塌，山园、水田被冲，损失严重。

9月下旬，在"大炼钢铁"运动中，岱岭抽调300余人，到南坪长沙、渔寮王孙建高炉炼铁。

10月，根据中共中央《关于在农村建立人民公社问题的决定》和平阳县人民委员会《关于建立人民公社的决定》精神，撤销马站区，成立马站人民公社（以下简称"公社"），岱岭畲族乡改称岱岭大队，属马站公社管辖；所辖行政村改称生产队，其中岱岭村析为东宫、顶峰2个生产队，岱下村析为大厝基、杨家边2个生产队。以生产队为单位，先后办起11个公共食堂，95%社员在食堂集体用膳。

11月，贯彻毛泽东"全民皆兵"指示，乡里成立民兵连，16—50周岁公民均被编入民兵组织，16—30周岁男性青年被编为基干民兵。

是年，岱岭完全小学升格为岱岭中心学校，有6个班218名学生，9名教师。

是年，各大队创办保健室。

1959 年

3月8日，岱岭大队改称岱岭管理区。

3月，岱岭管理区妇女联合会成立，主任钟春花（畲族）。

6月19日，岱岭管理区第一批支援宁夏建设20人由平阳县出发，至宁夏落户。1961年后，大部分返乡。

是月，78省道矾山至马站公路开始建造。

7月16日，台风在赤溪登陆，岱岭大批农田被淹，房屋倒塌严重。

1960 年

3月29日，坑门生产队民兵连长蓝盛魁（畲族）出席浙江省第一次民兵代表大会。

8月1日，台风暴雨，风力12级，降雨359.60毫米。

8月9—10日，又有热带风暴过境，风力9级，雨量229.40毫米。岱岭水稻被淹，部分甘薯被冲走。

秋，岱岭大队中心幼儿园创办，时设1个班，在园幼儿23名，幼儿教师1名。

12月，岱岭大队党总支贯彻中共中央《关于人民公社当前若干政策问题的紧急指示信》，纠正平调物资、劳动和资金的"共产风"错误。

1961 年

9月，78省道矾山至马站公路通车。其中岱岭畲族乡境内长21千米，途经云遮、坑门、福掌、富源、东宫、大厝基，结束了乡境内货物进出肩挑背驮历史。刚建成时路基宽5米，路面宽3.50米，为山区重丘三级泥结碎石路面。

是月，根据中共中央《关于农村人民公社工作条例（修改草案）》精神，撤销马站公社，恢复马站区公所。

10月，岱岭管理区改名为岱岭公社，仍属平阳县马站区管辖，下辖生产队改名为大队，其中所属顶峰大队析为斗墘、朗腰、龙凤、南山4个大队。

1962 年

1月6日，岱岭公社供销部改称岱岭公社供销分社；实行"购猪奖售""猪粮挂钩""买猪留肉"和派购任务外的生猪"购四留六"（60%由养猪户自行处理）等鼓励养猪售猪政策。

2月，岱岭公社成立共青团组织，陈廷南兼任岱岭公社第一任团委书记。

1963 年

1月8日，全乡气温下降至-5℃。

3月，岱岭公社人民武装部成立。

7月16—18日，受台风暴雨影响，岱岭农作物受损严重。

1964 年

7月1日零时，进行中华人民共和国成立后第二次人口普查，岱岭公社总人口为4249人。

11—12月，成立社队贫下中农协会，开展"四清"（清政治、清经济、清组织、清思想）运动，部分社、队干部被整。

1965 年

2月，岱岭公社党委召开全社贫下中农代表会议，学习中共中央《关于农村社会主义教育运动中目前提出的一些问题》，强调运动性质是解决社会主义与资本主义的矛盾。

1966 年

8月，全社开展"文革"运动，成立"红卫兵"组织，进行"破四旧"（旧思想、旧文化、旧风俗、旧习惯）。部分干部、群众被抄家，许多文物被毁。

9—10月，学生外出串联，学校停课闹革命。

12月，公社机关、学校等部门组织"战斗队"，把公社领导干部当作"走资本主义道路当权派"进行批斗、挂牌游街。乡境内中共、共青团、妇女联合会、治保、民兵等组织被迫停止活动。

1967 年

2月，南山水库建成，集雨面积0.21平方千米，坝高15米，库容量1.20万立方米，受益农田300亩。

春，低温阴雨，各地普遍发生烂秧现象。

8月3日至11月17日，连旱109天，溪水断流，田园受灾，全社粮食大减，人畜饮水困难。

是年，因受"文革"和旱情影响，全乡粮食产量再次滑坡，产量下降636.25吨，与1965年全乡粮食总产量1195.80吨相比，减产53.21%。

1968 年

秋，以"大批判"开路，掀起"农业学大寨"高潮。大肆推行"三献一并"错误做法，即把自留地、宅边地、房前屋后零星树木收归集体，进行并队升级、毁林、毁果，造地种粮，给林业生产造成严重破坏。

1969 年

7月2日，平阳县革命委员会（以下简称"革委会"）撤销岱岭公社管理委员会，成立岱岭公社革委会。

是年，境内大力培训"赤脚医生"①，各大队办医疗室。

1970 年

3月，开展"一打三反"（打击现行反革命，反对贪污盗窃、反对投机倒把、反对铺张浪费）运动。

是年，岱岭供销合作社在杨家边大路自然村建二层砖木结构商用房1幢，建筑面积450平方米，设农资用房和副食品、日常用品用房，以方便农户购销。

1971 年

3月，全社调整粮食征购基数，实行"一定五年不变"政策。征购任务从79.02万斤减至50.02万斤，减少幅度为36.70%。

9月26日，受台风影响，全社农作物受淹，部分房屋、牛栏、厕所等倒塌。

10月18日，岱岭至半山战备公路动工。

1972 年

4月1—2日，强冷空气进入马站，降雪，乡境内秧苗冻死严重。

8月1日，台风暴雨。

8月17日，日降雨达231.20毫米，岱岭水稻被淹，甘薯被冲，房屋被毁，损失严重。

1973 年

3月，福掌水库建成，集雨面积0.30平方千米，坝高16.40米，库容量1.41万立方米，受益农田170亩。

7月，创办岱岭畲族京剧团，演出剧目有《罗通扫北》《五鼠闹东京》等。

8月3—6日，受台风影响，连日暴雨，降水量达535.50毫米，岱岭早稻严重减产。

11月，岱岭至半山战备公路建成通车。

是年，坑门大队因粮食增产幅度高，平阳县政府嘉奖1台手扶拖拉机，这也是乡境内首次出现拖拉机。

---

① 赤脚医生，是20世纪60年代中期开始出现的名词，指没有固定编制，一般经乡村或基层政府批准和指派的、有一定医疗知识和能力的基层兼职医疗人员，受当地乡镇卫生院直接领导和医护指导，亦医亦农。

1974 年

3月，云山水库建成，集雨面积0.50平方千米，坝高11米，库容3.50万立方米，受益农田6.67公顷，受益人口200人。

是月，岱岭公社成立批林批孔小组，开展"批林批孔"运动。

秋季，云山鹤峰初级小学与云遮小学合并，校名改称平阳县岱岭乡云联小学。

1976 年

1月8日，国务院总理周恩来逝世，干部自发佩戴黑纱，举行悼念活动。

是月，开展大规模的"反击右倾翻案风"运动，部分社、队干部被整。

9月9日，中共中央主席毛泽东逝世，停止一切娱乐活动，下半旗致哀。公社和中心学校都设灵堂，献花圈。

11月，揭发批判江青反革命集团罪行，开始清查与其有关的活动。

1977 年

1月5日，大雪，平地雪厚6厘米。

春，平阳县政府在福掌村后山78省道边坡上修建占地130平方米的革命烈士公墓，安葬14位福掌畲族革命烈士。

7月25日，风力11级的热带风暴影响乡境内，过程雨量197.80毫米，岱岭部分农田受涝。

8月，平阳县政府在福掌村后山78省道边革命烈士公墓前树立福掌烈士纪念碑。青石碑正面中间竖刻"革命烈士永垂不朽"8个大字，背面横刻第二次国内革命战争时期，福掌村牺牲的14位畲族革命烈士姓名、生卒年月、牺牲地点。

12月，岱岭公社实现第一年粮食亩产超农业发展"纲要"，平均亩产820斤。

是年，岱岭中心校增设农中1个班级，教师1人，学生36人。

1978 年

10月1日，福掌村妇女联合会主任蓝梅花（畲族）赴京参加国庆观礼活动。

1979 年

9月，为发展山区经济，促进山区农民休养生息，根据浙江省政府决定，岱岭公社增加贫困山区粮食定销基数，调减粮食征购基数。

12月下旬，大厝基水库建成，集雨面积0.10平方千米，坝高5米，库容量

1.50万立方米，受益农田200亩。

冬，朗腰大队利用村内山区丰富的水力资源，在马站区资助3000元的情况下，发动村民义务出工，于是年冬季动工兴建一座库容量3000余立方米的山塘拦蓄溪水，并准备在此基础上建设一座45千瓦的小型水力发电站。

是年，乡境内实行联产承包责任制，其中实行"小段包工、定额计酬"和"统一经营、包工到组"责任制的生产队占总数50%；实行联产承包到组、包产包干到户及分小队情况并存。

是年，全公社创办乡村工业9家，从业人员40人，工业产值2.23万元。

是年，乡境内地主、富农和绝大部分反革命分子、坏分子被摘掉"帽子"。至1983年，境内上述"四类分子"全部摘帽。

1980 年

年初，岱岭公社成立计划生育办公室，承担全境计划生育工作职责。

伏夏，大旱。马站区于8月2日进行高炮催雨作业，发射炮弹354发，全区降雨70毫米，岱岭山区雨量更大，边上的十八孔水库降雨近100毫米，增加蓄水量80万立方米，乡境内旱情始解，晚稻插秧顺利完成。

是年，平阳县林业部门在岱岭公社大厝基大队和藻溪公社青山内大队实验成功千年桐"三随法"育苗，即随起苗、随嫁接、随造林，以后推广到全县，1982年获温州市科技成果三等奖。

1981 年

3月，王坑内水库建成，集雨面积0.30平方千米，坝高23.50米，库容量7万立方米，受益农田300亩。

4月，岱岭公社86个生产队中，有67个生产队建立各种生产责任制，占全社生产队总数的77.91%。责任制的形式主要有专业承包、联产到组，分口粮田和征购田、两统一包、联产到劳、包产到户、包干到户等，形成了农业承包责任制"多种形式小调整"的局面，对承包过于零碎和人口、劳动力增减变化比较大的生产队，适当调整承包土地，并把土地承包期从原来的3年延长到15年。

5月31日，浙江省林业厅批准岱岭公社为油桐生产重点公社。

6月18日，平阳县分为平阳、苍南两县，岱岭公社属苍南县马站区管辖。

9月22日，受台风暴雨影响，乡境内降水量达190毫米，晚稻受淹，粮食减产。

10月，岱岭中心校设初一1个班，有学生24人，乡境内首次有了初中教育。

1982 年

2月，温州市民政局批准岱岭为第二次国内革命战争时期革命老区乡。

7月1日零时，进行中华人民共和国成立后第三次人口普查，岱岭公社总人口为5828人。其中畲族1826人，占全乡总人口的31.33%。

6月19日，受特大暴雨影响，乡境内农作物被淹，粮食产量大减。

6—11月，马站区林业"三定"工作组进驻岱岭公社，进行稳定山权林权、划定社员自留山、确定林业生产责任制的林业"山林定权"发证试点工作。

11月，岱岭公社电影队成立，主要从事农村电影放映工作。

冬，朗腰大队建成一座45千瓦小型直流水力发电站，每天晚上6—11点发电，所发电力用于解决本村83户316名村民的夜间照明问题，成为乡境内率先通电的村庄。

1983 年

春，苍南县政府决定取消茶叶派购，改为合同定购。

4月1日，苍南县政府决定取消生猪派购，允许自由上市。

是月开始，岱岭农村信用社进行体制改革，入社扩股面不断扩大，每股入股股金由原来的30.65万元增至43.24万元，理事会由社员代表民主选举产生，组织各级理事会，并建立岗位责任制，健全信用社管理机制，同时加强存贷业务和社与社之间的资金余额调剂。

11月，全县扫盲工作现场会在云山村牛运自然村召开，神堂牛运夜校教师范则明作典型发言。

是年，岱岭京剧团在龙港参加全县业余剧团会演，获第二名。

1984 年

2月，苍南县政府撤销岱岭人民公社管理委员会，恢复岱岭乡建制，岱岭公社管理委员会改为岱岭乡政府。所属东风大队更名为东宫村。

5月31日，撤销马站区行政建制，建立马站镇，实行镇管乡体制；岱岭乡改称岱岭畲族乡，属马站镇管辖。

6月1日至8月6日，连续67天干旱，全乡粮食减产。

是年，建立乡文化站，指导乡民开展文化活动。

是年，政府准予个体运输业发展，乡境内手扶拖拉机发展到15台，农用拖拉机加入运输队伍。

1985 年

1月，苍南县政府抽调30余名干部组成调查组，进行为期20余天的调查，确定岱岭等10个乡为重点扶持对象。

2月，撤销镇管乡体制，恢复马站区，岱岭畲族乡属苍南县马站区管辖。

3月25日，国家取消农副产品统派购，实行合同定购和市场收购。

4月1日起，浙江省取消粮食统购，改为合同定购。岱岭因地处山区，缺少水田，无粮食合同定购任务。

9月3—4日，受在马站登陆的台风影响，岱岭日降雨量达381.20毫米，农田受涝，部分房屋被毁坏。

秋，接通低压输电线路，大厝基、杨家边、东宫、南山4个村率先用上马站电网送来的水电。

是年，改"赤脚医生"为乡村医生，在常规免疫基础上，对所有4周岁以下儿童一律进行二轮免疫糖丸普服，挨家挨户登记造册、发放糖丸，普服率达100%，基本消灭小儿麻痹症、百日咳、天花等严重危害儿童的疾病。

1986 年

2月，温州市民政局批准岱岭畲族乡为革命老区乡。

2月28日至3月3日，浙江省林业厅派飞机在笔架山等地飞播造林。

6月26日至9月4日，连续70天干旱，粮食大减产。

11月中旬，云遮村牛皮岭自然村发生火灾，烧毁畲民蓝瑞松等8家18间平房，直接经济损失9万元。

是年，苍南县政协、卫生局、民政局、县政府民族科联合组织医疗队到云遮村，为13名肺结核患者进行治疗。至1987年，共拨出医疗费1.20万元。

是年，杨家边村人、台湾地区"陆海空联勤部司令"林志珍中将卒于台湾，享年75岁。

1987 年

3月3—17日，浙江省林业厅派飞机在岱岭畲族乡等9个乡镇35个村飞播造林。

4月11日，岱岭乡和福掌、龙凤、朗腰、坑门、云遮、云山、斗垟、南山、大厝基、杨家边10个村和东宫村战坪头、后垟、顶台后3个自然村被定为第二次国内革命战争时期革命老根据地村。

是月，根据1986年12月2日六届全国人大常委会第18次会议对《地方组织法》的第二次修订精神，岱岭畲族乡召开第三届人民代表大会第一次会议时，选举产生主席团，由主席团代理主席郑德树主持本级人民代表大会会议，在会议期间行使法律规定的职权，组织选举乡长1人、副乡长2人。此前，乡政府乡长、副乡长人事，均由其上级中共马站区委员会直接任命，无须召开人大会议进行选举。

7月，成立岱岭畲族乡护林防火委员会，加强森林防火工作。

9月，岱岭中心校因初中学生人数不断增多，校舍容纳不下，把初中3个班级暂时迁往大厝基山头窟解放军废弃营房就读。2年后，新校舍建成后迁回。

12月，中共岱岭畲族乡宣传统战委员李中仙被评为"浙江省民族团结进步先进工作者"。

是年，全乡近半农户种植蘑菇，面积达60万平方尺，年总产值100多万元，占全乡工农业总产值的40%，年收入3000元以上的农户比比皆是，成为全县第一蘑菇基地乡。

是年，为普及初等教育，增设一所简易小学（小学夜校），有学生71人。

1988 年

1月，全乡7—11周岁儿童626人，已入学614人，入学率98.10%；小学在校生年巩固率99.60%，经苍南县政府验收合格，实现无盲乡目标。

9月26日至12月29日，连续干旱95天，全乡受灾严重，粮食产量大减，经济损失严重。

10月19日，农历九月九重阳节，云遮村在广利侯王宫传统文化庙会中恢复抬刀轿民俗活动。

是年，全乡工业总产值达75万元，比1981年的1.45万元增长51.72倍。

是年，乡境内所有村庄均通电，用户1200多户，年供电量100多万千瓦时。

是年，乡政府投资2万元，在大厝基山头窟部队废弃营房内重建敬老院，供养十多位孤寡老人。

是年，乡政府成立成人教育中心学校。

1989 年

1月13日，大雪，平地积雪厚16厘米。

2月底，浙江省机电设计研究院及国家能源部杭州机械设计研究所专家到鹤顶山实地考察，认为这里风电开发条件优越，可以安装30—50台大型风力涡轮发电机，可建大型风电场。

3月，乡综治办和调解办公室成立，两块牌子一套班子，负责全乡民事纠纷调解工作，进行普法教育和法律法规知识宣传，帮助刑满释放人员及邪教人员改邪归正。此后，所辖11个村相继成立村治保调解委员会。

6月30日下午2时12分，一辆从马站开往灵溪的中型面包车在东宫村王坑内冲入40米山谷，2名旅客当场死亡，其余12名重伤旅客和4名轻伤旅客经当地居民和马站卫生院、矾矿医院的及时抢救，均脱离生命危险。

是月，马站水电站在云遮岭脚建云脚发电站，集雨面积3平方千米，装机100千瓦，架设5千米高压线路，年发电量16万千瓦时，所发电力输往马站。

9月9日，苍南县政府批准建立岱岭畲族乡林业工作站。

10月，全乡以小学毕业率100%；12—15周岁儿童530人，已小学毕业229人，简易小学毕业71人，仍在小学读书200人，普及率90.90%；在校率37.70%；全毕业率69.30%，"四率"符合省定标准，通过苍南县政府验收，被认定为普及初等教育。

是年，岱岭畲族乡中心学校代表队获马站区教职工"热爱祖国知识竞赛"团体第2名。

1990 年

3月22日，中共岱岭畲族乡第四次代表大会召开，大会选举产生中共岱岭畲族乡第四届委员会委员5人（含书记1人、副书记2人）。

4月2日，乡第四届人民代表大会第一次会议召开，审议通过乡政府工作报告和财政预决算报告，并作出相应决议。选举产生人大主席1人，选举产生乡政府乡长1人、副乡长2人。会后，挂出乡人民代表大会主席团牌子，启用主席团印章。

5月，中共岱岭畲族乡纪律检查委员会建立，乡党委委员蔡其我兼任乡纪委副书记。

7月1日零时，进行中华人民共和国成立后第四次人口普查，全乡总人口为5705人，其中畲族1822人，占全乡总人口的31.33%。

9月4日，岱岭遭第17号强热带风暴袭击，几个小时内降雨886毫米，局部降雨936.70毫米，山洪暴发导致的泥石流冲毁民宅24间，21户118人无家可归；188间房屋受损。田园被毁1252亩，受淹农田1276亩。冲走粮食57000斤，受淹15万斤。冲毁朗腰山塘1座，冲毁渠道142条计1.90万米，冲毁堰坝24条计1230米，冲毁溪堤4740米，冲毁桥梁7座，冲毁机耕路8千米，冲毁民间道路23千米，冲毁自来水池13座，加上电线杆、教室、水果林、家畜、家禽等损失，全乡合计损失900多万元。

是年，鹤顶山风力发电站被国家计委列为"八五"期间开发的全国四大风电场之一。之后，进行测风仪安装和进场公路建设，还在675米风场进行了15千瓦、55千瓦、200千瓦3台国产风电机组的运行试验，为建设大型风电场奠定了基础。

是年，全乡60%以上居民饮用自来水，改变历史以来居民饮用溪水、井水的习惯。

是年，乡广播放大站改称广播电视站，乡境内出现电视。

是年，岱岭畲族乡中心学校教师李道州被评为浙江省普及初等教育先进工作者。

是年，朗腰村民林庆元投资20万元创办朗腰茶叶加工厂，厂房占地320平方米，固定资产20万元。

1991 年

3月8日，中共苍南县委副书记、县长黄德余率县委、县人大常委会、县政府、县政协四套班子领导，到乡境内参加植树造林活动。

4月2—5日，县人大常委会主任施德金，副主任郑体乾、吴权率领县人大代表视察组和当地区、乡负责人，对岱岭、凤阳、龙沙、信智4个贫困乡的群众生产和生活情况进行视察。

6月3日，中共苍南县委、苍南县政府派出工作组进驻马站，专门处理"抬会"案，乡境内历时一年半的"抬会"纠纷才逐渐平息。1990年，带有诈骗性质的乐清抬会从马站传入岱岭，涉及人员数十人，会款发生额达上百万元。由于部分会主拒绝付款，引起乡境内连锁反应，导致相继倒会，数十名参会群众夜以继日地为讨还会款而奔走，债权人和债务人间为讨债而引发的纠纷时有发生。

6月19日、9月9日、10月3日3次大暴雨，岱岭各地雨量都在100毫米以上，乡境内农作物受灾严重。

是年，遭受严重自然灾害，乡境内人均收入仅227元，全乡农业税全部免征。

1992 年

5月，苍南县进行撤区、扩镇、并乡工作，岱岭畲族乡直属苍南县。

8月28日，遭受第16号强热带风暴袭击，岱岭损失严重。

9月23日早晨，11级强热带风暴在马站登陆，岱岭境内平均日降雨量223毫米，引起山洪暴发，山区、半山区损失严重。

10月12日，苍南县人大常委会组织林业检查组，对岱岭等8乡（镇）和林场贯彻实施《林业法》情况进行检查。

10月27日，鹤顶山卫星转播台建成，转播温州电视台和苍南电视台节目，乡境内可以接收到这两个电视台的电视信号，电视逐渐进入普通家庭。

11月，由于岱岭经济不发达，存贷款业务量不大，岱岭农村信用社撤销，并入马站农村信用联社，居民存贷款转至马站农村信用社。

是年，在共青团苍南县委牵头下，坑门民族小学改建成全县第一所"希望小学"，新建校舍236平方米，教室4个，学生136人，教师7人，贫困学生可减免学杂费10元，团县委还资助40名贫困学生每人每学期30元；妇女联合会资助4名，贫困学生入学率达99.60%。

1993 年

3月14日，中共岱岭畲族乡第五次代表大会召开，大会选举产生中共岱岭畲族乡第五届委员会委员7人（含书记1人、副书记2人、纪委书记1人）。

4月7日，岱岭畲族乡第五届人民代表大会第一次会议召开，大会审议通过乡政府工作报告和财政预决算报告，并作出相应决议。选举产生乡人大主席1人，乡政府乡长1人、副乡长2人。

春，受低温多雨和倒春寒影响，早稻亩产只有339千克，总产532吨。

8月1日至12月上旬，连续60多天未雨，1800多亩晚稻绝收。

12月14日，苍南县政府将岱岭等20个乡（镇）划作林区乡（镇）。

是年，投资4万元架设云山高压线路，解决了云山人民用电问题；投资6万元更新东宫、杨家边、大厝基等村的低压线路，全部换上水泥杆。

1994 年

8月21日，第17号台风正面袭击，风力强，雨量集中，乡境内农作物损失严重。

10月28日，岱岭畲族乡政府荣获"温州市森林防火先进单位"称号。

是年，岱岭中心学校实行小学初中九年制义务教育。

是年，全面解决农村饮用水问题。

是年，鹤顶山风电场开始发放征地补偿款，坑门、云遮和云山三村与鹤顶山林场发生林权纠纷。

是年，全乡绿化荒山250.10亩，四旁植树1.30万株，营造经济林1500亩。

1995 年

春，苍南县教委决定创办"九年一贯制"农村试点学校——岱岭中心学校。

8月1日至9月27日，乡境内58天中仅降雨27毫米，旱情严重，粮食产量锐减。

9月，岱岭中心学校在老校对面溪边征地11.50亩扩建新校，新校园包括教学楼、操场、围墙、食堂等，共投资115万元。其中，一期新建两层教学楼，6个教室2个办公室。

是年，乡境内各村电力线路更新完毕，电力照明入户率达100%。

是年，地面卫星接收站建成，可以接收中央电视台一频道、二频道以及浙江电视台、温州电视台、苍南电视台5个频道节目，电视基本普及。

是年，坑门、云遮、福掌村8千米机耕路开通。

是年，东宫岱后大桥完成集资，桥面铺设工程动工，次年完工。

是年，朗腰蛇口引水工程完成，引水隧道全长300米。

是年，鹤顶山风电场对占用的坑门、云遮和云山三村200多亩林地进行经济补偿。经苍南县林业局和岱岭畲族乡政府协商调解，征地补偿款90%归坑门、云遮和云山三村，10%归鹤顶山林场，这部分地域林权证均被收回。

1996 年

1月，鹤顶山风电场一期工程动工，安装从丹麦进口的2台功率各500千瓦的风电机组，这是当时世界上投入商业运行的最大风电机组，鹤顶山风电场做到了同世界先进水平接轨。

3月9日，中共岱岭畲族乡召开第六次代表大会，大会选举产生中共岱岭畲族乡第六届委员会委员4人（含书记1人，副书记2人，纪委书记1人）。

3月20日，岱岭畲族乡第六届人民代表大会第一次会议召开。大会听取和审议了乡人民政府工作报告和财政预决算报告，并作出相应决议。选举产生岱岭畲族乡第六届人民代表大会主席1人，乡政府乡长1人、副乡长2人。

4月17日，3名德国风电公司专家专程到鹤顶山风电场实地考察，为这里将要实施的二期工程作准备。鹤顶山风电二期工程共安装15台装机容量为600千瓦的德国产风力发电机组，总投资1.04亿元，其中德国政府提供6100万元贷款，浙江省电力公司负责在25年内偿还。

8月1日，乡境内受第8号台风外围影响，受损较重。

1997 年

8月19日，第17号台风袭击岱岭，乡境内农作物受灾严重。

是年，在各级政府的大力扶持下，全乡农村经济总收入1058万元，农民人均收入1046元；粮食总产量1728吨，人均粮食产量276千克，群众温饱问题基本解决。

是年，乡境内建成股份制的岱岭乡自来水供水站，日均供水量75立方米，解决了乡政府周边大厝基、杨家边、东宫3个村2600多人的饮用水问题。

1998 年

7月，九三学社苍南县委捐资5万元用于岱岭中心校操场平整，学校增挂苍南县岱岭畲族乡九三学校牌子。

8月12日，中共苍南县委、苍南县政府颁发《县委县政府关于认真做好第二轮土地承包工作进一步稳定和完善家庭联产承包的通知》（县委发〔1998〕72号文件），岱岭乡对全乡二轮土地承包工作进行部署，当年完成这项工作，给当地农民吃下了定心丸。

9月，县政府对人均收入500元以下的少数民族贫困户，继续给予减免农业税。

10月，岱岭广播电视站并入马站广播电视站，乡政府周边5个行政村开通有线电视。

11月15日，鹤顶山风电场二期工程完工。两期工程使鹤顶山风电场装机容量达到1万千瓦，年发电量达到2000万千瓦时，成为当时温州最大风力发电站。

是年，岱岭村村通程控电话。

是年，在县政府安排下，钱库镇与岱岭畲族乡挂钩结对扶贫。

1999 年

1月21日，《温州侨乡报》记者戚俊伟跟随等到福掌村视察，撰写《青山有幸埋忠骨，革命老区盼脱贫》一文，引起各级领导重视，多方投入资金，对岱岭乡进行重点扶贫。

1月26日，中共岱岭畲族乡第七次代表大会在岱岭召开。大会选举产生中共岱岭畲族乡第七届委员会委员6名（含书记1人、副书记2人、纪委书记1人）和纪律检查委员会委员3名。

3月10日，岱岭畲族乡第七届人民代表大会第一次会议召开。大会听取和审议了乡人民政府工作报告和财政预算决算报告，并做出相应决议。选举产生岱岭畲族乡第七届人民代表大会主席1人、副主席1人，选举产生乡政府乡长1人、副乡长2人。

3月，福掌村被命名为"苍南县爱国主义教育基地"。

6月，乡护林员陈朝民被国家林业局评为"全国优秀乡村护林员"。

6—7月，苍南县政府投入48万元，对全乡103间茅草房、油毡房进行拆除，新建瓦房3500平方米，岱岭彻底消灭人居草房。

7月，中共温州市委副书记金邦清率有关领导到岱岭检查脱贫工作。

9月7日，浙江省人大常委、民委副主任金庆民一行15人到岱岭乡检查《民族乡工作条例》贯彻落实情况。

12月，中共中央纪律检查委员会副书记刘锡荣和浙江省政协主席刘枫分别为岱岭畲族乡希望小学题写校名。

2000 年

5月17—18日，温州市人大常委会副主任李居轩在县人大常委会副主任李其珊陪同下，到岱岭、马站、赤溪、凤阳等乡镇检查扶贫工作。

7月1日零时，进行中华人民共和国成立后第五次人口普查，全乡总人口为4383人，共有8个民族，其中畲族1533人，占全乡总人口数的34.97%。

秋，乡境内建移动通信基站，信号覆盖8个行政村90%区域，全乡手机用户迅速增加，总数达到1500多户。

是年，乡境内文盲率降至11.67%。

是年，云山小学撤并到岱岭中心校，撤并后原村小学生全部寄宿中心校。

2001 年

3月5至12日，浙江省林业厅派飞机在笔架山等地飞播造林。

7月，苍南县政府将岱岭乡11个村合并调整为东宫、杨家边、大厝基、富源、坑门、福掌、云山、云遮8个村，其中富源村由朗腰、南山、斗塆、龙凤4个村合并而成，村名从"致富思源，富而思进"中取2字而成。

9月，受第19号强热带风暴"利奇马"影响，26、27、28日连续3日大暴雨，29日特大暴雨，马站降雨量在268毫米以上，岱岭损失严重。

是年，投入120万元，开通除云山村外的7个行政村有线电视终端680个，许多农户看上信号更好、频道更多的有线电视。

是年，乡境内开通程控电话。

是年，岱岭畲族乡卫生院投资40万元，在杨家边村大路自然村78省道旁新建钢筋混凝土结构二层楼房1幢，建筑面积434.60平方米，配有X光机、B超机、心电图等医疗设备，初步解决山区群众缺医少药问题。

是年，岱岭畲族乡辅导中心学校小学教师学历合格率从67.70%提高至83%，中学教师学历合格率从33.40%提高至78%，中学生升学率提高至65%以上。

是年，富源村、云山村有6户农户利用得天独厚的山水资源优势发展牛蛙养殖业，取得了一定的经济和社会效益。

是年，全乡修建溪坝8千米，修筑三面光渠道23千米。

是年，上级政府帮助新建乡政府办公楼1座、公厕7个。

是年，乡文化站建成电子信息馆，以方便群众上网。

2002 年

春，在上级扶贫资金资助下，富源村从江西省抚州市引进黄栀苗木，在南山和龙凤2个自然村建成500亩连片黄栀基地。

3月12日，中共岱岭畲族乡第八次代表大会召开。大会选举产生中共岱岭畲族乡第八届委员会委员7名（含书记1人、副书记2人、纪委副书记1人），纪律检查委员会委员3名。

7月16日，温州市人大常委会副主任王思爱率永中街道办事处、市第五人民医院、市海洋与渔业局和钱库镇等单位，到岱岭畲族乡开展扶贫调研。

9月7日5时30分，16号强台风"森拉克"在大渔镇登陆，岱岭中心风力12级以上，一批房屋坍毁，农作物被冲走，经济损失严重。

是年，据苍南县林业局调查，乡境内有树龄百年以上国家三级保护珍稀古树名木13株，以无柄小叶榕和枫香为主，主要分布在古庙、民宅和大路边。

2003 年

3月，岱岭畲族乡第八届人民代表大会第一次会议召开，会议听取和审议第七届乡政府工作报告、财政预决算报告、乡人大主席团工作报告；选举产生乡第八届人民代表大会主席1人、副主席1人，乡长1人、副乡长2人。

5月24日至8月13日，乡境内连续干旱82天，其中36天气温超过35℃，有3天气温突破40℃，最高气温达41.8℃，粮食产量大减，人畜饮水困难。

6月，云山村创办岱岭山一矿泉水有限公司，日产"云山"牌矿泉水1000桶22.50吨，效益良好。

8月，乡境内通村公路被列入浙江省康庄工程计划并实施。全乡以78省道为干线，在原有机耕路基础上，按四级公路标准展开通村公路建设。

9月，福掌学校并入坑门小学。

2004 年

4月，富源村创办股份制企业朗腰采石场，日生产石材50立方米。

10月20日，中共杭州市萧山区委副书记王珠英率区扶贫老区工作办公室和有关部门负责人到岱岭开展挂钩扶贫活动，共送来20万元扶贫款。

是月，全乡8个村低压线路农电改造工程全部完工，有5个村架设路灯。

11月23日，浙江省民族宗教委员会（以下简称"省民宗委"）副主任邢越生率省宗教界人士莅临苍南扶贫，并为岱岭畲族乡辅导中心小学捐款70万元。

是年，云遮小学并入岱岭畲族乡辅导中心学校。

是年，投资200万元，建成福掌通村公路0.70千米；大厝基村道路拓宽硬化3千米。

2005 年

3月，省重点工程232省道正式开工，工程全长54.50千米，其中岱岭连接线长1千米，经矾山镇南堡社区，通过长达2955米的鹤顶山隧道连接岱岭畲族乡，经坑门、云遮、福掌3村，穿过云脚隧道通往马站镇。公路按照二级公路设计标准，路基宽度10米，设计行车速度每小时60千米。

5月，岱岭畲族乡辅导中心学校学生家长郑存都、温丽君夫妇被评为全县"为国教子、以德育人"十佳好家长。

7月19日17时10分，第5号台风"海棠"在福建省连江市黄岐镇登陆，乡境内受台风外围影响，损失严重。

是年，全乡除云山村外，其余7个行政村有线电视覆盖率升至80%。

是年，岱岭畲族乡中心辅导学校被评为苍南县文明单位。

是年，云遮小学撤并到岱岭中心校。

是年，全乡小学、初中入学率分别达99.75%和99.20%。

是年，建成云山村通村公路3.10千米，投资111万元；建成云遮通村公路2.10千米，投资72万元。

是年，福掌村建成荷兰豆基地300多亩。

2006 年

5月，乡境内以1982年山林承包为基础，开展山林延包工作。已划定的自留山由农户长期无偿使用，已承包到期的责任山继续保持承包关系，并统一将山林承包期延长至2055年。

8月10日17时25分，超强台风"桑美"正面登陆马站，岱岭山体崩坍，公路受阻，损失惨重。

10月27日，中共岱岭畲族乡委员会第九次代表大会召开，大会选举产生中共岱岭乡第九届委员会委员5人（含书记1人、副书记2人、纪委书记1人）。

12月，岱岭畲族乡辅导中心学校成为苍南县45所新教育实验试点学校之一。

是年起，岱岭乡开始免征农业税。

是年，经过校网调整，坑门、顶峰2所完全小学并入岱岭畲族乡中心学校，全乡仅保留1所岱岭畲族乡中心学校，为九年一贯制学校。

2007 年

1月25日，岱岭畲族乡第九届人民代表大会第一次会议召开。会议听取和审议第八届乡政府工作报告、2006年度财政预算执行情况和2007年财政预算安排的报告、乡人民代表大会的工作报告；选举产生乡第九届人民代表大会主席1人、副主席1人、乡长1人、副乡长2人。

9月19日凌晨2时30分，第13号强台风"圣帕"在霞关镇登陆，乡境内大暴雨。

是月，蓝瑞桃、蓝春南在苍南县第三届文化艺节暨首届民族民间民俗艺术节男女对唱原生态畲族民歌《四季歌》，荣获二等奖。

10月7日下午3时30分，第16号台风"罗莎"在马站霞关与福鼎市交界登陆，乡境内风力大，连续暴雨，近中心最大风力12级，造成民房毁坏，农田被淹，损失惨重。

10月，岱岭畲族乡被苍南县政府命名为"民族团结进步模范集体"。

是年，成功创建"温州市教育强乡"。

是年，浙江省民宗委三处调研员金幸祥到富源村担任第一任驻村指导员，帮助种植大户流转土地，建设以户为单位的蔬菜大棚，发展效益农业，取得了明显成效。

是年，浙江省农科院亚热带作物研究所专家李发勇以科技特派员身份被下派到岱岭畲族乡，帮助富源村发展温州特早熟蜜橘产业，成为民族乡镇脱贫致富的一个经典案例。

是年，岱岭畲族乡辅导中心学校创建畲族特色文化展览室，收集畲族特色生产、生活用品几十件。

是年，在苍南县扶贫办牵线搭桥下，富源村建立了发夹来料加工基地，杨家边村建立了圆珠笔来料加工基地，为村民脱贫致富打下了基础。

2008 年

7月28日22时，"凤凰"台风登陆福建省福清市，受外围影响，乡境内部分农作物受灾。

是月，《岱岭畲族民间诗歌集》成功申报温州市第一批非物质文化遗产。

9月19日凌晨2时30分，第13号台风"圣帕"在马站霞关登陆，乡境内大暴雨。

10月18日下午3时30分，第16号台风"罗莎"在马站登陆，正面袭击岱岭，乡境内经济损失严重。

冬，东宫村坝头大桥重建工程竣工，新大桥为石拱桥，由郑德菊、林时川、林时良等筹资重修。桥边碑志详细记载了捐资人姓名和捐资数量，其中畲民蓝氏、雷氏、李氏、钟氏占三分之一多，捐资者和义工共有114人。坝头大桥原为石桥，位于富源村南山、龙凤、斗塆、朗腰4个自然村通往乡政府的必经之路上，2006年被超强台风"桑美"引发的特大洪水冲毁。

是年，岱岭畲族乡辅导中心学校荣获温州市基础教育课题评比二等奖。

2009 年

11月16日，重修于清咸丰十一年（1861年）四月的杨家边方圆双井成为苍南县文物保护点。

是年，在清洁家园行动中，共投入22万元建设垃圾集中点、购买清洁卫生用具及支付9名保洁员工资等，实现垃圾"户集、村收、乡运、区域集中处理"，使乡村垃圾得到及时处理，卫生面貌大为改观。

是年，建成1座5间三层的乡文化站大楼，占地面积175.60平方米，建筑面积526.80平方米，内设图书馆、书画室、电子阅览室、文体活动室等设施，大大丰富了当地群众业余文化生活。

是年，坑门村在水利局支持下，多方筹集资金8万元，新建蓄水池3个，铺设管道3千米，彻底解决44户未下山异地脱贫农户的饮用水问题。

是年，坑门村横浚自然村移民至坑门岭隧道口共35户157人，建房35间，政府给予每人补助3000元，解决了该村居住分散、基础设施落后、群众生产生活不方便的问题。

是年，苍南县民族宗教局（以下简称"苍南县民宗局"）和岱岭畲族乡在富源村联合组织畲族民歌传承培训，主要在晚上利用中小学生课余时间和畲族妇女业余时间，聘请富源村雷开勇、蓝瑞桃夫妇进行具体指导，全年共培训20人多人。

是年，岱岭畲族乡中心校教师林时良被浙江省文化厅评为浙江省农村文化示范户。

2010 年

4月16日，在中国景宁第三届中国畲族民歌艺术节上，蓝瑞桃、蓝春南对唱的《采茶歌》荣获铜奖。

7月17日，232省道竣工通车。其控制性工程——长达2955米的鹤顶山隧道的开通，使矾山和岱岭之间的距离比原来的78省道缩短8.80千米，缩短行车时间20多分钟。

9月3日，地处福掌村的利济桥被苍南县政府定为县级文物保护单位。

秋，新建大厝基村灯光篮球场，供青年人进行体育锻炼。

11月1日零时，进行中华人民共和国成立后第六次人口普查，全乡常住总人口为3323人（户籍人口6635人），其中畲族户籍人口2521人，占全乡户籍总人口的38%。

是年，实现村村通公路。

是年，大厝基村小岭自然村62户212人61间房屋和北山自然村30户120人31间房屋，一次性整村迁徙到马站镇桥头村阁洋河地块安居立业。这项移民下山工作于2007年开始。

是年，投资100多万元，新建云遮村、坑门村2家紫菜加工厂，吸纳就业100多人，实现年产值700多万元。

是年，全面改造5个规模生猪养殖基地。外来投资户杨昌金建立的云遮成发生猪养殖基地投入450万元，新建标准栏舍3300平方米，年出栏生猪1000多头，成为苍南县生猪养殖协会会长单位。

是年，成立苍南县慈善总会岱岭乡分会，到位资金37万元；投资15万元建设富源村、大厝基村星光老年之家，解决两村老年群众活动难问题。

是年，乡境内康庄工程全面竣工，8个行政村56个自然村均通公路，总长35千米，路面宽4米，为15厘米厚混凝土路面。

是年，投资30万元建设东宫、杨家边、富源村生活污水处理管道延伸工程。

2011 年

6月14日，在中共苍南县委常委、统战部部长胡长虹陪同下，中共浙江省委统战部民宗处调研员赵句宝到岱岭指导低收入群众增收帮扶行动计划，察看了富源特早熟蜜橘基地。

6月16日，浙江省民宗委副主任莫幸福到岱岭指导经济社会事业发展工作，并到福掌村实地调研。

6月27日，中共岱岭畲族乡第十次代表大会召开。大会选举产生中共岱岭乡第十届委员会委员5人（含书记1人、副书记2人、纪委书记1人）。

6月29日，中共浙江省委（以下简称"省委"）常委、副省长龚正到苍南接待信访，与中共福掌村支部书记吴秀旺、福掌村委会主任蓝成我面对面交流，现场帮助福掌村建设脐橙基地。

7月20日，岱岭畲族乡人大召开九届七次会议，选举乡人大主席、乡长、副乡长各1人。

8月10日，温州市扶贫办副主任雷大取到云遮村、富源村指导工作。当天下午，富源村在全县率先成立扶贫基金合作社。

8月19日，岱岭乡选送的畲歌《四季歌》获苍南县第五届文化艺术节表演类节目银奖。

9月11日，岱岭畲族乡首次在富源村举办温州特早熟蜜橘采摘节。

10月5日，在云遮村举办首届重阳节畲歌会，苍南县四套班子领导、岱岭籍在外知名人士、周边乡镇群众近5000人参加活动。

10月19日，浙江省佛教协会派人到岱岭学校开展扶贫助困活动。

10月26日，温州市政府副秘书长赵典霖到岱岭畲族乡调研民族乡建设工作。

11月1日，岱岭畲族乡创建省气象防灾减灾标准乡镇通过验收。

11月30日，畲岭畲族乡召开党代会，选举蒋荣国、林向光、金荣、蓝成华为中共苍南县第八次代表大会党代表。

12月16日，苍南县"比学帮"活动成员察看了岱岭大厝基地质灾害搬迁点马站阁洋河小区和杨家边大溪堤防加固工程。

12月29日，温州市副市长孟建新到岱岭慰问困难少数民族群众。

是年，加大农村合作医疗投入，乡财政给予每人补贴10元，全乡群众参合率达100%。

是年，除云山村外，其余7个行政村均开通数字电视。

是年，小学适龄儿童入学率100%，初中适龄人口入学率100%，小升初升学率100%，九年制义务教育覆盖率100%。

2012 年

1月11日，温州市老区慰问团到岱岭畲族乡慰问困难群众，送来帮扶资金64万元。

1月18日，岱岭畲族乡召开第十届人民代表大会第一次会议，选举产生岱岭畲族乡第十届政府乡长1人，副乡长3人。

3月15日，浙江省人民代表大会常务委员会（以下简称"省人大常委会"）民族华侨委员会一行到岱岭畲族乡调研民族文化工作。

3月24日，温州市第三届瓯越"三月三"畲族风情旅游节暨苍南县第二届少数民族传统体育文化节在东宫村举办，国家民委，浙江省民宗委，温州市委统战部、民族宗教局及市内各县民族宗教局、民族乡镇领导，福建省福鼎市、福安市领导和畲族同胞以及杭州、温州、闽、台等地8000多观众参与。中共苍南县委书记黄寿龙致欢迎词，国家民委文化宣传司副巡视员张学进、浙江省民宗委副主任邢越生前来祝贺，温州市常务副市长陈作荣宣布开幕。

4月25日，浙江省民族宗教委副主任倪忠扬到岱岭畲族乡指导工作。

是年农历九月初九重阳节，岱岭畲族乡第二届重阳畲歌节暨厨艺大会成功举办。

农历十月廿三，在福掌村举办纪念刘英慰问福掌村庆典活动。

是年，乡政府投资100多万元，并由富源村出工出力，从富源村岱（岭）半（山）公路边开始，建造一条长近1千米、宽1.20米的直通笔架山顶石阶登山步游道，共有台阶2659级，以方便游客游览。

是年，富源村荣登中央人民广播电台——中国乡村之声，被誉为温州市扶贫开发示范村。

是年，中央财政小型农田水利重点县项目拨款对南山水库、王坑内水库进行加固。

是年，坑门村污水处理工程和太阳能垃圾分类处理工程启动。

是年，富源村蓝瑞桃被确定为温州市非物质文化遗产畲族民歌项目代表性传承人，云遮村蓝瑞芳被确定为温州市非物质文化遗产畲族婚俗项目代表性传承人。

2013 年

年初，大厝基村商人陈永森回乡创办温州市永森农业开发有限公司，在大厝基村投资300万元建成占地158亩的"相约玫瑰园"鲜花产业基地。

3月，岱岭畲族乡司法所成立，主要负责宣传法律知识、咨询法律法规以及配合乡综合治理办公室（简称综治办）做好社会维稳工作。

4月6日，中共浙江省委统战部副部长、民宗委主任冯志礼一行深入岱岭畲族乡调研少数民族工作情况，县领导黄寿龙、胡长虹、林小同陪同。

5月18日，浙台少数民族文化交流活动在岱岭畲族乡举行，在东宫村和杨家边村举行畲族婚俗原生态表演，中国民族文化艺术研究院进行了专题拍摄；在富源村，湖南卫视专题拍摄岱岭畲族婚俗嫁娶表演活动。同日，岱岭畲族乡分别与台湾嘉义县阿里山乡、台东市马兰原乡签署缔结友好乡镇合作备忘录，为两地少数民族文化交流搭建平台。

夏，富源村30岁的蓝加斌在家不幸被煤气烧伤，烧伤面积达90%，被紧急送往温州医院抢救，医疗费需要38万元。乡领导发动全乡干部群众捐款救济，加上农村合作医疗补助款，共筹集30万元，蓝加斌成功获救。

6月18日，浙江省人大常委会副主任毛光烈到岱岭畲族乡视察民族工作。

9月，苍南县畲族风情文化园在富源村建成，其中畲族文化广场投资1000万元，占地30亩，建筑面积1.50万平方米，可容纳3500名观众。

10月5日，"菲特"台风登陆，乡境内受外围影响，损失严重。

至年底，鹤顶山风电场已有28台风力涡轮发电机，总装机容量已达1.74万千瓦，年发电量3000多万千瓦时。

是年，成功创建"浙江省体育强乡"，成功举办岱岭畲族乡首届全民健身运动会，新建大厝基村灯光篮球场和福掌村门球场。

是年，中央财政小型农田水利重点县项目拨款对大厝基水库进行加固。

是年，"村收集、乡转运、县处理"的农村生活垃圾分级处理方式开始在全乡推行，全乡设立8座垃圾收集站、1座垃圾转运站、1座太阳能垃圾分类处理站，每名保洁员配备一辆简易垃圾车，及时清运生活垃圾，垃圾无害化处理率达到100%；6个村建成污水处理工程，生活污水集中处理率达75%；投入98万元建设坑门村污水处理工程，减少疫病传染源。

是年，富源村蓝瑞桃被确定为浙江省非物质文化遗产畲族刺绣项目代表性传承人。

2014 年

4月2日，岱岭畲族乡第二届"三月三"民族民俗文化节成功举办。

6月30日，东宫村籍驾驶员郑存金驾驶浙C·D5051号公交车从马站开往灵溪途中，在232省道灵溪镇华阳社区路段被一块长约10厘米的飞石砸中头部，鲜血直流。在意识模糊中，他凭借坚强的毅力将快速行驶中的公交班车平稳地停在30米外陡坡公路边，保证了全车18名旅客安全，随后被120急救车送往苍南县人民医院救治脱险。次月，郑存金被评为"最美温州人"，并入选"浙江好人榜"和"中国好人榜"。

10月2日，云遮村举办岱岭畲族乡第四届"九月九"畲歌会，福掌村开展纪念革命烈士刘英活动。

10月，蓝瑞桃的"大襟绣花衣"（俗称"钉花衫"）刺绣作品荣获2014年浙江省妇女手工制品创意大赛三等奖。

12月，在浙江省第一次民族团结进步表彰会上，岱岭畲族乡乡长蓝成子被评为"浙江省民族团结进步模范个人"。

是年，对福掌村陈世垟吴宅和边上的吴氏大房老宅进行维修。这2座清代中后期古宅均在全国第三次文物普查中被列入《苍南县不可移动文物名录》。

是年，坑门村异地搬迁（包括新232省道占地赔偿处理）共65间民房，65户292人，集中迁居马站镇桥头村。

2015 年

6月，李晖华、吴在毅主编的《郑允中吟咏酬唱集》由线装书局出版发行。郑允中是当代岱岭名人，经常与中国著名数学家苏步青一起吟咏酬唱。

8月，位于杨家边村的岱岭畲族乡供水站建成，设计日供水量为300立方米，供水范围为大厝基、杨家边、东宫3个村和富源半个村。

10月，苍南县民政局在福掌村办公楼前立下革命烈士纪念碑一通，青石纪念碑碑文记载第二次国内革命战争时期，福掌村人民在中共领导下成立抗租团，进行反霸与抗租、抗税、抗捐、抗债、抗丁斗争，反抗国民党统治，14位革命先烈先后牺牲的事迹。

11月16日，杨家边方圆双井被列为苍南县文物保护点。

12月，全乡手机拥有量户均1.50只；新建岱岭邮政所一座，面积200平方米。

是月，东宫村、云遮村、大厝基、富源村、坑门村、杨家边、福掌村共有数字电视用户1330户，全乡有线数字电视入户率达100%，收视频道多达70个。

冬，云遮水库开工建设。水库集雨面积8.03平方千米，总库容286万立方米，属小一型水库，工程总投资7800万元。

是年，因建设云遮水库，苍南县第六批文物保护单位利济桥迁建水库大坝下游100多米处，共投资106万元。

是年，全乡8个村全部通公路，所辖56个自然村公路全部优化升级。

是年，全乡合作医疗保险参保人数6180人，参保率提高至92.23%。

是年，投资310万元新建苍南畲族博物馆，极大丰富了岱岭畲族文化内涵。

是年，全乡高压线路改造完成，用电量增至175.20万千瓦时；安装太阳能路灯3千米。

是年，全乡有户籍人口1692户6879人，其中畲族2272人，占全乡总人口的33.03%。

是年，温（州）福（州）高速公路复线岱岭段征地拆迁工作完成，全境内共征地100多亩，拆迁坟墓49座200孔，拆迁红线内民房28间和辅房15间，为次年按时施工创造条件。

是年，全面禁止重污染的牛蛙和生猪养殖，加强十八孔水库水源保护。

第一章 环境与建置沿革

岱岭畲族乡地处苍南县南部，山高地广人稀，土地资源、动植物资源、风力资源十分丰富，属亚热带海洋性季风气候区。自南宋至清宣统三年（1911年），乡境内分属平阳县招顺乡五十四都岑山里和榕树里（后改称城门里）管辖。宣统三年，招顺乡改称蒲门乡，辖区不变。民国年间，乡境内曾设岱岭、云山二乡。1952年6月成立岱岭乡。1957年6月，岱岭乡改称岱岭畲族乡。此后，行政区域名称几经变化，至1984年5月31日恢复岱岭畲族乡。至2015年，岱岭畲族乡管辖8个行政村。

第一节 自然环境

岱岭畲族乡山地广阔，平垟较少，土壤主要有丘陵土壤、岩秃土壤和高山土壤3种。溪流多而短促，丰水季节水量充沛，枯水季节溪流干枯。属亚热带海洋性季风气候区，四季分明，温暖湿润，雨量充沛，风力强劲，是浙江省热量资源和风力资源最丰富的地区之一，国家在此建有鹤顶山风力发电站。矿产资源主要有花岗岩、火成岩和矿泉水。森林主要是针阔混交林，森林覆盖率达60%。野生动物主要有兽类、鸟类、爬行类、昆虫类、蛛形类、两栖类、鱼类、甲壳类等。

一、地理环境

岱岭畲族乡属山区重丘乡，山地结构以低山和丘陵为主，山地面积大于丘陵。乡境内小盆地被山地、丘陵四面环绕。据1986年9月苍南县农业区划委员会办公室主编的《浙江省苍南县自然资源社会经济数据资料汇编》，全乡总面积20.17平方千米，丘陵与山地面积占1775.40公顷，为耕地面积281.33公顷的6.31倍。分海拔高程面积情况：50米以下63.60公顷，≧50—100米222公顷，

≧100—300米882.13公顷，≧300—500米511.20公顷，≧500—600米96.40公顷；分坡度面积情况：0—6米坡度176.60公顷，≧6—15米坡度665.53公顷，≧15—25米坡度20.20公顷，≥25米坡度为913公顷。

（一）山地

岱岭畲族乡境内山脉绵延横亘，错落有致，构成巨大的弧形山系，主要有鹤顶山、笔架山、龙凤山、南山尖、观音尖等山峰，海拔150米以下的山地占总面积近三分之一。

1. 鹤顶山

横亘矾山镇南堡社区与岱岭、凤阳两个畲族乡交界处，海拔990米，为苍南县最高山峰，地势险要。旧志称福鼎山、佛顶山、护鼎山、覆鼎山。

明洪武年间即有福鼎山名，直至清同治年间仍称福鼎山，洪武年间江南夏口（今属苍南县钱库镇）明经进士吴任和清康熙三十三年（1694年）平阳知县金以埈曾在此留下诗歌《福鼎山》（详见本志第六章"民间文献·书籍·古体诗选辑"）。清乾隆《平阳县志》记载："福鼎山，在县南百里，形如覆鼎，出群峰之上，有石棋盘、仙人迹，又有翠峰、云际峰、香炉峰、天柱峰、道士峰。"

佛顶山名源自清初原籍蒲门魁里（今属马站镇）的定国将军林东明《蒲门重兴》一诗："佛顶当空岚气迥，仙岩合掌涧声悬。"（详见本志第六章"民间文献·书籍·古体诗选辑"）林东明（1620—1699年）因清顺治十八年至康熙二十二年（1661—1683年）蒲门"迁界"不得归，晚年长期寓居江苏震泽，期间写下了这首诗，诗中的佛顶即指家乡附近的鹤顶山，仙岩合掌即指鹤顶山附近的合掌岩。生活于清中晚期的蒲城人华英（1818—1880年）所作诗歌《与陈云亭同登佛顶山绝顶》也称鹤顶山为佛顶山。

清光绪年间制作的地图标为护鼎山。后以其峰酷似鹤冠，谐音为鹤顶山。清末，已经出现鹤顶山称谓。21世纪初，鹤顶山祥云寺清基时，出土了几条石柱，发现清末文人撰写的两副对联，其中朱钦恩撰写的对联为："径迹类羊肠，想岩嶂参差，石也成羊疑恍惚；山名标鹤顶，望烟云缥缈，仙乎似鹤记依稀。"另一联为清末户部主事项崧（瑞安人）撰写："山以鹤顶名，高处独凌霄汉上；仙余鸿爪在，遗踪犹剩雪泥中。"

民国14年（1925年），刘绍宽在编纂《平阳县志》时，考虑到平阳县和邻近的福鼎县有2座福鼎山（1座为福鼎县太姥山主峰），遂以其形似覆鼎，在县志中将平阳（今在苍南）境内的福鼎山改名为覆鼎山。

山上怪石嶙峋，春天可赏杜鹃花海，夏天可赏茫茫云海，秋天可赏芒草花海，冬天可赏皑皑雪海，吸引众多游客前来观赏。每年4—5月份，山上火红的杜鹃花漫山遍野，让人深深着迷。每年9—11月份，鹤顶山巅数百亩芒花盛开，别有一番情趣。山南有石棋盘、仙人迹、翠峰、云际峰、香炉峰、天柱峰、道士峰。山下有双剑潭，潭上两水夹流，状如双剑闪耀。此外有梦台（石床）、挨身洞等名胜，一些洞穴曾是福掌畲民躲避国民党军警抓捕的藏身之处。鹤顶山海拔近千米，通常气温比本县平原地区略低4—5℃，夏季十分凉爽，是避暑的好地方。山腰有福掌、坑门等畲族村及水果园等。登高远眺，邻近城乡尽收眼底。

2. 笔架山

自古以来因高山连绵、交通不便，不宜居而生民较少，故少见文献记载。至明代弘治年间，王瓒编纂的《温州府志·山》对此山才有简略记载："明山，在县南百里，与福鼎山连。"今仍存世的明隆庆五年（1571年）印行的《平阳县志》至民国14年（1925年）印行的《平阳县志》均称明山、鸣山。清乾隆《平阳县志》云："明山，在县南百里，连福鼎山（今称鹤顶山）。每雷雨期，山必鸣，又曰鸣山。有祭坛在山上。"民国《平阳县志·建置志》云："鸣山（旧志作明山，在县南百里，连覆鼎山）之东南为龙凤岭。"民国《平阳县志·舆地志·山川上》又云："赤阳山南下为坑门山……坑门山南为坑门岭，高四十七丈。岭西为倪家山，倪家山南为鸣山。案：旧志作明山。下云：又曰鸣山，在县南百里，连福鼎山。盖福鼎山脉即包有坑门山也。新纂……鸣山之南为牛乾山，迤西为西山，上有合掌岩。"到了民国2年（1913年）编制的《温州平阳县金乡卫蒲门城地图》里，才有笔架山名称。而在民国《平阳县志》的"蒲门乡图"中，既有鸣山名称，也有笔架山名称，两者位置相连，南北分布，北为鸣山，南为笔架山。今之笔架山，即为倪家山之南，故鸣山即为今之笔架山。地处富源村与矾山镇倪家山村交界处，海拔846米，为乡境内西北方向山峰。鹤顶山山脊与笔架山连成一体，形成了矾山和马站的天然屏障。富源村就在笔架山麓，从这里望去，山顶呈现"凹"字形，和古代搁放毛笔的文具相似，故名。笔架山南面岱岭一侧山峰至山腰悬崖峭壁近乎垂直，山形陡峭，峰奇石异，怪石嶙峋，石头多为青石，沿石纹断裂，犹如一块块被切了的豆腐，整齐而又规则。山上还有多处洞穴，民间神话传说称里面有很多石床、石柜。每年4—5月份，笔架山杜鹃花盛开，2010年以来，已成为清明前后的热门旅游景点。

3. 龙凤山

龙凤山位于富源村与福建省福鼎市佳阳畲族乡双华村交界处，海拔779.60米。民国《平阳县志·建置志》云："鸣山（旧志作明山，在县南百里，连覆鼎山）之东南为龙凤岭。"

4. 南山尖

南山尖，也称南山，位于笔架山之南，位于富源村与福建省福鼎市佳阳畲族乡双华村交界处，海拔433.40米。

5. 观音尖

观音尖位于云山村，与马站镇城门社区交界处，海拔434米。

6. 新岭山

新岭山位于大厝基村内十八孔水库南边，与马站镇桥头村交界处，海拔192米。

7. 大湖山

大湖山位于杨家边村与福掌村陈世垟自然村交界处，海拔260米。

8. 狮头山

狮头山位于杨家边村与福掌村杨府南自然村交界处，海拔259米。

9. 大坪山

大坪山位于坑门村与矾山镇倪家山村交界处，海拔750米。

（二）丘 陵

岱岭丘陵属火山碎屑岩类丘陵，其间沟谷贯通，相对切割不深，丘面舒缓，丘顶显有夷平面。根据丘陵坡度面积量算结果表明，丘陵地形坡度小于25度的面积占45.10%，比温州其他地区丘陵地中同类坡度面积所占比例高10%—15%。乡境内七亩、八亩、小岭等地名，是丘陵地带地名的典型表现。

（三）盆 地

乡境内小盆地被鹤顶山、笔架山、龙凤山、南山、观音尖等山地、丘陵环绕，由西北向东南缓缓倾斜，最长处约2.80千米，最宽处约1千米，总面积约2平方千米，约占全乡总面积的14.90%，覆盖大厝基、杨家边、东宫、富源4个村的部分区域，全乡2015年2746亩水田主要集中于此。这些水田地势平坦，土层深厚，土质肥沃，水源充足，沟渠纵横，自流灌溉，交通方便，耕作条件相对较好，是乡境内的米粮仓。由于生产、生活条件相对优越，自南宋时期至清乾隆年间，历代先民沿着大厝基、杨家边、东宫、富源，逐级向海拔更高的地域开发。至2015年，乡境内59%人口集中居住此。海拔更高的山地上还有一些小盆地，如福掌村吴家童自然村就有1个面积100多亩的小盆地。

二、气候状况

岱岭畲族乡地理环境优越，西至西北有鹤顶山、笔架山为屏障，冷空气难进易出。全境气候特征是夏冬长，春秋短，四季分明；无严寒酷暑，温暖湿润。全境从丘陵平地至海拔650米以上山地，依次出现中亚热带、北亚热带和南温带气候。春季从3月6日至5月24日，历时80天，冷暖空气交替下，天气多变，时晴时雨。初夏梅雨季节冷暖空气来回交锋，连续降雨。夏季从5月25日至10月2日，历时131天，主要为东南风，天气炎热，雨量集中，台风、暴雨频繁。7—8月份，受副热带高压控制，以晴天为主，气温高、蒸发大，为"伏旱期"。秋季从10月3日至12月16日，历时75天。天气稳定少变，为天高气爽时节。但有些年份入秋后或持续高温，造成"秋旱"；或在南北气流相持之下，出现阴雨连绵天气。冬季从12月17日至翌年3月5日，历时79天，受西北风控制，常有寒潮入侵，出现霜冻和风雪，为寒冷干燥季节。乡境内春季回暖早，秋季降温慢，冬暖夏凉，热量丰富，气温年较差变化不大，十分有利于各种喜温作物生长。但灾害性天气时有出现，特别是台风、干旱、洪涝等灾害，给农业生产和群众日常生活带来较大影响。

（一）气 温

岱岭是浙江省热量资源最丰富的地区之一。根据浙江省亚热带作物研究所马站试验站气象观测，年平均气温为18.5℃，年平均积温6770℃，≥10℃积温为59.32℃。7月最热，月平均气温28.5℃；1月最冷，月平均气温8℃。极端最低气温-3.2℃，极端最高气温40℃。初霜日平均于12月8日出现，终霜日平均于2月26日出现，无霜期达284天。据1961—1980年统计，平均年日照时数为1691.32小时，以7月份最多，达243.10小时；8月份次之，农历九月开始衰减，俗谚有"九月九，太阳傍山走"（即太阳靠南边运行、日照时数缩短）之说；2月份平均日照时数最少，仅86.80小时。上半年阴雨天气多，日照时数明显少于下半年；山区雾日多，遮蔽亦比丘陵平地多，日照稍次于平地。全年太阳辐射99.50千卡/平方厘米，以夏季为最多，冬季最少，与日照时数分布相一致。光合有效辐射约占总辐射的48%，全年平地丘陵每平方厘米约52千卡，山区丘陵地带约47.50千卡，其时空分布规律与总辐射一致。随着地势变化，乡境内气温相应发生变化，一般分4个层次：

1. 温热层

在海拔100—140米（视坡向、地貌特征不同而异）以下。本层热量丰裕，春季回暖早，夏季气温高，温差大，热量条件优于温州、平阳一带沿海平原。该层年平均气温18.0—18.6℃；1月份平均气温7.7—8.6℃；7月份平均气温28.3—28.8℃；

图版 4-2-5 岱岭山景（萧云集摄于2012年12月6日）

全年≥0℃积温6550—6770℃；≥10℃积温5650—5930℃，持续天数265—270天。

2. 温暖层

在海拔100—140米以上、300—350米以下的层次。本层年平均气温17.0—18.0℃；1月份平均气温6.5—7.7℃；7月份平均气温27.7—28.2℃；全年≥10℃积温约5300—5650℃，持续天数250—265天。本层热量条件比平原稍差，但处于冬季地形逆温的暖带，仍适于喜温果木越冬。本层上限高度与年极端最低气温年平均值-5℃线基本一致，积雪、雪压现象轻微，出现概率低。

3. 温和层

在海拔300—350米以上、650米以下层次。本层热量条件相当于北亚热带，年平均气温15—17℃；1月份平均气温4.5—7℃；7月份平均气温25—27.7℃；全年≥10℃积温4500—5300℃，持续天数230—250天；年极端最低气温为-4.5—-7℃。

4. 温凉层

在海拔650米以上层次。热量条件相当于南温带，全年平均气温低于15℃；1月份平均气温低于4.5℃；7月份平均气温25℃；全年≥10℃<4500℃，持续天数在230天以下。年极端最低气温多年平均值低于-7℃。

热量随高度上升增加较快，盆谷底降雨量为1303.90毫米，而在温凉层估计可达1800—1900毫米（本山区无实测资料，经与邻近山区比较分析估量）。

表4-1-1-1　岱岭畲族乡日较差、日照时数和太阳辐射值一览表

月　份	月平均日较差（℃）	日照时数（小时）				太阳辐射值（千卡/cm²）
		合计	上旬	中旬	下旬	
1	6.30	113.80	40.90	41.20	31.80	5.66
2	5.30	86.80	31.80	33.40	34.30	5.40
3	8.20	98.80	31.30	33.40	34.30	7.05
4	7.60	102.60	30.90	31.60	40.50	7.80
5	7.20	102.70	31.20	31	40.50	8.25
6	6.20	117.60	37.50	36.20	43.90	8.68
7	8.70	243.10	67.10	84.60	91.30	13.70
8	7.80	225.20	72.20	72	81.10	12.77
9	7.80	184.90	70.90	59.40	54.60	10.31
10	6	158.50	52.40	48.10	58	8.49
11	10.60	119.80	42.60	33.10	44.30	6.02
12	9.20	118.70	43.70	36.40	38.70	5.54

资料来源：据苍南县气象局气象资料制表。

（二）降　水

岱岭境内淡水来自大气降水。据1961—1980年降水量记录，累计年平均降水量1303.90毫米，年平均降水日134天。以1962年最多，为1738.60毫米；1967年最少，为770.90毫米，最多年和最少年相差967.70毫米，降水量年际变化相对较大。20年中降水量在1500毫米以上的有4年，1100毫米以下的有5年，累计降水量变异系数为19%。降水量年内分配很不平衡，按月份划分：10月至翌年2月为秋冬少雨期，平均降水量251.70毫米，占全年的19.30%；3—4月为春雨期，平均降水量238.30毫米，占18.30%；5—6月为梅雨期，平均降水量371.40毫米，占28.40%；7—9月为台风雨期，平均降水量442.50毫米，占34%。11月份降水量最少，平均降水量为38.10毫米。一般4—6月因降水集中，易造成洪涝；7—10月份晴热少雨，常出现伏旱；如遇台风影响，带来短时暴雨，往往发生洪涝灾害。受地形影响，年平均降水量地域分布不均，从北部山

区至东南平地逐步递减，鹤顶山区为1799毫米，东南平地递减至1300毫米。
1881—2004年累计年平均降水量为1427毫米，高于前20年的年平均数。

表4-1-1-2　1961—2004年岱岭畲族乡降水量一览表

年　份	年降水量（毫米）	年　份	年降水量（毫米）
1961	1475.3	1983	1645.1
1962	1738.6	1984	1071.1
1963	1257.5	1985	832.0
1964	1333.5	1986	1033.0
1965	1494.1	1987	1398.3
1966	1196.1	1988	1256.0
1967	770.9	1989	1570.5
1968	1223.3	1990	2527.3
1969	1335.9	1991	1267.0
1970	1468.4	1992	1881.60
1971	1144.3	1993	1123.4
1972	1707.9	1994	1848.2
1973	1638.4	1995	1386.7
1974	1081.2	1996	1225.5
1975	1415.9	1997	1803.2
1976	1109.2	1998	1543.5
1977	1184.6	1999	1465.6
1978	1528.1	2000	1602.4
1979	1078.6	2001	1401.7
1980	1097.1	2002	1600.1
1981	1129.6	2003	961.3
1982	1224.5	2004	1450.0

资料来源：据苍南县气象局气象资料制表。

三、地质状况

乡境内有分布广泛的各种火山岩体和侵入体，主要矿产有花岗岩、火成岩、辉绿岩，另有矿泉水资源，其他矿产资源十分贫乏。土壤主要有丘陵土壤、岩秃土壤和高山土壤3种。

（一）土　壤

乡境内土壤主要有丘陵土壤、岩秃土壤和高山土壤3种，均不深厚。

1.丘陵土壤

母岩主要是安山凝灰岩、英安质凝灰岩、玻屑凝灰岩、安山岩、钾长花岗岩等，形成的土壤类型主要有红泥沙土、红砾泥、黄泥沙土、黄砾泥、黄泥土、砂黏质黄土，土壤颜色红棕，土层较深厚，土体固、液、气三相比协调，透性良好。据土壤普查旱地化验数据统计，土壤平均有机质量分数为1.56%、全氮0.68%、速效磷17.45×10^{-6}PPM、速效钾81.0×10^{-6}，速效磷、速效钾含量略为偏低，但较苍南县其他丘陵地高，有机质、全氮含量中等，整个养分状况很适宜亚热带常绿果树特别是柑橘的生长，所产特早熟温州蜜橘品质优异。

乡境内梯田形成与丘陵地上多处泉水有关。这些分布于山脚、山坡、山沟的泉水或侧渗水是岱岭梯田的重要水源。人为农事生产活动对本区土壤的形成和土壤属性产生一系列深刻影响。本区自然土壤经过人们耕作施肥后，加速了土壤的熟化和物质循环，表现出盐基代换量和盐基饱和度明显提高，土壤酸碱度趋中性，土壤结构得到改善，提高了土壤蓄水保肥能力。特别是改种水稻后，经人们长期水耕熟化，使土体经历频繁更替的氧化还原作用，产生还原淋移和氧化淀积作用而发育成具有水稻土独特的土体类型，土壤的蓄水保肥能力和盐基饱和度大为提高。分布在岗背的梯田，因刻面不受地下水和侧渗水影响，仅受地表水（灌溉水或降雨）的渗育作用，所发育的土壤属涌育型水稻土，如山地黄泥田。分布在低丘山垄和缓坡及山麓的梯田，土体常受山垄地下水和侧渗水的浸渍作用，土体氧化还原频繁交替，使之发育成潴育型水稻土，如黄泥砂田。

2.岩秃土壤

坡度陡、植被差的丘陵陡峭山坡上土壤主要为岩秃土壤，母岩为花岗岩、凝灰岩等岩石，母岩裸露面可达80%以上，主要分布在十八孔水库附近。

3.高山土壤

海拔700米以上高山土壤主要为黄沙土，由岩石风化而成，保水、保肥能力都不好，肥力较差。这种土壤主要分布在鹤顶山、笔架山和龙凤山山顶，以种植林木为主，曾经开荒出来的耕地，21世纪后多改为种植水果或弃耕还林。

（二）耕　地

岱岭境内耕地主要分布在小盆地、丘陵的平缓地段和山垄、峡谷间，由于清康熙二十三年（1684年）乡境内"展界复并"以后，政府为了吸引人口入迁，招民垦荒，实行谁开垦谁拥有政策，优质耕地至清乾隆年间已基本开垦完毕。清康熙至乾隆年间，单坑门陈姓四世祖陈国儒（字廷杰，生于康熙年间，卒于乾隆年间）一人就开垦85亩荒地。比汉族相对迟来的畲族开垦的耕地大多是田块很小、耕作条件较差的"蓑衣丘""斗笠丘"。从地貌部位和土质的不同状况看，分为低丘田、山垄田、冈地和突地。低丘和垄田分布在50—200米低丘之间的宽谷，立地条件较好，是丘陵山地中的主要耕地，一年三熟或两熟。山垄田分布在丘陵山区的溪流两岸，光照差，水土温度低。冈地分布部位较低，坡度平缓。突地分布在海拔500米以上山脊和山顶突出部位。冈地、突地一般土层薄，分布零散，缺水易旱。因山区光热、水土条件差异很大，耕作制度复杂多样。一般海拔250—450米以下水田以连作稻为主，海拔250—400米以上以一熟、两熟作物为主，主要有春马铃薯（麦）、杂交稻、单季杂交稻或杂粮等。境内水田面积占50%以上，大部分为半山区和丘陵水田，少数为山区梯田；旱地中土质较好的丘陵平地为数不多；山地主要种植茶叶、水果等经济作物。1953年冬，根据国家粮食统购统销政策，进行"查田定产"工作，将全乡耕地划分为10个等级。第一等级亩产量定为460斤，每等级降低25斤，至10级每亩产量定为235斤。1959—1985年，因境内修建公路和小型水库等原因，耕地开始减少，加上人口增加，至1985年，全乡农业人口人均耕地为0.72亩，比1953年人均1.50亩减少一半多。到2015年，因退耕还林、通村公路建设、移民下山建造住宅、建造云遮水库（征用土地340亩），全乡人均耕地降至0.44亩。是年，全乡4596亩耕地中，最优质的一级耕地面积为零，二级耕地有81亩，三级耕地有2205亩，四级耕地有2310亩，最劣质的五级耕地面积也为零。

表4-1-1-3　1957—2015年岱岭畲族乡耕地面积一览表

年　份	耕地面积（亩）	其　中		农业人口（人）	农业人均（亩）
		水田	旱地		
1957	5396	2905	2491	4117	1.31
1958	4940	2902	2038	4185	1.18
1959	4497	2890	1607	4562	0.99
1960	4069	2881	1188	3961	1.03
1961	3675	2508	1167	4063	0.90

续表1

年 份	耕地面积（亩）	其 中		农业人口（人）	农业人均（亩）
		水田	旱地		
1962	4052	2810	1242	4057	0.99
1963	4048	2899	1149	4164	0.97
1964	4105	2902	1203	4260	0.96
1965	4085	2900	1185	4233	0.96
1966	4144	2890	1254	4420	0.94
1967	4148	2895	1253	4426	0.94
1968	4086	2901	1185	4473	0.91
1969	4076	2891	1185	4049	0.88
1970	4095	2905	1190	4682	0.87
1971	4095	2902	1193	4725	0.86
1972	4029	2895	1134	4833	0.83
1973	4066	2897	1169	4954	0.82
1974	3981	2888	1093	5063	0.79
1975	4029	2989	1040	5144	0.78
1976	4022	2978	1044	5210	0.77
1977	3992	2887	1105	5372	0.74
1981	4020	2878	1142	5749	0.70
1982	4012	2878	1134	5850	0.69
1983	4290	2878	1412	5898	0.73
1984	4234	2822	1412	5924	0.71
1985	4220	2878	1342	5861	0.72
1986	4217	2875	1342	5866	0.72
1987	4217	2875	1342	6050	0.70
1988	4217	2875	1342	6085	0.69
1989	4217	2875	1342	6103	0.69
1990	3920	2770	1150	6199	0.53
1991	4005	2753	1252	6174	0.65
1992	4005	2753	1252	6228	0.64
1993	4005	2753	1252	6252	0.64
1994	4005	2753	1252	6277	0.64
1995	4005	2753	1252	6260	0.64
1996	4005	2753	1252	6227	0.64

续表2

年 份	耕地面积（亩）	其 中		农业人口（人）	农业人均（亩）
		水田	旱地		
1997	4057	2805	1252	6185	0.65
1998	4057	2805	1252	6443	0.66
1999	4131	2875	1256	6333	0.65
2000	3981	2805	1176	6354	0.63
2001	3931	2805	1126	6636	0.59
2002	3922	2746	1176	4728	0.83
2003	3922	2746	1176	4741	0.83
2004	3922	2746	1176	4520	0.87
2005	4444	2746	1698	4592	0.97
2006	4596	2746	1850	6112	0.75
2007	4596	2746	1850	6126	0.75
2008	4596	2746	1850	6287	0.73
2009	4596	2746	1850	6319	0.73
2010	4596	2746	1850	6628	0.69
2011	4596	2746	1850	6697	0.69
2012	4596	2746	1850	6686	0.69
2013	4596	2746	1850	6793	0.68
2014	4596	2746	1850	6793	0.68
2015	4596	2746	1850	6879	0.67

数据来源：苍南县统计局。

（三）矿 产

岱岭位于浙东南隆起区温州南—临海凹陷带，泰顺—青田拗断束南东侧。1.90亿年前，中国东部最强烈的地质构造运动——燕山旋回后期火山强烈喷发，火山岩覆盖全境，其中以流纹质火山碎屑岩和酸性熔岩为主，之后含二氧化硅成分较多的酸性岩浆继续活动，形成分布广泛的各种火山岩体和侵入体，主要岩石有花岗岩、火成岩等，间有辉绿岩分布，鹤顶山的火成岩坍塌体形成了几条石溪。乡境内除花岗岩、火成岩、辉绿岩、溪流砾石、铁矿和矿泉水外，其他矿产资源十分贫乏。

地处鹤顶山的云山、云遮2村皆有矿泉水出露，从2003年起，分别办有1个矿泉水厂。富源村朗腰自然村花岗岩矿大面积出露，矿藏储量大，成矿条件佳，矿石质量好，且容易开采，运输方便。其中2004—2015年，朗腰办有股份制采石场，所采矿石主要用于加工建筑用石子。福掌村陈世垟自然村与杨家边村交界处山上，两村辉绿岩均有一定储量，2009年曾有矾山商人前来福掌村委会洽商开采，因开采条件未谈拢，至2015年仍未开采。经温州地质十一大队勘探，富源村朗腰自然村笔架山上铁矿石铁含量超过30%，但储量不大，目前尚无商业开采价值。矿产开采详见本志第四章"经济·民族乡经济·建筑业和矿山井巷业"。

四、水文状况

岱岭畲族乡山高坡陡水急，溪流多而短促，全年水量分布不均衡，易旱易涝，当地民谣称："暴雨来时水哗哗，天晴三日干巴巴。"枯水季节缺水尤其明显。1967年2月至2015年，乡境内大修山塘、水库和水渠等水利工程，对主要溪流进行疏浚和堤防加固，实现了"上蓄、中疏、下排"，基本解决了有史记载以来，"大雨大灾、小雨小灾、无雨旱灾"的问题。

（一）溪　流

岱岭境内长度大于1.20千米的溪流共有37条，溪流短促，落差较大，水力资源丰富。全年水量分布不均衡：春夏丰水季节，水量充沛，易发洪水；秋冬枯水季节，溪流时有干枯，容易干旱。

1. 沿浦河

民国《平阳县志》称蒲江，总长13.60千米。主流发源于鹤顶山西麓矾山镇南堡社区坑门岭村，水向东流，相继有岱岭畲族乡坑门村的大贡溪（长1.40千米），云遮村的牛皮岭溪（长1.50千米）、西塔溪（长2.50千米）、新基溪（长1.25千米），云山村的瑶溪（长1.65千米）等溪水注入，然后进入马站十八孔水库。主流入库后，又相继有发源于笔架山的大安溪（长2.30千米），坑门村的郑厝溪，富源村的布袋底溪、八亩溪、朗腰溪、白岩头溪，东宫村的战坪头溪，福掌村的福掌溪、杨府南溪，大厝基村的大厝基溪（长2.10千米）等溪水注入。水流出马站十八孔水库，再流入沿浦河，至马站镇长度为5.06千米。

2. 横路溪

溪长8.80千米，发源于鹤顶山南麓的云山村横路自然村，向南流3.95千米，经云山横路、牛运至马站镇城门社区，汇入铁场水库后注入沿浦河。

20世纪60—70年代，乡境内修建溪堤2.40千米，保护农田30公顷，保护人口250人。1981—2005年，东宫排洪沟、杨家边溪床整治等工程相继竣工，并修建一批溪堤、堰坝等水利设施。1995年，清理大溪积石45000立方米。2010—2015年，全乡水利建设投入1000万元，建成岱岭大溪堤防加固主体工程4.50千米，综合治理十八孔水库上游小流域水土流失，综合整治其上游5座水库防洪度汛抗旱工程。其中，2012年新建关朗溪富源村畲族文化广场段溪堤435米（左岸107米、右岸328米），主要工程项目有河道护岸、岸边休闲步行道、绿化等；2014年，关朗溪小流域建造堤防1500米，投资292万元；2015年，南山、呇头大溪堤防建造完成650米。

（二）水　库

1967年2月至1981年3月，在"以蓄为主，旱涝兼治"的水利方针指引下，岱岭公社先后修建王坑内、云山瑶坑巴脚山等山塘（水域面积均在0.13公顷左右）和南山、福掌、云山、大厝基、王坑内5座小型水库，其中5座小型水库总库容达14.61万立方米，灌溉面积达71.33公顷，基本解决了乡境内农田的灌溉问题。1979年冬，朗腰大队在马站区资助3000元的情况下，发动村民义务出工，动工兴建一座库容量3000余立方米的山塘。2015年，乡境内开工建设库容达286万立方米的云遮水库，以保供水、防涝水。

1. 南山水库

南山水库为小Ⅲ型水库，坐落在富源村南山自然村，工程1967年2月建成，集雨面积0.21平方千米，整治后坝顶长度为59.30米，坝高15米，水域面积0.20公顷，库容1.20万立方米，灌溉面积20公顷。2012年，中央财政小型农田水利重点县项目对南山水库加固内容有：上游坝脚砌筑大方脚；上、下游坝坡整理并砌石护坡；坝顶增设防浪墙；溢洪道拓宽加固；坝下输水涵洞采用PE套管；启闭机管理房改造等。于2013年6月竣工，工程总投资55.77万元。

2. 王坑内水库

王坑内水库为小Ⅲ型水库，坐落在东宫村战坪头溪上，1981年3月建成。集雨面积0.80平方千米，坝高23.50米，水域面积2公顷，库容7万立方米，受益农田20公顷。2012年，中央财政小型农田水利重点县项目对王坑内水库加固内容有：上游坝脚砌筑大方脚；上、下游坝坡整理并砌石护坡；坝顶增设防浪墙；溢洪道维修加固；坝下输水涵洞采用PE套管；改造启闭机管理房等。于当年6月竣工，总投资159.75万元。

3. 福掌水库

福掌水库为小Ⅲ型水库，坐落在福掌村杨府南自然村福掌溪上，1973年3月建成。集雨面积0.30平方千米，坝高16.40米，水域面积1公顷，库容1.41万立方米，受益农田11.33公顷。

4. 云山水库

云山水库为小III型水库，坐落在云山村，1974年3月建成。集雨面积3平方千米，坝高11米，水域面积0.67公顷，库容3.50万立方米，受益农田6.67公顷，受益人口200人。2013年度中央财政小型农田水利重点县建设项目对云山水库加固内容有：上游坝脚砌筑大方脚、整理坝坡砌石护坡；下游砌筑直立式挡土墙，坝顶增防浪墙；溢洪道扩建；坝下输水涵洞采用PE套管；启闭机管理房改造等。于2014年6月竣工，工程总投资82.43万元。

5. 大厝基水库

大厝基水库为小III型水库，坐落在大厝基村，1979年12月建成。集雨面积0.1平方千米，坝高8米，水域面积1.33公顷，库容1.50万立方米，受益农田面积13.33公顷。2012年，中央财政小型农田水利重点县项目对大厝基水库加固内容有：上游坝脚砌筑大方脚；上下游坝坡整理并砌石坡护坡；坝顶增设防浪墙；溢洪道拓宽加固；坝下输水涵洞采用PE套管；启闭机管理房改造等，于2013年5月竣工，工程总投资68.81万元。

6. 云遮水库

云遮水库为小III型水库，坐落在福掌村坑门岭脚，集雨面积8.03平方千米，2015年冬开工建设，征用土地22.67公顷，工程总投资0.78亿元，砼双曲拱坝高42.50米，库容286万立方米。工程主要为优化配置水资源，缓解下游马站、沿浦、霞关3镇经济社会发展中的用水难题，减轻下游洪涝灾害，改善水质，保证下游城乡供水安全。水库设计多年平均可向下游供水396.40万立方米。

表4-1-1-4 岱岭畲族乡水库一览表

水库名称	所处地址	水库型号	集雨面积（平方千米）	坝高（米）	库容（万立方米）	灌溉农田（亩）	竣工时间（年、月）
南山水库	富源村南山	小III	0.21	15	1.2	300	1967.02
王坑内水库	东宫村	小III	0.8	23.50	7	300	1981.03
福掌水库	福掌村	小III	0.3	16.40	1.41	170	1973.03
云山水库	云山村	小III	3	11	3.5	100	1974.03

续表

水库名称	所处地址	水库型号	集雨面积（平方千米）	坝高（米）	库容（万立方米）	灌溉农田（亩）	竣工时间（年、月）
大厝基水库	大厝基村	小Ⅲ	0.1	8	1.5	200	1979.12
云遮水库	福掌村坑门岭脚	小Ⅰ	8.03	42.5	286	-	-

数据来源：《苍南水利志》。

（三）水　渠

自南宋时期乡境内发端至1978年，乡境内陆续建成一批引水渠。1978年改革开放后，各级政府重视乡境内的农田水利建设，大手笔投资兴建水渠。1995年投资百万元建成朗腰蛇口引水工程1处，隧道全长300米。但因勘察失误，工程建成后出水量不大，社会效益不明显。是年建成水渠5千米、溪堤4千米、堰坝17道、三面光水渠3.40千米；维修老水渠1.20千米。2001年，全乡修建溪坝8千米，修筑三面光水渠23千米。岱岭灌区改造工程为2012年度中央财政小型农田水利重点县建设项目，位于杨家边和大厝基村，灌区改造面积731亩，受益人口462人，项目区以种植水稻、蔬菜为主。主要拆建灌排水渠0.20千米，改建灌排水渠0.82千米，维修灌排水渠2.48千米，工程总投资40.72万元，于2013年5月完工。2014年，建成杨家边、东宫、富源3村灌溉水渠5千米。至2015年，全乡有灌溉水渠15.15千米，提高了全乡农田防洪抗旱能力。

五、野生动植物资源
（一）植　物

乡境内山地广阔，植被分区属于中亚热带常绿阔叶林南部亚地带，资源丰富。植被类型分次生植被和人工植被2种，多数为次生植被和人工栽培的乔木。丘陵、山区以自然植被为主，主要以马尾松、杉木为代表的常绿针叶林和以樟树为代表的常绿阔叶林。河谷和盆地以人工植被为主，主要有用材林、经济林、农田植被等。森林主要是针阔混交林，主要有马尾松、青冈栎和枫香林，马尾松主要分布在海拔400—800米山地上，闽粤蚊母树木呈小块分布，以大厝基的林分较为典型，林木生长较稀疏，平均密度2178株/公顷，乔木层平均高10米，郁闭度0.75，闽粤蚊母树主要值占65.50，构成单优势种群落。主要伴生树种有青冈栎（10.10）、枫香（6）、樟叶槭（5.50）、楞木石楠（3.10）和黄瑞木、亮叶围涎树、鹅掌柴等。因林木层生长较稀疏，郁闭度小，林下光照充足，灌木、草本植物生长茂盛，盖度高（85%），密度大。灌木平均高2.50米，主要种类有藤黄檀、青灰叶下珠、密花山矾、刺羽叶花椒、鹅掌柴、亮叶围涎树及青冈栎、枫香等幼树。草木层平均高30厘米，覆盖度10%左右，种类组成以白茅、芒、蕨、飞廉等为主。山顶灌木丛分布于鹤顶山、笔架山等山山顶，主要品种有杜鹃等。丘陵灌木丛主要散布于丘陵地带。高山荒野有大面积芒草。1978年后，随着山区绿化造林、常住人口大量减少和液化石油气替代薪柴，乡境内植被恢复良好。

1. 裸子植物门

苏 铁 科　有苏铁、华南苏铁。

银 杏 科　有银杏。

松　　科　有马尾松、湿地松、雪松等。

杉　　科　有柳杉（详见本志第四章"经济·林业"）、杉木。

柏　　科　有绒柏、绿干柏、柏木、福建柏、刺柏、侧柏、千头柏、铅笔柏。

罗汉松科　有罗汉松。

红豆杉科　有南方红豆杉、榧树。

2. 被子植物门

胡 椒 科　有山蒟、风藤。

金粟兰科　有草珊瑚。

杨 柳 科　有垂柳、银叶柳、南川柳。

杨 梅 科　有东魁杨梅、晚稻杨梅和水梅等。

胡 桃 科　有薄壳山核桃、青钱柳（又名摇钱树）、少叶黄杞、胡桃、漾鼻核桃、化香树、枫杨（又名溪椮树）等。

桦 本 科　有桤木、雷公鹅耳枥。

壳 斗 科　有板栗、米槠、甜槠栲、罗浮槠、丝栗栲、南岭栲、青钩栲、青冈栎（青栲）、云山青冈、水青冈、光叶水青冈、白栎、石栎等。

榆　　科　有糙叶树、紫弹树、异叶紫弹树、山油麻、榔榆、朴树、榉树。

桑　　科　有藤葡蟠、构树、薜芝、柘木、糙叶无花果、无柄小叶榕、桑、薜荔等。

荨 麻 科　有苎麻、紫麻。

山龙眼科　有银桦、山龙眼。

铁青树科　有青皮木。

桑寄生科　有栗寄生、绣毛寄生、枫香槲寄生等。

苋 　 科　有鸡冠花、地灵苋等。

防 己 科　有细圆藤、千金藤、石蟾蜍。

木 兰 科　有夜合花、白玉兰、黄玉兰、紫玉兰、山玉兰、荷花玉兰、黄兰、灰木莲、山枇杷、白兰花、含笑等。

八 角 科　有红茴香、八角（又名大茴香）等。

樟 　 科　有香樟、浙江樟、云南樟、四川大叶樟、豹皮樟、肉桂、月桂、山鸡椒等。

白花菜科　有树头菜。

海桐花科　有海桐、海金子（又名山海桐）。

金缕梅科　有枫香（又名枫树）、闽粤蚊母树、杨梅叶蚊母树、檵木、蜡瓣花、苏合香等。

杜 仲 科　有杜仲。

蔷 薇 科　有水蜜桃、油桃、黄桃、李、贴梗海棠、野山楂、枇杷、厚叶石楠、椤木石楠、小叶石楠、桃叶石楠、沙梨、硕苞蔷薇、密刺蔷薇、小果蔷薇、野蔷薇、月季、金樱子、山莓、木莓、三花莓、覆盆子、悬钩子等。

豆 　 科　有亮叶围涎树、藤黄檀、黄檀、印度黄檀、葛藤、紫藤、龙须藤、儿茶、相思树、紫荆、合欢、香合欢、大叶合欢、白格（红荚合欢）、山合欢、银合欢、龙须藤、春云实、云实、木豆、紫荆、光叶决明、舞草、三尖叶猪屎豆、槐树、刺桐、格木、胡枝子、中华胡枝子、美丽胡枝子、细梗胡枝子、铁马鞭、楹树、南洋楹、木豆。

酢浆草科　有酢浆草、阳桃。

芸 香 科　有四季柚、温州特早熟蜜橘、甜橙、甜橘柚、黄皮、臭辣树、九里香、山橘、枸橘、两面针、椿叶花椒、野花椒、刺羽叶花椒等。

楝 树 科　有米籽兰、麻楝、毛麻楝、苦楝、川楝、毛红椿、香椿。

大 戟 科　有乌桕、山乌桕、野桐、乌桐、木油桐（又名千年桐）、油桐（又名三年桐）、红桑、石栗、重阳木、算盘子、粗糠柴、木薯、蓖麻、蝴蝶果、青灰叶下珠等。

黄 杨 科　有雀舌黄杨、细叶黄杨、黄杨。

漆 树 科　有黄连木、盐肤木、木蜡树、毛漆树。

冬 青 科　有枸骨、厚叶冬青、全缘冬青、冬青、榕叶冬青、温州冬青、铁冬青等。

卫 茅 科　有过山枫、青江藤、短柄南蛇藤、卫茅、冬青卫茅等。

槭 树 科　有樟叶槭、三角槭、紫果槭、小紫果槭、秀丽槭、建始槭、鸡爪槭、红枫、毛脉槭。

鼠 李 科　有雀梅藤、钩刺雀梅藤、刺藤子、山绿柴。

葡 萄 科　有爬山虎、蛇葡萄、异叶蛇葡萄、葡萄、野葡萄（蘡薁）等。

杜 英 科　有大叶杜英、杜英、锡兰橄榄、山杜英、猴欢喜。

椴 树 科　有破布叶、扁担杆。

绵 葵 科　有木芙蓉、扶桑、木槿、梵天花、小叶黄花捻、圆叶黄花捻、白背黄花捻、粗叶地桃花。

梧 桐 科　有梧桐、山芝麻、苹婆、假草婆等。

山 茶 科　有黄瑞木（鸡仔茶）、博白大果油茶、宛田红花油茶、广宁油茶、冬红茶梅、红山茶、油茶、茶、木荷、红木荷、翅柃、滨柃、柃木等。

大风子科　有柞木。

千屈菜科　有紫薇、大叶紫薇。

蓝果树科　有喜树、蓝果树。

八角枫科　有八角枫、毛八角枫、云山八角枫、伞形八角枫。

使君子科　有使君子、诃子、鸡尖。

桃金娘科　有红千层、赤桉、薄皮大叶桉、窿叶桉、大叶桉、野桉、托里桉、尾叶桉、丁香、白千层、白油树、桃金娘、赤楠、蒲桃、红胶木等。

五 加 科　有树参、七叶莲、鹅掌柴（俗名公母树）等。

山茱萸科　有秀丽香港四照花（山荔枝）、毛梾（小六谷）。

杜鹃花科　有蓝莓、映山红、毛果南烛、马醉木、鹿角杜鹃、马银花、乌稔果（乌饭树）、短尾越橘等。

紫金牛科　有紫金牛、朱砂根、九龙节、罗伞树、杜茎山、密花树等。

山 榄 科　有人心果、山枇杷。

柿 树 科　有水柿（当地也称鸟柿）、牛心柿、方柿（俗称四条筋）、乌柿、无核柿、野柿、毛柿等。

山 矾 科　有密花山矾、总状山矾、四川山矾、山矾、羊舌树、白檀等。

木 犀 科　有茉莉花、女贞、小叶女贞、小蜡、四季桂、金桂、丹桂。

马　钱　科　有驳骨丹、醉鱼草、断肠草、蓬莱葛、马钱子。

夹竹桃科　有糖胶树、长春花、夹竹桃、黄花夹竹桃、萝芙木、海南萝芙木、催吐萝芙木、黑果萝芙木、羊角拗、络石、石血、盆架树。

萝　摩　科　有匙羹藤、球兰、牛奶菜。

马鞭草科　有大叶紫珠、大青、苦郎树、海州常山、假连翘、苦梓、山牡荆、单叶蔓荆。

唇　形　科　有丁香罗勒、滨海白绒草。

茄　　　科　有夜来香、红丝线、枸杞。

玄　参　科　有白花泡桐、阿根廷泡桐。

紫　威　科　有木蝴蝶、菜豆树。

爵　床　科　有大驳骨、小驳骨。

茜　草　科　有栀子（黄栀）、黄梁木、大果咖啡、虎刺、龙船花、巴戟木、玉叶金花、鸡屎藤、山黄皮、密毛乌口树、蔓九节、六月雪。

忍　冬　科　有郁香忍冬（羊奶子）、忍冬（金银花）、珊瑚树、荚蒾（酒籽）。

葫　芦　科　有油瓜、木鳖子、罗汉果。

菊　　　科　有假还阳参、裂叶假还阳参、芙蓉菊、柔毛帚菊。

禾　本　科　有毛竹、绿竹、麻竹、桂竹、雷竹、刚竹、茶秆竹、孝顺竹、簕竹、阔叶箬竹、凤尾竹等。

棕　榈　科　有小白藤、棕榈、丝葵等。

百　合　科　有百合、朱蕉、土茯苓、凤尾丝兰等。

石　蒜　科　有龙舌兰、亚洲马盖麻、灰叶剑麻、剑麻、缝线麻、新西兰麻。

（二）古树

境内有树龄百年以上国家三级保护古树16株，其中东宫2株、云遮4株、云山5株、福掌2株、大厝基3株。现存古树以无柄小叶榕和枫香为主，主要分布在宫庙、民宅和大路边，为集体所有，村民称之"风水树"。树龄最长的为云山村牛运的枫香，至2015年树龄已达298年，树高17米，胸围305厘米，胸径92.36厘米，平均冠幅17.25米。树体最大的为位于东宫村的2株无柄小叶榕，其中位于乡幼儿园内的树龄已达223年，树高16米，胸围1120厘米，胸径356.69厘米，平均冠幅达45.50米；位于大溪民宅旁的树龄已达163年，树高16米，胸围660厘米，胸径210.19厘米，平均冠幅达37.25米。大厝基村2株枫香和1株无柄小叶榕位于78省道村办公楼边，树高16—18米，胸围210—340厘米，胸径67—108厘米，平均冠幅14.25—24.50米。云遮村海拔320米处的广利侯王宫后有3株百年古树，其中黄连木树高12米，胸围270厘米，胸径86厘米，平均冠幅达14.50米；樟树高15米，胸围280厘米，胸径89厘米，平均冠幅达16.50米。

表4-1-1-4　2015年岱岭畲族乡古树一览表

调查顺序号	树　种	树龄（年）	保护级别	胸围（厘米）	高度（米）	所处位置
1900014	无柄小叶榕	163	三级	660	16	东宫村大溪民宅旁
1900013	无柄小叶榕	223	三级	1120	16	东宫村乡幼儿园内
1900007	枫　香	123	三级	320	22	云遮村广利侯王宫后
1900009	枫　香	123	三级	320	22	云遮村牛皮岭
1900006	黄连木	123	三级	270	12	云遮村广利侯王宫后
1900008	樟　树	133	三级	280	15	云遮村广利侯王宫后
1900004	枫　香	123	三级	270	14	云山村瑶坑
1900005	枫　香	113	三级	290	16	云山村瑶坑
1900001	枫　香	298	三级	305	17	云山村牛运
1900003	枫　香	133	三级	260	22	云山村瑶坑
1900002	无柄小叶榕	133	三级	470	16	云山村瑶坑
1900015	枫　香	123	三级	320	20	福掌村村内民宅旁
1900016	樟　树	133	三级	260	12.50	福掌村旁
1900011	枫　香	123	三级	260	18	大厝基村78省道边
1900012	枫　香	113	三级	210	18	大厝基村78省道边
1900010	无柄小叶榕	123	三级	340	16	大厝基村78省道边

资料来源：苍南县林业局提供资料。

（三）动　物

主要有兽类、鸟类、爬行类、昆虫类、蛛形类、鱼类、两栖类、甲壳类等。

1.兽　类

主要有鼩鼱、蝙蝠、松鼠、竹鼠、家鼠、仓鼠、鼯鼠、野猪（又名山猪）、鼬獾、豪猪（俗称刺猪）、黄鼬（俗名黄鼠狼）、野兔（俗称短耳兔、山兔，学名华南兔）、穿山甲、花面狸（俗名果子狸）、大灵猫、小灵猫、豹猫、原猫、黄麂（俗称小鹿）等。

2. 鸟 类

有鸢、苍鹰、赤腹鹰、雀鹰、松雀鹰、夜鹰、鹰鸮、长耳鸮（猫头鹰）、红尾伯劳、山斑鸠、珠颈斑鸠、火斑鸠、大杜鹃、中杜鹃、四声杜鹃、鹰鹃、鹃鸰、伯劳、噪鹛、乌鸫、凤头鹟、鹧鸪、灰胸竹鸡、勺鸡、环颈雉、董鸡、黑水鸡、骨顶鸡、翠鸟、姬啄木鸟、斑啄木鸟、星头啄木鸟、家燕、绿鹦嘴鹎、白头鹎、绿头鸭、喜鹊、红嘴蓝鹊、画眉、红嘴相思鸟、山树莺、黄胸柳莺、大山雀、黄腹山雀、红头（长尾）山雀、麻雀、山麻雀、白鹭、夜鹭、牛背鹭、鹌鹑等。

3. 爬行类

蛇　有王锦蛇（俗称油菜花蛇）、王斑绵蛇、黑眉绵蛇、水赤链蛇、草游蛇（以上两种均俗称水蛇）、眼镜蛇、烙铁头、黑头剑（俗称黑山剑）、赤链蛇（俗称黄赤链、方印蛇）、银环蛇、蝰蛇（俗称五步虎）、竹叶青、乌梢蛇等。

蜥　蜴　有石龙子、蓝尾石龙子等。

壁　虎　有铅山壁虎、多疣壁虎、蹼趾壁虎等。

龟　鳖　有乌龟、山龟、鳖等。

4. 两栖类

有华南湍蛙、弹琴蛙、黑斑蛙、棘胸蛙（石蛙）、小孤斑姬蛙、饰纹姬蛙（三角蛙）、虎纹蛙（粗皮田鸡）、花臭蛙、中国雨蛙、沼蛙、泽蛙、黑斑蛙、黑眶蟾蜍、中华大蟾蜍（癞蛤蟆）等。

5. 昆虫类

有中华蜜蜂、意大利蜜蜂、黄蜂、螳螂、蝼蛄、猎蝽、齿铃、甲虫、蝴蝶、飞蛾、蜻蜓、蝉、蟋蟀、蚂蚁、萤火虫、牛虻、苍蝇、蚊子、蝗虫、蚱蜢、竹节虫等。

6. 蛛形类

有蜘蛛、蝎等。

7. 多足类

有蜈蚣、百节虫、马陆（千足虫）等。

8. 甲壳类

有蟛蜞、草虾、小河虾、罗氏沼虾、螺蛳、田螺、蜗牛等。

9. 鱼　类

据苍南县海洋与渔业局2006年调查，乡境内有纯淡水鱼类47种，包括鲤鱼、鲫鱼、草鱼、鲢鱼、鳙鱼、青鱼、乌鳢（黑鱼）、泥鳅、黄鳝、鲶鱼、东方花鳗鲡（溪鳗）、马口鱼、鲴鱼、鲅鱼、麦穗鱼、黄颡鱼、蛇鮈、宽嘴鲌、红鳃鲌、红鳍鲌（即翘嘴鱼，闽南语俗称溪六）、白鲦（俗称白小鬼）、宽鳍鱲、厚唇光唇鱼、塘鳢、溪石斑等、圆尾斗鱼、叉尾斗鱼等。

第二节　人文环境

岱岭畲族乡境内的鹤顶山、笔架山等山岳风光已发展成为引人入胜的人文景点。县级文物保护单位有建于清代的利济桥，县级文物保护点有杨家边方圆双井，在全国第三次文物普查中录入苍南县不可移动文物名录的有福掌村陈世垟自然村的2座古建筑。

一、人文遗迹
（一）利济桥

利济桥位于福掌村，建于清光绪三十年（1904年）冬，为蒲门（今马站镇一带）至矾山坑门岭古道上的重要桥梁。桥南北横跨半岭溪，为二墩三孔伸臂式石梁桥，2座船型桥墩用规则块石垒砌，迎水石砌成分水尖，以减轻山洪急流对桥墩的冲击力；桥墩用3级伸臂，每级悬臂出5根丁头石，上压条石；桥面每跨并排直铺6块桥板，桥板厚0.25米。桥全长27.30米，桥面宽2.88米，桥面距水面高为4.30米，中跨桥石板东侧楷书阴刻"利济桥"3字，单字高18厘米，宽13厘米；西北侧桥板外券面楷书阴刻"大清光绪三十年岁次甲辰仲冬之月建"，单字高12厘米，宽10厘米。利济桥选址科学、结构合理、坚固耐用、造型美观、保存完整，为苍南县石梁桥之佼佼者，是研究清代桥梁建筑的重要实物资料，具有相当保护价值，2010年9月3日被列为苍南县第六批文物保护单位。2015年因建设云遮水库而迁建水库大坝下游100多米处，迁建共投入资金106万元。

（二）杨家边双井

杨家边双井位于杨家边村狮子山麓，一方一圆，南北仅隔一条道路。圆井为清中期挖掘，东北侧立有清咸丰十一年（1861年）四月重修时刻立的"共汲所志"青石碑1块（碑文详见本志第六章"民间文献·铭刻"）。井面呈半月形，井壁用不规则块石垒砌，井口用花岗岩条石铺就，直径2米，井深2米，井底呈平底状，水质清澈。方井位于圆井北侧，井口平面呈正方形，边长1.60米，井深2米，井壁也用不规则块石垒砌，底部呈平底状，建造时间略迟于圆井。方圆二井至今均保存完整，尚在使用。2009年11月16日成为苍南县文物保护点。

（三）陈世垟吴氏民居

陈世垟吴氏民居位于福掌村陈世垟自然村湖山尾西北麓，为清代建筑，在全国第三次文物普查中被录入苍南县不可移动文物名录，是陈世垟自然村仅存的2座古建筑。县文化广电新闻出版局（以下简称"文广新局"）近年给予陈世垟古民居一定补助经费，帮助其维修和保护。

1. 陈世垟吴氏大房老宅

位于福掌村陈世垟自然村湖尾山西北麓，坐东南面西北，由厢房、正屋组成三合院落，系清嘉庆年间建筑。天井前置硤杆石二对，平面呈额角方形，上刻回形纹饰，基座为须弥座，素白无饰；正屋建于陡板石垒砌的台基上，明间前置二级踏步，正屋面阔七开间，进深十三架七柱，分心前后双步梁带前后双步廊，前檐使用双挑檐檩，地面用三合土夯制，屋面双落翼硬山顶，正脊为凤鸟吻，盖阴阳合瓦；厢房面阔五开间，进深九架五柱分心，前后双步梁带前后双步廊，屋面硬山顶。2014年维修一次。

2. 陈世垟吴宅

位于福掌村陈世垟自然村湖尾山北麓，坐东南面西北，由厢房、正屋组成三合院落阁楼建筑，面阔四开间，系清咸丰年间建筑。院落中间天井保持原泥土地面，用七级踏步连接下一平台，踏步用花岗岩质长条石横铺而成；厢房建于阶条石压面的陡板石砌筑的台基上；正屋建于规则块石垒砌的台基上，上压阶条石，正屋面阔七开间，进深九架五柱，分心前后双步梁带前后双步廊，前檐使用双挑檐檩；明间前置如意踏跺，大门绦环板刻人物花卉图案，地面用三合土夯制；二层前有美人靠，用悬柱和撑拱支撑，屋面双落翼硬山顶，正脊为凤鸟吻，橡下置望板，盖阴阳合瓦；外侧转角用拱石垒砌，上部用青砖垒砌，中间置方窗，用薄砖砌贴墙式窗套，内侧转角用拱门与正屋连接。2014年维修一次。

二、人文景观

岱岭乡境内有远近闻名、风景优美的鹤顶山和笔架山，其中鹤顶山高达990米，是苍南境内最高峰，视野开阔，风景秀丽，且春有杜鹃花海，夏有云海，秋有芒草花海，冬有雪海，登高远望，周边风景一览无遗；动人的民间故事使之更能吸引游客（详见本志第六章"语言与口传文学·民间故事"）。

明代即有文人墨客和官僚到鹤顶山旅游，其中明初江南夏口明经进士吴任和清康熙三十三年（1694年）平阳知县金以埈曾在此留下了《福鼎山》等优美的诗篇（详见本志第七章"民间文献·书籍"）。

2010年后，随着乡村旅游业的逐渐兴起，笔架山的杜鹃花海和悬崖峭壁、奇岩怪石也吸引了众多游客前来游览观赏，且人数逐年增多。为此，2012年，岱岭畲族乡还专门投资100多万元，并由富源村出工出力，从富源村建造一条直通笔架山的石质登山步游道，以方便游客游览，并吸引游客到乡境内其他地方旅游。

第三节　建置沿革

岱岭畲族乡地域自南宋至明代属平阳县招顺乡管辖。清宣统三年（1911年）招顺乡改称蒲门乡，民国18年（1929年）蒲门乡改称蒲门区，民国21年（1932年）6月蒲门区改称第六区，民国27年（1938年）6月第六区改名昆南区，民国29年（1940年）昆南区改称矾山区，民国32年（1943年）昆南区改名马站区，民国35年（1946年）9月马站区改名蒲门区，今岱岭畲族乡境内归属不变。1949年4月24日，蒲门区全境解放，今岱岭畲族乡境内属平阳县蒲门区马站镇管辖。

1950年6月，蒲门区分为马站、矾山2区，岱岭属平阳县马站区马站镇。1952年6月，成立岱岭乡；同年10月，岱岭乡析为岱岭、坑门2乡。1956年3月，将岱岭、坑门2乡和马站镇的桥头、后岘、霞峰合并，成立合作乡。1957年3月，按1952年6月的行政区域重建岱岭乡；是年6月，岱岭乡改称岱岭畲族乡。1958年10月后，岱岭畲族乡陆续改称岱岭生产大队、管理区、岱岭公社，归属马站区（马站公社）。1981年苍南建县后，岱岭公社属苍南县马站区（镇）。1984年2月，岱岭公社改称岱岭乡；同年5月31日，恢复岱岭畲族乡建制。1992年5月起，直属苍南县。2015年，全乡有8个行政村。

一、政区沿革
（一）地名由来
2015年，岱岭畲族乡境内有8个行政村51个自然村。根据《苍南县地名志》、各村姓氏宗谱等资料以及当地群众座谈了解，这些地名绝大多数与山、水、交通、建筑有关，部分与姓氏、动物、植物、宫庙、面积、方位等有关。

1. 以山得名

如云山村和富源村南山、岙头贡，大厝基村北山自然村等，都来自于山。这反映了岱岭畲族乡具有山高岭峻、地势绵蜒起伏的地理特征。

2. 以水得名

如坑门村和云遮村，包坑、东坑内、横浚、富源村岙内、云山村瑶坑、坑门等。这说明了"水"在人们生产和生活中之重要地位。

3. 以交通道路得名

如云山村横路，坑门村坑门岭、大路边、半岭，富源村龙凤岭脚，大厝基村大路、小岭等自然村。

4. 以动物、植物得名

如云山村牛运、牛运坡，坑门村桐仔垵，福掌村牛头等。

5. 以古建筑得名

如大厝基村，云遮村新厝、内厝、新墓，坑门村寮仔自然村。

6. 以姓氏得名

如杨家边村，坑门村郑厝，福掌村吴家同、陈世垟等。

7. 以寺观庙宇得名

如东宫村和云山村神堂，福掌村杨府南（岚）等。

8. 以位置、数据得名

如云山村五亩，坑门村七亩，富源村斗塆内、白岩头，杨家边村七亩，东宫村后垟、代后等。

9. 以吉祥兴旺得名

如福掌村，富源村龙凤、朗腰等自然村。

10. 以自然环境得名

如云遮村和云山村等。云遮村地处海拔990米的鹤顶山半山腰，经常被云雾遮挡，故名。

（二）行政区划

从南宋至清宣统三年（1911年），今岱岭畲族乡境内属平阳县招顺乡管辖。之后，乡境内先后归属由招顺乡改名的蒲门乡、蒲门区等行政单位管辖。1957年3月建立岱岭乡后，其行政区域未再变化。

1. 民国以前行政区划

据明弘治《温州府志》、明隆庆《平阳县志》和城门《朱氏宗谱》记载，今岱岭畲族乡境内自南宋至明代分属平阳县招顺乡五十四都岑山里和榕树里（含今云山、云遮2个村）管辖。明正德年间，榕树里改称城门里。清宣统三年（1911年），招顺乡改名蒲门乡，今岱岭畲族乡境内所属不变。

2. 民国时期行政区划

清宣统三年（1911年）10月10日，中华民国建立之后，沿清宣统三年划定的自治区域，今乡境内仍属蒲门乡。在民国14年（1925年）印行的《平阳县志》中，乡境内属于五十四都的有坑门、岱岭、程西阳（今作陈世垟），属于五十三都的有云遮，这是乡境内地名在县志上首次出现；民国《平阳县志》地图上，还有杨家边、后台（即台后）、南山、龙凤岭脚、西岙、西塔、王坑、牛皮岭等地名。民国18年（1929年），平阳县实行村里制，今乡境内属蒲门区管辖。民国19年（1930年），改村里制为乡镇制，县以下为区、乡镇、闾、邻四级，乡境内分属由岑山里改建的马站乡和城门里改建的狮城乡（后改称城门乡）管辖。民国21年（1932年）6月，蒲门区改为第六区，今乡境内由其管辖。民国24年（1935年），废闾邻，编保甲，改行县与乡镇二级制，在今乡境内增设岱岭、云山二乡，属平阳县第六区管辖。据《平阳县县政概况一览》记载，民国27年（1938年）6月，岱岭、云山二乡撤销，所辖行政区域除牛皮岭（含今云遮村全部和福掌村、坑门村各一部分）、西岙（今云山）划归城门乡，称第六保外，坑门岭（含今坑门村、福掌村各一部分）、岱岭（含今大厝基、杨家边、东宫、富源）均划归平阳县昆南区（第六区改名）马站乡管辖。民国29年（1940年），平阳县对乡镇区域进行调整，恢复马站镇，今岱岭畲族乡境内归属平阳县矾山区(昆南区改名)马站镇管辖。民国32年（1943年）属马站区(矾山区改名)马站镇。民国35年（1946年）9月，乡镇缩编后，今岱岭畲族乡境内属平阳县蒲门区(马站区改名)马站镇管辖。1949年4月24日，蒲门区全境解放，今岱岭畲族乡境内属平阳县蒲门区马站镇管辖。

3. 中华人民共和国成立后行政区划

1950年6月，蒲门区分为马站、矾山2区，岱岭属马站区马站镇。1952年6月，由马站镇析出的岱顶、岱下、福掌、坑门4个村与城门乡析出的云山、云遮（含西塔）2个村合并成立岱岭乡；是年10月，又将岱岭乡析为岱岭、坑门2乡。其中岱岭乡管辖岱顶（含今东宫、富源2个行政村）、岱下（含今大厝基、杨家边2个行政村）、福掌3个行政村，驻地东宫；坑门乡管辖坑门、云遮、云山3个行政村，驻地七亩。1956年3月，根据浙江省人民委员会（以下简称省人委）《关于调整区、乡行政区域的决定》精神，小乡并大乡，撤销岱岭、坑门2乡，将原岱岭、坑门2乡行政区域与从马站镇划出的桥头、后岘、霞峰3村合并，成立合作乡，乡政府驻地桥头村。1957年3月，撤销合作乡，将桥头、后岘、霞峰划归马站镇，在余下的行政区域建立岱岭乡，管辖云山、云遮、坑门、福掌、岱岭（1958年10月析为东宫、顶峰2个生产队）、岱下（1958年10月析为大厝基、杨家边2个生产队）；是年6月，经浙江省民政厅批准，岱岭乡改称岱岭畲族乡。1958年10月，根据中共中央《关于在农村建立人民公社问题的决定》和平阳县人民委员会《关于建立人民公社的决定》，撤销马站区，成立马站公社，岱岭畲族乡改称岱岭生产大队，属平阳县马站公社管辖；所辖行政村改称生产队。1959年3月8日，岱岭生产大队改称岱岭管理区。1961年9月，根据中共中央《关于农村人民公社工作条例（修改草案）》精神，撤销以区建社，恢复区公所；是年10月，岱岭管理区改名岱岭人民公社，属平阳县马站区管辖，所属顶峰生产大队析为斗塆、朗腰、龙凤、南山4个生产大队。

1981年6月18日，国务院批准苍南建县，岱岭公社属苍南县马站区管辖。1984年2月，苍南县政府撤销岱岭公社管理委员会，恢复岱岭乡建制，所属东方村更名为东宫村；是年5月31日，中共温州市委同意在苍南县撤区建镇，实行镇管乡体制，恢复岱岭畲族乡建制，属苍南县马站镇管辖；所辖生产大队均改称村。1985年2月，因镇管乡体制不符合国家宪法规定，撤销马站镇，恢复马站区建制，岱岭畲族乡属苍南县马站区管辖。1990年12月，岱岭畲族乡辖东宫、云遮、云山、坑门、福掌、斗塆、朗腰、龙凤、杨家边、大厝基、南山11个村，乡政府驻地东宫。1992年5月18日，根据浙江省民政厅《关于撤区扩镇并乡的通知》精神，撤销马站区，保留岱岭畲族乡，直属苍南县管辖。全乡辖东宫、云遮、云山、坑门、福掌、斗塆、朗腰、龙凤、杨家边、大厝基、南山11个村，乡政府驻地东宫村。2001年7月，苍南县政府同意岱岭畲族乡由11个村合并调整为东宫、杨家边、大厝基、富源（由龙凤、斗塆、朗腰、南山4个村合并而成）、坑门、福掌、云山、云遮8个村，其中大厝基、富源、福掌、坑门、云遮5个村为民族村，仍属苍南县直辖。

表4-1-3-1 1952年岱岭乡行政村和所属自然村一览表

村 名	驻 地	所辖自然村名称
岱 下	大厝基	大厝基、路下、北山、小岭、杨家边、七亩、石皮脚、大路
岱 顶	东 宫	东宫、代后（下台后）、信头、后垟、战坪头、斗垱内、白岩头、朗腰、八亩、龙凤岭脚、布袋底、南山、顶峰
福 掌	福 掌	福掌、吴家同（童）、陈世垟、杨府南
坑 门	七 亩	七亩、坑门岭、寮仔、大路边、横浚、郑厝、大贡、桐仔垵、半岭、坑门岭
云 遮	西 塔	西塔、牛皮岭、包坑、洞人、东坑内、新厝、内厝、坑门、新墓
云 山	西 吞	西吞、牛运、横路、神堂、显后、瑶坑、牛运坡、五个人

表4-1-3-2 1986年岱岭畲族乡行政村和所属自然村一览表

村 名	驻 地	所辖自然村名称
大厝基	大厝基	大厝基、大路、北山、小岭
东 宫	东 宫	东宫、代后（下台后）、信头、后垟
杨家边	杨家边	杨家边、七亩
福 掌	福 掌	福掌、吴家同（童）、陈世垟、杨府南
坑 门	七 亩	七亩、坑门岭、寮仔、大路边、横浚、郑厝、大贡、桐仔垵、半岭、坑门岭
云 遮	西 塔	西塔、牛皮岭、包坑、洞人、东坑内、新厝、内厝、坑门、新墓
云 山	西 吞	西吞、牛运、横路、神堂、显后、牛运坡、五个人、瑶坑
斗 垱	斗垱内	斗垱内、白岩头
朗 腰	朗 腰	朗腰、八亩
龙 凤	龙凤岭脚	龙凤岭脚、布袋底
南 山	南 山	南山、顶峰

资料来源：苍南县地名办公室编《苍南地名录》，1986年7月版。

二、辖区村落

1952年，乡境内仅有岱顶、岱下、福掌、坑门、云遮、云山等6个行政村。1986年，乡境内有大厝基、东宫、杨家边、福掌、坑门、云遮、云山、斗塆、朗腰、龙凤、南山等11个行政村。2001年，斗塆、朗腰、龙凤、南山等4个行政村合并为富源村，全乡行政村减少至8个。

（一）大厝基行政村

大厝基村为畲族村。据当地《杨氏宗谱》记载，其始迁祖杨子有与兄杨子学原籍金华东阳县仁川（今属磐安县），南宋时期，经温州入迁平阳县蒲门五十四都岑山里岱岭大厝基定居，渐成村落。相传明弘治年间，当地杨存玉为朝廷命官，于弘治八年（1495年）八月在此建成一座大宅院，四面围墙。后遭火患，遗留一个大宅基。当地闽南话称住宅为厝，众仍习称大厝基，后遂为村名，是岱岭畲族乡境内已知文献记载最早有人居住的村庄。辖大厝基、路下、北山、小岭4个自然村，村委会驻地大厝基。东至马站镇桥头村，南至马站镇牛乾村，西、北至杨家边村，面积1.87平方千米。村东北负山，西南面溪，属丘陵地带，地势较平缓。78省道老线贯穿南北，正在建设的甬台温高速复线从村南通过，由南山尖隧道进入福建省福鼎市佳阳畲族乡双华村。系汉畲杂居之地。

1949年新中国成立时，为马站镇岱岭下村（又称岱下村）。1952年设岱岭乡，属之管辖。1955年冬开始的合作化时期，为岱岭乡新益高级社。1956年3月，岱岭乡、坑门乡合并为合作乡，隶属合作乡。1957年3月，撤销合作乡，建立岱岭乡，归之管辖；是年6月建立岱岭畲族乡，归属不变。1958年10月公社化时期，称岱岭大队大厝基生产队。1959年3月8日，岱岭生产大队改称岱岭管理区，归属不变。1961年，为岱岭公社大厝基生产大队。1984年2月，岱岭公社管理委员会改为岱岭乡政府，大厝基生产大队改称大厝基村；是年5月31日，恢复岱岭畲族乡建制，大厝基村归属不变。

1990年，全村有12个村民小组253户1000人，耕地面积378亩，其中水田179亩。小岭、北山2个自然村是地质灾害区，在省、市、县政府关心下，2010年，小岭62户212人（61间房屋）和北山30户120人（31间房屋），一次性整村移民到马站镇桥头村阁洋河。2015年，全村有257户1057人，其中畲族62户238人，分别占25.62%和22.62%。耕地面积450亩，其中水田229亩、旱地221亩，主种水稻、甘薯、马铃薯、芋艿、细纹花生、豆类、玫瑰等。另有山林1462亩。是年，70%青年劳力投入二、三产业，人均收入9750元。

大厝基村经济相对发达，鲜花产业已有一定规模。2013年初，大厝基村建筑业商人陈永森从温州回村创办温州市永森农业开发有限公司，投资300万元建成占地158亩的"相约玫瑰园"鲜花产业基地，利用温室大棚和滴灌水肥设施，种植20多个玫瑰品种和康乃馨等15种鲜花，并将鲜切花销往本县灵溪镇、龙港镇和温州、福州等地。2015年，"相约玫瑰园"生产玫瑰500多万株，年产鲜花千万朵，一举成为县级精品园。

大厝基村因为靠近马站平原，海拔不高，地多平垟，水田较多，生产、生活条件相对优越，是岱岭畲族乡境内历史最悠久的一个村庄，也是乡境内杨姓发祥地，古迹有马仙宫、杨氏大厝基遗址等，其中明弘治八年（1495年）建成的杨氏大厝虽然早已被大火焚毁，但遗留下一些制作精美的石头构件，包括一些雕花青石大门构件、门当（直径50厘米，上刻文字，2014年被盗）等。

大厝基行政村由4个自然村构成：

1. 大厝基

大厝基位于乡政府驻地东宫村东0.55千米处，为大厝基村委会驻地。2010年有116户456人，2015年有121户488人。

2. 路 下

因途经东宫、杨家边、大厝基三村到马站有一条古道习称大路，陈氏村民居路下，故名。今其地在岱岭至马站公路坡下。据当地《陈氏宗谱》记载，其始迁祖陈与吾于明崇祯八年（1635年），由福建泉州府南安县十三都凤宿入迁浙江温州府平阳县北港水头北山岙。再于清康熙年间转徙大厝基路下，繁衍成族。位于乡政府驻地东宫村东0.50千米处。2010年有47户185人，2015年有46户215人。

3. 北 山

因地处大厝基村小岭北面山麓，故名。当地《金氏宗谱》称其始迁祖金肇赴生于清乾隆二十八年（1763年），居北山。位于乡政府驻地东宫村南0.65千米处。2010年有30户120人，2015年有30户126人。

4. 小 岭

因地处小岭脚得名。据当地《蓝氏宗谱》记载，福鼎双华支系第五世蓝永照与堂兄弟蓝永县（1621—1684年）、蓝永隋，于清顺治十二年（1655年）从邻近的平蒲湖垅（马站）入迁；福鼎双华支系第七世蓝胜华（生卒年不详）、蓝胜富（1626—？年）、蓝胜玉（生卒年不详）兄弟，于清乾隆三十年（1765年）从湖垅入迁。位于乡政府驻地东宫村东南0.60千米处。因属地质灾害区，

2010年全村迁居马站镇桥头村，隶属不变。2010年有52户212人，2015年有50户227人。

（二）杨家边行政村

杨家边村，俗传其地原属杨氏始居。林氏始迁祖林元初于明崇祯年间，由闽之安溪县赤岭经福鼎沙埕迁此，于杨氏宅旁筑第而居，遂名杨家边。辖七亩、石皮脚、杨家边、大路（2004年划入）和新村5个自然村，村委会驻地杨家边。东至马站镇金山村，南至大厝基村，西至东宫村，北至福掌村，面积1.52平方千米。北负山，南面平原，地形北高南低，属丘陵地带。

1949年新中国成立时，为马站镇杨家边村。1952年划归新建立的岱岭乡管辖。1955年冬开始的合作化时期，为岱岭乡新益高级农业社。1956年3月，岱岭乡、坑门乡合并为合作乡，隶属合作乡。1957年3月，撤销合作乡，建立岱岭乡，归之管辖；是年6月建立岱岭畲族乡，归属不变。1958年10月公社化时期，定名岱岭大队杨家边生产队。1959年3月8日，岱岭生产大队改称岱岭管理区，归属不变。1961年10月，为岱岭公社杨家边生产大队。1984年2月，岱岭公社管理委员会改为岱岭乡人民政府，杨家边生产大队改称杨家边村；是年5月31日，恢复岱岭畲族乡建制，杨家边村归属不变。

1990年，全村有7个村民小组138户501人，耕地面积242亩，其中水田104.50亩，村民主种甘薯，兼种水稻等。2015年，全村有180户689人，耕地面积277亩，主种甘薯，兼种水稻，山地栽种脐橙，2015年，地处半山腰的150亩脐橙产量60吨，净利润30多万元，已开展采摘游。

杨家边村是岱岭畲族乡境内林姓发祥地，村内文物保护单位有位于狮子山麓的方圆双井，其中圆井为清中期挖掘，东北侧立有清咸丰十一年（1861年）四月重修时刻立的"共汲所志"青石碑一块，教育人们要好好保护水源。仅隔一条马路的方井建造时间略迟于圆井。方圆二井至今均保存完整，且在使用。2009年11月16日成为苍南县文物保护点。村内古建筑还有狮子山北麓的林宅，坐东面西，由厢房、正屋组成三合院落，系清代建筑，现仅存正屋。

杨家边行政村由5个自然村构成：

1.杨家边

杨家边自然村位于乡政府驻地东宫村北0.30千米处，为杨家边村委会驻地，2010年有110户449人，2015年有13户62人。

2.七 亩

因村中有水田7亩，故名。据当地《林氏宗谱》记载，清康熙年间，其先祖迁此定居。位于乡政府驻地东宫村西北0.55千米处，属杨家边村委会。2010年有32户113人，2015年有30户115人。

3. 石皮脚

当地《梁氏宗谱》称，该自然村地处狮头山南麓一块光秃大岩石下方，原名石壁脚。后因浙南闽南语音近，遂改名为石皮脚。位于乡政府驻地东宫村西北0.25千米处。2010年有5户14人，2015年有12户47人。

4. 大　路

其地处马站通往福鼎的大路边，故名。位于乡政府驻地东宫村东南0.10千米处。2010年有33户118人，2015年有32户124人。

5. 新　村

因杨家边大溪汛期经常出现洪水，严重威胁住地地势低洼的村民生命财产安全，1982年，当地政府将部分村民迁此，遂名新村。村民环绕乡政府驻地东宫而居。2010年有78户310人，2015年有93户341人。

（三）东宫行政村

东宫，民国《平阳县志·建置志》称岱岭。因其地山峰雄伟壮丽，气势磅礴，犹如五岳之岱宗，故谓之岱岭，俗称大岭。清代，部分郑氏族人在岱岭宫之东筑室而居，遂名东宫。辖东宫、下台后、顶台后、后垟4个自然村，村委会驻地东宫自然村。东至杨家边村，南至南山尖，西至富源村，北至笔架山尖，面积1.51平方千米。四周峰峦环绕，老78省道（矾马公路）经村南沿山而过。地形南高北低，属溪谷小盆地。现为乡政府驻地和政治、文化中心。

1949年新中国成立时，为马站镇岱岭村。1952年建立岱岭乡，归其管辖。1955年冬开始的合作化时期，为岱岭乡民新高级农业社。1956年3月，岱岭乡、坑门乡合并为合作乡，隶属合作乡。1957年3月，撤销合作乡，建立岱岭乡，归其管辖；是年6月，岱岭乡改称岱岭畲族乡，归属不变。1958年10月公社化时期，为岱岭大队东宫生产队。1959年3月8日，岱岭生产大队改称岱岭管理区，归属不变。1961年10月，称岱岭公社东宫生产大队。1966年"文革"后，改名东风生产大队。1984年2月，岱岭公社管理委员会改为岱岭乡政府，东风生产大队改称东宫村；是年5月31日，恢复岱岭畲族乡建制，东宫村归属不变。

1990年全村有7个村民小组184户676人，耕地面积285亩，其中水田139.50亩。村民主种甘薯，兼种水稻。2015年，全村有200户802人，耕地面积387亩。居民主种水稻、甘薯、蔬菜，少数经营小商品。

东宫村是乡境内郑姓发祥地，文化相对发达，清代出过6名庠生、贡生、太学生，郑振挺曾担任过六品守备。清同治年间和光绪年间，庠生郑亦健、郑振谦、郑慎斋分别在家乡东宫创办私塾，并亲自执教，为蒲门培养了一批人才。清宣统三年（1911年），郑慎斋在东宫村创办鸣山学堂，又为周边培养了大批人才。至2015年，村内大学生人数居全乡之首，出过3名大学教授、副教授。

东宫村行政村由4个自然村构成：

1. 东　宫

系东宫村委会驻地和岱岭畲族乡人民政府驻地。2010年有82户348人，2015年有85户340人。

2. 代　后

因村前一片垟地远眺似花台，故称台后。又因杨、林、陈诸姓早就在此居住，郑姓较晚到此定居，遂名来后。当地闽南语方言"台、来、代"谐音，雅化为代后。据当地《郑氏宗谱》记载，郑君明原籍福建永春县达坡村。清康熙二十三年（1684年）蒲门展界时，由南港庵江（今灵溪镇对务社区上林村）移居蒲门岑山方家宅（今马站镇金山村十八孔水库附近），康熙三十二年（1693年）转徙五十四都大岭内台后定居。嗣后郑氏人丁繁衍众多，部分迁居西北边山脚，称顶台后。为便于区分，台后俗称下台后。位于乡政府驻地东宫西北0.30千米处。2010年有46户197人，2015年有50户225人。

3. 后　垟

因地处代后的西田垟上，故名。位于乡政府驻地东宫村西0.80千米，属东宫村委会。2010年有23户71人，2015年有16户56人。

4. 顶台后

据当地《郑氏宗谱》记载，郑氏祖居台后（代后），后因人丁众多，部分迁往西北地势较高山坡处，故名。位于乡政府驻地东宫村西北0.5千米处，属东宫村委会。2010年有58户178人，2015年有55户235人。

战坪头原为东宫村一个自然村，居民均为东宫郑氏后裔。第二次国内革命战争时期曾为革命老区。中华人民共和国成立后，于20世纪50年代，在地方政府关心支持下，战坪头自然村16户郑姓村民全部搬迁下山，到生活条件更好的东宫村下台后自然村建房定居。

（四）富源行政村

富源行政村为畲族村。古称大岭内。2001年，斗墩、朗腰、龙凤、南山等

4个行政村合并为富源村,新取的村名从浙江省2000年开展的"致富思源,富而思进"路线教育活动中取出两字组合而成。位于乡政府西北侧0.95千米处。辖顶峰、南山、下周、龙凤岭脚、布袋底、葡萄垟、岙头贡、岙头内、朗腰、八亩、白岩头、斗塆岭脚12个自然村,村委会驻地顶峰。东至东宫村,南、西至福建省福鼎市佳阳畲族乡双华村,北至笔架山尖,面积3.28平方千米。总长5.50千米的通村公路以78省道为干线,通达各自然村。

1949年新中国成立时,为马站镇岱顶村。1952年6月,马站镇分为马站镇、岱岭乡、坑门乡,由岱岭乡管辖。1955年冬开始的合作化时期,为岱岭乡民新高级农业社。1956年3月,岱岭乡、坑门乡合并为合作乡,属合作乡。1957年3月撤销合作乡,建立岱岭乡,归其管辖;是年6月,岱岭乡改称岱岭畲族乡,归属不变。1958年10月,撤销马站区,建立马站公社,岱岭畲族乡改称岱岭大队,称顶峰生产队。1959年3月8日,岱岭生产大队改称岱岭管理区,归属不变。1961年10月,岱岭管理区改称岱岭公社,顶峰生产队析为龙凤、斗塆、朗腰、南山4个生产大队。1984年2月,岱岭公社管理委员会改为岱岭乡政府,龙凤、斗塆、朗腰、南山4个生产大队分别改称龙凤村、斗塆村、朗腰村、南山村;是年5月31日,恢复岱岭畲族乡建制,龙凤、斗塆、朗腰、南山4个村归属不变。2001年,龙凤、斗塆、朗腰、南山4个村合并为富源村。

在上级大力支持下,2006—2015年,共计180户763人移民下山,建造180间房屋,其中畲族78户340人(78间)已迁到村委会驻地顶峰自然村安居。2015年,有374户1505人,有钟、雷、蓝、李、陈、林、黄、郑、周、叶、梁、蔡、范13个姓氏,其中畲族175户720人,分别占48.61%和47.52%;耕地971亩,其中水田471亩,旱地500亩;山林2920亩,种有特早熟温州蜜橘500亩,并开展水果采摘游,当年净利润42万元;另有油茶100亩。是年,70%以上年轻人从事二、三产业,全村总劳力717人,其中从事农业300人、林果业80人、商业50人、餐饮业20人、运输业15人、井巷业95人,村民人均收入9612元。2011—2015年,村集体经济收入每年均有50余万元,居全乡首位。

富源村是全乡旅游业开展最早、成效最显著的一个村庄。2007年,浙江省农科院亚热带作物研究所专家李发勇以科技特派员身份下派岱岭畲族乡,帮助富源村瞄准10月时令水果空档期,建立500亩特早熟温州蜜橘基地,发展特早熟温州蜜橘产业,成为民族乡镇脱贫致富的一个经典案例。2011年9月11日,岱岭畲族乡首次在富源村举办特早熟温州蜜橘采摘节。因富源特早熟温州蜜橘品质优良,深受广大顾客青睐,苍南、平阳、温州、福鼎等地客人纷纷自驾入园采摘。2015年，有2万余人到富源村参加特早熟温州蜜橘采摘游活动，共出售15万千克，占总产量的60%；采摘游销售额达70多万元，纯收入达42万元。2012年，富源村荣登中央人民广播电台"中国乡村之声"，被誉为温州市扶贫开发示范村。

富源村文化设施比较完善，畲族文化广场2011年初步规划，2013年动工，是年9月建成，占地面积1.50万平方米，总投资1000多万元；苍南畲族博物馆2012年规划，2013年动工，2015年落成，占地500平方米，建筑面积1359平方米，总投资310万元。2013年5月18日，富源村举行畲族婚俗原生态表演，湖南卫视进行专题拍摄；2014年4月2日，成功举办岱岭畲族乡第二届"三月三"民族民俗文化节，上万人前来观赏；2015年三月初三，乡里又在富源村举办"三月三"畲族民俗活动，让广大观众大饱眼福，将境内旅游业推上一个新的台阶。

富源行政村由12个自然村构成：

1. 顶　峰

地处东宫村西较高荒地上，俗称顶荒，"荒、峰"闽南方言谐音，后雅化为顶峰。据当地《蓝氏宗谱》记载，其始迁祖于清雍正年间迁此。位于乡政府驻地西0.95千米处，系富源村委会驻地。2010年有41户131人（其中畲族7户30人），2015年有37户121人。

2. 南　山

因其地处南山之麓，故名。南负山，北面山，地形呈阶梯状，属丘陵地带。据当地《陈氏宗谱》记载，其始迁祖于清康熙二十三年（1684年）到此定居，始有其名。位于乡政府驻地西侧1千米处。1990年有5个村民小组96户342人，2010年有5个村民小组98户361人，2015年有88户340人；耕地面积120亩，其中水田48亩。村民主种水稻、甘薯，兼种蔬菜、花生、蘑菇、茶树等。

3. 斗堘岭脚

因地处斗堘岭岭脚，故名。古称岱岭内斗堘岭脚。又因地处山堘之内，杂竹茂密，俗称竹堘内。系畲民聚居之地。畲话"斗、竹"音近，遂称斗堘内。也称底湾、斗堘岗，曾有斗堘内、斗堘岗、斗堘岭脚、斗堘大田头（即白岩头）4个居民点，分布在一个山冈周围。四周峰峦叠嶂，西北负山，东南面溪，地势起伏，属山涧谷地。原为斗堘村，今属富源村。据当地《雷氏宗谱》记载，其先祖雷鸣辉（1766—？年）于清乾隆年间晚期，从平邑沿盘大坝头（今属苍南县矾山镇南堡片区坑门岭村）迁居斗堘；又据当地《雷氏宗谱》记载，其先祖蓝子灿（1783—？年）、蓝子允、蓝子信，于清嘉庆二十年（1815年）自大岭内宫后入迁。位于乡政府驻地东宫村西北侧1.20千米处。1990年，全村有4个村民小组49户219人；耕地面积119亩，其中水田49亩。村民主种甘薯、水稻，兼种蔬菜、花生、蘑菇，山地栽种茶树、油桐等。2010年有11户56人，其余迁移本村葡萄垟自然村；2015年有10户55人。

4. 龙凤岭脚

村居龙凤岭之麓，故名。古称岱岭内龙凤岭脚。其地西负山，东面溪，地势起伏，属山涧谷地。系畲、汉杂居之地。据当地《雷氏宗谱》记载，雷姓福鼎菁寮支系二世祖雷大法与兄弟雷大进、雷大造，于清顺治十二年（1655年）从福建省霞浦县劝儒乡育仁里（今属福鼎市前岐镇）入迁大岭，较大可能居龙凤岭脚。六世祖雷景贵（1724—？年）、雷景位于清乾隆二十年（1755年）自大岭内庵后入迁。据当地《蓝氏宗谱》记载，清道光年间和清光绪元年（1875年），畲民蓝子善和蓝子登分别从大岭内岙头（今属富源村）、坑门大岗（今称大贡）迁此定居，形成村落。位于乡政府驻地东宫村西1.40千米处。1990年，全村有6个村民小组102户406人，耕地面积125亩，其中水田61.50亩。村民主种甘薯，兼种水稻、蔬菜、花生、蘑菇等，山地栽种茶树、果树、黄栀等。因移民下山，至2010年人口减至23户90人，2015年有22户85人。

5. 朗　腰

地处笔架山南麓，背山面溪，属山谷小盆地。据当地《林氏宗谱》记载，清乾隆年间，林氏由杨家边迁往龙凤岭之山腰，筑宅而居，起名龙腰。因当地方言龙、朗音近，讹为朗腰。当地《钟氏宗谱》记载，钟廷琼（1782—1857年）于清嘉庆年间从福鼎井头迁居朗腰，为朗腰钟氏始迁祖。廷琼子世援、世畔均居朗腰。位于乡政府驻地西北侧1.80千米。1990年全村有6个村民小组64户274人，2010年共有65户248人（其中畲族24户106人），2015年有63户243人。耕地面积132亩，其中水田62.50亩。村民主种甘薯，兼种水稻、蔬菜、花生、蘑菇、茶树等，山地育林。

6. 下　周

其地处南山下首，因周姓居此，故名。据当地《周氏宗谱》记载，周郁超生于清康熙三十五年（1696年），居下周。位于乡政府驻地东宫村西1.30千米处，2010年有5户23人，2015年有5户22人，已全部迁居南山。

7. 布袋底

当地传说，布氏始迁祖由福建入迁山谷，故名。后布氏他迁，梁氏迁此，沿用旧名。据当地《梁氏宗谱》记载，梁氏始迁祖梁元佑于清康熙年间从杨家边石皮脚迁此定居。长子梁朝钦后来迁居马站；次子梁朝敬入赘赤洋谢氏，先居兰松垟温州窟（今称温周窟，属矾山镇埔坪社区），后迁福建霞浦牛车凤岭；三子梁朝宾后来迁居福建福鼎沙埕；四子梁朝位在此繁衍成族，梁朝位生于清康熙四十八年（1709年），葬于五十四都布袋底。位于乡政府驻地东宫村西1.30千米。2010年有36户148人，2015年有35户138人，已全部迁居龙凤岭脚自然村。

8. 葡萄垟

其地处田垟上，昔时多种葡萄，故名。当地蓝氏始迁祖于清嘉庆年间由岙头村分居此地。位于乡政府驻地东宫村西北1.20千米处。2010年有40户197人，2015年有39户182人。

9. 岙头贡

因地处岙头北面山冈，后以方言谐音，讹为岙头贡。当地蓝氏现存祖墓碑文记载，其先祖蓝士爵葬于清乾隆三十二年（1767年）。位于乡政府西则1.50千米处。2010年有20户102人，2015年有19户97人。

10. 岙　内

又称岙头内、岙头。据当地《蓝氏宗谱》记载，蓝永应于清顺治十二年（1655年）从平蒲湖垅（马站）入迁。位于乡政府驻地东宫村西1.30千米。2010年有36户153人，2015年有35户143人。

11. 八　亩

据当地《蔡氏宗谱》载，第六世蔡其仁生于清康熙丙子年（1696年），第七世蔡永林（生卒均失考）于清乾隆年间迁此定居时开垦水田八亩，故名。位于乡政府驻地东宫村西北2千米处。2010年有21户81人，2015年有20户76人。

12. 白岩头

其地原名大田头，因田地较大而得名。后因山体崩塌不能种植，遂谓败田头。畲语谐音雅化为白岩头。据当地畲族《李氏宗谱》记载，华阳牛角湾支系六世祖李朝凤，于清雍正十三年（1735年）从福鼎前岐入迁。位于乡政府驻地东宫村西北1.30千米处。2010年有1户2人，其余迁居本村葡萄垟自然村；2015年剩余1户2人也迁居本村葡萄垟自然村。

（五）福掌行政村

福掌行政村为畲族村。因地似掌形，故名。位于乡政府驻地北面，地处半山腰，北负山，南面溪，地势起伏，属山涧谷地。东至马站镇金山村，南至杨家边村，西至富源村，北至坑门村，面积2.01平方千米。村委会驻地福掌。辖福掌（片村）、吴家童、陈世垟、杨府南4个自然村，其中福掌、杨府南为畲族自然村，福掌自然村系福掌村驻地。村内交通以78省道老线为干线，有康庄大道0.60千米、水泥路1.80千米、步行道2.80千米。

1949年新中国成立时，为马站镇福掌村。1952年建立岱岭乡，划归其管辖。1955年冬开始的合作化时期，为岱岭乡新益高级农业社。1956年3月，岱岭乡、坑门乡合并为合作乡，隶属合作乡。1957年3月，撤销合作乡，建立岱岭乡，福掌村归之管辖；是年6月建立岱岭畲族乡，为福掌民族村。1958年10月公社化时期，定名岱岭大队福掌生产队。1959年3月8日，岱岭生产大队改称岱岭管理区，归属不变。1961年10月，岱岭管理区改称岱岭公社，称福掌生产大队。1984年2月，岱岭人民公社管理委员会改为岱岭乡政府，福掌生产大队改称福掌村；是年5月31日，恢复岱岭畲族乡建制，福掌村归属不变。

1990年，福掌村有8个村民小组128户492人；耕地面积403亩，其中水田302亩。2015年有164户643人，其中畲族有蓝、雷、钟、李4姓8个支系91户336人，分别占50.84%和52.26%，系畲汉杂居之地，为苍南县一个村中畲族姓氏和支系最多者；耕地面积476亩，其中水田361亩、旱地115亩；山林2054亩。村民主种水稻、甘薯，兼种蔬菜，山地种脐橙200亩、油茶150亩、中药材150亩。

福掌是一个革命老区村。民国24年（1935年）10月，中共平阳中心区委在群众基础较好的福掌村成立党支部；是年冬，福掌村成为中共平阳中心区委驻地，并成立福掌村赤卫队和抗租团，开展轰轰烈烈的抗租、抗税、抗捐、抗债、抗丁斗争，反抗国民党统治。在蒲门防务会的"清剿"下，斗争坚持到次年10月止，仅有200余人的全村被烧毁民房124间，共有14位畲族英烈为革命而牺牲，为苍南县老区村之最。1977年春，平阳县政府在福掌村后山78省道边坡上修建了占地130平方米的烈士公墓，安葬14位福掌畲族革命烈士。2015年10月，苍南县民政局在福掌村委会前面立下福掌革命烈士纪念碑，以纪念中共浙江省委书记刘英率部经过福掌80周年。

吴姓聚居的陈世垟自然村文化底蕴较为深厚，当地吴氏始迁祖吴大烈于清乾隆五十三年（1788年）从南坪长沙迁此定居，发家致富后十分重视教育，其第三子吴正喜为监生，钦加按察使司照磨。其孙吴可仁为附贡生、钦加五品翎部选训导，其孙吴可生、吴可清均为六品官员，家显一时，文盛数世。吴大烈生前，曾任知县的玉环进士林芳为他赠匾；死后，同乡、岁贡、平阳城西龙湖书院山长谢青扬为他撰写传记。吴可仁热心地方教育事业，捐资支持创办私塾，亲自任教，为蒲门等地培养了一批人才。陈世垟2座清代中后期建筑的三合院经过2014年整修，保存较好，现为苍南县文物保护点。

村内文物保护单位还有位于坑门岭古道上、始建于清光绪三十年(1904年)的利济桥。它选址科学、结构合理、坚固耐用、造型美观、保存完整，为苍南县石梁桥之佼佼者，是研究清代桥梁建筑的重要实物资料，具有相当保护价值，2010年9月3日被列为苍南县第六批文物保护单位。

福掌行政村由4个自然村构成：

1. 福 掌

相传，清初畲族蓝氏由闽迁此山谷，地似掌形，祈愿居之多福，故名。据当地《蓝氏宗谱》载，蓝氏先祖蓝国余（1652—1733年），于清康熙二十四年（1685年）从福建省福鼎县双华入迁。后雷、钟、李、吴、徐等姓陆续迁入，生齿日繁，遂成片村，属福掌村驻地。位于乡政府驻地东宫村北1.40千米处。2010年有76户291人，2015年有76户302人。

2. 吴家童

当地《徐氏宗谱》中作徐家塘，徐氏先祖于清雍正三年（1725年）从蒲城入迁。此地四面环山，中间有一块面积100多亩的小盆地，其中耕地80多亩，村庄坐东朝西，面向盆地山塘，故名徐家塘。这里古代曾是一片果园，故又称果子塘。中华书局2016年4月出版的《苍南县地名志》称其古名为吴家僮，后浙南闽南语方言谐音为吴家同，今作吴家童。位于乡政府驻地北侧1.60千米处。2010年有18户72人，2015年有18户77人。

3. 陈世垟

相传当地原为程姓居住，一片山间平垟田地亦为程姓所有，故名程世垟。后程氏因故他迁，当地吴氏始迁祖吴大烈于清乾隆五十三年（1788年）由南坪长沙迁此定居，《吴氏宗谱》所载地名为程西洋。民国《平阳县志》中作程西阳。后因闽南语音近，讹为陈世垟。位于乡政府驻地东宫村东北1.75千米处。2010年有51户178人，2015年有53户198人。

4. 杨府南

当地《雷氏宗谱》中也作杨府岚，位于乡政府驻地东宫村北1.20千米处。因村北建有杨府庙，村居其南，故名。据当地《雷氏宗谱》记载，雷氏始迁祖雷宗琴（1810—1897年）于清咸丰年间从福掌入迁。2010年有17户56人，2015年有17户66人。

（六）坑门行政村

坑门行政村为畲族村。民国《平阳县志·建置志·五十四都》中作坑门岭，因古时村内筑有一条由马站通往矾山的古道（长3.50千米）——坑门岭，遂援为村名，俗称大岭、坑门，是岱岭畲族乡境内最早出现在县志上的地名之一。辖坑门岭、七亩、寮仔、大路边、横浚、郑厝、大贡、桐仔垵、半岭9个自然村，村委会驻地七亩。东至云遮村，南至马站镇金山村，西至福掌村，北至矾山镇岭头村，村域面积2.35平方千米。地处山腰之上，地势起伏，西高东低，属山区。老78省道从村西绕村盘山10千米。长2955米的232省道鹤顶山隧道从矾山镇南堡社区进入，出口位于坑门村横浚自然村，经横浚、郑厝、桐仔垵、半岭4个自然村进入马站镇。全长3.50千米的机耕路以省道为干线，通达各自然村。

1949年新中国成立时，为城门乡坑门村。1952年6月，由马站镇析出的岱顶、岱下、福掌与城门乡析出的云山、云遮（含西塔）、坑门6个行政村合并成立岱岭乡；是年10月，将岱岭乡析为岱岭、坑门2乡，坑门村划归坑门乡。1955年冬开始的合作化时期，为联和高级农业社。1956年3月，岱岭乡、坑门乡合并为合作乡，隶属合作乡。1957年3月，撤销合作乡，建立岱岭乡，归之管辖；是年6月建立岱岭畲族乡，归属不变。1958年10月，撤马站区建马站公社，岱岭乡改称岱岭大队，为坑门生产队。1959年3月8日，岱岭生产大队改称岱岭管理区，归属不变。1961年10月，以大队建立公社，称岱岭公社坑门大队。1984年2月，撤销公社，恢复岱岭乡，称坑门村；是年5月31日，恢复岱岭畲族乡，坑门村归属不变。

1990年，全村有9个村民小组140户562人，有耕地436亩，其中水田364亩。2007年，横浚及周边自然村下山脱贫35户157人，在鹤顶山隧道口集中建房35间；2014年，坑门村异地搬迁（包括232省道拆迁）65户292人，在马站镇桥头村集中建房65间。2015年，全村有160户683人，其中畲族80户342人，分别占47.34%和48.65%，系畲汉杂居之地；耕地面积466亩，其中水田351亩、旱地115亩；山林2260亩。村民主种甘薯、水稻，山地栽种白沙枇杷150亩、柑橘60亩、中药材80亩，同时饲养山羊、黄牛等。

坑门村地处矾山至马站交通要道坑门岭上，1961年9月78省道矾山至马站公路通车前，经过此地的人流、物流量较大，十分热闹。清康熙年间至民国时期，矾山盛产的明矾和马站、霞关盛产的海产品及农副产品，相当一部分运经此地，许多百姓在路旁搭寮做买卖，村内还有一些人参与挑运明矾和炼矾用薪柴，用以养家糊口。因有这个历史传统，直至2015年，全村有312人经商或从事运输业、建筑业和矿山井巷业。

坑门村是岱岭畲族乡教育事业发展较好的村，清康熙年间，坑门陈氏四世祖陈国儒（字廷杰）成为国学生，此为乡境内最早的国学生记载。因受到良好教育，他职加迪功郎，候选闽省县丞。中华人民共和国成立后，一批受到较好教育的畲族学子陆续走出大山，成为公务员、教师和国有企业职工。据不完全统计，2005年，全村畲族近400人，有公务员、教师和国有企业员工共21人，堪称全县畲村之最。至2015年，坑门籍公职人员有28人，名列全县畲村前茅，其中公务员3人、事业干部5人、教师15人、国企员工5人，他们中除1人属于汉族教师外，其他均为畲族。

坑门行政村由9个自然村构成：

1. 坑门岭

清嘉庆年间，蓝氏始迁祖由福建罗源县迁入此地定居。后因生齿日繁，遂为片村。位于乡政府驻地东宫村北2千米处。2010年有19户89人，2015年有19户90人。

2. 七 亩

据当地《蓝氏宗谱》记载，清光绪年间，蓝氏始迁祖自闽入迁，辟地7亩，后成村落，遂名七亩。位于乡政府驻地东宫村北2.50千米处，系坑门村委驻地。2010年有22户90人，2015年有22户92人。

3. 寮 仔

早年，陈、沈二姓始迁祖因避水灾，从大厝基迁此搭寮定居，故名。据当地《陈氏宗谱》记载，第七世陈志金生于清乾隆二十九年（1764年），卒于清道光十四年（1834年），墓在寮仔坎脚。位于乡政府驻地东宫村北3.10千米处。2010年有12户54人，2015年有12户55人。

4. 大路边

因地处坑门岭边，东边一条从马站通往矾山的大路经此，故名。据当地《钟氏宗谱》记载，其始迁祖钟鸣连（1715—1898年）于清咸丰年间由凤阳岭边田垄头入迁。位于乡政府驻地东宫村北2.90千米处。2010年有6户22人，2015年有6户23人。

5. 横 浚

当地村民挖深水沟引坑门大溪水灌田，横亘村前，俗称横浚，遂为村名。据当地《汝南郡蓝氏宗谱》记载，其始迁祖蓝子文（1714—1771年）于清雍正十三年（1735年）从牛皮岭（今属云遮村）入迁坑门横浚。位于乡政府驻地东宫村北2.70千米处。2010年有20户94人，2015年有20户95人。

6. 郑 厝

据当地《郑氏宗谱》记载，清康熙年间晚期，原籍福建仙游县的坑门郑姓先祖郑应佑（1696—1727年）入迁大岭明山（今岱岭富源村笔架山），其子郑国彩（原名汉彩）于清乾隆年间早期入迁白岩头坑门建宅落户，繁衍成族，居地称郑厝。矾山至马站交通要道经此，康熙年间至民国时期，矾山盛产的明矾和马站、霞关盛产的海产品及农副产品，相当一部分运经此地，许多百姓在路旁搭寮做买卖。位于乡政府驻地东宫村以北偏东2.50千米处。2010年有28户100人，2015年有27户102人。

7. 大 贡

因村前有座大山冈，古汉语"岗"通"冈"，故名大岗。后以方言谐音，讹为大贡。明万历三十八年（1610年），陈良璧由福建泉州府晋江县赤岸入迁云遮小坑门。清嘉庆年间，其后裔陈树秀分居坑门大贡。位于乡政府驻地北侧2.10千米处。2010年有21户89人（其中畲族5户21人），2015年有21户90人（其中畲族5户22人）。

8. 桐仔垵

盖地处山垵两旁，村境内遍植桐子树，故名桐子垵，后衍变为桐仔垵。当地《汝南郡蓝氏宗谱》称，其始迁祖蓝廷满（1723—？年）、蓝廷斌（1721—？年）于清乾隆二十年（1755年）从坑门岭入迁；先祖蓝光桂生于清乾隆三十六年（1771年），卒于嘉庆二十五年（1820年），墓在桐仔垵，位于乡政府驻地北侧2.60千米处。2010年有12户54人，2015年有12户55人。

9. 半 岭

因地处马站通往云遮的山岭中段，故名。据当地《郑氏宗谱》记载，其始迁祖于清康熙三十年（1691年）入迁。位于乡政府驻地东宫村东北2.70千米处。2010年有21户80人，2015年有21户81人。

（七）云遮行政村

云遮行政村为畲族村。四周群山环抱，村居山腰之上，常为云雾遮盖，故名。当地畲民相传，很早很早以前，有一个暑天中午天气非常炎热，有位盐商挑了一担盐经过此山岭，自言自语地说："现在天空若有一片云把我遮到岭顶那该有多好。"忽然间空中真的飘来一片云，遮他到岭顶。传说云遮地名由此而来。辖西塔、牛皮岭、包坑、洞人、东坑内、新厝、内厝、新墓、十五亩、宫门口、坑门11个自然村，村委会驻地西塔。东至云山村，南至马站镇金山村，西至坑门村，北靠鹤顶山，面积3.82平方千米。因78省道老线从牛皮岭自然村通过，21世纪以来，全村以78省道为干线，建造康庄大道2千米、水泥机耕路2.40千米，11个自然村均通水泥路。

在民国14年（1925年）印行的《平阳县志·五十三都》中，已有云遮记载。1949年新中国成立时，为城门乡云遮村。1952年6月，由马站镇析出的岱顶、岱下、福掌与城门乡析出的云山、云遮（含西塔）、坑门6个行政村合并成立岱岭乡；是年10月，将岱岭乡析为岱岭、坑门2乡，云遮村划归坑门乡。1955年冬开始的合作化时期，为永联高级农业社。1956年3月坑门乡、岱岭乡撤并为合作乡，名称不变。1957年3月，撤销合作乡，建立岱岭乡，归之管辖；是年6月，岱岭乡改称岱岭畲族乡，归属不变。1958年10月公社化时期，为岱岭大队云遮生产队。1959年3月8日，岱岭生产大队改称岱岭管理区，归属不变。1961年建立岱岭公社，称云遮生产大队。1984年2月，岱岭公社管理委员会改为岱岭乡政府，云遮生产大队改称为云遮村；是年5月31日，恢复岱岭畲族乡建制，云遮村归属不变。

1990年有11个村民小组155户581人，有耕地569亩，其中水田564亩。村民主种甘薯，兼种水稻，山地栽种茶树、果树等。2015年，有170户678人，其中畲族134户480人，分别占70.53%和65.93%；耕地706亩，其中水田602亩、旱地104亩；山林3820亩，种植甜橘柚200亩、黄栀300亩、中药150亩、玫瑰300亩。全村以经商、运输、井巷三大产业为主，其中劳务输出320人，是村民重要收入来源，农民年人均收入10800元。

云遮村地处鹤顶山，山地广阔，草场较大，发展畜牧养殖业条件得天独厚，畜禽养殖有一定规模。2010年，外来投资户杨昌金投入450万元建立云遮成发生猪养殖基地，新建标准栏舍3300平方米，年生猪出栏1000多头，成为苍南县生猪养殖协会会长单位。至2013年，生猪养殖场一度发展至4家，当年出栏生猪3000多头，其排泄物对下游马站十八孔水库水源及沿浦河造成严重污染，致使水质氨氮严重超标。2014年，随着全省"五水共治"工作的开展，县、乡两级政府对村内7家畜禽养殖场（其中4家生猪养殖场）进行整治，并于2015年全部关闭停产，从此，村内猪、牛、山羊、兔、鸡等畜禽均变成农家散养，养殖总量已经不大。

每年重阳节，云遮村都要在九使爷宫举行传统文化庙会，历时3天，每天参加者达数千人。活动内容有：民众集资邀请戏班或古装提线木偶戏前来表演；邀请当地和福建霞浦、福鼎等地青年男女畲歌手上台演唱畲歌，通宵达旦进行男女畲歌盘唱；请神灵降敕"武身"坐刀轿巡垟；重阳节晚餐，云遮村家家户户都要烧几个菜做福，一家人聚餐，以欢度节日。

云遮行政村由11个自然村构成：

1. 西　塔

其地山形似塔，名曰塔尖山，村居山西麓，故名。据当地《钟氏宗谱》记载，其始迁祖钟鸣法（1807—1888年）、钟鸣养、钟鸣旗，约于清道光年间，从埔坪三百丘入迁。位于乡政府驻地东宫村东北3.40千米处。为村委会驻地。2010年有35户99人，2015年有32户98人。

2. 牛皮岭

村前有一岭，盖岭阶光滑如牛皮，故名。据当地《蓝氏宗谱》记载，明嘉靖二十七年（1548年），其始迁祖蓝意必从福建罗源入迁，始成村落。民国35年（1946年）平阳县政府印行的《民国六年（1940—1945年）》"城门乡"中，今属岱岭畲族乡的有牛皮岭、西岙2个地名。位于乡政府驻地东宫村东北3.90千米处。2010年有63户220人，2015年有59户219人。

3. 包　坑

因村之东、西两面各有一坑（当地闽南语俗称溪为坑）包围村庄，故名。雷姓青街支系第十世祖雷文列（1800—1871年）、雷文什、雷文协、雷文若等，于清道光年间从福建省福鼎县前岐蔡洋入迁；蓝姓岱岭坑门支系第十三世祖蓝昌尾，于清光绪年间从牛皮岭入迁。位于乡政府驻地东宫村东北4.40千米处。2010年有14户50人，2015年有13户49人。

4. 洞　人

清光绪年间后期，叶姓始迁祖从大兰迁此定居，族人为纪念祖籍，以"大兰人"为村名。后因闽南方言音近，讹为洞人。建村约113年。位于乡政府驻地东宫村东北4千米处。2010年有8户30人，2015年有7户29人。

5. 东坑内

因地处村东一溪（俗称坑）内首，故名。当地林氏始迁祖林元坐约于清光绪年间晚期从邻近的霞关澄海拱桥内入迁，繁衍成族。位于乡政府驻地东宫村东北4.40千米处。2010年有10户41人，2015年有9户40人。

6. 新　厝

据当地《叶氏宗谱》记载，其始迁祖于清末民国初年迁此建新屋定居，故名。位于乡政府驻地东宫村东北4千米处。2010年有12户55人，2015年有11户

54人。

7. 内 厝

因其地先民住宅建在较靠内的山边，故名。据当地《雷氏宗谱》记载，雷光窻（1664—1724年）于清康熙三十四年（1695年）从平阳青街章山入迁。位于乡政府驻地东宫村东北4.30千米处。2010年有11户59人，2015年有9户58人。

8. 坑 门

因其地形似门，有溪（当地闽南语俗称坑）水从此流出，故名。为区别坑门村，俗称小坑门或云遮坑门。据坑门《陈氏宗谱》记载，明万历三十八年（1610年），其始迁祖陈良璧由福建泉州府晋江县赤岸入迁，始成村落。三世祖陈士荐给后裔留下垒坑坟山1座，每年山租收入用于祖坟祭扫、修理等公共开支。位于乡政府驻地东宫村东北4.30千米处。2010年有18户66人（其中畲族7户28人），2015年有16户65人。

9. 新 墓

因地处山坎内，前称坎山内。朱姓入迁后，在此筑新坟，改称新墓。清初，陈姓由蒲城迁此，始成村落。位于乡政府驻地东宫村东北4.30千米。2010年有7户35人，2015年有6户34人。

10. 宫门口

因村东南侧有一宫，与村相对面，俗称宫门口。位于乡政府驻地东北侧3.60千米。2010年有2户11人，2015年有3户10人。

11. 十五亩

据当地《赵氏宗谱》记载，清乾隆二年（1737年），其先祖赵钦祥从招顺乡五十三都铁场（今属马站镇）入迁，辟水田15亩，遂援为村名。位于乡政府驻地东北侧4.10千米。2010年有6户22人，2015年有5户22人。

（八）云山行政村

云山行政村位于岱岭畲族乡北边，因山上常年多云，故名。北负山，南面溪，地形呈阶梯状。辖西岙、牛运、横路、神堂、显后、瑶坑6个自然村，村委会驻地西岙。东至马站镇大门洋村，南至马站镇金山村，西至云遮村，北至鹤顶山，面积3.81平方千米。

1949年新中国成立时，为城门乡云山村。1952年6月，由马站镇析出的岱顶、岱下、福掌与城门乡析出的云山、云遮（含西塔）、坑门6个行政村合并成立岱岭乡；是年10月，将岱岭乡析为岱岭、坑门二乡，云山村划归坑门乡。1955年冬开始的合作化时期，为岱岭乡永星高级农业社。1956年3月，坑门乡、岱岭乡撤并为合作乡，云山村归之管辖。1957年3月，撤销合作乡，建立岱岭乡，归之管辖；是年6月，岱岭乡改称岱岭畲族乡，归属不变。1958年10月公社化时期，定名岱岭大队云山生产队。1959年3月8日，岱岭生产大队改称岱岭管理区，归属不变。1961年10月，称云山生产大队，隶属岱岭公社。1984年2月，岱岭公社管理委员会改为岱岭乡政府，云山生产大队改称云山村；是年5月31日，恢复岱岭畲族乡建制，云山村归属不变。

1990年，全村有11个村民小组170户652人，耕地面积481亩，其中水田446亩。2015年，全村有181户822人。耕地面积554亩，主种甘薯，兼种水稻；山地种植茶树、黄栀、蓝莓等经济作物。

2003年6月，云山村利用当地丰富的矿泉水资源，创办苍南县云山矿泉水有限公司，厂房占地面积2000多平方米，日产"云山"牌矿泉水1000多桶22.50吨，取得了良好的经济效益。2015年企业有员工18人，年销售120万桶，年收入110万元。

云山虽然地处偏僻，但居民十分勤劳，是境内较早开始移民下山、脱贫致富的村庄。1978年改革开放后，他们即抓住这个难得的机遇，多数居民逐渐移民到生产、生活条件更好的马站镇城区经商务工，并在那里购置房产定居；1981年苍南建县后，少数经济条件更好、有一技之能者迁居县城灵溪镇工作、生活。至2015年，山上仅有少数留守老人、道士和平时上山劳作者。

云山行政村由6个自然村构成：

1. 西 岙

因地处鹤顶山西部之山岙口，故名西岙。据当地《刘氏宗谱》记载，明崇祯年间，其先祖刘世辉迁此定居。民国35年（1946年）平阳县政府印行的《民国六年（1940—1945年）》"城门乡"中，今属岱岭畲族乡的有牛皮岭、西岙2个自然村。位于乡政府驻地东宫村东北4.30千米处，属云山村委会驻地。2010年有26户135人，2015年有26户130人，大多已移民下山。

2. 牛 运

村南有一水窟，系水牛浴身之所，因而村名俗称牛浴，后以闽南方言谐音，得名牛运，遂为村名。据当地《范氏宗谱》记载，其始迁祖范日生（一名宁，字光弼）于康熙三十三年（1694年）从马站凤尾山迁居牛运。位于乡政府驻地东宫村东北5.20千米处。2010年有34户140人，2015年有35户135人，大多已移民下山。

3. 横 路

村居鹤顶山之麓，有一条路东西走向横贯在半山腰，俗称横路，遂为村名。据当地《范氏宗谱》记载，其始迁祖范大任于清乾隆年间到此定居，渐成村落。位于乡政府驻地东宫村东北4.60千米处。2010年有26户121人，2015年有27户111人，大多已移民下山。

4. 神 堂

原名臣塘。后因地处神堂宫北首，改名神堂。据当地《范氏宗谱》记载，始迁祖范邦璞、范邦瑶、范邦玺三兄弟于清乾隆年间，从马站凤尾山迁居臣塘，范邦璞、范邦玺墓均在臣塘。位于乡政府驻地东宫村东北4.70千米处。2010年有35户129人，2015年有36户129人，大多已移民下山。

5. 显 后

因村前有石壁百丈高，村处其后，原称险后。闽南方言"险、显"音近，讹为显后。据当地《殷氏宗谱》记载，其始迁祖殷承智于清乾隆初年从马站铁场迁居显后。位于乡政府驻地东宫村东北5.10千米处。2010年有16户70人，2015年有16户68人，大多已移民下山。

6. 瑶 坑

村西南溪（当地俗称溪为坑）尾有块大石头，脚踩上去会摇摆，俗称摇坑。因"摇、瑶"闽南方言音近，讹为瑶坑。陈氏始迁祖于清康熙年间迁此，渐成村落。位于乡政府驻地东宫村东北3.70千米处。2010年有40户262人，2015年有41户252人，大多已移民下山。

第二章 人 口

岱岭为山区乡,生存环境较差,移民较晚。除大厝基杨氏先祖从南宋时期入迁外,乡境内现有居民先祖大多迁自明末清初。境内畲族自明末至民国24年(1935年)陆续入迁。今乡境内人口总体分布为:较早入迁的汉族大多居住在低山丘陵地带,生产、生活条件相对较好;畲族较迟入迁,大多居住在海拔较高,生产、生活条件较差的山区,居住特点为"大分散、小聚居"。

第一节 迁 徙

据大厝基《杨氏宗谱》记载,南宋时期,杨子有、杨子学兄弟从东阳仁川(今属磐安县)入迁,这是境内已知最早移民。此后,乡境内经历了明末清初两次移民入迁潮:一是明朝倭患平息后的第一次移民潮。明代,倭寇不断侵扰中国东南沿海,至嘉靖朝最为猖獗,特别是嘉靖三十一年(1552年)以后的三四年间,倭寇不断登陆浙南沿海,烧杀抢掠,岱岭地处抗倭前线,频遭倭寇侵扰,人口锐减。在俞大猷、戚继光等攻剿下,至嘉靖四十三年(1564年),倭患基本平息。此后,平阳知县招民垦荒,从闽南和瑞安等地迁进一批人口。二是清初复界后的第二次移民潮。清顺治十八年(1661年)秋,清政府为防止沿海居民接济郑成功反清部队,强令平阳县沿海居民内迁十里,界外民房均被烧毁。康熙二十三年(1684年)开始"展界复井",部分闽南、闽东移民入迁。至清乾隆年间,乡境内土地都已有主,加上当地人口增加,人地矛盾加剧,乡境内移民潮结束。1983—2015年,除畲族之外的10个少数民族陆续入迁。

一、入 迁
(一)畲族入迁
据坑门《蓝氏宗谱》记载,明嘉靖戊申年(1548年),蓝意必从福建罗源入迁牛皮岭，此为岱岭境内已知最早的畲族始迁祖。

清顺治四年（1647年），廖元、陈仓带领反清农民起义军百余人至屯大岭（今称岱岭）、撒屎岩筹饷招兵。本地乡兵协同韩副将官兵分作二路赶至车岭头对阵，铳伤陈管队肚皮，不致伤命。众兵杀到险尖山，廖元被杀，农民起义军牺牲13人。陈仓遂为首领，率19人前往江南灵鹫寺（在今钱库镇桐桥村）招兵。

顺治五年（1648年），陈仓率众围攻金乡卫城，兵败后率主力撤出金乡卫城。顺治七年（1649年）五月十六，陈仓率部进据蒲门，是年七月再次被清军击败。清军一路烧杀，杀平民无数，乡境内民众四散逃匿，深受其害。

顺治十八年（1661年）闰七月初一，为防止沿海居民接济郑成功，清廷颁布迁海令，由尚书苏纳海负责，要求东南沿海"撤边海三十里居民而空其地"，实行彻底的坚壁清野、移民并村政策。平阳驻军副将张思达反对县令高仪坤依瑞安例内迁5里主张，坚持内迁10里，片板不得下海，出界格杀勿论。清廷插木为界，派兵守卫，名为"迁界"，界外房屋全部烧毁。靠近海边的蒲城甘溪岚下畲民蓝永汶等被迫迁徙至生产、生活条件更差的大岭内南山（今属富源村），蓝永照、蓝永县、蓝永隋等转徙小岭（今大厝基小岭下）。迁民被迫背井离乡时，"男号女哭，四境相闻"，惨不忍睹。他们被剥夺生活资源驱离家园后，住在庙宇和别人家门外，肥沃田地不能耕种，逃难时因生活无依靠，饿死、病死的不计其数。不愿意离开土地的往往被杀。清代蒲门诗人项师契（字玄生，一作元甡）亲历这一场浩劫，托鸟语，写了《十禽言并序》（详见第六章"民间文献·书籍·汉族诗词"），记录了迁界时的悲惨情景。马站城门《朱氏宗谱》对"迁界"带来的灾难也有记载："登山涉水道路长，老少吞声哭路旁。歧路旁蹙额齐相告，铁石人闻也断肠。父子不相见，兄弟妻子离散。富储数日之米，贫赁隔宿之粮。时长日久，无粒可食，无屋可栖，典妻鬻子，色惨烟云，结脸求居，觅冤生磷，心烧火至。"

由于政局不稳，清康熙五年（1666年），平阳扩大迁界范围，境内畲民陆续转迁与岱岭仅一山之隔的福建双华（今属福鼎市）等地，后子孙分衍闽东、浙南等地。康熙九年（1670年），平阳一带政局逐渐稳定，清政府下令部分"展界复井"。但蒲门因靠近福建和台湾，局势依然不稳定，不属"展界复井"范围。

迟至康熙二十二年（1683年）收复台湾，东南沿海局势逐渐平稳，蒲门次年才开始"展界复井"。展界后，因当地"地亩荒芜，百姓流亡"，迁民回家的只有525丁。各地旧主重辟家园，但人口已大不如前，大量田园无人耕种。面对"迁界"后的蒲门一片颓败萧条、满目疮痍，蒲门中魁（今属马站镇）人、定国将军林东明无比感慨地写下诗句："三百年余歌舞地，一朝迁散草萋萋。"而后，为了补籍，清政府实行招民垦荒政策。据现有家谱记载，有20多名畲民携家带口迁此定居：蓝永贵由蒲门甘溪岚下入迁小岭下（今属大厝基村小岭自然村），蓝国余由福建福鼎前岐双华入迁福掌，雷光居由平阳县北港青街入迁福掌上厝，雷光窗由平阳县北港青街章山入迁云遮，蓝世贤由杨家坑（今称尤家坑，属钱库镇括山社区龙山村）入迁牛皮岭（今属云遮村），雷廷宝由平阳县北港青街入迁坑门岭。畲族入迁一直延续至民国24年（1935年）。今境内畲民有蓝（20世纪80年代中期普发身份证时，大多数人简写为"兰"，但宗谱上仍作"蓝"）、雷、钟、李4姓，其中蓝、雷、钟均为岱岭境内大姓之一，又以蓝姓人口最多。

1. 李 姓

岱岭畲族李姓有2个支系：华阳牛角湾支系、福鼎深垄支系，都是万十三郎后裔。入迁者共有10人，最早入迁时间为明崇祯年间。

华阳牛角湾支系　始迁祖李显达于明末由福鼎白琳白岩迁居伏鹰（今苍南县灵溪镇观美凤岳），后转徙华阳牛角湾。后裔李振三（生卒年不详）因遭旱灾，生活困苦，于明崇祯年间从牛角湾入迁平阳县蒲门大岭内呑头岗（今属富源村），成为呑头岗李姓始迁祖，也是乡境内较早入迁的畲族。李显达后裔念一郎长子程钰生六子，次子景亮曾孙元龙于福鼎流江流岐（今属沙埕镇）入迁岱岭内呑头岗；三子景苑玄孙德显长子朝凤移居岩头（今富源斗埒白岩头），次子朝成移居坑门岭；四子景祖玄孙德飞移居福掌；五子景宗孙振起、振举，振起曾孙元贞居牛皮垟，元贞长子德进（1720—？年）移居牛皮岭，振举曾孙德裕移居鹤顶山脚；六子景世孙振法曾孙元壹玄孙德英居鹤顶山脚。该支系2015年仍在岱岭居住的后裔有46户183人：云遮7户35人，五亩3户13人，坑门3户12人，斗埒白岩头17户65人，呑头岗16户58人。

福鼎深垄支系　清康熙年间，李文表、李文风（1703—？年）从莒溪上村水碓头入迁福掌。2015年，该支系仍在福掌村居住的后裔有13户79人。

表4-2-1-1　明代至2015年岱岭畲族乡李氏入迁一览表

支系	第世	入迁者	生卒年	入迁年代	入迁地	迁出地
华阳牛角湾	三世	李振三	不详	明崇祯年间	大岭内岙头岗（今属富源村）	华阳牛角湾（今属灵溪镇）
	四世	李元龙	不详	清康熙年间		福鼎流江流岐（今属沙埕镇）
	五世	李国□	不详	清康熙四十三年（1704年）		福鼎高境
		李德飞	1706—1795年	同上	福掌	福鼎前岐
		李德进	1720—？年	清乾隆十年（1745年）	—	
		李德显	1665—1750年	清雍正十三年（1735年）	斗塆白岩头	
	六世	李朝凤（德显子）	不详			后山溪
		李朝成	不详	同上	坑门岭	
福鼎深垄	五世	李文表	不详	清乾隆三十年（1765年）	福掌	莒溪上村水碓头
		李文凤	1703—？年			

资料来源：根据有关宗谱制作。

2. 蓝　姓

蓝氏入迁岱岭有3个支系：岱岭坑门岭支系、福鼎双华支系、福鼎浮柳洋支系，入迁者共有36人，最早入迁者已有360年历史。

福鼎双华支系　明嘉靖五年（1526年），原籍福建罗源的蓝朝聘避乱霞浦牙城蓝坪，子孙于崇祯年间迁居矾山南下，后迁蒲门，再迁福鼎小华阳。清顺治年间，蓝朝聘孙德泰、德候、德顺与其堂兄弟德厚、德序等同迁蒲门甘溪岚下，后分居蒲湖垅（今在马站镇十八孔水库附近）、小岭内、岱岭岙头、矾山南堡阮家山（今岭脚山）等地。清顺治十八年（1661年）秋，清廷颁布迁界令，德泰次子建业之子永照与其堂兄弟永县、永随等转徙岱岭小岭（今大厝基小岭下），建业之孙国春孙居福鼎小华阳（今佳阳畲族乡双华村）桥仔头，宗谋次子德候生建成、建垂二子。建成次子永县三孙国旺移居福鼎小华阳傅厝内。国旺长子胜华、次子胜富、四子胜玉自湖垅移居岱岭小岭下，胜富十一世孙子唐居岱岭福掌；国旺三子胜贲居小华阳园门内，胜贲派下十一世孙子凤移居赤溪流岐岙顶寮，十三世孙青亩、十四孙景便居岱岭朗腰庵后（今属富源村）。建成次子永县派下五孙国余（1652—1733年）移居福掌，国余长子胜聪居大岭内宫后（今属富源村），胜聪派下十一世孙子灿、子允、子信居岱岭斗墘（今属富源村），四子胜项居岱岭福掌；十一世孙子山迁居岱岭福掌，十五世孙清发居岱岭坑门岭脚墓碑（即今大路边自然村），清麟居云遮五亩。该支系入迁以来，已繁衍至第二十世，2015年仍在岱岭境内居住的有113户439人，是岱岭畲族人口排名第二的一个支系。

坑门岭支系　据坑门《蓝氏宗谱》记载，明嘉靖戊申年（1548年），蓝意必从福建罗源迁居牛皮岭，此为岱岭畲族乡境内目前已知最早的畲族始迁祖。蓝意必生六子，衍成蓝氏坑门岭支系。蓝意必去世后随父归葬罗源。其四子蓝千益（乳名千四）移居凤池（今属灵溪镇），去世后安葬凤池李家山。千益长子蓝万三生四子，长子蓝华香次子应盛生三子：世达、世德、世信。次子蓝世德生五子，世德三子廷璋派下十三世孙昌扶居坑门半岭，五子廷满由牛皮岭移居坑门桐仔垵。蓝意必六子蓝千友约于明万历年间迁居文成南田高（村）、石竹寮。三世蓝万富始在坑门仓基凤髻头建坑门蓝氏支族祠堂，后移居二十三都石塘（今属赤溪镇龙沙社区）狮子山，再转徙杨家坑（今称尤家坑，属钱库镇括山社区龙山村），去世后安葬杨家坑。至六世祖蓝世贤（1674—？年），约于清康熙年间从杨家坑再迁牛皮岭。世贤长子廷献孙子文居坑门横浚。次子廷朱居牛皮岭，廷朱十三世孙蓝昌尾约于清光绪年间由牛皮岭移居云遮包坑。四子廷贵于清雍正年间由牛皮岭移居坑门岭，生四子：长子子忠于清乾隆年间由牛皮岭移居坑门大垵（内墘），子忠派下五孙有照居坑门大垵（内墘）；廷贵四子子斌居坑门半岭。该支系入迁以来，已繁衍至第十九世，2015年仍在岱岭乡境内居住的有136户578人，是岱岭畲族人口最多的一个支系。

福鼎浮柳垟支系　明代，蓝法祖、蓝法春兄弟原居福建侯官平址坑，后携眷迁福鼎牛乾东坑，再迁青田、瑞安甲民坑。明崇祯年间，法春之子由瑞安迁平阳北港上塅，后转迁陈家湾。子孙分居莒溪水碓头、大湖朱山、樟树坛、岱岭内龙下、云遮，凤阳水口等地。蓝文贤由凤阳陈家湾移居岱岭大岭内龙下（今属富源村），成为该地始迁祖；国进次子可信派下十世孙承楼居牛皮岭，国进三子可福派下次孙文龙移居岱岭坑门岭，四子可三移居岱岭云遮。必达长子国连派下曾孙文录居岱岭云遮，转徙龙根（今属岱岭富源村）。法春子云昌生五子：德华、德荣、德富、德贵、德全。德贵派下次孙国良晚清时从凤阳陈家湾入迁岱岭大岭下庵后（今属富源村）。2015年，该支系后裔仍在岱岭境内居住的有9户37人。

表4-2-1-2　明代至2015年岱岭畲族乡蓝氏入迁一览表

支系	第世	入迁者	生卒年	入迁年代	入迁地	迁出地
岱岭坑门岭	一世	蓝意必	不详	明嘉靖二十七年（1548年）	云遮牛皮岭	福建罗源
	六世	蓝世贤	1674—？年	清康熙四十四年（1705年）	云遮牛皮岭	括山杨家坑
	七世	蓝廷贵	1708—1788年	清雍正十三年（1735年）	坑门岭脚	牛皮岭
		蓝廷满	1723—？年	清乾隆二十年（1755年）	坑门桐仔垵	坑门岭
		蓝廷斌	不详	—	—	—
	八世	蓝子文	1714—1771年	清雍正十三年（1735年）	坑门横浚七亩	牛皮岭
	九世	蓝有照	1756—1813年	清乾隆五十年（1785年）	云遮内塆	坑门岭
	十三世	蓝昌扶	1875—1921年	清光绪年间	坑门半岭	牛皮岭
		蓝昌尾	1879—1932年	清光绪年间	云遮包坑	福鼎双华
	五世	蓝永应	不详	清顺治十二年（1655年）	呇头（今属富源村）	平蒲湖垅（马站）
		蓝永照		清顺治十二年（1655年）	大厝基小岭下	
		蓝永县	1621—1684年			
		蓝永隋				
	六世	蓝永汶	1637—1719年	清顺治十八年（1661年）	大岭内	甘溪岚下

支系	第世	入迁者	生卒年	入迁年代	入迁地	迁出地
岱岭 坑门岭		蓝国余	1652—1733年	清康熙二十四年 （1685年）	福掌	福鼎双华
		蓝胜耀	1693—1765年	清雍正三年 （1725年）	坑门大岗	大岭内
		蓝胜聪	1672—?年	清康熙四十四年 （1705年）	大岭内宫后	福掌
	七世	蓝胜华	不详	清乾隆三十年 （1765年）	大厝基小岭下	平蒲湖垅 （马站）
		蓝胜富	1726—?年			
		蓝胜玉	不详			
		蓝胜宝	1680—?年	－	宫后 （今属富源）	南山
	八世	蓝文魁	1693—1750年	－	呇头 （今属富源）	福鼎罗屯
		蓝文元	1693—1750年	－	－	－
	十一世	蓝子唐	不详	－	福掌	小岭下
		蓝子山	不详	－	福掌	凤阳
		蓝子礼	1774—?年	清嘉庆十年 （1805年）	朗腰庵后	福鼎罗屯
		蓝子灿	1783—?年	清嘉庆二十年 （1815年）	大岭内斗垱	大岭内宫后
		蓝子允	不详			
		蓝子信	不详			
		蓝子善	1808—1886年	清道光年间	龙凤岭脚	大岭内呇头
		蓝子登	不详	清光绪元年 （1875年）	坑门岭脚	坑门大岗
	十四世	蓝景生	不详		坑门岭	大岭内

续表2

支系	第世	入迁者	生卒年	入迁年代	入迁地	迁出地
	十五世	蓝清鳞	1938—	民国24年 （1935年）	云遮五亩	矾山 岭家山
福鼎 浮柳垟	六世	蓝文贤	1697—？	清雍正十三年 （1735年）	大岭内岙头岗	凤阳 陈家湾
	五世	蓝国良	1782—？	清嘉庆二十年 （1815年）	朗腰庵后	凤阳 陈家湾
		蓝可三	不详	清雍正三年 （1725年）	云遮	凤阳 陈家湾
	十世	蓝承楼	不详	—	云遮 牛皮岭	凤阳 陈家湾

资料来源：根据有关宗谱制作。

3. 雷　姓

雷姓入迁岱岭共有6个支系：青街章山支系、青街黄家坑支系、福鼎菁寮支系、福鼎双华支系（畲族民间称小华阳支系）、闹村凤岭脚支系、昌禅岙底支系，入迁者共有28人，最早入迁者已有360年历史。

青街章山支系　明万历八年（1580年），该支系始祖雷永祥偕长子仰宇、次子仰善、三子仰甫，自福建罗源大坝头（今属霍口乡川边村）迁平邑卅七都桥墩黄坛口（今苍南县桥墩镇黄檀柳庄）菁山、枫树湾一带。仰甫长子明鸿因避陈仓乱迁徙北港，复迁福鼎三潮岙。明鸿曾孙起周居三十亩，起周长子孔忠玄孙文荣居岱岭云遮。仰甫次子明庠、孙凤冠自北港移居昌禅，转徙泰顺，后居福鼎蔡洋岭兜（今属前岐镇桥亭村）。明庠长玄孙起生居岭兜，起生三子孔照玄孙文府移居岱岭小岭下，成为本族开基祖。该支系入迁岱岭福掌村以来，已繁衍至第十四世，2015年仍居岱岭境内的有44户198人：福掌村下厝30户130人，大厝基村小岭下2户9人，云遮村包坑6户、五亩6户。

青街黄家坑支系　该雷姓于明末自福建罗源大坝头（今霍口乡大王里村牛栏坪）迁福安牛头畔（今牛石坂），转徙福鼎牛埕下（今属白琳镇），次迁福鼎分水关，再徙平阳青街章山，雷法罡（1594—1654年）移居青街黄家坑。雷法罡四子霆山生子振南，振南长子章贤于清康熙年间，由平阳县北港入迁岱岭福掌定居，距今约300年；法罡五子凤山生国晔，国晔长子廷宝于清康熙年间移居岱岭坑门岭，繁衍成族。该支系2015年仍居岱岭畲族乡境内的有13户57人：坑门村坑门岭7户30人，福掌村6户27人。

福鼎菁寮支系 明末，雷世绵与子大进、大法、大造自福建省福安县迁居霞浦县劝儒乡育仁里（今属福鼎市前岐镇）。清初，大进、大法、大造自劝儒乡育仁里迁入居岱岭内（今富源村龙凤自然村）。大进长子启岳四孙元贵三子景芳从福建福鼎菁寮移居岱岭坑门岭，为坑门雷姓始迁祖。大法生五子，长子启忠曾孙元春移居福鼎十六都底庄（坟葬大岭内龙凤岭马栏下）；元春次子景祥长子曾孙仲发居龙凤岭。三子孙淑翰、淑宛同居大岭龙凤岭脚岙头。景祥长子次曾孙仲富之十三世孙永景居渔寮后塘（民国《平阳县志》作后艚）。雷启某于明末清初自福安迁岱岭大岭内底塆（即斗塆），因祖父失考，修谱时与启忠兄弟联谱，列为大法第六子。启某生永福、永影。永福长子元华移居平邑沿盘（今坑门岭大坝头），元华孙鸣辉居大岭内斗塆。永影长子元馥居大岭内庵后，次子元如移居霞浦四十七都隔内，三子元得移居霞浦七都文洋水田头（今属牙城镇），四子元生移居福鼎南坪下山溪（今属磻溪镇赤岭村）。元馥子景贵、景位于庵后入迁龙凤岭脚定居，为岱岭龙凤岭脚雷姓始迁祖。至2015年，该支系仍在岱岭畲族乡境内居住的有55户252人：云遮村包坑5户22人，坑门村桐仔垵1户5人，富源村斗塆28户130人，富源村龙凤岭脚岙头21户95人。

福鼎双华（小华阳）支系 明天启至崇祯年间，雷宗脁为避乱，由福建福安迁居温平东佳山（即章家山，今属苍南县凤阳乡鹤峰村）。其孙振柔四子启虽长孙应凤移居马站利洋。应凤长子鸣太玄孙一婴居渔寮后塘（艚）；次子鸣滔玄孙一隐从马站魁里利洋移居岱岭福掌。宗脁次子大裕明末清初时迁居蒲门五十三都南里垄（今马站镇兰垅村）。大裕生二子，长子振安移居吕垟（今马站利垟），振安孙启顺转徙福鼎廿都华洋（今佳阳畲族乡双华村），启顺长子应元九世孙一觉均居岱岭小岭下，十一世孙德铖移居西塔（今属岱岭云遮），一隐、一觉、德铖为福掌、小岭下、西塔三地开基祖。2015年，该支系仍在岱岭居住的后裔有9户37人：云遮西塔2户9人，大厝基小岭下7户28人。

平阳闹村凤岭脚支系 明嘉靖年间，白岩头、福掌、杨府南雷氏始祖雷明海由福建罗源移居平邑四十八都二堡西山下水尾（今属平阳县水头镇闹村李岙村，即凤岭脚）。明海次子法临子孙移居小施（今属平阳县闹村内洋村），法临长孙朝宇次曾孙应聪居五十一都四堡。应聪生六子，长子得凤移居欧里，得凤派下曾孙圣寅移居莒溪郑家山内洋牛头浚。法临次孙朝宝生二子，长子应养生尚有、尚进。尚进四子世显大曾孙元祝移居莒溪垟尾高山。法临五孙朝林生三子，长子应贤移居桥墩四亩村卅亩。应贤生六子，次了德聪（1701 ？年）移居莒溪垟尾石壁头；得聪曾孙元春十二世孙赵看移居赤溪三步擂、大坑内，分衍马站镇峰门大坑内，朝林三子应三次孙得风于清康熙五十一年至五十三年间（1712—1714年）从平阳闹村凤岭脚移居岱岭大岭内大田头（今斗墰白岩头），成为该村雷氏始迁祖。2015年，该支系仍在岱岭居住的后裔有18户106人：福掌村杨府南11户74人、福掌1户4人，富源村斗墰6户28人。

表4-2-1-3　清代至2015年岱岭畲族乡雷氏入迁一览表

支系	第世	入迁者	生卒年	入迁年代	入迁地	入迁前原居地
青街章山	五世	雷光窸	1664—1724年	清康熙三十四年（1695年）	云遮	平阳青街章山
		雷光居	不详		福掌上厝	平阳青街同时迁出
		雷光衢	不详		福掌下厝	
	十世	雷文列	1800—1871年	清道光年间	云遮包坑	福鼎前岐蔡洋
		雷文什	不详			
		雷文协	不详			
		雷文若	不详			
		雷文府	1818—1866年	清咸丰年间	大厝基小岭下	福鼎前岐蔡洋
		雷文荣	1790—1843年	清嘉庆年间	云遮内厝	凤阳三十亩
青街黄家坑	四世	雷廷宝	不详	清康熙四十四年（1705年）	坑门岭脚	平阳青街
		雷章贤	1675—1744年	同上	福掌	平阳青街

支系	第世	入迁者	生卒年	入迁年代	入迁地	入迁前原居地
福鼎菁寮	二世	雷大法	不详	清顺治十二年（1655年）	龙凤岭脚	霞浦县劝儒乡育仁里（今属福鼎前岐）
		雷大进	不详			
		雷大造	不详			
	三世	雷启某	不详	清康熙二十四年（1685年）	斗墘	福安
	五世	雷元馥	1664—？年	清康熙三十四年（1695年）	朗腰庵后	斗墘
	七世	雷鸣辉	1766—？年	-	斗墘	平邑沿盘（今坑门岭大坝头）
	六世	雷景贵	1724—？年	清乾隆二十年（1755年）	龙凤岭脚	大岭内庵后
		雷景位	-			
	九世	雷仲发	1794—？年	清嘉庆年间	大岭内龙凤岭脚	大岭内岙头
福鼎双华（小华阳）	九世	雷一隐	1825—1900年	清同治年间	福掌上厝	马站利洋
		雷一觉	1836—1902年	清光绪年间	大厝基小岭下	福鼎双华
	十一世	雷德鍼	1869—1932年	清光绪年间	云遮西塔	-
平阳闹村凤岭脚	五世	雷应福	1699—？年	清雍正十三年（1735年）	福掌	平阳花草岗（今属平阳县水头镇朝阳社区）

续表2

支系	第世	入迁者	生卒年	入迁年代	入迁地	入迁前原居地
	六世	雷得凤	不详	同上	白岩头上厝	平阳闹村
	七世	雷世全（雷得凤子）	1716—？年	清雍正年间	白岩头	平阳闹村
	十世	雷宗琴	1810—1897年	清咸丰年间	福掌杨府南	福掌
昌禅呑底	十三世	雷开鹃	1958—	20世纪60年代	大岭内朗腰	昌禅呑底

资料来源：根据有关宗谱制作。

3. 钟 姓

钟姓入迁岱岭有2个支系：昌禅中呑支系、福鼎单桥支系。经统计，入迁者共有10人，最早入迁者已有320年历史。

昌禅中呑支系　明嘉靖年间，本支系始迁祖钟天锡从福建罗源大坝头迁居浙江平阳山门王庄大岭外，生子四：启派、启卉、启丛、启迪。启派三子应辉生世贤、世昌。世贤长孙元辉、次孙元献、四孙元采于清初从南宋入迁岱岭福掌，繁衍成族。元顺四子长子文儒玄孙鸣全曾孙有旋移居岱岭牛皮岭。文秀五子胜五之孙鸣法、鸣养、鸣旗于清末自埔坪三百丘入迁云遮西塔。钟鸣连（1815—1898年）于清末自凤阳岭边入迁坑门大路边。该系后裔2015年仍在境内居住的有51户211人：云遮西塔25户110人；福掌6户22人；坑门11户35人，大路边7户31人，富源2户13人。

福鼎单桥支系　钟良贤原籍福建泉州永春县十八都上半村龙头山水尾，明末因避乱，迁居平邑卅五都状元内（今苍南县灵溪镇南水头金呑），生五子。清嘉庆年间，长子孔文次孙奇德三子朝问子廷琮从福鼎井头入迁岱岭大岭内（今富源村）朗腰，为朗腰钟姓始迁祖。廷琮子世授、世畔均居朗腰。钟永福（辈分与钟良贤子相同，6世以后与钟良贤后裔联谱）孙钟起净从福鼎廿都佳阳马鞍山移居岱岭牛皮岭。该支系自钟廷琮入迁岱岭以来，已繁衍至第9世，2015年仍在富源村朗腰自然村居住的有23户95人。

表4-2-1-4 清代至2015年岱岭畲族乡钟氏入迁一览表

支系	第世	入迁者	生卒年	入迁年代	入迁地	迁出地
昌禅中岙	五世	钟元辉	不详	清康熙三十四年 （1695年）	福掌大田贡	南宋
		钟元献	不详			
		钟元采	1664—？年			
	九世	钟鸣法	1807—1888年	清道光年间	云遮西塔	矾山埔坪 三百丘
		钟鸣养	不详			
		钟鸣旗	不详			
		钟鸣连	1815—1898年	清咸丰年间	坑门大路边	凤阳岭边 田垄头
	十二世	钟有旋	1906—1942年	民国14年 （1925年）	云遮牛皮岭	南宋垟头
福鼎单桥	五世	钟廷琮	1782—1857年	清嘉庆年间	大岭内朗腰	福鼎井头
		钟起埩	1849—？年	清同治四年 （1865年）	云遮牛皮岭	福鼎廿都 佳阳马鞍 山

（二）汉族入迁

南宋时期，东阳仁川（今属磐安县）杨子有、杨子学入迁大厝基，此为乡境内已知最早移民。乡境内汉族大姓陈、郑、林、梁先祖于明末清初陆续入迁。明万历年间，坑门陈姓始迁祖陈良璧从福建泉州府晋江县入迁，富源布袋底和杨家边石皮脚梁氏始迁祖梁魁艳从瑞安县入迁岱岭杨家边洋心墩。清顺治十八年（1661年），清廷在东南沿海实行"迁界"，一批居民迁往外地。清康熙二十二年（1683年），清廷收复台湾，于次年结束历时23年的蒲门"迁界"，开始"展界复井"，因乡境内外迁居民绝大部分未回原籍，又有一批闽南居民入迁：原籍福建安溪的林元初从福鼎沙埕辗转灵溪入迁杨家边，原籍福建永春县的郑君明经平阳北港、南港、蒲门岑山方家宅（今马站镇金山村十八孔水库附近）辗转入迁东宫……康熙五十一年（1712年），清廷又以"盛世滋丁，永不加赋"来鼓励生产，部分福建移民和平阳周边移民入迁，如陈与吾从平阳县北港水头北山岙入迁大厝基。

表4-2-1-5　岱岭畲族乡汉族入迁情况一览表

姓氏	入迁者	生卒年	入迁年代	入迁地	迁出地
杨氏	杨子有 杨子学	不详	南宋时期	大厝基	金华东阳县仁川 （今属磐安县）
陈氏	陈良璧	不详	明万历三十八年 （1610年）	坑门	福建泉州府晋江县 赤岸
	陈志迁	1658—？年	清康熙年间	大岭内坝头	平阳县北港南湖 渔池
	陈与吾	不详	清康熙年间	大厝基	福建泉州府南安县 十三都凤宿
	陈朝宰	1641—1685年	清康熙二十三年 （1684年）	南山	福建泉州同安县
林氏	林元初	1637—1686年	明崇祯年间	杨家边	福建安溪县赤岭
	林元坐	不详	清乾隆年间	东坑	瑞安县（今称瑞安 市，下同）四十二 都团屿
郑氏	郑君明	1665—1750年	清康熙三十二年 （1693年）	东宫内台下	福建永春县达坡
梁氏	梁艳魁	1593—1659年	明万历年间	杨家边	瑞安县
范氏	范日生	1694—1767年	清康熙三十三年 （1694年）	牛运	马站凤尾山
	范大任	不详	清乾隆七年 （1742年）	横路	不详
	范月英	1698—？年	不详	神堂	马站

续表1

姓氏	入迁者	生卒年	入迁年代	入迁地	迁出地
吴氏	吴大烈	1771—1852年	清乾隆五十三年（1788年）	陈世垟	蒲门南坪长沙
	吴大步	不详	不详	大厝基	蒲门南坪长沙
刘氏	刘世辉	不详	明崇祯年间	西岙	南港渡龙埭头（今属灵溪镇）
	刘祖贵	1912—1952年	民国初年	杨家边	矾山四岱（大）王（今属倪家山村）下厝基
	刘？？	不详	不详	云遮东坑内	不详
张氏	张世苑	不详	清康熙年间	大厝基	从瑞安县三都仙岩后岗底
赵氏	赵钦祥	不详	清乾隆二年（1737年）	云遮十五亩	马站铁场
殷氏	殷承葱	不详	清乾隆初年	显后	马站铁场
曾氏	曾仁助	不详	清乾隆年间	云遮	不详（祖籍南港溪心）

资料来源：有关宗谱。

1. 杨 氏

岱岭境内有2支杨姓，分别迁自不同地方，拥有不同祖宗。

大厝基杨氏　大厝基村杨氏始迁祖杨子有原籍金华东阳县仁川（今属磐安县），南宋时期，与兄杨子学经温州入迁平阳县招顺乡五十四都岑山里岱岭大厝基定居，距今约800余年，这是迄今发现的岱岭移民最早记载。杨子学配刘氏，生子二：文字、文催。元初，杨文催之孙杨伯余小时避乱泰顺六都松垟，依王家为嗣，后归宗姓杨，今其后裔主要居住泰顺县松垟乡。杨子有后裔世居岱岭大厝基，繁衍成族，后裔分居县内外各地。

福掌杨氏　福掌村崩坎自然村杨氏与马站山边杨氏同宗，谱载山边杨氏始迁祖杨九皋籍贯不详，约于清康熙年间入迁马站山边。长子国秀后裔移居泰顺，次子国仪无后，三子国亮生五子：长子有德、次子有仁、三子有忠、四子有志、五子有济。除四子有志无后外，其余后裔均在山边和崩坎繁衍生息，现传至修字辈，共13世，崩坎约有20多人。

2. 陈　氏

境内有4支陈姓，分别迁自不同地方，拥有不同祖宗。

坑门陈氏　明万历三十八年（1610年），坑门陈氏始迁祖陈良璧由福建泉州府晋江县赤岸入迁岱岭云遮小坑门。

南山陈氏　明万历年间，陈仰魁于由福建泉州同安县西柯乡西浦村入迁平阳县招顺乡五十五都小嵯，其孙陈朝宰（1641—1685年）约于清康熙二十三年（1684年）到富源南山定居，为富源南山陈氏始迁祖。

大厝基陈氏　大厝基陈氏始迁祖陈与吾于明崇祯八年（1635年），由福建泉州府南安县十三都凤宿入迁浙江温州府平阳县北港水头北山岙。再于清康熙年间转徙大厝基路下，繁衍成族，后裔分居坑门村寮仔自然村和县内外各地。

东宫陈氏　东宫（古称大岭内）坝头陈氏始迁祖陈志迁系陈介受四世孙，约于清康熙年间由平阳县北港南湖渔池到此定居。

3. 梁　氏

岱岭梁氏始迁祖梁魁艳，字显卿，于明万历年间由瑞安县迁至岱岭杨家边洋心墩定居。后来觉得此地风水不好，又移居附近的石壁脚（后改称石皮脚）。原配林氏，生子梁盛公；继配蔡氏。梁盛公配林氏，生2子1女，次子梁元成留居石皮脚，繁衍成族。长子梁元佑于清康熙年间由杨家边石皮脚迁至附近的布袋底定居，繁衍成族，成为今富源村龙凤布袋底梁氏始迁祖。梁元佑配陈氏，生4子3女。四子朝位留此繁衍成族。

4. 刘　氏

岱岭境内有3支刘姓，分别迁自不同地方，拥有不同祖宗。

云山刘氏　据《苍南刘氏通志》记载，云山村刘姓属埭头支派，其中西岙自然村始迁祖刘世辉于明崇祯年间从南港渡龙埭头（今属灵溪镇）迁此定居，2013年有33户165人，2015年有26户130人。

杨家边刘氏　杨家边刘姓隶属昌禅支派，始迁祖刘祖贵幼年时随改嫁的母亲叶氏于民国初年从矾山四岱王（今称四大王，原属大坪山村，今属倪家山村）下厝基迁居杨家边，刘生三子（长发央，次发斌，三发东）一女（刘瑞棠）。至2013年繁衍至7户34人，2015年尚居住在杨家边的有10户31人。

云遮刘氏 云遮村东坑内自然村刘姓属赤溪南行支派，何时何地迁入不详，2015年有2户7人。

5. 郑 氏

岱岭境内有2支郑姓，均迁自福建省，拥有不同祖宗。

东宫郑氏 东宫郑氏始迁祖郑君明之父郑启腾，于清康熙十二年至康熙十五年（1673—1676年）"三藩之乱"时，由福建省永春县达坡举家入迁平阳县北港凤林。因战乱，郑君明幼年失父，4位哥哥离散，他被母亲陈氏举家带到南港庵江（今灵溪镇对务社区上林村）投靠母舅，被母舅抚养成人后赘居凤池沈家。康熙二十三年蒲门"展界复井"后，由南港庵江移居蒲门岑山方家宅（今马站镇金山村十八孔水库库区），至康熙三十二年入迁东宫，配陈氏，生三子：长玉为天房，次满为地房，三堂为人房，繁衍成族。

坑门郑氏 清康熙年间（1662—1722年）晚期，原籍福建仙游县的坑门郑姓先祖郑应佑（1696—1727年）入迁白岩头，英年早逝，坟在大岭明山（今岱岭富源村笔架山）。其子郑国彩（原名汉彩，讳锦）成年后，于清乾隆年间早期入迁附近的坑门繁衍成族，居地称郑厝。今行第依东宫郑氏，但非同一宗祠。

6. 林 氏

岱岭境内有2支林姓，分别迁自不同地方，拥有不同祖宗。

杨家边林氏 杨家边林氏始迁祖林元初原籍福建安溪县赤岭，约于明崇祯年间（1628—1644年）随父母迁居福建沙埕（今属福鼎市）。此地地处海滨，时有海盗骚扰，其父赴浙江省寻觅居所，不知所终。林元初与其母到灵溪寻找其父，未见踪影，母亲病逝。适逢清康熙二十三年（1684年）下旨蒲门"展界复井"，蒲门回归故土者寥寥无几，地多人少，林元初即入迁此地，繁衍成族，后裔分居乡内富源村朗腰自然村和县内外各地。

云遮林氏 清光绪年间（1875—1908年）晚期，云遮东坑内林氏始迁祖林元坐从邻近的霞关澄海拱桥内入迁，繁衍成族。2015年有9户40人。

7. 范 氏

岱岭境内范氏共有3支，分别居住在云山村牛运、横路、神堂3个自然村，分别于清康熙三十三年、乾隆年间由马站凤尾山入迁，拥有同一个祖宗，总谱均在马站凤尾山。

牛运范氏 据牛运自然村《范氏宗谱》记载，其始迁祖范日生（一名宁，字光弼）于康熙三十三年（1694年）由马站凤尾山乔迁此定居。配王氏，生6子（长邦弼、次邦宠、三邦锡、四邦员、五邦静、六邦雅）2女（略），繁衍成族。

横路范氏 据横路自然村《范氏宗谱》记载，范氏姓迁祖范大任于乾隆年间到此定居。配李氏，生4子1女，长子名仲探、次子名仲乘、三子名仲札、四子名仲营，繁衍成族。2015年有21户69人，大多已移民下山。

神堂范氏 据神堂自然村《范氏宗谱》记载，始迁祖范邦璞、范邦瑶、范邦玺三兄弟于清乾隆年间从马站凤尾山迁居臣塘（今称神堂），在此繁衍成族：范邦璞配上魁牛角湾李氏，生2子2女；范邦瑶配燕窠内陈氏，生4子1女；范邦玺配城门下陈氏，生4子1女。2015年有32户96人，大多已移民下山。

8. 张 氏

大厝基张氏始迁祖张世苑于清康熙年间从瑞安县（今称瑞安市）三都仙岩后岗底迁此定居。

9. 殷 氏

据云山显后《殷氏宗谱》记载，其始迁祖殷承智于乾隆初年从马站铁场迁徙至云山显后定居，繁衍成族，后裔分居县内外各地。

10. 赵 氏

据云遮村十五亩《赵氏宗谱》记载，其先祖赵德甫生于明崇祯庚午年（1630年），由乐清县城翔云山下宣化里（今乐成镇北门村）入赘平阳五十三都铁场殷氏。次子赵钦祥归赵姓，于清乾隆二年（1737年）从铁场入迁云遮，成为云遮赵氏始迁祖。

11. 吴 氏

岱岭境内有2支吴姓，均迁自蒲门南坪长沙，拥有相同祖宗。

福掌吴氏 福掌陈世垟吴氏始迁祖吴大烈，于清乾隆五十三年（1788年）孤身一人由蒲门南坪长沙迁此，务农为业，很快成为蒲门大户。原配陈氏生子二，次配范氏生子一。长子吴正金（1799—1825年），以弟子吴可仁为嗣子；次子吴正朝生可仁、可兴二子；三子吴正喜为监生，钦加按察使司照磨，官居九品。吴大烈孙吴可仁官居五品训导，吴可清（吴正喜子）和吴可兴也以军功官居六品。吴大烈重孙吴成艺（可仁次子）和吴成萱（可清长子）分别为附贡生和监生。

大厝基吴氏　其始迁祖吴大步由蒲门南坪长沙入迁，入迁时间不详。

12. 曾　氏

据2005年出版的《苍南曾氏通志》记载，云遮村曾氏始迁祖曾仁助为灵溪大观溪心派第九世，约于清乾隆年间从灵溪大观溪心入迁云遮。生子二：和松、和桐。至2005年已繁衍8代，有人口15人；至2015年已全部迁走。

（三）其他民族人口入迁

1983年起，回族郭姓女子从附近的霞关镇库下村嫁入南山村（今属富源村），回族丁姓女子从福建省福鼎市佳阳畲族乡王家垟村嫁入南山村，从此，乡境内民族增加至3个。经1990年7月1日全国第四次人口普查，岱岭乡有回族3人。此后，随着改革开放不断深入，岱岭外出经商务工青年人逐渐增多，外地少数民族女性陆续嫁入。经2000年7月1日全国第五次人口普查，岱岭畲族乡除畲汉外，其他民族共有6个。经2010年11月1日全国第六次人口普查，岱岭畲族乡除畲汉外，其他民族共有8个。此后，蒙古族男子代福财娶富源女性为妻后迁入富源朗腰，又有2名布依族女子分别嫁入福掌和坑门。据2015年统计数据，岱岭畲族乡除畲汉外，其他民族共有10个，总人口有45人，其中土家族10人、回族8人、苗族7人、壮族6人、彝族4人、蒙古族2人（代福财从内蒙古自治区迁入）、哈尼族2人（均嫁入杨家边）、布依族2人、侗族1人（嫁入富源南山）、满族1人（嫁入云遮）、仡佬族1人（嫁入大厝基），主要从岱岭籍男青年从事矿山井巷业最多的广西壮族自治区、云南省和贵州省迁入。分布地域为：富源15人，杨家边9人，大厝基8人，云遮5人，东宫3人（从广西壮族自治区和四川省嫁入），坑门2人，云山2人，福掌1人。嫁入者文化程度多为小学和初中，少数为文盲。丈夫为畲族的，所生子女民族和姓氏多从丈夫；丈夫为汉族的，所生子女民族和姓氏均从妻子。

二、分　迁

（一）畲族分迁

清康熙五年（1666年），为防止沿海居民接济郑成功反清部队，平阳县迁界范围由原先的10里扩大至30里，乡境内人口被清空，畲民陆续转迁与岱岭仅一山之隔的福建双华（今属福鼎市）等地，后子孙分衍闽东、浙南等地。此后，乡境内陆续有畲族居民外迁，详见下表。2010年12月，为解决山区地质灾害、群众居住安全问题，大厝基村小岭自然村畲族蓝姓居民62户212人集中迁居至马站镇桥头村阁垟河地块，新建住房62间。至2015年，人口已经繁衍至280人。2014年，为解决山区群众生产、生活不方便问题，坑门村畲族异地搬迁（包括新232省道占地赔偿处理）分散居住在山村的65户292人65间住房，集中迁居至马站镇桥头村，新建住房65间安居。

表4-2-1-6 明代至2015年岱岭畲族乡李氏后裔分迁一览表

支系	始迁祖及后裔姓名		生卒年	原居地	后裔移居分迁地
华阳牛角湾	李振三		不详	大岭内	移居五十一都上坪大房后，转徙平阳维新庵基（今属杨光村）
	李朝凤九世孙	李承万	1789—?年	斗垵白岩头	凤阳陈家湾
		李承宗	不详		
		李承福	不详	斗垵白岩头	霞浦六都南洋
	李元龙之子李德元		不详	大岭内峇头岗	赤溪后山溪
	六世李朝清		不详	大岭内峇头岗	霞浦四都
	七世李子现		1750—1812年	大岭内峇头岗	蔡家山
	九世李承章		不详	大岭内峇头岗	沿盘
	十一世李有坤		1848—1875年	大岭内峇头岗	后港国墩

资料来源：根据有关宗谱制作。

表4-2-1-7 清代至今岱岭畲族乡蓝氏后裔分迁一览表

支系	分迁者	生卒年	原居地	后裔移居分迁地
岱岭坑门岭	蓝子进	不详	牛皮岭	霞浦一都邦岭（今属松城办事处）
	蓝子珍	不详	—	移居霞浦卅七都石坝塘（今属松城青福村），转徙西门矸埠
岱岭坑门岭	蓝有金	不详	牛皮岭	清乾隆四十六年（1781年）移居福鼎前岐余家坪，转迁福鼎邦岭、才堡

续表1

支系	分迁者	生卒年	原居地	后裔移居分迁地
	蓝光宽	1810—？年	坑门半岭	华阳后家井（今属灵溪镇东阳村）
	蓝世达	1672—1751年	坑门岭	南宋大园
	蓝廷斌	1721—1763年	坑门岭	福鼎罗屯
	蓝廷禄	不详	坑门岭	王家山
福鼎双华	蓝国旺	不详	小岭	清康熙五年（1666年）移居福鼎华阳傅厝内（今属佳阳畲族乡）
	蓝胜赍	不详	大厝基小岭下	福鼎小华阳园门内
	蓝清维	1876—？年	大岭内宫后	渔寮后嶂（艚）
	蓝胜乱	不详	福掌	霞浦三十二都柯岭后坑
	蓝胜亥	1679—1749年	福掌	霞浦三坪（今属三沙镇）
	蓝胜贤	不详	坑门岭	矾山岭家山
	蓝文曹	不详	坑门岭	福鼎下路溪南山
	蓝胜宝	1691—1754年	坑门岭	矾山詹家坑（今属古楼下）
	蓝胜林	不详	坑门岭	福鼎前岐象洋大山
	蓝国郎	不详	大岭内岙头	福鼎罗屯（今属佳阳畲族乡罗唇村）
	蓝文魁	不详	大岭内岙头	福鼎罗屯（今属佳阳畲族乡罗唇村）
	蓝文祥	不详	小岭	福鼎小磊，今磻溪镇吴洋
	蓝胜懋	不详	小岭	泰顺八都雅阳

续表2

支系	分迁者	生卒年	原居地	后裔移居分迁地
福鼎双华	蓝胜斌	不详	小岭	霞浦四都南山（今属水门乡大洋村）
	蓝胜佑	不详	大岭内	康熙三十二年（1693年）移居福鼎双华华阳西山下（今属佳阳畲族乡）
	蓝胜旺	不详	大岭内	康熙三十五年（1696年）移居福鼎双华象洋大山（今属佳阳畲族乡）
	蓝胜照	不详	大岭内	康熙三十五年（1696年）移居福鼎双华西山下田头（今属佳阳畲族乡）

资料来源：有关宗谱、《闽东畲族志》和《畲族源流研究》（雷弯山编著）。

表4-2-1-8　清代至2015年岱岭畲族乡雷氏后裔分迁一览表

支系	分迁者	生卒年	原居地	后裔移居分迁地
青街章山	雷文璇	1817—？年	坑门	昌禅岙内祠堂下
	雷光窻	1664—1724年	云遮	凤阳上塔
	雷光窻后裔	—	云遮	凤阳上塔、章家山、福鼎磻溪亭下、茶洋亭下、桥门黄泥岗、硖门巨洋、董洋、林西椅、杭州、临安等地
	雷光明雷光贤雷光进	不详	福掌	凤阳章家山（今属鹤峰村）
	雷光衢后裔	不详	福掌	昌禅岙内，西壁头、福鼎前岐后处塘、霞浦县同园老鸦垵以及杭州、临安等地
青街黄家坑	雷德元	不详	福掌	福鼎双华西庵
	雷章贤后裔	不详	福掌	福鼎双华西庵、邓家衙刘庄、白琳五蒲、平阳青街、王神洞等地

续表1

支系	分迁者	生卒年	原居地	后裔移居分迁地
青街黄家坑	雷文明雷文彩	1737—？	福掌	桥墩丁埠樟坑内
	雷文进雷文邻	不详	福掌	桥墩下洋九亩
	雷文奇	不详	福掌	桥墩下洋蛇仔穴（又名军田垅头）
	雷廷宝后裔	不详	福掌	桥墩下洋、东垢、福鼎车头山、四角井以及泰顺县下红等地
平阳闹村凤岭脚	雷得章	不详	福掌	清乾隆五年（1740年）移居福鼎大丘头
	雷得隆	不详	福掌	清乾隆二十四年（1759年）移居福鼎磻溪
	雷世辉	不详	福掌	福鼎牛食岚牛溷头（今属佳阳畲族乡象阳村）
	雷世凤	不详	福掌	清嘉庆元年（1796年）迁往福鼎瓦窑下
	雷世元	不详	福掌	清嘉庆元年（1796年）迁往福鼎桐山麻坑底
福鼎菁寮	雷元春	不详	大岭内	福鼎十六都
	雷元德	不详	大岭内	福鼎六都陈棋洋
	雷启忠后裔	不详	－	福鼎梅溪、廿都宾洋水尾、霞浦湖头、四都乾头、七都梨洋里、牙城、西岭狮头下、十四都南庄、廿七都横坑、石园乌岩
	雷元振	不详	大岭内	福鼎桥亭下鹿坑
	雷元禄	不详	大岭内	墩头
	雷元基	不详	大岭内	枫树隔（今福鼎市白琳镇枫树岔村陈家章）
	雷永寿	1718—？年	大岭内	桥墩王丹口（桥墩黄坛口）

续表2

支系	分迁者	生卒年	原居地	后裔移居分迁地
福鼎菁寮	雷永朱	不详	大岭内	福鼎二都樟岚（今属店下镇巽城村）
	雷启汶后裔	不详	－	福鼎三丘田、林四桥、四都五里牌、铁炉坑、九都长宝岭、横坑大岭下、十一都官地
	雷启后	不详	大岭内	霞浦四都大坝（今属水门乡）
	雷启朗	不详	大岭内	福鼎十四都企了（即企寮）
	雷元华	不详	斗塝	平邑沿盘（今坑门岭大坝头）
	雷元德	不详	斗塝	福鼎山前（今属福鼎市白琳镇）、霞浦七都文洋水田头（今属霞浦县牙城镇）
	雷元如	不详	斗塝	霞浦四十七都隔内
	雷元生	不详	斗塝	福鼎南坪下山溪
	雷启某后裔	不详	斗塝	福鼎赤溪岭、佳阳双华、高境坑门内、下山溪、卅六塝、九里南坪、白琳山前、熨斗塝、霞浦下四都、四都长垄仔、梧桐塝等地
	雷元宗	不详	大岭内	霞浦四都下柘坑（今属水门乡）
	雷元锡	不详	大岭内	福鼎沿州（今属福鼎市白琳镇）
	雷元友	不详	大岭内	南溪大坪山（今属福鼎市叠石乡）
	雷永固	不详	大岭内	福鼎十六都上埕（今福鼎市管阳镇）

续表3

支系	分迁者	生卒年	原居地	后裔移居分迁地
福鼎菁寮	雷元善	不详	大岭内	林西桥
	雷元伟	不详	大岭内	二都陈家洋
	雷元明	不详	大岭内	福鼎长洋 (今福鼎市管阳镇唐阳村)
	雷元凤	不详	大岭内	福鼎白琳山前
	雷永盛	不详	大岭内	十四都岭门
福鼎菁寮	雷元簧	不详	大岭内	福鼎磻溪岭头山
	雷元铭	不详	大岭内	十四都牛埕河
	雷元府	不详	大岭内	五蒲岭前楼岗
	雷元阜	不详	大岭内	福鼎苏木洋 (今属福鼎市前岐镇照兰村)
	雷元进	不详	大岭内	福鼎油麻岗 (今福鼎市白琳镇翠郊村岗 头顶)
	雷元名	不详	大岭内	霞浦苦竹埘横路仔
	雷元新	不详	大岭内	霞浦崇儒小洋尾
	雷元强	不详	大岭内	福鼎四暗井 (今属福鼎市磻溪镇)
	雷元乾 雷元坚	不详	大岭内	移福鼎棋坑 (今属福鼎市秦屿镇才堡村)
	雷元收	不详	大岭内	移居儌头后方田
	雷启洪	不详	大岭内	桥墩凤岭头 (今徐宅岙底)

资料来源：有关宗谱和《闽东畲族志》。

表4-2-1-9   清代至2015年岱岭畲族乡钟氏后裔分迁一览表

支系	分迁者	生卒年	原居地	后裔移居分迁地
昌禅中岙	钟鸣卿	1831—1906年	福　掌	赤溪三步搐
	钟元杨	不详	福　掌	福鼎焦宕（今属佳阳畲族乡）
	钟元善	不详	福　掌	福鼎果洋纲坑（即萝坑，今属点头镇）
	钟元美	不详	福　掌	福鼎麻坑底
	钟鸣香	1778—1835年	福　掌	南宋垟头顶
	钟元美	不详	福　掌	福鼎沿州

资料来源：有关宗谱。

（二）汉族分迁

元初，杨文催之孙杨伯余小时避乱泰顺六都松垟，依王家为嗣，后归宗姓杨，今其后裔主要居住泰顺县松垟乡。这是今岱岭畲族乡人口最早的外迁纪录。

清顺治十八年（1661年），清廷在东南沿海实行残酷的"迁界"政策，一批居民被迫背井离乡、迁往外地，其中坑门陈氏三世祖陈邦盛携姐姐一家迁往几十里外的平阳县北港渔塘。清康熙二十二年（1683年），清廷收复台湾，于次年结束历时23年的蒲门"迁界"，开始"展界复井"，乡境内外迁居民85%以上未回原籍：程世垟程氏、布袋底布氏均迁往他处，坑门陈邦盛于清康熙二十七年与姐姐一家转迁福建省福鼎县十五都点头承天大丘园定居。

清康熙年间，居住在布袋底的梁元佑长子梁朝钦后来迁居马站；次子梁朝敬入赘赤洋谢氏，先居兰松垟温州窟（今称温周窟，属矾山镇埔坪社区），后迁福建霞浦牛车凤岭；三子梁朝宾后来迁居福建福鼎沙埕。

清乾隆年间，大厝基路下陈氏五世祖陈士杰迁徙瑞安县（今称瑞安市）潘岙开荒，至2015年有后裔92人。

乾隆年间，坑门陈氏四世祖陈国儒分居岑山（今马站镇金山村）；清嘉庆年间，坑门陈氏五世祖陈树秀分居坑门大贡，陈树望分居蒲城城内；其后，坑门陈氏后裔陈亦谟分居霞关后坪，陈景笃后裔分居沿浦南堡岭管垟和马站桥头、后岘等地；民国年间，坑门陈氏十二世祖陈绍申迁居岑山。

清嘉庆年间，东宫郑世蕙、郑世炳、郑世出3兄弟迁居永嘉县梅头老鼠山（今称蒲门村，属龙湾区）脚开荒，至2015年已有400多户1500多人。此后，东宫郑氏后裔又陆续分迁马站桥头牛眠山、魁里中姑、马站街，赤溪信智溪心，霞关，灵溪，平阳县鳌江，温州市区，福建福鼎县秦屿、柘荣县赤蒲等地。

清乾隆四十一年（1776年），杨家边七亩林氏五世祖林起政、林起德、林起察3兄弟外迁至福建福鼎秦屿日岙开荒，至2015年有后裔270人；五世祖林起英外迁至福建霞浦牙城风岐头开荒，至2015年有后裔65人；六世祖林孟翰外迁至瑞安，至2015年有后裔165人。清道光三十三年（1843年），杨家边七亩林氏七世祖林仲海、林仲冰外迁杭州，至2015年有后裔63人。清同治三年（1864年），持续14年的太平天国运动失败后，浙北一带大片土地荒无人烟，杨家边七亩林氏七世祖林仲前、林仲嫣、林仲蒲外迁至余杭开荒，至2015年有后裔98人；八世祖林永邑外迁至嘉善县开荒，至2015年有后裔60多人。

清道光十二年（1832年），杨家边石壁脚梁氏四世祖梁朝爵迁至福建福鼎店下凌家宅开荒，至2015年有后裔260多人。

清光绪年间，福掌陈世垟人吴可汉（1853—1900年，监生吴正喜之子）迁居马站岑山（今称金山）下吴，繁衍成族，至2015年，后裔有140人。

民国14至26年（1925—1937年），岱岭先后有云遮村陈作兵夫妇和林家边村林志镇、林良国等裁缝师傅到台湾谋生，并定居台湾；中华人民共和国即将成立前，一批国民党军队败退台湾，他们中也有岱岭军人，包括后任台湾地区"海陆空联勤司令"的林志珍。

1978年改革开放后至2015年，是岱岭畲族乡人口外迁最为集中的时期，当地有一半以上人口迁徙到乡境外定居：

1980—1997年间，云山村范姓居民陆续迁居马站凤尾山村塔桥路、新街集居求发展，至2015年，后裔共有325人。同一时期，云山村西岙自然村刘姓100多人、显后自然村殷姓75人、瑶坑自然村陈姓200多人陆续迁居马站各地平原，谋求新的发展。

1982—1993年间，福掌村陈世垟自然村吴姓居民陆续迁居马站金山求发展，至2015年，后裔共有220多人聚居于此。同一时期，福掌村吴家童自然村共有12户40多位徐姓居民陆续迁往马站各地平原，谋求新的发展。

2010年12月，为解决山区地质灾害、群众居住安全问题，大厝基村北山自然村30户120人集中迁居至马站镇桥头村阁垟河地块，新建住房30间安居。

第二节 繁 衍

岱岭境内人口总体分布：汉族较早入迁，大多居住在生产、生活条件相对较好的低山丘陵地带；畲族较迟入迁，大多数居住在高山地带，主要分布在大厝基、富源、福掌、云遮、坑门等5个畲族村，杨家边、东宫、云山3个村也有少量分布，与汉族混居，形成"大分散、小聚居"的居住特点。

1978年改革开放后，岱岭民族人口构成发生变化，少数民族人口增多，老龄化日趋严重，但人口性别比渐趋合理，居民文化程度日益提高，大学生已经相当普遍；居民职业构成趋于多样性，从事第一产业的人口日益减少，从事第二、第三产业的人口逐渐增多。

一、人口分布
（一）人口数量

岱岭畲族乡人口分布大致情况是：丘陵、盆地人口多于山区。1961年，岱岭境内有1394户5977人。其中56.79%的人口分布在海拔较低、居住条件相对较好的大厝基、杨家边、东宫、斗塆、朗腰、龙凤、南山等7个大队。据1990年全国第四次人口普查数据，岱岭畲族乡有1479户5705人，其中59.91%的人口分布在居住条件相对较好的大厝基、杨家边、东宫、斗塆、朗腰、龙凤、南山等7个村。2001年7月，全乡1656户6338人，其中59.08%的人口分布在居住条件相对较好的大厝基、杨家边、东宫、富源（斗由塆、朗腰、龙凤、南山4个行政村合并而成）等4个村。2015年，全乡1692户6879人，其中居住在大厝基、杨家边、东宫、富源等4个村的共有4053人，占58.92%。因大厝基、杨家边、东宫、富源等4个村的人口也向居住条件更好的马站、灵溪等周边城镇梯度转移，故自1990至2015年的25年间，乡境内的人口分布比例无大变。

表4-2-2-1 1961年岱岭公社各大队人口分布一览表

队 名	自然村数	民族居住情况	户数	人口数	占全乡人口比例（%）
东宫大队	4	汉族聚居	168	647	10.82
云遮大队	9	畲汉杂居	151	591	9.89
云山大队	8	汉族聚居	165	846	14.15
坑门大队	9	畲汉杂居	141	625	10.46
福掌大队	5	畲汉杂居	117	520	8.70
斗埼大队	2	畲族聚居	46	224	3.75
朗腰大队	2	畲汉杂居	63	278	4.65
杨家边大队	2	汉族聚居	136	528	8.83
龙凤大队	2	畲汉杂居	86	376	6.29
南山大队	2	汉畲杂居	88	357	5.97
大厝基大队	4	汉畲杂居	233	985	16.48
合 计	49	-	1394	5977	-

资料来源：平阳县公安局人口档案。

表4-2-2-2 1990年岱岭畲族乡建制村人口分布一览表

村 名	自然村数	民族居住情况	户数	人口数	占全乡总人口比例（%）
东 宫	4	汉族聚居	184	676	11.85
云 遮	9	畲汉杂居	155	581	10.18
云 山	8	汉族聚居	170	652	11.43
坑 门	9	畲汉杂居	140	562	9.85
福 掌	5	畲汉杂居	128	492	8.62
斗 埼	2	畲族聚居	49	219	3.84
朗 腰	2	畲汉杂居	64	274	4.80
杨家边	2	汉族聚居	138	501	8.78
龙 凤	2	畲汉杂居	102	406	7.12
南 山	2	汉畲杂居	96	342	5.99

续表

村　名	自然村数	民族居住情况	户数	人口数	占全乡总人口比例（%）
大厝基	4	汉畲杂居	253	1000	17.53
合　计	49	－	1479	5705	－

资料来源：全国第四次人口普查资料。

表4-2-2-3　1994年岱岭畲族乡建制村人口分布一览表

村　名	户　数			人口数			劳动力			村民小组
	小计	汉	畲	小计	男	女	小计	男	女	
大厝基	274	229	45	1100	570	530	518	298	220	12
杨家边	161	161	－	561	301	260	274	148	126	7
东　宫	198	198	－	722	402	320	345	181	164	7
南　山	101	93	8	375	197	178	180	101	79	5
朗　腰	72	34	38	315	172	143	151	82	69	6
龙　凤	107	31	76	412	222	190	193	101	92	6
斗　塆	52	－	52	225	112	113	116	67	49	4
福　掌	147	45	102	553	291	262	266	143	123	8
坑　门	173	66	107	647	344	303	306	167	139	9
云　遮	117	49	128	650	345	305	316	171	145	11
云　山	201	201	－	717	375	342	344	183	161	11
合　计	1603	1107	556	6277	3331	2946	3009	1642	1367	86

资料来源：苍南县公安局人口档案。

表4-2-2-4　2001年岱岭畲族乡建制村人口分布一览表

村　名	自然村数	民族居住情况	户　数	人口数	占全乡总人口比例（%）
东宫村	5	汉族聚居	230	833	13.14
杨家边村	4	汉族聚居	148	526	8.30
大厝基村	4	汉畲杂居	230	977	15.41
富源村	11	畲汉杂居	344	1409	22.23
坑门村	10	畲汉杂居	155	616	9.72

村 名	自然村数	民族居住情况	户 数	人口数	占全乡总人口比例（%）
福掌村	4	畲民聚居	167	591	9.32
云山村	10	汉族聚居	181	712	11.23
云遮村	12	汉畲杂居	201	674	10.63
合 计	60	-	1656	6338	-

资料来源：全国第四次人口普查资料。

表4-2-2-5　2015年岱岭畲族乡建制村人口分布一览表

村 名	自然村数	民族居住情况	户 数	人口数	占全乡总人口比例（%）
东宫村	5	汉族聚居	206	802	11.66
杨家边村	4	汉族聚居	180	689	10.01
大厝基村	4	汉畲杂居	257	1057	15.36
富源村	11	畲汉杂居	374	1505	21.88
坑门村	10	畲汉杂居	160	683	9.93
福掌村	4	畲民聚居	164	643	9.35
云山村	10	汉族聚居	181	822	11.95
云遮村	12	汉畲杂居	170	678	9.86
合 计	60	-	1692	6879	-

（二）人口密度

1953年全国第一次人口普查，全乡常住人口为3539人，每平方千米175.46人；1964年全国第二次人口普查，岱岭公社常住人口为4249人，境内人口密度为每平方千米210.66人；1982年全国第三次人口普查，岱岭公社常住人口为5828人，境内人口密度为每平方千米288.94人；1990年全国第四次人口普查，岱岭畲族乡常住人口为5705人，境内人口密度为每平方千米282.85人；2000年全国第五次人口普查，岱岭畲族乡常住人口为4383人，境内人口密度为每平方千米217.30人；2010年全国第六次人口普查，岱岭畲族乡常住人口为3323人，境内人口密度为每平方千米164.75人。至2015年，境内常住人口有3700人，人口密度为每平方千米183.44人。由于山区大批移民下山（2010年，大厝基村小岭、北山2个自然村92户332人，集中搬迁到地处马站镇城区的桥头村阁垟河地块建房92间，其中畲族62户212人62间），富源、福掌、云山、云遮、坑门等5个山区村人烟更加稀少，其中云山村仅有少数老人留守家园。

表4-2-2-6 岱岭畲族乡常住人口密度一览表

普查次数	普查时间	常住人口（人）	人口密度（人／平方千米）
第一次人口普查	1953年7月1日零时	3539	175.46
第二次人口普查	1964年7月1日零时	4249	210.66
第三次人口普查	1982年7月1日零时	5828	288.94
第四次人口普查	1990年7月1日零时	5705	282.85
第五次人口普查	2000年7月1日零时	4383	217.30
第六次人口普查	2010年11月1日零时	3323	164.75
2015年	-	3700	183.44

资料来源：据全国历次人口普查资料（乡域面积按照20.17平方千米计算）。

（三）姓氏分布

1990年，岱岭畲族乡姓氏人口数量依次为蓝、陈、林、郑、雷、杨、范、钟、梁、李、刘、叶、吴、洪、周、蔡、殷、金、黄、张、朱、王、董、徐、谢……1997年，全乡有72个姓氏，畲族有蓝、雷、钟、李4姓。汉族百人以上姓氏有陈姓710人，郑姓671人，林姓659人，杨姓292人，范姓290人，梁姓192人，刘姓143人，叶姓121人，吴姓120人；50人以上姓氏有周、金、洪、殷、蔡、黄；50人以下的有柯、董、朱、王等共计53个姓氏。2005年，人口数量依次为蓝、陈、郑、林、雷、钟、杨、范、李、梁、刘、吴、叶、蔡、周、殷、金、徐、黄、张、朱、洪、王、谢、董、赵……1983年起，由于除畲族之外的其他少数民族陆续因婚姻迁入，乡境内出现郭、丁、代、龙、莫、鲁、覃、麻、普、冉等姓氏，姓氏数量进一步增加。

表4-2-2-7 1990年岱岭畲族乡主要姓氏人口一览表

姓氏	人数	姓氏	人数
蓝	915	陈	710
郑	671	林	659
雷	520	杨	292
范	290	钟	273

续表

姓氏	人数	姓氏	人数
梁	192	李	191
刘	143	叶	121
吴	120	洪	94
周	76	蔡	73
殷	62	金	56
黄	52	张	32
朱	28	王	26
董	22	徐	17
曾	16	赵	14
许	13	谢	12
方	6	章	4

资料来源：据全国第四次人口普查资料。

表4-2-2-8　2005年岱岭畲族乡主要姓氏人口一览表

姓氏	人数	主要居住地（自然村）
蓝	1002	福掌、牛皮岭、坑门岭、包坑、桐仔垵、横浚、坑门大垵（内垮）、小岭下、坑门大岗、大路边、云遮五亩、大岭内岙头、庵后、朗腰、宫后、斗垮、龙凤岭脚、石碑牌、岱岭内龙下（龙根）
陈	758	云遮东坑内、云山、瑶坑、坑门、朗腰八亩、南山、大厝基、坝头
郑	691	东宫、坑门、南山、顶峰
林	688	杨家边、朗腰
雷	579	福掌、云遮、小岭下、仓坑、坑门岭、白岩头、杨府南、西塔、大岭内、龙凤岭脚、岙头、斗垮、庵后
钟	301	大岭内、朗腰、坑门横坝、福掌、西塔
杨	297	大厝基
范	276	云山、神堂、横路、云遮、龙凤
李	234	福掌
梁	223	杨家边、石皮脚、布袋底
刘	186	云山、杨家边
吴	160	陈世垟、吴家童
叶	138	云遮
蔡	80	朗腰八亩

续表

姓氏	人数	主要居住地（自然村）
周	76	南山、大厝基小岭
殷	63	云遮、云山
金	61	北山
徐	60	吴家童、福掌
黄	60	顶峰宫
张	44	大厝基
朱	43	云遮洞人、云遮新墓、顶峰（今已全部迁出）
洪	42	大厝基北山
王	37	大厝基
谢	23	大厝基
董	18	（妇女嫁入）
赵	16	云遮
曾	15	云遮
许	10	（独立户、妇女嫁入）
欧阳	8	云遮

资料来源：苍南县公安局人口档案资料。

二、人口构成

（一）自然构成

1. 性别构成

乡境内自古以来重男轻女，加之居民大多生活贫困潦倒，生育女儿多的家庭怕养育和出嫁女儿负担过重，时有溺杀女婴现象："邑举女率多溺死者。"富源村南山自然村《陈氏宗谱》中的"族规"即有禁溺女婴规定，谓"溺女一事最为灭绝天理、丧失良心，嗣后当深思猛省，除此恶俗便为长进，子孙受得祖宗福荫，不然者反是"。据大厝基《杨氏宗谱》记载，明末，大厝基杨姓成年男性中，光棍占一半左右，男女性别比高达200：100以上。直到1978年改革开放，乡境内男性人口仍远远高于女性。据1982年第3次人口普查数据，乡境内总人口为5828人，其中男性3241人、女性2587人，性别比为125.28：100，分别占总人口的55.61%和44.39%。此后，随着经济的好转，人们的思想观念发生变化，溺杀女婴现象绝迹。至2015年，全乡总户数为1723户，总人口为6879人，其中男性人口3592人、女性人口为3287人，性别比为109.28：100，性别比渐趋合理。

表4-2-2-9 1981—2015年岱岭畲族乡人口性别比及机械变动一览表

年度	年末总户数	年末总人口	男性	女性	性别比（女=100）	人口迁入	人口迁出
1981	1424	5785	–	–	–	–	–
1982	1398	5828	3241	2587	125.28	–	–
1983	–	5952	–	–	–	–	–
1984	–	5971	–	–	–	–	–
1985	–	5910	–	–	–	–	–
1986	–	5932	–	–	–	–	–
1987	1565	6050	3352	2698	124.24	–	–
1988	1571	6061	3351	2710	123.65	–	–
1989	1599	6117	3222	2895	111.30	–	–
1990	1609	6210	3265	2945	110.87	8	5
1991	1609	6239	3295	2944	111.92	2	23
1992	1646	6286	3311	2975	111.29	0	8
1993	1644	6311	3332	2979	111.85	4	37
1994	1663	6337	3346	2991	111.87	1	13
1995	1663	6322	3341	2981	112.08	3	41
1996	1680	6289	3325	2964	112.18	8	41
1997	1689	6260	3341	2919	114.46	12	69
1998	1564	6294	3404	2890	117.79	26	57
1999	1676	6401	3449	2952	116.84	14	52
2000	1718	6439	3459	2980	116.07	8	41
2001	1722	6636	3537	3099	114.13	197	79
2002	1705	6439	3459	2980	116.07	12	41
2003	1709	6417	3460	2957	117.01	16	69
2004	1723	6411	3446	2965	116.22	21	39
2005	1704	6424	3423	3001	114.06	6	18
2006	1722	6476	3444	3032	113.59	不详	不详
2007	1737	6336	3350	2986	112.19	44	38
2008	1745	6451	3402	3049	111.58	40	23
2009	1738	6537	3425	3112	110.06	82	60

续表

年度	年末总户数	年末总人口	男性	女性	性别比（女=100）	人口迁入	人口迁出
2010	1733	6635	3486	3149	110.70	42	22
2011	1726	6706	3522	3184	110.62	39	27
2012	1701	6696	3520	3176	110.83	36	10
2013	1695	6825	3579	3246	110.26	35	18
2014	1729	6895	3605	3290	109.57	24	28
2015	1723	6879	3592	3287	109.28	66	76

资料来源：苍南县计划生育委员会人口档案资料。

2.年龄构成

据1990年全国第四次人口普查，全乡20岁以下（不含20岁）人口比例为41.59%，60岁以上（含60岁）的老年人比例为12.19%。据2000年全国第5次人口普查，全乡20岁以下人口比例为28.29%，60岁以上的老年人比例为18.22%。据2010年全国第六次人口普查，全乡20岁以下人口占全乡人口比例的21.63%，60岁以上的老年人比例已经升至23.32%，人口老龄化日趋明显，特别是80岁以上高龄人口增长较快。1980年，乡境内80岁（含80岁）以上只有87人，占全乡总人口的1.52%，95岁以上0人；至2010年，乡境内80岁（含80岁）以上增至164人，占全乡总人口的5.00%，95岁以上已有4人。

表4-2-2-10　1990年岱岭畲族乡按年龄组别人口构成一览表

年龄组	人口数	男性	女性	占全乡总人口比例（%）
0—4岁	485	265	220	8.50
5—9岁	643	327	316	11.27
10—14岁	656	372	284	11.50
15—19岁	589	325	264	10.32
20—24岁	509	294	215	8.92
25—29岁	445	227	218	7.80
30—34岁	421	234	187	7.38
35—39岁	377	229	148	6.61
40—44岁	235	144	91	4.12
45—49岁	188	112	76	3.30

年龄组	人口数	男性	女性	占全乡总人口比例（%）
50—54岁	197	112	85	3.45
55—59岁	265	151	114	4.65
60—64岁	233	134	99	4.08
65—69岁	192	121	71	3.37
70—74岁	109	55	54	1.91
75—79岁	74	35	39	1.30
80—84岁	50	20	30	0.88
85—89岁	26	8	18	0.46
90—94岁	11	3	8	0.19
95—99岁	–	–	–	–
100岁以上	–	–	–	–
合计	5705	3168	2537	–

资料来源：全国第四次人口普查资料。

表4-2-2-11 2000年岱岭畲族乡按龄组别的人口构成一览表

年龄组别	合计	男性	女性	占全乡总人口比例（%）
0—4岁	209	104	105	4.77
5—9岁	335	172	163	7.64
10—14岁	389	187	202	8.88
15—19岁	307	174	133	7
20—24岁	370	200	170	8.44
25—29岁	371	196	175	8.46
30—34岁	341	182	159	7.78
35—39岁	306	160	146	6.98
40—44岁	282	156	126	6.43
45—49岁	298	171	127	6.80
50—54岁	200	115	85	4.56
55—59岁	176	107	69	4.02
60—64岁	165	88	77	3.76
65—69岁	210	115	95	4.79
70—74岁	190	93	97	4.33
75—79岁	141	83	58	3.22

续表

年龄组别	合计	男性	女性	占全乡总人口比例（%）
80—84岁	58	28	30	1.32
85—89岁	25	14	11	0.57
90—94岁	6	1	5	0.14
95—99岁	3	–	3	0.07
100岁以上	1	1	–	0.02
合计	4383	2347	2036	–

资料来源：全国第五次人口普查资料。

表4-2-2-12　2010年岱岭畲族乡分性别、年龄组人口一览表

组别	总人口	男性	女性	占全乡总人口比例（%）
0岁	67	42	25	2.04
1—4岁	167	80	87	5.09
5—9岁	166	77	89	5.06
10—14岁	155	73	82	4.72
15—19岁	155	78	77	4.72
20—24岁	142	65	77	4.33
25—29岁	197	86	111	6
30—34岁	249	134	115	7.58
35—39岁	256	145	111	7.80
40—44岁	263	143	120	8.01
45—49岁	221	115	106	6.73
50—54岁	232	126	106	7.07
55—59岁	247	139	108	7.52
60—64岁	188	108	80	5.73
65—69岁	141	89	52	4.29
70—74岁	133	71	62	4.05
75—79岁	140	73	67	4.26
80—84岁	104	46	58	3.17
85—89岁	46	24	22	1.40
90—94岁	10	5	5	0.30
95—99岁	4	2	2	0.12
合计	3283	1721	1562	–

资料来源：全国第六次人口普查资料。

（二）社会构成

1. 民族构成

明嘉靖二十七年（1548年），随着蓝姓畲族入迁，乡境内居民由单一汉族增至畲、汉2个民族。据民国22年（1933年）官方撰写的《平阳畲民调查》记载，蒲门马站有畲民300多人，牛皮岭有畲民200多人。当年马站畲民主要居住在今岱岭畲族乡境内的大厝基、富源、福掌3个村，牛皮岭则含今乡境内的云遮、坑门、云山（当年无畲族）3个村。以此推算，今乡境内当年约有畲民400多人。经1982年全国第三次人口普查，乡境内总人口5828人，有畲汉2个民族，其中畲族1826人，占总人口的31.33%。此后随着改革开放不断深入，少数民族女性从外地不断嫁入，乡境内民族数量增多。1990年全国第四次人口普查，全乡总人口为5705人，共有3个民族，其中汉族3880人、畲族1822人、回族3人，畲族占总人口的31.94%。2000年全国第五次人口普查，全乡总人口为4383人，共有8个民族，其中畲族1533人，占总人口的34.98%。至2010年11月1日零时止，经全国第六次人口普查，全乡总人口为3323人，共有10个民族。2015年，全乡有1692户6879人，共有12个民族，主要为汉族和畲族。其中：汉族4562人，占66.32%；畲族2272人，占33.03%；回族、土家族、苗族、彝族、壮族、布依族、傈僳族、哈尼族、仫佬族、侗族等10个民族总人口仅有45人，占0.65%。每个民族人口少者1人，最多10人。

表4-2-2-13 2000年岱岭畲族乡常住人口分民族、性别人口一览表

民　族	人　口	男性人口	女性人口	占总人口比例（%）
汉　族	2839	1520	1319	64.77
畲　族	1533	827	706	34.98
苗　族	2	-	2	0.05
彝　族	1	-	1	0.02
壮　族	1	-	1	0.02
布依族	1	-	1	0.02
土家族	5	-	5	0.12
傈僳族	1	-	1	0.02

资料来源：据全国第五次人口普查资料。

表4-2-2-14　2010年岱岭畲族乡分民族、性别的人口一览表

民　族	人　口	男　性	女　性	占总人口比例（%）
汉　族	2054	1082	972	62.56
畲　族	1211	636	575	36.89
回　族	5	2	3	0.15
苗　族	2	–	2	0.06
彝　族	2	–	2	0.06
壮　族	1	–	1	0.03
侗　族	1	–	1	0.03
土家族	5	1	4	0.15
哈尼族	1	–	1	0.03
仫佬族	1	–	1	0.03
合　计	3283	1721	1562	

资料来源：全国第六次人口普查资料。

表4-2-2-15　2015年岱岭畲族乡畲族人口分布一览表

姓氏	支系名称	行政村（自然村）	合计户数	合计人数
蓝姓	坑门岭	云遮村（牛皮岭60户、包坑4户）、坑门村（坑门岭17户、横浚七亩40户、桐仔垵11户）、富源村内湾5户	137	578
	福鼎双华	云遮村（五亩1户）、坑门村（大岗5户、坑门岭2户）、福掌村12户、大厝基村（小岭下44户）、富源村（岙头16户、龙凤岭脚10户、斗堘16户、庵后1户）、宫后村6户	113	439
	福鼎浮柳垟	云遮村（牛皮岭2户8人）、富源（岙头岗5户20人、庵后2户9人）	9	37
雷姓	青街章山	福掌村（下厝30户130人）、大厝基（小岭下2户9人）、云遮村（包坑6户、五亩6户）	44	198
	青街黄家坑	坑门村（坑门岭7户30人）、福掌村6户27人。	13	57

续表

姓氏	支系名称	行政村（自然村）	合计户数	合计人数
	闹村凤岭脚	福掌村（杨府南11户74人、福掌1户4人）、富源村（斗塆6户28人）	18	106
	福鼎双华	云遮村（西塔2户9人）大厝基村（小岭7户28人）	9	37
	福鼎菁寮	云遮村（包坑5户22人）、福掌村（桐仔垵1户5人）、富源村（斗塆28户130人、龙凤脚岙头21户95人）	55	252
钟姓	福鼎单桥	富源村（朗腰23户95人）	23	95
	昌禅中岙	云遮（西塔25户110人）、坑门村（坑门11户35人、大路边7户31人）、福掌村6户22人、富源村2户13人	51	211
李姓	华阳牛角湾	云遮村（云遮7户35人、五亩3户13人）坑门村3户12人、福源村（斗塆白岩头17户65人、岙头岗16户58人）	46	183
	福鼎深垄	福掌13户79人	13	79
合 计	－	－	531	2272

2. 文化程度构成

中华人民共和国成立前，乡境内因为贫困，能够入学读书者在青少年中所占比例极少，文盲率很高。

1950年冬，岱岭民族冬学开办，入冬学人数占当地青壮年的90%。1958年，乡境内农村大办成人教育，有民校18所，学员759人；夜校小学2所，学员51人，文盲逐渐减少。20世纪60年代初，各村校均复办，居民文化程度不断提高。据1964年全国第二次人口普查资料，境内总人口为4249人，文盲人口为3295人，占77.55%；初识字至高中文化水平共计954人，占22.45%。

1978年改革开放后，岱岭教育事业快速发展，居民文化程度迅速提高。据1982年全国第三次人口普查数据，境内人口文化程度小学1262人、初中300人、高中64人、大学毕业1人，余为文盲半文盲。据1990年全国第四次人口普查数据，岱岭畲族乡文化程度小学3114人、初中571人、高中68人、中专21人、大学3人。据2010年全国第六次人口普查数据，全乡文盲人口797人，占12.01%。2011—2015年，全乡九年制义务教育覆盖率100%，居民文化素质有了质的提升，大学生已经较为常见，文盲率进一步下降。

表4-2-2-16　1964年岱岭公社人口文化状况一览表

文化状况	人　数	其　中	占总人口的百分比（％）
12岁以下不在校儿童	1328	7—12岁490人	31.25
不识字	1967	13—40岁1047人	46.29
初识字	223	13—40岁176人	5.25
初　小	546	13—40岁308人	12.85
高　小	119	－	2.80
初　中	55	－	1.29
高　中	9	－	0.21
大　学	－	－	－
文化程度不详	2	－	0.05
合　计	4249	－	－

资料来源：全国第二次人口普查资料。

表4-2-2-17　1982年岱岭公社各种文化程度人口数量一览表

大队	大学毕业	大学肄业或在校	高中	初中	小学	合计	12周岁及以上不识字
大厝基	－	－	14	62	278	354	479
杨家边	－	－	3	50	136	189	270
东　宫	－	－	6	43	216	265	270
南　山	－	－	－	15	88	103	196
龙　凤	－	－	5	18	56	79	244
朗　腰	－	－	1	6	71	78	168
斗　塝	－	－	2	6	27	35	151
福　掌	－	－	4	21	74	99	353
坑　门	－	－	4	31	114	149	357
云　遮	－	－	6	22	99	127	365
云　山	－	－	2	12	91	105	432
集体户	1	－	17	14	12	44	1
岱岭公社	1	－	64	300	1262	1627	3286

资料来源：全国第三次人口普查资料。

表4-2-2-18 1990年岱岭畲族乡各行政村文化程度人口数量一览表

村 别	合计	小学	初中	高中	中专	大学
大厝基	675	537	124	10	3	1
杨家边	346	253	85	7	1	–
东 宫	500	376	98	18	6	2
南 山	218	174	42	2	0	0
龙 凤	303	268	30	5	0	0
朗 腰	193	181	11	1	0	0
斗 墘	164	146	14	2	2	0
福 掌	309	252	46	7	4	0
坑 门	310	253	48	7	2	0
云 遮	368	322	36	7	3	0
云 山	391	352	37	2	0	0
合 计	3777	3114	571	68	21	3

资料来源：全国第四次人口普查资料。

表4-2-2-19 2000年岱岭畲族乡分性别受教育程度人口一览表

文化程度	人口数	男性	女性	占6岁以上人口比例（%）
未上过学	481	197	284	11.67
扫盲班	402	163	239	9.75
小 学	2040	1077	963	49.49
初 中	1078	687	391	26.15
高 中	84	58	26	2.04
中 专	27	24	3	0.66
大学专科	8	8	–	0.19
大学本科	2	2	–	0.05
合 计	4122	2216	1906	100

资料来源：全国第五次人口普查资料。

3.职业构成

1978年改革开放前，乡境内农村劳动力除百分之一二从事木工、泥水、裁缝等行业外，大多从事农业生产；从事手工业者农忙期间大多回乡务农。改革开放后，乡境内农民职业构成趋于多样化：或从事运输业，或经商办厂，或南下福建、广州打工，家庭经济收入逐年向好。1982年第三次人口普查，岱岭16—59岁的劳动年龄人口为2920人，其中男性1742人、女性1178人，职业构成见下表。

表4-2-2-20　1982年岱岭畲族乡按性别在业人口一览表

行业名称	人口数	男性	女性	占行业总人口比例（%）
农、牧、林、渔业	1819	1674	145	88.22
制造业	75	59	16	3.64
建筑业	63	63	–	3.06
交通、运输、通信业	7	6	1	0.34
商业、饮食业、物资供应	28	23	5	1.36
住宅管理、公用事业管理	11	11	–	0.53
卫生、体育、社会福利	3	2	1	0.15
教育、文化艺术事业	37	26	11	1.79
科学研究和技术服务	1	1	–	0.05
金融保险业	3	3	–	0.15
国家机关、党政和群众团体	15	12	3	0.73
合　计	2062	1880	182	100

资料来源：全国第三次人口普查资料。

1986年，全乡有劳动力3330人，其中：从事第一产业（农、林、牧、副）有2684人，占80.60%；从事第二产业（工业、建筑、交通）有381人，占11.44%；从事第三产业（商业、教育、卫生、金融等）有265人，占7.96%。1990年，全乡有劳动力2905人，其中：从事第一产业2646人，占91.08%；从事第二产业129人，占4.44%；从事第三产业130人，占4.48%。2000年，全乡有劳动力3265人，其中：从事第一产业2933人，占89.83%；从事第二产业172人，占5.27%；从事第三产业160人，占4.90%。此后随着当地劳动力素质的普遍提高和农村产业结构的深刻变化，乡境内职业构成发生重大变化。2010年，全乡有劳动力3981人，全职从事农业的仅800人。至2015年，全乡有劳动力4127人，全职从事农业的降至650人，其余从事工业、商业、矿山井巷业、服务业等更高收益行业。

表4-2-2-21 1986—2015年岱岭畲族乡劳动力结构一览表

单位：人

年份	劳动力总数	其中		第一产业				第二产业			第三产业
		男	女	农业	林业	牧业	副业	工业	建筑	交通	
1986	3330	1846	1484	1630	1	825	228	333	41	7	265
1987	3346	1851	1495	1823	10	822	283	200	74	6	128
1988	3359	1859	1500	1994	10	860	318	24	90	8	55
1989	3218	2133	1085	1844	8	840	313	60	97	14	42
1990	2905	2157	748	1710	6	702	228	17	97	15	130
1991	3229	2049	1180	1955	4	656	139	5	104	15	351
1992	3324	2556	768	2353	6	27	513	6	103	15	301
1995	3206	2431	775	2221	2	204	443	12	128	46	150
2000	3265	2495	770	2214	2	304	413	12	102	58	160
2003	3250	2482	768	2215	2	234	340	12	87	55	305
2005	3854	2929	925	1250	235	357	949	25	32	21	985
2010	3981	3026	955	800	341	300	1010	100	300	30	1100
2015	4127	3137	990	650	435	150	1053	200	327	80	1232

资料来源：苍南县统计局。

三、家 庭

（一）婚姻制度

畲族实行一夫一妻制。中华人民共和国成立前，主要为族内婚；中华人民共和国成立后特别是1978年改革开放后，族外婚才逐渐普及。20世纪80年代前，结婚程序复杂，有一套与众不同的婚庆习俗。

1. 一夫一妻制

自古以来，当地畲族家庭婚姻普遍都是一夫一妻制，这与畲民的居住环境相对较差和家庭经济条件比较困难有相应关系。

族内婚 清宣统三年（1911年）辛亥革命前，乡境内畲族族内同姓尤其是同宗祠不婚，蓝、雷、钟、李4姓可以互相通婚。严禁与异族通婚曾是畲族内部族规，故旧谱上记载的畲民婚配关系都在蓝、雷、钟、李4姓之间。个别嫁入女性有姓吴或姓罗的，那是因为这些人属于既有汉族血缘关系、也有畲族血缘关系的契亲，从畲俗，讲畲语，也被认为是畲族。畲族青年男女素有自由恋爱传统，对歌成婚是畲族先民习俗，男女双方婚姻有绝对自由权。只要两相情愿，父母便托媒人说亲。婚礼宴请来宾之后，新婚夫妇便相携入山，至极幽邃之处恣情谈笑，尽一天之欢而归，夫妇名义始告成立。民国前后，男女双方对婚姻只有相对自由权，如父母不赞同，婚约即告无效；即使父母同意，若生辰八字不合，仍不得婚配。至于唱歌入山风俗，除居深山者外，均已不复存在。中华人民共和国成立后，通过《婚姻法》的贯彻执行，由赛歌而建立感情的较多，父母包办、媒妁之言相对减少。在对歌互相了解基础上，男方父母托媒人到女方讲亲，女方父母提出相应要求。如双方父母都同意，女方就到男方"看人家"，然后通过媒人决定礼金，男方选吉日"下定""送日"。到了双方都合结婚年龄，男方再择日结婚。

　　族外婚　历史上曾提倡族内婚，严禁与异族通婚曾是畲族内部的婚俗传统族规。直至辛亥革命后，才开始破除这个习惯。中华人民共和国成立前，受传统观念影响，畲族婚姻父母包办现象十分严重，仍然极少与汉族通婚；中华人民共和国成立后，随着民族平等团结和谐政策的执行，畲汉两族之间通婚渐多。1978年改革开放后，畲、汉两族青年男女基本上都是自由恋爱，婚姻自主，已革除父母包办婚姻状况，畲汉两族间通婚已经十分普遍。因党和政府在畲族升学、就业、提干等方面有诸多优惠政策，故汉畲联姻者子女多从畲族、畲姓。

2. 婚姻形式

　　岱岭畲族历史上婚姻形式主要有男娶女嫁、招婿为子、招夫婚、半招娶、服役婚、赘婿、做两头家、表亲婚、童养媳等。1978年以后，招婿为子、招夫婚、半招娶、服役婚、赘婿、做两头家、表亲婚、童养媳等婚姻形式逐渐消失。至2015年，乡境内还有冥婚习俗。童养媳和冥婚因属陋俗，本文不作详细介绍。

　　男娶女嫁　即女方嫁男方，这是岱岭最主要的婚姻方式，仪式详见下文"婚姻礼仪"。

　　招婿为子　招婿为子是某家夫妻只生育女儿，没有生育男孩，留其中一位女儿在自家，招异姓改为本姓的男青年做儿子，畲族俗称"叫子"；或抱养别家小孩做儿子，俗称"抱子"，养大后娶自己女儿为妻，双方继承本家遗产。当地有一句俗语："生女孩子总是别家人，不能坐在厅头位。"因为家谱牵红基线规定女儿不能接父亲下代的根基，只有儿子才可以牵父亲名下的红基线，故本地畲、汉两族招婿为子的风俗流传至今。招婿为子所生子女须从女方姓氏。

　　招夫婚　招夫婚俗称"招子婿"。1978年前，某家只有女儿、没有儿子，便招家有多个兄弟、经济条件差、无钱娶妻的男青年与自己女儿成婚，男方无需改名换姓，只暂时帮助料理女方目前家事务，婚后有男孩出生，便留在女方牵自家家谱红基线，继承本家遗产。孩子抚养数岁后，夫就带妻回自家生活。

半招娶 即一个男子两家各半个，夫妻要种两家田，供养两家长辈，同时继承两家遗产。所生子女第一胎从女方姓氏，第二胎从男方姓氏。半招娶是一种男女互嫁习俗，即先是男方嫁女方，在男方举行婚礼酒宴后，男女双方再回到女方摆酒宴，叫"种两头田"。一般男女双方都是独生子女，或女方弟妹未成年、父母年老体弱不能劳动者实行这种婚俗。1990年后，乡境内独生子女增多，有些独生女父母要求女儿出嫁之后，分孙子。如果出生2个孙子，要1个随母姓。如果生1个，双方家谱都记载。根据传统习俗，男方大多有子女姓氏优先权，即头胎子女大多随父姓，第2胎才随母姓。

服役婚 有的家庭父母年老或多病，家中靠长女维持生计，其他子女均未成年。若将长女出嫁，生活便会发生困难。便通过媒人，招家庭贫困的未婚男青年来家与长女结婚，以解决家中缺劳力问题。男青年不必改姓，也无财产继承权。只要在女方家中劳动至其他弟妹成年，可维持生活时，男方便可带妻子另立家庭。

赘 婿 也称进婿。畲民一家，如兄不幸亡故，未婚或已鳏弟弟如征得嫂嫂同意，可与嫂嫂同居，但第一子仍归兄系。如诸弟中没有合嫂嫂意的，可征得诸弟同意，招同族人为赘婿。如同族仍无合适人选，可请求族众同意，招外姓之人入赘，改不改姓均可，但生子仍桃前夫宗祠。

做两头家 即交换婚，当地畲、汉两族都有此风俗，俗称对亲、姑换嫂。旧时，一些贫困人家怕儿子娶不到妻子，觉得异姓家中女儿和儿子人品、年龄都般配自家子女，家庭经济条件、社会地位门当户对，便托媒人前往说媒换亲。假如对方家长觉得可以，再征求双方男女青年同意后，把双方男女生辰年庚拿去择馆到选日"合八字"。如无碍，双方各以女儿嫁给对方儿子，双方互免彩礼，以节省费用，婚礼程序与往常相同。缺点是一家不睦，会影响另一家。此习俗今已绝迹。

表亲婚 早年，岱岭畲家大多贫困，表亲婚普遍。通过表兄妹结婚来解决子女婚姻问题，一是聘金好商量，可以节省一大笔费用；二是双方彼此了解，亲上加亲；三是畲族传统有舅父优先选择外甥女的权利。中华人民共和国成立后颁布实施了《华人民共和国婚姻婚姻法》，禁止直系和二代以内旁系血亲结婚，表亲婚现象逐渐减少；20世纪90年代后，政府对《中华人民共和国婚姻法》中规定的禁止三代内近亲结婚宣传深入人心，同时乡境内畲族青年文化程度不断提高，对近亲婚姻危害有了更深刻认识，表亲婚在乡境内绝迹。

（二）家庭结构

1978年前，岱岭未实行计划生育，妇女生育率很高，人口增长较快，七八口之家比比皆是，有的大家庭甚至有十几口人。因为流动人口少，单身老人户较少。受民族观念限制，畲汉通婚情况较少，单一民族家庭比较普遍。改革开放后，人们婚姻观念有了根本性变化，畲汉通婚越来越普遍；加上外出务工经商青年人增加，外地一些少数民族女性不断嫁入，当地家庭结构有了根本性改变。

据2000年全国第五次人口普查数据，岱岭畲族乡境内现居地接受调查的家庭户为1345户，其家庭组成形式为民族混合户家庭。其中：单一民族家庭户1268户，占全乡家庭户比重的94.28%；2个民族家庭户76户，占5.65%；3个民族家庭户1户，占0.07%。60岁以上人口的家庭户为562户，其中：有1个60岁以上老人为337户（单身老人113户，一个老人与未成年儿童2户，其他222户）；有2个60岁及以上的户为217户（只有一对老人的户99户，一对老人与未成年儿童的户4户，其他114户）；有3个60岁及以上的户为8户。

据2010年全国第六次人口普查数据，岱岭畲族乡境内在现居住地接受调查的家庭户为1221户，其家庭组成形式为民族混合户家庭，其中：单一民族户有1126户，占全乡家庭户比重的92.22%；2个民族户有94户，占7.70%；3个民族户有1户，占0.08%。60岁及以上老人人口家庭户有552户，其中：有1个60岁及以上的老年人户有341户（单身老人151户，一个老人与未成年的亲属8户，其他182户）；有2个60岁及以上户有208户（只有一对老夫妇户有102户，一对老夫妇与未成年的亲属户有12户，其他94户）；有3个60岁及以上老年人的户有3户。至2015年，除汉族外，畲族共有531户，其他民族混合户共有37户。

表4-2-3-22　2000年岱岭畲族乡家庭户规模及类型一览表

家庭户规模			家庭户类型			
户　名	户　数	占家庭户的比重（%）	一代户	二代户	三代户	四代户
一人户	194	14.42	194	0	0	0
二人户	271	20.15	190	81	0	0
三人户	297	22.08	6	275	16	0
四人户	301	22.38	0	231	70	0

续表

家庭户规模			家庭户类型			
户　名	户　数	占家庭户的比重（％）	一代户	二代户	三代户	四代户
五人户	178	13.23	1	88	87	2
六人户	76	5.65	0	12	59	5
七人户	24	1.78	0	1	17	6
八人户	3	0.22	0	0	2	1
十人户	1	0.07	0	0	0	1
合　计	1345		391	688	251	15
比　重			29.07	51.15	18.66	1.12

资料来源：全国第五次人口普查资料。

表4-2-2-23　2010年岱岭畲族乡家庭户规模一览表

户　名	户　数	比重（％）	户　名	户　数	比重（％）
一人户	296	24.24	二人户	352	28.83
三人户	255	20.88	四人户	162	13.27
五人户	95	7.78	六人户	42	3.44
七人户	13	1.06	八人户	2	0.16
九人户	4	0.33	合　计	1221	

资料来源：全国第六次人口普查资料。

表4-2-2-24　2010年岱岭畲族乡家庭户类型一览表

合计户数	一代户		二代户		三代户		四代户	
	户数	比重（％）	户数	比重（％）	户数	比重（％）	户数	比重（％）
1221	539	44.14	485	39.72	184	15.07	13	1.06

资料来源：全国第六次人口普查资料。

（三）计划生育

中华人民共和国成立前，岱岭百姓生育观念为"多子多福"，理想子女为二男二女，有的家庭孩子多达7—8个，甚至10多个。生女孩的家庭不生一两个男孩，绝不罢休。一是家中有男孩，农忙时一般农活不用找人帮忙；二是为了减少女儿招女婿时的许多麻烦程序；三是旧时畲乡无儿子家庭在社会上没地位，特别是生了几个女孩的妇女在家中不但会遭受公婆、丈夫责骂，还处处受族人歧视与指责。受当时生活和医疗条件限制，乡境内人口出生率高，死亡率也高，特别是土法接生导致的母婴死亡率很高，在人口再生产类型上呈现"高出生、高死亡、低增长"状态。

中华人民共和国成立后，岱岭社会迅速安定，经济恢复，人民生活水平有所提高，医疗卫生条件大为改善，为人口高增长奠定了物质基础。因受传统生育观念影响，加之政府鼓励生育，境内"早婚、密育、多生"现象普遍。20世纪50年代，岱岭青年大多20虚岁前结婚，一对夫妇少则生育4—5胎，多则7—8胎，在人口再生产类型上呈现"高出生、低死亡、高增长"状态。

20世纪70年代末，国家号召广大青年实行"晚婚、晚育、少生、优生"。80年代初开始实行计划生育政策，把"一对夫妇生育两个孩子"转移到提倡"一对夫妇只生育一个孩子"上来。浙江省计划生育政策另行规定，全省少数民族青年结婚后可以生二胎，但二胎与一胎之间必须间隔不少于4周年。1980年初，岱岭公社成立计划生育办公室，通过向育龄妇女发放计划生育宣传小册子、宣传袋子、宣传扇子、宣传围裙等各种途径，把《人口与计划生育法》《社会抚养费征收办法》《计划生育技术服务管理条例》《浙江省人口与计划生育条例》宣传到家家户户。由于宣传到家、政策到位，加上全乡育龄妇女文化层次提高，就业范围扩大，境内育龄妇女主动接受"一孩放环，二孩结扎，计划外怀孕人流、引产"的计划生育政策。在经过13次计划生育活动月之后，至1993年，岱岭区域"多子多福"的思想观念有所改变，人们节制生育越来越自觉，大多数育龄夫妇只生二胎，公职人员只生一胎，人口再生产类型进入"低出生、低死亡、低增长"阶段。1995年，全乡计划生育符合率达93.88%，女性初婚、晚婚率达37.50%。至2003年，全乡计划生育符合率达96.67%，女性初婚晚婚率达61.02%。

进入21世纪，受青年人学历提高、生育观念发生变化和高房价等因素影响，境内男青年初婚年龄普遍推迟至25—26岁，女青年初婚年龄推迟至23—24岁，机关、学校等单位男青年30岁左右结婚已很普遍，而且很多年轻夫妇仅生育一孩。晚婚、晚育加上少生、优生，使得境内生育率大幅度降低。2014年，浙江省计划生育政策进行调整，允许双方中有一方为独生子女的可生育二胎，至2015年，境内生育率为11.33‰，仍低于2013年的17.75‰，并未出现政府所期望的人口缓慢回升迹象。

（四）人口自然变迁

1981年，岱岭畲族乡境内总人口数为5785人，经过35年的人口变动（出生2916人、死亡1378人以及迁入、迁出），至2015年底，全乡总人口为6879人，与1981年相比净增人口1094人，自然增长人数为1538人，出生率由1981年的20.57‰降至2015年的11.33‰，自然增长率由1981年的12.10‰降至2015年的5.81‰。

表4-2-2-25　1981—2015年岱岭畲族乡户籍人口自然变动一览表

单位：人、‰

年度	年末总人口	年均人口数	出生人数	出生率	死亡人数	死亡率	自增人数	自增率
1981	5785	—	119	20.57	49	8.47	70	12.10
1982	5838	5812	116	19.96	56	9.64	60	10.32
1983	5952	5895	90	15.27	27	4.58	63	10.69
1984	5971	5962	66	11.07	36	6.04	30	5.03
1985	5910	5941	62	10.44	28	4.71	34	5.72
1986	5932	5921	64	10.81	30	5.07	34	5.74
1987	6050	5991	70	11.68	42	7.01	28	4.67
1988	6061	6056	66	10.90	24	3.96	42	6.94
1989	6117	6089	66	10.84	32	5.26	34	5.58
1990	6210	6164	118	19.14	28	4.54	90	14.60
1991	6239	6180	70	11.33	31	5.02	39	6.31
1992	6286	6263	90	14.37	33	5.27	57	9.10
1993	6311	6299	94	14.92	36	5.72	58	9.21
1994	6337	6324	66	10.44	28	4.43	38	6.01
1995	6322	6330	61	9.64	38	6.01	23	3.63
1996	6289	6306	33	5.23	30	4.76	3	0.48
1997	6260	6275	50	7.97	22	3.51	28	4.46
1998	6294	6277	257	40.94	43	6.85	214	34.09

年度	年末总人口	年均人口数	出生人数	出生率	死亡人数	死亡率	自增人数	自增率
1999	6401	6348	53	8.35	21	3.31	32	5.04
2000	6439	6420	41	6.39	11	1.71	30	4.67
2001	6636	6538	95	14.53	36	5.51	59	9.02
2002	6439	6538	69	10.55	22	3.36	47	7.19
2003	6417	6428	68	10.58	25	3.89	43	6.69
2004	6411	6414	63	9.82	27	4.21	36	5.61
2005	6424	6418	43	6.70	27	4.21	16	2.49
2006	6476	6450	65	10.08	49	7.60	16	2.48
2007	6336	6406	97	15.14	205	32.00	-108	-16.86
2008	6451	6394	100	15.64	4	0.63	96	14.70
2009	6537	6494	90	13.86	31	4.77	59	9.09
2010	6635	6586	136	20.65	66	10.02	70	10.63
2011	6706	6671	89	13.34	81	12.14	8	1.20
2012	6696	6701	63	9.40	64	9.55	-1	-0.15
2013	6825	6761	120	17.75	32	4.73	88	13.02
2014	6895	6860	88	12.83	26	3.79	62	9.04
2015	6879	6887	78	11.33	38	5.52	40	5.81
合计	—	—	2916	—	1378	—	1538	—

说明：1998年出生数引自苍政发〔1998〕134号文件，包括往年出生漏报人数的补报数。

第三章　政治与民族事务

中华人民共和国成立前，岱岭绝大多数家庭属于贫农，政治地位低下。据现存宗谱记载，明末以来300多年间能够参政议政者未超过20人，畲族未有1人。中华人民共和国成立后，党和政府十分重视民族工作，畲族政治地位明显提升，开始参政议政，每届乡领导班子均配备一定数量畲族干部。1957年6月成立岱岭畲族乡后，乡（大队、公社）行政一把手必须由畲族人士担任，一些畲族精英还成为省市县党代表、人大代表和政协委员。1978年改革开放后，为了更快地培养畲族人才，降分录取畲族考生，尽快培养畲族人才；降分录用畲族干部，提高畲族干部比例。群众团体和宗族组织在政治和民族事务管理中也发挥出一定作用。

第一节　政治生活

岱岭畲族具有鲜明的民族个性，民族意识涵盖乡境内外诸姓畲族，一旦遭受严重外侮，便会举族反抗。清康熙三十六年（1697年）、乾隆二年（1737年）和十七年（1752年）、嘉庆七年（1802年），境内畲民数次参与平阳、瑞安畲民组织的反对都保里地棍强加的苛捐杂税，均胜诉，并勒石于县衙前，"以济畲困"。岱岭畲、汉两个民族有着光荣的革命传统，为鼎平革命根据地的创建作出很大贡献。民国24年（1935年）3月至民国25年（1936年）10月，乡境内共有41人为革命作出牺牲，其中福掌村共有14位畲族革命烈士。乡境内参加革命的畲民尽管经受种种酷刑磨难，但从未有人叛变革命。中华人民共和国成立后，岱岭乡被划为革命老区乡，畲族从此参政议政：一批畲族干部进入地方党政领导班子；一些畲族精英人物成为党代表、人大代表和政协委员；一批模范人物还分别作为少数民族"五一"、国庆进京观礼团成员，被党和国家领导人接见。

一、抗苛捐杂税

清康熙二十二年（1683年），清政府收复台湾，中国东南沿海社会趋于安定。康熙二十三年（1684年），清廷下命撤销"迁海令"（即"展界复井"），但外迁百姓复归蒲门的只有525丁，当地人口已大不如前，大量"地亩荒芜"。为了补籍，清政府实行招民垦荒政策，一批畲民由平阳各地及福建福鼎等地入迁蒲门岱岭。由于人口较少，政治地位低下，他们受到了压迫。特别是都保里地棍强加的苛捐杂税，令这些本来就贫困不堪的畲民雪上加霜。

清康熙三十六年（1697年），乡境内畲民多次参与平阳、瑞安畲民组织的反对都保里地棍强加的苛捐杂税斗争，呈请闽浙总督郭世隆，提出畲民"各处开山为田，以供税敛，不编丁甲，不派差徭，历朝成例，各省皆然。前蒙示禁，一切差徭丁夫甲以及采买等项，畲民概行永免。但法久弊生，瑞、平各都里保地棍，阳奉阴违，每多借端勒索，稍拂其意，即行提词告害，以致穷畲迁徙游离，山田荒芜，田赋无归"。并要求勒石示禁，"以济畲困"。康熙三十七年（1698年）二月，平阳、瑞安畲民反对都保里地棍强加苛捐杂税的诉讼获得胜诉，温处兵备道刘廷玑颁发告示一道，着平阳官吏将禁止都保里地棍强加给畲族苛捐杂税、"以济畲困"的告示张挂于县衙前，公之于众。是年五月，平阳知县徐绍先将温处兵备道刘廷玑颁发的禁止都保里地棍强加给畲民苛捐杂税、"以济畲困"的告示勒石于县衙前，申明："嗣后如有各都里保地恶，依前借端科派畲民丁甲差徭以及采买杂项者，许即指名控究，以凭正法流行，断不宽贷。"

清乾隆二年（1737年），乡境内畲民参与平阳、瑞安畲民组织的反对都保里地棍强加的苛捐杂税，胜诉，并请准在平阳县衙前重行勒石。乾隆十七年（1752年），乡境内畲民参与平阳、瑞安畲民组织的反对都保里地棍强加的苛捐杂税，胜诉，并在平阳县衙前重立禁石。

清嘉庆七年（1802年），乡境内畲民参与平阳、瑞安畲民组织的反对都保里地棍强加的苛捐杂税，胜诉，并在平阳县衙前重立禁石。

二、民国时期中国共产党领导下的革命斗争

岱岭畲族乡是第二次国内革命战争时期的革命老区。民国22年（1933年）冬，中共福鼎县委成立，岱岭小学成为地下党组织联络站，校长和教师经常为党组织书写标语，递送秘密文件。民国23年（1934年）10月参加红军的有福掌村雷天茂、雷纯弟、蓝清育、雷孕弟、雷宗呈、雷文满，坑门村雷朝发、钟友

俊等，除雷文满（后来参加过辽沈战役、平津战役，于1954年回乡）外，其余均未生还。民国24年（1935年）3月，中共鼎平县委决定把平阳支部改为平阳中心区委，以矾山高垟山为中心，在周围乡村组织抗租团，开展抗租、抗税、抗捐、抗债、抗丁斗争，同时继续组织赤卫队开展武装斗争。4月，中共鼎平县委下属的平阳中心区委在群众基础较好的岱岭布袋底成立党支部，先由区委肃反委员郑织云（泰顺人）担任书记，不久由梁其柱（任职时间：1935年4至10月）接任，活动持续到当年10月。是年5月5日，国民党平阳县政府召开建筑碉楼第五次会议，在蒲门添设5座碉堡，希望借此来控制红军和赤卫队的活动范围。6月24日，从江西到此的中国工农红军浙南挺进师进入与岱岭仅一山之隔的福鼎小华阳活动，岱岭地方许多民众加入中共领导下的地方组织，福鼎、平阳两县国民党官兵前往围剿，在小华阳遭到袭扰，国民党福鼎官兵被红军挺进师包围，连排长死数人，枪械被缴数十支。7月，平阳县自镇下关（今称霞关）至分水关一带，皆有党组织在活动。国民党平阳县保安团注重苏区保安，基干队悉调蒲门和矾山，江南驻队亦调之，平阳县城内仅剩有残兵二三十名。7月29日，蒲门区因驻防队伍归省改编，成立防务委员会，华栋臣为主席，范良甫为自卫队分队长，以对抗红军和赤卫队。8月20日，蒲门地区党组织领导人陈昌会等率红军赤卫队数十人在雾城登陆，经鹤顶山腰之云山乡，擒获反共的国民党云山乡乡长叶正芳及当地人范某。8月22日、27日夜，皆有红军在蒲门沿海登陆。蒲门地区党组织领导人陈昌会、郑志云等仍在四岱、云山等乡活动。10月，中共平阳中心区委成立福掌村党支部，书记雷子奎（任职时间：1935年10月至1936年10月），坚持斗争一年时间。民国26年（1937年）2月，国民党第19师突袭岱岭；4月10日，国民党强迫蒲门岱岭一带百姓联保并村，建立义勇军组织，并大规模清乡搜山；是月，中共下东区委书记蓝青解在浙闽交界北坑头被捕，被押解到东宫学校施以酷刑。是年农历三月十九日，龙跃率领中共浙南特委干部和一个排兵力，冲破敌人层层封锁，在包含岱岭在内的蒲门一带活动。

第二次国内革命战争时期，岱岭人民不怕牺牲，勇于奉献，一心一意紧跟党组织闹革命，共有41人为革命而牺牲。其中18人是畲族，福掌村就有14位畲族革命烈士。1954年后，雷文满、雷承福、林良岸、林逢傅、林良涨、陈朝民、吴立榜等一批身经百战的岱岭革命军人陆续回乡，为社会主义建设继续贡献力量。1982年2月，温州市民政局批准岱岭为第二次国内革命战争时期革命老区乡。

表4-3-1-1　岱岭畲族乡第二次国内革命战争时期革命老区村一览表

村（自然村）	今属行政村	村（自然村）	今属行政村	村（自然村）	今属行政村
福掌村	福掌村	坑门村	坑门村	朗腰村	富源村
云山村	云山村	后垟自然村	东宫村	斗塆村	富源村
云遮村	云遮村	顶台后自然村	东宫村	南山村	富源村
杨家边村	杨家边村	战坪头自然村	东宫村	龙凤村	富源村
大厝基村	大厝基村	—	—	—	—

资料来源：苍南县民政局〔1987〕4号文件。

福掌村是岱岭畲族乡革命烈士最多的一个村。民国20年（1931年），曾为乡村教师的福掌村民雷子奎因家庭贫困、兄弟4人遭国民政府抓壮丁，被迫逃至福建省厦门做苦工谋生，在那里参加革命队伍。民国23年（1934年）1月，他与矾山华阳牛角湾村李圣肤一起回到家乡，开展革命宣传活动。

民国23年2月，福掌畲民李友仁为逃避国民党抓壮丁，到福建省福鼎县山区以帮工、砍柴为生，后参加福鼎县贫农团组织。他和蒲城陈昌会、赤溪半垟林辉山等人与中共福鼎县委取得联系后，被派回乡联系雷子奎等人组织贫农团，雷天阳、雷天加（宗谱作雷天佳）、雷文口、雷国寿、李友新、雷必岩等20多人加入，并在福掌后门半山腰雷子偏家举行贫农团成立大会，雷子奎出任团长。会后发动群众开展抗租、抗税、抗捐、抗债、抗丁斗争，打击国民党反动统治。是年4月8日，中共平阳县支部在福掌村建立交通站，并把贫农团改编成赤卫队，李友仁、李友新任队长，进一步扩大武装力量；同时成立抗租团，蓝成模任负责人，革命烈火燃烧到附近的云遮、坑门、斗塆、朗腰、龙凤、南山等村，抗租团发展到300多人，并建立了交通网、侦察组、宣传组，福掌村的交通员雷文口、蓝细妹及时为党组织传送情报；侦察组的雷友德、雷天加以师公（即裀公）身份或替人算命作掩护，深入白区了解敌情；由乡村教师雷国诸负责的宣传组，利用标语、传单等在白区开展革命宣传活动，团结教育群众，打击敌人。

民国24年（1935年）农历八月十五，岱岭林氏宗祠祭祖办酒，时任宣传组成员、天生好口才的雷天加孤身一人走进宗祠大声宣传革命道理，呼唤大家团结起来，推翻三座大山，自己当家做主人，深受群众赞赏。由于群众基础好，福掌村成为中共平阳中心区委驻地，区委发展李友仁、雷天加、雷友德、雷天阳、雷志宽等9人为中共党员，并于是年10月成立福掌村党支部，书记雷子奎（任期：1935年10月至1936年10月），由中共平阳中心区委领导；同时成立福掌村苏维埃政府，李友仁任主席。同月，国民党蒲门区反共防务头子林友森的部下、剿共义勇队队长范良甫带领数十名义勇队员到福掌村进行清剿，福掌赤卫队长雷子奎率领队员配合中共平阳中心区委下属的武装力量进行伏击，打死敌人2人，伤数人，其余四散逃去。同月，福掌赤卫队组织300多人配合鼎平红军独立团攻击马站镇敌人据点，战斗持续3个多小时。由于敌人利用有利地形进行顽抗，独立团指挥员钟友盘中弹牺牲，队伍主动撤出。11月，配合鼎平红军独立团攻打赤溪镇敌据点，战斗持续4个多小时，由于敌人利用碉堡进行顽抗，无法攻占，主动撤退到矾山昌禅安基堂整训。

民国25年（1936年）1月，福掌赤卫队参加福鼎店下战斗。2月和7月17日，鼎平独立团2次组织力量袭击蒲门区公所，福掌赤卫队都派数十人参战。农历八月十五，蒲门防务会派一名侦探化装乞丐进入福掌村挨家挨户乞讨，被福掌赤卫队查获处决。是年9月，蒋介石从湖南调来正规军刘建绪部和福建56师、80师，加上地方保安团共八九万人围剿闽浙边区，实行"三光"政策。刘建绪部19师一个营进驻马站镇，到处建碉堡，强令各地实行移民并村，颁布"窝匪"、藏匪、资匪、助匪、知匪不报、给匪送信带路、参加匪军匪党、家中有人来往不报等十条杀无赦禁令。在这种白色恐怖的笼罩下，岱岭群众没有被吓倒。

10月18日凌晨3点钟左右，国民党蒲门区反共防务会头子林友森、林儒带领军警100多人，对中共鼎平县平阳中心区委驻地福掌进行清剿，欲把红军和赤卫队一网打尽。刚到村口即被外围哨兵发现，哨兵立即通报给红军，红军部队立即往笔架山撤退，顷刻间敌人包围了福掌村。雷子奎沉着应战，率领赤卫队员集中火力从敌军薄弱点突围，转移到深山密林中去。队员李先模来不及突围，隐蔽在一间茅屋里，听到敌人在毒打群众，顺手抓来一根木棍，打开小门冲出去，将守卫门外的敌人一棒打翻在地，立即乘机逃到密林中去，这时天还未亮。

敌人追不到李先模，返回村里挨家挨户破门砸屋搜查，采取"三光"政策，仅有60多户人家的福掌村衣、物、粮食、牲畜被洗劫一空，然后纵火焚烧，全村96间瓦房、28间茅草屋、1座二进两厢加戏台大宫、80多所猪牛栏，以及无数农具、家具等化为灰烬，52户220人无家可归。战斗中，赤卫队有数人当场牺牲。赤卫队突围后，先后有21人被捕，其中11人被杀害、7人遭重刑后致残。在后面掩护赤卫队主力突围的蓝清丑和李友新因弹尽受伤，与雷子翩、徐加雀、董朝元、蓝景奎等4名赤卫队员先后被捕，当天被押马站，受尽酷刑，被杀害于马站三角田。共产党员雷天阳被捕后宁死不屈，在寒风中，敌人将他衣服扒光，高高吊在碉堡顶上活活冻死。雷文涨、雷国寿、雷必岩、李友新等人突围后，撤退到凤阳垟头贡，被叛徒带兵抓捕到赤溪后，敌人用棉花浇煤油烧腋窝、辣椒水灌鼻孔、坐老虎凳等酷刑对他们严刑逼供，他们个个义正词严，不为酷刑所屈，残暴的敌人砍其头颅悬挂街头竹竿上示众。

雷国资（宗谱作雷国诸）是个能写会道的教师，突围后独自一人隐藏在云山村大坪头秘密石洞里写标语、抄文件，坚持宣传革命。一天傍晚，他偷偷离开石洞，在曲折的羊肠小道上走下来，快到十八孔石桥附近时，被隐藏在路亭里的敌人发现，不幸中弹负伤而被捕。他受尽酷刑，遍体鳞伤，口吐鲜血，没有吐露半句口供。国民党见他奄奄一息，濒临死亡，才同意保外就医。雷国资回家第二天就去世了。其妻迫于生计，带着孩子上山挖野菜充饥，把2个女儿卖给人家做童养媳，把6岁儿子雷宗育卖掉。民国28年（1939年）冬，为生计和还债，又将另一儿子雷宗悦卖到福建省双华村。不久，雷国资妻子因饥寒交迫、忧虑成疾而一病不起。

尽管福掌村已是人亡村毁，鸡狗无声，国民党还隔三岔五地派人到福掌村巡查，并把村后半山腰雷子偏的5间瓦房拆运到十三亩岗去建碉堡（本地叫炮台），十三亩岗今称炮台岗。国民党又制定十条禁令：一不准重建房子，二不准走亲访友，三不准外人进村，四不准跟外人联系，五不准到福建各地，六不准到矾山赤溪，七不准已在外地投亲靠友的人回村，八不准外出做生意，九不准办红白喜事聚众庆贺，十不准在岁时节庆中来客会友。

民国25年（1936年）10月23日凌晨，红军浙南挺进师政委刘英带部队到福掌村召开群众大会，慰问大家。他说："乡亲们，你们受苦了，现在房子被反动派烧了，人也被抓了，财物也被抢，今天是无法挽回的，希望大家不要过于悲伤，要提高勇气，保存实力，相信红军一定会胜利回来的。到那个时候政府一定会帮助大家重建家园，建新楼房给大家住，让大家过上好日子，请乡亲们保重啦！"听完刘英政委一番话后，福掌群众擦干眼泪，增强了信心，盼望红军早日回来。

中共福掌村支部活动持续到是年10月。当年冬天，雷子奎率领福掌赤卫队员赶到福鼎冰洋岭头与前岐镇民团对垒，打死敌队长1人。民国26年（1937年）2月，雷子奎率领雷天加等几名中共地下党员回到家乡，看到老家被烧成一片焦土，听到许多同志被杀害，父母兄弟被关押在矾山监牢里，大儿子雷文涨壮烈牺牲，他更坚定了革命意志。后因叛徒告密，在昌禅大姐家，与雷天加一起被捕。敌人当着其父母、兄弟之面，对他进行严刑逼供，他忠贞不屈，守口如瓶。是年3月在矾山英勇就义，年仅38岁。

三、中华人民共和国成立后的政治生活

（一）参政议政

中华人民共和国成立后，中国共产党十分关心畲族政治生活，大力培养畲族干部，岱岭畲族开始参政议政。1957年6月，岱岭畲族乡成立后，实行区域民族自治，历任乡（大队、管理区、公社）党委副书记必有一人为畲族，乡长（大队长、管理区主任、公社革委会主任）均由畲族人士担任，畲族从此当家做主人；其他乡村干部中，畲族也占有一定比例。1981年苍南建县后，重视培养和使用畲族干部。1991年和1993年招聘乡镇干部时，对畲族予以适当照顾；1997—1998年2次从大中专毕业生中定额招收畲族乡镇干部，并从教育系统选调少量畲族教师充实乡镇干部队伍；1998年，选拔一批畲族干部进乡镇领导班子；2001年机构改革，提拔一批畲族干部进乡镇领导班子。至2015年底，境内畲族已有7人先后担任乡科级领导干部（详见本志第九章"人物·当代人物名录"）。苍南历次县党代会和历届县人代会均有1—2名畲族人士参加；有的畲族人士还担任省、市人大代表和县政协委员，为国家、民族事务献计献策。历次乡党代会和历届乡人代会，畲族均占35%—38%的比例，略高于其人口比例。

1.省、市、县党代会代表

从1983年11月，龙凤村党支部书记雷成罗作为党代表出席中共浙江省第七次代表大会开始，部分市党代会和每次县党代会，均有岱岭畲汉代表的身影。

表4-3-1-2　岱岭畲族乡中共浙江省第七次代表大会代表名录

届　别	时　间	姓　名	性　别	民　族	工作单位及职务
第七次	1983.11	雷成罗	男	畲族	龙凤村党支部书记

表4-3-1-3 岱岭畲族乡中共温州市代表大会代表名录

届 别	时 间	姓 名	性 别	民 族	所在单位
第五次	1984.07	雷成罗	男	畲族	龙凤村党支部书记
第七次	1994.07	雷志芬	男	畲族	岱岭畲族乡乡长

表4-3-1-4 岱岭畲族乡历次中共苍南县代表大会代表名录

第一次	1984.06	金宗芳	男	汉族	岱岭畲族乡党委书记
第一次	1984.06	雷成罗	男	畲族	龙凤村党支部书记
第一次	1984.06	李中兴	男	畲族	马站医院医生
第二次	1987.04	姚存孔	男	汉族	岱岭畲族乡党委书记
第三次	1990.04	林逢佑	男	汉族	霞关镇党委副书记、镇长
第三次	1990.04	雷成罗	男	畲族	龙凤村党支部书记
第三次	1990.04	李永辉	男	汉族	岱岭畲族乡党委书记
第三次	1990.04	林逢助	男	汉族	大厝基村党支部书记
第四次	1993.04	雷正步	男	畲族	福掌村党支部书记
第四次	1993.04	郑乃魏	男	汉族	岱岭畲族乡党委书记
第四次	1993.04	郑祖团	男	汉族	岱岭畲族乡党委副书记
第五次	1998.03	陈家居	男	汉族	岱岭畲族乡党委书记
第五次	1998.03	郑祖团	男	汉族	岱岭畲族乡党委副书记
第五次	1998.03	雷开勇	男	畲族	富源村小学校长
第六次	2003.03	林逢佑	男	汉族	岱岭畲族乡党委书记
第六次	2003.03	蓝祥加	男	汉族	坑门村党支部副书记、村长
第七次	2006.12	华建军	男	汉族	岱岭畲族乡党委书记
第七次	2006.12	蓝成华	男	畲族	富源村党支部书记
第八次	2011.12	金 荣	男	汉族	岱岭畲族乡党委书记
第八次	2011.12	蓝成华	男	畲族	富源村党支部书记

2. 市、县人代会代表

从1983年4月福掌村妇联主任蓝春超作为市人大代表出席温州市第六届人民代表大会开始，部分市人民代表大会和每次县人民代表大会，均有岱岭畲汉代表的身影。

表4-3-1-5　岱岭畲族乡温州市人民代表大会代表名录

届　别	任职时间	姓　名	性　别	民　族	工作单位及职务
第六届	1983.04—1988.04	蓝春超	女	畲族	福掌村妇联主任
第七届	1988.04—1993.05	雷志芬	男	畲族	岱岭畲族乡乡长
第九届	1998.02—2002.02	李中仙	男	畲族	岱岭畲族乡乡长

表4-3-1-6　岱岭畲族乡历届苍南县人民代表大会代表名录

届　别	任职时间	姓　名	性　别	民　族	工作单位及职务
第一届	1983.04—1984.08	林时建	男	汉族	岱岭公社（乡）主任（乡长）
第一届	1983.04—1984.08	李中仙	男	畲族	岱岭乡宣传统战委员
第一届	1983.04—1984.08	郑祖贵	男	汉族	魁里公社党委副书记
第二届	1984.08—1987.06	蓝春听	男	畲族	岱岭畲族乡乡长
第二届	1984.08—1987.06	蓝春超	女	畲族	福掌村妇联主任
第二届	1984.08—1987.06	郑祖英	男	汉族	东宫村党支部书记
第三届	1987.06—1990.05	雷志芬	男	畲族	岱岭畲族乡乡长
第三届	1987.06—1990.05	蓝春超	女	畲族	福掌村妇联主任
第三届	1987.06—1990.05	叶思卿	男	汉族	云遮村委会主任
第四届	1990.05—1993.03	雷志芬	男	畲族	岱岭畲族乡乡长
第四届	1990.05—1993.03	蓝春超	女	畲族	福掌村妇联主任
第四届	1990.05—1993.03	林逢佑	男	汉族	霞关镇镇长
第四届	1990.05—1993.03	郑祖宣	男	汉族	马站区县人大工作联络员
第五届	1993.04—1998.03	雷志芬	男	畲族	岱岭畲族乡乡长
第五届	1993.04—1998.03	雷顺狮	男	畲族	福掌村党支部书记
第五届	1993.04—1998.03	郑祖宣	男	汉族	马站镇人大主席
第六届	1998.03—2003.03	雷志芬	男	畲族	岱岭畲族乡乡长
第六届	1998.03—2003.03	蓝成同	男	畲族	岱岭中心校校长
第六届	1998.03—2003.03	蓝素飞	女	畲族	坑门村妇联主任
第六届	1998.03—2003.03	杨昌旺	男	汉族	大厝基村委会主任
第七届	2003.03—2007.02	蓝准凯	男	畲族	岱岭乡乡长
第七届	2003.03—2007.02	蓝淑芬	女	畲族	岱岭中心幼儿园教师
第七届	2003.03—2007.02	蓝成同	男	畲族	岱岭畲族乡学校校长
第八届	2007.02—2012.01	郑祖团	男	汉族	霞关镇人大主席

续表

届　别	任职时间	姓　名	性　别	民　族	工作单位及职务
第八届	2007.02—2012.01	雷兰英	女	畲族	岱岭畲族乡乡长
第八届	2007.02—2012.01	蓝瑞力	男	畲族	岱岭辅导中心校校长
第八届	2007.02—2012.01	蓝丽金	女	畲族	大学生村官
第八届	2009.02—2012.01	郑德菊	男	汉族	金乡镇镇长
第九届	2012.01—	郑祖团	男	汉族	岱岭畲族乡人大主席
第九届	2012.01—	蓝成子	男	畲族	岱岭畲族乡乡长
第九届	2012.01—	蓝成昌	男	畲族	大厝基村村长

3. 县政协委员

从1990年5月教师雷顺延作为政协苍南县第四届委员参政议政开始，除第五届外，每届县政协均有岱岭畲族委员的身影，他们在大会上积极提案、发言，闭会期间积极参加政治协商、民主监督、参政议政，为苍南县和岱岭畲族乡经济社会发展出谋划策、献计出力。

表4-3-1-7　岱岭畲族乡历届政协苍南县委员会委员名录

届　别	任职时间	姓　名	性　别	民　族	工作单位及职务
第四届	1990.05—1993.05	雷顺延	男	畲族	教　师
第六届	1998.03—2003.03	蓝成林	男	畲族	大厝基村村委成员
第七届	2003.03—2007.02	蓝朝田	男	畲族	坑门村党支部书记
第八届	2007.02—2012.01	蓝朝田	男	畲族	坑门村党支部书记
第九届	2012.01—	蓝景潮	男	畲族	云遮村村委会主任
第九届	2012.01—	蓝祥秋	男	畲族	中共赤溪镇委委员

（二）荣誉表彰

中华人民共和国成立后，畲族地位明显提升，一批模范人物受到上级表彰，蓝春崇、钟春花、蓝梅花还分别作为少数民族"五一"、国庆进京观礼团成员，被党和国家领导人接见，并合影留念。1960年3月29日，坑门生产队民兵连长蓝盛魁（畲族）出席浙江省第一次民兵代表大会。1987年12月和2014年12月，乡领导干部李中仙和蓝成子先后被被评为浙江省民族团结进步模范个人。

蓝春崇（1922—1965年），畲族，富源村龙凤自然村宫后人。中共党员。1959年6月至1963年3月任岱岭大队总支副书记，不脱产。在工作中他能积极响应党的号召，开展扫盲运动，村村开办妇女识字班，并亲自担任识字班教员。自1956—1959年，连续被评为省、市、县扫盲积极分子。1957年5月1日以浙江省扫盲办学积极分子身份，赴北京参加"五一"国际劳动节盛会，受到毛泽东、周恩来等党和国家领导人的亲切接见，并合影留念。

钟春花（1926—2004年），女，畲族，坑门村人。中共党员。1959年3月至1961年10月任岱岭大队管委会副大队长，不脱产。工作积极肯干，带领全乡妇女参加生产劳动，多次被评为省、市级劳动模范。1957年10月1日作为浙江省少数民族劳动模范代表，赴北京参加中华人民共和国国庆观礼活动，受到毛泽东、刘少奇、周恩来、朱德等党和国家领导人的亲切接见，并合影留念。

雷成罗（1941年—   ），畲族，富源村龙凤人。中共党员。1971年1月至1999年6月任龙凤村党支部书记。他积极带领村民脱贫致富奔小康，1983年11月，作为苍南县优秀党代表出席浙江省第七次中共代表大会代表。1984年7月，出席温州市第五次党代会。1982年和1985年，两次被评为苍南县优秀共产党员。1989年，被评为苍南县民族团结进步先进工作者。1998年，被评为苍南县计划生育先进工作者。

蓝梅花（1945年—   ），女，畲族。福掌村人。中共党员。1964年任福掌村民兵连长，组织妇女开展民兵训练活动。1965—1978年任福掌村妇联主任。1978年，福掌村掀起"农业学大寨"高潮，她带头组织村妇女参加开荒造田。由于成绩突出，被评为全国"农业学大寨"先进工作者。1978年9月底在北京参加全国"农业学大寨"表彰盛会，并随同国际参观团到全国各地参观；10月1日，在北京天安门参加中华人民共和国国庆观礼活动，受到华国锋主席等党和国家领导人的亲切接见，并合影留念。1979年参加工作，任岱岭公社（乡）计划生育员。

表4-3-1-8　岱岭畲族乡畲族"五一"国庆进京观礼团成员一览表

进京事由	进京时间	姓名	性别	工作单位及职务
"五一"参观	1957.05.01	蓝春崇	男	岱岭乡民主高级农业社社长
国庆观礼	1957.10.01	钟春花	女	坑门村民（后任岱岭管理区副主任）
国庆观礼	1978.10.01	蓝梅花	女	福掌村妇联主任

表4-3-1-9　岱岭畲族乡获省级表彰者名录

姓名	性别	获奖时间	奖　项	工作单位及职务
李中仙	男	1987.12	浙江省民族团结进步先进个人	岱岭畲族乡宣传统战委员
蓝瑞桃	女	2014.10	"大襟绣花衣"刺绣作品荣获浙江省妇女手工制品创意大赛三等奖	富源村民
蓝成子	男	2014.12	浙江省民族团结进步模范个人	岱岭畲族乡乡长

第二节　乡镇组织机构

中华人民共和国成立后，于1952年从马站镇析出岱岭（含今富源、东宫2个行政村）、岱下（含今大厝基、杨家边2个行政村）、福掌3个行政村，与城门乡析出的坑门、云山、云遮村3个行政村一起成立岱岭乡，管理辖区内的党政事务；是年10月，岱岭乡分设为岱岭、坑门2乡，其中岱岭乡管辖岱岭、岱下、福掌3个行政村，驻地东宫；坑门乡管辖坑门、云遮、云山3个行政村，驻地七亩。1956年3月，将岱岭、坑门2乡和马站镇桥头、后岘、霞峰3个行政村合并，成立合作乡。1957年3月，撤销合作乡，成立岱岭乡，管理区域仅减少桥头、后岘、霞峰3个行政村。是年6月，岱岭乡改称岱岭畲族乡，管辖区域延续至2015年未变，并由乡党委统领一切，乡政府行使具体行政职能。

一、中国共产党基层组织

1956年3月，合作乡党总支成立，1957年3月并入新成立的岱岭乡党总支。1957年6月后，岱岭乡党总支先后改称岱岭畲族乡党总支、岱岭大队（管理区）党总支，至1961年10月改称岱岭公社党委。1969年7月，撤销岱岭公社党委，建立岱岭公社党的核心小组。1971年7月，撤销岱岭公社党的核心小组，恢复党委制。1984年2月，苍南县政府撤销岱岭人民公社管理委员会，恢复岱岭乡建制，岱岭公社党委改称岱岭乡党委；5月，岱岭乡改称岱岭畲族乡，岱岭乡党委改称岱岭畲族乡党委，至今未有变化。自从1984年岱岭畲族乡建制恢复后，乡党委班子大多为3年一换届。2006年10月起，改为5年一换届。

1. 合作乡党总支（1956.03—1957.03）

1956年3月成立，归属中共马站区委。1957年3月并入岱岭乡党总支。

书　　记：阮文祥（1956.05—1957.03）

副书记：陈成足（1956.03—1957.03）

　　　　钟廷恩（畲族，1956.03—1957.03）

2. 岱岭乡党总支（1957.03—1957.06）

1957年3月成立，归属中共马站区委。

书　　记：蔡生英（1957.03—1957.06）

副书记：阮文祥（1957.03—1957.06）

　　　　钟廷恩（畲族，1957.03—1957.06）

3. 岱岭畲族乡党总支（1957.06—1958.10）

1957年6月成立，仍归属中共马站区委。

书　　记：蔡生英（1957.06—1958.01）

　　　　陈开情（1958.01—1958.03）

　　　　杨文平（1958.03—1958.10）

副书记：阮文祥（1957.06—1958.03）

　　　　钟廷恩（畲族，1957.06—1958.10）

4. 岱岭大队（管理区）党总支（1958.10—1961.10）

1958年10月，撤销马站区委，建立马站公社党委，岱岭畲族乡党总支改称岱岭大队党总支，归马站公社党委管辖。1959年3月8日，岱岭大队党总支改称岱岭管理区党总支。

书　　记：杨文平（1958.10—1959.03）

　　　　钟廷恩（畲族，1959.03—1960.03，1961.08—1961.10）

副书记：蓝朝央（畲族，1960.10—1961.10）

　　　　钟廷恩（畲族，1958.10—1959.03）

　　　　陈可必（1959.03—1960.03）

　　　　蓝春崇（畲族，1959.03—1961.10）

5. 岱岭公社党委（1961.10—1969.07）

1961年10月，撤销马站公社党委，恢复中共马站区委，下属的岱岭管理区党总支改为公社党委。

书　　记：钟廷恩（畲族，1961.10—1969.07）

副书记：蓝春崇（畲族，1961.10—1963.03）

　　　　蓝朝央（畲族，1961.10—1969.07）

　　　　詹庆旺（1962.04—1963.02，1965.04—1969.07）

6. 岱岭公社党的核心小组（1969.07—1971.07）

1969年7月，撤销岱岭公社党委，建立岱岭公社党的核心小组。

组　　长：钟廷恩（畲族，1969.07—1970.12）

　　　　　金礼荣（1970.12—1971.07）

7. 岱岭公社党委（1971.07—1984.05）

1971年7月，撤销岱岭公社党的核心小组，恢复党委制。

书　　记：金礼荣（1971.07—1980.12）

　　　　　林建平（1980.12—1984.02）

　　　　　金宗芳（1984.02—1984.02）

副书记：董家奏（1971.07—1978.01）

　　　　　郑祖宣（1977.08—1978.11）

　　　　　蓝朝央（畲族，1977.08—1980.10）

　　　　　钟廷恩（畲族，1979.02—1979.11）

　　　　　林时建（1980.12—1984.02）

　　　　　殷彬敬（1980.06—1984.02）

　　　　　钟大西（畲族，1981.10—1982.12）

8. 岱岭（畲族）乡党委（1984.02—1987.12）

1984年2月，苍南县政府撤销岱岭人民公社管理委员会，恢复岱岭乡建制，岱岭公社党委改称岱岭乡党委。5月，岱岭乡改称岱岭畲族乡，岱岭乡党委改称岱岭畲族乡党委。

书　　记：金宗芳（1984.02—1986.02）

　　　　　姚存孔（1986.02—1987.12）

副书记：殷彬敬（1984.02—1986.02）

　　　　　郑祖贵（1984.02—1987.11）

　　　　　蓝春听（畲族，1985.04—1986.04）

　　　　　姚存孔（1985.08—1986.02，主持工作）

　　　　　雷志芬（畲族，1986.02—1987.12）

　　　　　李祖言（1986.08—1987.12）

9. 中共岱岭畲族乡第三届委员会（1988.01—1990.03）

本届委员会1988年1月建立，延续至1990年3月换届。

书　　记：姚存孔（1988.01—1989.11）

　　　　　李永辉（1990.01—1990.03）

副书记：雷志芬（畲族，1988.01—1990.03，其中1989.11—1990.01主持工作）

李祖言（1988.01—1988.08）

郑祖团（1989.12—1990.03）

委员先后有：李中仙（畲族）、王加义、蓝春听（畲族）、朱良贤

10. 中共岱岭畲族乡第四届委员会和乡纪委（1990.03—1993.03）

中共岱岭畲族乡第四次代表大会于1990年3月22日召开，大会代表60人，民主选举产生中共岱岭畲族乡第四届委员会委员5人。四届一次会议选出书记1人、副书记2人。1992年5月撤区、扩镇、并乡时，乡党委领导班子作了调整，并建立乡纪律检查委员会。

书　记：李永辉（1990.03—1992.05）

郑乃魏（1992.05—1993.03）

副书记：雷志芬（畲族，1990.03—1993.03）

郑祖团（1990.03—1993.03）

委　员：王加义、朱良贤、萧美孝、黄朝爱、蔡其我

纪委副书记：蔡其我（兼，1992.05—1993.02）

11. 中共岱岭畲族乡第五届委员会和乡纪委（1993.03—1996.03）

中共岱岭畲族乡第五次代表大会于1993年3月14日召开，大会代表60名，民主选举产生中共岱岭畲族乡第五届委员会委员7人。五届一次会议选出书记1人、副书记2人，后增补委员1人。同时，选举产生乡纪律检查委员会委员3人，其中书记1人。至1996年3月届满三年间，乡党委领导班子调动书记1人、副书记2人、委员3人。

书　记：郑乃魏（1993.03—1995.12）

陈家居（1995.12—1996.03）

副书记：雷志芬（畲族，1993.03—1995.12）

郑祖团（1993.03—1995.04）

萧美孝（1995.04—1996.03）

李中仙（1995.12—1996.03）

委员先后有：李中仙（畲族）、萧美孝、颜贻苗、黄朝爱、王加义、叶希樟、潘友明

纪委书记：郑祖团（兼，1993.03—1995.04）

颜贻苗（兼，1995.04—1995.12）

叶希樟（兼，1995.12—1996.03）

12. 中共岱岭畲族乡第六届委员会和乡纪委（1996.3—1999.01）

1996年3月9日，中共岱岭畲族乡第六次代表大会召开，大会代表52人（实到代表50人），选举产生中共岱岭畲族乡第六届委员会委员4人。六届一次委员会会议选出书记1人、副书记2人。大会同时选举产生乡纪律检查委员会委员3人，其中纪委书记1人。

　书　记：陈家居（1996.03—1998.12）

　　　　　林逢佑（1998.12—1999.01）

　副书记：李中仙（1996.03—1998.11）

　　　　　萧美孝（1996.03—1997.09）

　　　　　雷　霆（畲族，1998.12—1999.01）

　　　　　郑祖团（1998.05—1999.01）

　委员先后有：叶希樟、林时建、陈书楼、朱家勤、方丽松（女）、庄仁俊

　纪委书记：叶希樟（1996.03—1998.04）

　　　　　　郑祖团（1998.12—1999.01）

13. 中共岱岭畲族乡第七届委员会和乡纪委（1999.01—2002.03）

1999年1月26日，中共岱岭畲族乡第七次代表大会召开。大会代表名额为53名。大会选举产生中共岱岭畲族乡第七届委员会委员6名和纪律检查委员会委员3名。中共岱岭畲族乡第七届委员会和纪律检查委员会分别召开第一次全体会议，选举产生党委书记1名、副书记2名、纪委书记1名。

　书　记：林逢佑（1999.01—2002.03）

　副书记：雷　霆（畲族，1999.01—2001.12）

　　　　　郑祖团（1999.01—2002.03）

　　　　　蓝准凯（畲族，2001.12—2002.03）

　委员先后有：朱家勤、方丽松、庄仁俊、郭明图（回族）、周秋芬（女）、洪振兴

　纪委书记：郑祖团（1999.01—2002.03）

14. 中共岱岭畲族乡第八届委员会和乡纪委（2002.03—2006.10）

2002年3月12日，中共岱岭畲族乡第八次代表大会在岱岭召开。代表名额46名，实到代表45名。大会选举产生中共岱岭畲族乡第八届委员会委员7名、纪律检查委员会委员3名。当日，中共岱岭畲族乡第八届委员会和纪律委员会分别召开第一次全体会议，选出乡党委书记1人、副书记2人、纪委副书记

1人。

　　书　记：林逢佑（2002.03—2005.01）

　　　　　　华建军（2005.01—2006.10）

　　副书记：蓝准凯（2002.03—2006.10）

　　　　　　郑祖团（2002.03—2006.10）

　　委员先后有：郭明图（回族）、周秋芬、庄仁俊、洪振兴、陈杨冬（女）

　　纪委书记：洪振兴（2005.01—2006.10）

　　纪委副书记：洪振兴（2002.03—2005.01）

15.中共岱岭畲族乡第九届委员会（2006.10—2011.06）

　　2006年10月27日，中共岱岭畲族乡委员会召开第九次代表大会，大会代表45人（实到43人），选举产生中共岱岭畲族乡第九届委员会委员5人。一次委员会会议选出书记1人、副书记2人。大会同时选举产生乡纪律检查委员会委员3人，其中纪委书记1人。

　　书　记：华建军（2006.10—2011.06）

　　副书记：雷兰英（女，畲，2006.10—2011.06）

　　　　　　董克军（2006.10—2011.06）

　　委员先后有：陈杨冬（女）、庄仁俊、章宗选

　　纪委书记：陈杨冬（女，2006.10—2011.06）

　　　　　　　章宗选（2009.05—2011.06）

16.中共岱岭畲族乡第十届委员会和乡纪委（2011.06—）

　　2011年06月27日，中共岱岭畲族乡第十次代表大会在岱岭召开。代表名额为47名。其中机关教育、企业代表14名，村居代表33名。大会选举产生中共岱岭乡第十届委员会委员5人。一次委员会会议选出书记1人、副书记2人。大会同时选举产生乡纪律检查委员会委员3人，其中纪委书记1人。

　　书　记：金　荣（2011.06—）

　　副书记：蓝成子（畲，2011.06—）

　　　　　　张乃标（2011.06—）

　　　　　　黄方雷（挂职）

　　　　　　娄　恒（挂职）

　　委员先后有：章显进、蓝德超

　　纪委书记：章显进（2011.06—）

二、人大机构

岱岭畲族乡自从1957年6月成立后至1987年3月，均未设置人大主席团，1957年6月始建的第一届乡政府和1984年2月重建的第二届乡政府乡长、副乡长人事，均由其上级中共马站区委员会直接任命，无须召开人大会议进行选举。根据1986年12月2日六届全国人大常委会第18次会议对《地方组织法》的第二次修订精神，岱岭畲族乡于1987年4月召开第三届人民代表大会第一次会议时，选举产生主席团。此后，均由主席团主席主持本级人民代表大会会议，在会议期间行使法律规定的职权，审议乡政府工作报告和财政预决算报告，选举产生乡人大主席、副主席和乡政府乡长、副乡长。

1. 岱岭畲族乡第三届人民代表大会（1987.04—1990.04）

1987年4月，由乡人大主席团代理主席郑德树主持乡人民代表大会会议，选举产生出身畲族的乡政府乡长1人，出身畲族和汉族的副乡长各1人。

主席团代理主席：郑德树（1987.04—1989.11）

2. 岱岭畲族乡第四届人民代表大会（1990.04—1993.04）

1989年12月，根据省人大常委会通过的《浙江省乡镇人民代表大会主席团组织条例》，把主席团在会议期间的职权延伸到闭会期间，并设常务主席主持主席团的日常工作。1990年4月2日，岱岭畲族乡第四届人民代表大会第一次会议召开，大会代表49人，选举产生主席团，审议通过第三届乡政府工作报告和财政预决算报告，并作出相应决议。经主席团提名，选举产生人大主席1人，选举产生乡政府乡长1人、副乡长2人。会后，岱岭畲族乡挂出乡人民代表大会主席团牌子，启用主席团印章。

人大主席：李永辉（兼，1990.04—1992.06）

　　　　　郑乃魏（兼，1992.06—1993.04）

3. 岱岭畲族乡第五届人民代表大会（1993.04—1996.03）

第一次会议于1993年4月7日召开，大会代表49人，选举产生主席团，审议通过第四届乡政府报告和财政预决算报告，并作出相应决议。经主席团提名，选举产生人大主席1人，选举产生乡政府乡长1人、副乡长2人。

人大主席：郑乃魏（兼，1993.04—1996.03）

4. 岱岭畲族乡第六届人民代表大会（1996.03—1999.03）

第一次会议于1996年3月20日召开，大会应到代表46名，大会主席团由8人组成。大会听取和审议了第五届乡政府工作报告和财政预决算报告，并作出相应决议。经大会主席团提名，选举产生岱岭畲族乡第六届人民代表大会主席1

人，乡政府乡长1人、副乡长2人。

人大主席：林逢玉（1996.03—1999.03）

5. 岱岭畲族乡第七届人民代表大会（1999.03—2002.03）

第一次会议于1999年3月10日召开，大会应到代表46人，实到代表43人，大会选举产生主席团。大会听取和审议了第六届乡政府工作报告和财政预算决算报告，并做出相应的决议。经大会主席团提名，选举产生岱岭畲族乡第七届人民代表大会主席1人、副主席1人，选举产生乡政府乡长1人、副乡长2人。第三次会议改选乡长1人、副乡长2人。

人大主席：林逢佑（1999.03—2002.03）

副 主 席：李中仙（畲族，1999.03—2002.03）

6. 岱岭畲族乡第八届人民代表大会（2003.03—2006.12）

第一次会议于2002年3月15日召开，大会应到代表46人，实到43人。会议听取和审议第七届乡政府工作报告、财政预决算报告、乡人大主席团工作报告，选举产生乡第八届人民代表大会主席1人、副主席1人，乡长1人、副乡长2人。

人大主席：林逢佑（2003.03—2005.03）

华建军（2005.03—2007.01）

副 主 席：黄细强（2003.03—2007.01）

7. 岱岭畲族乡第九届人民代表大会（2007.01—2012.01）

第一次会议于2007年1月25日召开，大会代表47人，会议听取和审议第八届乡政府工作报告、2006年度财政预算执行情况和2007年财政预算安排的报告、乡人大主席团工作报告，选举产生乡第九届人民代表大会主席1人、副主席1人，乡长1人、副乡长2人。第五次会议于2011年7月召开，经大会主席团提名，选举产生岱岭畲族乡第九届政府乡长1人、副乡长2人。

人大主席：华建军（2007.01—2009.06）

林国琳（2009.06—2011.07）

郑祖团（2011.07—2011.12）

副 主 席：黄细强（2007.01—2011.12）

8. 岱岭畲族乡第十届人民代表大会（2012.01—2015.12）

第一次会议于2012年1月18日召开，选举产生岱岭畲族乡第十届政府乡长1人、副乡长3人。第二次会议于2013年3月召开，陈娟娟辞去副乡长职务。第三次会议于2013年9月召开，卢林熙辞去副乡长职务，王顺祥被补选为副乡长。

人大主席：郑祖团（2012.01—）。

表4-3-2-1　1987—2015年历届岱岭畲族乡人民代表大会正副主席名录

职　务	姓　名	届　别	任职时间
代理主席	郑德树	第三届	1987.04—1989.11
主　席	李永辉	第四届	1990.04—1992.06（兼）
主　席	郑乃魏	第四届	1992.06—1993.04（兼）
主　席	郑乃魏	第五届	1993.04—1996.03（兼）
主　席	林逢玉	第六届	1996.03—1999.03
主　席 副主席	林逢佑 李中仙（畲族）	第七届	1999.03—2002.03（兼） 1999.03—2002.03
主　席 副主席	林逢佑 黄细强	第八届	2003.03—2005.03（兼） 2003.03—2007.01
主　席 主　席 主　席 副主席	华建军 林国琳 郑祖团	第九届	2007.01—2012.01（兼） 2009.06—2011.07 2011.07—2011.12 2007.01—2012.01
主　席	郑祖团	第十届	2012.01—

资料来源：《中共浙江省苍南县组织史资料》1—6卷。

三、乡政府

（一）乡政府组织

1952年土改后，今岱岭地域有岱岭、坑门2个乡政府。1956年3月，岱岭、坑门2个乡合并成为合作乡。1957年3月，撤销合作乡，建立岱岭乡政府；是年6月，岱岭乡改称岱岭畲族乡政府。1958年10月，岱岭畲族乡改称岱岭大队。1959年3月8日，岱岭大队改称岱岭管理区。1961年10月，岱岭管理区改称岱岭公社管理委员会，1969年7月2日改称岱岭公社革命委员会。至1984年2月，苍南县政府撤销岱岭人民公社革命委员会，恢复岱岭乡建置；是年5月，岱岭乡改称岱岭畲族乡，政府名称至今未有变化。自从1984年岱岭畲族乡建制恢复后，乡政府领导班子大多为3年一换届。2007年1月起，改为5年一换届。

1. 岱岭乡、坑门乡政府

1952年土改后，马站区分设20个乡镇，今岱岭地域有岱岭、坑门2个乡。

岱岭乡政府（1952.06—1956.03）

乡　　长：曾乃兴（1952.06—1952.10）

陈可必（1952.10—1954.07）

陈成足（1954.10—1955.03）

钟廷恩（畲族，1955.03—1956.03）

副乡长：陈成足（1956.03—1956.03）

坑门乡政府（1952.10—1956.03）

乡　　长：李梅玉（1952.10—1954.12）

蓝朝岩（畲族，1954.12—1956.03）

2. 合作乡政府（1956.03—1957.03）

1956年3月，撤销岱岭乡和坑门乡，将岱岭、坑门2乡原管辖行政区域与从马站镇划出的桥头、后岘、霞峰3个村合并，成立合作乡。

乡　　长：范则鹏（1956.03—1957.03）

副乡长：阮文祖（1956.03—1957.03）

蓝朝央（畲族，1956.03—1957.03）

蓝朝岩（畲族，1956.03—1957.03）

陈成足（1956.03—1956.07）

3. 岱岭乡政府（1957.03—1957.06）

1957年3月，撤销合作乡，建立岱岭乡政府。

乡　　长：钟廷恩（畲族，1957.03—1957.06）

副乡长：阮文祖（1957.03—1957.06）

蓝朝央（畲族，1957.03—1957.06）

蓝朝岩（畲族，1957.03—1957.06）

4. 岱岭畲族乡第一届政府（1957.06—1958.10）

1957年6月，岱岭乡改称岱岭畲族乡。

乡　　长：钟廷恩（畲族，1957.06—1958.10）

副乡长：阮文祖（1957.06—1957.12）

蓝朝央（畲族，1957.06—1958.10）

蓝朝岩（畲族，1957.06—1958.06）

5. 岱岭大队（管理区）（1958.10—1961.10）

1958年10月，撤销马站区公所，成立马站公社管理委员会，由岱岭畲族乡改称的岱岭大队归其管辖。1959年3月8日，岱岭大队改称岱岭管理区。

主　任：钟廷恩（畲族，1958.10—1959.03）

　　　　华晋诸（1959.03—1960.01）

　　　　蓝朝央（畲族，1961.01—1961.10）

副主任：蓝朝央（畲族，1958.10—1961.01）

　　　　叶宗维（不脱产干部，1959.03—1959.12）

　　　　钟春花（畲族，女，不脱产干部，1959.03—1961.10）

6. 岱岭公社管理委员会（1961.10—1966.05）

1961年10月，撤销马站人民公社管理委员会，恢复马站区公所。撤销岱岭管理区，成立岱岭人民公社管理委员会。

主　任：蓝朝央（畲族，1961.10—1966.05）

副主任：钟春花（畲族，1961.10—1966.05）

7. 岱岭公社管理委员会（1966.05—1969.06）

1966年5月，人民公社管理委员会主任改称社长，持续到1969年6月才恢复。

社　长：蓝朝央（畲族，1966.05—1969.06）

副社长：钟春花（畲族，女，1966.05—1969.06）

8. 岱岭公社革命委员会（1969.07—1984.05）

1969年7月2日，平阳县革命委员会〔1969〕494号文件《关于建立岱岭人民公社革命委员会的批示》，撤销岱岭人民公社管理委员会，成立岱岭公社革命委员会。1976年10月，粉碎江青反革命集团后，岱岭公社革委会领导班子做了较大调整。

主　任：金礼荣（1970.02—1980.02）

代主任：林时建（1981.12—1984.02）

第一副主任：钟廷恩（畲族，1969.07—1970.12主持工作）

副主任：郑兴闹（不脱产干部1969.07—1971.12）

　　　　林良颜（不脱产干部1969.7—1971.12）

　　　　詹庆旺（1969.10—1970.04）

　　　　周朝云（1970.08—1971）

　　　　董家奏（1971.06—1978.01）

　　　　蓝朝央（畲族，1977.08—1980.11）

　　　　郑祖宣（1977.08—1978.02）

　　　　钟大西（畲族，1979.02—1979.11）

林时建（1979.02—1984.02）

殷彬敬（1980.06—1981.10）

郑乃魏（1980.10—1981.10）

蓝朝架（畲族，1981.06—1981.10）

殷彬敬（1981.11—1984.02）

郑乃魏（1981.11—1984.02）

蓝朝架（畲族，1981.11—1984.02）

蓝春听（畲族，1982.06—1984.02）

9. 岱岭乡政府（1984.02—1984.05）

1984年2月，苍南县政府撤销岱岭人民公社革命委员会，恢复岱岭乡建制，岱岭公社管理委员会改为岱岭乡政府。

乡　长：蓝春听（畲族，1984.02—1984.05）

副乡长：林时建（1984.02—1984.05）

　　　　郑乃魏（1984.02—1984.05）

10. 岱岭（畲族）乡第二届政府（1984.05—1987.04）

1984年5月31日岱岭乡改称岱岭畲族乡。

乡　长：蓝春听（畲族，1984.05—1986.05）

　　　　雷志芬（畲族，1986.06—1987.04）

副乡长：林时建（1984.05—1987.04）

　　　　郑乃魏（1984.05—1984.11）

　　　　钟昌琪（畲族，1985.12—1987.04）

11. 岱岭畲族乡第三届政府（1987.04—1990.04）

乡　长：雷志芬（畲族，1987.04—1990.04）

副乡长：林时建（1987.04—1990.04）

　　　　钟昌琪（畲族，1987.04—1990.04）

12. 岱岭畲族乡四届政府（1990.04—1993.04）

乡　长：雷志芬（畲族，1990.04—1993.04）

副乡长：颜贻祖（1990.04—1993.04）

　　　　李中仙（畲族，1990.04—1993.04）

13. 岱岭畲族乡第五届政府（1993.04—1996.03）

乡　长：雷志芬（畲族，1993.04—1996.03）

副乡长：李中仙（畲族，1993.04—1996.03）

朱良贤（1993.04—1996.03）

14. 岱岭畲族乡第六届政府（1996.03—1999.03）

乡　　长：李中仙（畲族，1996.03—1999.03）

副乡长：金宗庆（1996.03—1999.03）

　　　　雷　霆（畲族，1996.03—1999.03）

15. 岱岭畲族乡第七届政府（1999.03—2002.03）

乡　　长：雷　霆（畲族，1999.03—2001.12）

　　　　蓝准凯（畲族，2001.12—2002.03）

副乡长：陈书楼（1999.03—2001.12）

　　　　蓝祥秋（畲族，1999.03—2001.12）

　　　　张乃标（2001.12—2002.03）

　　　　钟政芸（畲族，2001.12—2002.03）

16. 岱岭畲族乡第八届政府（2003.03—2006.12）

乡　　长：蓝准凯（畲族，2003.03—2007.01）

副乡长：张乃标（2003.03—2007.01）

　　　　钟政芸（畲族，2003.03—2007.01）

17. 岱岭畲族乡第九届政府（2007.01—2012.01）

乡　　长：雷兰英（畲族，2007.01—2011.07）

　　　　蓝成子（畲族，2011.07—2012.12）

副乡长：钟政芸（畲族，2007.01—2009.05）

　　　　庄仁俊（2007.01—2009.05）

　　　　蓝德超（畲族，2009.06—2012.01）

　　　　卢林熙（女，2011.02—2012.01）

　　　　陈娟娟（女，2011.07—2012.01）

18. 岱岭畲族乡第十届政府（2012.01—）

乡　　长：蓝成子（畲族，2012.01—）

副乡长：蓝德超（畲族，2012.01—）

　　　　卢林熙（2012.01—2013.09）

　　　　陈娟娟（2012.01—2013.03）

　　　　王顺祥（2013.09—）

（二）乡政府管理

中华人民共和国成立后至1978年改革开放之初，政府工作的重点是社会治安、粮食收购、征收农业税、征集兵员、扶贫济困等；1978年改革开放后，重点是开展计划生育、移民下山异地脱贫、基础设施建设和发展经济等工作。户籍和治安由马站镇公安派出所代管。

1. 粮食购销

岱岭畲族乡境内粮食购销分为5个阶段：粮食"三定"阶段、粮食购销包干阶段、稳定农民负担阶段、减轻农民负担阶段、取消粮食统购政策阶段。从1985年4月1日起取消粮食统购，改为合同定购，岱岭因地处山区，缺少水田，无粮食合同定购任务。

粮食"三定"阶段　1955年8月，国务院决定、在全国范围内实行粮食"定产、定购、定销"（简称"三定"）办法。马站区在城门乡进行粮食"三定"试点至9月底结束。按各个农业社的耕地面积和粮食产量，留足社员口粮、种子、饲料（简称"三留粮"），确定各农业社的粮食征购任务。1957年，岱岭乡落实粮食定产1442.40吨。征购包干任务367.80吨，实绩入库375.55吨；统销实绩2.30吨；三留粮1088.85吨（口粮1015.40吨，人均口粮246.50千克；种子70.85吨；饲料2.60吨）。

粮食购销包干阶段　1958年4月，浙江省人民委员会实行粮食"购销差额管理，调拨包干（即分级包干，差额调拨）"办法。全乡落实征购任务330.65吨、实绩入库388.95吨。三留粮1067.70吨、口粮989.30吨（人均口粮236千克）、种子72.20吨，饲料5.88吨。

稳定农民负担阶段　1971年8月，中共中央发出《关于实行粮食征购任务一定五年的通知》。按照正确处理国家、集体、农户三者关系，绝对不购过头粮原则，是年全社粮食征购任务调减为145吨，实绩入库141.15吨。三留粮1344.35吨，其中口粮1244.20吨，人均口粮263.50千克；种子96.45吨；饲料3.70吨。

减轻农民负担阶段　1979年9月，为发展山区经济，促进农民休养生息，根据浙江省政府决定，全社增加贫困山区粮食定销基数，调减粮食征购基数。

取消粮食统购政策阶段　1985年3月18日，浙江省政府《关于调整粮油购销政策和价格的实施意见》决定，从当年4月1日起取消粮食统购，改为合同定购。岱岭因地处山区，缺少水田，无粮食合同定购任务。1986年开始，实行定购粮食与化肥、柴油、预购定金"三挂钩"奖励政策，国家收购粮食50千克，奖励标准氮肥7.50千克、柴油1千克。

表4-3-2-2 1957—1977年岱岭畲族乡部分年份粮食征购统销统计一览表

年份	合计			征购		统销实绩（吨）	三留粮实绩			
	面积（亩）	亩产（千克）	总产量（吨）	包干任务（吨）	入库实绩（吨）		口粮（吨）	人均（千克）	种子（吨）	饲料（吨）
1957	5297	272.30	1442.40	368.25	376.55	23.00	1015.40	246.50	70.85	2.60
1958	4743	307.12	1456.65	330.65	388.95	−	989.30	236.00	72.20	3.70
1959	4417	287.63	1270.45	440.00	430.25	3.75	735.05	192.50	76.90	4.00
1960	4069	260.50	1066.20	445.00	354.05	65.50	70.49	177.50	69.50	3.25
1961	3675	222.50	817.90	400.00	300.00	99.80	562.35	180.00	55.10	0.25
1962	4052	224.50	909.60	400.00	285.45	109.30	673.90	166.00	53.05	0.25
1963	4048	214.50	869.00	400.00	250.00	64.20	629.35	151.00	53.85	−
1964	4105	277.50	1139.65	400.00	318.65	51.50	805.65	229.00	59.10	7.75
1965	4085	293.00	1196.80	395.10	306.75	54.10	854.10	201.50	67.20	9.45
1966	4044	326.61	1320.80	370.10	310.55	49.60	990.50	224.00	84.75	1.65
1967	4420	143.95	636.25	395.00	9.40	285.00	850.75	192.50	70.50	−
1968	4086	255.00	1040.30	395.00	−	−	726.40	218.50	63.90	−
1969	4076	203.70	830.30	395.00	193.60	129.65	752.40	161.50	57.05	−
1970	4095	281.55	1152.95	395.00	35.45	57.50	1092.35	233.00	76.50	6.15
1971	4059	364.89	1481.10	145.00	141.15	32.25	1244.20	278.00	96.45	3.70
1972	4029	362.83	1461.25	145.00	108.00	20.00	1198.55	247.50	102.35	51.55
1973	4006	292.21	1170.60	175.00	78.40	116.75	1100.45	222.50	98.00	7.80
1974	3981	290.40	1156.10	175.00	51.95	10.00	1017.75	201.00	86.90	3.80
1975	4029	249.50	1005.50	175.00	103.25	134.70	958.15	186.00	81.25	3.70
1976	4004	262.85	1052.45	175.00	51.65	85.00	995.40	181.50	77.75	12.15
1977	3992	408.03	1628.86	175.00	175.50	28.25	1356.05	252.00	87.10	17.15

资料来源：马站粮管所档案资料。

2. 财税管理

乡境内的财税管理主要是财政管理和农业税征收，主要税收为农业税。从2006年起，岱岭畲族乡与全国一样，开始免征农业税。

财　政　中华人民共和国成立后，从1953年起，岱岭乡行政经费一直纳入县级财政预算。1986年，全面建立乡级财政。乡成立财政组，由乡长兼任财政组长，并招聘一名财政总会计。除乡行政经费外，文教、科卫、社救、抚恤和乡属农业、广播事业经费等大部纳入乡财政预算，实行统一管理。从而改变了长期以来事业经费集中县主管部门条条管理的体制，调动了乡政府当家理财的积极性。1987年，乡一级财政体制实行上缴比例"基数不变、区乡挂钩、降低分成"的办法。对支大于收、超收留乡的乡（镇），规定超基数部分分成不得超过55%。1989年，乡一级财政又改为"划分税种、调整基数、收支挂钩、递增分成、一定两年"的财政体制。2011年，岱岭畲族乡财政总收入843.10万元，同比增长21%。到2015年，全乡财政总收入增至1020.93万元，比2011年增加177.83万元，增长21.09%。

农业税 清康熙九年（1670年），境内每亩田赋征银五分一厘四毫六丝四忽三微。清同治三年（1864年）四月，因蒲门乡地处穷乡僻壤，百姓负担重、欠税多，温州知府经逐细钩稽裁革浮费，酌减钱粮南米征数，平阳县蒲门五十三都、五十四都、五十五都地漕征新、陈粮，现定每两计实征钱贰仟五至七百文；南米旧征分作上下忙，上忙（农历二月至五月征收）每石征钱三千九百文，下忙（农历八月至十一月征收）征钱四千八百文，业经出示在案，并刻碑立于蒲城后英庙内。今岱岭畲族乡境内时属五十四都。

民国元年（1912年）起，将地丁和正杂折计银两，合称抵补金。民国21年（1932年），抵补金更名为田赋，废除地丁，分上下两期征收，仍按银圆计征（米每石按银圆3.30元计算）。除正税外，设有附加捐费60余种。民国30年（1941年），改征实物，每亩征稻谷3斗。民国33年（1944年）增至6斗。民国34年（1945年），抗日战争胜利，豁免田赋1年。民国37年（1948年），田赋有征实、征借、公粮三项和带征四项（绥靖经费、土地测绘费、自教经费、地主积谷）。

1949年4月24日蒲门全境解放后，于7月开始先行承赋面积调查，依照土质肥瘠，分配秋季征收农业税全年任务，其中水田产量以万全区（今属平阳县）水田亩产为标准，乡境内平地水田和菜地按照七折征收，山田六折，山园四折。是年冬，废除民国旧赋税制，酌农村各种必要税费并称农业税，按土地优劣、产量多寡，确定甲、乙、丙、丁四等16个税级，每亩税额最高245斤，最低22斤，每亩平均负担36.92斤。中华人民共和国成立后，于1950年实行40级全额累进税制。1952年，缩小税级，实行24级全额累进税制，乡境内水田从8—23级共16个等级，税率为7%—30%。1953年，执行中央"种多少土地，应产多少粮食，依率计征，依法减免，增产不增税"的政策，规定3年不变。1957年，全乡交纳农业税粮376.55吨，超额8.30吨。1958年，取消累进制，实行比例制，结合粮食包干，综合调低计税产量，平均税率降为13%。1959年，改变了增产不增税的政策规定，农业税由集体（生产队）交纳。1968年，因受"文革"干扰，政府机构瘫痪，农业税征收工作无法进行。1981年，农村开始实行联产承包责任制，农业税由承包户负担，采取"户交户结""队交队结"办法。1985年，农业税按"倒三七"比例价折征代金，并实行"完成农业税任务奖励办法"，清理上年尾欠，并做到户交户结、年税年清。1991年，全乡遭受严重自然灾害，全部免征农业税。自21世纪以来，由于中国经济高速发展，农业税占国家税收比例已微不足道，且征收费用较大，从2006年起，岱岭畲族乡与全国一样，开始免征农业税。其他税收寥寥无几。

3. 林业管理

岱岭畲族乡是林业乡，植树造林、林业管理、古树保护等是乡政府的一项重要职责。乡林业站于1989年9月9日建立，成为乡政府林业管理专业部门，其主要任务是：严格执行《森林保护法》，凭证采伐林木，制止乱砍滥伐；护林防火，保护森林资源；搞好森林病虫害的预测、防治，以及育苗、造林、扶育等营林生产管理。

植树造林　详见本志第四章"经济·民族乡经济·林业"。

森林防火　清代至民国时期，境内森林防火设施与扑火工具简陋，山区一旦发生森林火灾，立即鸣锣示众，依靠扑救人员用柴刀劈开一道临时防火线，以阻隔林火蔓延，同时用树枝奋力扑打火焰，这种做法延续至今。自20世纪80年代以来，积极推广现代化森林防火设施和扑火器械。1987年7月，岱岭畲族乡成立护林防火委员会，加强森林防火工作。8月，岱岭、云亭2乡参加闽、浙、赣毗连地区护林联防第一联防区第一联防分会组织，贯彻"自防为主，积极联防，团结互助，保护森林"的护林联防方针，做好森林防火、处理山林权属纠纷、防止乱砍滥伐、防治森林病虫害等工作。1994年，岱岭乡被评为"温州市护林防火先进单位"。1999年6月，乡护林员陈朝民被国家林业局评为"全国优秀乡村护林员"。2002年起，岱岭畲族乡防火督促组有12人，组长林逢佑，指挥长蓝准凯；扑火队人数17人，队长庄仁俊；民兵突击队20人；村级灭火队4支。配备电台3台、手电筒20支、柴刀40把、服装20套。2005年10月起，岱岭畲族乡防火组织督促组有12人，组长华建军，指挥长蓝准凯；农民扑火队有20人，队长林庆足，另有护林员7人。配备电台3台、服装28套、背包28个、电筒28支、柴刀45把、灭火拍10把、水枪3只。

四、人民武装部

岱岭畲族乡人民武装部是乡政府兵役机关，主要负责辖区内兵员征集、基干民兵训练、战备值勤和森林防火、抢险救灾等工作。1962年3月，平阳县人民武装部批准成立岱岭公社人民武装部，陈廷南为第一任副部长。此后，所属各生产大队（村）相继建立民兵连，开展基干民兵训练等活动。1973年4月，乡党委副书记郑祖宣一度兼任乡人民武装部部长；1980年12月，乡党委副书记殷彬敬兼任乡人民武装部部长。1988年1月开始至2015年，除杨津芳（任职时间2009.05—2010.12）外，乡人民武装部部长均兼任乡党委委员，在中共乡党委和乡政府双重领导下开展工作。乡人民武装部自成立以来，一般每年负责征集3名左右兵员，为部队输送合格兵源。21世纪初至2015年，乡人武部辖下有1个民兵营，境内8个村均成立民兵连，共有300多名民兵，其中基干民兵有20人，乡人武部每年至少组织一次基干民兵军事训练。

表4-3-2-3 1962—2015年岱岭畲族乡历任人民武装部领导人名录

姓 名	职 务	任职时间
陈廷南	副部长	1962.03—1963.07
李上堤	部 长	1970.04—1972.06
郑祖宣	部 长	1973.05—1978.11
李永辉	部 长	1978.03—1980.02
殷彬敬	部 长	1980.12—1985.03
王加义	部 长	1985.03—1995.12
陈书楼	部 长	1996.05—1999.01
庄仁俊	部 长	1999.01—2009.05
杨津芳	部 长	2009.05—2010.12
章宗选	部 长	2010.12—2011.06
章显进	部长（兼）	2011.06—

资料来源：《中共浙江省苍南县组织史资料》1—6卷。

五、综治和司法机构

岱岭畲族乡人口少，民风淳朴，矛盾纠纷少，案件不多，境内一直未设派出所和法庭，有关事务均由设在附近中心城镇的马站派出所和马站法庭（2004年2月撤销后归矾山法庭）管理，有关司法事务多由社会综合治理办公室、调解办（调解委员会）、司法所处理，做到小事不出乡。

（一）社会综合治理办公室

简称综治办，1989年3月成立，乡党委副书记兼任主任，办公室设置3人，其中主任1人、工作人员2人。乡综治办主要负责境内平安、维稳、信访、反邪教工作，进行普法教育和法律法规知识宣传，帮助刑满释放人员及邪教人员改邪归正。

（二）调解办（调解委员会）

1989年3月成立，乡党委副书记兼任主任，乡民政司法助理员兼任工作人员。乡调解办与乡综治办合署办公，两块牌子一套班子，负责乡境内民事纠纷调解工作，每年调解民事纠纷30多件。此后，所辖11个村相继成立村治保调解委员会。2000年后，乡调解办公室改称为乡调解委员会。

（三 ）司法所

2013年3月成立，配备2名人员，宋方闹兼任所长。岱岭畲族乡司法所主要负责宣传法律知识、咨询法律法规以及配合乡综合治理办公室（简称综治办）做好社会维稳工作。

六、群团组织

1959年3月，岱岭管理区妇女联合会成立，这是乡境内第一个群众团体。1962年2月，岱岭公社成立共青团组织。1978年改革开放后，又开始成立村老人协会。2006年12月，岱岭畲族乡成立工会；2015年底改称总工会。

（一）工 会

2006年12月，岱岭畲族乡始成立工会工作委员会，在乡党委领导下开展工作。2015年12月9日召开第一届一次代表大会，改称岱岭畲族乡总工会，张乃标当选为总工会主席，郑存都当选为副主席。乡总工会共有会员单位3个，入会会员82人，其中乡机关工会有会员32人、岱岭学校工会有会员41人、岱岭卫生院有会员9人。每年，乡总工会和所辖3个工会都开展职工疗养和困难职工慰问等活动。

表4-3-2-4 2006—2015年岱岭工会（总工会）历任主任（主席）名录一览表

姓 名	职 务	任职时间
董克军	工会工作委员会主任	2006.12—2011.12
张乃标	工会工作委员会主任（2015年底改称总工会主席）	2011.12—2015.12
蓝德超	总工会主席	2015.12—

资料来源：《中共浙江省苍南县组织史资料》1—6卷。

（二）共青团

1962年2月，岱岭公社成立共青团组织，陈廷南兼任岱岭公社第一任团委书记，在乡党委领导下开展青年人工作。1978年10月，岱岭公社团委组建所属11个村团支部，发展团员，开展农村团员活动。至2015年，岱岭畲族乡团委共管理10个共青团支部，包括8个村支部、1个机关支部、1个岱岭学校团支部，共有团员150人。

表4-3-2-5 1962—2015年历任共青团岱岭畲族乡书记名录一览表

姓 名	职 务	任职时间
陈廷南	书 记	1962.02—1963.06
朱成恩	书 记	1963.07—1965.03
蓝朝架（畲族）	书 记	1965.04—1978.02
林华余	书 记	1979.02—1982.02
叶友好	书 记	1982.02—1984.07
郑祖团	书 记	1984.12—1986.07
林建程	书 记	1994.01—2001.12
李 夏	书 记	2005.12—2009.03
钟政添（畲族）	书 记	2009.03—2011.05
陈丽君（女）	负责人	2011.06—2012.06
郑燕燕（女）	负责人	2012.07—2014.08
丁宗金（回族）	负责人	2014.09—

资料来源：《中共浙江省苍南县组织史资料》1—6卷。

（三）妇女联合会

1959年3月，岱岭管理区成立妇女联合会，钟春花（畲族）为第一任主席。此后，所属11个生产大队（村）相继成立妇女联合会。岱岭公社妇女联合会在公社党委领导下，组织妇女开展活动，保障妇女权益。1978年10月1日，福掌村妇女联合会主任蓝梅花（畲族）赴京参加国庆观礼活动。改革开放后，岱岭公社（乡）妇女联合会和所属各生产大队（村）妇女联合会积极参与计划生育工作。至2015年，所辖8个行政村均有妇女联合会。

表4-3-2-6 1959—2015年岱岭畲族乡历任妇女联合会领导人名录一览表

姓　名	职　务	任职时间
钟春花（女，畲族）	主　席	1959.03—1962.03
张玉花（女）	主　席	1962.03—1964.06
李梅玉（女）	主　席	1966.04—1972.06
钟春花（女，畲族）	主　席	1973.05—1979.02
华爱琴（女）	主　席	1979.02—1984.01
陈细凤（女）	主　席	1984.12—1986.03
张王萍（女）	主　席	1987.03—1993.03
方丽松（女）	主　席	2002.01—2004.12
华海霞（女）	主　席	2004.02—2006.12
陈丽君（女）	干　事	2006.12—2009.06
王小如（女）	干　事	2009.06—2010.08
王美云（女）	干　事	2010.08—2012.06
蓝丽金（女，畲族）	干　事	2012.07—2014.05
蓝丽金（女，畲族）	主　席	2014.05—

资料来源：《中共浙江省苍南县组织史资料》1—6卷。

（四）老人协会

1978年改革开放后，随着计划生育工作的深入开展和人均寿命的延长，乡境内老龄化程度越来越高。至2015年，全乡老年人口总人口已达1193人，占全乡总人口的比例已达17.34%。为增加活动，早在1995年冬，大厝基村率先成立老人协会，有63位老年人成为会员；1997年冬和2011年秋，杨家边村和富源村也分别成立老人协会，分别有35位和70位会员。各老人协会以村办公楼为基地，设置棋牌室、音乐室、电视室等，开展下象棋、搓麻将、听渔鼓、看电视等活动，丰富农村老年人的业余文化生活，以吸引广大农村老年人参与。由于经费不足，杨家边老人协会2002年停止活动，富源村老人协会于2014年秋停止活动。至2015年，全乡仅剩下大厝基村老人协会正常开展活动。2005年，杨家边村成立星光老年之家；2010年，乡政府投资15万元建设富源村、大厝基村星光老年之家，完善了这2个村的老年协会会员活动场所。

第三节　行政村管理

村规民约是村民依据国家法律法规，结合本村实际，为维护本村社会秩序、公共道德、村风民俗、精神文明建设等方面制定的约束规范村民行为的一种规章制度，内容主要分为两个方面：一是规定村民应该怎么做，如规定每年8—10月，村民们才能到山上砍柴；二是规定村民违反和破坏规章制度的处罚条款，主要有进行教育、给予批评、作出书面检讨等内容。

乡境内汉族聚居村落村规民约出现较早，如清咸丰十一年（1861年）四月刻立的《共汲所志》碑立于杨家边村方圆双连井旁，要求当地林氏合族严禁污染水井行为，"若违，罔复宽宥"（详见本章第二节"铭刻·碑刻"）。154年来，当地村民严格遵照祖制，对圆井和方井进行有效保护，使饮用水源不受丝毫污染。进入21世纪，在乡政府的领导下，各行政村均制定了村规民约。

一、畲族村村规民约

岱岭畲族乡富源、福掌、坑门3个畲族村均制定有本村的村规民约，作为村民的行为准则，规范村民的日常行为。这3个村规民约均在2014—2015年制定。

（一）岱岭畲族乡坑门村村规民约

为了提高本村精神文明建设。使广大村民自觉遵守法律、法规的规范和村民守则。经村"两委"研究讨论决定后，由村民代表大会通过，制定本村规民约：

1.每个村民要自觉执行计划生育基本国策，提倡晚婚晚育，提倡依法依规生育行为。

2.严禁上山造坟，严禁未经审批毁田建房。不准在公路两侧沿线造坟。

3.坚决打击群众性宗族闹事。积极创造"四无"村居，即无刑事案件、无宗族械斗、无治安案件、无火灾，建设和谐平安村居。

4.禁止赌博和封建迷信邪教活动。促进社会秩序进一步好转。

5.提倡社会公德，职业道德，家庭美德的宣传教育，做社会文明公民。

6.保护社会环境秩序，搞好卫生清洁，开展植树造林、青山绿化活动。

7.提倡婚庆、丧事简办，严禁铺张浪费，做文明守则公民。

8.本村规民约于2014年5月1日起开始执行。

坑门村民委员会

2014年5月1日

（二）富源村村规民约

（2015年8月15日经村民会议表决通过）

第一章 　总　则

第一条　为全面深化基层民法治建设，促进解决农村基层治理中的实际问题，促进家庭和睦、邻里和洽、家园和美，保障村民群众安居乐业，加强基层政权建设，根据《中华人民共和国宪法》《中华人民共和国村民委员会组织法》和有关法律、法规、政策，经全体村民讨论通过，制定本村规民约。

第二条　坚持党的领导，坚持法治、德治、自相结合，培育和践行社会主义核心价值观和当代浙江人共同价值观，倡导爱国敬业、诚信友爱、崇德向善，传承优良传统文化，树立良好村风民风。

第三条　本村村民应当自觉遵守本村规民约。党员村民要带头参照遵守本村规民约。

第二章　婚姻家庭

第四条　遵循婚姻自由、男女平等、尊老爱幼原则，共建团结和睦的家庭关系，争创文明家庭。

第五条　夫妻双方在家庭中地位平等，应互尊互谅，共同承担家庭事务，共同管理家庭财产，反对家庭暴力。

第六条　遵守计划生育政策，提倡晚婚晚育、优生优育。

第七条　子女应尽赡养老人义务，关心老人、尊重老人。外出子女要经常回家看望父母。父母应尽抚养未成年人子女和无生活能力子女的义务，不虐待儿童。

第八条　倡导立家规、传家训、树家风；倡导文明新风，喜事新办，丧事俭办，不铺张浪费，不盲目跟风攀比；不搞封建迷信活动，不搞宗派活动。

第三章　邻里关系

第九条　坚持互尊互重、互帮互助、互让互谅，共建和谐融洽的邻里关系。

第十条　遵循平等自愿、团结友善、互惠互利原则，在生产、生活和社会交往中以诚相待，相互支持配合。

第十一条　提倡邻里守望，邻居外出走亲访友、务工经商，应帮助照看，遇到异常情况及时联系相关人员。主动关心和帮助孤寡老人和残疾人员。与外来人员和谐相处，不欺生、不排外。

第十二条　孩子之间发生冲突，家长首先教导自家孩子，注意呵护孩子自尊，避免在公共场合责罚孩子。

第四章　美丽家园

第十三条　积极配合参与"五水共治""三改一拆""四边三化"，共建美丽家园、共创美好生活。

第十四条　共同遵守村庄整体规划，生产生活设施建设要先报批，严禁未批先建、少批多建。

第十五条　共同维护村庄整洁，认真做好包卫生、包绿化、包秩序的"门前三包"；提倡实行垃圾源头分类、减量处理、定点投放，严禁向河道、沟渠丢垃圾、排污水；圈养家畜、家禽，禁止未经批准规模化养殖畜禽，严禁乱扔乱丢病（死）畜禽。

第十六条　增强生态环保意识，不得使用明令禁止的农药，降低农药、化肥施放强度，推广生物防治技术，推广施用有机化肥、缓释肥；禁止焚烧农作物秸秆。

第十七条　保护文物古迹、古树名木、古建筑，珍惜和保护农田、山林、水源、水产等资源，爱护公共设施、草木花卉。

第五章 平安建设

第十八条 大力发扬主人翁精神，积极参与平安村创建活动，积极参加平安志愿者、义工、义务巡逻等群防群治活动，共同维护村庄平安和谐，共享平安建设成果。

第十九条 支持配合和积极参与"网格化管理、组团式服务"，发现安全生产隐患、社会治安问题、食品药品安全隐患、环境污染问题、各类矛盾纠纷以及各种可疑人员、违法犯罪行为，应及时告知网格员、村民小组长或村干部。

第二十条 家庭有易肇事肇祸精神病人、刑释人员、社区服刑人员或误入邪教人员的，要加强教育引导和管理帮扶，发生异常情况及时向村党组织和村民委员会报告，并配合做好相关工作。

第二十一条 提倡用协商办法解决各种矛盾纠纷，协商不成功的，可申请到村、乡镇调委会调解，也可依法向人民法院起诉。依法理性表达利益诉求，不得无理信访、越级信访和集体上访，不得闹事滋事、扰乱社会秩序。

第二十二条 主动做好平安宣传，村民之间、家庭成员之间要互相提醒帮助、教育监督，不沾"黄毒赌"，不参加邪教组织，不参与传销活动，严防发生火灾、生产、交通、溺水等安全事故。

第六章 民主参与

第二十三条 积极参与村级民主管理，珍惜自身民主权利，坚持从本村公益事业发展和全体村民共同利益出发，认真提建议、作决策、选干部。

第二十四条 严格遵守村级组织换届选举纪律，认真落实上级有关妇女参与基层民主管理的政策要求，自觉抵制拉票贿选等违法、违纪行为，不以个人关系亲疏、感情好恶、利益轻重为标准进行推荐和选举。

第二十五条 应推选奉公守法、品行良好、公道正派、廉洁自律、热心公益、具有一定文化水平和工作能力的人员担任村干部。

有以下情形之一的，不能确定为村级组织成员候选人（自荐人）：

1. 被判处刑罚或者刑满释放、缓刑期满未满5年的；

2. 违反计划生育未处理或者受处理后未满5年的；

3. 涉黑、涉恶受处理未满3年的；

4. 受到党纪处分尚未超过所受纪律处分有关任职限制期限的；

5. 丧失行为能力的。

有以下情形之一的，不宜确定为村级组织成员候选人（自荐人），如果当选，本人应当主动辞职：

1. 煽动群众闹事、扰乱公共秩序的；

2. 有严重违法用地、违章建房行为拒不整改的；

3. 长期外出不能正常履行职务的；

4. 有辞职承诺情形的；

5. 被评为不合格党员的；

6. 道德品质低劣，在群众中影响较坏的。

第七章 奖惩措施

第二十六条 村民委员会每年进行先进评比，经村两委联席议商后，由村民委员会表彰奖励模范遵守村规民约的家庭和村民个人。

第二十七条 凡违反本村规民约的，经村"两委"联席会议商议后，

由村民委员会对行为人酌情作出批评教育、公示通报、责成赔礼道歉、写出悔改书、恢复原状或赔偿损失等相应处理决定。

第八章 附 则

第二十八条 本村规民约由村党组织和村民委员会负责解释。

第二十九条 本村规民约自村民会议通过之日起施行。

岱岭畲族乡富源村委员会

2015年8月15日

二、汉族村村规民约

中华人民共和国成立后至2015年，乡境内汉族村村规民约均由村委会（生产大队）制定，多为禁止偷盗、封山造林、防止森林火灾、维护公共秩序等内容，如偷盗公共财产或私人财产，处以罚金或罚放电影等，以在公众场合教育当地群众，使之养成良好的行为习惯，维护社会公德，形成良好公共秩序。

岱岭畲族乡杨家边村村规民约

爱国爱家爱自己，知荣弃耻争文明；

遵纪守法勤致富，诚实守信促和谐；

善对乡亲与来客，扶弱济贫人敬慕；

婚姻自由优生育，尊老爱幼睦邻里；

和能生财气伤身，损人利己事莫做；

有钱不沾黄赌毒，不滋事端不惹祸；

陈规陋习要革除，移风易俗树新风；

闲来看看文化书，兴来跳跳健身舞；

生活垃圾要分类，美丽家园靠你我；

和谐平安最值钱，生态美好大家事。

杨家边村民委员会
2015年5月1日

第四章 经 济

岱岭畲族乡是个农业乡，种植业和养殖业是乡境内主要产业，规模小、效益差，经济一度十分落后，曾经是苍南县和浙江省重点贫困乡之一。1978年改革开放前，当地经济为自给自足型小农经济。改革开放后，中共岱岭畲族乡委员会和乡政府从本地实际出发，农、林、牧、副、渔齐头并进，商品经济迅速有了起色。进入21世纪以后，大力扶持农村经济合作社发展效益农业，全乡初步形成"一村一品""四季鲜果"局面，农民收入稳步提高。至2015年，乡境内主要有食品加工业、制水业、能源工业以及环保无纺布袋加工业。2010—2015年，商业和旅游业有所发展，成为新的经济增长点。

第一节 农 业

岱岭畲族乡是典型的农业乡，历代居民均以农业为主业。南宋时期，杨姓迁入大厝基后，在当地开荒种地。明末清初，汉族和畲族成规模迁入后，在山区聚族而居，主要从事农业种植业和养殖业。其中畲族农业生产相对原始，农闲参与狩猎、伐樵。

中华人民共和国成立后，乡境内依然是单一的农业经济，农民收入微薄，温饱问题没有彻底解决，成为省级贫困乡，大部分畲民"生产靠贷款，生活靠救济，吃粮靠返销"。1978年改革开放后，实行联产承包责任制，人们的生产劳动积极性得以调动，加上各级政府的"扶持少数民族，发展多种经营"的优惠政策，大力扶持蘑菇、茶叶、水果、玫瑰等效益农业，乡境内初步形成"一村一品""四季鲜果"局面，农民收入稳步提高。

一、种 植

农业是岱岭畲族乡主导产业。直至1978年改革开放前，乡境内农业生产仍然规模小、品种差、种植方式落后，居民难以果腹，更谈不上商品化生产。1978年后，各级党委、政府因地制宜，重点扶持当地发展特色优势农业项目。1985—1989年，苍南县共拨款15.38万元扶持岱岭畲族乡。其中1986年重点扶持岱岭发展生姜28公顷；乡政府也大力支持广大农户发展蘑菇产业，至1987年，全乡有近一半农户种植蘑菇，面积达60万平方尺，年总产值100多万元，占全乡工农业总产值的40%，蘑菇年收入3000元以上的农户比比皆是，成为全县第一蘑菇基地乡。2002—2003年，上级共投入扶贫资金160万元，建成一批效益农业示范基地，包括230万平方尺蘑菇基地、26.66公顷食用笋基地、13.33公顷蕉藕基地等，同时尝试发展中草药、茶叶等10多个项目，有力地促进农业增产、农民增收。2009年，大厝基村被列入温州市扶贫开发整村推进项目，投资建设一个以马铃薯、细纹花生、玉米为主导产品的无公害基地，规模达20公顷，引导150户农户参与基地建设和生产，户均收入增加850元。2010年，在低收入农户中，有287户1148名农民人均纯收入超过4000元，占低收入农户总数的51%。2011年，上级政府扶持云山、云遮、坑门、福掌4个村种植中草药33.33公顷。至2015年，全乡农民人均收入达到10936元，已经实现脱贫目标。

（一）粮食作物

岱岭境内粮食作物以水稻、甘薯为主，兼种马铃薯、玉米、豆类等。畲族自明末入迁后，直到20世纪30—40年代，仍有"烧坐山火"习惯。即在2—3月时，砍伐山上灌木杂草，晒干后放火延烧，过2—3日，把种子与泥土、草木灰一起翻入土中。这种刀耕火种式的耕作，加上山高水冷、土地贫瘠，旱涝不保收，一般年成粮食亩产仅60—70千克。与汉族杂居的畲民采用相对先进的锄耕细作，一般年成水稻平均亩产有150千克，最高亩产可达200千克左右，主要靠广种薄收来艰难养家糊口。民国年间至中华人民共和国成立初期，甘薯地套种大豆、高粱，薯地收获后种植的春粮有大小麦、蚕豆、油菜、马铃薯，称二熟制，粮食总产量有所增加。中华人民共和国成立后，重视农田水利基本建设，改革耕作制度，逐步消灭冬闲田，提高复种指数；同时推广良种，改进栽培技术，提倡科学施肥和病虫害防治，粮食产量逐年提高。1960年，马站公社在岱岭大队召开套种现场会议，总结"三番薯二豆，尾巴一扫高粱（高粮）"的套种经验，全乡粮食产量进一步提高。1961年因受严重自然灾害影响，全乡粮食总产量降至817.90吨，比1957年的1442.40吨减产56.70%。1967年，因受

"文化大革命"和严重旱情影响，全乡粮食总产量减至636.25吨，比1965年的1195.80吨下降53.21%，为中华人民共和国成立后粮食总产最低年份。1982年实行家庭联产承包责任制，提高了人们的生产劳动积极性，全乡粮食总产量迅速增至1840.95吨，比1972年的1461.35吨增长25.45%。1986年春，采用和推广甘薯生产"五改一防"新技术，即改土、改种、改迟插为早插、改稀植为密植、改变施肥方法、综合防治病虫害，甘薯产量有所上升。1992年，全乡种粮261.30公顷，总产量1478吨。1999年全乡粮食总产量增至1911吨，比1982年增长3.80%。21世纪以来，因工副业发展，大批劳力外出经商务工，至2005年，全乡种粮面积294.87公顷，总产量1275吨，比1998年的2011吨下降36.60%。2011年，全乡生产粮食883吨，其中稻谷458吨，单产虽然大幅度提高，但总产量依然明显下降。2015年，全乡粮食总产量约722吨，其中稻谷占59%左右。

1. 禾谷类作物

（1）水稻 水稻是乡境内农民种植范围最广、产量最大的粮食作物，也是乡境内农民的主要食粮，主要种植在丘陵盆地上，山区梯田上也有少量种植。

耕作制度 南宋时期，海拔较低的大厝基即开始种植耐旱的占城（今越南）稻，一年可以收获两次，水稻间作和一年两熟耕作制度在乡境内形成。明清和民国时期，乡境内地处低海拔丘陵平垟的大厝基、杨家边、东宫等村普遍种植间作稻，地处高山的云遮、云山、坑门等村梯田多种植单季中稻、晚稻。中华人民共和国成立后，因为稻米供应不足，于1957年在有条件种植间作稻的村庄推广间作稻16.73公顷，占全乡早稻总面积73.40公顷的22.78%；20世纪60年代开始，乡境内除云遮、云山2个生产大队因冷水田积温不够而继续种植单季稻外，其余9个生产大队均推广间作稻，基本达到春花—早稻—晚稻三熟制。1978年后，随着乡境内外出经商务工人口逐渐增加，大米需求量日益减少，加上种植水稻比较效益低，一些村庄逐渐减少间作稻种植面积。进入21世纪，乡境内传统种植间作稻的大厝基、杨家边、东宫、富源、坑门、福掌等6个村也全面改种米质更佳、售价更高的单季稻。

良种推广 南宋时期，大厝基种植的耐旱占城稻种成熟早、产量高，一年可以收获两次，"上田收米三石，次等二石"。明清和民国时期，乡境内水稻品种基本上是高秆、耐瘠、低产的传统品种。早稻以早京秋、宁波秋为当家品种，晚稻以镇江京、十袋斜、白芒晚、乌芒晚为当家品种，平均亩产150

千克，丰收年景亩产不超200千克，歉收年份亩产不足100千克。中华人民共和国成立后，早稻引种"503"，遂成当家品种；晚稻推广"荒四百""西瓜红""硬头京""三齐天"，传统品种逐渐淘汰。1957年，全乡水稻种植面积353.13公顷，平均亩产277千克，比1953年平均亩产222千克，增长24.77%。20世纪60年代，早稻引进"南特16号""钱丰""陆财号"，晚稻推广"二九多""龙山京""珍珠矮""农垦58号"，从而改高秆、低产品种为矮秆、高产品种，大幅度提高粮食产量。1963年后，早稻引进"矮脚南特""团粒矮"等品种；20世纪70年代，早稻推广"早丰收""二九青""朝阳1号""珍汕97""珍龙13""广场矮1号""红梅早""温选青"和"绍糯"等。1972年，全乡水稻平均亩产410千克。1978年开始，早稻试种"青秆黄"和"温选紫"；晚稻品种推广"早金凤""农虎6号""杂交南优2号"，晚稻品种逐步实现杂交稻。2015年，全乡种植水稻62.40公顷，平均亩产455千克，稻谷总产量426吨。

栽培技术 明清和民国时期，乡境内水稻栽培技术落后，耕作粗放。中华人民共和国成立后，用温水催芽，秧田每亩播种250—400千克。1956年后，推广燥耕燥作半旱秧，培育壮秧，每亩秧田播种150—250千克。20世纪60年代，早稻大都采用尼龙覆盖育秧。1970—1972年，推广小苗带土移栽，每亩秧田播种400—500千克。1980年采用稀播地膜育秧和浸种不催芽，每亩秧田播种100千克左右。稀植改密植是水稻栽培技术的一大变革，间作稻株行距原为尺许，有效穗少，产量低。推广小株密植后，一般株行距6×5市寸，从而提高有效穗数，增加产量。水稻历来均采取水作栽培、保持寸水、养水到老的办法，以后逐步推广浅水插秧、寸水护苗、薄水保蘖、苗足烤田、灌好养胎水、养根保叶的办法。

作物保护 清康熙年间，当地农民即懂得利用绿萍覆盖稻田，抑制杂草生长，起到除草肥田作用。乡境内水稻病虫害主要有稻瘟病、纹枯病、矮缩病、胡麻斑病、恶苗病、菌核病、叶鞘腐败病、细菌性条斑病、白叶枯病、云形病、紫秆病及螟虫、稻蚜、卷叶虫、稻苞虫等。明清和民国时期，农民主要采用桐油、菜油打杀稻蚜，用石灰、草木灰等撒杀螟虫，用冬耕灌水、烧田坎和烧田灰、捉虫、灭卵等人工方法防治，效果欠佳。20世纪50年代初期，采用掘稻根治螟虫、捞流托治稻蝗块、点灯诱杀飞蛾、人工捕捉稻苞虫。稍后用上"六六六"粉和"二二三"乳剂等有机氯农药，随后又相继使用有机磷、有机砷农药，至20世纪80年代，全乡水稻病虫害才得到有效防治。1997—2001年，推广"水稻二无工程"，即无螟害行动计划及无草害工程，推广高效低毒新农药，保护利用害虫天敌等。进入21世纪后至2015年，主要推广抗病品种，效果更佳。

（2）大麦、小麦 据明隆庆五年（1571年）印行的《平阳县志》记载，当年乡境内"种麦者甚少……大家罕食麦面"。民国年间至中华人民共和国建立初期，种植面积有所扩大，但总面积仍然较少。因乡境内土壤和气候均不太适宜种植大小麦，所种大小麦产量低、经济效益差。从1986年起，乡境内已停止种植。

良种推广 民国时期至中华人民共和国建立初期，乡境内大麦品种多为"本地四棱""六棱皮大麦"和"谷雨米麦"，大部分供作耕牛饲料。1956—1959年，先后引进"南大2419""百日黄""矮粒多""方山麦""洋粉麦"等品种。其中1956年从外地引进的"立夏黄米麦"栽培面积逐年扩大，直到20世纪60年代因出现生理性病害而被淘汰。1965年引进的"山农205"种植时间较长，但只作为三熟制迟熟春粮的搭配品种。1969—1973年引进品种有"吉利""矮秆红""矮洛阳""早白""大头黄""雅安早""908（又称浙麦1号）""满江红""丰产3号""九兰39""敌锈早""杨麦1号"等10余种，其中908、雅安早和满江红3个品种分别成为20世纪70—80年代当家品种和搭配品种。20世纪70年代后引进、试种的品种有"169""浙麦2号"和"352"等。20世纪70年代初引进二棱皮大麦有"早熟3号""浙农12""矮白洋"和"丰收二棱"等，六棱皮大麦有"嵊县无芒六棱""裸大麦757"。栽培面积最大的是"早熟3号"，从1976年起至20世纪80年代中期，一直是当家品种。1985年以后引进的二棱皮大麦品种有"舟麦1号""舟麦2号""沪麦4号""浙农大3号""秀麦1号"等。历来栽培的小麦品种主要是"和尚麦"。

栽培技术 历来麦田都是深翻耕，20世纪70年代实行薄片翻耕，并有少数板田麦，80年代推广免耕法。岱岭境内大小麦都属春季品种，小麦在11月10—15日播种，大麦在11月15—25日播种。播种方式有撒播、条播和密点播3种，以宽畦撒播占多数。一般麦田，小麦撒播每亩播种7.50—9千克，大麦10—12.50千克，条播酌减，点播再酌减；土壤肥力高、施肥多的麦田，小麦撒播每亩播种6—7.50千克，大麦9—10千克。

大麦、小麦历史上都是按季节施肥，20世纪70年代后，以推广基肥和有机肥为主。20世纪80年代初，针对大小麦分蘖期和拔节孕穗期两个需肥高峰，改为前期促、中期控、后期保。对于群体过大、叶色嫩绿的麦田，不施腊肥。

（3）**玉米** 乡境内历来只有零星栽培，作零食之用。主要栽培春玉米，品种有"杂交玉米组合49X南55""白单2号""新单1号""新单2号""胜利105""旅曲""丹玉6号""丹玉13""中单206""农大107"和"苏玉1号"等。1990年以"丹玉13"为主栽品种。杂交春玉米套种方式有三：一是冬种时将两条甘薯垄合并为一，畦中播种春粮，畦两边套上紫云英，翌年3月底于畦边套上春玉米，春粮收后再剖为两畦，压上薯苗；二是按上述办整畦种春粮，翌年3月底于畦边套上春玉米，春粮收后，整地压薯苗；三是冬种按甘薯垄作畦，播两行春粮，并留出空位，于翌年3月底套种春玉米，春粮收后，再整地压薯苗，称逐垄单边套种法。春玉米在6月下旬高温来临前开花授粉，7月下旬成熟，故一般在3月底或4月初播种。播种方式有直播、育苗移栽和地膜覆盖等。"丹玉13"植株高大，边行优势强，每亩薯地一般套种2500—3000株。2015年，全乡种植鲜食玉米4.33公顷，平均亩产250千克，总产量16.25吨，总产值9.75万元。

2. 薯芋类作物

（1）**甘薯** 又称番薯、地瓜，原是乡境内居民主粮。明万历二十一年（1593年），由自闽迁居岱岭的移民从福建引入。清康熙《平阳县志》将甘薯列入蔬菜类，名曰大薯。乾隆元年至二十一年（1736—1756年），朝廷鼓励农民开垦荒地、种植甘薯，乡境内人口大增。民国《平阳县志》记载，番薯"色有红白，有六十日红、六十日白、台湾红、台湾白、金瓜薯、升麦薯种。近种六十日及台湾薯二类为多。乡境内农民刨丝曝干者曰番薯丝，切片蒸晒曰番薯枣，取粉制面曰番薯粉"。但未见产量记载。中华人民共和国成立后，生产有起有落。1957年甘薯种植224.93公顷，产量941.45吨，占全年粮食总产的65.27%。20世纪60年代以后，山区、半山区旱地改水田，种植间作稻，甘薯在食粮中的比重逐渐下降。1970年，甘薯种植面积下降到153.86公顷，产量减少至623吨，分别比1957年下降68.40%和66.17%。进入21世纪以来，随着甘薯成为保健食品，产销量渐趋稳定。2015年种植43.86公顷，平均亩产量320千克（干品），总产量210吨。

栽培品种 民国期间，甘薯品种主要有"台湾红""台湾白"。20世纪50年代，以种植"六十日早""红皮白心""红皮红心"为主，都是长蔓、耐瘠、省肥、低产品种。1956年引进"胜利百号"，1962年引进"港头白""五爪龙"，1966年引进"新种花"，均为中蔓型耐瘠、耐旱、高产品种，渐成当家品种。但这些品种晒丝率偏低，抗病弱，20世纪70年代，少数山地薯瘟蔓延时，即被"华北48""湘农黄皮""荆选4号""梅尖红""新大紫"等抗瘟力较强的品种取代。其中"华北48"系中蔓型品种，因抗瘟能力强、耐瘠耐旱、产量较高，迅速成为70年代当家品种。1979年后，"华北48"因种植时间过长，种性退化，农业部门又从省内外引进其他品种，但增产均不显著。至1982年，全社甘薯品种增至20多种，"华北48"仍占30%以上。20世纪80年代后期，经过多点品试和筛选，大力推广"潮薯""瑞薯1号"和"万春1号"等品种。"潮薯1号"为中蔓型，适应性广，外形好，口味也好，但出丝率仍偏低，不易晒干。

栽培技术 20世纪50年代和70年代末，两度大搞薯地基本建设，土层深厚的作了深翻，土层浅的加上客土，还推广小丘并大丘、坡地改梯田等措施，使薯地土壤深、厚、肥、松。以前选种是去大留小，每亩用种25—30千克，主要采用冷床育苗。20世纪60年代开始推广秋薯留种，亩用种40—50千克，以露天温床育苗为主，部分为先温后冷两段育苗。20世纪70年代，留种量增至50—60千克。1975年开始推广藤苗越冬留种。1983年开始采用塑料薄膜覆盖育苗，比露地冷床育苗提早10—15天出苗。

甘薯苗历来是"小满开压（种植），芒种当令，夏至不迟，小暑完成"。20世纪70年代始，根据甘薯块根形成最适温度（24℃左右），改为"立夏开插，小满大压，芒种扫尾"。80年代，因旱地冬种面积扩大，普遍提高用种量、采苗量，缩短扦插期。压藤方法有水平压、直压和斜压等，以斜压为多。历来采用垄作栽培，老习惯是"垄宽三尺三，株间笠斗宽"，每亩仅栽插薯苗2000株左右。20世纪70年代将宽垄朗植改为小垄单行植；对土层深、地下水位高的田甘薯，推行大垄（高垄）双行植，亩栽薯苗3000—4000株。20世纪80年代全面推广中垄适当密植栽培法，一般垄宽90—100厘米，高30厘米，亩栽薯苗2800—3000株。

20世纪50年代前，甘薯基肥和培土都为农家土杂肥。自20世纪60年代山区半山区扩大水稻种植面积以后，稻薯争肥矛盾突出，不少地方先压藤后补肥，且多用氮肥。20世纪70年代大力推广栏肥、绿肥上山，着重施足基肥，特别是有机肥和磷肥，适量增施壮薯肥和裂缝肥。

除分期施肥外，前期注意补苗和破畦晒白，中间适时培土。20世纪50年代前采用翻蔓方法，20世纪60年代改为提蔓，20世纪70年代后不再翻蔓、提蔓。

（2）**马铃薯** 俗称洋芋，既可作粮食，又可作蔬菜。岱岭境内原来仅少量种植，后种植面积逐渐增多。1950—1965年，年均产量94吨；1966—1976年，年均产量158吨；1977—1980年，年均产量602吨；1981—1985年，年均产量807.80吨；1986—1990年，年均产量2017.60吨。1958年开始，除本地品种外，先后从四川、内蒙古、黑龙江引入"巫峡种""克新三号"和"克新二号"等。乡境内只作春季栽培，大部分种于旱地，全生育期分别为90多天和100多天。2007年，大厝基村种植200亩马铃薯。2015年种植180亩，平均亩产320千克，最高亩产500多千克，总产量57.60吨，总产值13.80万元。

（3）**芋芳** 乡境内有水芋和旱芋两种，为秋冬重要蔬菜。旱芋又叫山芋，适宜在地势平坦、土层深厚、疏松肥沃、高温多湿、保水保肥、排灌方便的沙壤里生长；水芋适宜在水田或洼地里生长。明隆庆年间（1567—1572年）以来，岱岭村民家家户户或多或少有种植，少者自家食用，多者供应市场。中华人民共和国成立后，大厝基、杨家边、富源、东宫4个低海拔村种植面积较大，主要种植本地种旱芋，占芋芳种植面积的80%左右。福掌、坑门、云遮、云山4个高海拔村主要种植水芋，占芋芳种植面积的20%左右。1978年后至20世纪90年代初，岱岭种植芋芳面积20公顷左右，为历史最高年份，主要由菜农自己销往矾山镇。2015年全乡种植6.67公顷，平均亩产2吨左右，90%以上由外地商贩收购后销往苍南和温州市场，10%销往本地市场或自家食用。

（4）**山药** 2011年，云遮村开始引种淮山药13.33公顷。至2015年，云山村和福掌村共种植13.33公顷。

（5）**蕉藕** 又称藕芋，为多年生宿根性草本植物。原产南美洲，20世纪40年代传入中国，20世纪50年代初从福建传入岱岭境内。因耐寒、耐旱、耐涝、抗虫，适应性很强，容易栽培，房前屋后杂地、山地、荒地都可种植。蕉藕块茎淀粉含量高，每百千克可提取淀粉18千克左右，亩产淀粉360千克左右。蕉藕淀粉制成粉丝（产量为九五折）可作粮用或作副食，藕粉还可用于生产味精、葡萄糖和作为制药原料，蕉藕渣可以酿酒或作为养猪饲料。1957年后，乡境内种植面积迅速扩大。1986年，全乡种植1.40公顷，总产量10.50吨。之后，随着农业种植结构调整，蕉藕栽培面积逐年减少，至1989年，全乡仅种植0.16公顷，产量减至0.65吨。2005年，种植蕉藕20公顷，其中云遮村种植13公顷，亩产2吨左右，主要用于生产食用粉丝。2006年，云遮村种植13公顷。2015年已罕见。

3. 豆类作物

有大豆、蚕豆、豌豆、赤豆、绿豆、豇豆、扁豆、四季豆、皇帝豆、荷兰豆、花豆等。1985—2014年，乡境内多数年份豆类种植面积在20公顷左右，主要分布在大厝基、东宫、杨家边、富源、福掌这5个海拔相对较低的村。2015年，全乡种植豆类21.86公顷，主要品种为大豆和蚕豆，总面积有9.53公顷，多为连片种植；也有人种植豇豆、扁豆、花豆、豌豆和四季豆等豆类，多为零星种植，未统计产量和产值。2005年，福掌村曾一度建成荷兰豆基地20公顷。

（1）大豆　也叫黄豆，品种有"白豆""乌豆"等。乡境内大豆多种于半山区旱地地头坎尾，多为秋大豆。畲族耕种的梯田数量不多，除了播种谷物，田埂上肯定会种上冬大豆，本地称其为"田埂豆"，它有固氮作用而不需施肥，只要在豆株根部糊上一捧田泥即可。大豆除鲜食外，还供油用、蔬用和制作酱油、豆腐等，农田肥料不足时也可作肥料用。1980年，全乡种植大豆38公顷，亩产120千克，总产量68.40吨，是历史上最大种植面积和最高总产量，主要种植秋大豆，也有一些夏大豆和冬大豆。至2015年，受外来廉价大豆冲击，乡境内种植面积降至6.60公顷，主要产地在大厝基、东宫、杨家边和富源4个海拔较低的村，主要种植秋大豆，平均亩产约250千克，总产量约25吨。大豆品种很多，春大豆本地种有"五月白""六月白"，后又引进"坎山白"和"东阳六月白"；夏大豆本地种有"八月白""九月白"。乌豆（黑豆）有"六月乌""七月乌""八月乌""九月乌"。2000年以后，大豆以鲜食型品种为主，主要有"台292""台75""辽鲜1号"等。

（2）蚕豆　俗称淮豆、槐豆，有小粒、中粒、大粒诸种，是粮、菜、饲、肥兼用作物，乡境内农民素有利用冬闲地种植习惯，每年约种几十亩。2015年，大厝基、东宫、杨家边和富源4个海拔较低的村种植蚕豆2.86公顷，平均亩产200千克，总产量约8.60吨，总产值2.58万元。本地蚕豆品种有"钱仓早""头类早"和"二类早"等，从外地引进的品种有"青光豆""宁波种""慈溪大白蚕""上虞田鸡青"和"启东豆"等。其中"钱仓早"为小粒种，"头类早""二类早""青光豆""上虞田鸡青"为中粒种，既收干豆，也做蔬菜；"宁波种""慈溪大白蚕""启东豆为大粒种""主要收干豆"。20世纪80年代，"二类早"为主栽品种。种植方式是：水田为蚕豆—水稻，山地为蚕豆、甘薯。水田蚕豆一般在11月上旬、中旬播种。原米多为穴播朗播，后改单行密播；1984年和1985年改为宽畦窄行匀株种植，每亩保持1.30万—1.50万株基本苗。

（3）**豌豆** 是乡境内常见传统豆类品种，主要产地为海拔较低的大厝基、杨家边、东宫、富源和福掌5村，大多种于房前屋后和地头坎尾，基本上为零星种植，均为春豌豆。1978年后至20世纪90年代初，乡境内年种植面积基本维持在13公顷左右，2015年种植4.66公顷，平均亩产1.25吨。除10%供自家食用和在本地市场销售外，90%鲜豆由外地商贩收购后销往苍南和温州市场。

表4-4-2-1 1957—2003年岱岭畲族乡粮食种植面积和产量一览表

单位：亩、千克、吨

年　份		1957	1958	1959	1960	1961
合　计	面积	5297.00	4742.00	4477.00	4089.00	3675.00
	亩产	364.00	312.58	283.77	260.75	222.58
	总产	1442.40	1481.65	1270.45	1066.20	817.90
春　粮	面积	1028.00	1066.00	718.00	917.00	795.00
	亩产	34.87	37.10	38.30	—	41.19
	产量	35.85	39.55	27.50	3.20	32.75
早　稻	面积	1028.00	1353.00	1317.00	1453.00	1250.00
	亩产	144.41	131.30	135.12	136.48	124.28
	产量	148.45	177.65	177.95	198.30	155.35
晚　稻	面积	1101.00	1819.00	1819.00	1738.00	1250.00
	亩产	134.83	152.78	151.68	142.46	124.28
	产量	148.45	277.90	275.90	247.60	155.35
甘　薯	面积	2425.00	2421.00	2863.00	2351.00	2072.00
	亩产	342.49	293.68	262.50	248.11	224.08
	产量	830.59	711.00	751.55	583.30	464.30
杂　粮	产量	—	—	—	—	—

续表1

年　份		1962	1963	1964	1965	1966
合　计	面积	4052.00	4048.00	4105	4085.00	4144.00
	亩产	224.48	214.67	277.62	290.53	299.18
	总产	909.60	869.00	1139.65	1186.82	1239.80
春　粮	面积	793.00	446.00	539.00	517.00	455.00
	亩产	30.64	11.36	10.43	50.58	41.43
	产量	24.30	10.75	20.85	26.15	18.85
早　稻	面积	1105.00	982.00	1062.00	1150.00	1128.00
	亩产	132.58	108.01	169.82	174.91	184.62
	产量	146.50	106.85	180.35	201.12	208.25
晚　稻	面积	1565.00	1430.00	1706.00	1794.00	1761.00
	亩产	142.43	148.46	171.86	179.91	165.08
	产量	222.90	212.30	293.20	322.75	209.70
甘　薯	面积	2478.00	2618.00	2427.00	2291.00	2383.00
	亩产	208.19	203.51	263.91	274.40	334.75
	产量	515.90	532.80	640.50	628.65	797.70
杂　粮	产量	－	6.30	4.75	8.15	5.30

续表2

年　份		1967	1968	1969	1970	1971
合　计	面积	4118.00	4086.00	4076.00	4095.00	4059.00
	亩产	154.50	254.60	204.07	282.11	364.00
	总产	636.25	1040.30	831.80	1155.25	1477.50
春　粮	面积	901.00	644.00	575.00	612.00	781.00
	亩产	40.62	45.96	40.78	35.95	41.74
	产量	36.60	29.60	23.45	22.00	32.60

年　份		1967	1968	1969	1970	1971
早　稻	面积	1199.00	1018.00	924.00	1078.00	1333.00
	亩产	210.68	153.63	117.05	217.49	296.74
	产量	252.60	156.40	108.15	234.45	395.55
晚　稻	面积	1754.00	1638.00	1614.00	1787.00	1731.00
	亩产	38.71	143.99	90.12	149.33	135.30
	产量	67.90	235.85	145.45	266.85	234.20
甘　薯	面积	2364.00	2448.00	2462.00	2308.00	2247.00
	亩产	118.08	251.41	223.88	269.93	360.06
	产量	279.15	615.45	551.20	623.00	809.05
杂　粮	产量	－	3.00	3.55	8.95	6.10

续表3

年　份		1972	1973	1974	1975	1976
合　计	面积	4029.00	4006.00	3981.00	4009.00	4004.00
	亩产	361.10	292.21	356.81	250.81	265.35
	总产	1454.89	1170.60	1420.45	1005.50	1062.45
春　粮	面积	983.00	758.00	480.00	498.00	843.00
	亩产	31.64	25.13	30.73	27.09	37.36
	产量	31.10	19.05	14.75	13.55	16.55
早　稻	面积	1607.00	1728.00	1463.00	1397.00	1441.00
	亩产	303.64	341.10	209.33	184.79	204.72
	产量	487.95	341.10	306.25	258.15	295.00
晚　稻	面积	1870.00	1969.00	1776.00	1824.00	1844.00
	亩产	173.64	149.11	271.62	124.53	100.05
	产量	324.70	293.60	482.40	227.15	184.50
甘　薯	面积	2159.00	2037.00	2205.00	2185.00	2160.00
	亩产	278.42	250.54	277.60	230.16	260.97
	产量	601.10	510.35	612.10	502.90	563.70
杂　粮	产量	9.50	6.50	4.95	3.75	2.70

续表4

年 份		1977	1986	1987	1988	1989
合 计	面积	3994.00	3172.00	3516.00	3529.00	3803.00
	亩产	407.72	460.89	467.97	448.82	441.49
	总产	1628.45	1461.95	1645.40	1584.00	1679.00
春 粮	面积	744.00	1332.00	977.00	780.00	953.00
	亩产	36.02	66.85	53.63	53.21	48.63
	产量	26.80	89.05	52.40	41.50	46.35
早 稻	面积	1507.00	1553.00	1553.00	1560.00	1560.00
	亩产	192.47	406.08	360.85	375.71	344.26
	产量	290.05	630.65	560.40	586.10	537.05
晚 稻	面积	1830.00	1349.00	1558.00	1870.00	1900.00
	亩产	145.71	116.31	296.66	315.91	351.89
	产量	266.65	156.90	462.20	590.75	668.60
甘 薯	面积	2164.00	1668.00	1658.00	1536.00	1536.00
	亩产	473.13	298.17	334.05	229.30	271.12
	产量	1023.85	497.35	553.85	352.20	416.50
杂 粮	产量	21.10	88.00	16.55	13.45	10.50

续表5

年 份		1990	1991	1992	2000	2003
合 计	面积	3920.00	3848.00	3920.00	3981.00	4000.00
	亩产	211.23	421.00	375.00	379.00	301.00
	总产	828.02	1619.00	1478.00	1512.00	1204.00
春 粮	面积	851.00	750.00	870.00	1100.00	519.00
	亩产	26.44	61.33	52.00	65.00	64.00
	产量	22.50	46.00	46.00	71.00	33.00
早 稻	面积	1560.00	1400.00	1500.00	1008.00	680.00
	亩产	337.00	375.00	367.00	351.00	297.00
	产量	525.72	525.00	551.00	354.00	202.00
晚 稻	面积	1971.00	1772.00	1660.00	2462.00	2030.00
	亩产	82.47	274.83	233.00	328.00	375.00
	产量	162.55	487.00	387.00	808.00	762.00
甘 薯	面积	1490.00	1433.00	1490.00	1080.00	710.00
	亩产	76.41	325.89	252.00	246.00	275.00
	产量	113.85	467.00	376.00	266.00	195.00
杂 粮	产量	3.40	99.00	118.00	－	－

（二）经济作物

岱岭畲族以种植业为主，20世纪30年代之前，茶叶、苎麻、蓝草是乡境内畲族三大经济作物。20世纪90年代之前，茶叶、除虫菊、蘑菇是乡境内畲族三大经济作物。此后，由于市场变迁，1994年除虫菊退出市场，2015年蘑菇退出市场，水果、蔬菜、中草药、玫瑰种植业取而代之，成为岱岭畲族乡四大经济作物，花生和油菜也有一定面积和产量。

1. 油料作物

乡境内草本油料作物主要有花生和油菜2种，都有一定种植面积。其中岱岭细纹花生为境内特产，种植历史悠久。

（1）花生 俗称落花生，亦称长生果。主要有3种用途：一是民间婚礼时将花生作为喜果待客，以示"早生贵子"；二是作为过年必备食品，并用来招待客人；三是当作平时休闲干果煮食或炒食。细纹花生是岱岭特产之一，民国时期就有零星种植。中华人民共和国成立后，种植面积逐步扩大，到20世纪70年代成为马站区花生种植基地。1986年，全乡种植2.73公顷，平均亩产60千克，总产量2.45吨。1988年，种植面积增至9.73公顷，平均亩产74.66千克，总产量10.90吨。2010年，全乡种植35公顷，平均亩产190千克，总产量99.75吨，总产值388.50万元，其中市场销售350万元。2012年种植33公顷细纹花生。此后，受外地廉价花生冲击，全乡种植面积下降。2013—2014年，乡境内平均种植10公顷，平均亩产185千克，每亩产值2000元。2015年，全乡种植15.33公顷，平均亩产量达190千克，总产量43.70吨，总产值约43.70万元，主要分布在大厝基、杨家边、富源、福掌4个村。种植者除供应市场外，部分供自家食用。

岱岭细纹花生品种均为本地小粒种春花生，花生仁衣红粒小，炒食时口感香脆，又耐贮存，是一种理想的食用干果，因而在周边乡镇口碑极佳。它在4月下旬带壳晒种，播种前1—2天剥壳，取果仁放入温水中浸4小时，然后放入箩筐内，上盖湿布，温度保持25℃左右，经24小时即可露芽；或用沙床催芽，用根瘤播种，播种深度为5厘米左右。地膜覆盖栽培相应提早5—7天播种。

表4-4-2-2 1987—1990年岱岭畲族乡分村花生种植面积、产量一览表

年份 村名	1987年			1988年			1989年			1990年		
	面积（亩）	亩产（千克）	产量（吨）	面积（亩）	亩产（千克）	产量（吨）	面积（亩）	亩产（千克）	产量（吨）	面积（亩）	亩产（千克）	产量（吨）
东 宫	10	80.00	0.80	15	86.00	1.30	50	75.00	3.75	45	90.00	4.05
大厝基	5	80.00	0.40	5	–	–	5	80.00	0.40	5	80.00	0.40
杨家边	8	81.25	0.65	5	90.00	0.45	20	85.00	1.70	20	85.00	1.70
南 山	10	85.00	0.85	40	87.50	3.50	18	88.88	1.60	18	88.89	1.60
朗 腰	8	62.50	0.50	20	82.50	1.65	7	92.85	0.65	7	92.86	0.65
龙 凤	5	80.00	0.40	8	81.25	0.65	15	86.67	1.30	15	86.67	1.30
斗 塆	6	75.00	0.45	16	78.13	1.25	10	80.00	0.80	10	80.00	0.80
福 掌	5	90.00	0.45	12	79.17	0.95	20	80.00	1.60	20	80.00	1.60
坑 门	5	–	–	25	46.00	1.15	–	–	–	–	–	–
合 计	57	78.95	4.50	146	74.66	10.90	145	81.38	11.80	140	86.43	12.10

（2）**油菜** 主产地在东宫、大厝基、杨家边、富源等低海拔村庄。早期种植油、菜兼用的白菜型油菜矮脚黄和平阳矮脚乌（乌籽）。民国《平阳县志》记载："芸苔俗称油菜，嫩时可食，老时菜籽榨油。" 20世纪50年代引进甘蓝菜型胜利油菜。1971年引进长秆白油菜，油菜籽产量6.25吨。1973年降至5吨。1974年集体产量5.10吨，个体产量1.44吨。1975年产量5吨。1978—1979年推广甘蓝型油菜"秀油1号""乌龙""矮秆早""丰收4号""浙油7号""浙油1号"等品种。20世纪80年代后，推行甘蓝型"70-601""西南302""9293"等品种。1992年，全乡油菜籽产量5.70吨。2000年后，村民零星种植甘蓝型油菜"农大601""9258""魁油1号""魁油2号"等品种。2015年，全乡种植13.33公顷，平均亩产225千克。其中富源村百亩连片油菜已成一道旅游景观，吸引各地游客前来游览拍照，带动了当地旅游业的发展。

甘蓝型油菜有早熟、中熟、迟熟3种，全生育期分别在190天、200天、210天左右。迟熟品种在10月15日左右播种，中熟品种在10月20日，早熟品种在10月底，苗龄30天左右；直播田块在11月10日前完成。20世纪80年代初改分散种植为适当成片栽培，改横栽为按畦向栽种，改均行稀植为宽窄行密植，改东西

行向为南北行向，成效显著。1984年后，水田油菜由直播改为育苗移栽，由翻耕作垄变为田板免耕。

表4-4-2-3 1986—1992年岱岭畲族乡油菜面积和产量一览表

年份	面积（亩）	亩产（千克）	总产量（吨）
1986	206	72.09	14.85
1987	503	51.29	25.80
1988	550	43.36	23.85
1989	950	40.37	38.70
1990	1000	57.85	57.85
1991	800	56.25	45.00
1992	925	52.97	49.00

2. 蔬菜作物

乡境内蔬菜种类繁多，根据清乾隆《平阳县志》记载，乡境内有41种蔬菜（不含豆类、竹笋）。之后，随着对外交流增多，蔬菜品种越来越多。1978年前，岱岭是世界矾都——矾山镇的菜园子，乡境内农民在房前屋后和自留地上种植白菜、包心菜、芥菜、菠菜、胡荽、苋菜、韭菜、莴苣、蒿菜、花菜、油冬菜、甜菜、黄花菜（俗称金针）、苦菜（俗称苦买）、萝卜、胡萝卜、芜菁（盘菜）、榨菜、茄子、番茄、辣椒、冬瓜、南瓜（俗称金瓜）、黄瓜、越瓜（俗称酱瓜）、丝瓜（俗称天罗瓜）、瓠瓜（俗称壶瓜、蒲瓜）、苦瓜、茭白、竹笋、豇豆、扁豆、芹菜、蒜、葱、薤（俗称荞蒜）等蔬菜，除少量供自家食用，主要供应矾山镇的矿工和居民。

20世纪80年代初，随着市场经济发展，蔬菜品种增加，出现蘑菇、甘蓝菜、蕹菜（俗称藤菜）、木耳菜、四季豆等新品种，种植面积大幅度增加，产量大幅度增长。1986年，全乡种植蔬菜56.50公顷。1987年，种植面积减至40公顷，其中大垟基种植10公顷，占全乡的25%；但竹笋产量有所增加。1988—1989年，全乡蔬菜种植面积保持在57公顷左右。

2002年，发展大棚蔬菜1.33公顷。2007年，浙江省民宗委三处调研员金幸祥担任富源村首任驻村指导员，帮助蔬菜种植大户流转土地，建设蔬菜大棚，发展效益农业，取得明显成效。全乡大棚蔬菜一度发展至近百亩，主要种植葱、蒜、芹菜等经济效益相对较高的蔬菜，其中杨家边经济合作社种植3.33

公顷。

2011年，因经济效益不佳，全乡停止蘑菇种植，但食用菌新品种秀珍菇种植面积上升；同时全乡其他蔬菜种植面积上升至65.30公顷。2015年，全乡种植蔬菜53公顷，主要有根菜类、叶菜类、瓜菜类、豆菜类、茄果类、菌菜类、水生蔬菜类、野菜类等。菜农种植蔬菜有季节性菜地，即与粮食作物间作套种；常年性菜地专种蔬菜，一块地上每年可种1—3茬瓜菜。以大棚蔬菜效益最高，但投资最大，技术要求最高，因而未广泛推广，是年大棚蔬菜面积仅剩几十亩。

（1）蘑菇 1980年初传入岱岭。因乡境内盛产种植蘑菇所需原料猪粪和稻草，加之蘑菇种植投资少、周期短、见效快、效益好，1980—2010年曾是全乡支柱产业。1987年，全乡有近半农户种植，面积达60万平方尺，年产值100多万元，占全乡工农业总产值的40%，种蘑菇年收入3000元以上的农户比比皆是，成为全县重要蘑菇生产基地，单是杨家边村就有蘑菇大棚30多个。岱岭蘑菇经苍南县天丰食品有限公司精加工后，鲜菇销往上海、南京、杭州、宁波等城市，盐渍蘑菇外销美国、韩国、日本、意大利、中东等国和中国香港地区。1989年因外贸出口受阻，蘑菇产大于销，全乡蘑菇栽培面积下降。1993年种植80万平方尺。1994年，蘑菇产销势头回升，全乡种植蘑菇105万平方尺，总产量787吨，总产值346万元。1998年种植蘑菇100万平方尺。1999年种植蘑菇230万平方尺。2001年，全乡蘑菇栽培面积又降至100万平方尺，亩产2254.50吨，总产787吨，产值350万元。2002年，新增蘑菇种植面积100万平方尺。2003年和2004年均投资近400万元，种植蘑菇200万平方尺。2005年，全乡栽培蘑菇150万平方尺，产量2200吨。与全国各地的蘑菇比较，岱岭蘑菇质量略胜一筹：外地加工的盐水蘑菇呈黑色，岱岭出产的盐水蘑菇为金黄色，口味也更为鲜美，所产优质蘑菇享誉海内外。之后，重视新品种、新技术的引进开发，富源村的秀珍菇、东宫村的地板菇有一定产量。2010年，全乡种植蘑菇70万平方尺。2011年，富源村试种秀珍菇40万平方尺40万袋。因经济效益差，2015年停止生产。

（2）竹笋 主要有马蹄笋、麻竹笋、毛竹笋等。马蹄笋即绿竹笋，因形像马蹄，故名，肉质细嫩，鲜甜可口，营养丰富，是食用笋中珍品，乡境内东宫、大厝基、杨家边、富源、福掌等村均有栽培。1987年，乡境内有麻竹成林竹1.84公顷554株。2001年，全乡种植绿竹笋等食用笋26.66公顷。2003年，大厝基14.66公顷马蹄笋基地通过县林业局验收。2015年，全乡有毛竹林20公顷、绿竹林14.66公顷，是马站片区主要食用笋生产基地。

（3）瓜类 乡境内蔬菜用瓜主要有冬瓜、南瓜（俗称金瓜）、黄瓜、越瓜（俗称酱瓜）、丝瓜（俗称天罗瓜）、瓠瓜（俗称壶瓜）、苦瓜等10多种。丝瓜、冬瓜等是乡境内重要蔬菜，产量甚丰，20世纪80年代之前零星种植于田头地角、房前屋后，且多为农民自家食用。80年代之后开始大面积种植，并转至菜市场销售。至2015年，仍有一定种植规模和产量。

岱岭农民素有种植西瓜、甜瓜传统，1986年，全乡种植34.13公顷，其中西瓜27.60公顷，比1981年增长3.50倍。次年增至37.20公顷，其中西瓜29.53公顷，比上年增长7%。至1990年，全乡水果用瓜面积下降至11.13公顷，比1987年减少26.06公顷。20世纪70年代西瓜品种主要是解放瓜。1984—1985年，分别引进"浙蜜1号"和"新澄1号"。"新澄1号"产量高、品质佳，渐成当家品种。

（4）生姜 岱岭村民素有在房前屋后种植生姜的习惯，富源、东宫2个村种植面积较大，大厝基村也有几户种植，其他村有零星种植。1986年4月，县政府拨出有偿周转资金1.40万元，苍南县农业银行贷款2.50万元，群众集资0.40万元，扶持岱岭835户农民种植生姜28.04公顷。由于受干旱影响，当年生姜平均亩产1500斤（正常亩产3000斤），总产631050斤。在县政府出面支持下，以每斤0.14元的保护价格出售给马站香料厂加工生姜油。2015年，全乡种植150余亩，主要集中在大厝基、杨家边、东宫、富源4个村。

表4-4-2-4　1987—1990年岱岭畲族乡各村
蔬菜种植面积一览表

单位：亩

村　名	1987	1988	1989	1990
东　宫	75	106	106	15
大厝基	145	155	155	50
杨家边	75	91	91	10
南　山	40	66	66	4
朗　腰	25	42	42	6
龙　凤	25	57	57	10
斗　塆	20	39	39	6

续表

村 名	1987	1988	1989	1990
福 掌	55	71	71	10
坑 门	45	63	63	2
云 遮	50	86	86	8
云 山	45	74	74	5
合 计	600	850	850	126

资料来源：根据农业局统计资料制表。

3. 药用植物

（1）**蓝草** 古时是菘蓝（茶蓝）、蓼蓝、马蓝一类植物总称，乡境内称菁，为一年生或二年生草本植物，全草均可入药，蓝草的根即著名的抗感冒药板蓝根。从蓝草中提炼的靛青是染制布料、夹缬的天然染料，畲族服装崇尚蓝色，用蓝草提炼的靛青染色，正符合他们的审美需求。乡境内畲民种植蓝草历史悠久，其先祖皆从闽东迁来，闽东传统蓝草种植业对他们影响深远，其中雷姓菁寮支系始迁祖原居地菁寮，其地名就因种菁（即蓝草）而得。明末清初，随着纺织业的迅速发展，离岱岭30千米外的江南垟已成为全国著名的纺织之乡，盛产土布、夹缬，且浙南闽东一带青年人结婚必须要有用蓝草提炼的靛青染料染色的夹缬被。随着纺织品产量的增大，对靛青的需求量也大幅度增加，这就为乡境内蓝草种植提供了良好的条件。岱岭山地广阔，耐寒、喜温暖的蓝草非常适宜本地栽种，且价格不低，在清末国外化工靛青大量进口之前，当地每50千克靛青值大米200千克，畲民佃田耕山种植蓝草谋生或补贴家用，在当时是一个不错的选择，因而蓝草是岱岭畲族聚居区重要经济作物之一。20世纪20年代末，各种进口"洋靛"大量流入今苍南境内，因其利用率高、浓度容易控制、发靛简易、发靛快（比本地产靛青快20—100倍），很快被当地一些印染作坊所接受，乡境内蓝草种植业由此走向衰落，至中华人民共和国成立前已少有人种植，但山间野生种群比比皆是，山农采掘用作中草药，治疗感冒等疾病。2011—2015年，全乡种植20公顷（福掌5.33公顷、云山4.66公顷、云遮3.33公顷、坑门2.66公顷），由商贩上门收购。

（2）**除虫菊** 是制造环保蚊香、避蚊油、臭虫粉、除虫乳剂的重要原料。1971年秋，马站供销社从瑞安塘下引进除虫菊种子，在马站后岘、石头岗、金山等地试种成功。1973年传入岱岭东宫、大厝基、杨家边、南山等村。20世纪80年代，先后引进贵州和日本、南斯拉夫等地优良品种，提高了单株产量。1987年全乡除虫菊面积增至1269亩，大厝基、杨家边、东宫、南山、福掌、坑门、云遮7村均有种植。其中大厝基村种植13公顷，占全乡面积的15.37%。1988年全乡种植77公顷，总产量达到55吨。1990年以后，因廉价化学替代原料的出现，除虫菊花滞销，价格下跌。至1994年，全乡停止除虫菊种植。

（3）**黄栀** 2002年春，在上级扶贫资金资助下，富源村从江西省抚州市引进黄栀苗木，在富源村南山和龙凤2个自然村建成33.33公顷连片黄栀基地，2007年投产，收获的黄栀果实有商人前来收购。至2015年，全乡共有黄栀53.33公顷，其中富源村有33.33公顷、云遮村有20公顷，因收益不佳，一直处于失管状态。

（4）**其他中药材** 2001年，富源、云山2个村共种植10公顷白术。2011年，乡政府扶持云山、云遮、坑门、福掌4个村种植白术等13.33公顷；2012—2014年，因收益一般，种植规模有所下降。2015年，全乡种植百条根19公顷（福掌6.66公顷、云山3.33公顷、云遮4.33公顷、坑门4.66公顷），云山村种植太子参5.33公顷。

4. 其他经济作物

（1）**苎麻** 是一种多年生宿根草本植物，茎高1.50米左右，枝干拇指般粗细，一年可收割3次：第一次农历夏至前后收割，第二次秋分前后收割，第三次立冬前后收割。苎麻容易种植，管理简便，经济效益好，岱岭境内畲民曾经世代广泛种植。苎麻曾经是纺织的重要原料。20世纪70年代之前，苎麻是岱岭畲族聚居区最主要的经济作物之一。20世纪70年代以后，随着更加耐用美观的化纤织物大量出现，乡境内苎麻种植业走向衰落。至2015年，乡境内畲族仍在传唱祖上流传下来的畲歌《种苎歌》，歌中详细记述了苎麻从种植到收获到加工成衣服的整个过程。

苎麻纱制作过程：一是将苎麻割倒后用竹爿打掉它的叶子放在水里浸泡一昼夜，二是用二片竹爿去掉它的茎骨，三是用苎刀剥掉它的绿色外皮，四是将苎麻外皮晒干后制成白色细丝，即成为畲家重要纺织原料。捻成细线叫作"捻苎"。捻苎工具有捻筐、捻盘。今岱岭畲族妇女80岁以上的都会。加工好的苎麻纱可用来织成苎麻布、苎麻蚊帐、苎麻布袋、苎麻渔网等。早年畲族男装、女装大多用自产的苎布制成，用苎布做成的夏衫坚韧耐磨，透气性好，深受畲民喜爱。明末清初，随着闽浙纺织业发展的需要，对苎麻的需求量也大幅度增加。畲民凭着自己的智慧和勤劳，在山园中大量种植苎麻，用以纺纱织布制衣。

苎麻秆、苎麻叶、苎麻根也有用：苎麻秆埋到水稻田里沤烂可肥田，或用来做火篾照明；将苎麻叶洗净、捣碎后拌米粉，畲民用它来制作年糕或清明粿，苎麻叶晒干后是良好的牲畜饲料；苎麻根可以药用。

（2）**茶叶**　明末清初，有种茶传统的畲民迁入岱岭后，即在旱地间种茶树。以间作茶园或者散株居多，茶叶多用于出售。至清乾隆年间，岱岭茶叶产业已十分鼎盛，主要产地为云遮、云山、坑门、顶峰、南山等地，云遮云雾茶名闻蒲门三都，鸣山（今名笔架山）旗枪闻名于福建、台湾等地，留有"门迎鸣山春常在，户对旗枪名特产"的诗句。岱岭畲族人人喜欢喝茶，早年几乎家家户户种茶。采茶季节，全家动手采茶、制茶，初制绿茶、珠茶和"旗枪"出售给茶行，有时也出卖茶青，多半是茶季扫尾时摘老叶做红茶自用。民国中后期特别是抗日战争时期，茶叶滞销，茶价暴跌，茶农弃茶，产量锐减。中华人民共和国成立后，政府号召人民复垦荒地，开辟新茶园，并下拨一批经费和肥料扶持茶农，促进了茶叶生产的恢复和发展。1956年，全乡茶园面积达到66.66公顷。1958—1960年"大跃进"时期，搞大兵团作战，发展一批茶园。但在"一季超全年，夏茶赶春茶，秋茶超夏茶"的浮夸风影响下，因过度采摘茶叶，严重损坏茶树生机，造成茶叶大减产。1962年，全社茶叶产量不到2吨。从1963年起，落实茶叶生产和收购奖售政策，以大队专业队形式试办茶园，推广茶树密植技术，茶叶生产迅速恢复。1965年，在"农业学大寨"运动推动下，乡境内掀起种茶高潮，福掌村时有23公顷茶园。至1982年，全社茶园面积增至92公顷，年产茶叶11.75吨。1986年，全乡年产茶叶10.65吨，以云山、福掌、东宫面积最多、产量最高，这3个村茶园面积分别有13.33公顷、10公顷和6.66公顷。1989年，茶叶滞销，产量下降，全乡85.60公顷茶园，当年仅采摘60公顷，生产茶叶7.74吨，比1982年减少4.01吨。1990年后，因销路欠佳，茶园面积下降至44公顷，茶叶产量继续下降，转而发展早茶、名茶。1990年，朗腰办起1个制茶厂，对茶青需求增多。1993年全乡种植速生茶33公顷，茶园面积增至103公顷。2005年全乡茶园72.53公顷。2012年，全乡有茶园85.33公顷，占全县4%。其中无性系茶园38公顷，良种率为44.53%，主要产品毛尖、高绿销售到苏州、宜兴一带。2015年，朗腰茶厂因效益不佳而停产，全乡茶园面积降至40.66公顷，主要品种为大白毫，仅有富源村的7公顷管理较好，所产茶叶全部销往福鼎；其余茶园处于失管状态。

（3）**玫瑰** 玫瑰是重要的鲜切花品种，国内主产于云南省。2013年初，大厝基村建筑业商人陈永森从温州回乡创办温州市永森农业开发有限公司，高薪聘请云南科技人员前来指导，在大厝基村投资300万元，建成占地10.53公顷的"相约玫瑰园"鲜花产业基地，利用温室大棚和滴灌水肥设施，种植卡罗拉、黑魔术、香槟等20多个玫瑰品种和康乃馨等15种鲜花，每株玫瑰1年可采摘5—6次鲜花，盛花期日采2万—3万朵玫瑰花，主要销往本县灵溪镇、龙港镇和温州、福州等地。除固定销售店外，还通过电商快递营销提高销量。2015年，"相约玫瑰园"生产鲜花千万朵，其中玫瑰500多万朵，一举成为县级精品园，鲜花也成为岱岭的一个重要产业。玫瑰园普通男工月薪在3000元以上，女工在2000元以上。

2014年6月，温州客商林新敏来云遮村建立苍南县惠美农业开发有限公司，以每亩土地每年500元租金，从50户农户家中租用土地20公顷，投资800万元打造香草玫瑰谷，准备建成以食用玫瑰和香草为依托，集玫瑰花及香草产品精细加工、玫瑰花文化、畲族风情主题休闲观光为一体的农业综合体，种植玫瑰12公顷，建设生产用房400平方米，铺设园区景观栈道600米，并建设部分游乐设施。

（三）农具变革

中华人民共和国成立前，乡境内农业生产均使用传统农具。中华人民共和国成立后特别是1978年改革开放后，乡境内农具经历了从传统农具向农业机械的变迁，农业机械化逐渐普及，生产力迅速提高，农业生产成本逐渐下降，经济效益不断提高。

1. 传统农具

明隆庆《平阳县志》有"旱则以手车引水灌之"的叙述，描写手车引水灌田情况。明董晋用"黄犊前驱疾如马""白波满地如云生"诗句来描写牛耕田。清代和民国时期，农具有铁耙、桶梯、耙耱、草刀、木犁、田刀、桶兜等。整地广泛使用犁、耙，排灌农具有水车、牛车等，中耕农具有锄头、控锥、耥耙等，收获农具有镰刀、草刀、柴刀、稻桶、箩筐、簟等，积肥农具有栏耙、粪桶、泥箕等，粮食加工工具有踏碓、水碓、石磨等。因岱岭地处山区，梯田多、田块小，加上受小农经济等诸多因素影响，如今这些传统农具大多仍在使用。

2. 农业机械

中华人民共和国成立后，除虫用上了除虫机，脱粒用上了打稻机，碾米用上了碾米机。乡境内手扶拖拉机出现于1973年，1973—1975年，坑门、福掌、斗塆3个大队因粮食增产幅度高，平阳县政府嘉奖3台手扶拖拉机，从此，大田整地用上了拖拉机。1982年手扶拖拉机增至7台。1984年后，政府准予个体运输业发展，境内手扶拖拉机发展到15台，1999年增至20台。因拖拉机运输安全性不高，加上有关部门限制拖拉机上公路，至2015年，境内30台拖拉机仅用于耕田。这些农业机械逐步代替传统农业生产工具，极大地解放了农村生产力，降低了农业生产成本，使乡境内农业得到迅速发展。

表4-4-2-5 1999—2015年岱岭畲族乡各年份
农业机械拥有量一览表

年 份	总动力（千瓦）	其 中			农业机械	
		柴油机（千瓦）	汽油机（千瓦）	电动机（千瓦）	原值（万元）	净值（万元）
1999	518	482	–	36	76	52
2000	655	600	–	55	76.50	54
2001	689	641	–	48	54	45
2002	828	780	–	48	78	45
2003	927	869	–	58	80	62
2004	1025	965	–	60	80	60
2005	1035	975	–	60	80	60
2006	1293	1039	–	254	71	52
2007	1270	1038	–	232	71	52
2008	1237	1014	–	223	72	55
2009	1237	1014	–	223	72	64
2010	1398	1142	26	230	72	55
2011	1090	932	26	132	72	55
2012	1334	1084	32	218	77	58
2013	1337	1084	32	221	77	58
2014	1337	1084	32	221	72	57
2015	1302	1084	–	218	72	55

资料来源：据苍南县农机站档案资料制表。

表4-4-2-6 1999—2015年岱岭畲族乡主要农业机械分类一览表

机械名称	年份	1999	2000	2001	2002	2003	2004	2005	2006
耕作机械	台	2	1	1	1	1	1	1	1
	千瓦	17	9	1	9	8	8	8	8
收获脱粒机械	台	1	1	1	–	–	79	79	79
	千瓦	1	1	1	–	–	123	123	123
排灌机械	台	3	3	–	–	–	259	–	–
	千瓦	35	35	–	–	–	131	–	–
植保机械	台	–	–	–	–	–	–	–	–
	千瓦	–	–	–	–	–	–	–	–
农副产品加工机械	台	–	13	17	17	17	20	20	20
	千瓦	–	118	127	127	127	186	186	186
运输机械	辆	–	32	29	37	37	32	32	32
	千瓦	–	429	420	550	649	944	944	944
其他机械	台	7	17	24	25	25	3	3	3
	千瓦	62	103	133	142	143	17	17	17

续表

机械名称	年份	2007	2008	2009	2010	2011	2012	2013	2014	2015
耕作机械	台	1	–	–	–	–	–	–	–	–
	千瓦	8	–	–	–	–	–	–	–	–
收获脱粒机械	台	72	72	72	72	–	–	72	72	72
	千瓦	108	98	98	98	–	–	98	98	98
排灌机械	台	244	244	244	244	244	220	221	221	220
	千瓦	122	122	122	122	122	110	113	113	110
植保机械	台	–	–	–	9	13	13	13	13	13
	千瓦	–	–	–	39	7	7	7	7	7
农副产品加工机械	台	20	20	20	20	20	20	20	20	20
	千瓦	186	222	222	222	222	222	222	222	186
运输机械	辆	32	31	31	33	31	32	32	32	30
	千瓦	944	928	928	1082	872	1030	1030	1030	998
其他机械	台	12	13	13	13	13	13	13	13	13
	千瓦	88	89	89	89	89	89	89	89	89

资料来源：据苍南县农机站档案资料制表。

（四）养殖业

岱岭境内拥有山地1775.40公顷，除其他用地524.73公顷（含耕地）外，相当一部分为草场，发展养殖业条件得天独厚，居民畜禽饲养历史悠久。1978年前，猪、牛、山羊、兔、鸡、鸭、鹅等畜禽，乡境内农家曾普遍饲养，但受居民商品意识和计划经济等因素影响，养殖规模一直不大，商品率不高，畜禽产品多供自家食用，或出售后用于换取其他生活用品，改善家庭生活。1978年改革开放后，在各级政府扶贫政策支持下，乡境内猪、牛、山羊、兔、鸡养殖规模迅速扩大。1993年，全乡畜牧业产值达73.5万元，仅次于粮食和食用菌收入，居第3位。1994年，畜牧业总销售额77.25万元。2001年，全乡有37人专业从事畜牧业。2002—2003年，上级共投入扶贫资金160万元，在原有基础上建成一批效益农业示范基地，包括300多只南江黄羊的养殖场、20万羽大麻鸡养殖基地，同时尝试发展山鸡、本土鸡等10多个项目，有力地促进农业增产、农民增收。2013年，乡境内已有8个生猪养殖场，其中云遮村就有4家，形成年出栏万头以上的生猪养殖基地，云遮成发生猪养殖基地成为苍南县生猪养殖协会会长单位；还出现一些规模养羊场、养兔场和养鸡场，畜牧业成为村民脱贫致富的金钥匙。2014年，随着全省"五水共治"工作的开展，因畜牧业对下游马站十八孔水库水源污染较为严重，至2015年，乡境内规模畜禽养殖场均被关闭，仅有部分农户散养牛、山羊、兔、鸡、鸭、鹅等畜禽，养殖总量已经不大。是年，全乡养殖黄牛、水牛42头，山羊1200头，家禽28270羽，蜜蜂500多箱，占农业总产值比例已微乎其微。因受养殖条件限制，乡境内水产养殖业不发达。

表4-4-2-7　1985—2015年岱岭畲族乡部分年份
畜牧饲养一览表

年份	生猪			牛			家 禽（羽）	家兔（只）	蜜蜂（箱）
	饲养（头）	存栏（头）	合计（头）	黄牛（头）	水牛（头）	山羊（头）			
1985	1782	1120	423	257	166	750	3200	2956	50
1986	2270	1206	544	263	28	959	4628	2754	55
1987	2424	1023	443	160	282	892	6590	956	42
1988	2832	1217	452	128	324	810	4028	1016	44
1989	1081	1026	402	134	268	477	9210	347	85

续表

年份	生猪			牛			家 禽（羽）	家兔（只）	蜜蜂（箱）
	饲养（头）	存栏（头）	合计（头）	黄牛（头）	水牛（头）	山羊（头）			
1990	1568	1189	403	135	268	393	7890	116	110
1994	1850	1405	343	125	218	758	6880	523	205
2001	1405	850	120	55	65	2500	6880	1010	215
2002	1645	860	115	46	69	500	350	1200	220
2003	1703	806	225	100	125	670	1980	1290	220
2004	1895	975	320	145	175	680	2000	1850	222
2005	1682	854	1500	856	644	830	3250	1952	240
2011	1890	5000	140	59	81	1780	130000	1852	330
2013	10000	–	42	17	25	1320	17820	985	350
2015	–		42	14	28	1200	28270	600	500

说明：缺1991—1993年、2006—2010年和2012—2014年数据。

1. 家畜养殖

1978年前，乡境内猪、兔、牛、羊养殖十分普遍。畲族小孩在大人带领下，五六岁时就参与拔兔草，八九岁时单独或与邻家小孩结伴放牧牛、羊、猪，或者打猪草、割甘薯藤做饲料等；畲族老人也参与放牧。2014年之前，家畜养殖业一直是乡境内主要副业。直至2015年，因为乡境内养殖业排泄物对下游水源地十八孔水库造成严重污染，乡境内规模畜牧养殖场均被关闭，生猪养殖被全面禁止，但牛、羊、兔仍有零星散养，已经不影响境内环境和下游水源卫生。

（1）生 猪

生猪为六畜之首，曾是乡境内农家普遍饲养的畜种。民国以前，山区农户缺乏资金，一般一年养一二头猪，饲料到野外采集，或由小孩放牧；生猪养大后出售，可用于建房、筑坟、婚嫁等开支，或可解决一年油盐酱醋等开支；过年宰头猪，可解决人情往来问题，或许能还上一笔债，过个好年。在自给自足的小农经济社会，一头猪的收入对一户畲家来说非同小可。正因为对养猪寄予太多的期望，才促使畲族和汉族形成煨年猪习俗（详见本志第八章"习俗信仰·岁时节俗"）。

发展历史 中华人民共和国成立后，政府重视生猪饲养，给贫困农户发放养猪贷款，全乡生猪饲养量逐年上升，至1957年，饲养量增至1520头，比上年增长25.50%。1958年冬公社化时，将社员私有生猪折价归公，队队都办集体养猪场，因管理不善，生猪饲养量显著下降。1962年，贯彻粮畜并举和公养私养并举两条腿走路方针，下放集体畜牧场，对平调社员的生猪进行退赔，并落实饲料政策，生猪饲养量迅速恢复。1966年以后，由于"文化大革命"期间又强调队队办场，生猪养殖再度滑坡。1969年，全社生猪饲养量减至1280头，存栏数降至820头，户均0.95头。1978年12月开始的改革开放政策调动了农民养猪积极性，至1982年，生猪饲养量回升至1325头，存栏数856头，比上年分别增长11.50%和10.20%。1984年后，农村全面推行联产承包责任制，养猪业有所发展。1985年，全乡饲养2150头，户均1.43头，比上年增长7.50%。1989年因饲料提价，养猪成本增加，生猪饲养量下降至1081头，为20世纪80年代饲养量最低年份。1990年，全乡饲养生猪1568头，比1985年下降27.07%。此后稳定在1800—2000头之间。2009年，云遮、杨家边、大厝基3个村生猪养殖场饲养量均在300头以上。2010年，以生猪排泄物治理和标准栏舍建设为重点，全面改造5个规模生猪养殖基地，推动生猪养殖业发展。其中外来投资户杨昌金的云遮成发生猪养殖基地投入450万元，新建标准栏舍3300平方米，年生猪出栏1000多头，成为苍南县生猪养殖协会会长单位。2011年，全乡出栏肉猪5000头。

由于生猪养殖对下游十八孔水库及蒲江水系造成严重污染，致使水质氨氮严重超标，2014年，县、乡政府对乡境内生猪养殖进行取缔，拆除8家生猪养殖场2500平方米；2015年，5个生猪养殖场被关闭，乡境内停止生猪养殖。

品种改良　20世纪50年代初期，乡境内农民主要饲养"北港猪"。"北港猪"原产于平阳县北港南湖乡，全身黑色、皮薄、面平直、嘴较长、耳略小而盖眼、背腰平直略带微凹、腹大而不拖地、乳头12个以上；性成熟比较早，公猪月龄就有爬跨现象，母猪一般长至3—4个月就开始第一次发情，一般产仔数在12—14头；耐粗饲、适应性强。但饲料报酬低，生长缓慢，一般养8—10个月体重还不到100千克。随着养猪业的发展，人民生活水平提高，猪的品种不断改良，至1985年，"北港猪"几乎绝迹。引进品种有从国内引进和国外引进之分，从国内引进的品种或杂交种主要有"金华两头乌""乐清虹桥猪""温州白猪""嘉兴猪"等，从国外引进的品种有"长白猪""约克猪""汉普夏猪""杜洛克""盘克""苏白""皮特兰""PIC"。岱岭乡饲养的商品猪大部分是以"杜洛""长白""大约克""PIC"为父本，"长白""大约克""PIC""温白"为母本的杂交后代，即"二元猪""三元猪""四元猪"。

饲养技术　乡境内传统养猪采用软栏圈养，以稻草、杂草垫栏，熟料汤喂，1日3次，仔猪和出栏前肉猪加喂大麦、稻谷、玉米、甘薯等精饲料，对架子猪喂青粗饲料以吊大骨架，俗称"两头精、中间粗"，一般一年出栏1次。20世纪80年代开始，科学养猪技术迅速推广，软栏全部改为硬栏，汤料改为干湿料，熟料改生料，专用饲料得到普遍应用。1987年开始，部分户（场）开始使用饲料添加剂和全价饲料；防疫开始健全，场地定期消毒；仔猪早期断奶，怀孕母猪离地笼养，肉猪敞开饲料喂养，提高了规模猪场栏舍利用率，缩短生猪饲养周期，一般5—6个月生猪毛重达到125千克以上。

（2）耕　牛

曾经是岱岭农耕中的重要畜力，当地农民爱牛如命，古代畲民甚至禁食牛肉。民国时期，岱岭农户普遍饲养耕牛，以供役使、出租。岱岭山区草场广阔，只要家里有人放牧，养殖成本不高，农民均十分乐意养牛。一头牛日均耕地0.10公顷，以四齿牛工效最快。淘汰的八齿平和八齿蚀老牛作菜牛卖给屠宰场。中华人民共和国成立后，省、地、县颁布保护耕牛条例，禁止滥宰，奖励繁殖，耕牛饲养量不断增加。1953年，岱岭饲养量增至1381头。除自用外，每逢春、夏季节还出租给江南垟农户耕田。春耕租一头牛，须付租金五六百斤谷，农户养一头牛相当于山区一个普通劳动力一年收入；租用者在租期内还需负担饲养费用。1978年前，每个生产队大多养有10多头耕牛。1990年全乡存栏403头。之后，随着手扶拖拉机逐渐取代耕牛，存栏数直线下降。至2002年，乡境内仅养殖黄牛、水牛100多头。2005年成立肉牛饲养合作社，饲养量上升至1500头。因效益比较低，2011年又降至140头。2015年饲养42头，出栏12头。坑门、云遮、云山等山区以饲养岱岭黄牛为主，东宫、大厝基、杨家边等半山区大多饲养温州水牛。

岱岭黄牛　适应性强、耐粗饲料、抗病好、性情温顺，是岱岭主要役畜。1985年，全乡存栏数257头，占耕牛总数60.76%，由于绝大部分黄牛是原地或近邻交配，品质逐年下降，体型变小。为提高养牛经济效益，1957年引进良种"秦川牛"，1980—1981年相继从温岭引进"高峰牛"。1982年应用西门塔尔牛的冷冻精液与本地黄牛杂交，下一代不仅役用性能高于本地黄牛，而且具有肉、役兼用特点。后因对黄牛杂交改良工作抓得不紧，致使"秦川牛""温岭高峰牛"等种公牛在乡境内绝种。西门塔尔牛冷冻精液的杂交改良工作也在

1988年停止。因本地黄牛没有受到应有的重视，商品意识淡薄，20世纪90年代初存栏开始下降。

温州水牛　具有体高、力大、拉力持久、性情温顺、耐粗饲、采食性强、疫病少等特点，是乡境内半山区多水村庄的主要役畜。因其泌乳性能好，是役、乳、肉兼用的优良品种，被载入联合国粮农组织1979年编印的《水牛》一书中。乡境内半山区草质优而充足，牛的体形较大，体重在300—400千克左右；山区草质较差，牛的体形较小，体重仅200—300千克左右。

（3）山　羊

岱岭居民素有散养山羊习惯，1953年饲养山羊910头。1955年开始，随着羊价渐涨，存栏数量不断增加。但乡境内本地山羊因长期近亲交配，品质退化，每只体重仅15—30千克。1960—1983年，先后引进新疆细毛羊、湖羊、萨能山羊和奶山羊，均因水土不合而失败。1990年发生羊瘟，存栏山羊降至393头。1999年，苍南县政府提倡大力发展食草型、节粮型畜牧业，并加大资金投入，积极引进优良山羊品种，使乡境内山羊饲养量有较大幅度提高。2001年，在县政府支持下，全乡以坑门、福掌2村为重点，饲养山羊2500头，其中南江黄羊存栏100多头。2003年，在上级扶贫资金支持下，坑门村开办一个有300多只南江黄羊的养殖场，2004年黄羊存栏数增至370只。2011年，全乡山羊饲养1800头，比2001年下降28%。2015年，全乡山羊存栏数1200头，比2011年下降33.30%。今山区农户仍以分散放牧饲养为主，让其自由采食；放牧后仅对怀孕或产羔母羊和小羊适当添喂精料；冬天圈养，喂饲干草，并补充少量精料，管理粗放。坑门村是乡境内山羊的重要产地。

（4）家　兔

是乡境内常见家畜。1978年前，岱岭畲族几乎家家饲养肉兔，干活时带些兔草回家，或由妇女、老人与小孩到野外拔兔草，或利用各种蔬菜老叶养兔，养殖成本低。兔肉细嫩、味道鲜美，熏兔更有特色，也是逢年过节常用食品；家里来客人，山区备酒菜困难，杀只家兔招待，既方便又不失礼；畲民农忙季节有药膳进补习惯，上山挖些草药煎汤煨家兔，是最常见且无须花钱的进补方法，并认为女性以此进补最佳。对于当年普遍处于贫困状态的畲民来说，饲养家兔无疑成为最佳选择。1975年开始饲养安哥拉长毛兔，毛用兔成主要品种。1985年，全乡养兔2956只，比上年增长1倍多。因兔毛价跌，1990年全乡长毛兔饲养量降至116只。2000年引进新西兰肉兔，以满足市场对肉兔的需求。2003年后开始饲养皮肉兼用獭兔，但大多为家庭零星养殖。2015年饲养600

只，出栏281只。

2.家禽养殖

岱岭畲族乡家禽主要有鸡、鸭、鹅3种。2011年，全乡饲养家禽13万羽。2015年饲养28270羽，出栏21183羽。

（1）鸡

是岱岭畲族乡农家饲养最普遍的家禽。1978年前，农家养鸡除自食外，还以鸡或蛋出售，换取油、盐、酱、醋等家庭生活必需品。长期以来，农家主要养本地种马站红鸡和江南火孵鸡，以本地种马站红鸡养殖量最大。20世纪50年代引进杭州、萧山芦花鸡及来杭鸡。70年代，引进白洛克肉鸡。80年代相继从上海等地引进罗斯、伊沙和新浦东、海佩科等蛋用鸡和肉用鸡良种。2003年，坑门村投资20万元，养殖大麻鸡2万羽；2004年，投资100万元，养殖大麻鸡14万羽，当年出售8万羽；2005年，养殖大麻鸡20万羽。2010年杨家边有2户养殖山鸡，但未成功。农户散养家鸡极为普遍，少者十几羽，多者几十羽。2015年，乡境内开办有珍妃鸡养殖场。

（2）鸭

岱岭境内鸭有番鸭、麻鸭、樱桃谷鸭3种。中华人民共和国成立后，为改良本地麻鸭，先后引进绍兴、福建等地麻鸭良种与本地麻鸭杂交改良。2007年建立坑门村樱桃谷鸭养殖基地。2009年，福掌村建成樱桃谷鸭养殖基地。番鸭皆为家庭零星养殖，数量不多。

（3）鹅

鹅是乡境内常见禽类，一些农户利用广阔草地散养家鹅，少者饲养二三羽，多者饲养十余羽，养殖成本低廉。所养多为狮头鹅，未能形成规模养殖。

3.蜜蜂养殖

乡境内东宫村1970年就有郑祖英专业从事养蜂。因收入可观，1978年后，该村陆续有郑德成、吴立坚、郑德命、郑德笑4人从事养蜂，部分人成为养殖大户。至2015年共有5人从事养蜂业，共养殖蜜蜂500余箱。乡境内蜜蜂有中华蜜蜂和意大利蜂2种。

（1）中华蜜蜂

又称中华蜂、中蜂、土蜂，是东方蜜蜂的一个亚种，属中国独有蜜蜂品种，躯体较小，头胸部黑色，腹部黄黑色，全身披黄褐色绒毛，是以杂木为主的森林群落及传统农业的主要传粉昆虫。相比意大利蜜蜂，利用零星蜜源植物采集蜂蜜力强，利用率高，采蜜期长，适应性、抗螨抗病能力强，消耗饲料少，非常适合岱岭山区定点饲养。乡境内山地广阔，植被茂盛，蜜源丰富。民国以前，乡境内已有少数农家在房前屋后少量放养中华蜜蜂，采蜜自食或供药用，未形成商品化生产规模。1978年后，党的改革开放政策激发村民养殖热情，蜜蜂养殖数量增多。1985年，全乡养殖中华蜂50箱。1989年，全乡养殖85箱，产蜂蜜10.20担。至2015年，乡境内有400多箱中华蜂，蜂蜜总产量48担。其中东宫等村有郑祖英、吴立坚、郑德成等4个大户共养殖350余箱，主要在房前屋后放置木质蜂箱，利用业余时间养殖，并将一些蜂箱放在蜜源较多的邻近村庄亲朋好友家门前后放养；坑门、福掌等村也有零星散养户在家门口少量放养，一般每户仅养殖数箱。

（2）意大利蜂

简称意蜂，原产意大利亚平宁半岛，具有性情温顺、产卵多、采集力强、分泌蜂王浆能力强等特点，蜂蜜产量高于本地中华蜜蜂。岱岭冬季温暖而湿润，夏季炎热，与意大利蜂原产地地中海气候比较接近，花期长，意大利蜂在此表现出很好的经济性状。1958年，岱岭境内引进意大利蜂。至1994年，发展到130箱。2012年，东宫村养蜂大户郑德命外出四川养殖意大利峰；至2008年，因比较效益差，改而外出江苏经销皮鞋。至2015年，乡境内仅剩下东宫村郑德笑放养意大利蜂，春季本地蜜源多时在家放养，其他时间外出放养，总计养蜂150余箱。

4. 水产养殖

岱岭畲族乡境内有相当面积的水田、溪潭、山塘、水库，水域面积564.60亩，有一定渔业资源，但因产量有限，一直未能形成商品化生产规模。1978年前，当地居民采用网具、钓具、笼具等捕捞泥鳅、黄鳝、溪鱼、溪鳗、田螺、螺蛳等水产，主要供自家食用，多余赠送亲友。21世纪以来，随着人口大量外迁，当地务农者已经为数不多，经济效益不高的淡水捕捞业从业者也很少，偶然有人在溪潭、山塘、水库垂钓，钓获物主要供自家食用，很少进入市场。

岱岭境内部分水田抗旱能力在70天以上，基本能够满足水产养殖业的发展需要。渔业养殖业主要有蛙类和淡水鱼类养殖，其中蛙类有牛蛙和石蛙养殖。至2015年，全乡有4家蛙类养殖场和1家淡水鱼养殖场，主要养殖牛蛙、石蛙和一些淡水鱼，但产量均不大。

（1）蛙类养殖

牛 蛙 俗名美国水蛙，原产于北美洲和墨西哥等地，因其鸣叫声洪亮酷似牛叫而得名。牛蛙是一种大型食用蛙，肉质细嫩，味道鲜美，营养丰富，具有一定药用价值。牛蛙个体硕大，生长快，产量高，价格便宜，目前已是世界各大洲食用蛙中的主要养殖种类。1959年牛蛙从古巴引入中国，20世纪90年代左右在中国大范围推广养殖，成为中国养殖的重要名特水产品之一。

2001年，富源村、云山村有6户农户利用当地得天独厚的山水资源优势发展牛蛙养殖业，取得了一定的经济和社会效益。2002年，全乡养殖牛蛙增至10万只。2003年，富源村投资40万元，养殖牛蛙40万只；2005年饲养40万只，效益良好。2009年，乡政府举办牛蛙养殖培训班，推广牛蛙养殖技术，以东宫村、杨家边村养殖面积最大。至2015年，东宫村有1家牛蛙养殖场，杨家边有2家养殖场，养殖面积3亩多，所产商品蛙供应周边市场。

石　蛙　学名棘胸蛙，肉嫩味美，营养丰富，是蛙中珍品。但因从蝌蚪到成蛙需要3年的生长周期，产量十分有限，市场价格昂贵。1978年后，石蛙被列为国家二级保护动物，禁止捕捉，使其显得更为稀缺。为此，养殖石蛙成为市场供应的重要途径。乡境内清澈的溪流环境十分适合石蛙生长，曾盛产野生石蛙。2011年，坑门村蓝春辉利用山地建筑大棚700多平方米，引流溪水养殖石蛙，前3年曾经技术不过关而失败过。经过努力攻克养殖技术难关，至2015年，养殖石蛙2万余只，商品蛙每只0.20—0.25千克，年产量250多千克，年产值7.50万元，产品主要销往灵溪、龙港、福鼎、广东等地酒店。

（2）淡水鱼养殖

2001年始，岱岭畲族乡有人利用水库、山塘和水田养殖鲤鱼、鲫鱼、草鱼、鲢鱼、鳙鱼。由于经济效益较好，至2002年，鱼塘增至2公顷，养殖户增至8户。2015年，大厝基村人利用当地良好的水源条件，在承包田里养殖0.13公顷稻田红鲤鱼，成品鱼在本地菜市场销售，效益良好。

第二节　林　业

岱岭地处山区，原本森林茂盛，植被良好。明末清初，畲族迁入乡境内后，开始在山区聚族而居，从事较原始的农业生产，并有"烧坐山火"习惯。即在二三月时，砍伐山上灌木杂草，晒干后放火延烧，过二三日，把种子与泥土、草木灰一起翻入土中。这种刀耕火种式的耕作制度，对乡境内森林资源造成一定破坏。

清乾隆九年（1744年），与岱岭仅一山之隔的矾山开始大规模工业化生产明矾，矾窑煅石炼矾需要消耗大量木材，给乡境内森林资源造成严重破坏。

民国22年（1933年），浙江省第八特区监察专员许蟠云（台州黄岩县人）来矾山调查矾业发展情况，发现矾山附近柴木来源已经断绝，矾窑所需薪柴大多由福建省福鼎县供给，每75千克大木约值1枚银圆，每个矾窑日需消耗柴料约20枚银圆。根据《苍南林业志》记载，到中华人民共和国成立前，乡境内山区几乎全是荒山秃岭。1958年实行林地公有和大炼钢铁，残存森林资源再遭毁灭性破坏。"文革"期间，乡境内多次开展植树造林运动，种植桉树、马尾松、黑荆树等速生树木。但在"农业学大寨"运动过程中，于1968年秋大肆推行"三献一并"，即把社员自留地、宅边地、房前屋后零星树木收归集体，又屡屡毁林、毁果造地种粮，再次给林业生产造成严重破坏。1978年改革开放前，松枝、杂木是境内居民主要薪炭来源，也是其重要副业收入之一，因而岱岭农户农闲上山劈松枝、砍杂木，从而使境内森林资源难以恢复，至今境内少有大树。

1982年6—11月，马站区林业"三定"工作组进驻岱岭公社，进行稳定山权林权、划定社员自留山、确定林业生产责任制的林业"山林定权"发证试点工作，部分林地承包到户，调动了人们生产劳动积极性，开始大面积种植桐子树等经济林木。加之1986—1987年境内进行2次飞播造林，森林资源有所恢复。1985年，全乡有用材林113.80公顷，占造林面积的22.60%；薪炭林338.26公顷；经济林773亩。据1986年9月苍南县农业区划委员会办公室主编的《苍南县农业自然资源和社会经济数据资料汇编》记载，是年全乡有林地面积514.33公顷，蓄积11400立方米。其中幼龄林429.53公顷，蓄积量625立方米；中龄林17.40公顷，蓄积量10062立方米；近熟林5.13公顷，蓄积量462立方米；疏林地62.27公顷，散生木蓄积量251立方米。森林覆盖率达24.83%。

20世纪90年代初，液化石油气进入千家万户，取代了薪柴，从而使乡境内森林资源得到迅速恢复。1991年3月8日，中共苍南县委副书记、县长黄德余率县委、县人大、县政府、县政协四套班子领导，到乡境内县委绿化点参加植树造林活动，鼓励村民植树造林。1993年12月14日，岱岭畲族乡被苍南县政府划为20个林区乡（镇）之一，植树造林力度加大。1994年，全乡绿化荒山16.67公顷，四旁植树1.30万株，营造经济林100公顷。1995年，全乡四旁植树1万多株；是年，乡境内有薪炭林517.46公顷，占林业用地的60.60%；用材林207.60公顷，占24.70%；防护林85.93公顷，占林业用地的10.20%。2002—2003年，上级共投入扶贫资金160万元，建成33.33公顷黄栀基地（后归农业类）、33.33公顷特色水果基地、26.66公顷食用笋基地等，有力地促进了林业增产、农民增收。2008年，岱岭有林地1015.80公顷，森林覆盖率达50.86%，立木蓄积量22872立方米，主要树种为马尾松和枫香、樟树等。2010年种植苗木22100株。2011年，全乡有林地1178.87公顷，森林覆盖率达57.60%。2015年，森林覆盖率升至60%。

一、用材林

乡境内常见用材林有杉木、柳杉、桉树、枫香、樟树、湿地松、毛竹等。农民建房所用梁柱多用自家种植的柳杉、桉树，不足部分用材质稍次的马尾松、杂木甚至毛竹代替。打制家具则用杉木、枫香、樟树等优质木材。多余木材向市场出售，但因乡境内用材林大树不多，木材商品率不高。

（一）杉　木

俗称真杉、正杉，为杉科常绿乔木，生长快，产量高，材质好，抗病虫能力强，木材纹理直、质地细密，干后不翘不裂，易加工，有香气，广泛应用于建筑、桥梁、船舶、家具制造。中华人民共和国成立前，因为青年人结婚需要打制家具，而杉木是打制家具的良好材料，乡境内有山地的农家几乎家家户户都有种植，大岭内（今富源村）南山自然村曾有杉山小地名，说明此山曾多杉木。1958年公社成立后，农村所有私有财产全部公有化和随之而来的全民大炼钢铁运动，给乡境内杉木资源造成了严重的破坏，至今少有老树。1960年，中共中央纠正公社化初期的"一平二调"错误做法，乡境内农民又在房前屋后普遍种植，成为常见树种。20世纪60年代中期，南山大队集体连片种植几十亩，东宫大队集体种植十几亩。至2015年，乡境内有百余亩面积，其中富源村南山自然村杉山有3.33公顷，均有50多年树龄，最大的胸径已达30厘米；东宫村也有0.66公顷，胸径已达25厘米左右；其余村庄均零星分布。

（二）柳　杉

俗称大杉，为杉科常绿乔木，生长快、材质优，是山地造林的优良树种。柳杉是乡境内农家盖房用梁柱椽的主要材料，也是沿海造船工业的良好材料，需求量较大，中华人民共和国成立前，有山地的农家几乎家家户户都有种植。1958年公社成立后，农村所有私有财产全部公有化和随之而来的全民大炼钢铁运动，乡境内柳杉被大量砍伐，至今少有老树、大树。1960年，中共中央纠正公社化初期的"一平二调"错误做法，境内农民又在房前屋后普遍种植，成为常见树种。至2015年，境内有上百亩面积，数量略多于杉木。但均零星分布，无连片种植。

（三）桉 树

桉树是原生于澳大利亚的速生树种，生长速度远快于本土树种，群众称誉它"一年高如牛，两年平檐头，三年高过楼""一年栽，三年背，五年抬，七年用船载"，因而乡境内又俗称它为"三年背"。1955年，乡境内开始引种栽培；1965年再次引种栽培。1966年开始的10年"文革"期间，乡境内多次免费给居民提供桉树苗，从此，居民房前屋后广泛种植，品种有细叶桉、巨桉、大叶桉、赤桉、野桉、柠檬桉、广叶桉、蓝桉等。在物资极度匮乏的年代，桉树木材主要用于居民建房和沿海渔民造船，受到当地群众的广泛欢迎，至1971年，种植数量一度达到2万多株。1978年后，附近的沿浦木材市场开放，大量优质廉价木材在此公开交易。从此，乡境内桉树因材质不佳而被陆续砍伐，不再补种。至2015年，境内仅存不到1000株。

（四）枫 香

俗称枫树，为落叶大乔木，最高可达40多米，胸围可达1米多。速生，树形高大美观，叶色多变，秋后经霜变红色，称丹枫。生长迅速、根系发达、耐干旱瘠薄地，是防护家园和荒山造林的优良阔叶树种。在乡境内广泛分布，数量较多。乡境内发端以来，即以枫香作为风水树和防护林广泛种植于房前屋后和宫庙、道路旁。据苍南县林业局调查，截至2015年，岱岭16株百年以上树龄的古树名木中，有9株为枫香，占比达56%。乡境内山林中，枫香树星星点点，点缀在群山之中，但无成片林地，且多系野生，总面积和总株数未有统计数据。

（五）樟 树

樟树是樟科常绿大乔木的统称，品种有香樟、大叶樟等，乡境内以香樟最为常见。其寿命长，树形优美，根系深广，枝叶茂盛，四季常绿，树材及枝叶均可提取樟脑及樟油，木材是制造家具的优秀材料，深受当地群众喜爱。1978年前，境内零星分布，常见于道路两边和宫庙内外，福掌、云遮等地的百年老樟树因均为风水树而得以留存。1979年2月23日，第五届全国人大常委会第六次会议决定每年3月12日为全国植树节。此后，县公路局和乡政府每年都在全乡开展绿化造林运动，栽种容易、成活率高、不怕虫害、成材快、经济价值高的香樟成为绿化造林重点树种，主要种植在道路两旁和公共场所，以坑门村数量最多。至2015年，全乡已有上万株香樟，成为最常见树种之一。

（六）黑荆树

黑荆树皮是栲胶的主要原料，20世纪70年代初期引进岱岭，一度种植300多百亩，主要集中在坑门村。20世纪90年代后，因栲胶销路不畅而停止管理，并砍作薪炭。至2015年，境内黑荆树绝大多数已被砍伐。

（七）湿地松

原产美国东南部低海拔潮湿地带，为常绿大乔木，树干通直，高30—36米，是良好的用材林木。岱岭夏季高温多雨，春、秋两季较旱，适合湿地松生长。1992年，在绿化造林运动中，乡里先在坑门村进行少量试种，发现湿地松在当地生长良好，第二年再由坑门村集体分片大量种植，2年时间共种植100多亩；1993年，大厝基村作为党员绿化造林基地，共种植湿地松0.80公顷。2011年起，受松材线虫病严重危害，湿地松成片枯死，至2015年仅剩1.33公顷；大厝基村12亩湿地松则未受松材线虫病影响。两村现存湿地松树径已有20—30厘米。

（八）竹 类

乡境内品种繁多，1986年9月，有毛竹、麻竹（1910年从福建引种）、绿竹、大木竹、水竹、桂竹、刚竹、空心竹、孝顺竹等10公顷，分布较广、数量较多的有毛竹、大木竹、麻竹和青皮竹。1987年，有麻竹3.78公顷1134株，其中成林竹1.84公顷554株；当年新栽1.93公顷580株。2001年，全乡种植绿竹等食用笋竹林26.66公顷。2002年，种植雷竹2.66公顷。2003年，大厝基14.66公顷马蹄笋基地通过苍南县林业局验收。生产马蹄笋的绿竹是优良材笋兼用竹，境内东宫、大厝基、杨家边、富源、福掌等村均有栽培。2015年，全乡有毛竹林20公顷（东宫村有6.66公顷基地）、绿竹林13.33公顷，是马站片区主要食用笋产地。

（九）棕 榈

棕榈片纤维是织棕衣（雨具）、制棕床、搓绳索的优质原料，20世纪90年代之前，棕榈片有人上门收购，种棕榈是农家副业之一，多数农家门前屋后均有种植。之后，随着尼龙制品的大众化，社会上对棕榈片的需求量越来越少，当地人不再种植棕榈。如今乡境内棕榈仅有零星分布，多系老树，新树均系自然繁殖。

二、薪炭林

岱岭境内薪炭林包括马尾松和各种杂木等，这些树木速生，再生能力强。"文革"期间，境内多次开展植树造林运动，主要种植马尾松、桉树等速生薪炭林木。今薪炭林以马尾松面积为最大，在山地有大面积分布；桉树主要栽种于居民房前屋后，零星分布。1985年，全乡有薪炭林338.26公顷；1995年，乡境内有薪炭林517.46公顷，占林业用地的60.60%；至2015年，乡境内有薪炭林893.33公顷，占林地总面积的75%，以马尾松面积占大头。20世纪90年代前，根据村规民约，每年8—10月，村民们纷纷到山上砍柴，晒干后绑成一捆捆，囤积起来，多的人家有上百担，少的人家也有二三十担，除供自家煮饭做菜烧开水之外，多余的挑到矾山、马站等集镇贩卖，每担（50千克）价格在3.20—4.50元之间，所得款项用于购买油、盐、酱、醋、蔬菜等生活物资和小型农具等生产物资。由于当年卖薪柴是境内农户的一项重要副业收入，因而他们十分重视营造薪炭林。

（一）马尾松

马尾松是乡境内分布最广、面积最大的林木，适应性强，能在干旱瘠薄的土壤上正常生长，是全乡荒山造林当家树种，主要用作薪炭，经济困难的家庭也用于建筑房屋和制造日常家具。清乾隆年间，因矾山明矾采炼业的迅速发展，对木柴需求大量增加，木柴价格迅速上涨，乡境内山民开发荒山热情高涨，采用一锄法营造马尾松林，快速高效。1978年后，马尾松林营造面积增加较快。由于地处高山，为节约种植成本，1986年2月28日至3月3日，苍南县政府组织飞机，在笔架山等地进行飞播造林。1987年3月，在鹤顶山、笔架山进行飞播造林。1992年3月，乡境内笔架山集体山地进行2次飞播造林，第一次受播面积5.33公顷，有效面积5.33公顷，成产面积5公顷；第二次飞播面积202.40公顷，有效面积202.40公顷，成产面积193.73公顷。2001年3月，再次在笔架山进行飞播作业。每次飞播前，乡政府都成立领导小组，加强领导，并组织人员进行飞播作业设计和植被处理，提高了飞播造林成效。播种后全面封山育林，并配备专职或兼职护林员管护，国家给每人每月补助40元；1992年起提高到70元，但人员相对减少；2001年，飞播区护林员经费由岱岭乡自行解决。2011年，乡境内马尾松面积达886.67公顷，约占森林总面积的75%。此后，由于松材线虫病的严重危害，乡境内局部马尾松成片枯死。经林分自然更新（各种杂树自然长出）后，至2015年，全乡仍有马尾松面积666.67公顷。

（二）杂 木

除马尾松外，乡境内杂木分布面积最广。其中闽粤蚊母树呈小块分布，以大厝基的林分较为典型，林木生长较稀疏，平均密度2178株/公顷，乔木层平均高10米，郁闭度0.75米，闽粤蚊母树主要值占65.50米，构成单优势种群落。主要伴生树种有青冈栎（10.10米）、枫香（6米）、樟叶槭（5.50米）、椤木石楠（3.10米）和黄瑞木、亮叶围涎树、鹅掌柴等。因林木层生长较稀疏，郁闭度小，林下光照充足，灌木生长茂盛，盖度高（85%），密度大，平均高2.50米，主要种类有藤黄檀、青灰叶下珠、密花山矾、刺羽叶花椒、鹅掌柴、亮叶围涎树及青冈栎、枫香等幼树。

三、油料林

岱岭境内油茶、油桐、乌桕种植历史比较悠久，有相当种植规模。民国32年（1943年），平阳县政府派员到青田林业改造区购进油桐、乌桕、油茶苗木，无偿提供给岱岭农民，其中油桐、乌桕形成生产基地，有一定产量。中华人民共和国成立后，岱岭成为浙江省油桐和乌桕生产重点基地，直到20世纪80年代才走向衰落。乡境内油茶种植规模一直不大，茶籽产量十分有限。

（一）油 桐

油桐是一种油料树木，油桐籽榨取的桐油，曾被广泛使用于造船、制伞、油漆制造等。每50千克桐籽（桐白）可榨取桐油16.50千克以上。桐油为中国特产，民国年间在温州出口贸易中占据重要地位，民国24年乡境内即开始广泛种植，成林油桐平均每株出产桐油20千克，收益可观；民国32年（1943年），平阳县政府派员到青田林业改造区购进油桐苗木，无偿提供给岱岭农民，种植规模进一步扩大。1981年5月31日，浙江省林业厅批准岱岭等6个公社为全省油桐生产重点基地，配备专职辅导员，每造林1亩，国家补助资金12元、原粮50千克、化肥15千克，一般造林也给予每亩6元资金补助。1978—1984年，乡境内重点油桐基地造林面积239公顷，其中三年桐纯林161公顷，千年桐纯林48公顷、田旁油桐30公顷。1980年，县林业部门在岱岭公社大厝基大队和藻溪公社青山内大队实验成功千年桐"三随法"育苗（即随起苗、随嫁接、随造林），以后推广到全县，1982年获温州市科技成果三等奖。1982年全社栽培油桐168公顷，其中40公顷已成林产籽，成为苍南县油桐生产基地之一。因选地、选种不当和受价格政策影响，以及1985年以后油桐籽停止收购，乡境内油桐基本处于无人管理状况，或报废，或改种，剩余的任其自生自灭。至2015年，山地仍有大面积分布，都是以前遗留或者1985年后散生的油桐树，面积未有统计数据。

（二）乌 柏

乌桕又名柏子，可制蜡及油。岱岭大颗柏（过冬青）名闻中外，为马站主产区。民间曾有"家栽千株棕、百株柏，子孙吃用不愁穷"的俗语。民国32年（1943年），平阳县政府派员到青田林业改造区购进乌桕苗木，无偿提供给岱岭农民，零星栽种在园坎、田埂、溪旁及山坡地，有一定种植规模。1978年，国家对发展乌柏基地每亩补助现金7元，1979年每亩补助原粮17.5公顷，1980年增加至25千克。1983年，林业生产责任制落实之后，山林基本到户经营，又因柏籽收购价格不合理，有关部门限量收购甚至不收购，加上此后制蜡、制皂改用化学油脂，现有乌柏任其自生自灭。今乡境内仍有一定面积，但未有统计数据。

（三）油 茶

油茶籽是优质食用油——茶油原料，茶油品质优于菜籽油。民国32年（1943年），平阳县政府派员到青田林业改造区购进油茶苗木，无偿提供给岱岭农民，早期在坑门、云遮、云山等地零星栽培，经营粗放，产量不高。1960年，东宫种植油茶10公顷。2008年初，各级政府开始重视油茶，在经济补助政策鼓励下，福掌、富源等村在山地上扩大种植，其中福掌村种植10公顷、富源村种植6.66公顷。2014年8月，云山村种植油茶6.60公顷，并建立基地。云遮村也有一些油茶。至2015年，全乡共有近26.66公顷集体油茶林，其中福掌村10公顷油茶收获茶籽130担，富源村6.66公顷收获茶籽100担，东宫1960年种植的2公顷老油茶林收获10担，所产茶籽均由本地人收购后，集中出售给马站榨油厂加工成茶油。

四、水果林

20世纪70年代前，岱岭畲族乡境内桃、李、四季柚、柿、枇杷、梨、葡萄等都有零星种植，未形成商品规模。1978年后，通过农村土地承包经营权确权登记办证和土地流转，水果种植业有所发展。1995年，全乡营造水果林150公顷，其中龙凤、南山、坑门3个村种植柿、杨梅、桃73.33公顷。至2001年，全乡有水果林312.33公顷。2003年投入33万元，在东宫村建设大雪枣基地6.67公顷。2008年，全乡有水果林67.86公顷。至2015年，水果林增至166.66公顷，形成富源村33.33公顷特早熟温州蜜橘基地、云遮村13.33公顷甜橘柚基地、云山村13.33公顷甜橘柚基地、福掌村13.33公顷赣南脐橙基地、杨家边村10公顷脐橙基地、坑门村10公顷白沙枇杷基地、云山村6.66公顷蓝莓基地，全乡各类水果收入已占农业总产值的12.60%。

（一）柑 橘

柑橘有瓯柑、蜜橘、芦柑、脐橙、甜橘柚、四季柚等品种。1978年前，四季柚即有零星种植，产量不高，所产水果均供自家食用。直至1989年，全乡仅有柑橘2.80公顷。2008年，全乡有12公顷柑橘投产。至2015年，全乡共有柑橘

123.33公顷。

（二）四季柚

邻近的马站镇中魁村是四季柚原产地。民国初期，品质优良的四季柚传入大厝基、东宫、云遮等地。1993年，全乡栽培33.66公顷。1995年，大厝基、东宫、南山等村种植24公顷。1998年，乡境内四季柚发展至133.33公顷。至2001年，全乡种植135公顷，为历史以来最高年份，已挂果66.66公顷，亩产值1000多元。后因管理不善，亩产不高，总产也不多，而逐渐被废弃。2008年，境内四季柚仅剩下32.93公顷，至2015年未有大的变化。

（三）脐　橙

2005年，杨家边村满园春脐橙种植专业合作社种植脐橙10公顷，2010年投产。2011年，福掌村种植赣南脐橙13.33公顷，杨家边脐橙基地开始标准化生产。2015年，全乡共有23.33公顷脐橙基地，其中福掌村13.33公顷、杨家边村10公顷（总产量60吨，净利润30多万元），均已经投产。

（四）瓯　柑

21世纪初，大厝基和东宫农户建设了2个瓯柑园，其中大厝基0.66公顷、东宫0.20公顷，效益一般。至2015年，全乡共有瓯柑园0.86公顷。

（五）蜜　橘

2007年，浙江省农业科学院（以下简称"省农科院"）亚热带作物研究所专家李发勇以科技特派员身份被下派到岱岭畲族乡，瞄准10月时令水果空档期，帮助富源村建立33.33公顷特早熟温州蜜橘基地，成为民族乡镇脱贫致富的一个经典案例。2011年，富源村特早熟温州蜜橘基地通过省级无公害产品认证，申报注册商标，并开展采摘游活动。2015年，富源村特早熟温州蜜橘因品质优良而深受广大顾客青睐，苍南、平阳、温州、福鼎等地客人纷纷自驾入园采摘，采摘园成为市级精品园区，纯收入42万元。

（六）芦　柑

2010年，坑门村种植芦柑4公顷，2014年开始挂果，2015年平均亩产3500千克，总产值84万元。

（七）甜橘柚

2011年，建设云遮村甜橘柚基地200亩，并申报注册了"云遮山"商标。2015年，全乡共有甜橘柚基地26.66公顷，其中云遮村和云山村各有13.33公顷。

（八）桃

桃有水蜜桃、油桃和黄桃3个品种。1987年全乡有桃树30亩，年产桃子8.25吨。至2001年，全乡发展黄桃16.66公顷。2004年，云遮、福掌2村投资12万元，种植黄桃16.66公顷。2005年，再种黄桃16.66公顷。但因零星种植，管理不善，效益不佳，后都被废弃砍伐。2015年，新建富源村3.33公顷桃花园、坑门村3.33公顷桃花园，主要用作观赏林，兼收水蜜桃。

（九）李

民国年间有红李、黄李2个品种，均零星栽培，产量稀少。2001年开始种植桃形李，其中坑门村有3.33公顷、杨家边村有0.06公顷，因管理粗放，产量有限。

（十）柿

乡境内柿子树栽培历史悠久，各村均有栽培，以大厝基、杨家边、东宫顶台后和富源顶峰为较多，栽培品种有牛心柿、方柿（俗称四条筋）、乌柿和无核柿等。据《苍南林业志》记载，1984年全乡已投产柿树53株。至1988年，全乡已投产柿树161株（无核柿153株、牛心柿7株、四条筋1株）。1987年全乡种植柿子0.45公顷，年产量5.45吨，主要销售鲜果，部分加工成柿饼和咸柿（用盐渍熟后食用）出售。1995年，龙凤、南山、坑门3个村又种植一批柿树。进入21世纪以后，随着水果品种的大量增加，和人们消费观念的改变，被媒体认为容易产生胃结石的柿子逐渐少有人问津，境内柿子销路不畅，农民不仅停止种植，部分老树还遭到砍伐，剩余柿树从此自生自灭，总面积逐年下降，柿子产量也未作统计。至2015年，境内大多数柿子树所结果实已经无人采摘，任凭鸟啄，仅有少量水柿和牛心柿被当地百姓加工成咸柿自家食用或者拿到市场上出售。

（十一）杨 梅

1978年前，乡境内房前屋后和山地有零星栽培，品种皆为本地品种晚稻杨梅和水梅。1987年，全乡种植2.13公顷，2008年有8.20公顷，主要为品质更加优良、产量更高的外来品种东魁杨梅，其中杨家边村种植2公顷。东宫村苍旺杨梅合作社2012年秋创办，种植东魁杨梅4.53公顷。至2015年，全乡有杨梅10公顷，主要分布在东宫村和杨家边村，品种主要为东魁杨梅，晚稻杨梅和水梅逐渐被砍伐淘汰，已所剩不多。

（十二）枇 杷

2013年，坑门村数户农户组建经济合作社，流转10公顷土地，从外地引进优质高产的白沙枇杷树苗，建立白沙枇杷基地，至2015年仍未产出。

（十三）蓝　莓

自21世纪以来，随着山区农民的逐渐外迁，云山村迅速人去楼空，村内只剩下少数老年人留守，大部分耕地和山地闲置。为了充分利用当地肥沃的土地资源，增加村民收入，2015年，云山村党支部书记范叔居带领部分农户合股集资，成立村蓝莓专业合作社，以"合作社+农户"经营管理模式，租赁土地7公顷，种植2000余株蓝莓，用于开展水果采摘游。

第三节　工商业

民国时期，乡境内仅有少数铁、木、篾、成衣等个体手工业和酿酒、榨油、织布等家庭作坊，约有百分之一二农民在农业耕作空闲时间从事木工、泥水匠、裁缝、首饰加工等行业，以补贴家用，主要以木工、泥水、裁缝为主。民国年间，铁匠、木匠日工资7.50千克稻谷。中华人民共和国成立后，在原有个体手工业基础上逐步发展规模较小的乡村工业，因属集体企业，职工生产劳动积极性不高，一直发展不快。1979年，岱岭公社创办编织厂、竹片厂、民政福利厂等5家小型乡村企业，从业人员40人，年产值2.23万元。1987年，全乡工业总产值增至63.31万元。1988年，创办集体性质的岱岭畲族蔬菜加工厂，有工人8名，盐水蘑菇年产值11.80万元。20世纪90年代开始，个私企业有所发展，乡境内工业产值增长很快。1990年，林庆元创办朗腰茶叶加工厂，加工本地和周边出产的茶叶。2000年，全乡工业总产值增至468万元，是1987年的7.39倍。2003年6月，云山村创办矿泉水厂。2007年，有"山一"和"鹤露"2个矿泉水公司以及多孔砖窑场等4家小企业，现代墙体多孔砖厂初具规模。是年，全乡工业总产值981万元。2010年，投资200万元，新建云遮、云山村2家紫菜加工厂，吸纳100多人就业，年产值700多万元；坑门村也有2人分别到盛产紫菜的马站、赤溪创办紫菜加工厂。是年，全乡工业总产值1000多万元。2011年，富源村在外奔波20多年的叶友聚带着技术回乡，买来10多台机器，招收本村20多名工人，创办水洗标印刷作坊，效益良好。2015年，乡境内工业主要为自来水和矿泉水加工业、食品加工业、来料加工业，由于茶叶加工厂和采石场的停产，矿泉水加工业产值的大幅度下降，工业总产值降至220万元（按照统计口径，来料加工业未计入当地工业总产值；能源工业均属国有，也未计入本乡统计范围）。

表4-4-3-1 1979—1990年岱岭畲族乡
企业生产主要指标一览表

年份	企业数（个）	职工（人）	总产值（万元）	净利润（万元）	纳税（万元）	固定资产原价（万元）	工资总额（万元）
1979	9	40	2.23	0.29	0.09	2.84	0.99
1980	7	47	2.98	0.56	0.02	2.85	1.13
1981	6	30	1.45	0.19	—	2.92	0.63
1982	6	18	1.26	0.21	—	1.49	0.43
1983	6	33	2.34	0.32	—	2.49	8.89
1984	5	49	6.47	2.37	—	2.97	2.09
1985	4	37	4.79	0.24	—	1.55	1.70
1986	1	106	11.50	1.05	0.18	1.05	3.75
1987	3	202	63.31	6.50	3.00	17.27	10.70
1988	4	182	75.00	1.38	5.18	8.52	9.74
1989	1	44	27.50	0.70	1.26	6.24	1.80
1990	2	24	8.84	0.30	0.37	4.92	1.40

资料来源：《苍南县乡镇企业志》，第254页。

一、手工业

1978年改革开放前，岱岭境内有铁、木、泥水、篾、榨油、成衣、酿酒、纺织等少数个体手工业，居民仅有百分之一二的人口从事这些行业。改革开放后，从事手工业者增多，一些人甚至办起了家庭作坊，完成资金原始积累后又扩大成工厂。至2015年，乡境内手工业主要有食品加工业和成衣业。

（一）食品加工业

主要有红薯枣、番薯粉和番薯粉丝、番薯粉条加工，黄酒酿造，咸柿腌制等。除红薯枣（也称番薯枣）主要供应市场外，其他食品多供自家食用，提供给市场的商品量不大。

1.红薯枣加工业

乡境内素有用红薯加工红薯枣的传统，红薯蒸熟后切条晾晒成红薯枣，为境内传统特色休闲食品，以往多供自家食用。从2015年6月开始，岱岭畲族乡云遮村春意种植专业合作社开始加工红薯枣出售。该合作社拥有高山红薯基地200多亩，凭着纯天然的气候条件和无公害的生态农业管理模式，这里加工生产的红薯枣深受顾客青睐，全国各地订单纷至沓来。由于口感好，尽管红薯枣每斤批发价13元，但市场上还是供不应求。当年，该合作社销售红薯枣1.50万千克，主要销往马站、苍南和温州，当年产值39万元，小小的红薯枣也解决了13位农村剩余劳力的就业问题，帮助低收入农户脱贫致富。

2. 番薯淀粉、粉丝和粉片（条）加工业

岱岭曾经主产番薯，以番薯为原料加工出来的美食番薯淀粉、番薯粉丝和番薯粉条在境内十分常见。1978年前，几乎家家户户有加工，有一定产量。每年秋收后，每天秋霜泛白的早晨，境内山区大木桶在溪流边一字摆开，农家全家老少齐上阵，先将番薯清洗干净，继而壮劳力挑水，妇女、老人用手工将番薯磨成浆（后用机器粉碎），再由2个人紧拽纱布四角，上置番薯浆，用清澈的溪水将番薯淀粉冲洗到底下大木桶中。为让番薯淀粉与番薯渣充分分离，操作者须不断浇水，并不断晃动纱布，让水流更通畅，直至灌满一个个大木桶。几天后，番薯淀粉沉淀到桶底并结成块，舀除上层清水，拿刀片将桶底番薯淀粉刮出，晒干后去除杂质，即为成品，常作菜品勾芡之用。产品有商家前来收购。

畲族用番薯淀粉化浆后在煎盘里一层一层地蒸，又一层一层地晒在竹竿上，等冷却后切成细条，用作点心原料，或煮或炒，口感极佳。进入21世纪后，境内番薯粉片（条）已少有人制作。

番薯粉丝是乡境内居民常用食品，加工历史悠久。将番薯淀粉制成番薯粉丝，须将晒干的番薯淀粉用清水溶化成浆后，一层层放入蒸笼蒸熟，待番薯淀粉块晾凉后，用专用筛孔刨刀刨成一条条番薯粉丝，卷成团状晒干即为成品，食用前泡水烧煮。番薯粉丝可烧汤、可干炒，韧劲十足，很好吃。进入21世纪后，随着番薯种植面积大幅度减少，乡境内番薯粉丝产量越来越低，至2015年，仅富源村有10多户尚在手工加工番薯粉丝，年产量10吨，有周边客商前来收购。

3. 黄酒酿造业

岱岭畲族男女素有饮酒习惯，这与畲民居处山高水冷、劳动繁重艰辛有关，过年过节、招待客人、饮食烹饪、滋补入药都需要黄酒，自酿黄酒既方便又经济。晚稻收成后，家家户户在农历十月廿酿酒日酿制黄酒。一般配料比例为：糯米10升（约3.50千克），籼3—3.50升，水5.25—8.75千克斤，即0.50千克米下0.75—1.25千克水。配比可按特殊要求调整，如酝酿供产妇用的"月

里酒"，大多是0.50千克米下0.62—7.50千克水。酿酒方法：将糯米用清水浸透、洗净、沥干后装入饭甑蒸熟，倒出后适时装入缸中和粬拌匀（粬也可事先按比例配水浸于缸中）；冬天气温低，糯米饭温度在40—50℃时入缸；夏天气温高，糯米饭晾冷后入缸。糯米饭与粬入缸几小时后即开始发酵，发酵期间要用锅铲把缸内"酒饭"拌匀，每日数次，待发酵期（一般5—7天）过即将缸口封固，约1个月左右即酿成酒。密封到除夕开酒缸，以便来年正月初接待贵客。有些畲民还从山上挖来山龙（南五味子）、红刺桐（棘茎楤木）等十几种乃至几十种去风湿、通筋活血的草药，洗净、晒干、切碎后，用大锅煎出药汤，通过过滤、晾凉后当水酿酒。这种"山草补酒"颜色橙红，香醇可口，有着特别的风味，有治疗风湿、暖胃等功效。

4.咸柿腌制

柿果腌食是岱岭一大特色，腌制后的咸柿削皮吃，甜中带咸，风味独特。俗语说："七月核桃八月梨，九月柿子红了皮。"每到农历十月初一至立冬柿子成熟季节，乡境内便可见金黄色、鸭蛋状、泡在咸水里的咸柿。

柿子因带有苦涩味，脱涩方法不同，会产生甜、咸不同口味。全国流行甜化处理，如常见柿饼，全身裹满白色糖霜；有的做成柿子酱。唯独腌制咸柿是乡境内特有的脱涩处理做法，家家户户都会。岱岭人尤喜咸柿，其处理方式别具一格，类似于腌咸鸭蛋。先人通过不断尝试，摸索到了将涩柿用盐水浸泡腌成咸柿的方法。可供腌制咸柿的有两个品种：一种是早熟型，上市早，当地叫鸟柿（闽南语）或者水柿，卵型，偏小，形状偏长；一种是晚熟型，又称牛心柿，形如鸭蛋，短且胖，成熟时红中带着金黄，小巧可人。渍制后，晚熟型柿子比早熟型口感更佳。

农历十月初一后，岱岭人将刚摘下来未破口的青柿子，装入清洗干净的坛子（否则遭受污染的柿子在脱涩过程中会腐烂）里码整齐；并以50千克柿子兑4千克盐，将搅拌好的盐水倒入坛子中，之后放上一把辣蓼（味辣，有去涩功能）将坛口铺平，盐水刚刚没过辣蓼，再用块石压顶，8—10天渍成咸柿，即可食用。吃时，将柿子从盐水中捞出，用水洗净，拿刀子削去橙黄色的柿子皮，便是金黄色果肉。青柿子本来味涩，盐水偏苦，但经过腌制的柿子竟然变得咸甜爽脆。

（二）成衣业

1978年改革开放前，乡境内畲民衣服、被褥、蚊帐等少数靠自己手工缝纫，大多由本族内裁缝师傅制作，尤其是妇女穿着的花边衣、新娘穿着的出嫁装、师公（师公：即褙公。褙，音sī，福或祈福禳灾的意思。）穿着的功德服"赤袍"、老年妇女入棺穿的"百岁衣"等，必须由畲族裁缝师傅制作。畲族服装有礼服和便服2种，其中女装礼服有凤凰装、钉花衫、长裙等，便服有便衫等。凤凰装是畲族妇女主要礼服，历史悠久，分上衣、下衣和头饰（银饰）3个部分，上衣俗称大襟绣花衣或钉花衫，刺绣技艺精湛。有钱畲家在女儿出嫁前几个月，都会请几位裁缝师傅到自家制作一套凤凰装和几套陪嫁服装。

畲族裁缝师傅多为男性，手艺家族世代相传，有的也带非家族徒弟。清代，乡境内雷德生是制作凤凰装能手，有的徒弟成了刺绣之家，世代相传。到清光绪年间，龙凤村（今并入富源村）仍有雷朝夭、雷招锵、蓝景山3人精通凤凰装上衣刺绣工艺，后传艺给雷子位、蓝成山、雷朝篇等人。清代至民国时期，妇女穿的花边衣的花边多由妇女自己刺绣。当时妇女刺绣工艺水平如何，几乎成了笨拙与灵巧的重要标志。特别是姑娘嫁衣裳上的花饰，有些甚至不惜花上半年时间精心刺绣。中华人民共和国成立后，随着编织花边机的问世，畲族花边衣逐步改为贴花边，刺绣工艺逐步走向衰落。富源村民蓝瑞桃是浙江省非物质文化"畲族刺绣"代表性传承人，她年轻时跟丈夫祖父雷子位学习手工刺绣，工艺精湛。每年均制作一些大襟花边衣出售，获得好评。现带几位青年女徒弟。

岱岭境内汉族也多裁缝师傅。民国年间，村村有裁缝师傅。据苍南县台湾事务办公室档案记载，民国14年（1925年），云遮村陈作兵携妻去台湾开裁缝店谋生；民国26年，林家边村林志镇和侄儿林良国也一起到台湾开裁缝店谋生，此后定居台湾。2015年，东宫村有4人在温州从事成衣业。乡境内多裁缝师傅，也为1978年后岱岭人到全国各地开时装店打下了良好基础。如在西安开时装店的富源人陈为宗，本行就是裁缝师傅。

（三）现代工业

乡境内现代工业从1965年创办的3个茶厂开始。至2015年，已有茶叶加工业、自来水和矿泉水加工业、来料加工业、能源工业，其中风电场有一定规模。

1.茶叶加工业

岱岭人人喜爱喝茶，乡境内家家户户素有种茶和加工茶叶的传统。清乾隆年间，云遮云雾茶已名闻蒲门三都，鸣山（今名笔架山）旗枪闻名福建、台湾等地，留有"门迎鸣山春常在，户对旗枪名特产"的诗句。1962年，岱岭公社茶叶产量近2吨。1965年，在"农业学大寨"运动推动下，境内掀起种茶高潮，云山、福掌、东宫3个生产大队各办有1个制茶厂，加工绿茶和红茶。至1982年，全社加工茶叶11.75吨。1986年，茶叶产量下降至10.65吨。1989年，加工茶叶7.74吨。

1990年，朗腰村民林庆元投资20万元创办朗腰茶叶加工厂，厂房占地320平方米，固定资产20万元，1993年加工茶叶50吨，产值30万元，上缴税利2.53万元，利润2万元。1994年产值78万元，纳税2.53万元，利润2万元，主要产品毛尖、高绿销售到苏州、宜兴一带。2002年制出一级"苍南翠龙"茶，由于市场对路，销路较好。2015年，茶厂因效益不佳而停产。

2. 制水业

2015年，乡境内拥有1家自来水供水站和2家矿泉水厂。

自来水厂 1997年，乡境内建成股份制的岱岭乡自来水厂，日均供水量75立方米。2014年11月，投资50万元在杨家边村新建岱岭乡自来水供水站，2015年8月竣工，建成2个合计容量为150立方米的个蓄水池，以及沉淀池、无阀滤池、加药间、管理房等，设计日供水规模为300立方米，日均供水量70立方米。

矿泉水厂 云山村和云遮村所处的鹤顶山拥有丰富的矿泉水资源，泉水经过火山岩亿万年溶滤，以下降泉溢出地表，常年水温在18—19.5℃，矿泉水低钠、富含偏硅酸、小分子团、硬度低、口感甘甜。2003年6月，云山村利用牛运坡一眼永不枯竭的矿泉，30个股东集资200多万元，创办苍南县云山矿泉水有限公司，厂房占地面积2000多平方米，平均日产"云山"牌矿泉水1000多桶22.50吨，取得了良好的经济效益。2015年有员工18人，年销售120万桶，年收入110万元。生产旺季，日产矿泉水50多吨，销售圈从本县扩大到泰顺、洞头、玉环和福建省福安市。2004年，云遮村也投资100多万元创办"鹤露"牌矿泉水有限公司，利用当地丰富的矿泉水，日产"鹤露"牌矿泉水800桶。

3. 来料加工业

来料加工是岱岭重要脱贫项目。在苍南县扶贫办牵线搭桥下，2007年，富源村建立发夹来料加工基地，杨家边村建立圆珠笔来料加工基地，为脱贫致富打下基础。2010年，富源村把来料加工厂房建设作为重点来抓，带动农户100多户，其中低收入农户占50%多，年增加村集体收入2万多元；富源、杨家边、大厝基等村发夹、圆珠笔、节日灯、儿童卡片来料加工收入68万元，新增从业人员230人，低收入农户人均纯收入4720元，比上年增长10%。2011年，又在大厝基村发展笔具来料加工，在富源村发展环保袋来料加工。富源村鑫鑫来料加工厂创办于2011年，厂房面积300平方米，有缝纫机20台，县扶贫办每年给了1万—1.50万元扶持资金。2015年有员工80人，每人加工环保袋月收入达1500—3000元，解决了全村剩余劳动力就业问题；福掌村来料加工厂创办于2014年，厂房面积200平方米，有缝纫机10台，县扶贫办每年给予1万—1.50万元扶持资金，有员工20人，每人加工环保袋月收入1200—2500元。因多措并举，至2015年，全乡农村经济总收入8558万元，是1993年528万元的16.20倍；农民人均收入10936元，是1993年328元的33.30倍。2015年，乡境内来料加工业主要是环保无纺布袋代加工，富源村和福掌村共有2个环保无纺布袋来料加工点，购置缝纫机40多台，拥有固定工人60多人，年产值220多万元（按照统计口径，未计入当地工业总产值）。是年，富源村157户低收入农户参加环保无纺布袋来料加工，人均年收入达8550元。

4. 能源工业

有风电、水电两种。

风 电 鹤顶山是苍南县境内最高峰，主峰海拔998.50米，平均海拔700多米，山势高峻，终年风力强劲，年平均风速为每秒7.50米，年有效发电风速长达6000—7000小时，风速十分稳定。同时鹤顶山山脊平缓，可建风电场的场地面积达3平方千米，发展风电产业条件得天独厚，从而引起国家有关部委和外国风电专家的关注。1989年2月底，浙江省机电设计研究院及国家能源部杭州机械设计研究所专家慕名来鹤顶山实地考察，认为这里风电开发条件优越，是全省沿海难得的优越大型风电场所，三大风场可安装机30—50台大型风力涡轮发电机。1990年，鹤顶山风力发电站被国家计委列为"八五"期间开发的全国四大风电场之一，有关部门在此进行测风仪安装和进场公路建设，还在675米风场进行15千瓦、55千瓦、200千瓦3台国产风电机组运行试验，为建设大型风电场奠定良好基础。

1995年，鹤顶山风电场对占用的坑门、云遮和云山3村200多亩林地进行经济补偿。1996年1月，风电场一期工程动工，安装2台从丹麦进口的功率各500千瓦的风电机组，这是当时世界上投入商业运行的最大风电机组，做到同世界先进水平接轨。同年4月17日，3名德国风电公司专家专程到鹤顶山风电场实地考察，为这里将要实施的二期工程作准备。鹤顶山风电二期工程共安装15台装机容量为600千瓦的德国产风力发电机组，总投资1.04亿元，其中德国政府提供6100万元贷款，浙江省电力公司负责在25年内偿还。鹤顶山风电场二期工程于1998年11月15日完成，两期工程共安装26台风电机组和相应的配套输变电设施，总投资2亿余元。至此，鹤顶山风电场装机容量已达到1万千瓦，成为当时温州最大风电场，年发电量达到2000多万千瓦时，所发电力并入华东电网。其中德国进口风电机组支架高50米，风叶直径50米，单机重量30吨，复合材料制造的单片风车叶片1吨多重，能抗12级台风。所有风机全部实行自动化控制，遇有10级以上强风或故障，会自动转向停机。

至2013年底，鹤顶山风电场已有28台风力涡轮发电机，总装机容量达1.74万千瓦，年发电量3000多万千瓦时。其中16台从丹麦进口的风力涡轮发电机功率分别为500—850千瓦，12台（另外3台已经被强台风损坏）从德国进口的风力涡轮发电机功率均为600千瓦。2014—2015年，鹤顶山风电场年均发电量都在3000多万千瓦时，年产值近2000万元。鹤顶山风电场属于国有企业，产值未统计在岱岭畲族乡工业产值之内。

水 电 乡境内1982年冬才建有水电站，曾有朗腰和云脚2座小型水力发电站，至2015年仅剩下1座云脚水电站。

朗腰水电站 20世纪70年代末，境内尚未通电。为改善居民照明条件，朗腰大队利用村内山区丰富的水力资源，在马站区资助3000元的情况下，发动村民义务出工，于1979年冬开工兴建1座库容3000多立方米的土石坝山塘（长45米，宽15米，坝高6米）拦蓄溪水，并在此基础上建设1座45千瓦的小型直流水力发电站。工程1982年冬竣工后，发电机功率12千瓦，每天仅在晚上6—11点发电，日发电量仅72千瓦时，所发电力用于解决本村83户316名村民的夜间照明问题，所有用户均未装电表，以每户安装的电灯数量来计算电费。1992年，朗腰村与马站电网联网，朗腰水电站所发电力夜间供应本村部分村民，白天供应朗腰茶叶加工厂。1995年，因设备老化，朗腰水电站停止运行。

云脚水电站 1989年6月，马站水电站在云遮岭脚建云脚小型水电站，利用集雨面积3平方千米的云山水库水源引流发电，装机100千瓦，年均发电量50万千瓦时，并架设5千米高压线路，将所发电力输往马站镇。2008年，云脚水电站因设备老化、管理不善、效益不佳而废弃。2015年，水电站被股份制改造后重修启用，装机增至400千瓦，当年发电量40多万千瓦时。

5. 采矿山

清康熙年间，有人在附近的矾山从事矾矿开采和冶炼作业。2001年后，一批山区农民外出矿山打工，从事矿山井巷建筑工程。富源村朗腰自然村2004年曾办有1座采石场。至2015年乡境内采矿业主要有石子加工业和矿山井巷业，其中岱岭人在广西、云南承包的矿山井巷业均有一定规模。

石子加工业　岱岭石矿资源丰富。21世纪后，随着周边城乡建设的迅速发展，对石材需求量迅速增大，股份制的朗腰采石场于2004年4月应运而生，有员工10人，开办初期日采石量50立方米左右，所产石块主要用来生产建筑石子。后因石子需求量增大，员工增至16人，日开采量增至120立方米。至2011年，采石量降至4.70万吨，产值40万元，利润8万元，纳税0.40万元。2015年9月2日，因山地开采合同已到期而停工。

矿山井巷业　岱岭靠近世界最大矾矿矾山，历史以来即有许多人在矾矿当挑矾工来养家糊口，对矿山井巷行业十分熟悉。2001年，受矾山矿山井巷业蓬勃发展影响，岱岭山区有136人外出从事矿山井巷业；最多时有数百人在矿山打工，以富源、云山、云遮、坑门、福掌等村为主，少数人成为事业有成的老板。富源村南山自然村林逢润20世纪90年代中期即在广西南宁从事矿山井巷业，后到桂林附近承包露天稀土矿山，为当地冶炼企业提供原料，事业越做越大，成为岱岭籍在外知名人士，并带一批本地人到其企业帮助管理。富源村林庆竹21世纪初进入采矿行业，2010年在广西壮族自治区合山承包一座煤矿，有二三百名工人，岱岭有十几人在其企业担任管理人员。富源村朗腰自然村的林庆元2015年停止生产茶叶后，也去云南开矿。是年，坑门村从事矿山井巷行业的有42人，在内蒙古、陕西、山西、山东、广西、云南等地，从事铅锌矿、铁矿、铜矿、金矿、煤矿等的开采，大多为风钻工。

6.建筑业

乡境内历史上村村有半工半农的泥水和木工师傅，农忙务农，农闲做工，这为后来乡内建筑工程队的兴起打下了良好基础。1978年后，一些技术较好的泥水和木工师傅陆续外出承包工程，生意越做越大，一些有经营头脑者后来各自成立建筑工程公司，主要从事房地产代建工程。1986年，全乡仅有41人从事建筑工程；至2015年，全乡建筑业发展至6个建筑工程队，其中大厝基村有5个，坑门村有1个（100多人从业），工程项目分布在苍南、温州、福建以及全国各地；全乡有327人从业，主要为管理人员；年产值上亿元，单是大厝基建筑商人陈永森的建筑公司，年产值就有数千万元。大厝基小岭自然村蓝春永、蓝敏龙父子也在柬埔寨交通集团从事交通建筑工程管理工作，东宫村郑祖涨在安哥拉从事建筑业工程。有建筑业从业经验的云遮村雷朝平在苍南县城开房屋装潢公司。

第四节　服务业

主要有金融业、旅游业和交通运输业。1992年11月，岱岭农村信用合作社并入马站农村信用合作社后，乡境内已无机构从事金融业。交通运输业一直存在，但体时很小，仅有少数人从业。至2015年，乡内商业十分薄弱，乡外商业较为强大。旅游业于2012年兴起，今已成为岱岭畲族乡新的经济增长点。

一、商　业

乡境内经商者以汉族为主。民国时期，乡境内仅少数汉族地主、富农兼营木材、茶叶、木炭等买卖，畲民极少从事商业活动。畲民或将自产蔬菜、木材、薪炭、扫帚等农产品挑到矾山、马站、蒲城等邻近集镇出售，换回米、盐、布匹及铁器等日常生活用品。因消费能力不足，当地商店不多。但常有外地小贩挑着货郎担、兑糖担、"咕廊"担，到乡境内叫卖日用小百货和饴糖、光饼等食品，或用这些商品换取当地居民废铜烂铁等废旧品，以赚取差价。

中华人民共和国成立后，乡境内成立供销合作社，供应日常生活和生产用品。1978年后，随着商品经济发展，居民消费能力增强，乡境内小商店渐多。20世纪90年代，乡境内开办石油液化气供应点；2001年，全乡从事饮食行业的有48人；2009年，东宫村开设百一超市。2013年初，大厝基村建筑业商人陈永森从温州回乡创办温州市永森农业开发有限公司，所产玫瑰和康乃馨等鲜花主要销往本县灵溪镇、龙港镇和温州、福州等地。除固定销售店外，还通过电商形式来提高销量。

外出经商方面，20世纪80年代初，乡境内就有人到邻近的马站街上做果品批发和零售生意；20世纪80年代末，有一批青年人到广东等地开设皮鞋专卖店；90年代末，又有人到全国各地开设时装专卖店；进入21世纪，开时装店和皮鞋店者因同行竞争激烈，有人转行到广东、苏州等地开超市；也有人在苍南、福鼎从事酒类批发生意；坑门有10多人做紫菜批发生意。2004年开始，岱岭人把生意做到境外，至2015年，共有4人在南非做零售生意。这些人经营额无法统计。

（一）乡内商业

因购买力不足，岱岭乡内商业一直不发达，商店均规模不大，数量也不多。始建于1963年的乡供销合作社因受市场经济冲击，于20世纪90年代中期关闭。至2015年，乡境内共有19家小商店和1家超市，以及1个石油液化气销售点；乡境内另有销售食品的咕廊担和贩卖蔬菜的流动菜贩时而出没在村头巷尾。

1. 咕廊担和生面馆

面食不是岱岭主食，但岱岭人对光饼和生面深有感情，出售光饼的咕廊担和出售生面的生面馆与乡境内家家户户都有关系。

咕廊担　光饼，据说是明代戚继光在东南沿海抗倭时流传下来的一种面食，是邻近蒲城和马站特产。圆形，直径10厘米左右，中间有1个小洞，味道香，耐保存，岱岭人喜食。因有需求，早年经常有商人用纱条穿过中间小洞10个饼一串连起来，挑着"咕廊"担，翻山越岭到岱岭叫卖。乡境内通公路和机耕路后，他们改用三轮车到各村叫卖。至2015年，仍有马站人开着机动三轮车，沿着公路、机耕路到乡境内各村叫卖。

生面馆　生面，畲民也叫冷面，是乡境内居民喜食的点心。1978年改革开放后，各大村都有人开生面馆，以方便村民在劳作时充饥。届时叫店主烧一碗充饥便能继续劳作，招待客人每碗加2个荷包蛋即可。购买者暂时没钱还能赊账。进入21世纪后，随着当地食品的极大丰富，乡境内生面馆逐渐消失。

2. 供销合作社

岱岭畲族乡供销合作分社始建于1963年，最初地点设大厝基内宫，工作人员有张传松、邱家芳、杨家茂、沈朝和。以后20年间，尽管受计划经济体制制约，商品流通量仍有很大增长。此间，供销合作社在当地党委、政府领导下，积极组织货源，在春耕生产、夏收夏种、秋收冬种大忙季节，利用中午和晚休时间送货到村到户，受到农民的欢迎。1970年在杨家边村大路自然村建二层砖木结构商用房1幢，建筑面积450平方米，设农资用房和副食品、日常用品用房，以陈跃荣为主任，共有6名工作人员。1983年，供销社进行体制改革，成立岱岭公社供销合作社，恢复合作商业性质，根据"组织群众性、管理民主性、经营灵活性"原则，通过清股分红，扩股增股，并在系统内推行以经营承包责任制为中心的一系列改革。1995年，岱岭乡供销合作社有12名工作人员。后因市场竞争激烈，经营困难，职工各找门路，岱岭乡供销合作社关闭。

3. 石油液化气供应点

20世纪90年代初期，随着岱岭境内百姓生活水平的提高，清洁、便捷、高能的罐装液化石油气开始进入寻常百姓家。至20世纪90年代中期，乡境内乡村广泛使用煤气灶。出于供求需要，东宫、云遮、杨家边3村各出现1个罐装液化石油气销售点。至2015年，经过安全生产大整顿，岱岭仅剩下杨家边1个有证石油液化气销售点，一些居民方便时也到有证的马站石油液化气站灌装。

4. 商 店

民国年间，东宫村即开有南货店，主要经营百姓日常用品。由于商店小、商品少，当地居民多到附近的马站街购物，离矾山近者则到矾山街购物。民国22年（1933年）印行的《平阳畲民调查》称，"商店以其（畲民）不失约，不短欠，认为好主顾"。2009年，东宫村开设百一超市。2015年，全乡共有19家小商店和1家超市，经营者以汉族为主。其中小商店大厝基有1家、东宫村有4家、杨家边村有4家、富源村有5家、福掌村有1家、坑门村有1家、云遮村有2家、云山村有1家，主要经营居民日常生活用品。

（二）乡外商业

由于在外贸易商人众多，岱岭乡贸易业十分发达，外出经商人员主要开设皮鞋店、时装店、超市或开展电子商务；在国外的经商人员主要在南非开药店。

1. 国内商业

主要有皮鞋店、时装店、超市以及电子商务等。

皮鞋店 20世纪80年代末，岱岭畲族乡附近的沿浦镇众多皮鞋作坊主移师广东开设制鞋厂，形成了一个颇具规模的皮鞋产业。接着，与沿浦皮鞋从业者有亲戚关系的福掌村徐加堂以及其他村民纷纷到广东广州、东莞等地开设皮鞋专卖店，代销沿浦人制作的皮鞋；由于收益颇佳，随后富源、坑门、东宫、杨家边、大厝基一些青年人也纷纷参与这行生意，把皮鞋店开往全国各地。至2015年，全乡有162人从业，其中富源村有101人、大厝基村7人、杨家边村5人、东宫村15人、福掌村5人、坑门村16人、云遮村4人、云山村9人，皮鞋店主要开在杭州、温州、嘉兴、苏州、泰州、广州、福州等大中城市，年营业额上亿元。福掌村有9人在广东各地开皮鞋店，主要经营者为畲族妇女。

时装店 随着皮鞋店生意越做越大，从1999年开始，一些已有一定原始资金积累的杨家边村青年人转战西安、台州等大中城市，开设比皮鞋店利润更高的时装店。后来，富源裁缝师傅陈为宗夫妻也弃工从商，到西安开时装店。2015年，全乡共有62人在全国各地开设时装专卖店，其中富源村30人，大厝基村5人，杨家边3人，东宫村5人，福掌村3人，坑门村9人，云遮村3人（在苏州），云山村4人。

超 市 2010年开始，随着电商兴起，传统商业受到冲击，一些原先开皮鞋专卖店和时装专卖店的杨家边村民开始转行，在广东、江苏等地从事超市行业。至2015年，全乡约有15人在开超市，主要是杨家边村人。

电子商务 2006年，云遮村民蓝景满从浙江理工大学毕业后，在杭州与人合办杭州筑梦网络有限公司，经营电子商务，效益良好。至2015年，他已持有公司一半股份。

2. 国外商业

2004年，大厝基村民杨守建先到科特迪瓦开出租车，3年后改行开造船厂，继而出海捕鱼，连续5年都经营不善。2012年转到南非开办药店，收入较好。其哥杨守君于2006年去南非开药店，收入一直较好。至2015年，全乡共有5人在境外经商，杨守建、杨守君、杨望、林丽雪均在南非开药店。

二、金融业

中华人民共和国成立前，乡境内因为人口稀少、经济落后，未设金融机构，但民间高利贷较为普遍。中华人民共和国成立后，为打击高利贷活动，政府于1954年10月成立岱岭乡农村信用社，其为农民入股的群众性集体经济金融机构。但因体制机制问题，经营状况一直不佳。从1983年4月开始，岱岭农村信用社进行体制改革，入社扩股面不断壮大，管理机制不断健全，经济效益有所提高。但因岱岭经济不发达，存贷款业务量一直不大。考虑到运行成本问题，1992年11月，岱岭农村信用社撤销，并入马站农村信用联社，居民存贷款转至马站农村信用社。乡境内民间借贷一直存在，利率高于银行。2011年开始至2015年，东宫村民郑存峦一直在上海开办金融公司，从事金融借贷业务。

（一）民间借贷

民国时期，岱岭高利贷较普遍，贫民靠借高利贷度日，人称"口渴喝盐卤"。民国24—36年（1935—1947年），乡境内百姓一般到马站润源、宏达、富源3家钱庄借贷，贷款日息最低2毫，最高7厘，月利率为22.50%。民国35年后，最高挂牌日息达6分，更有以日复利计算利息。后因物价暴涨，货币贬值，这3家钱庄均于民国26年前后关闭。是年冬，创办股份制马站信用社信用部，入股者多为商人，每人股数不限。经营业务与钱庄无异，人员配备和规章制度比钱庄正规，可获合作社金库资金支持和补助。中华人民共和国成立前夕，信用部歇业。

民国时期，岱岭境内高利贷最通行的有"利滚利"，月利率为30%，并按月计算复息。"出门利"，月利率为20%左右，在此借款本金中现扣利息。

"放谷银"（俗称放青苗），春以谷价的6折借款，夏还现谷（等于借谷60斤，还谷100斤）；也有春借谷100斤，夏还谷150斤，或借谷还米、借麦还米、借甘薯丝还谷等。物价上涨期间以放谷银为多。农村中的贫困农户，因受高利剥削造成倾家荡产、妻离子散者，屡见不鲜。中华人民共和国成立后，政府严禁高利剥削，加上银行、信用社对贫困农户的贷款扶持，高利贷活动大为收敛。

兜会，是民间流行至今的一种经济互助方式。参会人数一般10—11人，多数为亲戚朋友，发起者称"会头"，参会者称"会脚"。每次应交会款多少，视需要和可能事前商定。按交会款期限分为小会（每月或数月1次）和大会（1年1次），以小会为多，按确定会脚收取会款。收会款次序及方法有座会和摇会两种，以座会为多。还有楼梯会和累进会等。

抬会，也称"排会"，以营利为目的，借民间呈会为名，实为诈骗，危害极大。马站抬会始于1982年，其形式主要有"18股"和"21股"两种。18股会期为4年3个月，每3个月为1期，每股每期交纳会款分别为600—1200元，每期可收会款总额10200元和20400元。21股会的会期为3年4个月，每2个月为1期，每股每期应交会款分别为500元和1000元。每期可收会款总额1万元和2万元。各期会款按参会者事先所认定的股序轮收，为期3年4个月，每2个月为1期，每股每期应交会款分别为500元和1000元。每期可收"头会""二、三""中肚"（又称连排)等3个档次。"中肚"获利最多（计月息为50%左右），其次是"头会"，亏本的是"二、三"。会主为了先得会款，便自认"头会"和"二、三"，而以超高利诱骗参会者（习称"会脚"）认"中肚"。1990—1991年，抬会活动从马站传入岱岭，涉及人员数十人，会款发生额上百万元。由于部分会主拒绝还款，引起乡境内连锁反应，抬会相继倒闭，数十名参会群众夜以继日地为讨还会款而奔走，债权人和债务人之间为讨债而引发的纠纷时有发生，严重地扰乱了社会和经济秩序，破坏社会公德，引起信用危机。面对倒会的混乱局面，1991年6月3日，县委、县政府派出工作组进驻马站，"抬会案"纠纷才逐渐平息。

（二）岱岭农村信用合作社

中华人民共和国成立后，为打击民间高利贷活动，于1954年10月成立岱岭乡农村信用社，其为农民入股的集体金融机构。主要任务是办理农村信贷工作，吸收存款，发放贷款扶持农业。信用社设立理事会和监事会，实行民主管理，群众监督。公社化期间，群众性的信用合作组织变为公有制，削弱了经营积极性和农村信用社活力。1983年4月开始，为克服信用社体制弊端，按照"组织群众性，管理民主性，经营灵活性的要求"，岱岭信用社进行体制改革，入社扩股面不断壮大，入股股金由原来的30.65万元增至43.24万元，理事会由社员代表民主选举产生，组织各级理事会，并建立岗位责任制，健全信用社管理机制，同时，加强存贷业务和社与社之间的资金余额调剂。由于岱岭经济不发达，存贷款业务量不大，1992年11月，岱岭农村信用社撤销，并入马站农村信用联社，居民存贷款转至马站农村信用社（2014年5月改称苍南县农村商业银行马站支行）。

**表4-4-4-1 1954—1982年岱岭畲族乡
信用合作社历届主任一览表**

姓　名	任职时间	姓　名	任职时间
林逢月	1954.10—1955.12	陈其央	1983.01—1988.10
郑祖辉	1956.01—1963.09	郑德迎	1988.11—1991.10
陈益举	1963.10—1965.12	陈起达	1991.11—1992.11
黄云新	1966.01—1982.12	—	—

资料来源：据《苍南农村信用合作社志》。

三、旅游业

岱岭境内乡村旅游始于21世纪。境内除了鹤顶山、笔架山等山岳风光外，还有富源特早熟温州蜜橘园、杨家边村脐橙园、云遮村甜橘柚园等大型特色水果园，大厝基玫瑰园、坑门村桃花园等花园，以及三月三、九月九畲族民族风情游等旅游资源，成为乡村旅游的好去处。2012年以来，随着三月三、九月九等畲族民族风情活动的恢复，以及富源特早熟温州蜜橘采摘游的开展，吸引越来越多的游客到此旅游，旅游业正成为岱岭经济新的增长点，并形成了农家乐等配套设施。至2015年，到岱岭旅游人数已达8万多人次，年旅游产值达2000多万元。

（一）畲族风情文化游

农历"三月三"是岱岭畲族传统节日。2012年3月24日，岱岭畲族乡政府在东宫村举办温州市第三届瓯越"三月三"畲族风情旅游节暨苍南县第二届少数民族传统体育文化节，以庆祝畲族传统佳节，杭州、温州、福建、台湾等地8000多人前来观赏。活动期间，畲族青年男女歌手进行畲歌盘唱、竹竿舞等畲族传统文艺和畲族嫁娶表演；请神灵降投"武身"坐刀轿巡徉活动；现场制作畲族传统美食舂糯米糍、煮乌米饭、做盐卤豆腐等，免费请观众品尝；邀请本地畲族手工艺师现场制作畲族女性传统凤凰装大襟钉花衫刺绣、传统诗花彩带编织、编制草鞋、制作棕蓑衣等。此后每年农历三月初三，均在畲村富源村举办一次"三月三"民俗活动，让广大观众大饱眼福，将乡境内旅游业不断推上一个新的台阶。

农历九月初九，旧称重阳节。按照惯例，从九月初八开始，云遮村都要在九使爷宫举行传统文化庙会，历时3天，每天参加者达数千人。届时，举办畲族歌会，浙闽周边数县畲族歌手前来进行对歌，通宵达旦，尽欢而散；同时举办抬刀轿巡垟民俗活动，吸引各地游客前来观赏。

2015年，乡政府结合美丽乡村、民族特色村建设，完成富源、东宫2个村的房屋立面装修，突出畲族乡民族文化内涵。富源村文化广场道路两旁的民居统一为白墙青瓦，墙上彩绘畲族生产、生活图案。富源村停车场由村集体投资50万元建设，以方便游客免费停车。旅游接待中心股份投资200万元，设有住宿部、餐饮部、大型会议室、卡拉OK厅等，为在乡境内开展旅游提供支撑。

（二）特色水果采摘游

岱岭境内拥有千亩特色水果基地，富源村的温州特早熟蜜橘、杨家边村的脐橙、云遮村的甜橘柚均有一定种植规模和产量。2007年，富源村建设500亩温州特早熟蜜橘基地。2011年，富源村的特早熟蜜橘基地通过省级无公害产品认证。因富源特早熟蜜橘品质优良，深受广大顾客青睐，是年开展游客自驾采摘游之后，吸引了一批又一批苍南、平阳、温州、福鼎等地游客前来采摘和旅游，采摘游游客数量逐年上升。2015年，有2万余人到富源村参加温州特早熟蜜橘采摘游活动，活动共售出蜜橘15万千克，占总产量的60%；全村温州特早熟蜜橘基地采摘游销售额达到70多万元，纯收入达到42万元，经济效益远高于自己采摘后到市场销售。同年，地处杨家边半山腰的150亩脐橙开展采摘游项目后，采摘量60吨，净利润30多万元，并带动了当地农家乐等产业的健康发展。

（三）农家乐

岱岭农家乐开办于2010年，以山岳观光和农业观光为目的，以农户自主经营为模式，都拥有大厅和包厢，主要解决游客观光后吃饭、娱乐问题，以清明节前后生意最为兴隆。富源村民族文化广场餐饮部2013年9月建成，菜品富有畲乡特色，生意红火；富源村另一家农家乐于2015年建成。2家农家乐占地面积均约150平方米，年经济收入15万—20万元。坑门村2家农家乐分别于2010年、2011年建成，占地面积均约100平方米，年总收入20万—30万元左右。大厝基村和杨家边村也各有1家农家乐。至2015年，全乡有6家农家乐。平时村民来客或过生日或过节，可以到此聚餐、唱歌。

四、运输业

乡境内运输业经历了人力挑运和车辆运输2个阶段。

1.人力挑运 坑门村地处矾山至马站交通要道——坑门岭上，清康熙年间，矾山盛产的明矾和马站、霞关盛产的海产品及农副产品，相当一部分运经此地，许多百姓在路旁搭寮做买卖，村内还有一些人参与挑运明矾和炼矾用的柴草，用以养家糊口。清乾隆九年（1744年），矾山明矾大量开采，给岱岭农民提供大量就业机会。当年，当地汉族妇女裹小脚，不参与外出挑担等重体力劳动；畲族妇女不裹小脚，与男劳力一样参加重体力劳动，一些畲族妇女勤劳甚至超过一般男人。岱岭畲民到矾山挑运明矾，女性占一定比例，她们中竟有能挑300斤者。民国12年（1923年），矾山矾窑增至28处，每窑日产1900斤，日耗柴2260担，主要从马站方向通过坑门岭运入。民国时期，岱岭有几百名农民专门从事挑夫行业。1957年4月16日矾山开通公路前，矾山所产大量明矾仍有一部分从坑门岭古道用人力挑至沿浦出运，矾窑及居民所需薪柴很大一部分也从这条古道运往矾山，坑门、福掌、云遮、朗腰、顶峰、南山、龙凤岭脚、云山等地畲汉男性青壮年大多参与挑运，畲族妇女部分参与挑运。在1961年9月78省道矾山至马站公路通车前，坑门岭人流、物流量较大，十分热闹。

2.车辆运输 1984年，政府准予个体户从事运输业，因乡境内蓬勃发展的蘑菇产业对稻草需求量极大，农用拖拉机加入运输队伍，手扶拖拉机发展到15台，一些农户利用78省道连接乡内外的优势，跑起运输。20世纪90年代出现三轮卡和农用四轮卡，运输工具进一步优化，加上周边公路交通条件进一步改善，一些农户搞起客货运输。之后，货运工具改为更加新型的柳州五菱和"方拖"。1995年，马站途经岱岭至灵溪客运班车增至4辆，岱岭至马站客运公交增至5辆。2001年，全乡有40人从事交通运输业。2015年增至80多人，有个体运输汽车50辆、出租车14辆。其中云遮村有30多人从业，其中3人开出租车，2人开公交车，20多人开滴滴网约车，5人开货车；坑门村有31人从业，以在县城灵溪镇、马站镇开出租车和货车为主，也有人开公交车；东宫有13人从事公交车和出租车驾驶行业，岱岭至马站客运公交车中属于东宫人所有的有2辆；在陕西省西安市开时装店的富源村民陈为宗，在有一定原始积累后，于2013年开始参与经营苍南至西安的大巴车。400余辆电动三轮车也成为乡境内普通百姓日常运输工具，少量专门被用于运输煤气罐、农产品等。

第五章 社会事业

　　岱岭境内各项社会事业曾经十分落后，直至清宣统三年（1911年）四月，才创办鸣山学堂（岱岭畲族乡学校前身）。民国年间，除节日期间有戏曲演出和畲族男女青年对歌等活动外，仅学校有篮球、乒乓球和象棋等体育活动。饮水主要靠溪水、井水，点灯主要靠菜油、松明，医疗主要靠畲医。中华人民共和国成立后，政府大力加强畲乡基础设施投入，将岱岭畲族乡学校建成九年一贯制学校，在村卫生室基础上建成岱岭卫生院，基本解决乡境内少年儿童就学难和当地居民就医难问题。20世纪70年代开始，陆续建立广播站、电影队、电视转播台等。20世纪80—90年代，基本解决乡境内居民的饮水、供电、交通、通信等问题，居民生活质量不断提升。21世纪后，当地进行移民下山易地脱贫，医保、社保进一步完善。2012—2015年，岱岭畲族乡陆续举办"三月三"民族民俗文化节、"九月九"畲歌会、"纪念刘英慰问福掌村"等庆典活动，富源村畲族特色村寨建设日臻完善，推进了乡村旅游业的发展。

第一节　基础设施

　　1978年改革开放前，乡境内水、电、道路、通信等公共基础设施几乎空白，居民饮用溪水或者井水，照明用煤油、蜡烛、菜油、柏子油甚至松明，大多数居民出行靠步行，邮电业务要到附近马站镇上办理。改革开放后，各级政府大力支持岱岭畲族乡改善水、电、道路、通信等基础设施，结束了当地水不清、灯不明、居民出行靠步行、通邮通信要到马站街的状况，乡境内村村通公路，户户都用上了自来水、电器、电话，部分家庭还通上了互联网，人民群众生活条件发生了翻天覆地的变化。

一、交　通

　　岱岭畲族乡三面环山，交通闭塞，当地民谣称："蒲门三条岭，条条透山顶。"由于没有现代交通工具，人们出门一律步行。1961年9月，78省道矾山至马站公路通车，岱岭始通汽车。1978年改革开放后，岱岭村村通上机耕路。21世纪，村村通公路，助动自行车、电瓶车、摩托车、汽车成为村民的主要交通工具，出行已经十分方便。

（一）道　路

1.古　道

岱岭畲族乡境内有坑门岭、南山大岭、龙凤岭、岱岭、牛皮岭等5条古道干线。北面以坑门岭为中心向四面展开。西南面以南山岭和龙凤岭为中心向周边辐射，南山岭、龙凤岭古道通往福建。

坑门岭古道　也称马矾古道，属民间古道。始建于南北朝时期。现存古道明清时建，用于客商和农耕交通，是连接矾山、马站两地的重要通道。全长约15千米，宽1.50米，多数路面用石板铺砌，部分路段用块石铺设。古道南北走向，始于马站镇金山村，沿十八孔水库，过济宁桥、大路边，至利济桥后，经过坑门岭脚、坑门岭头，与矾山镇南堡社区境内磨石岭古道连接。坑门村境内道路长约7.50千米，其中从坑门岭脚至坑门岭头沿山坡而建的台阶有1000多级，用乱石铺设，因山高岭峻路陡，是坑门岭古道最难行路段。民国《平阳县志·建置志》云："坑门山南，为坑门岭，高四十七丈。"坑门岭古道属于蒲门三条岭之一，行路艰难。1961年矾（山）马（站）公路通车前，当地民谣唱道："娘啊娘，生女莫嫁江南垟，三条岭，透天长。"坑门岭古道连接"世界矾都"矾山，也是挑矾古道重要支线，清末至民国年间，岱岭及马站后岘、甘溪、魁里、城门和沿浦等村有几百名壮劳力每日挑柴经过此路到矾山矾窑出售，回程再挑明矾至沿浦港，以养家糊口，当时称"挑矾山柴度日"。岱岭附近的霞关、沿浦、马站盛产海产品及农副产品，商贩云集于此，除恶劣天气外，一般每日有几百担海鲜及农副产品用人力肩挑，经坑门岭古道输送到矾山、埔坪、南宋、华阳、五凤、桥墩、灵溪等地。当年，坑门村民沿路开设小店十几家，专门为挑夫、商贩、行人服务；当地专职给商贩当挑夫者也有几十人，因而这条古道是当时岱岭最繁忙的交通要道。1961年9月，途经岱岭的78省道矾山至马站公路（简称矾马公路）通车，坑门岭古道交通要道地位被取代，人流量、物流量大幅度下降。1978年改革开放后，起始路段因城镇化建设和78省道改造而消失，其余山间道路整体保持原貌。

南山岭古道　又称南山大岭，路碑称南山岭。始建时间不详，现存道路为清同治十年（1871年）重修，以方便闽浙两省过往行人、商贾出入。是年八月，平阳县知事在古道上坡500米处路旁竖立《重修南山岭碑》（详见本志第六章"民间文献·铭刻"），记载当地居民捐资修路缘由和捐资人姓名、捐资金额等。道路南北走向，长2.25千米，以富源村为起点，向南连接福建省福鼎市佳阳畲族乡北岭古道，是浙江省通往福建省福鼎市佳阳、前岐等乡镇的陆路要道。沿途还有许多支线并入，1990年前，人流、物流进出很多。福鼎佳阳双华村的木材、薪炭，福鼎市点头镇的木制器具、五金农具，前岐镇的滩涂水产品经过这条古道，源源不断地输入马站及周边各镇。

龙凤岭古道 又称小岭，相对于南山岭，道路难行，行人较少，故名。始建于明代（1638—1644年），现存古道为清代建造，属民间古道，是岱岭通往福建省福鼎市佳阳、前岐等乡镇的重要通道。东北—西南走向，始于岱岭畲族乡富源村龙凤自然村大岭内，至龙凤岭岭头止，出省境后沿山向福鼎市佳山、上俺、桥亭、前岐以及苍南县五凤、分水关等地延伸，是岱岭畲族乡西向主要通道。此道途经高山峻岭，从龙凤自然村至龙凤岭头短短5千米，海拔从大岭内的101米陡升至最高处龙凤岭头的600余米，落差500米左右，是苍南县落差最大的古道之一，步行十分艰辛，沿途人烟稀少，革命战争时期是红军活动的重要路线，故曾被称为红军岭。沿途有路亭2座，石木混合结构，因缺乏日常维护，现仅存轮廓。

牛皮岭古道 大约始建于明崇祯年间，现存古道为清代建造，属民间古道，东北—西南走向，与坑门岭古道十字交叉，是岱岭坑门经云遮、云山通往马站城门、连接车岭的重要通道。始于岱岭畲族乡坑门村半岭，终点至马站镇城门村车岭。道路为块石铺设，全长约4千米，宽1米左右。

岱岭古道 原称大岭，民国14年（1925年）印行的《平阳县志》地图标作"岱岭"。大约始建于南宋时期，现存古道为清代建造，属民间古道。东南—西北走向，始于马站街，经大厝基、杨家边、东宫至富源村，与南山岭古道连接，是马站通往岱岭连接福建福鼎佳阳、前岐等乡镇的重要通道。道路均用块石铺设，宽1米左右，长约5千米，中途大厝基小岭建有1座木石结构路亭。

表4-5-1-1　岱岭畲族乡民间古道一览表

古道名称	里程（千米）	起止地点	始建时间
坑门岭	15.00	马站镇金山村—矾山镇南堡磨石岭古道	南北朝
南山岭	2.25	富源村—福建省福鼎市佳阳乡双华村	不详
龙凤岭	5.00	富源村龙凤自然村大岭内—龙凤岭岭头	明代
牛皮岭	4.00	坑门村半岭—马站镇城门村车岭	明崇祯年间
岱　岭	5.00	马站街—富源村南山大岭	南宋时期

2. 通景石板路

2012年，乡政府投资100多万元，并由富源村出工出力，从富源村岱（岭）半（山）公路边开始，建造一条长近1千米、宽1.20米、拥有2659级台阶的直通笔架山景点的石阶登山游步道，以方便游客游览。

3. 公　路

1961年9月，78省道矾山至马站公路通车，岱岭乡境内始通汽车。1973年11月，建成岱岭至半山公路，乡境内交通状况进一步改善。1993年，岱岭畲族乡政府投资5万元建设乡政府所在地东宫村第一条长达750米的水泥路，以方便行人。1995年，福掌、云遮、坑门3个村8千米机耕路开通，东宫岱后大桥完成集资，铺设桥面。1998年，乡境内村村通机耕路，总开通长度达67.50千米。2001年，全乡修建机耕路17千米。通村公路亦叫乡道。2003年，乡境内通村公路被列入浙江省康庄工程计划，是年8月开始实施，全乡以78省道为干线，在原有机耕路基础上，按四级公路标准展开通村公路建设。2004年投资200万元，建成福掌通村公路0.70千米；大厝基村道路拓宽硬化3千米。2005年，建成云山村通村公路3.10千米，投资111万元；建成云遮通村公路2.10千米，投资72万元。2010年，乡境内康庄工程全面竣工，8个行政村56个自然村均通公路，总长35千米，路面宽4米，为15厘米厚水泥碎石混凝土路面。2013—2015年，坑门村投资96万元建造3千米通村公路，其中扶贫结对单位中国共产党台州市黄岩区委统战部资助40万元。2015年，全乡8个行政村56个自然村，通村公路全部优化升级。

78省道矾山至岱岭段　78省道矾山至马站段（简称矾马公路）全长23.20千米，路基宽6米。1959年6月开始建造，1961年9月通车，其中岱岭畲族乡境内长21千米，途经云遮、坑门、福掌、富源、东宫、大厝基6个行政村，刚建成时路基宽5米，路面宽3.50米，原为山区重丘三级泥结碎石路面，技术等级低。1994—1998年，苍南县分三期对78省道全线进行改建，改建后路基宽7.50米，路面宽6米，路面结构形成15厘米水泥碎石稳定层，13厘米沥青碎石路面。232省道2010年7月建成后，78省道改为县道。

232省道矾山至岱岭段　2005年3月，省重点工程232省道正式开工，工程全长54.50千米，其中主线长47.70千米，渔寮支线长5.80千米，岱岭连接线长1千米，总投资概算7亿多元，按照二级公路设计标准进行改建，路基宽度10米，设计行车速度每小时60千米。公路主线起点为104国道与甬台温高速公路苍南观美互通连接相交处，经矾山镇南堡社区，通过鹤顶山隧道连接岱岭畲族乡，经坑门、云遮、福掌3村，穿过云脚隧道通往马站镇、沿浦镇，终点为霞关镇。工程于2010年7月17日建成通车。此前从矾山镇到岱岭畲族乡须翻越高990米的鹤顶山，78省道公路在陡峭的山坡上盘旋，有山路十八弯之称。而232省道经过长达2955米的鹤顶山隧道，几分钟就可实现矾山和岱岭之间的互通，缩短距离8.80千米，缩短行车时间20分钟左右。

岱岭至半山公路　为四级公路，长3517米，路基宽4.50米，路面宽3.50米，线路编号为X515。起点在岱岭畲族乡福掌村，北接水霞线（南水头至霞关公路）老路44千米处，南越省界通往合掌岩，在半山（原名布袋底岭头）与罗沙公路（福鼎市罗唇至沙埕公路）连接，通往福鼎市佳阳乡、前岐镇。属于海防军事公路，由南京军区投资建造。1971年10月18日动工，1973年11月建成通车。2001年，全线由砂石路面改建为沥青路面。

表4-5-1-2　1961—2015年岱岭畲族乡公路一览表

路线名称	里程（千米）	技术等级	动工时间	竣工时间
78省道岱岭段	21.00	三级	1959.06	1961.09
岱岭至半山公路	3.517	四级	1971.09	1973.11
78省道至福掌公路	0.70	四级	2004	2004
78省道至云山公路	3.10	四级	2005	2005

续表

路线名称	里程（千米）	技术等级	动工时间	竣工时间
78省道至云遮公路	2.10	四级	2005	2005
232省道	3.50	二级	2005.03	2010.07
78省道与232省道连接线	1.00	四级	2005.03	2010.07
78省道至坑门公路	3.00	四级	2013	2015

（二）交通工具

岱岭畲族乡境内古代有轿和抬兜；1961年9月，随着矾（山）马（站）公路通车，居民出行坐上了公交车；20世纪80年代初，乡境内出现自行车；1984年后，农用拖拉机加入运输队伍；20世纪90年代出现摩托车、三轮卡车、农用四轮卡车；2010年以后，随着村村通公路，小轿车开始进入寻常百姓家。

1. 轿　兜

古代，官员出门要坐官轿。民间姑娘出嫁，则用精雕细刻、四周彩扎的豪华木制4人抬花轿，花轿上有顶篷，围以竹帘，中置藤或竹制椅子。姑娘出嫁坐花轿现象直到改革开放后才绝迹；寡妇改嫁用小轿，2人抬，俗称"便轿"。老医生和士绅出门，或偏远山区病人送医，有时也坐抬兜。抬兜竹制或藤制，上有篷盖，四周空，2人抬。改革开放之后已罕见。

2. 自行车

也称踏脚车。20世纪80年代初在乡境内出现。随着公路和农村机耕路的普及，20世纪90年代在乡村得到普及。21世纪后，随着摩托车、助动自行车、电瓶车的出现，普通自行车逐渐减少，健身赛车逐年增加。

3. 机动车

1961年9月，随着矾（山）马（站）公路通车，居民出行坐上了公交车；1984年后，农用拖拉机加入运输队伍；20世纪90年代出现摩托车、三轮卡车、农用四轮卡车。之后，货运工具以柳州五菱和"方拖"为主。1995年个体运输业上了一个层次，马站途经岱岭至灵溪客运班车增至4辆，岱岭至马站客运公交增至5辆。2001年，全乡从事交通运输业的有40人。2015年，马站途经岱岭至灵溪客运班车增至6辆，岱岭至马站客运公交车数量不变（属于岱岭人所有的有2辆）；乡境内有个体运输汽车50余辆、家庭小轿车100余辆、出租车14辆、电动两轮车1600余辆、电动三轮车400余辆，这些机动车已经成为今天普通百姓日常交通工具。乡境内开小轿车者以青年为主。

二、水　电

改革开放前，岱岭居民饮水用溪水或者井水，卫生条件较差。照明则用煤油、蜡烛、菜油、柏子油甚至松明，生活条件极差。1978年改革开放后，政府十分关心老区、少数民族地区群众的生活条件，帮助接上电线，装上电灯；建立供水站和蓄水池，铺设自来水管，当地群众喝上了清洁的自来水。

（一）供　水

1. 水　井

民国时期，岱岭居民均饮用溪水或者井水，故经济条件较好的村庄，一幢房屋或几幢房屋就有一个水井，水井均用青石和花岗岩块石或条石筑成。至2015年，境内各村还保留有59口古井，以供村民取水。其中12口仍被当作饮用水井，当地居民往往在井中养殖鲤鱼，以消灭蚊子幼虫，保证饮用水质量。

鸣山圣井　为乡境内最早有铭文记载的水井，挖掘于清道光二十九年（1849年），井旁树有大字清晰、小字模糊的石碑（详见本志第六章"民间文献·铭刻"）。鸣山圣井地处富源村斗塆自然村雷成条古厝后路边大坎下，井深2.30米，直径1.20米，井水清冽甘甜。由于此井地处矾山至马站要翻越鸣山（笔架山）的必经之路上，路人在此乘凉解渴，故民间有句顺口溜赞之："住在南山脚，吃水斗塆岗，乘凉笔架山。"

杨家边方圆双井　位于岱岭畲族乡杨家边村狮子山麓，一方一圆，南北对峙。其中圆井为清中期挖掘，清咸丰十一年（1861年）四月重修，井平面呈半月形，当地人称日月井或半爿月井，周长5.90米，直径2米，井深2米，井壁用不规则块石垒砌，底部呈平底状，井口用花岗岩条石铺就；方井略迟于圆井挖掘，井口呈正方形，边长1.60米，深2米，井壁、井口用料与圆井相同，底部也呈平底状。方圆二井至今水质清澈，村民仍在使用。

2. 自来水

中华人民共和国成立之初，部分畲村因为贫穷，饮水困难，所谓"逢天旱没水担，遇山洪不能担，暴风雨无法担"。福掌村有60多户人家因无财力改水，长期饮用受牛粪污染的溪水（当地畲民称"牛粪水"），严重危害畲民的身体健康。1978年改革开放后，人们对饮用水质要求不断提高。乡政府因势利导，发动群众集资改水。至1990年，全乡60%以上居民饮用简易自来水，改变历史以来居民大多饮用溪水、井水，有的甚至饮水、用水不分的卫生习惯，从而提高了饮用水卫生水平；1993年，解决了坑门、福掌2个村的群众卫生饮水问题；1994年，云遮、福掌、坑门、斗垟、龙凤等村自来水工程全面投产，群众用上放心水。1997年建成股份制的岱岭乡供水站，水源来自附近坑门大溪，日均供水量75吨，解决了乡政府周边大厝基、杨家边、东宫3个村2600多人的饮用水问题。2005年3月，因78省道改建影响到大贡溪取水，改从附近云脚水库取水。2014年11月，投资50万元在杨家边村新建岱岭乡供水站，开始更换自来水管，并建成2个合计容量为150吨的蓄水池，以及沉淀池、无阀滤池、加药间、管理房等设施，工程于2015年8月竣工后，所产自来水供应大厝基、杨家边、东宫3个村全村和富源半个村790户3800多人以及乡政府、岱岭学校的用水，设计日供水规模为300吨，2015年实际日均供水量为70吨，全年供水25550吨。其余山村因居民居住分散，仅建山泉引流设施，配以水池或水塔储水，基本满足山区村民饮水需求。如2005年投资近10万元，对云山、云遮、福掌3村进行改水。坑门村在水利局支持下，2009年多方筹集资金8万元，新建蓄水池3个，铺设管道3千米，彻底解决44户未下山异地脱贫农户的饮用水问题。至2015年，全乡居民均用上了清洁卫生的自来水或者山泉引流水。

（二）供　电

民国34年（1945年）前，岱岭照明多用菜油灯或蜡烛。蜡烛价高不经点，只有少数富裕人家使用。平常人家备有陶质灯座，上放一个铁灯盏，或在木头制的灯照上放一个铜（铁）灯盏，在盏中放一些菜油，横上一支灯芯点燃，灯光昏暗，人称"一灯如豆"。为省钱，许多人还用当地盛产的乌桕籽油点灯，但气味难闻，无法与芳香的菜油相比。当时姑娘嫁妆必备一对木制油漆灯照。贫穷山民也用松明、火篾或苎麻秆照明，当地畲民"火篾当灯点"。将富含松脂的松木劈成片插于壁缝照明，称松明。火篾是用竹子剖成竹篾放在水沟里浸一些日子，切成尺多长备用，晚上一支接一支燃烧，替代灯火照明。苎麻是岱岭畲村必种农作物，随处可见，畲民将已剥掉外皮的苎麻秆捞起晒干，可用来做火篾，供照明之用。

民国34年8月，抗日战争胜利后，开始进口时称洋油的外国煤油，岱岭始有人使用煤油灯。煤油灯用小玻璃瓶与马口铁皮制成，在铁皮隔热的瓶盖中插上一只小铁管，以纱芯透出点火，时称"洋盏"。从此，比菜油灯光亮的煤油灯逐步替代菜油灯。这时陪嫁灯具也从"灯照"改为一种叫"闷灯"的新式煤油灯。这种煤油灯上罩玻璃，不怕风，还能把房间照得亮堂堂，商店都用这种灯具。这种灯一直沿用至20世纪80年代初。但一般农家觉得"闷灯"太费油，点不起，只用洋盏照明。还有一种煤气灯，又叫"电光灯"，也用煤油作燃料。这种灯特光亮，但更烧钱，一般居民做红白喜事或农村演大戏时才用，还得到附近集镇五金师傅那里去租用。富家出门一般用灯笼或桅灯，少数人用手电筒。

1979年冬，朗腰大队开工兴建一座12千瓦小型直流水力发电站。工程1982年冬竣工后，每天仅在晚上6点—11点发电，所发电力用于解决本村83户316名村民的夜间照明问题。1985年秋，乡境内接通低压输电线路，大厝基、杨家边、东宫、南山4个村率先用上马站电网送来的水电。1988年所有村庄全部供电，用户1200多户，全年用电100多万千瓦时。1989年6月，马站水电站在云遮岭脚建设云脚小型发电站，装机100千瓦，并架设5千米高压线路，将每年所发50多万千瓦时电力输往马站电网。1993年，投资4万元架设云山高压线路，解决云山用电问题；投资6万元更新东宫、杨家边、大厝基等村低压线路，全部换上水泥杆。1995年，全乡用电照明入户率达100%，居民用电质量进一步提高。2004年10月，全乡8个村低压线路农电改造工程全部完工，有5个村架设路灯。2005年，全乡用电量45万千瓦时。2006年始，电力供应趋于稳定，居民消费能力提高，一些家庭使用电饭煲、微波炉、电炒锅来煮饭烧菜。至2014年，乡村家用电器已经普及。2015年，全乡高压线路全部改造完成，用电量增至175.0万千瓦时。同时，安装太阳能路灯3千米。

三、邮　电

清代以前，邮件往来需要通过几千米外的蒲门驿站传递。民国25年（1936年），设立马站邮柜，岱岭境内通信依靠邮差。中华人民共和国成立后，邮件往来一直依靠邮递员。1985年，县邮电局在乡政府所在地东宫村建立岱岭邮电所，以方便村民邮寄。电话方面，1956年，乡里通上电话。20世纪80年代以后，通信业才在乡境内得到飞速发展。至21世纪，电话已在乡村得到普及。至2015年，手机普及。

（一）邮　政

1.邮电所

民国25年（1936年），设立马站邮柜。是年7月，更名为马站邮政代办所。岱岭区域邮件均从马站邮政代办所进出。岱岭地势险峻，号称"条条通天顶"的蒲门三条岭途经于此，邮递员肩挑邮件翻越岱岭、坑门岭，送邮件到家家户户。中华人民共和国成立后的1955年12月，鳌江邮电局派人接管马站邮政代办所，成立马站邮电所，岱岭邮电业务仍然从马站进出。因业务量增加，1985年在乡政府所在地东宫村建立岱岭邮电所，归马站邮电支局管辖，担负着辖区11个行政村的通信工作。1998年9月2日，邮政、电信分营，岱岭邮电所仅保留邮政方面的服务功能。2012年8月，投资30万元新建一座二层楼的岱岭乡邮政所办公楼，建筑面积180平方米。2015年有工作人员3人。

2.村邮站

2011年，为加快邮政普遍服务，解决投递最后一千米问题，在苍南县财政补助下，马站邮政支局在岱岭区域设立大厝基、坑门、富源3个村邮站，主要为村民提供订阅转送报刊、交电费等服务。因业务量不大，2015年，3个村邮站业务均并入岱岭邮政所。

（二）电　信

1956年，乡政府通上电话。1985年设立马站邮电所，管理岱岭区域邮电业务。1998年9月2日，邮政、电信分营，由于电信业务量不大，岱岭未设电信所；是年，岱岭村村通程控电话。2001年投资300万元，开通程控电话600多门，设立了移动通信基站。2005年，全乡固定电话装机数700多部。2011年，固定电话用户增至1526户。之后，随着手机的逐渐普及，固定电话用户越来越少。至2015年，安装固定电话的农户已所剩无几。

20世纪90年代出现手机用户。1993年8月建电信通信基站；2000年秋建移动通信基站，信号覆盖8个行政村90%区域，全乡手机用户迅速增加，总数达到1500多户；2001年设立小灵通基站1座。之后，陆续建成中国联通、中国电信2座基站，移动电话信号覆盖率100%。2011年，有移动电话用户3759户、宽带用户109户。至2015年底止，全乡手机每户平均1.50只。

第二节　教　育

清康熙年间，坑门陈氏四世祖陈国儒(字廷杰)成为国学生，为乡境内最早的国学生记载。因受到良好教育，他职加迪功郎，候选闽省县丞。

清宣统三年（1911年），鸣山学堂创办。中华人民共和国成立前，乡境内5所村校均因经济困难而时办时停。

1950年冬，民族冬学开办，岱岭入冬学数占当地青壮年的90%。1958年，乡境内农村大办成人教育，有民校18所，夜校小学2所。20世纪60年代初，各村校均复办，全乡有6所小学。1981年10月，中心校设初中2个班，有学生24

人，结束了乡境内无初中教育的历史。1982年，有公社中心学校1所，村小5所，教师34人，学生580人，学龄儿童入学率达86%。至1984年7月，全乡有6所学校，含中心校1所、完小1所、村小4所、幼儿班2班；中小学教师33人，其中公办17人、民办4人、代课12人；有小学生677人、初中3个班105人。1987年，为普及初等教育，乡政府增设一所简易小学（小学夜校），有学生71人；是年，乡境内脱盲率达88%，其中畲族少年、青年、壮年879人中有789人脱盲，占85%以上。1988年1月，全乡7—11周岁儿童626人，已入学614人，入学率98.10%；小学在校生年巩固率99.60%，经苍南县政府验收合格，实现无盲乡目标。是年度，小学毕业率100%；12—15周岁儿童530人，已小学毕业229人，简易小学毕业71人，仍在小学读书200人，普及率90.90%；在校率37.70%，全毕业率69.30%。1989年接受县政府验收，"四率"符合省定标准，被认定为基本普及初等教育。2000年，乡境内文盲率仅有11.67%。是年底，包括岱岭中心学校及所辖5个村小在内，共有26个班，学生873人，教职工38人。2005年，全乡有学生506名，教职工50名，其中专任教师46名，教师具有中级职称的有24名、初级职称21名，小学、初中入学率分别为99.75%和99.20%。因为山区生源减少，2000—2006年，乡境内6所村小陆续撤销，至2006年，全乡仅保留岱岭畲族乡中心学校，为九年一贯制学校。2011年起，乡境内小学和初中适龄人口入学率均达100%，小升初升学率达100%，九年制义务教育覆盖率100%，居民文化素质有了质的提升。2015年，岱岭畲族乡学校有9个教学班，1—9年级各1个班级，在校生222人，教职员工30人；大学生在原先最落后的各畲村7已较为常见。

一、私塾教育

清乾隆末年（1795年），庠生梁尚拱在家乡杨家边石皮（壁）脚创办私塾，乡里文风始盛。咸丰年间，贡生梁国栋在家乡杨家边村石皮脚创办私塾，亲自执教；附贡生吴可仁在家乡福掌村陈世垟创办私塾，亲自执教。同治年间，庠生（即秀才）郑亦健在家乡东宫村集资创办私塾，亲自执教。清光绪年间，庠生郑振谦在家乡东宫创办私塾，亲自执教；光绪三十一年（1905年），庠生郑慎斋回家乡东宫创办私塾，亲自执教……这些私塾为蒲门等地培养了一批人才。期间，乡境内科举一度成绩显著：同治七年（1868年），东宫郑亦健考取庠生第九名；同治十三年（1874年），东宫郑振谦考取庠生第一名；光绪二年(1876年)，程西垟（今福掌村陈世垟）人吴成艺考取光绪丙子科府学第一名，后为贡生；光绪十九年，东宫郑慎斋（讳赞谟）考取平阳县庠生第十名。乡境内19名贡生、监生、庠生均为陈、梁、吴、郑4个汉族大姓人家出身，其中附贡生吴可仁官居五品翎部选训导。

民国22年（1933年）前，顶峰宫(在今富源村)内曾经办过畲族私塾，但境内有财力读私塾的少年寥寥无几。民国22年，国民党当局在《平阳畲民调查》中称："惟近来有畲民送子弟与汉人共读于私塾者。"乡境内畲族宗谱未有贡生、监生、庠生记载。

表4-5-2-1　清代岱岭科举名录一览表

姓　名	所在村落	所处年代	科举级别	所任职务
陈国儒	坑门	康熙年间	国学生	候选闽省县丞
梁尚拱	杨家边石皮脚	乾隆年间	庠生	
吴大烈	福掌陈世垟	嘉庆二十五年（1820年）	监生	
郑世宗	东宫	嘉庆年间	贡生	八品官衔
郑世河	东宫	道光年间	太学生	
吴正喜	福掌陈世垟	咸丰年间	监生	钦加按察照磨
梁国栋	杨家边石皮脚	咸丰年间	贡生	
吴可仁	福掌陈世垟	咸丰年间	附贡生	五品翎部选训导
吴可兴	福掌陈世垟	咸丰年间	监生	钦加六品军功衔
郑亦兑	东宫	咸丰年间	太学生	
郑亦健	东宫	同治七年（1868年）	庠生	
郑振谦	东宫	同治十三年（1874年）	庠生	
吴成艺	福掌陈世垟	光绪二年(1876年)	附贡生	
郑慎斋	东宫	光绪十九年（1893年）	廪生	蒲门高等小学校长
郑振泽	坑门	光绪三十一年（1905年）	国学生	翰林院待诏
吴可清	福掌陈世垟	光绪年间	监生	钦加六品军功衔
梁树屏	杨家边石皮脚	光绪年间	庠生	
吴成萱	福掌陈世垟	光绪年间	监生	
林叔山	杨家边	光绪年间	庠生	

二、学校教育

（一）小　学

清宣统三年（1911年），鸣山学堂创办；翌年2月，改名岱岭小学，学制四年。从民国7年（1918年）开始，乡境内陆续开办云山小学、福掌小学、云遮小学、顶峰小学、大厝基小学和坑门小学等6所村校。民国末期，这些村校均因经济困难而时办时停。中华人民共和国成立前，乡境内畲族能入学读书者极少，未有高等小学毕业生。民国22年，当局在《平阳畲民调查》中称："学校教育，实无萌芽可言，畲民在学校读书者，不过千分之一。"

中华人民共和国成立后，靠近岱岭中心校所在地东宫的大厝基小学并入岱岭中心校。1952年10月，因坑门建乡，坑门小学定校名为坑门乡中心小学，学生50多人。1956年3月，撤销坑门乡，成立岱岭乡，更校名为坑门村民族小学。1963年，随着经济发展，云山小学、福掌小学、云遮小学、顶峰小学均复办，畲族学子增加。

1978年改革开放后，岱岭小学教育得到迅速发展。1982年，有公社中心学校1所、村小5所，学龄儿童入学率达86%。至1984年7月，全乡有6所学校，含中心校1所、完小1所、村小4所，有小学生677人。1988年1月，全乡7—11周岁儿童626人，入学614人，入学率98.10%；小学在校生年巩固率99.60%。1988年度小学毕业率100%；12—15周岁儿童530人，小学毕业229人，简易小学毕业71人，仍在小学读书200人，普及率90.90%；在校率37.70%，全毕业率69.30%。2000年，乡境内小学入学率为99.75%。是年开始，因移民下山，山区生源减少，云山小学、福掌小学、云遮小学、坑门小学、顶峰小学陆续撤销，并入岱岭中心校，至2006年，乡境内村校消失，全乡仅保留岱岭畲族乡中心学校，为九年一贯制学校。2011年起，乡境内小学适龄人口入学率达100%，小升初升学率100%。2015年，岱岭畲族乡学校有小学6个班级，小学生160人，教职员工16人。因为移民下山等人口流动因素，一些学生已就近到教育质量更高的马站小学上学。

1.岱岭畲族乡学校

岱岭畲族乡学校前身系鸣山学堂，于清宣统三年（1911年）由东宫乡绅郑慎斋倡议，并向当地热心教育的郑、林众富户集资创办，校址设在东宫。翌年2月，林紫腾接任校长，改名为岱岭小学，学制4年，教师2人，学生58人。民国29年（1940年）秋，学校奉命改为马站镇第十二、十三、十四、十五保国民学校。民国36年（1947年），学校改名为马站镇第六、七保国民学校。复式2

个班，教师3人，学生60人。

中华人民共和国成立后，学校由岱岭村政权接管，复校名为岱岭小学。1958年，岱岭完全小学升格为岱岭中心学校，有6个班，学生218人，教师9人。1959年5月，县政府拨款拆东宫旧校舍以及校内宫庙正厅、中殿和戏台、门台，同时征收东宫小队宫山岗山地，新建教室6个，其中左横轩原址新建2间教室；右横轩原址建造楼房，下设2间教室，顶楼为1个办公室和3个教师寝室。另建1个学校操场。工程于是年11月竣工。时有校长1人，教师7人，学生182人，设1—6年级。

1962年9月，郑祖文从蒲城中心校调回岱岭中心校任校长。1977年学校增设农业中学（简称"农中"）1个班级，教师1人，学生36人。1981年10月，增设幼儿班、初中班各1个班，加上小学5个班，有中小学学生24人，教师18人。1982年2月，校长郑祖文退休，杨士元接任校长，学校更名为岱岭中心学校。有校长1人，教师16人，小学5个班，初中2个班，学生214人；增设幼儿班2个班44人。1984年7月，校长杨士元退休，县教委任命林逢芬接任校长，时有校长1人，教师33人。1985年，学校获马站区"开学工作先进单位"。7月，由乡党委批准，学校成立党支部。1987年，为抓普及初等教育，学校增设简易小学1所（夜小学），学生71人。时有教师17人，小学9个班，中学3个班，共有学生497人；幼儿班2个班50人。

1989年，投资3.15万元，在校门旁新建平楼1幢2个教室，面积180平方米，山头窟教学点迁回。后又在原校舍基础上加盖一层。10月，学校接受县府验收，"四率"①符合省定标准，实现了普及初等教育。是年，学校获马站区教职工"热爱祖国知识竞赛"团体第二名。

1990年，全校共13个班，学生414人，教职工19人。1995年春，苍南县教委在乡境内创办"九年一贯制"农村试点学校——岱岭中心学校；9月，学校在老校对面溪边征地11.50亩扩建新校，共投资115万元。其中，一期新建2层教学楼，6个教室2个办公室；1999年再加2层，整幢教学楼有12个教室、4个办公室，建筑面积1700多平方米。

1998年7月，九三学社苍南县委捐资5万元用于学校操场平整，学校增挂苍南县岱岭畲族乡九三学校牌子。1999年在县委、县政府和省、市、县民族部门领导和九三学社苍南县委的关心帮助下，建成岱岭畲族乡辅导中心学校，为

---

① 四率:指入学率、巩固率、毕业率、普及率。

九年一贯制寄宿学校。设小学12个班级，中学6个班级，学生506名，教职工50名，其中专任教师46名（中级职称24名，初级职称22名）。占地面积9712.20平方米，建筑面积2940平方米，其中教学楼1幢1700平方米，学生宿舍楼1000平方米。小学、初中入学率分别为99.75%和99.20%，巩固率达100%。学校以"成人、成才、成事、成功"为教学理念，以"能力同知识并进，品行与学业齐飞"为校训，老师以静心为师，用心教学、耐心学问、爱心育人。1999年被评为县文明学校。

2000年秋季，学校投入14多万元建成学校餐厅楼（240平方米），一层为厨房和餐厅，二楼为会议室、教师书吧。2001年投资8万元建设学校围墙；9月，云山学校并入中心校。是年全校有学生727人，小学教师学历合格率从67.70%提高到83%。2004年，云遮小学并入中心校。2005年，顶峰、坑门2所完小并入中心校。撤并后的原村小所在地学生全部在中心校住宿，实施寄宿制管理模式。2006年3月，校园绿化大建设，新建1座凉亭，从鹤顶山上运来大石头，篆刻"理想园"3字，成为学校新的风景线。当年12月成为苍南县45所新教育实验试点学校之一。2007年，创建畲族特色文化展览室，收集畲族特色生产、生活用品几十件。2008年荣获市基础教育课题评比二等奖。2010年8月，学校投资近10万元将教学楼木质门窗改为铝合金质门窗。是年，共有9个班级，学生279人，教职员工37人。其中小学6个班级，小学生166人，教职员工23人，九年义务教育覆盖率达100%。

2011年5月，岱岭畲族乡辅导中心学校改名为岱岭畲族乡学校。春季，安装了校园广播系统；秋季，学校更新了教室的小媒体教学设备，添置了10台教师专用电脑。2012年7月，投资60万元的学校塑胶运动场建成投入使用。

2015年，学校有9个教学班，1—9年级各1个班级，在校生222人，教职员工30人。其中小学6个班级，小学生160人，教职员工16人。学校先后被评为县文明学校、县德育先进单位、县"五五"普法先进集体、市农村寄宿制标准化学校、市绿色学校、市农村教学规范达标学校、市农村教学规范达标学校等。

学校创办百余年来，已培养上万名学生。1994年实行小学初中九年制义务教育后，至2015年，从这所学校毕业的学生被高等院校录取600多名，其中少数民族218名；是年，全乡有高等院校毕业生372名，其中少数民族109名，为国家输送了一批人才。

表4-5-2-2 岱岭畲族乡学校历任校长一览表

姓 名	任职时间	学校名称	备 注
郑慎斋	1911.02—1912.02	鸣山学堂	
林紫腾	1912.02—1938.02	岱岭小学	
郑德明	1938.02—1945.07	岱岭小学 马站镇第十二、十三、十四、十五保国民学校	
林 义	1945.09—1949.07	马站镇第十二、十三、十四、十五保国民学校 马站镇第六、七保国民学校	
林良伦	1949.09—1952.07	岱岭小学	
林逢然	1952.07—1955.02	岱岭小学	
郑祖文	1955.09—1956.07	岱岭小学	
杨制店	1956.09—1962.07	岱岭小学、岱岭中心学校	
郑祖文	1962.09—1982.02	岱岭中心学校	
杨仕元	1982.02—1984.07	岱岭中心学校	
林逢芬	1984.09—1997.07	岱岭中心学校	校长、党支部书记
郑德树	1994.09—2007.07	岱岭中心学校	党支部书记
蓝成同	1997.09—2005.07	岱岭中心学校	
丁云铭	2005.09—2007.07	岱岭中心学校	
蓝瑞力	2007.09—2010.07	岱岭中心学校	校长、党支部书记
郑德苗	2010.09—2011.05	岱岭畲族乡辅导中心学校	校长、党支部书记
郑德苗	2011.05—	岱岭畲族乡学校	校长、党支部书记

2.云山小学

由云山乡绅陈贵和创办于民国7年（1918年），校名鹤峰初级小学，校长陈廷鹤，教师1人，学生21人。其后，学校聘请的教师大多是基督教徒，如陈庆三、叶大尧、朱成准等。民国32年春，奉命改校名为平阳县城门乡第五保国民学校。停办后，于1963年9月复办。1963年9月—1970年，教师有朱成准1人，学生78人，设1—4年级，双复式。1971—1974年春，有学生80人，设1—4年级，1个复式班，教师有范则命、周义忠、朱丽金等3人。1974年秋季，鹤峰初级小学与云遮小学合并为平阳县岱岭乡云联小学。1980年学校分办为云山小学和云遮小学，其中云山小学1983年设1—3年级，有1个复式班，杨素珍、林明月担任教师。1984年7月，设4个班，有学生68人。1985—1999年，设1—3年级，有学生76人，教师2人，校长刘伦余。2000年，云山小学撤并到岱岭中心校。

3. 福掌小学

创办于民国15年（1926年），原名平阳县矾山区立程坪小学，校长吴叔响（继任校长雷延芬），教师1人，学生23人。民国25年停办。民国30年复办，奉命改校名为平阳县马站镇第十一保国民学校。1944年全镇并保，又更校名为平阳县马站镇第十保国民学校。之后再次停办。1963年9月复办，1963年9月—1966年7月，教师有许益河1人，设1—2年级，学生28人。1984年7月，设3个班，有学生37人。1966—1999年，教师有李信朝、蓝祥霞、吴立省3人，设1—4年级，为复式班，学生59人，其中少数民族学生占95%。1999—2003年，校长李信朝，教师2人，设1—3年级，学生18—37人。2003年9月，福掌小学并入坑门小学。

4. 云遮小学

由叶正芳创办于民国17年（1928年），校长陈朝清，教师1人，学生19人。民国31年移校址于西塔，校名由云遮小学改为平阳县城门乡第六保国民学校，有学生73人。1963年复办。1974年秋与云山小学合并，校名称平阳县岱岭乡云联小学。1980年分办，校址设在云遮广利侯王宫。1982年新建平房校舍2个和1个办公室，约90平方米，主要由县民宗局民族科拨款补助，设1—2年级，学生48人，教师有吴贤来、蓝瑞昌2人。1984年7月，设3个班，有学生49人。1983—1986年，教师有蓝朝某、蓝瑞兰、蓝瑞昌3人。1986—2005年，办3个班，设1—3年级，有学生49—50人，教师2人，校长蓝景潮。1989年，云遮村畲族学龄儿童入学率达98%。2005年，云遮小学撤并到岱岭中心校。

5. 顶峰小学

创办于民国33年（1944年），时称平阳县马站镇第十一保国民学校，校长蔡祖成，学生24人，教师1人。民国34年，改校名为平阳县马站镇第七保第一国民学校。之后停办。1963年复办，以顶峰宫厢房为教室。1966年，教师有蓝爱菊1人，设1—2年级，学生38人。1967—1968年，教师有蓝爱菊、蓝成芪、林颜胜3人，设1—3年级，学生68人。1968—1969年，教师有蓝爱菊、蓝成芪、潘德全3人，设1—3年级，学生72人。1970—1971年，教师有蓝成芪、蓝瑞昌、陈朝临3人，设1—3年级，学生73人。1972—1976年，教师有雷朝洪、雷能玉、蓝成华3人，设1—4年级，复式班，学生98人。1977年9月至2006年，设1—6年级，共6个班，学生128人，教师6人，校长雷开勇。1980年，拆掉顶峰宫左右厢房与前幢，建成顶峰完全小学。1984年7月，设5个班，有学生128人。1994年有5个班级，学生120人，教师7人。1998年，为解决校庙并存问题，拆除顶峰宫正殿建校舍。2006年，学校撤并到岱岭中心校。

6. 大厝基小学

由大厝基人杨宏深、杨汝霖创办于民国33年2月，校名为平阳县马站镇第十四保国民学校。中华人民共和国成立后，并入岱岭中心校。

7. 坑门小学

创办于中华人民共和国成立前，时有学生40多人，教师1人，校址设在蓝氏祠堂。1952年10月，因坑门建乡，定校名为坑门乡中心小学，学生50多人。1956年3月，撤销坑门乡，成立岱岭乡，更校名为坑门村民族小学。1958年成为完全小学，校长钟大西，学生132人，教师6人。至1961年，学生增至240人，分5个班级，教师7人，还有1个幼儿班。1962年停办。1963年9月复办。1963—1970年，教师有陈朝临1人，设1—2年级，学生35人。1970—1972年，教师有蓝祥林1人，设1年级，学生38人。1972—1986年，教师有蓝祥林、蓝祥招2人，设1—3年级，学生70人。1984年9月，设5个班，有学生130人。1987年蓝朝某任校长（任期至2006年），恢复完全小学，改校名为苍南县岱岭畲族乡民族小学，设1—6年级，有学生140人，教师4人。1989年，坑门村畲族学龄儿童入学率达100%。至2006年，坑门小学有学生130人、教师6人。1992年，在共青团苍南县委牵头下，学校改建成全县第一所"希望小学"——岱岭畲族乡希望小学，新建校舍236平方米，时有教室4个，学生136人、教师7人，贫困学生可减免学杂费10元，团县委还资助40名贫困学生每人每学期30元；妇联资助4名，贫困学生入学率达99.60%。1999年12月，中共中央纪律检查委员会副书记刘锡荣和浙江省政协主席刘枫分别为岱岭畲族乡希望小学题写校名。2006年，由于生源不足，学校撤并到办学条件更好的岱岭中心校。

（二）初中

1980年以前，因乡境内没有开办初中教育，学生需到马站中学就读初中，路途远的学生因交通不便，需要住宿，导致学生流失率很高。其中1980级马站中学岱岭籍初中生入学时有10余人，到1983年初三毕业时仅剩下几人。

1981年10月，在岱岭中心学校设初中1个班，招收学生24人，这是乡境内首次开办初中教育。1984年7月，岱岭中心学校有初中3个班105人。1987年9月，因初中学生人数不断增多，校舍容纳不下，把初中3个班级暂时迁往大厝基山头窟解放军废弃营房就读，1989年9月，新校舍建成后迁回学校本部。1999年，因学生人数增多，学校初中班级增至6个。2001年，中学教师学历合格率从33.40%提高到78%，初中学生升学率在65%以上。2005年，全乡初中入学率为99.20%。2010年9月，由于镇域内人口外迁增多，常住人口减少，岱岭畲族乡辅导学校初中班减少至3个班级，共有学生113人，教职员工14人，乡境内初中适龄人口入学率和小学升初中升学率均升至100%。至2015年，岱岭畲族乡学校有初中3个班，学生62人，教职员工14人。因为移民下山等人口流动因素，或者学生家长为了追求更高质量的学校教育，一些学生已到马站中学、矾山中学甚至苍南县城所在地中学上初中。

三、其他教育
（一）幼儿教育

1960年秋，乡境内创办岱岭大队中心幼儿园，设1个班，在园幼儿23名，幼师1名。不久停办。1980年后，随着人们对幼儿教育日益重视，分别在大厝基村和顶峰村农家大厅创办岱岭畲族乡中心幼儿园和顶峰幼儿园。随着移民下山，至2015年，乡境内仅剩岱岭畲族乡中心幼儿园，在园幼儿60人，公办教师9人。

1. 岱岭畲族乡中心幼儿园

岱岭畲族乡中心幼儿园创办于1960年秋，前身是岱岭乡中心学校附设幼儿园，园址在大厝基陈氏宗祠。时设1个班，在园幼儿23名，幼师1名。翌年，幼儿园移至原岱岭公社办公楼，在园幼儿增至34名。1962年停办。1981年10月在大厝基村村民杨宏爱家大厅复办，幼儿28名，幼师1名，自收自支。翌年，迁至乡政府空置旧房内，设2个班，在园幼儿44名，幼师2名。1984年2月，迁至岱岭乡中心校内。1989年春，新建2个幼儿教室，建筑面积133平方米，在园幼儿56名，幼师2名。1995年设1个班，在园幼儿园45名，幼师1名。2000—2003年，均设2个班，在园幼儿71—73名，幼师2名，教师工资由岱岭中心校发放。2007年秋季至2013年春季，因中心校教室短缺，幼儿园租校外民房，有幼儿32名。2013年9月独立为公办岱岭畲族乡中心幼儿园，是年被温州市教育局命名为浙江省三级幼儿园。至2015年上半年，在园幼儿60多人，公办教师9人。

2.顶峰民族幼儿园

顶峰民族幼儿园创办于1980年，创办人为杨士元。1980年至1986年6月，教师有钟美云1人，幼儿38人。1986年9月至1988年，教师有蓝美云1人，幼儿36人。1989年至1990年，教师有郑素女1人，幼儿32人。1990年至2006年，教师有蓝淑芬1人，幼儿28人。教师工资由县民族宗教局民族科每年补助500元，其余由收费来支付。此后因村内人口减少而停办。

（二）成人教育

1950年冬，民族冬学开办，岱岭入冬学数占当地青壮年的90%。1955年冬，岱岭民办教师进修班为民办学校培训教师，龙凤村的蓝春崇（畲族）成为扫盲运动一面旗帜。1957年4月赴北京参加"五一"观礼，受到毛泽东等党和国家领导人的接见。1958年，乡境内农村大办成人教育，有民校18所，夜校小学2所。1987年，为普及初等教育，乡政府增设1所简易小学（小学夜校），有学生71人。2015年，乡境内继续教育学校有乡成人文化寄宿学校和乡社区学校2所。

1.夜　校

岱岭地处山区，村民居住地十分分散，给办学带来很大难度。改革开放前，乡境内经济落后，教育底子薄、基础差，当地百姓重男轻女观念非常严重，文盲率一直很高。1958年，乡境内开展突击扫盲运动，办有夜校小学2所，有学员51人，小学教师白天教小学，夜里教民校。但因形式主义严重，并未实现预定目标要求。直到20世纪80年代初期，乡境内15—41周岁青壮年多为文盲和半文盲，且适龄儿童未入学多，特别是女孩。

为实现无盲乡目标，从1980年开始，当地党委、政府从实际出发，就地就近办夜校，狠抓扫盲工作。岱岭中心校业余专职干部金宗言老师主动当好参谋，从发动到执行，从造好表册到调查核对，出了不少金点子；同时耐心细致地做好教师思想工作，帮助他们解决实际困难，调动了教师教学积极性；他还积极配合驻村干部和村干部不分昼夜，挨家挨户动员群众，在全乡办起了25所夜校和1所半日制学校。龙凤夜校教师蓝春志、布袋底夜校教师梁亦铨、南山夜校教师陈其瑞、顶峰夜校教师郑德球、斗塆内夜校教师雷祖钊、白岩头夜校教师蓝成良、朗腰夜校教师蓝成茂、福掌夜校教师李信条、陈世垟夜校教师吴立省、坑门夜校教师蓝上抬、郑厝夜校教师郑德恭、小坑门夜校教师陈立春、西塔夜校教师钟显华、内厝夜校教师雷必枝、牛皮岭夜校教师蓝瑞兰、新厝夜校教师叶思卿、横路夜校教师范则命、西岙夜校教师刘论余、瑶坑夜校教师陈上足、显后夜校教师殷兴贵、神堂牛运夜校教师范则明、大厝基夜校教师陈永波、小岭半日制教师林笑蓉、中心校教师吴金蕉等齐心协力，把乡境内夜校办得有声有色。

1980—1987年冬，年近半百的范则明老师一人兼顾神堂、牛运2所夜校，为办好夜校，巩固夜校，教好学生，他来回于神堂、牛运夜校教学点，每晚要走十几里路，风雨无阻。有时还要送学生回家，帮助学生做煤油灯用于照明；个别学生一个晚上没来，他上完课后就去家访，得到广大群众好评和上级领导认可，年年被评为扫盲先进工作者，并以民办教师身份参加温州市劳动模范会议。他帮助云山村做扫盲工作将近15年没有获得额外报酬，依然毫无怨言。1983年11月，全县扫盲工作现场会在岱岭公社云山大队牛运隆重召开时，范则明作典型发言。

1987年，为普及初等教育，岱岭乡政府增设一所简易小学（小学夜校），有学生71人。在全乡上下共同努力下，1987年和1988年，乡境内脱盲率达88%，其中畲族少年、青年、壮年879人中有789人脱盲，占85%以上。1988年1月，全乡7—11周岁儿童626人，已入学614人，入学率98.10%；小学在校生年巩固率99.60%，经苍南县政府验收合格，实现无盲乡目标。

2. 成人教育中心学校

1988年，乡政府成立成人教育中心学校，校长由乡长雷志芬担任，副校长由宣传委员李中仙担任，专职干部由郑德树担任，成员有人武部长王加义、共青团书记郑祖团、妇联主任陈细凤、农科员陈昌琪、广播员杨汝勇、林业员杨昌欣、副乡长钟昌琪、文化员黄少华。办公室主任由郑德树兼任。1989年，在校门口新建平楼1幢，2个教室，1条走廊，面积180平方米，投资3.15万元，随后山头窟教学点迁入。后又在原校舍基础上加盖一层楼。2013年10月，改校名为苍南县岱岭畲族乡成人文化寄宿学校。

3. 社区学校

岱岭畲族乡社区学校创办于2011年9月，郑德苗任校长，为农村"两个文明"建设培养合格人才。2011—2015年，社区学校学员领到温州市成人高中毕业证书（国家承认学历）的有200多人。学员毕业后，一部分担任村"两委"干部，一部分办起农村合作社，一部分经商办厂，一部分外出打工。现在工地、矿山、工厂都要求高中以上学历，社区学校的创办，增加了当地青年就业机会和农村经济收入。2012年5月，学校成为县良好级社区学校，11月份通过温州市二级社区学校验收。

第三节　文　化

　　早年，岱岭境内文化设施缺乏，社戏主要在祠堂和宫庙戏台演出；畲族是个能歌善舞的民族，每到"二月二""三月三""九月九"等畲族民间节日，畲族青年男女聚集在一起对唱畲歌，热闹非凡。畲族文化富有特色，除盘歌、舞蹈外，还有刺绣、凤凰装制作、畲族拳术等。1969年起，广播陆续进入家家户户。1982年11月，岱岭公社电影队成立。1984年建立乡文化站，指导乡民开展文化活动。

　　1990年后，电视逐渐普及，乡境内文化基础设施逐渐改善，人民业余文化生活日益丰富。2001年建成电子信息馆，方便群众上网。2009年建成乡文化站大楼，内设图书馆、书画室、电子阅览室、文体活动室等设施，丰富了当地群众的业余文化生活。2012年以来，随着"三月三"民族风情节的承办，岱岭畲族民俗文化影响力越来越大，每年都有大批游客前来旅游。2015年，结合美丽乡村建设和民族特色村建设，先后建成了文化礼堂、文化广场和畲族博物馆，并开展"三月三畲族风情文化活动"和广利侯王传统文化庙会等民族民间文体娱乐活动。畲族非物质文化遗产得到充分展示，岱岭民族风情活动日益精彩，成为乡境内又一道亮丽的文化风景线。

一、文化机构团体
（一）文化机构

　　岱岭畲族乡文化站是乡境内唯一的文化组织，始建于1984年。2001年，县政府拨款3.50万元，为岱岭文化站（文化中心）购置电脑，接上网线，在文化站内建设1座电子信息馆，为当地村民普及科学文化知识，活跃了村民的业余文化生活。2008年7月，岱岭文化站改建成文化中心，配备工作人员3人。2009年新建1座5间三层文化站大楼，占地面积175.60平方米，建筑面积526.80平方米。文化站大楼一楼是苍南县图书馆岱岭分馆，设有图书阅览室，藏书1.50万多册，电脑10台；二楼设有书画创作室、电子阅览室、文体活动室等；三楼设有多功能厅，可进行知识培训、影片欣赏、畲歌培训、畲歌练习演唱等，还有一处可容纳300人的会议室。乡文化中心运用各种文化艺术形式，开展文化活动。

（二）文化团体

主要有京剧团、吹打班等。市县各级政府财政给予补助，总投资80万元。

1. 京剧团

岱岭人民热爱戏剧，建有戏台的东宫每逢节日都要演出京剧、越剧、布袋戏等，广利侯王宫（又称九使爷宫、云遮宫）每逢重阳节也要演戏。中华人民共和国成立前，岱岭就有人组织京戏班，名曰"坑门京剧团"，虽是小戏班，却也风靡一时。中华人民共和国成立后解散停演。1956年重建，组织坑门和福掌两村部分畲族青年男女排练京剧，剧团负责人兼司鼓为村党支部副书记蓝朝足，导演聘请钱库陈家堡村陈子李担任，后台京胡主把有蓝成作、李先保、蓝祥鹏、蓝祥贵等人，司鼓蓝成奎，主要演员蓝祥贵、蓝金梅、蓝瑞红、蓝美兰等，演职人员有30多人，演出地点远至福建省福鼎县、霞浦县，近至矾山、马站、灵溪、金乡、钱库等地。后因戏班部分女青年嫁到外地，加上当时大家生活困难而解散。

1973年7月，蓝上贵、蓝上府、蓝朝丘再次创办岱岭京剧团，演职人员有33人，均为畲族，演员有蓝丽枝、蓝金梅、蓝瑞洪、钟美辉、钟大顺、蓝上其、蓝春荣、雷顺强、雷文心、雷顺来、蓝瑞连、蓝美兰、蓝瑞桃、蓝瑞平、蓝美云、钟显恩、蓝美珍、蓝金香等28人。乐队由蓝成作、蓝成奎、李先宝、蓝上鹏、雷朝安、雷朝依、钟显岳等人组成。执教老师有温州蔡岩昌、北京赵□□、中姑陈怡恩3人。当年开始对外演出，演出剧目陆续有《罗通扫北》《登云山》《五鼠闹东京》《狸猫换太子》《朱家坟》《仁宗出世》《黑龙山斩彭吉》《走南阳》《真假巡按》《六郎斩子》《五女兴唐》《大登殿》《大红袍》《南昌奇案》《击鼓骂曹》《四杰村》《打金枝》等，其间演过800多个台基、2000多场戏。演出地远至福建省福鼎县、霞浦县，近处有本县宜山区、钱库区、金乡区、矾山区、矾山镇等地，深受观众好评。1983年在龙港参加全县业余剧团会演，获第二名。1990年后，乡境内家家户户都装上电视，剧团因演艺、道具等跟不上形势发展而解散。

2. 吹打班

岱岭旧时共有坑门岭、岙头、斗墰3支吹打班，平时均相当活跃。坑门岭吹打班又称唢呐班，今称岱岭畲族乡民间吹奏乐队，原由岱岭京剧团后台乐队一班人组成，他们本会锣鼓等乐器及演唱等技艺，故演出之余又成为吹打班。凡遇有远近农村红白喜事等，就应邀前往助兴，每年都参加元宵、"三月三"、"九月九"等当地民族节日文化活动。蓝成林、蓝成魁、雷大任、蓝祥贵、钟显岳、蓝景美、李成色、李石花、雷祖国等10人均为畲族男性，分别为富源村、坑门村、云遮村人，现为苍南县民间吹奏协会会员，其演奏技艺世代相传，为第七代传承人，成为岱岭喜庆佳节音乐活动中不可缺少的人物。

二、文化设施

早年，岱岭境内各祠堂和部分宫庙建有戏台，节日或者神灵生日，邀请戏班前来演出。2013年起，陆续落成畲族文化广场、苍南畲族博物馆和畲族文化礼堂等，文化基础设施有了根本改善。

（一）畲族文化广场

富源村畲族文化广场2011年初步规划，2013年动工，是年9月建成。占地面积1.50万平方米，总投资1000多万元。苍南县民族宗教局、文广新局、扶贫办、县委统战部、财政局，国家、浙江省、温州市民委等单位都给予一定资金支持，中共台州市椒江区委统战部也给予扶贫结对单位富源村40万元资助。广场分上下层建设，下层入口有5间木材结构壮观的畲族风情文化园大门，6根柱子都有对联，中央对联是：族风淳朴笃行岂在少数，景象清和盈视或成大观。左边对联是：笔架峰岚皆秀色，畲乡寨翠独心怡。右边对联是：纵目闽瓯情萦岱岭，立功桑梓名振畲乡。右旁立着巨石，上面篆刻"畲"字。大门口后5根中华柱都雕刻苍龙，5根柱子分别代表畲族蓝、雷、钟、李、盘5大姓。靠里面墙壁上有100多米长的垛口，垛口下面用青石浮雕古代畲族人群和建筑物，上有畲族简介。靠右边有1个水池，池内假山能喷水，池中养有一群红鲤鱼。上台阶穿过走廊，百米长廊用大理石做柱子，上盖琉璃瓦。文化广场地面用花岗岩石板铺成，舞台面向广场，三月三、九月九、中秋、新春等节日时在此唱畲歌，进行文艺演出。其中2013年后，每年"三月三"畲族文化节在广场上隆重召开时，都会有万人左右参加活动，出现人山人海现象；平时，村民茶余饭后来此健身、休闲。

（二）苍南畲族博物馆

2012年规划，2013年动工，2015年落成。坐落于富源村民族文化广场右侧，拥有1幢6间4层楼房，占地500平方米，建筑面积1359平方米，总投资310万元。博物馆由前言、畲族溯源、畲族生息、畲族遗风等4部分内容组成，展出畲族历史文化、风俗信仰、生产生活、饮食服饰及畲歌畲舞、特色手工艺、婚姻习俗等，通过彩轿、嫁妆、箱柜、大脚盆、红水桶、锡器、酒壶、迎亲牌等大量文物实物和图片，利用现代高科技表现手法，向人们讲述畲族的发展史和畲族文化，是苍南县畲族对外宣传展示的重要窗口。

（三）畲族文化礼堂

岱岭畲族乡文化礼堂系省级文化礼堂示范单位，设在云遮村广利侯王宫内。宫内有正殿五间，前幢门楼中央为戏台，左右两侧厢房各七间两层楼，宫前门外为广场，占地面积约2300多平方米。文化礼堂于2015年2月开工，当年9月竣工，经费由浙江省政府补助15万元，温州市政府补助10万元，苍南县政府补助5万元，其余由本村村民集资。主要用于老人活动、民族民俗活动以及"九月九""三月三"等畲族节日活动。配套设备和设施有民俗乐器12色、民族服装展览室、图书阅览室、书画室、琴棋室等。道德讲堂可容纳300人，投影、音箱配套齐全。文化长廊有关怀廊、成就廊、立志廊、长寿廊。

三、文化事业

（一）广播放大站

岱岭公社广播放大站始建于1969年，负责接收、放大广播信号和乡至村广播网的发展和维护，办公地点设在乡政府办公楼里。1969—1972年由退伍军人钟大禹负责。1972—1975年由退伍军人杨汝勇负责，兼任线务员、值机员。1975年后由退伍军人陈乃科任值机员。由于广播是当时党在农村的主要宣传工具，当年岱岭公社11个大队共立水泥杆600多杆，用线3000多千克，广播入户率达100%。1993年，在达标基础上投资8000元更新线路、设备，并在村头巷尾装上高音喇叭，村村广播响，户户喇叭鸣；1994年投资1.1万元更新50多千米杆线。1995年，乡境内广播设施配套及线路更新全部完毕。后由于电视基本普及，广播走向衰落。

（二）广播电视站

1990年，乡广播放大站改称广播电视站，乡境内出现电视。1992年10月27日，鹤顶山卫星转播台建成，转播温州电视台和苍南电视台节目，乡境内可以接收到这两个电视台的电视信号，电视逐渐进入普通家庭。1995年，岱岭地面卫星接收站建成，可以接收中央电视台一频道、二频道、浙江电视台、温州电视台、苍南电视台5个频道节目，电视基本普及。1998年10月，岱岭广播电视站并入马站广播电视站，开通乡政府所在地周边5个行政村的有线电视。2001年投入120万元，除云山村外，开通东宫、云遮、大厝基、富源、坑门、杨家边、福掌7个行政村有线电视终端680个，许多农户看上信号更好、频道更多的有线电视。2005年，这7个村有线电视覆盖率升至80%。2011年，这7个村开通数字电视，频道更多，收视质量更好。至2015年底，东宫村、云遮村、大厝基村、富源村、坑门村、杨家边村、福掌村共有数字电视用户1330户，全乡有线数字电视入户率达100%，收视频道多达70多个。

（三）电影队

岱岭公社电影队于1982年11月成立，从事农村电影放映工作。钟学尾任队长，雷开元任放映员，林逢全任发电机员。当时岱岭农村文化活动相当枯燥，电影深受广大群众欢迎。乡境内每月上映30—40场次，每一场次加入时政宣传和思想教育，在宣传抗台防汛、农业科技、森林防火、计划生育中起了一定作用。3名工作人员工资由公社按月发放，每月24元。每放一场再补贴0.50元，本公社内下大队放映根据路程远近，每张票价0.10元、0.15元、0.25元不一，有时公演。还到马站片区内城门、澄海、南坪、云亭、魁里、沿浦、蒲城以及福建省福鼎前岐、罗唇、佳阳等地放映，价格不一，新片、武打片每场50—60元。当时农村孩子满月、周岁，建房上梁，年轻人订婚，老人生日等都要放一场电影。除片租外，放映收入全部交公社统一核算。1984年，改称乡电影放映队。1985年后，黑白电视机进入农户，电影业受到影响，播放场次开始减少。为调动工作人员积极性，乡里对他们采取承包方式，一年上交1200元管理费，其余归电影队收入（含工资）。公社需要放电影，每放一场均从管理费中扣回。20世纪90年代后，岱岭农村家家户户装上闭路电视，电视节目不断优化，曾广受欢迎的电影被取而代之。到1997年9月，电影放映队因入不敷出，停止放映，次月解散。

四、文化活动

早年，岱岭境内文化活动主要有畲族"三月三""九月九"的唱畲歌活动，另有各村祠堂和宫庙出资举办的社戏活动。如位于福掌村水尾李厝坎脚的水尾宫，每年农历十月二十三日起举行为时3天的祈福活动，同时邀请包括木偶戏班在内的剧团前来表演，并邀请本县和福鼎、霞浦青年男女畲歌手对唱畲歌，活动延续至今。今文化活动主要有"三月三"畲族风情文化节、"九月九"广利侯王宫传统文化庙会等。

（一）"三月三"畲族风情文化节

"三月三"是畲族传统节日。岱岭畲族在"三月三"都要蒸煮乌米饭祭祀祖先，合家聚餐，同时聚会对歌、盘歌，欢度佳节。乌米饭做法是采集乌稔果树叶，置于石臼中捣碎后用纱布包好，放在锅里煮沸，汁与水成黑色，取出布包再把白花花的糯米倒入与汁汤捧匀烧煮成饭。或者用黑汁汤来浸糯米二三个时辰后，再把米捞上放在饭甑蒸熟成乌米饭，清香糯柔。倘若将乌米饭贮藏在阴凉通风之处，则数日不馊。食用时以猪油热炒，更是香软可口，堪称畲乡上等美食。传说唐朝畲族英雄雷万兴率领畲军抗击官兵，被围困在山中，粮绝炊断的。情况危急之中，采乌稔果充饥，军威大振，大败官兵。数年后的"三月三"，他想吃乌稔果，就吩咐兵卒出营采撷，可是这时乌稔果树尚未开花，那些兵卒只好采些乌稔果树叶和米一起炊煮，结果糯米饭呈现乌黑色，味道特佳，雷万兴吃了食欲大增，下令大量制作乌米饭以纪念抗敌胜利，此俗世代相传。至20世纪40—50年代，"三月三"煮乌米饭之俗近乎消失。进入21世纪后，祭祖已不在"三月三"进行，仅少数畲民保留煮乌米饭习俗。

2012年3月24日，岱岭畲族乡政府在东宫村举办温州市第三届瓯越"三月三"畲族风情旅游节暨苍南县第二届少数民族传统体育文化节，以庆祝畲族传统佳节。国家民委，浙江省和温州市委统战部、民族宗教局及温州市内各县民族宗教局、民族乡镇领导，福建省福鼎市、福安市领导出席，吸引了杭州市、温州市、福建省、台湾地区等地8000多人前来观赏。中共苍南县委书记黄寿龙致欢迎词，国家民委文化宣传司副巡视员张学进、浙江省民宗委副主任邢越生前来祝贺，温州市常务副市长陈作荣宣布开幕。开幕式进行了文艺汇演。活动期间，聘请周边县市畲族青年男女歌手进行畲歌盘唱、竹竿舞等畲族传统文艺表演，以恢复和传承"三月三"传统节日活动；同时进行畲族嫁娶表演，由50多人组成嫁娶队伍，表演撬蛙（讨红包）、拦路、抢嫁妆、梳头哭嫁歌、衔姐妹饭、跨火盆、踩米筛、拜堂等婚嫁过程（详见第八章"风俗信仰·岁时节俗·婚庆习俗"）；请神灵降投"武身"坐刀轿巡垟活动，以祈求地方平安；现场制作畲族传统美食舂糯米糍、乌米饭、盐卤豆腐等，免费请观众品尝；邀请本地畲族手工艺师傅现场制作刺绣畲族女性传统凤凰装大襟钉花衫、编织传统诗花彩带、编制草鞋、制作棕蓑衣等，蓝瑞芳、蓝成娥、蓝瑞桃等现场编织畲族传统绣花彩带并进行展览。这一活动，充分展示了岱岭畲族传统婚嫁、歌舞、服饰、传统体育和饮食文化。此后每年三月初三，均在畲村富源村举办一次"三月三"民俗活动，让广大观众大饱眼福。

（二）"九月九"广利侯王宫传统文化庙会
1. 广利侯王宫
又称九师爷宫或云遮大宫，位于云遮村西塔岭左侧溪心蛇子头穴，始建于明崇祯初期，重修于清同治中期。2011年秋拆建正殿5间，前幢门楼中央为戏台，左右两侧二层厢房各7间，占地2300多平方米。供奉九使、十使、十一使、黄九师公、盟官一郎、盟官二郎、盟官三郎、福德正神8尊神像。至2015年，每年农历三月初三、五月十八、六月初六、九月初九，当地民众在此祈福，以九月初九的祈福仪式最为隆重。山西仙云县大理人汤仁、汤义、汤德三胞胎兄弟均为武将出身，因武功显赫，死后分别受封为威烈、显烈、英烈，统称广利侯王，简称九使（云遮人称"九师"），全称九天巡使。

2.广利侯王宫传统文化庙会

农历九月初九，旧称重阳节。按照惯例，从九月初八开始，云遮村都要在九使爷宫举行传统文化庙会，历时3天，每天参加者达数千人。活动内容有：民众集资邀请戏班或古装提线木偶戏前来表演；邀请当地和福建霞浦、福鼎等地青年男女畲歌手上台演唱畲歌，通宵达旦进行男女畲歌盘唱，种类有情歌、小说歌、历史歌、杂歌等，吸引周边群众前来观看；请神灵降敕"武身"坐刀轿巡垟。2010—2015年，浙江省、温州市、苍南县电视台等新闻媒体单位对这一畲乡传统文化活动进行报道。与其他地方不同的是，云遮广利侯王宫庙会仅进行传统民俗表演，并无商品交流。九月初九这天，云遮村家家户户晚餐都要烧几个菜到广利侯王宫做福，一家人聚餐，以欢度节日。

3.坐刀轿巡垟

云遮村广利侯王宫坐刀轿，即俗称"武身"（传说是九使爷的化身）的人坐在布满锋利钢刀的轿子里，随九使爷等神像出巡。刀轿形似靠背交椅，上安10把开锋利刃，其中臀部3把，脚下2把，背部3把，左右手下各1把，全凭几把刀锋支撑人体重量。行走时，"武身"需要不时起立，用双臂挥舞令剑和法器，全身重量都压在处在刀刃上的两只赤裸脚板上。不论迎神队伍走在平地还是山路，坐刀轿的"武身"都挥洒自如，毫发无损，让人叹为观止。巡游活动吸引了沿途大批群众观看。云遮刀轿巡游活动始于清代，盛行于民国年间，与九使爷信仰有渊源关系，九使爷出巡必备刀轿，据说这是他的"武轿"。云遮、坑门、云山3村民众崇拜神灵九使爷，每年农历九月初九，3村上千名民众都要以广利侯王宫为起点和终点，抬着九使爷神像和刀轿，队伍绵延数百米，沿着云遮、坑门、云山等村巡垟一周，以祈求神灵九使爷保佑地方风调雨顺、五谷丰登、国泰民安。有时，还途经岱岭内、马站、赤溪、凤阳、矾山等地，行走路线事先规定，出发至回归时间也事先约定，分秒不得延误。以真人扮神坐刀轿巡垟，醮事须经"请神灵降敕、挂火、坐刀轿、送贡"4道程序，活动极具神秘色彩，是一项可与苗族"上刀梯"相媲美的民俗活动。1966—1976年"文化大革命"期间，坐"刀轿"活动因被戴上封建迷信帽子而遭到禁止。1988年恢复这一活动后，为了不耽误村民外出务工经商，请神灵巡垟活动只在云遮、坑门、云山3村进行，巡垟需费时2—3个小时。2015年岱岭能坐刀轿仅剩云遮村钟显扬1人，其技艺为祖传。

五、非物质文化遗产

（一）非物质文化遗产项目

岱岭非物质文化遗产有：畲族刺绣（凤凰盛装）、畲族婚俗、畲族民歌、绣花彩编织、民间吹奏、九使爷宫庙会、畲药等，其中被列入省级非物质文化遗产保护名录1项，被列入市级非物质文化遗产保护名录2项。2008—2015年，县民族宗教局与岱岭畲族乡政府每年都在富源村举办非物质文化遗产（畲族民歌、刺绣技艺、畲族婚俗、彩带制作、竹竿舞等）传承活动，从未间断。

1. 刺绣技艺

岱岭畲族刺绣技艺2013年被列入浙江省第四批非物质文化遗产保护名录。畲族刺绣是畲族独特的手工技艺，以畲族传统女装凤凰装（含大襟钉花衫）、八幅罗裙、四角绣花鞋、诗花彩带等最为有名。项目有：大襟灯笼衫、八幅罗裙、四角绣花鞋、诗花彩带、银花头冠。详见本志第八章"习俗信仰之生活习俗"。

2. 畲族婚俗

畲族婚俗2010年被列入温州市非物质文化遗产保护名录，其中婚姻礼仪程序是岱岭畲族风俗之精华(详见本志第八章"习俗信仰之人生礼俗")，是畲族人民勤劳朴实、团结、风趣的精神面貌的载体，也是体现畲乡风情的重要内容。畲族群众和当地政府注重这一风俗的保护、整理，使之更加完善。

3. 畲族民歌

岱岭畲族民歌2012年被列入温州市非物质文化遗产保护名录，其中《嫁娶》《梳妆哭嫁》等是精华之作(详见本章下文"非遗代表性传承人·蓝瑞桃"、本志第六章"语言与口传文学·畲歌"和第八章"习俗信仰·婚嫁礼仪")。

4. 畲　药

详见本章第四节"卫生与体育之民间医药"。

（二）非遗代表性传承人

岱岭畲族乡2012年有3人被确定为温州市级非物质文化遗产项目代表性传承人，2013年蓝瑞桃被确定为浙江省非物质文化遗产"畲族刺绣"项目代表性传承人。

1. 蓝瑞桃（1965年— ）

女，畲族，富源村人。2013年被确定为浙江省非物质文化遗产"畲族刺绣"项目代表性传承人。其丈夫祖父雷子位是位畲族凤凰盛装缝纫刺绣大师傅。蓝瑞桃跟他学习刺绣，现能在大襟衣胸口前、领口、罗裙、栏裙、四角花鞋等上绣各种精美图案。多年来她在不断钻研传统绣法的基础上深入研究、大胆创新，其刺绣作品既能继承传统又有创新，做到既能仿古又能创新。她把畲族传统刺绣文化的技巧传授给自己的女儿与儿媳以及近邻四五位青年妇女，使传统畲族刺绣文化得到传承。2014年10月，作品"大襟钉花衫""胸口前刺绣"荣获2014年浙江省妇女手工制品创意大赛三等奖。自2007年起作品凤凰盛装（钉花衫、罗裙、四角花鞋、栏裙、头冠）分别被温州市非遗馆，苍南县博物馆、非遗馆，苍南畲族博物馆和岱岭畲族乡学校展览室等单位收藏，还有的出售为浙闽畲族姑娘新婚礼服及畲族女歌手的表演服装。

蓝瑞桃2012年还被确定为温州市非物质文化遗产畲族民歌项目代表性传承人，能够传唱一些历史歌、小说歌、风俗歌、劳动歌、情歌、生活歌、时政歌、杂歌等，同时自编《青山百鸟歌》《采茶歌》《播田歌》《梦想歌》《定婚歌》《四季歌》《哭嫁歌》《洞房诗句歌》《祝党生日之歌》《畲民感谢共产党》《歌唱共产党英明》《开心之歌》《传统歌》《开荒歌》《松柏歌》《风情歌》等，还能随编随唱"三条编"（散条溜）与几十连的十条编等畲歌。其祖父蓝朝通（坑门人）、叔父蓝祥府夫妻都是畲歌高手，蓝瑞桃自幼跟姊姊白天一起在山上放羊学唱生活歌、杂歌、情歌、劳动歌，夜晚和雨天跟随祖父、叔父学唱小说歌、历史歌、风俗歌等，青年时代虚心向周边一些老歌手请教，不断努力挖掘畲歌，还尝试改进歌唱腔调。1984年就往福建省霞浦县水门畲族乡对唱畲歌，之后她和她的学生在省内外比赛中屡屡获奖。2012年以来，她利用业余时间，组织近邻青年男女和畲族学生学唱畲歌，传承畲歌，推动了畲族民歌的繁荣与发展。

2. 蓝瑞芳（1962年— ）

女，畲族，云遮村人，2012年被确定为温州市非物质文化遗产"畲族婚俗"项目代表性传承人。其母钟素真精通畲族婚俗礼仪，20世纪80年代前，曾为本村邻里主持嫁娶仪式。蓝瑞芳出生于坑门村，自幼耳濡目染畲族民俗。结婚后与丈夫钟显扬跟其母亲雷青春学习畲族婚姻礼俗，熟知畲族婚俗细节。钟显扬祖母雷大某以及上辈均精通畲族婚俗，至今已传承5代。

3. 蓝春南（1949年— ）

男，畲族，大厝基村人，2012年被确定为温州市非物质文化遗产"畲族民歌"项目代表性传承人。自幼爱好畲族民歌，少年时代上山牧牛放羊时，向邻里长辈请教一些畲族杂歌、小说歌、风俗歌、生活歌等。通过不断努力向老歌手请教，做到能够临场发挥，随编随唱。为了不让畲族民歌消失，在空闲时间组织邻里青少年，向他们传授畲族民歌。

第四节　卫生与体育

中华人民共和国成立前，乡境内多数百姓贫困交加，缺医少药，卫生条件极差，村民生病时主要靠祖传的畲医畲药治疗。由于天花、霍乱、麻疹、白喉、流行性脑脊髓膜炎、乙型脑炎、结核病等10多种传染病在乡境内不时流行（其中天花、霍乱、麻疹等烈性传染病一旦大流行，往往死亡惨重），加上土法接生，人口死亡率很高，畲民平均寿命不到40岁。中华人民共和国成立后，政府对畲族医药费实行减免政策，凡群众到卫生院、医院看病，经村（大队）乡（公社）证实身份后，给予减免20%—60%的医疗费，特殊困难户还给予减免70%以上。1955年，平阳县卫生部门组织医疗队，到乡境内畲村作地方病普查。1956年，乡境内成立村联合诊所。1958年7月在此基础上创办岱岭畲族乡卫生院，配备医生，购置先进的医疗设备，为当地老百姓开展门诊和出诊服务，并及时进行防疫，普及卫生知识，群众医疗卫生条件大为改善，从而大大降低了人口死亡率。同时开展广泛的群众性爱国卫生运动，减少疫病传染源，使得群众健康水平大为提高，人均寿命明显延长。20世纪80年代开始，畲族医疗补助费按人口比例分配包干到乡，由乡政府掌握使用。1985年乡卫生院新建砖木结构楼房一座，设有中医、西医、妇产、中药房等科室；2001年，新建钢筋混凝土二层楼房一幢，并购置相应的医疗设施，初步解决山区群众缺医少药的问题。1986年，苍南县政协、卫生局、民政局、县政府民族科联合组织医疗队到云遮村，为13名肺结核患者进行治疗，2年时间，共拨出医疗费1.2万元。至2015年，乡境内畲民人均寿命已经提高到70多岁。

一、卫　生

（一）民间医药

畲医药是畲族人民在与疾病长期斗争中总结出来的传统民族医药，形成了独特的医疗方法和用药习惯，一些简易验方在畲族中妇孺皆知，特别是对于蛇伤、风湿、骨髓炎、妇科血崩、黄疸肝炎、痢疾、痔疮、小儿疳积等有独到疗效。当地畲歌《畲药歌》唱道：

> 看病先生开药方，草药撮来银锭放；
> 山哈医生山草药，病人煎食病有见。
> 山哈山草药有名，传统行医无数年；
> 看病背个捎马袋，对症下药病有见。

畲医药主要有5个特点：一是入药基本为青草药，常用的有300多种，且草药药用部位独特，一般下身疾病、血症用植物花，头疾用植物根，中间用植物枝叶。二是土、简、灵，即药材就地取材、手法简单方便、疗法行之有效。治病往往外治内服相结合，采用针、灸、拔火罐、挑、放血、撮痧、刮痧等方法；内服则主要为一些草药。刮痧，是在背上抹上一些植物油，用一条弯弯牛肋骨或大碗沿在背上一下一下往下刮，刮得皮肤发红，直至皮下出血，当天不用冷水洗身。三是单味用药多，外治法多，针刺、针灸加外用法或加汤药多；内服法相对少于中医疗法。四是诊治时只需支付工夫钱，草药多数由患者或其家属自采自用，如用马齿苋治疗糖尿病，用狗尾草、金锦香鲜草煎汤治疗肺炎，用败酱草、鬼针草、田基黄、苦枥等鲜草煎汤治疗阑尾炎，用鳢肠鲜全草捣烂外敷止血，用脚疗草鲜全草加食盐捣烂外敷治疗疖子脓肿，等等；也有畲医将草药捣烂后交给患者，或将中草药制成丸、散、丹、膏提供给患者，以防祖传秘方外泄。五是依靠口传身授来传艺，岱岭畲医无教材，主要是家族祖传，绝大多数是父传子、子传孙，传媳不传女，女畲医人称"先生妈"。20世纪60年代，岱岭有6名畲医。改革开放后，畲医濒临失传。至2015年，乡境内畲医仅剩3人。

（二）现代医疗卫生

1. 村联合诊所、大队保健室（医疗室）

中华人民共和国成立前，岱岭境内群众缺医少药，多数百姓贫病交加。由于卫生事业一片空白，村民有病主要依靠畲医畲药治疗；妇女在家分娩，用土法接生，产妇和婴儿死亡率很高。因缺乏预防手段，乡境内经常流行天花、霍乱、麻疹、白喉、流行性脑脊髓膜炎、乙型脑炎、结核病等10多种传染病，尤其是霍乱、天花、白喉、流行性脑脊髓膜炎流行面广，死亡率高，这些传染病一旦大流行，往往死亡惨重。

为提高村民保健水平，1956年，成立村联合诊所。1958年，各大队创办保健室。1969—1970年大力培训"赤脚医生"，各大队办医疗室。1985年改"赤脚医生"为乡村医生，开始重视儿童免疫工作，在常规免疫基础上，对4周岁以下儿童一律进行二轮免疫糖丸普服，挨家挨户登记造册、发放糖丸，普服率达100%，基本消灭小儿麻痹症、百日咳、天花等严重危害儿童的疾病。对流行性脑炎、乙肝、霍乱等流行性疾病及时发现和治疗，至2015年，未发生死亡病例。

表4-5-4-1　2003年和2015年岱岭畲族乡儿童疫苗接种情况一览表

疫苗名称	卡介苗			脊灰糖丸			百日咳、白喉、破伤风疫苗			麻疹疫苗			四　苗		
接种情况	应种数	已种数	接种比例(%)	应服数	已服数	接种比例(%)	应种数	已种数	接种比例(%)	应种数	已种数	接种比例(%)	应种数	已种数	接种比例(%)
2003年	42	42	100	42	42	100	42	40	95	42	41	97	42	40	95
2015年	28	28	100	82	82	100	83	83	100	66	66	100	135	135	100

资料来源：根据岱岭卫生院提供的数据制作。

2. 岱岭卫生院

1958年7月，在村联合诊所基础上创办岱岭畲族乡卫生院，地点设在大厝基村内宫，蓝月阳医生兼任院长，医生郑时杯，调剂员韩厚，接生员陈美兰。接生员通过培训，从土法接生发展到新法接生，新生儿成活率全面提高。乡卫生院为卫生行政兼医疗预防综合机构，担负全乡卫生医疗工作，负责组织、领导群众开展爱国卫生运动，培训卫生技术人员，对村医疗点、卫生室进行业务指导。是农村医疗网点建设的重要节点，也是解决农村居民看病难的重要环节。1964年因内宫地方太小，搬迁至大厝基村娘娘宫，院长蓝月阳，医生郑时杯，调剂员工中扬，接生员陈美兰。1983年院长蓝月阳，医生郑时杯，新增医生陈开益、吴立居、陈开香、接生员陈细枣。1985年新建砖木结构楼房1幢，295平方米，设有中医科、西医科、妇产科、中药房，院长王顺庆，医生曾安平、吴立居、陈开性，接生员陈细枣。1986年，卫生院一度瘫痪解散，医生自寻生路，赵开成在大厝基村设点开诊，陈细枣在大路自然村设点开诊。在赵开成医生多年努力争取下，重建岱岭畲族乡卫生院得到上级领导的重视。2001年，岱岭畲族乡卫生院经多方筹措资金，加之上级政府支持，投资40多万元，在杨家边村大路自然村78省道旁新建钢筋混凝土结构二层楼房1幢，建筑面积436平方米，从业人员6人，其中专业医护人员5人。配有X光机、B超机、心电图等医疗设备，初步解决山区群众缺医少药问题。2005年，除岱岭畲族乡卫生院外，还有云遮村卫生室1家。2015年仅存岱岭畲族乡卫生院，编制14人，现有在岗人员10人：院长赵开成，医生郑继泳、温怀侯，妇幼保健员陈丽娟，计划免疫员池淑蝉、杨彩华，药房药剂师赖连取，护士梅阳平、朱珊珊，健康教育员潘存旭。主要开展基本公共卫生服务、基本医疗服务、优生优育等工作。因离马站镇较近，岱岭有些群众到医疗条件相对较好的马站卫生院就诊。

表4-5-4-2 岱岭畲族乡历任卫生院院长一览表

姓　名	任职时间	名　称	备　注
蓝月阳	1958—1960	岱岭卫生院	
蓝月阳	1961—1980	平阳县马站区岱岭公社卫生院	当时群众称卫生院为保健所
王中扬	1981—1983	苍南县马站区岱岭乡卫生院	
王顺庆	1983—1986	苍南县马站区岱岭乡卫生院	1986年卫生院解体
赵开成	1995—2000	苍南县岱岭畲族乡防保站	卫生院名存实亡，成立防保站
赵开成	1997—	苍南县岱岭畲族乡卫生院	

资料来源：岱岭畲族乡卫生院提供。

（三）卫生防疫

中华人民共和国成立后，岱岭乡爱国卫生委员会于1952年6月成立，领导全乡人民大搞环境卫生，减少疫病传染源。机关、学校、居民家庭，人人动手，掀起一场轰轰烈烈的爱国卫生运动。1956年，全乡开展以"除四害（鼠、蚊、蝇、麻雀）、讲卫生"为中心的爱国卫生运动。1989年，乡境内开展第一个"爱国卫生月"活动,发动干部、群众、师生打扫卫生,清除蚊蝇孳生场所,疏通下水道。2009年,在清洁家园行动中,共投入22万元建设垃圾集中点,购买清洁卫生用具及支付9名保洁员工资等,实现垃圾"户集、村收、乡运、区域集中处理",使乡村垃圾得到及时处理,卫生面貌大为改观。2010年,投资30万元建设东宫、杨家边、富源村生活污水处理管道延伸工程。2012年,启动坑门村污水处理工程和太阳能垃圾分类处理工程。2013年实行"村收集、乡转运、县处理"的农村生活垃圾分级处理方式,全乡设立8座垃圾收集站,1座垃圾转运站,1座太阳能垃圾分类处理站,每名保洁员配备一辆简易垃圾车,及时清运生活垃圾,垃圾无害化处理率达到100%;6个村建成污水处理工程,生活污水集中处理率达75%;投入98万元建设坑门村污水处理工程。2015年,岱岭畲族乡深入开展"四边三化"和"五水共治"行动,进一步完善"驻村干部包村,联系领导包片"和"周排名、月考核"制度,实行"定员、定岗、定责"网格化精细管理,加强重点区域、重点地段、重点部位的环境整治。全面禁止重污染的牛蛙和生猪养殖,加强十八孔水库水源保护,环境质量有了明显提升。

二、体 育

中华人民共和国成立前,岱岭畲族乡境内农闲时经常开展武术、象棋等体育活动,其中畲村传统体育活动有高跷、陀螺、押加、板鞋竞走、蹴球、操石磉、十八跌、肚顶棍、遛马、射弩、武术等,学校有篮球、乒乓球等体育运动。中华人民共和国成立后,学校增加排球、足球等运动。2005年,全乡安装全民健身器材2套。2010年秋,新建大厝基村灯光篮球场和福掌村门球场。2012年,全乡8个行政村各安装1套健身活动器材,东宫、杨家边等人口集中的半山区村建有水泥标准篮球场,以便于村民早晚锻炼。富源村文化广场2013年9月竣工后,每逢春节、"三月三"、"九月九"等佳节,均举行全民健身活动,如拔河比赛、跳竹竿舞等。平时天气好时,在家的年轻畲汉妇女在老师指导下,跳广场舞和进行其他健身活动。2013年,成功创建"浙江省体育强乡",并举办岱岭畲族乡首届全民健身运动会。

(一)武 术

清末,福掌陈世垟吴可清(1846—1906年)、东宫郑振挺(1860—?年)从军回乡后,在家乡开设拳馆、棍馆,拳馆主要教授五肢、鹤拳,棍馆主要教授长棒、短棍。岱岭畲族乡乡村体育活动以武术项目为主。当地武术有畲家人拳、蓝技术拳、八廾拳、法山拳、连环拳、五肢、鹤拳等，棍术与拳术较普及。畲族拳师崇尚武德，以武会友，旨在健身。

（二）掷标椿

掷标椿也是畲族传统体育项目，活动方式是用小竹竿在规定范围内向前掷，然后再量距离，掷远者为胜者，这种活动类似现代体育中的投掷标枪。

（三）竹竿舞

竹竿舞曾是岱岭畲族传统体育项目，2012年4月，温州市瓯越"三月三"畲族风情旅游文化节在岱岭举行，岱岭畲族乡学校组织竹竿舞代表队参加表演。此后，富源村的"三月三"、云遮村的"九月九"、福掌村的"十月廿三"畲族风俗传统大型文化活动，学校均组织竹竿舞代表队参加表演。为让这一传统舞蹈项目得以传承，2012年以来，岱岭畲族乡学校挖掘畲族竹竿舞文化资源，并将这一特色民族体育纳入日常学校教学。苍南电视台等媒体对岱岭畲族学校竹竿舞教学模式进行全方位报道。

第五节　社会保障

中华人民共和国成立前，岱岭农民在贫瘠土地上辛勤耕作，脸朝黄土背朝天，因耕种的都是靠天田，粮食生产常受旱、涝、虫、风等灾情影响，亩产平均在150千克以下，加上受国民党苛捐杂税的盘剥，人民生活极其困难。中华人民共和国成立后，各级政府对乡境内的畲族贫困户进行扶贫，主要是赠送棉衣、棉被、单衣等，改变畲民"蓑衣当被盖，火笼当棉袄"的状况；同时拨款帮助畲民改造住房，发展生产，改善生活条件。1985年1月，苍南县政府把岱岭畲族乡列为全县十大贫困乡之一，逐年加大资金投入力度，帮助改善当地水、电、路、通讯、教育、卫生等基础设施，重点在住房改造、移民下山、项目扶持上给予大力支持，发展效益农业，搞好来料加工，扶贫又扶志，变以往的年年"输血"扶贫年年贫为后来的"造血"致富，从而实现贫者脱贫、共同富裕，至1997年，群众温饱问题基本解决。自21世纪开始至2015年，政府推行农村医疗保险，实行低收入农户生活保障，乡境内居民生活有了保障，改变了以往因病致贫、因病返贫状况。

一、住房保障

中华人民共和国成立前，岱岭居民因为贫困，很多人居住在草房中。中华人民共和国成立后，政府帮助当地居民新建住房，改造旧房，于1999年彻底消灭人居草房。2007年以后，乡境内实施移民下山脱贫，将生存条件较差的居民迁移到生存条件相对较好的东宫、杨家边、富源、坑门和邻近的马站镇城区，彻底改变了居民的住房条件。

（一）住房建设

第二次国内革命战争时期（1927—1937年），畲族人民在中国共产党领导下，奋起反抗国民党当局的残酷统治，遭到国民党当局的血腥镇压，仅福掌村就被焚毁民房124间，全村52户220人无家可归。1955年秋，平阳县政府拨款2万元为福掌村新建3幢26间楼房；1956年7月，又拨款5000元、木材200立方米，为福掌村修理民房10幢30间，贫困畲民告别茅草房和破房，住上新房。1999年6—7月，苍南县政府投入48万元，对全乡103间茅草房、油毡房进行拆除，新建瓦房3500平方米，岱岭彻底消灭人居草房。

（二）移民下山

岱岭山区山高坡陡，很容易发生泥石流。20世纪50年代，在地方政府关心支持下，革命老区东宫村战坪头自然村16户郑姓村民率先搬迁下山，到生活条件更好的东宫村下台后自然村建房定居。1990年遭受特大暴雨后，大厝基村小岭、北山2个自然村出现泥石流地质灾害迹象。经浙江省地质检测组检测后，属地质灾害区。在中共苍南县委、县政府和有关部门领导关心下，2007年经审批，所有居民被集中异地搬迁安置，政府给予安排地基，并给每人补助3000元。2010年，大厝基村小岭、北山2个自然村92户332人，集中迁移到马站镇桥头村阁垟河地块建房92间，其中畲族62户212人62间。

南山、龙凤、朗腰、斗塆原为4个行政村，于2001年7月合并为富源村后，村干部提出下山异地整村搬迁的思路，以改善村民生活、生产条件。项目自2006年开始实施，至2017年分五期进行：第一期，2006年52户263人52间，2007年入住；第二期，2006年24户72人24间，2008年入住；第三期，2009年32户132人32间，2010年入住；第四期，2012年30户133人30间，2013年入住。政府给予每人补助2000—5600元。合计180户763人180间，其中畲族78户340人78间迁到村委驻地顶峰自然村安居。

对居住分散的坑门村，采取集中居住的下山异地搬迁办法，2009年横浚自然村共向坑门岭隧道口移民35户157人，建房35间，政府给予移民每人补助3000元，解决了该村基础设施落后，群众生产、生活不方便问题。2014年，坑门村异地搬迁（包括新232省道占地赔偿处理）65户292人65间住房，集中迁居至马站镇桥头村新建住房。

二、生活保障

中华人民共和国成立前，岱岭居民生活艰难，连最基本的吃穿都难以保证。中华人民共和国成立后，政府首先改善贫困居民的生活条件，对农村孤寡老人实行"五保"，即保吃、保穿、保住、保医、保葬。2004年起，对农村低收入生活保障户进行扶贫救济。2009年起，政府给乡境内60周岁以上老人每月发放养老补贴。1992年起，乡境内开办农村养老保险，确保居民生活无忧。

（一）孤寡老人供养

1956年，农村孤寡老人由农业合作社实行"五保"。1958年，当地在实行公社化的同时，建立岱岭敬老院，对孤寡老人进行集中供养。1961年，因经济困难，岱岭敬老院停办，院中孤寡老人分散供养。1970年，实行集体和政府"双统筹"办法供养。1983年，乡境内推行供养来源"三提留"办法，即通过土地提留、物质提留、事业和企业中积累利润提留，使农村"五保"政策一一落实。1988年，在大厝基小岭山头窟部队废弃营房内重建敬老院，供养10多位孤寡老人。1995年，孤寡老人减少至7位。2007年，孤寡老人降至4人，为便于管理，岱岭敬老院并入马站敬老院。至2015年底，还有5位岱岭籍孤寡老人住在马站敬老院。

（二）农村低保

从2004年起，苍南县民政局对岱岭畲族乡境内农村低收入生活保障户进行扶贫救济，根据其人均经济收入多寡，给予每人每月不同金额的资金补助，帮助他们度过生活困难时期。一旦人均经济收入超过低收入保障线，即停止发放其救济金。2011年，全乡有低保户263户。至2015年，由于经济条件改善，低保户降至56户。

表4-5-5-1 2011—2015年度岱岭畲族乡低保户汇总表

年度 村别	2011	2012	2013	2014	2015
大厝基	36	61	9	－	9
东 宫	37	36	0	7	7
福 掌	19	79	18	－	－

续表

年度 村别	2011	2012	2013	2014	2015
富　源	85	117	9	9	7
坑　门	27	92	18	－	12
杨家边	23	72	9	－	7
云　山	27	160	15	9	－
云　遮	9	101	16	－	14
合　计	263	718	94	25	56

资料来源：岱岭畲族乡居民低保管理办公室所提供档案材料制表。

（三）农村养老补贴

2009年开始，政府给乡境内1093位60周岁以上老人每月发放60元养老补贴，帮助他们安享晚年。到2015年，乡境内914位60—79周岁老人每人每月养老补贴提升至120元，225位80周岁以上老人每人每月提升至160元。

（四）农村养老保险

1992年开始，岱岭畲族乡开办农村养老保险，农户参保92户110人。因国家有补贴，参保农民尝到甜头，这项工作很快在全乡得到推广。2015年，随着温福高速公路（G15）复线等工程的建设，乡境内一些失地农民转为农村养老保险。是年，全乡有623户1102人参加农村养老保险，每人每月一般领取养老金1800—2000元。在职村干部养老保险金由县财政支付三分之二，自己支付三分之一；离任后全部由自己支付。在外地就业的大学毕业生有110人参加农村养老保险。

三、新型农村合作医疗保险

新型农村合作医疗保险简称"新农合"，是指由政府组织、引导、支持，农民自愿参加，个人、集体和政府多方筹资，以大病统筹为主的农民医疗互助共济制度，采取个人缴费、集体扶持和政府资助的方式筹集资金。2003年开始，岱岭畲族乡推行新型农村合作医疗保险，工作走在全县前列。方法是，由农户交纳一部分保险金，其余由县财政补助，此举因社会效益良好，得到全乡群众积极响应。据岱岭畲族乡合作医疗办公室提供的数据，2005年，全乡参保3000多人，参保率达50%；2006年1月2日，苍南县政府在全县推行新型农村合作医疗制度，岱岭居民积极参加；2010年，乡政府加大农村新型合作医疗参保投入，乡财政给予每人补贴10元，全乡参保6635人，参保率提高至100%；2013年农村合作医疗保险参保率达到100%；2014年，全乡农村合作医疗保险参合率达到98.14%，每人每年需缴纳保费620元，其中个人缴纳150元，县财政补助470元；2015年，参保者每人缴纳210元。大病医疗最高报销额2008年为医疗费的55%，2014年升至80%，从而大大减轻了居民经济负担，避免了农民因病致贫、因病返贫风险。2015年，全乡居民参加新型农村合作医疗保险的共计6180人，参合率达92.23%，社会效益良好。

四、项目扶贫

1978年至2015年，岱岭畲族乡主要以切实易行的农业项目扶贫、来料加工扶贫，来帮助居民脱贫致富，取得了显著的效果。上级政府和各挂钩扶贫单位还从基础设施建设方面加以大力扶持，加速了当地居民脱贫致富步伐。

（一）农业项目扶贫

1978年改革开放后，岱岭畲族乡党委、政府十分重视岱岭脱贫事业，努力争取多方支持，1985—1989年，苍南县共拨款15.38万元扶持岱岭畲族乡。其中1985年重点扶持岱岭发展生姜500亩；乡政府还大力支持广大农户发展蘑菇产业，至1987年，全乡有近一半农户种植蘑菇，面积达60万平方尺，年总产值100多万元，占全乡工农业总产值的40%，年蘑菇收入3000元以上的农户比比皆是，成为全县第一蘑菇基地乡。

岱岭畲族乡境内山地面积26631亩，除其他用地7871亩（包括耕地面积），大部分属草场资源，草地资源十分丰富，当地居民有悠久的畜禽饲养历史，发展食草畜牧潜力很大。在上级支持下，1993年，全乡畜牧业产值达73.5万元，仅次于粮食和食用菌收入，居第3位。1994年，畜牧业总销售额77.25万元。

2002—2003年，上级共投入扶贫资金160万元，在巩固原有发展基础上建成一批效益农业示范基地，包括230万平方尺的蘑菇基地、600亩黄栀基地、300多只的南江黄羊养殖场、20万只的牛蛙养殖场、500亩特色水果种植基地、400多亩食用笋基地、100亩脐橙基地、200多亩蕉藕基地、20万羽的大麻鸡养殖基地，同时尝试发展山鸡、淡水鱼、本土鸡、中草药、茶叶等10多个项目，有力地促进了农业增产、农民增收。2009年，大厝基村被列入温州市扶贫开发整村推进项目，投资建设以马铃薯、细纹花生、玉米为主导产品的无公害基地，规模达300亩，引导150户农户参与基地建设和生产，户均收入增加850元。2010年，在低收入农户中，有287户1148名农民人均纯收入超过4000元，占低收入农户总数的51%。2011年，扶持云山、云遮、坑门、福掌4个村种植中草药500亩。是年至2015年，因地制宜，重点扶持富源特早熟温州蜜橘、云遮甜橘柚、福掌脐橙千亩水果基地，使之成为农民脱贫致富的重要渠道，取得显著成效。

（二）来料加工扶贫

来料加工也是岱岭重要脱贫项目。经过乡政府的努力争取和苍南县扶贫办的牵线搭桥，2007—2015年，这项工作取得了显著成效。详见本志第四章"经济·工业"。

（三）基础设施项目扶贫

2013年，岱岭畲族乡政府投资1000多万元建成总面积1.50万平方米的富源村畲族文化广场，苍南县民宗局、文广新局、扶贫办、县委统战部、财政局，国家、浙江省、温州市民委等单位都给予一定资金支持，中共台州市椒江区委统战部也给予扶贫结对单位富源村40万元资助。2013—2015年，中共台州市黄岩区委统战部资助扶贫结对单位坑门村40万元，帮助该村建造3千米通村公路。这些项目的建成，促进了当地全域旅游业的快速发展，加速了村民脱贫致富进程。

第六章 语言与口传文学

在漫长的岁月中，岱岭畲族、汉族创造了灿烂辉煌的口传文学，其中畲族口传文学包括畲歌、畲族民间故事、畲族谚语、畲族谜语等，记录着畲家的过去与现在，并世代相传。岱岭畲族迁入已近500年，畲族民间诗歌伴随着畲民生产、生活走过了漫长的历史，成为畲民生活、社交的一个重要部分，对歌活动也是畲族节日娱乐的一种重要方式，许多畲族青年男女在对歌中相识、结亲。汉族民歌用闽南话传唱，与闽南文化有一定的渊源。畲族和汉族民间故事、谚语、谜语等与当地人民的日常生活息息相关，从中给人们带来许许多多的智慧和欢乐，展现出畲族和汉族民间文学强大的生命力。

第一节 语 言

岱岭畲族乡汉族居民通用闽南话，因操闽南话者占乡境内总人口的三分之二左右，故汉族会畲话者不多。畲族只有本民族的语言，没有本民族的文字。全乡畲族通用双语，即内部交流时用畲话，与当地汉族交流时使用闽南话或普通话。中华人民共和国成立前畲族禁止与外族通婚，畲话因而保持着许多原始特点。改革开放后，随着城市化和工业化的迅速发展，畲族与汉族通婚和融合进程加快，一些畲族孩子在学校中接受汉语教育，在同汉族接触过程中，语言渐渐汉化，真正能讲畲话的畲民越来越少。2012年以来，乡政府加大力度保护畲族文化，通过举办"三月三畲族风情旅游节""畲歌会"等有关畲族传统文化活动，传承畲族文化，以使畲话很好地传承下去。

一、畲 话

畲话，是指畲族使用的语言，畲族内部称"山哈话"，意为"山客话"。属汉藏语系、苗瑶语族，语支未定，类似汉语客家话。畲族只有本民族的语言，没有本民族的文字。据史籍记载，畲族最早聚居地在广东省潮州凤凰山一带，由于历史上统治阶级的民族歧视和压迫，曾多次大迁徙。唐朝迁居闽浙赣三省交界地区，后有盘、雷、钟、蓝四姓由广东潮州登船出海，在福建罗源登陆，盘姓不知所终，部分雷、钟、蓝姓后裔由福建闽东辗转迁徙到浙南。岱岭畲族主要由平阳、福鼎以及本县钱库括山、蒲城、灵溪、南宋、凤阳等地迁入，最早迁入的蓝姓距今近500年。随着畲族迁徙经过闽东、浙南，原有畲话在与当地汉族交流中不断变异，词汇和口音均发生了一些变化，虽然总体上各地畲话大同小异，相互之间尚能交流，但岱岭畲话因受当地浙南闽南话的长期影响，语音、词汇、语法均有自己的一些特点。

（一）语 音

岱岭畲话是一种古老的语言，有声母、韵母。岱岭畲族先民从广东迁移岱岭途中，曾在闽东停留过一段时间，故其畲话部分掺杂了闽东话词汇和口音。现有语音受闽东语影响较大，与福鼎一带的畲族方言最接近。岱岭畲族方言受闽东语影响可从以下几方面看出：第一人称"我"的读音为[ŋuai]（即闽东语[nguāi]）。产生声母类化现象，如："比较"的[pi]和[kiau]连读后变为[pi iau]，后一个字的声母脱落；"交代"的[kou]和[tai]连读后变为[kou lai]，后字声母[t]变为[i]。

1. 声 母

表4-6-1-1 岱岭畲族声母一览表

声母	P	Ph	M	T	T´	N
例字	风包布	平坟排	朱毛门	刀点底	头天贪	泥尿奈
声母	L	Ts	Ts´	S	K	k´
例字	来路椤	井煎子	春秋车	四衫松	讲过格	徛裙气
声母	G	Ŋ	H	∅	—	—
例字	禾碗黄	牙耳牛	晓行横	圆县盐烟	—	—

浙江各地畲话语音中多数有齿唇音f声母，岱岭畲话则无。如"芋头"，岱岭畲话读作hu^{21}ɔln^{35}，丽水等地多读作fu^{42}ɔn^{35}或fu^{21}ɔln^{35}；岱岭畲话"裤"读作hu^{44}，丽水等地读作fu^{44}或fu^{42}。岱岭畲话声母中有浊舌根音g声母，如：话、画、弯、万、禾、碗等。

2. 韵 母

岱岭畲话韵母与苍南畲话韵母区别，分单元韵母、复元音韵母，鼻音尾韵母4个部分。

表4-6-1-2 单元音韵母一览表

韵母	A	E	ɔ	O	ʔ
例字	查茶雅	知契背	马家爬	做歌有	资私
韵母	Ω	I	U	Y	–
例字	驴锯倨	骑耳齿	布姑鼓	猪女煮	–

韵母	Ai	Au	Eu	ɔu	ia	Io
例字	弟底睇	鸟饱了	口到偷	毛狗高	蔗蛇车	梳茄瓢
韵母	Iu	Iai	Iau	Ieu	Ua	Ui
例字	酒秋休	鸡快舔	猫爪箃	晓烧哭	花话瓜	醉跪贵
韵母	Uai	Uei	Yei	–	–	–
例字	歪乖怪	盖辈杯	嘴吹蒸	–	–	–

表4-6-1-4 鼻音尾韵母一览表

韵母	Am	ɔm	Im	Iam	Iem	An
例字	衫添甜	三南淡	金针心	店尖签	占镰剑	天钱线
韵母	En	N	ɔn	In	Ian	Ien
例字	面轮清	根芹勤	炭难提	人新印	仙眼偏	变县烟
韵母	Un	Uan	Uon	yən	Aŋ	Eŋ
例字	吞裙军	搬弯盘	官碗昆	砖船漏	冷晴行	登藤生
韵母	ŋ	ɔŋ	Iŋ	Iaŋ	Ieŋ	Uŋ
例字	宫龙用	江糠床	清绳称	轻响镜	瓶应亭凳	桶聋疼
韵母	Uoŋ	Yŋ	Yoŋ	ɱ	–	–
例字	王皇黄	钟重种	香乡羊	五	–	–

表4-6-1-5 塞音尾韵母一览表

韵母	Ap	ɔp	Ip	Iap	Iep	At
例字	接碟叠	鸭合甲	粒十湿	夹蝶	劫叶眨	铁节裂
Et	ət	ɔt	It	Iat	Iet	Ut
跌篋压	出歇许	割辣杀	日一七	切滑咬	血舌穴	骨窟屈
Uat	Uot	yət	Aʔ	Eʔ	əʔ	ɔʔ
挖法活	阔袜钹	月决越	客麦格	德色黑	菊虱	角落壳
Iʔ	Iaʔ	Ieʔ	Uʔ	Uoʔ	yʔ	yoʔ
力食嘻	尺石削	刻墨蜜	谷族古	镆划锅	竹熟树	脚药穿

3. 声　调

浙江各地畲话声调皆6个调类，调值略有不同。岱岭畲话声调也是6个调类。

表4-6-1-6　岱岭畲话声调6个调类

调类	阴平	阳平	上声	去声	阴入	阳入
调值	44	22	35	21	5	2
例字	加有价	时皮骑	起虎煮	地跪肺	客跌色	食石白

上声字与各调字连读时，作为前字的上声字调值变为55，如"再起"这两个上声字连读，则"再"字读55调。

（二）词　汇

岱岭畲话词汇从来源方面分析，可以分为5类：畲族词汇、古汉语词汇、客家话词汇、闽东话词汇、今畲族居住地岱岭闽南话词汇。

1. 畲族常用词汇

畲族无本民族文字，历来都用汉字记录畲歌、族谱等，畲歌抄本中，常常借用与畲话同音的汉字，或利用汉字偏旁另造新字来记录畲话中一些特殊音、义。岱岭畲话受当地闽南话影响相对较小，保留的古成分相对较多。

表4-6-1-7　岱岭畲族词汇中常见与众不同的词汇

词语	眣、睇	怀	姆	徛	勿会	佮
同音字	音同"太"	音同"唔"	音同"拉"	音同"欺"	音同"买"	音同"嗨"
意思	看	不	嬉、对	站	不会	会

畲族《高皇歌》中就用了这样的同音字或新造字。如：

世上人何几样心（何〔ho^{44}〕：有）

造出田地分人耕（分〔pun^{44}〕：给）

掌在石洞高山头（掌〔tsyøŋ^{35}〕：住）

有巢皇帝龚人讲（龚〔muŋ^{44}〕：跟，给）

扮作百姓眣田场（眣〔tai^{35}〕：一作睇，看）

便教朝臣蜗先生（蜗〔uo^{35}〕：叫）

一日三时仰其大（仰〔ŋiaŋ⁴⁴〕，看）

领旨转身唔见影（唔〔ŋ²¹〕：不）

带上殿里去攞封（攞〔lo⁴⁴〕：讨）

我女若大你度去（度〔t´u21〕：娶）

岱岭畲族词汇中，许多词义与现代汉语不同，详见下表。

表4-6-1-8　岱岭畲汉词汇对照一览表

普通话	畲　语	普通话	畲　语	普通话	畲　语
太阳	热头	下雨	落水	后天	后别日
月亮	月光	下雪	落雪	昨日	大日
打雷	声雷公	刮风	起风	今天	今日
毛巾	汗巾	漆黑	黑茫茫	明天	太日
端午节	五月节	灰尘	泥粉	早上	眼头
除夕	过年暗	洗脸	洗面	中午	日周
胳臂	手骨	吃饭	食饭	下午	日了
右手	大手	稀饭	糜	竹竿	竹高
腿	脚	大碗	碗公	黄昏	暗沿
屁股	屎头	筷子	饭箸	晚上	暗晡
鼻子	鼻洞	烤火	灸火	我们	我人
驼背	曲疴	火柴	火杰	舅父	嬢舅
瘸子	摆脚	砍柴	斩柴	妻子	妻主、布娘
残废	带疾	扁担	东干	公婆	翁蔗
乞丐	讨食	斗笠	笠头	祖母	吗
打架	双打	厕所	屎泊	祖父	公
口角	争嘴	厢房	横寮	父母	爷嬢
捣蛋	滚肚	胡同	路巷	大家	大俚
聊天	讲闲话	母猪	猪娘	小孩	细崽
换	调	小猪	猪犊	柱子	树墩
漂亮	漂知	公牛	牛牯	遇见	碰着、当着
刷牙	洗牙	公鸡	鸡公	应当	莫当
舒服	好过	母鸡	鸡娘	走路	行路

续表

普通话	畲 语	普通话	畲 语	普通话	畲 语
累	着力	雏鸡	鸡子	洁净	清水
作伴	作阵	蛋	卵	开水	滚水
休息	歇	雁	雁鹅	死了	过山、过世
干活	作息	苍蝇	白蚊	喝茶	食茶
工作	事干	肉	俾	看见	睇着
鞋	亥	辣椒	辣茄	左边	左爿
跑	跳	花蕾	花蛋	中间	当央
想	忖	怎样	奈作	下次	下轮、下水
不	唔	平时	常时	摔了	跌倒

畲话中有些词语可以反映出不同时期畲族人民不同层次生活的情况。如房屋、房间、村、家等早期畲话都称"峒"，岱岭畲歌"今晡落到娘峒坐，娘峒姊妹会介多"中的"峒"，就是"房屋""房间""家里"的意思，反映出早期畲族以山峒为家的情况。因此，"峒"应是畲话中资格最老的第一层次词语。后来，畲话把房屋、家叫作"寮"，似乎可以反映出历史上畲族从山峒迁出来，搭草寮为家的情况，"寮"应是畲话中第二层次词语。至今，岱岭畲族仍称房屋、家等为"寮"。又如"锅盖"，岱岭畲话仍叫"t′uŋ55k′ɔn"。

2.古汉语词汇

畲话词汇中有一些词语既非客家话词汇，亦非畲族居住汉语方言词汇，属于古畲话遗留下来的"底层"；而另一些词语虽跟现在个别地方汉语客家话说法相同或相近，但其构词的词素比较特殊，不同于现在客家话词素。我们把上述这两个部分词语合称为"古语词"。

表4-6-1-9 岱岭畲话词汇中的古畲话遗留词汇

词语	蜈蚣	肉	有	打	天亮	看	娶
读音	Kio^{44}	pi^{35}	ho^{44}	taŋ^{35}	tan^{44}hau^{21}	t′ai^{35}	Lo^{44}
词语	在	曾祖父	曾祖母	锅盖	谷穗	毛巾	—
读音	ɕi^{44}	Kuŋ^{44}p′aʑ^{2}	A^{44}p′aʑ^{2}	T′uŋ^{55}k′ɔn^{44}	kuʑ^{5}neu^{35}	men^{44}pan^{35}	—

3.客家话词汇

岱岭畲话共有6个声调。除声调外，韵母方面也有和客家话相同或相似的地方。历史上，客家人在南徙过程中进入广东东部和北部时曾与畲族杂居，语言上彼此产生了影响。但畲话历史比客家话悠久，故畲话保留了不少和客家话不同的成分，畲话分布和客家话分布也不一致。畲话中的客家话词汇有2种情况：

（1）与现在闽、粤、赣大多数客家话相同或相近说法的词语。例如：

落水（下雨）　　着（穿）　　　禾（稻子）　　　牛牯（公牛）

衫（衣服）　　　行（走）　　　分你钱（给你钱）　几多（多少）

（2）与现在闽、粤、赣部分地方客家话相同或相近说法的词语。例如：

沸水（开水）　　日头（太阳）　糜（稀饭）　　　石牯（石头）

头毛（头发）　　你人（你们）　人（我们）　　　佢人（他们）

4.闽东话词汇

岱岭畲族先祖从广东迁徙至岱岭途中，曾在闽东停留过一段时间，畲话难免受到一定影响，并从闽东语中借入了许多典型的词汇，如：坏说"呆"（[ŋai]（闽东语[ngài]），生小孩说"养"（闽东语[iōng]），牲畜叫"头牲"，下巴叫"下颏"，芋头叫"芋卵"，不用叫"唔使"，侄儿叫"孙"，枕头叫"床头"，怀孕叫"病仔"等；在名词后所加的"囝"（[kiaŋ]，闽东语[giāng]）表示小，如"鸟囝"。

5.今居住地岱岭汉语方言词汇

岱岭畲族在乡境内居住已近400年，现在岱岭畲话词汇中有一类是畲族人民从居住地浙南闽南话方言中将音、义照搬吸收进来的，如干活称"作息"，斗笠称"笠斗"，干净称"清气"，净洁称"清水"，下次称"下轮"，做伴称"作陈"，做称"作"，扁担称"担杆"，太阳称"日头"，母鸡称"鸡娘"，等等。

（三）语　法

1.构词法

岱岭畲话比较普遍地使用叠音词汇，比如：冷冰冰、冷秋秋、冷铁铁、乌洞洞、乌冷冷、狠燎燎（火很旺）、睇睇下、行行下等等。

2.句　法

岱岭畲话句法有一些倒装的规则，比如说"你走先""奉点钱他"等，与古汉语句法接近。

（四）秘　语

畲族有本民族语言，并能在各地畲区通用。昔日，畲村来了自称"自己人"的陌生者，即进行"盘答认亲"。一旦认定是"自己人"，便会热情招待。岱岭畲民对自称"自己人"的盘诘，一般只询问其家住何地何村，支族祠堂在哪里，其本人与家人是何行第，看其能否用畲话正确回答。相传旧时族人认亲还用"秘语"盘答。主人问："'汝'字当作何解释？"客人答："三点水是三男，女是一女。"又问："一根竹子劈几爿？"再答："三爿半（指三个儿子，女婿半子）。"有的地方以对唱畲歌方式盘答。主人唱："哪人种竹哪块山，要撬毛竹有几根？"客人答："公主带落广东栽，要撬毛竹有四根（指盘、蓝、雷、钟四姓）。"主人又问："毛竹破（劈）几爿？"蓝姓应答毛竹破六爿，雷姓、钟姓应答毛竹破五爿。如今，这种"秘语"盘答在岱岭境内已经失传。

二、闽南语

岱岭当地人讲的方言为闽南话，也称"福建话"，属于闽方言中的浙南闽南话。岱岭境内居民三分之二人口以闽南话为母语，这与明末清初两次闽南移民潮入境有关。当地不少姓氏宗谱记载，自明嘉靖年间晚期开始，平阳知县实行招民垦荒政策，大批移民从闽南迁入，以填补倭患时大量减少的人口缺口。清顺治四年至八年（1647—1651年），陈仓反清起义波及蒲门，并于顺治六年（1649年）激战蒲门，清军一路烧杀，杀平民无数，乡境内民众四散逃匿，深受其害。顺治十二年（1655年），郑成功反清部队经岱岭入蒲门筹饷，当地群众响应助粮。顺治十八年（1661年）秋，为切断郑成功部与沿海居民的联系，清廷下令"迁界"，平阳沿海居民内迁10里，界外房屋全部烧毁，全县流失一半人口，蒲门流失85%人口。清康熙二十二年（1683年），清政府收复台湾，次年蒲门开始"展界复井"，诏令原有居民回乡。但从蒲门迁界开始到"展界复井"已时过23年，从岱岭迁出的人口部分因饥寒交迫和患病死亡，部分已在迁徙地安居乐业，响应政府号召回迁的寥寥无几。此时，政府为了增加税收，再次招民垦荒，又有一批闽南移民前来补籍，从而使岱岭一带操闽南话的人口大增。直至清乾隆年间，当地人口已有一定规模，所有土地都有了新的主人，这波闽南移民潮才渐趋结束。明末清初的这两波移民主要从晋江、永春、安溪、仙游等地迁入，也有部分操闽南话者先祖从周边操闽南话地域迁入，很快占了当地人口的多数，从而形成强势语言，故同一时期从乐清、瑞安迁入的少数操瓯语的梁姓、张姓、赵姓移民为了方便日常交流，也不得不学会闽南话，这些原先操瓯语的移民后裔今均操闽南话，已不会瓯语。

岱岭境内的闽南先民自明万历年间入迁，至1949年中华人民共和国成立的300多年间，长期受到当地经济、政治、军事、文化中心蒲门的强势语言瓯语、官话（北方方言）等影响，加上与当地混居的原先操瓯语的梁姓、张姓、赵姓移民先祖的日常交流，语音和词汇均发生了重大变异，并出现了文白异读现象。

（一）语音特点

闽南话传入岱岭后，受当地政治、经济、文化中心蒲门的蒲城话（瓯语的一个分支）和官话（北方方言）等影响，经过几百年演变，与福建漳州、泉州、厦门闽南话已有较大差异，逐渐形成了现在的岱岭"福建话"。相对来说，岱岭闽南话比潮汕闽南话更接近闽台片闽南话。现代岱岭闽南话与闽台片的闽南话相比较，主要是入声韵尾的合并和退化，以及用词方面的差别。乡境内闽南话是典型的泉州府城腔，与泉州话高度相似，能无障碍交流。岱岭人能容易听懂漳州人说的闽南话，而漳州人则较难听懂岱岭人说的浙南闽语。

岱岭闽南话属于"十五音"系统，共有15个声母。韵母最主要特征，是没有撮口呼韵母，即y和以y开头的韵母。同时，有丰富的鼻化韵。

表4-6-1-10　岱岭闽南话的5个声调

序　号	调　类	调　值	例　字
1	阴平	44	诗梯方高开猪婚三
2	阳平	24	时题穷寒食罚月合
3	阴上	53	使体口女识发急割
4	阳上	31	是士妇厚近似父后
5	去声	11	世替到盖事寺共害

（二）语法特点

岱岭闽南话语法特点主要体现在词缀、词性、常用特殊词汇、句子倒装等方面，其中句子倒装与古汉语十分接近。

1. 词　缀

①词头"姆""姆"［ng］用在单音节称谓名词或单音节人名前面。

用在称谓名词前：姆公、姆妈、姆哥、姆姊，等等。

用在人名前：姆彬、姆杰，等等。

②词尾"头"有3种表达方法。

放在人物后面，有为首的意思。如：团仔头、和尚头、贼头，等等。

放在物体后面，表示该物是块形的、短的。如：裤头，等等。

表示词类的改变，和前面的动词形容词/数量词组合成名词。如：看头、苦头、日头、菜头，等等。

③词尾"仔""子""挛"

仔[ga~]如：桌仔、椅仔、裙仔、新妇仔、兄弟仔、美国仔，等等。

子[zy][zi]如：鱼子、虾子、石头子、窗子，等等。

挛[liu~]如：桌仔挛、椅仔挛、团仔挛，等等。

2.词　性

（1）名词词性

由于闽南话约形成于五代时期，为一种古老的方言，一些名词与古汉语十分接近，在古汉语词典中往往能够与之对应的名词。如：闽南方言与古汉语均将蜻蜓称蟳（chîm），将蟹称蟹（chhi h），将锅称鼎，将你称汝，将他称伊，等等。同时，闽南方言中还存在一些闽南土著的残留词汇，如将汉语中的柚称抛，将女人称查某；妈妈与奶奶的发音甚至与现代汉语几乎相反，妈妈发音与普通话奶奶接近，而奶奶发音则与普通话妈妈接近。

（2）动词词性

动词分为阴阳两种，一般而言阳性动词是指作用的结果为使用目的，阴性则相反。

（3）形容词词性

类似动词，表示状态改变，却较动词灵活。形容词程度表示方法也有自己的特点：在形容词前加"蛮""真""一真[zie zin]"。如：这个人蛮好，这个人真好，这个人一真好，等等。

在形容词前加"显[hian]"。如：好显、大显、好看显、甜显甜、水显水（形容该女子十分漂亮。水，音sui），等等。

在形容词前加"棺材""死人"。如：棺材好、死人好，等等。

3.常用特殊词汇

岱岭闽南话一些词汇与现代汉语（普通话）相差很大，有的乍看起来好像风马牛不相及。现将与现代汉语相差很大的词汇列表如下，以供比对。

表4-6-1-11　岱岭闽南话与现代汉语词汇比对表

普通话	岱岭闽南话	普通话	岱岭闽南话	普通话	岱岭闽南话
太阳	日头、日头佛	除夕	过年	衣裳	衫裤
月亮	月光	上午	日起	饭	糜
打雷	雷公	中午	下昼	菜肴	门配
雪化了	雪烊呢	下午	暗昏	调羹	汤挑
起雾	罩雾	清晨	日起早	筷子	饭箸
毛毛雨	雨蒙仔	黄昏	暗边	砚台	墨砚
雷阵雨	西北雨	公鸡	鸡角	钥匙	锁匙开
端午节	五月节	麻雀	食谷鸟	脸盆	面桶
父亲	姆爸	蝙蝠	蜜婆	剪刀	铰剪
母亲	姆婆	蜘蛛网	飞丝、飞丝网	煤油灯	鸭规灯
祖母	姆妈	蟑螂	家贼	茶盅	茶瓯
外祖母	外妈	泥鳅	河溜	粪桶	粗桶
夫妻	翁母	蚂蟥	蜈蚑	厕所	屎合
儿媳	新妇	萤火虫	火金姑	尘土	土粉
岳父	魁爸	苍蝇	青蝇、胡蝇	顽皮	贱
岳母	魁母	蚊子	蠓仔	打架	相打
舅妈	娘妗	蚕	娘仔	跑	跳
头	头壳	玉米	番珠	睡	眠
额	头额	高粱	炉粟	开水	滚汤
耳朵	耳仔	荸荠	马荠	干净	清气
胳臂	手骨	花生	桃豆	漂亮	水
右手	正手	马尾松	田柏	盖房子	起厝
手指	指头姆	开头	起头	赚钱	趁钱
膝盖	骹头窝盏	聪明	灵	救济	普施
屁股	尻川	谈天	说天	碾米	绞米
尾巴	尾溜	胡说	妄讲	看守	顾

续表

普通话	岱岭闽南话	普通话	岱岭闽南话	普通话	岱岭闽南话
翅膀	翼鼓	闲聊	讲症	慷慨	割舍
眼睛	目睭	休息	歇	便宜	俗
肚子	腹肚	跌倒	跋倒	强盗	打劫
瞎子	青暝	玩耍	贴桃	狡猾	厉害
残废	带疾	说梦话	睏讲	累	着力
泻肚	泄腹肚	乱七八糟	乱糟糟	勤劳	骨力
疟疾	拍里长	很大	大个显大个	奇怪	腰调
驼背	曲佝	很小	细个显细个	高兴	畅
跳蚤	家蚤	很圆	圆显圆	嗅、闻	鼻

4. 句子倒装

闽南方言句子倒装十分普遍，与古汉语类似。如"你先吃"叫"你吃先"，"你先洗"叫"你洗先"，"你好走"叫"你走好"，"你很好"叫"你好甚"等。

（三）文白异读

岱岭闽南话不仅具有闽方言的一般共性，还有一个最明显特点，即有复杂的文白异读，且文白异读现象极为频繁。其口语和书面语存在两套不同发音系统，文白异读中的文读是用方言的音系模拟官话（今称普通话）标准音，接近官话；白读是方言土音。两种语音各成系统，互相对应。岱岭闽南方言中的"白读层"与"文读层"代表当地人民在历史上的不同时期中接触当时某种汉语（通常来自北方）的读音，从而不断积淀与并存。一般来说，岱岭闽南话固有语词、日常生活上常用动作、器物、语法功能词多是白读，借自于古代文言文、官话或现代汉语（普通话）以及其他不同方言的词汇、科学术语、成语、专有名词、姓名等则多是文读。不同人群，文白异读现象也不一样，一般来说，年轻人、教育水平高的人、会说普通话的人更多使用文读；不同环境，文白异读也不一样，正式场合多用文读，日常生活多用白读。两者担负该方言的不同功能，习惯用白读音读出的固有语词并不适合改用文读音代换，习惯用文读音读出的借词也无法改用白读音。

第二节　口传文学

岱岭境内口传文学丰富，有源于生活、形式多样的畲族民歌，有源于传说的畲汉民间故事。

一、民　歌

民歌，是指某个民族在古代或近代所创作的带有自己民族风格的歌曲，是指每个民族的传统歌曲。岱岭境内畲族和汉族都口口相传自古已有的歌曲，这些民歌无须伴奏，以清唱方式自然坦率地歌唱，唱出了他们淳朴的生活感受。其中又以畲歌更有特色，传唱更为普遍，成为当地民族民间文化的一张金名片。

（一）畲族民歌

畲族是一个爱唱歌的民族，有以歌代言的传统习俗，岱岭畲歌是畲族人民在生产、生活实践中的口头文学创作。畲族没有本民族的文字，畲民便用本民族语言，把故事传说、奇闻趣事、生存状态、风俗礼仪、知识经验、传统信仰礼仪乃至个人的喜怒哀乐，编成通俗易懂、易学易记的歌谣，广为传唱，世代传承。岱岭畲族迁入已近500年，畲歌伴随着畲民生产、生活走过了漫长历史，形成了历史歌、小说歌、劳动歌、时政歌、生活歌、情歌、风俗歌、杂歌等8种畲歌，以传承民族历史文化，传播生产、生活知识，对民众进行启蒙教育和伦理道德教育，以及代言议事、婚恋媒介等。如《劝善》《劝孝》等歌谣即劝人为善。

1. 演唱习俗

500多年来，岱岭畲民在生产劳动、闲暇休息中以歌为乐，在恋爱婚姻中以歌为媒，在喜庆节日以歌为贺，在社会交往中以歌代言，在丧葬祭祀中以歌代哭，在祭祀祖先中以歌代辞，任何场合，任何事情，无不以歌代言。特别在节日盛会上，青年男女歌手随编随唱欢迎庆贺歌，有"处处是歌海，人人是歌手"之谓。

岱岭传统畲歌内容丰富多彩，上至天地神仙，下至少年儿童，内至生活琐事，外至朝堂政功，情至歌爱，理至明义。其中《高皇歌》追述了龙麟降生、征番立功、封爵成亲、生子赐姓、隐居广东、闾山学法、打猎殉身、安灵葬祖、思念故土、搬往福建、迁居浙江等内容，歌词"都是广东一路人"，点明

各地畲族皆为　家。

　　畲歌具有与众不同的形式和演唱艺术，语句结构和演唱格调颇具古风。畲歌格律似于七言诗体。句式整齐押韵。七字为一句，四句为一首（畲民俗称"条"），首句也有的四、五、六个字。第一、二、四句押韵，第二、四句末字平声用本地声调拉长音为（wū……wú，fú……yí），第一、三句末字用仄声，能使唱者顺口。没有音乐伴奏，主要以清唱为主，并配以简单的动作。畲歌演唱时往往随编随唱，根据场合的不同临场发挥，把世上万物比喻作某种情景，表达演唱者不同的心情，故畲歌没有固定歌词，但这种独特的声调娓娓动听。

　　岱岭畲歌演唱习俗主要有以下6种：

　　拦路邀歌　当进村路上来陌生人时，唱起畲歌试探来者是否本族人。如是本族人，便会相互搭话。如来者也会唱畲歌，便会出现对唱畲歌场面。双方如是男女青年，对歌场面就会更加热烈而浪漫。

　　劳作伴歌　男女共同参加田间劳动或休息时，常常伴有学歌、对歌情形。即使一个人在劳作，也会一边劳动，一边唱着自己喜欢的畲歌，或者以歌抒发自己的内心情感。

　　婚嫁对歌　女孩出嫁前，到娘舅、姨妈家"做表姐"时，与村里男青年对歌；在临嫁"哭嫁"中，与父母、叔婶、姐妹之间对唱畲歌；在男方迎亲仪式中，难为媒人、难为"赤郎"、迎亲伯、"送贺""闹新房"或是"撬蛙""借锅"，都约定俗成，戏谑对唱。

　　丧葬奠歌　畲族老人尤其是女性老人去世，派人报丧，娘家接丧，外甥跪接娘舅时唱《接娘家》，娘家人唱《做娘家》；在守灵中，亲人以歌寄托哀思、悼念亡者；做功德时，法师及参与的亲人按仪式唱祭奠歌。

　　男女娌歌　畲族男女"娌歌"，一般都是指男女歌手之间的情歌对唱或者盘歌活动。可分为唱"表姐歌"与唱"表嫂歌"两种，两者有不同歌俗。

　　节庆盘歌　"二月二"、"三月三"、"九月九"等畲族传统节日，畲民男女都要穿上民族服装，自发参加对歌、盘歌活动，从白天唱到黑夜，再从夜晚唱到天亮。盘歌也称对歌，是岱岭畲族最普遍、最有特色的一项传统民间文化活动。相传畲族先祖最初唱歌是单唱，后来蓝念五郎一次在另一个村做功德到深夜才回家，独自走过深山密林，越走越害怕，就边走边大声唱山歌和功德经文，对面石壁回音很好听。回家后他自己唱一句，要求妻子回一句，妻子也觉得很好听，后来逐步演变成男女对歌。岱岭男女对唱有多种形式：男唱给女对或女唱给男对，如一首歌几十、几百条，那就同唱一首，女唱上一条，男唱下一条，一唱一和；在山川田野唱情歌，要随编随唱，对方根据歌意来随编随和。男子或女子去另一个村做客，别处女子或男子就会上门与他对歌，先唱什么歌、后唱什么歌有顺序，最后双方对唱。大厅对唱，要男左女右，什么场面唱什么歌。

2. 畲歌传承

20世纪60年代，岱岭畲族男女都会唱山歌，较知名的歌手有钟廷恩、蓝梅英等，以蓝梅英最为突出。蓝梅英1950年出生于岱岭坑门村，13岁正式学唱畲歌，几十年来一直活跃在畲歌歌坛，能唱200多首畲歌，在浙闽畲歌界有相当知名度。后嫁到凤阳畲族乡。1978年改革开放以来，省内外媒体陆续对她的演唱活动进行了报道和播出。

20世纪60年代后期，畲汉文化融合加深，畲歌逐渐淡出畲民的日常生活。改革开放以来，随着畲民生产与生活方式改变，畲歌走向衰落。到21世纪初，岱岭一带会唱畲歌者已经不多。此后，中共岱岭畲族乡党委和乡政府十分重视民族文化活动，组建1支畲歌队，聘请富源村温州市非物质文化遗产畲歌代表性传承人蓝瑞桃等人为指导老师，组织部分畲族青年学习，专门培养畲歌人才，以防畲歌失传。畲歌队平时经常参与交流、表演，不断提高自身技艺。自2007年以来，浙闽一带各地畲乡每逢佳节都有举行畲歌大联欢活动会，如元宵节、"二月二"、"三月三"、"四月八"、端午节、七夕节、中秋节、重阳节、国庆节等，岱岭畲歌队踊跃参加，并屡获佳绩。2007年9月，蓝瑞桃、蓝春南在苍南县第三届文化艺术节暨首届民族民间民俗艺术节男女对唱原生态畲族民歌《四季歌》，荣获二等奖。2010年4月16日，在中国景宁第三届中国畲族民歌艺术节上，蓝瑞桃、蓝春南对唱的《采茶歌》荣获铜奖。在2011年9月29日的苍南县第五届文化艺术节上，蓝瑞桃与徒弟蓝美娇、李美云、蓝国姿的畲族民歌原生态表演唱《四季歌》，荣获乡镇文艺汇演表演赛银奖。2013年9月29日，蓝瑞桃指导学生蓝海艳、雷舒怡、雷丽金、雷艳艳组唱原生态畲歌《开心之歌》，在苍南县首届方言之星选拔赛上荣获一等奖。2013年5月，蓝瑞桃、蓝星星、李美云、蓝春娇的原生态畲歌小组唱《梦想之歌》，在苍南县"巾帼梦想助梦行"比赛中荣获一等奖；8月29日，2人再次合作，参加中国福安"畲业杯"原生态畲族民歌邀请赛，荣获优秀奖。2014年，蓝瑞桃再次指导学生蓝海艳等4人参加文成县首届三月三"方言之星"选拔赛，荣获一等奖。是年9月，蓝瑞桃指导学生雷铮袁、雷舒雯、李艳青、雷晶莹组唱原生态畲歌《姐妹唱歌给党听》，在福建省福鼎市佳阳畲族乡"彌公节"邀请赛上获得二等奖。畲歌传承人蓝瑞桃（详见第五章第三节"非物质文化遗产·非遗代表性传承人"）和她的学生连续参加6届温州市瓯越"三月三"畲族风情旅游节并获佳绩，其原生态畲歌表演唱、盘歌得到广大群众好评。2010—2015年，蓝瑞桃、蓝春南、蓝瑞芳、蓝国姿、李美云、雷美娥、蓝春娇、钟大顺、蓝祥霞等畲族歌手，以原生态唱法，分别参演岱岭畲族乡云遮村历届"九月九"广利侯王宫传统庙会活动。2008年7月，《岱岭畲族民间诗歌集》成功申报温州市第一批非物质文化遗产。2009—2015年，苍南县民族宗教局和岱岭畲族乡每年都在富源村联合组织畲族民歌传承培训30多次，每次3个小时，主要在晚上利用中小学生课余时间和畲族妇女业余时间，聘请富源村雷开勇、蓝瑞桃夫妇进行具体指导，每次培训七八人，每年共培训20多人次。此间，在历年的"三月三"、"九月九"等畲族民间节日中，岱岭畲歌均作为重要表演节目，并经常派出代表队外出演出和交流，从而使当地畲族民歌得到较好的传承。

3. 畲歌种类

岱岭境内畲族民歌可分为历史传说歌、时政歌、风俗歌、小说故事歌、劳动歌、生活歌、情歌、杂歌八大类，以历史传说歌传承时间最为悠久。

（1）历史传说歌 是记载畲族历史传说的畲民歌。有《高皇歌》《火烧天地歌》等。《高皇歌》是畲族最著名的长篇叙事诗歌，记述畲族源流传说和祖先业绩，叙述了畲族发祥地潮州凤凰山的自然景象和畲族人民的生存状态，以及因战乱、灾害和受欺压而不断迁徙各地的过程。歌中还涉及畲族不与外族通婚、不用羊筊杯占卜、女性戴笄等风俗习惯。这首源远流长的民族史诗在岱岭畲族中家喻户晓，世代传唱。

火烧天地歌

当初传说火烧天，烧天烧地有人见；
七尺地深变灰了，剩留兄妹两个仙。

元仙元英两个仙，当初砍柴在山间；
日日带饭上山食，日周①食饭包冇见。

---

① 日周：中午。

饭包冇见真不信，尚轮①山里冇妖精；
元仙元英避偷睇，睇②见一头石猪精。

两人尚紧③追过来，问了石猪精一个；
几日偷食我饭了，什么原因说出来。

猪精开口说你听，再过几工火烧天；
你饭放我肚里内，到时我会拿来还。

我今教你两兄妹，天那落棉我嘎来④；
棉花落地尚紧走，那信我话你就对。

真实言语说你听，棉花铺地紧紧行；
那等落油行不负⑤，天那落火行不成。

实话教你两兄妹，回转寮里莫多嘴；
千万莫粪⑥别人说，天机秘密话说对。

实话教你你着信，劝你兄妹记在心；
转去寮里话乱说，雷公闪眼打死人。

兄妹两人记在心，棉花铺地实是真；
元仙元英尚紧走，一直行到石猪精。

石牯猪精话说对，棉花桐油落泥来；
兄妹两人起身走，行到石猪身边来。

① 尚轮：平时、往常。
② 睇：看。
③ 尚紧：赶紧。
④ 嘎来：这里来。
⑤ 行不负：来不及。
⑥ 粪：与、跟。

棉花桐油火落来，石牯猪精辨①大嘴；
教你兄妹钻入肚，正会救得你两个。

古牯猪精肚里空，两人坐在肚当中；
饭包原好藏肚内，两人见了心安放。

烧天烧地时辰到，石猪走去海岸头；
古牯猪精去游海，大海当央就游到。

烧天烧地时辰正，石猪游去海中前；
合了嘴巴入海底，不吓海面火烧天。

石猪钻入海当心，救了兄妹两个人；
坐在肚里有饭食，火烧天地不知情。

七工②七夜火烧天，这事传说实冇见；
田园世界烧尽了，也冇树木也冇山。

火烧天地实是真，地下泥烧七尺深；
七尺泥面变灰了，也冇头牲也冇人。

七工七夜烧天过，石猪头伸海面去；
睇见天下烧尽了，地面火灰白铺铺。

地面泥沙烧作灰，海中石猪游出来；
烧了凡间冇人种，剩留元仙两兄妹。

元仙元英两兄妹，肚饿想食冇处来；
又冇山场又冇地，冇处安身苦哀哀。

① 辨：张开。
② 工：天。

莫唱两人苦连天，石猪叫佢来身边；
有话餐你兄妹说，教你安心不使烦。

兄妹两人冇主意，石牯猪精来教你；
教你石洞当寮掌，洞里宝贝说你知。

石牯猪精又教嘴，教你石岩掌落来；
教你宝贝怎样用，教你宝盒怎样开。

开了宝盒睇分明，有食有穿实是真；
又有种子一样样，安心做了凡间人。

世上那留两兄妹，睇见世界心愁来；
今来天下冇人种，兄妹怎样结头对。

兄妹怎样结成亲，两人请问石猪精；
石猪开口餐你说，转去着问石磨神。

石磨又说我做媒，上下两礅各分个；
各人搬礅山顶上，辇落山脚合一对。

各人搬礅各山头，两边山母①对头照；
两人放手辇山落，山脚石磨合垄凑。

两礅石磨合磨心，元仙元英拜天神；
拜了天地拜日月，兄妹两人结成亲。

兄妹两人结妻房，同心同德同依相；
成亲也冇几年久，元英怀胎在肚中。

---

① 山母：山峰。

元仙元英结头对，一胎又生崽几个；
生了五男共四女，还有一个冇成对。

还有一个冇成亲，世上正有人单身；
单身人家冇儿子，漂流浪荡难跟阵。

歌唱墨[1]朝火烧天，天意做事不使烦；
劝你孝顺爷共孃，传宗接代财喜添。

天意行着这样做，贫穷富贵命里有；
劝你孝顺爷共孃，财丁兴旺万事和。

（录自岱岭李先坤歌本）

（2）时政歌 岱岭时政歌是当时社会状态的反映，畲民借助歌词控诉旧社会的黑暗，表达对新社会共产党的拥护和对社会主义祖国的热爱之情。

苦 歌[2]

长字长短是难算，算来算去几多难；
人客来寮冇鑫待，穷人没敢做好汉。

命字算来是不公，十个山哈九个穷；
财主冇作吃不了，穷人作死两手空。

富字作田又作山，做人勤奋莫学懒；
勤奋人崽作有食，懒人冇样攞[3]食难。

贵字贵在商店头，官盐似山堆满楼；
价钱一天几轮涨，手头冇钱夹淡熬。

---

[1] 墨：灭。

[2] 蓝春兰传唱，李君宋记录，录自《中国民间文学集成·苍南县歌谣集》。

[3] 攞：乞讨。

金字金银财主有，天下都是穷人多；
财主绸缎穿不尽，穷人烂布几纱箩。

玉字玉皇在天界，庇佑发财年年拜；
拜了一年又一年，还是有钱欠人债。

满字花纽①满山园，八月菊花白茫茫；
花哪当开蜂当采，花哪谢了蜂不来。

堂字衙门八字开，手头有钱莫过来；
做人莫作②亏心事，坐监用钱合不来。

寿字本是老寿星，做人做事讲良心；
要学松柏千年绿，莫来在世败名声。

比字比来又比去，黄金冇比乌金贵；
文章字墨十分好，有钱送子去读书。

南字南海拜观音，烧香保佑施甘霖；
十年就有九年旱，谁见佛祖显神灵。

山字有高又有矮，几人作得好世界；
几人作得好田地，几多山哈发过财？

歌唱共产党英明③

中国共产党英明，救穷人出深山林；
几多穷人进城住，几多山人住垟心。

---

① 花纽：花朵。
② 作：做。
③ 蓝瑞桃编唱，雷开勇整理。

中国共产党英明，政策颁布知人心；
农村面貌改了变，环保绿化卫生清。

中国共产党英明，政策办法多又精；
处处为着人民想，领导一切为人民。

中国共产党英明，政策颁布救穷人；
高山埠头开发了，荒山都会变黄金。

中国共产党英明，这好政策无处寻；
城郊开发办工厂，山头开发水果林。

中国共产党英明，科学技术更先进；
逐渐实现机械化，耕田播田不使人。

中国共产党英明，和谐社会人安心；
五十六族亲一样，各族人民喜在心。

中国共产党英明，改革开放救穷人；
穷人都变富翁了，感谢老邓聪明人。

中国共产党英明，改革开放喜人心；
工农商业大发展，国强民富日益升。

中国共产党英明，方针政策定的真；
人人经商赚大钱，风调雨顺国太平。

（3）**风俗歌**　岱岭畲族婚庆、生老病死均要以歌来表达自己的感情，形成了系列风俗歌。《庆八仙歌》为祖传畲歌，男女盘歌时先唱这首，祝贺主人家财丁兴旺，一切顺利平安。老人去世，报丧、守灵、入殓、出殡以及做功德等过程，唱哭歌者有亡者子女、儿媳等亲属，表述内容主要缅怀祖先，悼念亡者生前为人积德，祈祷亡灵安息等。哭唱者先叫一声亡者称谓，涕泪交流，声调哀伤凄楚，令人同情。

黄蜂头①

黄蜂来姆入门楼，脚踏石板两头翘；
手提灯笼辇辇旋，好似主家做官头。

黄蜂来姆入石街，脚踏石板两头斜；
手提灯笼辇辇旋，好似主家做官头。

黄蜂来姆入庭埕，脚踏石板叮咚响；
新穿钉鞋硬又硬，好似主家做官名。

黄蜂来姆入寮檐，脚踏石板转辇辇；
寮檐滴水千年在，好似主家做官员。

黄蜂来姆入门槛，跨入门槛到厅堂；
齐家来到齐坐位，当中留位分少娘。

黄蜂来姆入大厅，八仙交椅排两边；
当中留个孔子位，两边排来歌先生。

黄蜂来姆入厅堂，几人共凳坐一横；
红花唱来白花阵，老人床上好听腔。

黄蜂来姆入厅堂，几人共凳坐一行；
红花唱来白花阵，老人床上好听声。

进入来了厅前坐，斜眼看娘生好多；
脸貌弯弯单边月，兰花生好总这朵。

黄蜂来姆坐几排，莫笑我郎穿烂靴；
娘穿花鞋前面走，郎穿烂靴背后挨。

① 李先坤传唱，雷开勇整理。

郎穿烂靴背后挨，前时也是新布鞋；
不信去看皇帝殿，先皇坐了后皇帝。

黄蜂来娚排排坐，莫笑我郎穿烂靴；
娘穿花鞋前面走，郎穿烂靴背后拖。

郎穿烂靴背后拖，前时也是新布做；
不信去看皇帝殿，先皇坐了后皇坐。

歌句称呼老人家，细崽蛮笑你莫骂；
前时笑娚你做了，今下轮到我少郎。

歌句称呼老人家，细崽蛮笑莫当真；
前时笑娚你做了，今下轮到下辈人。

郎要唱歌问主家，主家问了问细莎^①；
问了大小齐欢喜，主人提油出来加。

郎要唱歌问主人，主人问了问细层^②；
问了大小齐欢喜，主人提油出来斟。

郎要唱歌问主家，主家问了问细莎；
问了大小齐欢喜，锅子洗掉就烧茶。

郎要唱歌问主人，主人问了问细层；
问了大小齐欢喜，锅子洗掉煮点心。

黄蜂来娚月遮头，黄蜂内里起歌头；
黄蜂内里教徒弟，教起徒弟娶娘唱。

---

① 细莎：年轻人。
② 细层：小辈。

黄蜂头， 黄蜂内里起歌头；
娘那唱千郎唱万，重重叠叠起高楼。

黄蜂黄， 黄蜂内里起歌场；
娘那唱千郎唱万，重重叠叠起歌场。

黄蜂头， 黄蜂内里九层楼；
黄蜂内里重层席，九重席上郎翻透。

黄蜂黄， 黄蜂内里九重墙；
黄蜂内里九重席，九重席子郎翻上。

黄蜂头， 黄蜂内里起歌头；
起的歌头连连转，齐家大小唱来凑。

黄蜂歌仔百廿条，郎唱落站①就放掉；
谁人唱得黄蜂尽，唱好黄蜂嘴也燥。

黄蜂歌仔百廿连，郎唱落站都就放；
谁人唱得黄蜂尽，唱好黄蜂天朗②光。

黄蜂头，黄蜂头，黄蜂内里起歌头；
连吹三声啰连哩，伶俐表妹起歌头。
（黄蜂手执利刀劈落黄竹管仔割馕割节挖埯油漆吹箫啕嘀啕贤啕嘀啕贤
啰连哩脚底弯弯行尽几多黄泥古路田塍过桥叮步崎岩石笋崩碰崩陷啕嘀
啕贤）

十二择柬两头开，又是杭州客担来；
就是我郎亲手买，亲手买柬请娘来。

---

① 落站：段落。
② 朗：亮。

十二择柬黄又黄，又是杭州客担上；
亲手买柬过来请，天晴落雨娘着上。

十二择柬两头开，又是杭州客担来；
亲手买柬过来请，天晴落雨娘着来。

十二择柬黄又黄，柬头又楔火来镶；
柬头火镶礼伟大，天晴落雨着来唱。

分歌分到你娘身，分到哪边巧贤人；
分到哪边伶俐姐，伶俐表姐答歌音。

分歌分到凳头过，分到哪边巧贤夫；
分到哪边伶俐姐，伶俐表姐答歌句。

发歌发到你娘身，发到哪边巧贤人；
发到哪边伶俐姐，伶俐表姐答歌音。

发歌发到凳头上，发到哪边巧贤娘；
发到哪边伶俐姐，伶俐表姐答歌腔。

发歌发到我娘身，我娘怕了让真真[①]；
一来怕了唱错歌，二来怕了唱错人。

今日做客远路来，郎峒个个歌秀才；
郎峒个个歌师傅，唱也不对你教嘴。

今日做客郎峒行，郎峒个个歌先生；
郎峒个个歌师傅，唱也不对你改正。

---

① 让真真：发抖。

你郎笔子插肚兜[1]，我娘棕蓑带笠斗；
面貌餐郎不够比，歌原餐郎不够斗。

你郎笔子带文章，我娘锄头带扁担；
面貌餐郎不够比，歌原餐郎不够唱。

闹洞房诗句歌 [2]

新做茶盘八角方，茶盘内里画凤凰；
又画麒麟对送子，又画玉女排两行。

今日新娘进洞房，财喜双双会相逢；
新娘有财又有喜，子孙代代财主王。

脚踏间门两边开，今晡新娘攞转来；
暗晡来食闹房酒，主人财主不会退。

想食茶泡讲诗句，诗句讲好去翻铺；
一翻龙床生贵子，二翻黄金满地铺。

一双杨柳盆内栽，十月茶花花当开；
三月枇杷当结籽，联对双双挂落来。

一请新郎出厅来，两边贵福接头对；
一来拜天二拜地，两人同寿千万岁。

麒麟送子在门边，口衔龙珠郎过山；
龙珠不值珍珠宝，珍珠宝贝结百年。

一双蜡烛长又长，照入楣内好新娘；
新娘肚内好贵子，贵子肚内好文章。

---

① 肚兜：口袋。
② 雷开勇传唱、整理。

财送喜，喜送财，财喜双双上门米；
新娘有财又有喜，明年齐齐送庚来。

左手添丁右添财，今明添喜喜就来；
新娘明年生贵子，亲戚九眷送庚来。

今日新娘进大厅，财喜双双上门行；
新娘有财又有喜，家堂财主万万年。

新娘棚门两边开，今晡新娘攞转来；
嫁妆多件又好睇，又打酒瓶锡烛台。

蜡烛点火照新娘，一班兄弟闹新房；
暗晡闹房真闹热，桌上食酒诗句唱。

脚踏棚门两边开，兄弟闹房进棚来；
兄弟一班来贺喜，左手添丁右添财。

新娘身穿凤凰装，头戴银花似娘娘；
八角罗裙绣仙女，四角花鞋绣凤凰。

（4）小说故事歌 有《双帕记》《擂台报》等，借助小说、戏剧故事情节，按畲话表述。小说故事情节离奇，加上用畲话演唱，通俗易懂，深受畲民欢迎。

双帕记①
一笔落纸字来长②，造出歌原分人唱；
大利来听嘎③本歌，唐朝皇帝唐明皇。

---

① 录自岱岭李先坤歌本。
② 字来长：字数多。
③ 嘎：这。

二笔落纸字眉眉①，前人造歌是也是；
唐明皇帝管天下，唱出歌名钟景祺。

三笔落纸字来正②，唱出歌原分人听；
掌在西京洛阳县，爷名叫作钟寿名。

孃姓宛鲁爷③姓钟，单养景祺十八春；
上又冇哥下冇弟，寨贫冇钱来度双。

景祺爷孃命归阴，那剩景祺一个人；
爷娘归阴守孝堂，三年孝满求功名。

景祺本是聪明郎，文章诗书样样通；
文章攻读十年了，收拾书笼上考场。

收拾书笼去上京，一直来到京都城；
景祺来到京都府，上京考举千万名。

寒林出来选文章，景祺文章会巧强；
景祺文章会巧好，考中头名状元郎。

状元考中钟景祺，头插金花去游婻④；
京城风景睇不尽，一直游到葛府去。

景祺游婻葛府来，看见花门两边开；
进入花园去游婻，拣着双帕笑嗳爱。

拣着双帕笑嗳爱，寨里梅香走出来；
开口就问钟公子，好好双帕拿还我。

① 字眉眉：压韵、真实。
② 字来正：端正、清楚。
③ 爷：父；单养：单生。
④ 游婻：去玩。

景祺就讲梅香听，教你小姐出来拿；
小姐出来娶我讲，双帕亲手拿来还。

明毫小姐行出来，看见景祺是秀才；
眼看景祺生得好，心忖娶佢结头对。

结亲话语讲停当，小姐佢爷转回乡；
二人连忙起身走，景祺金香亭内藏。

天铭食酒金香亭，未晓桌下是有人；
总是景祺未该死，三更半夜走逃身。

景祺攀树树摇铃，树上跌落在宫廷；
一脚踏空跌宫内，皇宫内里冷清清。

皇宫夫人来问名，又问景祺名共姓；
寮掌哪州哪城县，从头一二讲我听。

景祺开口讲你听，我寮掌①在是西京；
西京城外洛阳县，姓钟景祺是我名。

景祺讲话好文才，夫人看来心也爱；
千句言语对郎讲，好配你郎结头对。

景祺开口答夫人，夫人讲话不聪明；
你是皇帝亲阿姨，我是洛阳百姓人。

夫人开口应状元，心想娶郎结姻缘；
有缘千里来相会，冇缘对面难相逢。

① 掌：住。

莫唱景祺在皇宫，先唱皇帝挂榜文；
挂出状元龙虎榜，榜文挂在四城门。

榜文挂在四城门，齐家①看榜闹纷纷；
总是钟家风水好，皇帝亲姨来配婚。

皇帝殿上挂榜词，头名状元钟景祺；
连挂三日冇领榜，未晓景祺去哪方。

皇帝圣旨挂榜文，榜文挂在四城门；
哪人留佢钟公子，斩头之罪在朝中。

夫人开口问景祺，状元名字讲你知；
皇帝选元挂出榜，头名状元钟景祺。

景祺听讲笑嘻嘻，从头一二讲你知；
皇帝殿上挂出榜，我郎就是钟景祺。

景祺看榜行近前，皇帝见奏气震天；
新科状元答应好，我郎游嫖去南山。

皇帝大骂钟景祺，即刻绑出去教场；
新科状元该有罪，骂你大胆游嫖去。

景祺落难歌又唱，再唱番邦安禄山；
日间坐在金盘上，夜间双凤采牡丹。

番边宝贝进过来，皇帝未晓真宝贝；
日间坐在金盘上，夜间出来共被盖。

---

① 齐家：大家。

皇帝未晓是宝贝，嘎色宝贝怎么来；
日间细崽手中抱，夜间又会共被盖。

番边进宝安禄山，要㢷我皇争江山；
爱争天下百姓管，害得我朝不太平。

莫唱万岁不知情，再唱西京洛阳人；
景祺嘎轮落大难，后来平番正出身。

景祺绑出教场去，夫人心里实难过；
就教娘娘去奏本，娘娘奏本着救佢。

娘娘开口答夫人，夫人说话不聪明；
不是兄弟姐妹仔，佢是西京洛阳人。

夫人说分娘娘听，阿姐讲话有重轻；
我姐在朝有姐丈，要救西京洛阳兄。

娘娘听讲笑嗳嗳，景祺原来是妹婿；
娘娘上朝奏一本，皇帝殿上保出来。

皇帝殿上开口时，头名状元钟景祺；
调你四川官职任，四川省内巡检司。

景祺听讲泪茫茫，忖着伤心又恓惶；
君叫臣死臣着死，爷教子亡子着亡。

无奈谢恩起身行，去到东京顺天城；
冯克挑担头前走，景祺骑马随后行。

莫唱景祺去四川，再唱番边安禄山；
又㢷娘娘排死阵，招兵买马夺江山。

安禄番王发文书，调出番兵是无数；
番兵番将无千万，好争天下佢管去。

番兵反到东京庭，唐朝皇帝不知情；
文武百官来凑本，你做万岁着起身。

皇帝无奈走出城，景祺上任路上行；
我是状元嘎倒运，深山渺渺找无店。

日头慢慢落西山，景祺无奈路上行；
深山渺渺寻无路，总怕老虎在路边。

奴才开口劝主人，劝你主人着放心；
重重山贝①有人掌，前边不是有庙亭。

苦命就是苦命人，景祺苦命未出身；
黄连碰着苦口草，冤家碰到对头人。

庵堂和尚起谋心，谋财害命书生人；
总是景祺未该死，观音来托土地神。

观音托梦土地神，土地托梦煮饭人；
煮饭又絜景祺讲，三更半夜走逃身。

景祺半夜走起身，行过几里天就明；
茫茫渺渺寻无路，碰着万春打虎人。

打虎英雄雷万春，讲话恰似响雷公；
景祺见怕就逃走，万春开口问根由。

---

① 山贝：山川。

万春就问景祺郎，借问你郎去哪方？
掌在哪州哪县府，从头一二讲分明。

景祺开口讲佢听，公子掌在是西京；
掌在西京洛阳县，姓钟景祺是我名。

万春听讲是景祺，新科状元就是你；
你今跟我回家转，天姻小姐配分你。

景祺打扮做新郎，天姻小姐就梳妆；
头上又梳盘龙髻，脚穿绸鞋三寸长。

两人打扮都停当，双双堂上来拜堂；
一来拜天二拜地，三拜夫妻日月长。

景祺天姻结了亲，景祺吩咐亲夫人；
你今还是少年人，在家一定要小心。

景祺四川上任去，万春有心来送佢；
送佢四川去上任，万春东京去投军。

万春东京去投军，路中巧碰姓蓝人；
佢掌福建福安府，名字叫作蓝齐文。

两人碰着相借问，议论两人去投军；
行过一站又一里，歇落饭店安身去。

饭店主人饭添来，一碗白饭爬三嘴；
二人共食八斗米，店主冇饭捧出来。

万春听讲气喷喷，手拿饭箸桌上顿；
无饭分人食得饱，莫在路边开饭店！

饭店主人走忙忙，未见嘎个大食王；
无饭分佢食到饱，檐前石板踩条断。

两人半饱便起身，店主看见头怕晕；
两人来到京都府，郎要投军实是真。

两人投军东京庭，看见大哥雷海清；
海清看见借问话，问你我女配谁人？

万春开口应海清，你女不会配错人；
配给钟家钟公子，头名状元做夫人。

前段唱了后段唱，小说歌原各人唱；
做了皇帝都落难，喜欢贫穷百姓人。

皇帝落难走出宫，朝内无主乱糟糟；
文武百官也走了，金銮宝殿娘娘坐。

皇帝圣旨出令箭，定国安邦管百姓；
谁人平得番王乱，万里江山分一半。

海清做官实是贤，我有女儿叫天姻；
日间花园练武艺，手执大刀三百斤。

皇帝圣旨调天姻，天姻小姐到近前；
皇帝封佢大女将，手执大刀闪金光。

天姻女将令箭领，娘好平番安禄山；
点了兵马出阵前，两兵交战乱一团。

天姻小姐真英雄，点了兵马去潘邦；
手执大刀去对战，不怕番边安禄王。

兵马来到东京城，天姻小姐出阵前；
兵马来到相交战，连打三阵无输赢。

万春战死落阴间，天姻小姐平番边；
伝叔阴魂来相助，一刀杀死安禄山。

割了番头转见皇，皇帝看见笑茫茫；
百万番兵杀尽了，一刀杀死番王娘。

平了番邦坐金銮，皇帝来封海清先；
文武百官封赏了，风调雨顺民心安。

皇帝来封雷天姻，封伝一品正夫人；
皇帝殿前出圣旨，又封殿前女将军。

皇帝又封何必秋，也封必秋是夫人；
教伝三人着贤惠，姐妹贤惠情谊深。

又封状元钟景祺，封你吏部做尚书；
文武百官都封尽，国泰民安太平时。

小说歌原实是真，人名多来难唱清；
歌原一句七个字，并无半句来骗人。

前人造歌会也会，歌原一句七字排；
书名叫作双帕记，歌名叫作钟景祺。

（5）**劳动歌**　岱岭劳动歌是畲民以歌唱形式表达对劳动的热爱，赞美男女共同参加劳动的传统习惯，以歌抒发自己的内心情感，歌的内容十分丰富。

种 苎 歌[①]

正月种苎满园抽，一年就有三季收；
黄蚕一年三季茧，人有三世做风流。

---

① 蓝瑞桃传唱，雷开勇整理。

二月苎笋满园上，问你苎头种几行；
人讲三月抽苎笋，四月苎笋青狂狂。

五月时节割苎做，贤娘鞘刀到苎园；
苎哪割掉就担转，一人割苎两人做。

苎哪割转骨剥掉，苎皮担去坑边泡；
手执苎刀来做苎，苎那做掉就晒燥。

苎哪晒燥拣成批，苎片拿来面前裂；
苎丝裂放织盘内，织笼提来放苎丝。

丝哪织好捻成横①，车子来纺纺成线；
纺车来绞绞成缠，豆腐磨浆泡光光。

线哪纺好就来牵，贤惠少娘坐厅边；
脚踏勾竹上下步，手拿飘勺②转玲珑。

线牵算内青苔苔，箍子送落经做纬；
有用少娘织得好，有用少娘一个嘴。

苎布踏石光亮亮，贤惠少娘好心情；
苎布来替六月汗，棉布来替十月冷。

布哪经好便成苋③，少娘担去坑头漂；
少娘担去坑边洗，洗好苎布白渺渺。

---

① 横：一条、一根。
② 飘勺：梭。
③ 经：织；苋：块。

晒燥就拿染店去，店里师傅染人乌；
哪好穿白淋剑①洗，哪好穿青就染乌。

布哪染好走去拿，踏石压了光朗朗；
师傅哪会染巧好，师傅有用败名声。

未晓苎布几多长，放在桌上尺来量；
篾尺来量剪刀剪，分②娘做件好衣裳。

做件衫仔光朗朗，铜纽钉落是端正；
绣起八仙凤凰鸟，少娘穿去探表兄。

采茶对歌③

男：正月采茶是新年，捶锣打鼓闹喧天；
　　山茶苞眼正开芽，郎仔出门头直④行。

女：采茶郎仔头直行，正月酒宴摆中厅；
　　留郎来食三杯酒，食了三杯再上山。

男：四月采茶茶叶长，双手采茶篓内放；
　　蚕桑树下去歇力，曾忖去睇嫩少娘。

女：采茶四月正播田，蚕桑树下来相见；
　　劝郎莫去闲游娚，谷种落泥水面青。

男：七月采茶热难挡，垟中种田禾叶长；
　　罗帕手巾擦汗水，笠斗来扇少娘凉。

① 淋剑：碱水。
② 分：给。
③ 蓝春兰传唱，李君宋记录，录自《中国民间文学集成·苍南县歌谣集》。
④ 头直：首次。

女：采茶七月秋风凉，我郎面前来商量；
　　隔山隔水难相会，风吹荷花也得香。

男：十月采茶夜结霜，路到山头草籽黄；
　　连落三夜清露水，我郎今晡①转回乡。

女：采茶十月雪共霜，娘送少郎转回乡；
　　记得当初一句话，劝郎长久记着娘。

合：十二月过了又一年，一年到头都有闲；
　　约定新年来相会，青菜白饭结新年。

（6）生活歌　世代相传的生活歌，真实地反映了岱岭畲族人民的生活状况，其中《食茶歌》《劝世文歌》《戒赌歌》等代表作有针对性很强的教育作用。

戒赌歌②

劝郎着做正经人，赌博浪荡莫跟阵；
路边野草你莫采，寮里和顺又太平。

三丁二四是皇帝，造出牌九害大小；
银钱输掉不使③讲，回转家堂卖世界。

天牌一对金又金，赌博浪荡莫跟阵；
用心勤头④作有食，作那有食人安心。

地牌二点两角头，赌博人怂事不瞧；
输尽几多当家钱，赌了几多稻草头。

① 今晡：今日。
② 蓝瑞桃传唱，雷开勇整理。
③ 使：用。
④ 勤头：勤奋。

红神八点身全金，赌博人家闹纷纷；
又是自己坏确歹，布娘①相打闹离婚。

鹅仔四点全身弯，赌哪输掉又想翻；
弟兄朋友借冇钱，回转寮堂卖裙衫。

梅花十点心全花，赌博郎君不管家；
夜夜出门冇回转，转寮爷骂嬢又骂。

板凳四点四角头，赌博郎君心肝翘；
寮里家伙卖尽掉，冇钱赌博苦忧愁。

斜三一对歪带徛，赌博输钱冇注意；
一班作阵都坏歹，赌棍来赌你土猪。

腰五单头结个瘤，赌博郎君像流仇；
几多冇赌人家好，有钱起②寮攞媳妇。

腰六一对单头尖，赌博贪财生现成；
今晡赢来又想赌，下轮再赌连本输。

虎头一对白飘飘，赌博郎君不管票；
自己出去赌带食，寮里万事佢不瞧。

红拾十点四点红，赌博人家闹匆匆；
冇好衫穿冇好食，输尽赌钱欠人银。

水七一对两样生，赌场内里喊连天；
有人赢钱尽拿走，输掉冇走又想翻。

---

① 布娘：妻子。
② 起：建。

水八一对白茫茫，劝你一班少年郎；
不通①跟人去浪荡，正经掌娵讲世上。

九斤一对白带红，赌博输钱心会慌；
赌棍个个心计好，土猪哪赌输全光。

五鸡一对两样形，赌博朋友人假精；
心肝哪想有博赌，不管银钱输分人。

赌博有输也有赢，劝你一班赌博兄；
历代君王有法定，赌博坐监生现成。

造出歌原字字真，劝你一班大小人；
着教子儿莫赌博，用心成家正跟阵。

劝世文歌②

一笔落纸字纷纷，古人造歌劝世文；
一劝人寮爷共仔，二劝人寮仔共孙。

二笔落纸字排排，古人造歌会也会；
一劝人寮爷共仔，二劝人寮仔妯娌。

三笔落纸前世修，抱揽仔儿何因由；
小时等仔不得大，大来烦了冇儿媳。

儿媳攞来教仔时，教仔时时着争气；
你也学得你爸样，近邻不会笑得伱。

歌原造出分人唱，出门脚步着踏正；
有进有退有理路，冇理冇路争不赢。

---

① 通：要。
② 蓝瑞桃传唱，雷开勇整理。

做人仔，做人爷，上主流传做人家；
儿媳不贤仔瓯雅①，上梁不正下梁斜。

做人爷孃真加难，仔儿不贤也冇干；
小时等仔不得大，大来又烦仔儿懒。

大来烦了仔儿懒，寮里有事冇打算；
教佢做事忍耐耐，教佢装食头一闯②。

歌原来唱分人听，莫得不听娶人争；
教你上山你下海，好似洗碗猪抄坑③。

歌原来劝人妯娌，灶头洗碗着细腻④；
莫得生气打碗碟，老人听见好骂你。

歌原来唱分人忖，那是不忖人要问；
寮里事情着摸好，莫等洗衫天象云。

歌原来唱分人调，子女孝顺忖未到；
爷孃言语吩咐尽，话讲三担另一头。

劝你大小心着正，爷孃理路讲你听；
做人也着忖长久，仔儿男女大群班。

做人儿媳冇抓世⑤，孝顺爷孃天地知；
不信去看寮檐水，点点滴落冇差异。

---

① 瓯雅：不顺从。
② 忍耐耐：慢腾腾；装食头一闯：搞食第一闯。
③ 抄坑：粗脚重手，碗碟声大。
④ 细腻：小心。
⑤ 抓世：行善。

点点滴落冇异差，郎垌那出娘贤纱①；
郎垌那出娘贤惠，后来公婆分你做。

歌原来唱劝世文，劝你老人心着忕；
你那老来应该掌，饭那食饱着搂孙②。

劝你老人孙着搂，儿媳拌食好梳头；
寮里拌食冇见久，日头冇久就晒到。

日头晒来闹糟糟，寮里事头③过样多；
扛尽柴来担尽水，布龙④背孙背到驼。

儿媳又说爷孃闲，寮里事头睇冇见；
扛尽柴来担了水，睇定日头要落山。

你做儿媳着想破，饭那食饱着去做；
盘山古人有嘎例，厅头交椅轮流坐。

儿媳半斤孃半斤，合来一斤好平分；
当前服侍亲爷孃，百年之后烧金银。

儿媳八两孃八两，合来一斤好算账；
当前服侍亲爷孃，百年之后好烧香。

劝你大小莫吵分，哪是分掉单手工；
若是分掉单把手，三工冇担冇哪送⑤。

---

① 纱：良、惠。
② 掌：歇、休；搂：带。
③ 事头：事情。
④ 布龙：腰背。
⑤ 哪送：菜。

劝你儿媳莫吵分，若是分掉单手工；
分掉一人一家了，公奶有闲来搂孙。

大仔攦来又有孙，细仔未攦吵要分；
做爷做嬢甲①尾仔，尾仔巧细要着忖。

尾仔巧细又巧细，尾仔巧细还冇会；
也着攦个跟人样，两人连老做奴才。

儿媳大班闹忙忙，兄弟冤家吵一场；
寮里不作又要食，忖身老来家难当。

老来当家当不来，想身无奈着开嘴；
各人分掉各人煮，锅灶各人做一个。

伯嬷妯娌着宗林，转去内家去报信；
又教内家做桌橱，粗粗做个来跟阵。

内家忖身无奈何，想身冇钱也着做；
粗粗做个斗②碗碟，拣得人情分你做。

拣得人情分你做，忖身银钱着蛮多；
又做橱来共大桌，又做凳子分人坐。

橱子做来光朗朗，饭甑酒饭桌上抬；
齐家来食分家酒，分家办酒闹茫茫。

爷嬢年老又有岁，是多是少抽出来；
想身轮食气难受，两人连老个人煮。

---

① 甲：拼、合。
② 斗：放。

人那来老真有干，做人哪怕老来难；
凡间凡人凡到老，黄金归土心正安。

歌原唱来句句真，劝你勤奋你着信；
不信你听歌书理，你哪不听是傻人。

歌原造来唱人听，世人听了心也欢；
老人就是风水树，旺出子孙大群班。

劝夫妻①

一劝夫妻给人听，谁人夫妻命生成；
姻缘本是天注定，夫妻和好你莫争。

二劝夫妻你着信，夫妻本是有恩情；
千万莫听别人话，几多人心会害人。

三劝夫妻来劝郎，察里家事要打算；
不要赌博去浪荡，一年辛苦百年安。

四劝夫妻劝人双，夫妻恩爱情更重；
夫妻两人着和顺，两人合好天也从。

五劝夫妻劝人心，子儿大了要定亲；
有钱没钱背后说，也要椤个来跟阵。

六劝夫妻劝郎君，儿媳椤来又添丁；
做公做奶真逍活，有钱买饼着给孙。

七劝夫妻七十岁，两人来老步步退；
人呀来老不中用，子孙步步进上来。

---

① 蓝瑞桃传唱，雷开勇整理。

八劝夫妻岁也有，厅堂交椅轮流坐；
你做老人要明白，子儿孝顺也是有。

九劝夫妻九十岁，头毛白白葱根来；
两老倚在门坝①等，子孙骑马转回来。

十劝夫妻百岁王，子孙拜寿转回乡；
一双拜好一双进，黄金也着用斗量。

（7）情　歌　情歌是畲族青年男女在室外游姆娱乐活动中，以歌代言表达自己喜悦的心情，使对方能激发内心情感的民间歌谣，反映出岱岭畲族青年男女纯朴、真诚的爱情。

结义歌②

第一结义在深山，睇见娘面生端正；
结义也爱娘生好，生好有情郎喜欢。

第二结义在山坡，娘讲话笑呵呵；
表妹做人情义好，结义事情谢不清。

第三结义在山腰，讲讲笑笑结团圆；
有话两人商量讲，有情有义结姻缘。

第四结义在山林，林内树木叶相荫；
娘双双结情义，嘎好情义值千金。

第五结义在半山，腊锡③双双飞过山；
契今晡娘同结义，情义山一样重。

---

① 门坝：门边。
② 录自雷开勇歌本。
③ 腊锡：喜鹊。

第六结义在路边，两人牵手做阵行；
说说笑笑好结义，结了情义正喜欢。

第七结义到娘村，睇见娘寮好几重；
娘那有情郎有义，情义比寨高几层。

第八结义在园门，两扇大门两边关；
日开夜关都同样，郎娘情义槩门同。

第九结义入花园，花园内里百花香；
蜂子双双采花蜜，我伲①情义比蜜甜。

第十结义在东楼，镜子拿来双双照；
两人双双结了义，情义哪好长千秋。

做客歌②

今晡做客郎垌行，高高山头云雾环；
心忖等你云雾水，南风吹来天又晴。

今晡做客郎垌过，高高山头罩云雾；
心忖等你云雾水，南风吹来又退去。

仰下矮，仰下高，仰定上云又打暴；
仰定雾天会作浪，仰来仰去忖到冇。

仰下西，仰下东，仰定上云又刮风；
仰定霉天会作浪，仰来仰去忖到空。

今晡做客郎垌行，心忖六月做霉天；
雷公隆隆又冇水，云头企企风打晴。

---

① 我伲：我们。
② 蓝瑞桃传唱，雷开勇整理。

今哺做客郎垌来，心忖六月会做霉；
雷公响响又冇水，云头企企风打开。

黄云载水在山头，荫了平垟百花菀①；
黄云载水西山落，总是娘村冇水到。

黄云载水在高山，荫了平垟百花青；
黄云载水西山落，总是娘村冇水行。

高山出水流落来，坑边出水人作坝；
高山出水不落井，娘好作田冇水来。

高山出水流落坑，坑边出水人作田；
高山出水不落井，娘好作田冇水仰。

作田哪因一条坝，哪因你郎百花栽；
哪因你郎嫩花纽，路头嘎远正好来。

作田哪因一条坑，哪因你郎百花青；
哪因你郎嫩花纽，路头嘎远正好行。

路头来远岭来崎②，三埔路头来睇你；
盘缠带分身边走，肩头包袱背溜皮。

路头来远岭来长，三铺路头来睇郎；
盘缠带分身边走，肩头包袱背到融。

特地走你郎垌来，来睇你郎白花栽；
娘心哪忖拗纽娚，句句又讲有人个③。

---

① 菀：丛、株。
② 崎：山路高低不平。
③ 拗纽：摘朵；有人个：属于个人。

今睛走你郎垌行，来睇你郎白花青；
娘心哪忖拗纽娚，句句又讲有人仰。

哪因郎情冇主意，转去树下徛三徛；
害娘脚酸行空路，害娘手酸卡①衫襟。

哪因郎情分不来，转去树下徛三回；
害娘脚酸行空路，害娘手酸卡衫带。

情义歌②

情义二字值千金，劝娘千万着小心；
画龙画虎骨难画，知人知面不知心。

情义二字值千两，千里路头来寻娘；
郎做蜂子来采蜜，采着娘情正安心。

情义二字值千金，教娘大胆过来寻；
交情不怕天气歹，不怕别人眼看睁。

情义二字值千个，生好③少娘中郎爱；
千字不值愿字好，一夜夫妻百日情。

情义奘娘正起头，合似禾苗正转菀④；
情义教郎莫反悔，那是反悔娘会癫⑤。

情义奘娘正起头，别人生好郎不谋；
嘎好少娘有郎分，是郎前世修来凑。

---

① 卡：抓起。
② 蓝瑞桃编唱，雷开勇整理。
③ 生好：漂亮。
④ 转菀：扎根、成活。
⑤ 癫：疯。

情义问娘就应承，娘劝少郎话说真；
娘情不是鲜鱼子，劝郎冇钱着去赚。

情义着交有缘妹，无缘人姐郎不爱；
有缘少娘情义好，前门不开后门来。

带子歌

一条带子娘来牵，三条竹子插三面；
长线牵来圈圈转，又牵四眼又牵边。

二条带子是罗线，两边又牵米牙边；
一头来牵一头数，伶俐数来也无差。

三条带子线来环，内也一条外一条；
又牵黑线来作字，提鬃来拣分两边。

四条带子就牵成，线也牵好就来织；
伶俐少郎过来玩，四水山头看花青。

五条带子挂壁缝，文章没读笔没带；
你郎写字用笔写，我娘写字篾爿来。

六条带子是娘织，又织万岁皇帝名；
又织男女好相会，又织世上太平年。

七条带子顺长长，言语槊郎单了单[①]；
别人拿钱娘不卖，我娘心想送给郎。

八条带子弯字桥，黄蚕作茧织来凑；
又织一条郎拿转，又织一条娘缚腰。

---

① 单了单：说了又说。

九条带子字黑黑，　缚在身上郎㖄过；
有织变做笼内鸟，　没织飞转水面去。

十条带子九条新，　不知说假是说真；
言语与郎单到尽，　嘴讲有织别骗人。

（8）杂　歌　岱岭畲族乡流行的杂歌包括字歌、谜语歌、对歌、花名歌、鸟名歌等。杂歌随编随唱，娓娓动听；内容广泛，难以准确分类。

对　歌①

讲对笑，　　　　　新打铁钩弯又吊；
心里有事快对慢，　双脚走路行对跳。

石壁来对地下土，　海水茫茫船对排；
饭箸来对食饭碗，　牛仔养大来对犁。

船对海水摇对摇，　溪边矼步来对桥；
铁板哪硬来对火，　火烧炎炎水来浇。

讲对笑，　　　　　人家梁橄板对寮；
灶头大锅对桶弈，　扫帚来对赶箸辽②。

铁钉竹钉尖对尖，　海水对盐咸对咸；
辣椒对姜辣对辣，　红糖对蜜甜又甜。

新打米筛筛米糠，　饭汤煮饭来对浆；
米箩哪大对米斗，　夜头黑黑对天光。

桌对凳，　　　　　桌上金盏对银瓶；
山林松柏对杉树，　秀才先生对学生。

---

① 蓝瑞桃传唱，雷开勇整理。
② 赶箸辽：竹棍破裂。

墨对砚，　　　　先生教书对学生；
笔头哪尖来对纸，皇帝坐殿对朝臣。

狗对猪，　　　　深山寮里马对驴；
牛皮做鼓对锣钹，庵堂和尚对尼姑。

爷哪来老仔当家，爷哪坐轿仔骑马；
新做纱帽缝两耳，身穿锦袍全身软。

谜语歌①

唱：竹州竹府造竹城，城内兵马无数名；
　　身尸浮去扬州府，灵魂挂在竹造城。

答：篾打簸箕造竹城，圆仔搓了内面晾；
　　圆仔泡来分娘食，圆印留在簸箕城。

唱：四四角角人人爱，搓圆打扁堵你嘴；
　　五个将军齐出阵，内面尖刀密密来。

答：番薯推床人人爱，番薯拿来推上推；
　　一手五指来出操，番薯丝条飘出来。

唱：我寮掌在铁台山，一脚倚在铁钉尖；
　　人人讲我肚肠直，流尽眼泪看不见。

答：一对蜡烛红又长，插在烛台照新娘；
　　新娘肚里生贵子，子孙代代状元郎。

唱：长长短短四面城，城内几多好花名；
　　几多白粿城内掌，又请将军来埔坪。

---

① 蓝瑞桃传唱，雷开勇整理。

答：粿印本是木做成，内面雕刻凤花名；
　　印了花粿分娘食，又贺新年又送庚。

唱：掌在深山田园头，出生无爷无孃照；
　　天天槩人管闲事，死了无件好衣裳。

答：我郎讲分你娘听，就是草人徛田边；
　　种子播落佢照顾，赶走山鸡槩野牲。

唱：我娘出世在毛山，又槩竹枝结亲戚；
　　又走石壁去食水，慢慢说话到京城。

答：毛笔墨砚结成双，写出千秋好文章；
　　我郎写信分娘看，千山万水话语通。

唱：头上一刀尾一刀，下身掩土上遮草；
　　人人都说我会死，我还开花结籽生。

答：菜头调种讲你听，头尾一刀生现成；
　　掩土开花又结籽，后来传种几万千。

唱：半天又有一个亭，亭内有人在抽藤；
　　鸳鸯飞来水面走，鲤鱼又在塘底眠。

答：我郎歌驳讲你知，就是少娘抽蚕丝；
　　蚕茧浮在水面走，蚕蛾脱落锅底眠。

唱：像柴不爱土来栽，像树又是无花开；
　　总分你娘买去食，不分你娘买去栽。

答：豆芽无土也生成，又是有秆无叶生；
　　你娘买去当菜食，哪是来栽活不成。

唱：唱歌问你歌灵通，什么出世艳艳红；
　　什么出世红带绿，什么出世火熯风。

答；唱歌答你歌灵通，日头出世艳艳红；
　　空中彩虹红带绿，打铁炉子火熯风。

唱：唱歌问你唱歌郎，什么冇骨土挖松；
　　什么冇骨会爬树，什么冇骨会游泳。

答：唱歌答你唱歌郎，蚯蚓冇骨土挖松；
　　蜗牛冇骨会爬树，蚂蟥冇骨会游泳。

唱：唱歌问你歌先生，什么四脚不会行；
　　什么有嘴不会叫，什么冇嘴叫大声。

答：唱歌回你歌先生，桌子四脚不会行；
　　罐瓮有嘴不会叫，铜锣冇嘴叫大声。

刺绣歌[1]

又绣凤装钉花裳，祖宗流传几千年；
凤装山哈传家宝，象征山哈女人裳。

贤娘针菁学来强，手执花针绣凤凰；
又绣龙凤来相会，又绣仙女会弹唱。

又绣鲤鱼有金鳞，又绣童子拜观音；
又绣黄云来载水，又绣月亮照郎明。

又绣东海龙翻身，又绣牡丹在垟心；
又绣天上七仙女，又绣仙姑吕洞宾。

---

[1] 蓝瑞桃传唱，雷开勇整理。

又绣真宝招财生，又绣土地送黄金；
又绣八仙闹东海，又绣荷花水中心。

又绣石榴在半山，又绣菊花叶青青；
又绣树上百样鸟，又绣鸳鸯水面环。

又绣桃花桂花香，又绣梅花二三行；
又绣鸬鹚水鸭子，又绣雄鸡啼朗朗。

绣好花裳按钮先，铜钮来按实担正；
铜钮来按正是好，出门行路玲珑响。

（二）汉族民歌

乡境内汉族日常生活通用闽南话，流传的民歌均用闽南话传唱，无须乐器伴奏，很有地方特色。因讲闽南话者先祖均迁自闽南，故乡境内今天流传的部分民歌，如《天乌乌，要落雨》等与闽南民歌有渊源关系。

天乌乌，要落雨

天乌乌，要落雨。何时落，初四五。阿公拿一把锄头扒水路，扒着一尾鲤鱼三斤五。啊公要煮糟，阿婆要煮醋。阿公吃后红目睛，阿婆吃下拉屎溜。

火金蛄

火金蛄，火腊腊，后门一洼水，三尾虾，大尾抓来煎，小尾放你爬。爬呀爬，爬到顶厝去吃茶。茶香香，酒红红，一块桌，九个人。一个坐不下，坐树杈。树枝一下折，屁股摔个裂。冇啥糊，糊潲苔，潲苔一下干，屁股落个疤。

十二月歌

正月灯，二月鸢，三月麦草做鬼叫，四月蟋蟀咯咯叫，五月龙舟双头翘；六月六，牵狗落屎合；七月七，巧夕吃确迫；八月半，大饼满地掼；九月九，登高满山走；十月十，芬（番）薯连梗晒；十一月收大冬，十二月烘火笼。

劝耕歌

夜半三更叫子醒，牵牛无力步难行。

时人不知农家苦，只道田中谷自生。

春到勤耕要向前，夏到忙种莫贪眠。

秋来懒汉无收割，冬无收成莫怨天。

看牛歌

太阳上山一点红，老虎出洞会咬人；

要咬山顶财主子，莫咬山脚看牛郎。

推谷米

推米推谷喂鸡角①，喂鸡好叫更，养狗好吠年，喂大猪赚大钱，喂外甥挑米来过年，养媳妇举火钳，喂查某团②来拜年。

萝瓜藤，紫瓜藤

萝瓜藤，紫瓜藤，花生生芽网网藤；亲结亲，亲连亲，我妈这人真无因。把我配给舅舅亲，千秋万代不零清。一年四季长久好，一言半语叫冤深。

二、民间故事

故事，畲民俗称"故老"，岱岭大多畲村都有讲"故老"的能手，多在雨天或冬天晒太阳、夏天晚上乘凉时围坐讲"故老"，内容有本民族的风俗、生产、生活、人物等。当地汉族也传承有内容十分丰富的民间故事。

（一）畲族民间故事

盘古王造天造地③

远古时没有天也没有地，没有太阳、月亮和星星，盘古王带着男女生活在一片混沌漆黑的世上。盘古王想："整天这样，教人们怎么度日？"于是就想了一个办法来教男人造天，教女人造地。盘古王教大小男人一起动手，利用大刀砍倒最大最高的树来搭造天台，劈倒最大最长的竹子来破篾，编成像簸箕一样的天，教女人捻出一根很长的苎麻线来圈了一个极大的圆圈，这就是地。男

---

① 鸡角：公鸡。

② 查某团：女儿。

③ 蓝瑞兰讲述，雷开勇整理。

女把天地造好之后，盘古王就拿尺来量，结果地比天大，这样无法相配怎么办呢？于是盘古王教许多人把这平坦的大线圈沿一端线头用力拉拢，这样才把地塞入天里。可是这样一拉又变成凸陷不平的地面，结果凸起的地面就是连绵起伏的大山，陷凹下去的地面就变成了江河湖海。可是造起来的天地仍然是一片漆黑，没有光亮，看不到任何东西，人们又无法去耕种。盘古王又想出了一个办法，利用松柏油来制成一个圆球，点着火挂在天上，光亮照明整个地面上各个角落，这就是太阳。再用藤枝编成一个圆球也挂在天上，发出来的银光成了月亮。后来天顶上发现有破掉了，马上叫人们找些较硬的东西来制造成闪亮的钉子把天顶钉牢，钉头闪光，就是星星。

广利侯王宫九使爷传说

传说九使爷神像和香炉从泰顺某地方飞至云遮。当时神灵降投"武身"，对泰顺某地首事说，要离开本宫去蒲门云遮保地方太平。于是泰顺某地的周边民众和首事坚决不同意让该神灵离开本宫，千方百计劝阻无效，首事们说："除非本宫门前溪水能倒流，否则就不让走。"说来也巧，一位平民挑了一担谷壳经过宫门前，一不小心摔了一跤，一担谷壳倒在了小溪上的一个水塘里。这时又突然刮起一阵狂风，把浮在水面的谷壳从水塘尾往塘头吹去。这时神灵又降投"武身"，对首事们说："你们仔细看看，这不是溪水倒流吗？"首事们有话在先，这才无法再留。于是九使爷神像与灵炉飞至云遮今九使爷宫左侧溪边外贡，神灵降投"武身"在西塔岭左侧溪心蛇子头穴大石壁处找到建宫宝地。面对一块庞大的石壁，首事和民众束手无策，因当时没有炸药和机械，民众无法把建造宫殿的地基整平。突然间神灵降投"武身"，接过民众手中的锄头，使劲地挖掘，锄头掘石壁如往常平民田里掘烂泥。掘不到一时辰，"武身"问建造宫殿师傅："地基长宽够了吗？"师傅回答说："差不多够了。"于是神灵退归神位。事后民众清理好地基内石块后，工匠用尺一量，结果左右两侧与后面三向还缺少水沟。于是众人要求神灵降投"武身"再掘，却再也掘不动了，故始建九使爷宫三向没有寮檐滴水的水沟。

云遮取名[①]

云遮位于岱岭畲族乡地域，地处海拔近千米的鹤顶山南麓半山腰。为什么这个地方叫作云遮呢？从前从马站到矾山，必须经过这条直上几里的石阶路云遮岭到鹤顶山天湖，再往下走几里路才到达矾山。从前，有一个年轻力壮

---

① 李先坤讲述，雷开勇整理。

挑鱼鲜卖的人名叫钱苍，终年从马站霞关、南坪等海岸码头买来鱼鲜挑到矾山街道去卖，赚几个钱来供养全家老小。有一个暑天上午，太阳暴晒，天气非常炎热。钱苍与往常一样肩挑近百斤鲜鱼，从岭脚一口气要到岭头实在艰难。鱼鲜不能在路旁林荫处久歇，钱苍生怕鱼发臭没人要，那就血本无归。他挑到半岭，热得像火烧一样，实在难受，喘了口大气。他轻松一下身子，便抬起头来看一下天空，连一片云朵也没有。他自言自语地说："现在天空上若有出现一片云，来挡住太阳，遮盖到岭头顶，那该有多好啊！"话音刚落，天空中果真飘来一片云朵，一直遮着他到岭头顶。他挑到岭头顶就马上歇落挑担，跪在地上拜谢天恩。传说云遮这个地名就是这样取的。

煨年猪①

山哈人有煨年猪习俗。每年在除夕夜里把一个柴头根放在灶炉里慢慢煨，叫作煨年猪。相传很早以前，山哈人养猪总是养不大，猪仔养到四五十斤，死的死，病的病，一年到头连猪肉也没吃着。某地有个巫婆趁这个机会，说是观音菩萨托梦给她，就对山哈人说："只要每年十二月廿四日，到猪母山上那株大树脚下去拜观音，观音菩萨就会保佑你家养的猪养到二三百斤，每寮大小山哈人都能吃到猪肉。"大家听了都信以为真。那年十二月廿四清早，巫婆就先走上猪母山，来到那棵大树下，设着香案，等着让山哈人们带着牲礼来求拜观音菩萨。拜过观音的牲礼全部给巫婆收去，巫婆一共收了二三担牲礼，挑回家过上一个好年。

第二年，周围山哈人从年头忙到年尾，与往常一样还是没吃着猪肉。寮下一个后生给巫婆骗了，受了一肚气，怀恨在心。第三年农历十二月廿三日深夜，他登上猪母山，就把那棵大树砍掉，把树推下山沟去，树根也被他掘了挑回寮来。到了除夕晚上，他把掘回来的树根放在自寮的灶膛内，盖上还没全部熄灭的炉灰慢慢煨起来，这样才解了心头之恨。没想到第四年，这位后生寮里养的猪真的长到二三百斤，于是山哈村形成了煨年猪习惯，流传到20世纪90年代。近年山哈人异地脱贫，家家户户都建了新房，没有以前那样烧柴火的土灶炉，煨年猪从此失传。

踏路牛②

从前，离一个山哈村庄不远有一条大路边，住着一位又丑又矮、干尽坏

---

① 同上。
② 李先坤讲述，雷开勇整理。

事的大恶霸。他家里大大小小已有49个老婆，还是贪色如命，整天总是想尝鲜的，总是叫那些帮凶打听是否有人家结婚经过这里。若有，他就带一伙帮凶守候大路口，等新娘到来时，就让这些帮凶抢回家去，把新娘侮辱强奸后再放出来，弄得很多新娘没脸活在这世上见人，有的上吊，有的投水，害得家破人亡。周围的人们看在眼里，怒在心里，没有一个敢说他的坏话。

有一年，邻近村庄有一个后生仔，结婚娶新娘务必经过这条路。后生仔相当害怕自己的新娘子会遭到大恶霸的侮辱，在婚前几个月里总是日夜操心。这位后生仔，终于想出了一个办法来对付这大恶霸。临婚前几天，后生仔就在附近村里寻找到一头凶猛无比的大牛牯。这头牛牯很怪，除了对主人温柔以外，发现陌生人总是会大发脾气。婚前那个晚上，后生仔与牛主人就把牛牵到丈母娘寮里。第二天一大早，叫牛主人用红布条扎好花，缚在牛头、腰和尾巴上，让牛主人牵着走在前面，自己和新娘跟在背后。娶亲队伍行到这路口时，果然大恶霸带了帮凶拦着不让路过。这时后生仔大喊道，教乐队大声奏乐，教牛主人解掉牛绳，并抽打牛身，让牛向那些恶霸人群中间去乱抵，使得大恶霸和那些帮凶吓得逃离远处。

对面山的山哈村庄人看到，觉得很奇怪，其中一人走到娶亲队伍跟前，向后生仔问道："你们为什么牵着牛走在前面？"后生仔回答说："踏路牛。"就这样，在山哈人的乡村形成了"踏路牛"风俗，并传承到现今。

是我财总会来①

从前有一个村庄住了几户人家，有一对上了花甲的公婆俩与儿子分了家，住在一个单身汉隔壁的一间小茅草寮里。公婆俩与邻居大小都很和谐，小辈们也很尊重两老。两老温柔善良又勤劳，男耕女织，老爷子整天开荒种地，忙个不停。一天，老爷子在茅草寮后山开荒，回来的那个晚上，两老躺在床上有点睡不着，就谈天说地。老爷子谈到今天后山的事说："我今天开荒时，无意中发现一块相当漂亮的石板，大约有二尺见方五寸来厚，表面光滑。我觉得很稀奇，就用锄头撬开石板，结果发现下面有一个小坑，四面用小石块砌墙面很平，当中有一个瓮子。我掀开瓮盖一看可把我惊呆了，里面装着满满一瓮银圆。我马上就把瓮盖和石板盖好，与原来一样。"老妻说："你为什么不把银瓮捧回家来？"老爷子说："是我财总会来。"谈话被隔壁一位贪吃懒做、整天想赌博致富的单身汉听得清清楚楚，于是他就偷偷摸摸地走到那个地点，扒开泥土、撬掉石板，果然有一个漂亮的瓮子，马上把瓮盖打开一看，结果是一

① 李先坤讲述，雷开勇整理。

瓮蚂蚁。单身汉不敢高声人骂，自言自语道："这老不死的棺材，全说鬼话来骗人。"他怀恨在心，就把瓮子捧回到他寮后，在公婆俩的床位顶上蹑手蹑脚轻轻地把寮顶茅草拔了一个洞，把瓮子里的蚂蚁往公婆俩的床上倒下去，想让蚂蚁咬死两老。没想到，这一倒，却出现叮叮当当的银圆响声。一听到这声音，他马上把瓮子翻正过来一看，瓮底只剩下一块银圆，是留给他做工钱。这时两老已清醒过来，老爷子笑眯眯地对老伴说："是我财总会来。"

笔架山石橱[1]

笔架山处于岱岭畲族乡地域，山主峰上有千奇百怪的石头，悬崖峭壁像斧凿刀削似的，其中有一块大石头耸立在一小坪面上，高宽差不多有丈多见方，外观光滑得像一个大衣橱似的，人们都把它叫作"石橱"。传说古代笔架山腰住着一个老人，他无儿无女，靠种瓜栽豆、挖掘山草药度日子。一年，老人在半山腰种了一丘西瓜，用肥浇水勤管护，西瓜生了满满一丘园，个个滚圆肥大好坏头。老人看在眼里，喜在心里，这些西瓜收成卖掉，就能确保过一年的日子。他正高兴着，忽然天顶传来喇喇声，飞来一群白鹤，啄的啄，吃的吃，只一刻工夫，一丘园西瓜被糟蹋得干干净净。老人心痛难忍，便拿起箩筐去罩鹤，一只鹤飞得慢，被罩着了。老人提着鹤回家烧水拿刀，打算把鹤杀了煮汤吃了，以解心头之恨。鹤见老人拿刀要宰它，哭了，眼泪像一颗颗珍珠似的直往下掉。老人本是善良的人，平常见到小蚂蚁也不忍心踩扁，见鹤哭得这样伤心，手变软了，不忍心把它杀掉，把鹤放飞了。

老人见瓜园已稀巴烂，几个月的心血白花了，一个人坐在园头伤心地哭了起来。这时，他面前来了一个后生仔，这后生仔正是山顶上的白鹤仙师，他见老大爷哭得伤心，便劝说："老人家，我的鹤坏了你的西瓜，你捉住又放它走，真是个善心人。你不用伤心，笔架山上小石坪有个石橱，石橱里有许多珍宝，可供你过一辈子快活日子，我给你开橱取钥匙，你需要用钱，到石橱去拿便是了。"说着便把一把钥匙递给老大爷手里，化作一阵清风不见了。

老人以为自己在做梦，看着手中的钥匙，金灿灿的是真的，捏捏自己的人中，自己是醒的，忖忖他一定是神仙来接济他，便照着那白鹤仙师说的话去做了。他来到石橱前，将金钥匙插入石橱的销孔里轻轻一扭，不一会儿，石橱就"吱呀"一声打开了门，只见里面金光闪闪了，存有许多金银财宝，绫罗彩缎。这老人不是贪心的人，以后若是缺钱用或是乡里乡亲谁有难处，老人就去取些珠宝来接济。

---

[1] 李先坤讲述，雷开勇整理。

　　一天，老人又去石橱取珍宝，被一个贪吃懒做的坏人看见了，这坏仔当天夜里就摸到老大爷家，把开石橱的钥匙偷走了。这坏仔拿着钥匙带上两只大麻袋和扁担，来到石橱前照着老大爷的法子打开石橱，见有好多珠宝，便一件一件往麻袋里装，他越装越高兴，一担麻袋刚要装满。被看守宝物的白鹤发现了，只听得头顶"哇"的一声，天顶飞来一只白鹤，他一惊，掉落到深涧里摔死了，不一会石橱门自动关上，钥匙也被关在了石橱里，谁也拿不着。

　　老人丢了钥匙，再也没法去取宝物换钱买粮，年龄又大，日子过得一天比一天苦。这事又被山顶上的白鹤仙师知晓，他又送给老人几粒金瓜子，并说："你把瓜子种下，记牢要过九九八十一天才可以收瓜，早一天也不行。收了瓜你又可以拿到一把开石橱的金钥匙。"说完一转眼不见了。老人把金瓜子种在屋后山园上，没几天，瓜藤就爬满园，开了一园的小黄花。老人心里喜悦万分，这瓜肯定是个好收成。没想到过了几十天，老人在园中找来找去，整园只结了一个大西瓜，想想心肝软了一半，便没尽心去管理。到了第八十日那天，山里来了一个外地采药客，他一路走来，翻山越岭，找不着水喝，口渴肚饿，见老人园地里长着一个大西瓜，便去偷摘。老人见外地客来山里，是"菖蒲花罕见开"，又走得好辛苦，便把瓜打开供客人吃。瓜一切开，瓜里金光灿灿地放出光芒，老人吃了一惊，见红瓤中间嵌着一把金钥匙，拿来仔细一看，和开石橱的钥匙完全一样，再去摸动觉得软绵绵，没一点硬度，拿去开石橱，石橱丝毫不动。原来这瓜早一天摘掉，还未完全熟透。钥匙还未长完整，开石门还不够硬度。因为这橱的钥匙一把被关在石橱里，另一把未长完整，后来人们再也无法打开石橱门。

戏状元雷海青的传说①

　　浙南闽东这一带，姓雷的人很多。据说，田都元帅也姓雷，原名叫雷海青，就是浙南闽东这一带人。

　　过去听老先生说，雷海青是天上的星宿下凡的。他从小就非常聪明，用竹子制作唐箫，吹起来能引来山中百鸟齐鸣；用蛇皮张二胡，能引来河中的鱼群。

　　雷海青长大后，自己有音乐天赋，就去戏班学做戏。学了不久，戏班的吹拉弹唱他已无所不精，还学会了编戏。

　　雷海青在戏班中的名气越来越大，就被选入皇宫中，为唐明皇演戏。雷海青人品高，戏艺精，深得唐明皇的宠爱。唐明皇也爱演戏，有时连自己都忘记

① 雷立功讲述，雷雯、陈剑秋整理。

了皇帝身份，参加演戏。

后来，发生了"安史之乱"。

安禄山、史思明带十多万叛军，从燕京南攻向中原，无人是他的对手。不久安禄山就攻入长安。唐明皇带着杨贵妃和亲信匆匆从长安逃走，皇宫数百名宫廷乐师也被安禄山俘虏。

一天，安禄山要办庆功酒宴，庆祝自己攻下了皇都长安，取得胜利，命雷海青组织戏班乐队，好好庆祝一番。雷海青在他的庆功酒宴上，先将琵琶摔得粉碎，然后破口大骂安禄山是无情无义的逆贼。安禄山大怒，就当场杀了雷海青。

天帝为雷海青所感动，让他的魂魄升入天界，并封他为统领大元帅，助唐明皇平乱。

有一天，唐明皇的大将军郭子仪带官兵与安禄山大战，战场上突然乌云密布，电闪雷鸣，半空中出现一面大旗，大旗中出现一个"田"字，上面一半高入云端，看不见是什么，吓得叛军惊心动魄，开战不久就大败而逃。

唐明皇收复河山之后，知道雷海青一心忠于朝廷，最后被安禄山杀害。想起此事，他就觉得非常伤心。突然他想起战场上那面带有"田"字的大旗，不就是雷海青的"雷"字吗？"雷"字下面正是"田"字。后来，唐明皇就封雷海青为戏神"田都大元帅"。

故此，过去的戏班每到一个新地方，都要祭请戏神之后才能演戏，雷海青就成了戏班的祖师爷。

浙南闽东一带有非常多的田都元帅庙。"田都元帅"塑像头中有蟹的图案，脚下还带有金鸡和玉犬，这又是怎么一回事呢？

相传雷海青出生不久，被遗弃于田野上，有田蟹吐沫去喂养他。后人在为戏神塑像时，就在他头上画有蟹的图案。这金鸡和玉犬又是怎么来的？传说雷海青有两个小时候就在一起的好朋友，一直想见一下杨贵妃，但皇宫戒备森严。因为雷海青会一些法术，就将这两个朋友按照他们的属相，属鸡的化成金鸡，属狗的化成玉犬，放在戏服衣袖内。唐明皇与杨贵妃来看戏，好让两个朋友从衣袖中看一眼。不巧的是，衣袖中的兄弟只顾看杨贵妃，忘记抓住衣袖，雷海青一摆手，他们就从衣袖中滚了出来，掉在地上。唐明皇和杨贵妃问雷海青这是什么东西，雷海青只好说："这是从家乡带来的吉祥物金鸡和玉犬。"从此之后，这两个朋友就再也无法变回原形了。雷海青受封为戏神后，两个朋友也就成了他的部下，一直与他形影不离。金鸡为他造声势，玉犬为他管大印。这就是雷海青塑像身边塑有金鸡和玉犬的原因。

（二）汉族民间故事

鹤顶山石猪传说[①]

老早，鹤顶山顶整天罩着雾，人在山脚往山顶看，山连着天，人们就叫它顶天山。有一个人以为经过这个山顶便能登天，就一直爬到山顶。到顶一看，离天还很远，就跪下祈祷，请求神仙把山连到天顶。有个神仙名叫白鹤仙师，他听到那人祈祷，就叫一班徒弟用法力把东南西北的石头化成猪仔，一群群赶到山顶，连上天。没想到石头一群群爬动，又惊动了一个爱清静的神仙，他怕天地连上后，凡间的人会到天上作乱，闹得天上不清静，就变成一个老人家来到半山腰大叫："阿哈，这石头也会爬山喽！"这一叫，把白鹤仙师法术冲破，石头马上一堆堆堆着，走不动了。故此，鹤顶山顶峰全是头朝上、尾朝下的黑色滚圆石头堆成的，四面山沟里也堆满了圆滚滚的石头。后来，人们为了纪念白鹤仙师，就把顶天山叫作鹤顶山。

解签诗[②]

从前有一位商人，过了新年想外出经商，听讲岱岭有座宫庙神佛非常显灵，人去抽签诗都讲得很准，他也想去抽一签看看今年做生意的运气，结果抽一签的诗句是："在家戴笠无出趣，骑马上壁无处去；腹背背鼓别人打，榕树落叶总要锯。"他一看很扫兴，觉得今年肯定生意不好做。庙里的判解诗签者看他这个样子，便问他什么事。他把签诗拿给庙里的判解诗签者看，判解诗签者一看笑呵呵地说："你抽的是上上签。""那你说好在哪里呢？"判解诗人改口说："你这签诗也可这样解：者'在家戴笠双层签名天，骑马上壁上西天；腹背背鼓响天下，榕树落叶转少年。'这样好的签诗，不论做什么生意都能赚大钱。"商人听了转忧为喜，给了判解诗签者很多钱。

牧牛大王的传说[③]

传说古时浙闽交界山区，有三个无依无靠的孤儿为财主牧牛。他们无论刮风下雨，都把牛喂得饱饱的，农忙犁田时就上山割草给牛当点心。三个孤儿相依为命，比兄弟还要亲。到了农历十二月二十四这天，雇工们都要回家过年。这三个孤儿也不例外，财主分给他们每人一块银圆，让他们回家过年。财主盘算，一块银圆至少可维持十天生活，十天之后重新来看牛就不会饿肚子了。而

---

① 郭维德讲述，杨思好整理。
② 王斌讲述，雷开勇整理。
③ 林国峰讲述，林子周整理。

三个孤儿想，过年也得买件新衣，一块银圆过一个年是不够的。三个孤儿在山上商量了半天，还是想不出好办法。这时，年龄稍大的孤儿看到山下有一群人赌"花会"，就商量决定下山押注赢钱。年龄小的孤儿说："我人小，可以爬入桌下偷看他们摸签，看准再押，一定会赢。"并约定要是赢了，用手摇摇；要是输了，就用斗笠摇摇。结果，年龄小的孤儿赌赢了几十块银圆，用衣服包了起来就往山上跑。跑了一段路后，满头大汗，就休息一下，拿着斗笠痛痛快快地扇了一会。谁知他忘记了三个人在山上的约定，当山上的两个孤儿看到山下的小孩用斗笠扇风，以为他输光了。输了这些银圆绝非小事，这三个孤儿就无法过年了。山上的两个孤儿越想越感到做人没意思，没等山下的孤儿上山来，就用牛绳吊死在杨梅树上。山下这个最小的孤儿拿着银圆跑到山上时，一看那两个孤儿吊死了，哭得死去活来。他静下来一想，知道这全是自己的错，想想自己从小没了父母，到财主家看牛全靠他们两人照顾。世上只有他们两人最亲了。今天他们两人上吊又是自己造成的，自己活着有钱用也没什么意思，便拿起牛绳，也吊死在杨梅树上。山神与土地看到这三个孤儿一起吊死，感到十分震惊。刚好有个神仙从云端经过，见这三个孤儿如此讲义气，就超度了他们的灵魂。浙南、闽东各地的百姓为了纪念他们，就为他们立了庙，称他们为"看（牧）牛大王"。

第三节　谚语与谜语

谚语，岱岭畲民称"古俗话"，是一种广泛流传于民间、通俗易懂、朗朗上口、富有意义的短句，内容涉及时政、事理、社交、修养、生产、生活、自然等。岱岭谚语是当地畲汉人民在长期生产生活实践中不断积累起来的语言精华。岱岭谜语也是当地劳动人民的智慧结晶。

一、谚　语
（一）畲族谚语[1]
1. 时政类

国有国法，家有家规。

国家国家，有国才有家。

干部公直，农民出力。

人多注意多，百事都好做。

---

[1] 畲族谚语由蓝瑞桃、李先坤讲述，雷开勇整理。

端人饭碗，由人所管。

吃官饭在眼前，种田饭万万年。

上梁不正下梁斜。

财主算盘响，穷人叫皇天。

不怕官，只怕管。

一国难有二王，一家难坐二主。

宰相肚里好撑船，宰相不过千人口。

2. 事理类

打蛇打七寸，铲草要除根。

天变一时，人变一世。

海深有底，人心无底。

恶人有恶计，贼人有贼计。

会叫狗不咬人，不叫狗咬死人。

姜越老越辣，人越老越稳。

田荒一季，人荒一世。

好种出好粮，好母教好子。

有哪蛇生哪蛋，有哪种不会断。

种什么瓜，结什么籽；吃什么饭，讲什么话。

瘦猪拉硬屎，人穷志不穷。

自身行无正，讲话无人听。

真话有人信，真理服了人。

驼背人说直话。

竹园败出竹虫，人家①败出蛀虫。

十指伸出有长短，山林树木有高低。

一人未晓一人心，金用火炼才是真。

辣蓼亦有辣蓼虫，恶人亦有恶人收②。

宰鸡教猢狲。

各师各法，各殿各菩萨。

人多话多，黄肿人③屁多。

话会讲飞，酒会吃醉。

---

① 人家：家庭。

② 意为魔高一尺，道高一丈。

③ 黄肿人：意为不健康者。

聪明一世，糊涂一时。

小洞不补，大洞叫苦①。

一条腿不会行，一个掌打不响。

一分钱着②赚，一百银着用。

3. 社交类

亲帮亲，邻帮邻，养狗认主人。

山哈，山哈，不是亲戚就是叔伯。

一代亲，二代表，三代无人瞧。

远亲不如近邻。

帮灵人③背包袱，莫帮呆人做军师。

相打没好手，冤家④没好嘴。

天上无云难落雨，世上无媒难成亲。

好汉不吃眼前亏，一手难捉两桁鱼。

软绳缚倒人，好话讲服人。

钱财交易勤算账，亲戚朋友免失情。

路走错好改，话说错难收。

饭无乱吃，话无乱讲。

吃快嚼粗，做快糊涂。

三分老实七分傻，过分老实变傻人。

风打无根树，要死无命人。

怨天怨地怨自己八字⑤。

有钱有人求，没钱无人问。

4. 修养类

刀钝靠磨，人笨靠学。

刀不磨不锋利，人不练不成功。

学勤要三年，学懒在眼前。

未学行，先学飞，未吃三天斋就要上天。

做事莫狐狸头老鼠尾。

---

① 意为因小失大。

② 着：得。

③ 灵人：聪明人。

④ 冤家：吵架。

⑤ 意为有事不要埋怨别人。

小时偷针，大来偷金。

肚饥不择吃，穷人不择妻。

拖人落水，自湿裤脚。

做一行，怨一行，到老无一行。

有样照样，没样自己想。

人要脸皮，树要树皮。

饥鸡不怕竹枝，饥人不怕脸皮。

身正不怕影斜。

有话当面讲，不要在后面做鬼。

好马不吃回头草。

好狗不挡路，好马不退步。

善有善报，恶有恶报。

莫讲别人一身疤，只讲自己一身花[1]。

明枪交战，莫要暗箭伤人。

穷人讲义气，富人讲财气。

有话别乱讲，人心隔肚皮。

说人人就到，说鬼鬼尾后。

石壁无缝不出草，鸡蛋那密孵出子[2]。

别人闲事你莫参，执刀不怨怨挑篮[3]。

抬轿便抬轿，莫管新娘拉尿[4]。

穷人无穷一辈子，干字无出头，中字双头出。

5. 生产类

求泥面，不求人面。

三分靠种，七分靠管。

人勤田出宝，人懒田出草。

人穷出力，山穷出石。

牛歇四月八，人歇五月节。

吃了清明粿，日日田内翻。

五月芒种你莫懒，四月芒种你莫赶。

---

① 意为不要扬己贬人。

② 意为世上无不透风的墙。

③ 意为不要多管闲事。

④ 意为不要多管闲事。

六月立秋紧紧收，七月立秋慢慢游。

有牛莫嫌慢，有饭莫嫌烂①。

冬天没牛似神佛，春天没牛自己掘。

水牛莫看黄牛小，黄牛也拖水牛犁。

日头天上过，事头手上过。

打铁取短料，做木取长料。

一天捉鱼，三天晒网②。

一天打鸟，三天拔毛③。

倒麦没看，倒稻一半，倒油菜籽一箩收箩半。

女人头上髻，路边作的活。

6. 生活类

人勤总怕没事做，人懒总怕没凳坐。

学勤要三年，学懒在眼前。

人越娒④越懒，嘴越吃越淡。

天上掉落宝，要捡也得早。

饿死莫做贼，气死莫跳河。

有食没食，待人中直。

喝水不忘挖井人，肚饿难等挑饭人。

麦贵食饼人出。

一天省一口，一月省一斗⑤。

会省省过年，不会省省播田。

作田哪怕秋来旱，做人哪怕老来难。

养鸡也着一把米⑥。

大人生日一臼粿，小孩生日一个蛋。

老人讲古，小孩玩土，后生谈查某⑦。

十个缸九个盖，掀来掀去缺一个。

树大分叉，子大分家。

---

① 烂：稀。

② 意为三心二意。

③ 意同一天捉鱼、三天晒网。

④ 娒：玩。

⑤ 意为积少成多。

⑥ 意为投入才有产出。

⑦ 查某：女人。

多子冤家多，无子莲花坐。

执扇不值①风吹凉，骑马不值坐轿爽。

好女不值好女婿。

扫帚无同柄，夫妻无同姓②。

无灰莫种麦，无肉莫过年，无（新）衣莫外行，无酒莫请客。

7. 气象类

正月初一发西风，十个牛栏九个空。

初一落雨初二晴，初三落雨到月半。

初三落雨到十四，十四叠一叠；落到廿三四，晴早不成天。

二月二晴，树叶三遍青。

六月十二台风期，十二做没到，十八做来凑。

十月立冬满垟空。

一日早雷三日雨，三日无雨九日晴。

还未惊蛰先响雷，四十二工天不开。

播种不过清明，插秧不过立夏。

麦吃两年露水，不吃清明夜雨。

春霜过夜，晴到立夏。

处暑落雨，一点水一尾虫。

天赤霞，没水烧茶。

雾露雾山腰，大水满垟漂；雾露雾落垟，今日天大晴。

云遮中秋月，雨打状元灯。

冬天一日赤膊，三日头缩。

立夏落雨，无水洗犁耙③。

芒种落雨火烧溪，夏至落雨烂掉鞋④。

冬至乌，年边酥；冬至红，年边湿⑤。

冬至在月头，水雪远遥遥；冬至在月中，没雨又没霜；冬至在月尾，水霜背后追。

---

① 不值：不如。

② 古代畲族禁止同姓结婚。

③ 立夏日下雨容易晴春，就连洗犁耙的水也不好找。

④ 芒种日下雨会旱天、干燥，易失火；夏至日下雨会洪涝霉烂。

⑤ 冬至如是阴天，过年前后就会晴天；冬至这天如是晴天，过年前后会下雨。

（二）汉族谚语

1. 时政类

乡下人讲年成，城内人讲朝廷。

人情似铁，国法如炉。

穷厝没穷山，穷秀才无穷官。

"大帽"是假货，戴戴真好过。

2. 事理类

冤家宜解不宜结。

拖人落水，自己裤脚会湿。

鼓在内，声在外。

一条腿走不远，一个巴掌拍不响。

要打当面鼓，勿敲背后锣。

风头霉头两隔壁。

道理不过众，气死过路人。

半斤对八两，拳头对巴掌。

上山看景致，入门看人意。

有志不在年高，有理不在声高。

3. 社交类

韩信放低鸢，全靠四边风。

多个朋友多条路，多个冤家多堵墙。

在家靠父母，出门靠朋友。

一个篱笆三个桩，一条好汉众人帮。

桥归桥，路归路，多个朋友多条路。

金厝边，银亲戚。

话不讲死，路不走绝。

放屁瞒不得裤裆，做贼瞒不得地方。

亲朋好友一把锯，你送来我送去。

一代亲，二代表，三代了。

贫居闹市冇人问，富在深山有远亲。

人在人情在，人亡人情亡。

凶拳不打笑脸。

牵你牛，还你马。

有借有还，再借不难。

土面好求，人面难求。

4. 修养类

树有树皮，人有面皮。

好马不吃回头草，好蜂不采落地花。

学坏一时，学好一世。

江山易改，本性难移。

有姑有姑替，无姑嫂也会。

生无带来，死不带去。

未到六十六，莫笑他人双脚共双目。

心坚不怕路遥远，过江渡水弥何难。

水过碗变少，话过嘴变多。

十赌九输，九赌神仙输。

十分势头七分用，要留三分给儿孙。

人望高，水往低。

人比人，气死人。

知理不怪人，怪人不知理。

人懂事，十八九；稻成熟，夏至后。

落水要命，上岸要财。

秤锤小能压千斤。

5. 生产类

早上工，早上工，起早三朝顶一天。

穿不穷，用不穷，算法不到一世穷。

大生意，小算盘。

不怕不识货，只怕货比货。

一分钱一分货，三分钱娶个放尿货。

便宜冇好货。

一千赊不如八百现，八百现不如六百便。

无赊不成店，赊了店不成。

万般生意开头难。

有心赚大钱，敢上阎王殿。

偷鸡蚀把米，做生意着本钱。

七算八算，不如天算。

做把戏是假，卖膏药是真。

十个缸，九个盖，罩来罩去罩不合。

九艺十不精，赚米无半升。

三年水流东，三年水流西。

人无计，车无轮，猪母无计吃臭藤。

勤是摇钱树，俭是聚宝盆。

春不种，冬无收，鞋袜拖脚啥风流？

春分谷种桶内温。

早清明，迟浸种①。

未到惊蛰先响雷，插松柏不用捶。

小满不满，芒种要赶。

小麦不过满，大麦不过夏。

夏至、夏至，杨梅红到蒂。

九月冬，才起工；十月冬，满垟空。

6. 生活类

一分钱要挣，一百钱要用。

大吃大喝，讨米结局。

人无千日好，花无百日红。

一张眠床不睡两样人。

夫妻同心，黄土成金。

家富不如家和，妻美不如妻贤。

电风扇不值自然风，新男人不值旧老公。

巧媳妇天破会补，蠢婆娘屋漏叫苦。

女怕嫁错郎，男怕入错行。

才女配才郎，妖精配鬼王。

子不嫌母丑，狗不嫌家贫。

子孙自有子孙福，何为子孙做马牛？

一男一女一朵花，三男四女是冤家。

女婿同半子。

子不亲孙亲。

---

① 根据闰年天数计算，如果清明节在二月，那么早稻要迟下种。

不教母不孝儿，檐水滴滴无差异。

亲兄弟，明算账。

打虎抓贼亲兄弟，上阵莫如父子兵。

在家千日好，出外一时难。

会省省谷仓，不会省省米缸。

无钱压倒英雄汉。

天上无云难下雨，世上无媒难成亲。

做媒冇包你生子。

洞房七天冇大小。

学问学问，不懂就问，不怕笨，就怕问。

吃到老，学到老，一生一世学不了。

不怕人老，只怕心老。

好事不出门，恶事传千里。

吃什么人饭，讲什么人话。

猪肠吃多了，猪屎总会吃着。

蜈蚣千条脚，只走一条路。

各人各菩萨，各人各办法。

出门看天色，进门看面①色。

坐一个主意，站一个主意。

量大福大。

男求女隔座山，女求男隔层纸。

酒壮英雄胆，茶助文人思。

吃福讲起宫，吃过冷清清。

吃豆腐，算肉账。

吃酸酒，讲硬话。

钱要算后用，不要用了算。

运来左右逢源，运退四面碰壁。

三个查某一面鼓②。

7. 气象类

立春天气晴，万物好收成。

---

① 面：脸。

② 查某：女人。意为很吵。

一年父双春，三年两头闰。

春无三日晴，夏无三日雨①。

清明断霜，谷雨断雪。

清明谷雨，冷死老虎母。

未曾惊蛰先打雷，无毛牛仔连皮煨②。

雨打芒种头，河鱼眼泪流③。

处暑下雨天下忧，万物种籽对半收④。

春天后母脸，一天变三症⑤。

春寒雨绵绵，夏寒火烧天。

春霜不过三日雨⑥。

春雾雨，夏雾火，秋雾风，冬雾雪⑦。

夏南秋北，无水磨墨⑧。

正月初一发南风，十个猪栏九个空⑨。

正月南风二月雪，二月南风雪乱飞，三月南风肉配粿。

二月二，好天气，树叶三遍青⑩。

四月初一，一点雨一尾虫；六月初一，一点雨一点金。

五月初一难得晴，六月初一难得雨。

五月初一响雷，一雷压九风（台风）。

六月东风毒如火，七月东风做大水⑪。

六月秋，紧紧收，冬稻慢慢游。

六月防初，七月防半⑫。

六月十八九，无风雨也吼。

六月东风出旱鬼，七月东风做大水。

---

① 意为春天很少三日连晴，夏天很少三日连雨。

② 惊蛰前打雷必会冷春，小牛容易冻死。

③ 意为容易干旱。

④ 处暑日下雨会坏年成，连播下种子都收不回。

⑤ 意为春天的气候变化无常。

⑥ 意为春天的时候如果结霜，不超过三天准会下雨。

⑦ 春天有雾会多雨，夏天有雾太阳如火，秋天有雾会刮风，冬天有雾会下雪。

⑧ 即夏天刮南风、秋天刮北风会干旱。

⑨ 说明今年畜牧疫情严重。

⑩ 二月二日是龙抬头日子，如果是晴天，当年多台风，树叶几次刮落反青。

⑪ 做：闽南话"发"的意思。

⑫ 即六月初和七月半是台风多发期。

十二月南风现世报①。

久雨现呈光，明朝雨更狂。

天热人又闷，雨来不用问。

早雨早晴，晚雨连暝②。

久晴来雾雨，久雨来雾晴③。

山青要晴，山白要雨；山顶戴帽，天气不好。

天亮乌云遮，晒死老阿爹。

烟囱不冒烟，一定是阴天。

早起霞，晚上雨；晚上霞，早上露。

早日不成天④。

早霞不出门，晚霞行千里。

白云东北起，必定有风雨。

破虹挂海口，草厝跟风走。

虹挂西，做台风；虹挂东，水流田⑤。

西闪日头红，东闪水流南，南闪北动，北闪南风狂⑥。

半夜转风天光开，天光胀云雨就来。

风台未回南，一日家中三遍淋⑦。

日朗昼，雨就到⑧。

日头云里走，雨在半夜后。

日落胭脂红，无雨也有风。

鸡鸭早回笼，明日红太阳。

母鸡背子，蚂蚁搬家，近期暴雨。

久雨闻啼鸟，不久天放晴。

燕子低飞蛇过道，大雨不久就来到。

蜻蜓织布，大水漫路。

蜜蜂出窠天定晴，鸡不归窝夜雨临。

① 意即立即就会有风雨。

② 连暝：闽南话为连夜的意思。意即早来雨早天晴，黄昏下雨会连夜落。

③ 晴久了突然起雾就会落雨了，雨来久了突然来雾天放晴。

④ 早晨的太阳过早露面，说明这一天气不会风和日丽。

⑤ 彩虹挂西方，有台风；彩虹挂东方，有暴雨。

⑥ 闪：即闪电。

⑦ 风台：闽南话即台风的意思。

⑧ 昼：正午。意为：本来阴天，正午时候太阳突然出来，大雨立刻会到了。

蚂蚁走直线，天气晴得久。

二、谜　语

谜语主要指暗射事物或文字等供人猜测的隐语。岱岭谜语源自民间，历经数百年的演变和发展，是历代劳动人民集体智慧创造的文化产物。从乡境内畲族、汉族谜语中，可以看出畲、汉人民的智慧。

（一）畲族谜语

谜底：红蜡烛

我家住在茅秆山，一脚站在铁钉山；

人人说我肚肠直，我的肚肠节节弯。

谜底：大花被

四角四个耳，四四十六碟；

观音盖在内，嘴生肚子边。

谜底：柴秤

身长生斑点，嘴弯吃轻重；

仙桃挂在摇，客人近前瞧。

谜底：砚台

对面一块四角田，一尾泥鳅游旋圈；

水蛇见水伸舔舌，白鸭见水身黑斑。

谜底：刨番薯丝

四四角角人造来，圆圆长长丫它嘴；

五个将军来赠力，东边尖刀尽出来。

谜底：浮萍

有叶不开花，有根不吃沙；

人说他好命，出走不归家。

（畲族谜语均为蓝瑞桃讲述，雷开勇整理）

（二）汉族谜语

谜底：现钱交易

只见君王不见臣，浅滩无水出黄金。
六郎大破天门阵，杨家失去穆桂英。

谜底：上等好酒

卜卦先生一路行，寸土之上有竹林。
女人抱子来算命，三月初三酉时生。

谜底：请坐奉茶

言不言来青不青，二人土上来安身。
三人骑牛牛无角，草木之中有一人。

谜底：福如东海

衣衫挂在一口田，女子开口笑连连。
一木插在田中内，三人倚在母身边。

谜底：夫妻义重

二人同游艳阳天，一女耕种半丘田。
八王问我田多少，土上加田又一千。

谜底：馥

千般恩爱连理枝，八世修来做夫妻。
今夜良辰好日子，洞房花烛复佳期。

谜底：寻

鹤顶人被风吹倒，赤溪江无水续流。
凤村内无鸟安歇，矾山村无木烧窑。

谜底：晓

日照东山坡，月亮坠西落。
一门三进士，状元无纱帽。

谜底：回音

深山谷地有伏兵，兵马来时闹盈盈。

兵喊马叫它也叫，兵马静止它无声。

谜底：月亮

有时落进山谷，有时挂在树梢。

有时像只圆盘，有时像把镰刀。

谜底：宇宙

青石板，板石青，青石板上钉银钉。

银钉多，数不清，一颗一颗亮晶晶。

谜底：露水

清早小草哭，身上挂泪珠。

太阳来安慰，泪水立刻无。

谜底：水

一物不稀奇，人人不能离。

钢刀切不断，铁钩钩不起。

谜底：空气

一种怪东西，无色又无味。

人若没有它，立刻难呼吸。

谜底：风

脚踏千江水，手捧路边沙。

惊动林中鸟，吹落满花园。

谜底：风

飞过大海波涛涌，飞过戈壁沙遮空。

飞过森林鸟雀踪，飞过花园百花丛。

谜底：雷

云中好似响鼓擂，不见鼓手不见槌。

夏日鼓声如炮响，寒冬反倒声全无。

谜底：闪电

一道金光一条线，划过长空似利剑。

眨眼跑了几千里，转眼细瞧就不见。

谜底：彩虹

弯弯一座桥，架在半天腰。

七色排得巧，一会不见了。

谜底：雹

遇冷结成疙瘩，乌云深处为家。

出门敲锣打鼓，一来就毁庄稼。

谜底：雪花

白色花，无人栽，一刮北风它就开。

无根无枝又无叶，跳起舞从高空来。

谜底：烟

一棵大树半天高，不怕斧头不怕刀。

没有枝权没有叶，只怕风来吹断腰。

谜底：影

你不走，它不动，时刻与你相伴着。

掉进水里淹不死，摔在地上它不痛。

谜底：影子

低头往下看，人在水里站。

与你一般样，水不湿衣衫。

谜底：兔子

前脚短来后脚长，两眼好比红珠样。

鱼肉虾鱼它不尝，青草萝卜吃得香。

谜底：鸡

头上红花不用栽，彩衣不用剪刀裁。

虽然不是英雄汉，能唱千门万户开。

谜底：柚

绿布包白布，白布包木梳。

木梳包长米，长米含甘露。

谜底：粽

四角焦焦，金带缚腰。

扔下水井，雷打火烧。

谜底：枕头

一顿吃饱总不饥，两人相思我都知。

听尽情人知心话，不在人前讲是非。

谜底：开水瓶

外面冷冰冰，里面热心肠。

一夜到天亮，肚里却不凉。

谜底：天平

一个铁汉挑扁担，东西放在两边篮。

生来个性最公道，偏心事人总不平。

谜底：茶壶

一只无脚鸡，常要桌上立。

喝水不吃米，客来敬个礼。

谜底：洗衣机

四四方一座城，城中长个大嘴唇。

专门喜爱吃衣服，从来不见它伤人。

谜底：蚊香

弯弯曲曲一条龙，口抹胭脂一点红。

喷烟吐雾本领大，夜夜为人除害虫。

谜底：鞭炮

一个小淘气，身上穿红衣。

辫子一着火，跳在半空里。

谜底：灯笼

竹将军花城自卫，纸将军四面包围。

铁将军穿心而过，木将军把守后门。

谜底：玩具娃娃

生来无妈妈，都会叫哇哇。

专找小孩玩，儿童喜欢它。

谜底：鼓

身体圆圆肚子空，不遇喜事不吭声。

节日游行庆胜利，槌子越打越高兴。

谜底：地图

容纳千山万水，胸怀五洲四海。

藏下中外名城，浑身绚丽多彩。

谜底：扑克

兄弟五十四，生活在一起。

有时很亲热，有时闹分离。

谜底：砚

四四方方一丘田，一湾清水在田边。
一条乌龙来洗澡，一只白兔来拜年。

谜底：毛笔

生在畜牲身上，卖在十字街上。
死在乌泥池里，埋在白沙洲上。

谜底：风筝

一个孩子轻飘飘，摇摇摆摆任外逃。
一心只想上天去，可惜绳子拴得牢。

谜底：气球

绿瓜绿，红瓜红，不是长在瓜园中。
只有藤，没有根，藤儿断了上天空。

谜底：插秧

一官只管五行兵，步步退来步步升。
打仗行军退没进，如是越进越败兵。

谜底：脚

亲生两兄弟，长短无差异。
同走同睡觉，同干同休息。

谜底：唱莲花

此花不是花，万亩园中无此花。
经常有到厝边来，正经要买无此花。

第七章　民间文献

　　岱岭畲族乡民间文献不多，主要有宗谱、道教正一派科仪教本、畲族歌本、匾额、碑刻、契约文书等，记录了乡境内的人文历史。存世最多的是各姓宗谱，完整记录其家族的繁衍生息情况，是乡境内最为普遍和保存较好的民间文献。匾额均为木制，由名人书写，悬挂在大屋中堂，用于表彰为人做事事迹突出的在世人物。碑刻多在古井、古道、坟墓上出现，古井、古道碑刻用于记载建造过程及禁止事项。早年契约文书均为手抄本。20世纪90年代后，出现电脑打印本，再由当事人签字、盖章或按指模。古代乡规民约均用毛笔写于纸上张贴在村中心，或刻于石碑之上立于路口、井口等人流过往较多处，以规范人们行为；现代乡规民约有的用毛笔写于纸上张贴在村中心，有的用电脑打字印刷后再分发各家各户。

第一节　书　籍

　　岱岭由于地处偏僻，文化相对落后，遗存民间的古代书籍寥寥无几，主要有各姓宗谱、道教正一派科仪教本和畲族民歌手抄本。数量相对较多、保存也最完整的为各姓宗谱，宗谱修编、保存、阅读均极为讲究，宗祠和族长家中均有收藏。世代相传的道教正一派科仪教本均为手抄本，数量不多，持有者一般秘不示人。畲族民歌手抄本有《岱岭畲族民间诗歌集》《李先坤手抄畲族歌本》《雷开勇手抄畲族歌本》（详见本志第六章第二节"语言与口传文学·畲族民歌"）。汉族诗词所见不多，诗集仅有郑允中的《吟咏酬唱集》。

一、科仪教本

　　岱岭畲族乡境内道教十分兴盛，民间信仰多遵循道教仪式，以畲族为主体的正一派散居道士已传承十几代共计300多年，已经形成相对固定的道教科仪教本。2015年，乡境内15名散居道士均有手抄科仪教本，共有几十册，涵盖选□了、看风水、丧葬、祭祀、做福、做醮、做褯、扫风、镇煞、打厾、摆五斗、请房姆、收惊等内容的有6册。主要内容有丧葬《起马祭》《后土祭》《主山呼龙》《祭岳母文》等唱词，《扫墓祭祖祭请后土通辞》《请房姆通辞》均来自蓝瑞兰保存的手抄本。蓝瑞兰，畲族，1956年3月出生于云遮村牛皮岭自然村，退休教师。历年来他搜集抄录整理道教科仪教本共3册2.30万字，为乡境内道教科仪教本传承人。

二、谱　牒

谱牒，也叫宗谱、家谱，是记载宗族渊源，迁徙路线，传承世系，先祖图像、墓穴，家族授官、事迹，家规、家训等内容的典籍文献。21世纪之前，岱岭宗谱均为手抄本或木活字宣纸线装印刷本；进入21世纪之后，部分改为电脑排版印刷本。乡境内有自己宗祠的大姓如郑、林、杨、陈、梁、蓝六姓，均自己组织编修宗谱；其他有一定人口数量的姓氏虽然在现居住地没有自己的宗祠，但其祖居地宗祠组织编修的宗谱均记载他们的迁徙和繁衍生息情况，因此他们也均有自己的宗谱。虽然乡境内存世宗谱数量较多，但许多古代宗谱已在1966—1976年的"文革"中被红卫兵焚毁，因而流传下来的古代宗谱已经不多。

（一）现存畲汉宗谱版本

1.现存畲族宗谱版本

岱岭12个畲族支族都有宗谱，除1个人口较少的支族为手抄本外，其余11个支族均为印刷本，被称为"传家至宝"。宗谱都载有修谱名录、始祖铭志、荣封世祖、历代名人、传赞诗词、增修谱序、族规凡例、广东祠记、释明字义、部文告示、字行排列、公产记述、始祖坟图、支图世系等内容。现存畲族宗谱19种，年代最早的为清道光二十一年（1841年）纂修的《岱岭斗墰雷氏宗谱》，现存最完整的印刷本为贡生雷云于清同治丙寅年（1866年）主持纂修的《雷氏宗谱》（雷永祥支族）6卷。畲族所有宗谱内容都可分谱首和世系支图两部分。

（1）谱　首　畲族宗谱谱首部分较有特色：

开卷便见盘瓠王和历代名人像，以及始祖在广东的墓地位置。接下来是《广东盘瓠氏铭志》，记载盘瓠平燕有功，配三公主，以及三子一女封爵等。

记载历代名人。

刊载《释明畲字义》，驳斥某些人将畲字拆为人、番二字，认为畲族是从番而入。

畲民原有"开山为田，以供赋税，不编丁甲，不派差徭"的成例。但清康熙三十六年（1697年），瑞安、平阳各都地棍每借端勒索，以致酿成官司。结果畲民胜诉，勒石永禁。这一事实，各谱谱首都有记述。

每次修谱，都有谱序。

每次修谱，都记载总理、副理人员名单，还有纂修者姓名。

记载行第。

（2）世系支图 记载名讳、生卒年月日时、婚娶、子女、坟墓、迁徙情况等：

名讳，有字及号的，都需记载。

生卒年月日时，都需记载。

婚娶，注明"配某处某人女"，继配亦不例外。改嫁的亦有说明。

子女。有生育的，写明子几人、女几人，女适某地某人；无亲生儿子的，亦写明嗣子、养子姓名和数量。

墓穴所处地名、坐向贵庚、分金何支等等，都需记载。

迁徙情况，也需记载。

表4-6-1-1 2015年岱岭畲族乡畲族存世宗谱一览表

谱 名	修纂时间	纂修次数	版 本	现存情况
斗塆《雷氏宗谱》	清道光辛丑年（1841年）	8	木活字本	不分卷2册
福掌《钟氏宗谱》	清道光壬寅年（1842年）	9	木活字本	不分卷10册 首册147页
福掌《钟氏宗谱》	2011年	－	电脑本	4卷30册
小岭脚西塔《雷氏宗谱》	清道光乙巳年（1845年）	8	木活字本	不分卷3册
福鼎佳阳单桥《钟氏宗谱》	清咸丰十一年（1861年）	7	木活字本	5卷7册
福鼎浮柳深垄《李氏宗谱》	清同治丙寅年（1866年）2008年	7	木活字本 电脑本	6卷9册
平阳青街章山《雷氏宗谱》	清同治丙寅年（1866年）2004年	无记载	木活字本	3卷37册
福掌《蓝氏宗谱》	清同治庚申年（1870年）	7	木活字本	不分卷9册399页

谱　　名	修纂时间	纂修次数	版　　本	现存情况
福鼎双华《蓝氏宗谱》	清同治庚申年（1870年）2015年	7	木活字本电脑本	3卷24册
坑门岭《蓝氏宗谱》	清同治辛未年（1871年）民国36年（1947年）2014年	7	木活字本电脑本	6卷25册
坑门岭《雷氏宗谱》	清光绪己卯年（1879年）	三修本	木活字本	不分卷3册191页
朗腰《钟氏宗谱》	民国4年（1915年）	重修	木活字本	不分卷5册141页
福鼎前岐凤桐菁寮《雷氏宗谱》	1950年2009年	旧谱水毁	木活字本电脑本	3卷10册
平阳闹村凤岭脚《雷氏宗谱》	1977年2015年	旧谱水毁	木活字本电脑本	2卷21册
福鼎双华西山下《雷氏宗谱》	2006年	1	电脑本	3卷9册
平阳青街黄家坑《雷氏宗谱》	2007年	无记载	电脑本	7卷21册
苍南华阳牛角湾《李氏宗谱》	2016年	－	电脑本	6卷19册

岱岭斗埕《雷氏宗谱》　不分卷2册202页。清道光二十一年（1841年），福鼎菁寮九世孙雷仲印、雷仲省、雷仲海撰。宗谱目录列历次修谱名录、广东盈瓠铭志、雷氏历代名宦、增修宗谱序、源流序、凡例、盘瓠王祠记、释明畲字义、家训十则、御赐对联、论雷氏音属相、祭祠轮流记、世系支图等。清光绪五年（1879年），平邑夏增荣刻印本，本色宣纸，宋体墨色，页面34厘米×22厘米；版框26厘米×17厘米，四周双栏，10行23字；白口有鱼尾、口题、修谱年份。保存完好。今存富源村雷能昌处。

岱岭福掌《李氏宗谱》　不分卷3册212页。清道光二十二年（1842年），水头五亩李大腾撰。宗谱记录李廷玉于元至正十三年（1353年）因寇乱逃避闽安溪，被蓝色艳招为女婿，其后裔与蓝、雷、钟三姓联婚，从此畲族有了李姓；明万历年间，李显达从福建霞浦雁落垟迁居南港，子孙分居华阳牛角湾、南水头五亩、岱岭福掌等地。多次纂修宗谱，历次原文原版转载修谱名录、凡例、家训族规、历代名贤、修谱谱序、源流、行第及世系支图等。清道光二十二年（1842年），松洋北山李义集刻本，草纸线装，宋体墨色。页面30厘米×20厘米，版墨框24厘米×17.5厘米，10行20字。四周双栏，白口有鱼尾、口题、修谱年份；谱有插图，保存完好。今存苍南县灵溪镇南水头五亩村李招福处，复印件存丽水学院畲族文化研究所。清道光六年宗谱首本存浙江省民族宗教事务委员会。

岱岭福掌《钟氏宗谱》　来源于昌禅中岙钟氏宗谱，不分卷10册，首册147页。清道光二十二年（1842年）创谱。清光绪三十二年（1906年），昌禅钟朝开、钟朝状重修。清光绪三十三年浙江平阳南港象源内李释如刻本为草纸线装，宋体黑色，页面31厘米×22厘米，版墨框25厘米×17厘米，四周双栏，10行18字；白口有鱼尾、口题、修谱年份；谱有插图，保存完好。今存苍南县矾山镇昌禅中岙钟显油处，复印件存丽水学院畲族文化研究所。

小岭脚西塔《雷氏宗谱》　不分卷3册，首册77页。清道光二十五年（1845年）平阳县雷振祥撰，载有修谱名录、凡例、雷氏源流、宗族特征、族规、堂号、祠图、双华雷氏祠堂、行第等。同年，浙江平阳北港南湖林孔试刻本为草纸线装，宋体黑色，页面29厘米×20厘米，版框23厘米×16厘米，四周单栏12字×20字；白口有口题、修谱年份；谱有插图，保存完好。今存富源村雷能昌处。

岱岭福掌《蓝氏宗谱》　不分卷9册399页，清同治九年（1870年）蓝明延撰。分列凡例、纂修蓝氏宗谱序、图像、坟图、世系支图、行第、始迁祖、重建蓝氏祠堂记、蓝氏宗祠地契、释明畲字义、诸儒谱论、蓝氏历代名人、畲族敬祖习俗、福鼎双华蓝氏祠堂修造原则等内容。宗谱白纸精装，楷体墨色；页面33厘米×23厘米，版框24厘米×17.5厘米，四周双栏12行32字；封面图像"蓝氏祠堂"4个小字图。保存完好。今存大厝基村蓝承魁处。

坑门岭《雷氏宗谱》　来源于平阳青街黄家坑，不分卷3册191页。清光绪五年（1879年），平阳雷维铨、雷维槐等撰。同录列历次修谱名录、广东盘瓠铭志、雷氏历代名宦、增修谱序、源流序、凡例、盘瓠王祠记、释明畲字义、家训十则、论雷氏五音属相、祭祠轮流记、世系支图等。清光绪五年平邑夏增等刻印本草纸线装，宋体墨色；页面32.5厘米×18厘米，版框25.5厘米×16.5厘米，四周双栏，10行21字；白口有鱼尾、口题、修谱年份，保存完好。今存苍南县桥墩镇小沿村雷衍随处，复印件藏丽水学院畲族文化研究所。

岱岭朗腰《钟氏宗谱》　岱岭朗腰钟氏来源于单桥金岙，其《钟氏宗谱》

不分卷5册141页。清咸丰十一年（1861年）创谱。民国4年（1915年），水头钟起余重修。历次修谱均转载谱序。民国4年凤阳庠生钟炳和（字小玉，号庆英）刻本，草纸线装，宋体黑色。页面33厘米×21厘米，版墨框26厘米×17厘米。四周双栏，7行17字，白口有鱼尾、口题、修谱年份。保存完好。今存苍南县南水头金岙村钟学生处，复印件存浙江丽水学院畲族文化研究所。

坑门岭《蓝氏宗谱》 清同治十年（1871年）创谱。民国36年（1947年），岱岭坑门蓝世卿重修。该重修宗谱记录明万历年间，千四、千六兄弟从罗源大坝头迁到凤池李家山进施后，千四长子万三子孙迁居石塘狮子山、杨家坑、山岗内，后又分居岱岭坑门岭、牛皮岭、黄家坑，南宋大园等地。先后进行多次修谱，均为刻印本。重修宗谱载有修谱名录、凡例、族规，广东盘瓠铭志、盘瓠王祠记、石碑文、授官记、谱序、行第及世系支图等。民国36年马站屿头李士雄刻本为草纸线装，宋体黑色；页面29厘米×20厘米，版框23厘米×18厘米；四周双栏，102行21字；白口有鱼尾、口题、修谱年份。保存完好。今存坑门村蓝朝软处，复印件存丽水学院畲族文化研究所。

2.现存汉族宗谱版本

2015年，岱岭乡境内存世完整的汉族宗谱有30多种，其中年代最早的为清乾隆五十九年（1794年）撰修的东宫《郑氏宗谱》。

大厝基《杨氏宗谱》 始修时间失考，现存宗谱光绪三十一年（1905年）修撰，民国16年（1927年）重修，至2000年共进行8次重修。其中光绪三十一年版本编修人为山岩人杨瑞瑚，民国16年版本编修人为山岩人杨瑞瑚之子杨书箴和其小学同事殷某，1978年版本编修人为南港状元内人杨协民，2000年版本编修人为灵溪状元内人杨国环。总谱共2卷，大房、二房、三房分房5册，谱长32厘米，宽22厘米，厚4厘米，谱内印有名录、凡例、谱序、族规、家训、祖宗画像、祖宗墓葬地理位置图、田地契约图文、杨存玉大厝石门石鼓遗迹、杨节母李孺人序、杨节母李孺人匾式等。大厝基村杨宏般收藏有上述各种版本谱牒。

东宫《郑氏宗谱》 清乾隆五十九年（1794年）始修，清道光元年（1821年）、民国21年（1932年）、1950年、1989年、2002年进行5次重修，清乾隆五十九年始修本已在"文革"中散失。现存谱牒不分卷3卷8册，长29厘米，宽21厘米，厚2厘米，谱内印有名录、凡例、谱序、族规、家训、祖宗画像、祖宗墓葬地理位置图等。东宫村宗祠有收藏。

表4-6-1-2　岱岭畲族乡汉族存世宗谱一览表

谱　名	修纂时间	纂修次数	版　本	现存情况
大厝基《杨氏宗谱》	清光绪三十一年（1905年） 民国16年（1927年） 1978年 2000年	8	木活字本 木活字本 木活字本 电脑本	2卷5册
东宫《郑氏宗谱》	清乾隆五十九年（1794年） 清道光元年（1821年） 民国21年（1932年） 1950年 1989年 2002年	6	木活字本 木活字本 木活字本 木活字本 木活字本 电脑本	不分卷 3卷8册
坑门《郑氏宗谱》	清乾隆五十九年（1794年） 清道光元年（1821年） 清光绪八年（1882年） 民国9年（1920年） 1975年 1989年 2002年 2011年	8	木活字本 木活字本 木活字本 木活字本 木活字本 木活字本 木活字本 电脑本	1卷1册
杨家边《林氏宗谱》	清嘉庆三年（1798年） 民国36年（1947年） 1962年 1972年 1982年 1989年 2002年 2013年	8	木活字本 木活字本 木活字本 木活字本 木活字本 木活字本 木活字本 电脑本	不分卷 9卷50册
杨家边《梁氏宗谱》	民国5年（1916年） 2014年	7	木活字本 电脑本	不分卷 11卷32册
布袋底《梁氏宗谱》	民国5年（1916年） 2014年	7	木活字本 电脑本	分卷1册

续表

谱　名	修纂时间	纂修次数	版　本	现存情况
大厝基路下《陈氏宗谱》	民国12年（1923年） 民国36年（1947年） 1975年 2015年	4	木活字本 木活字本 木活字本 电脑本	不分卷4册
云山瑶坑《陈氏宗谱》	清咸丰五年（1855年） 清光绪二十一年（1895年） 民国9年（1920年） 1953年 1980年 1998年	6	木活字本 木活字本 木活字本 木活字本 木活字本 木活字本	6卷
东宫《陈氏宗谱》	1953年	1	木活字本	1卷
富源南山《陈氏宗谱》	1997年	1	木活字本	9卷
坑门大贡《陈氏宗谱》	清道光十九年（1839年） 清光绪三年（1877年） 清光绪二十八年（1902年） 民国11年（1922年） 民国34年（1945年） 1991年 2006年	9	木活字本 木活字本 木活字本 木活字本 木活字本 木活字本 电脑本	2卷 2卷
云山牛运《范氏宗谱》	清康熙年间（1573—1619年） 民国33年（1944） 2004年	9	木活字本 木活字本 电脑本	分卷1卷 2册
云山横路《范氏宗谱》	清康熙年间 民国33间（1944） 2004年	9	木活字本木活字本 电脑本	分卷 1卷1册
云山神堂《范氏宗谱》	清康熙年间 民国33年（1944） 2004年	9	木活字本 电脑本	分卷 1卷1册
福掌陈世垟《吴氏宗谱》	2015年	13	电脑本	不分卷 1卷1册
云山显后《殷氏宗谱》	清乾隆五十四年（1789年）2004年	9	木活字本 电脑本	分卷 4卷1册
杨家边《刘氏宗谱》	2012年	1	电脑本	分卷 1卷1册

坑门《郑氏宗谱》　清乾隆五十九年（1794年）始修，清道光元年（1821年）、清光绪八年（1882年）、民国9年（1920年）、1975年、1989年、2002年进行6次重修，清乾隆五十九年始修本已在"文革"中散失。现存谱牒不分卷1卷1册，长29厘米，宽21厘米，厚2厘米，谱内印有名录、凡例、谱序、族规、家训、祖宗画像、祖宗墓葬地理位置图等。坑门郑氏族长家中有收藏。

杨家边《林氏宗谱》　清嘉庆三年（1798年）始修，民国36年（1947年）、1962年、1972年、1982年、1989年、2002年、2013年分别进行重修。其中：清嘉庆三年始修本首事林大奇；民国36年重修本首事林楼凤；1989年重修本首事林逢毅；2002年重修本首事林逢毅，路尾庄圣哲梓辑；2013年重修本为灵溪镇南水头状元内陈明儒撰。2012年重修谱牒不分卷9卷50册，谱牒长30厘米，宽20厘米，厚5厘米，宣纸活字印刷。谱内印有族规、家训、祖宗画像、谱序。杨家边村林逢敏家收藏有杨家边林氏各种版本谱牒。

杨家边《梁氏宗谱》　始修时间失考，民国5年（1916年）至2014年进行7次重修。其中民国5年版本编修人为十六世孙、庠生梁家顿，共和甲午年（2014年）版本编修人为梁亦群。共和甲午年版本不分卷11卷32册，长33厘米，宽22厘米，厚4厘米，谱内印有名录、凡例、谱序、族规、家训、祖宗画像、祖宗墓葬地理位置图、宗祠坐向等。谱存杨家边梁亦群处。

布袋底《梁氏宗谱》　始修时间失考，民国5年（1916年）至2014年进行7次重修。其中民国5年版本编修人为十六世孙、庠生梁家顿，2014年版本编修人为梁亦群，版本分卷1册，长33厘米，宽22厘米，厚2厘米，谱内印有名录、凡例、谱序、族规、家训、祖宗画像、祖宗墓葬地理位置图、宗祠坐向等。谱存布袋底梁世赞处。

大厝基路下《陈氏宗谱》　现存民国12年（1923年）编修线装木活字本1卷，由陈乃县主修、裔婿胡一勤主纂，此谱现由陈乃御收藏。民国36年（1947年）编修的线装木活字本，由焊三吴燊修撰、平阳坑东岙陈永洁主纂。1975年线装木活字本由裔孙陈家吉修纂。2015年的线装电脑本由裔孙陈礼洁修纂。这些现存大厝基路下颍川郡陈氏宗谱长42厘米，宽30厘米，厚5厘米，不分卷4册，由陈氏宗祠保存。谱牒有谱序、名录、凡例、图文、凤宿寻祖记等内容。

云山瑶坑《陈氏宗谱》　共存6卷。其中清咸丰五年（1855年）陈天驾主修、陈增荣主纂木活字本1卷；光绪二十一年（1895年）陈其倪主修、叶一枝主纂木活字本1卷；民国9年（1920年）陈其魏主修、叶厚主纂木活字本1卷；1953年陈朝景主修、吴良华主纂木活字本一卷；1980年陈上阔主修、陈锦肃主纂木活字本1卷；1998年陈廷诃主修、陈明儒主纂木活字本1卷。

东宫《陈氏宗谱》　现存1953年编修的木活字本1卷，陈宗森主修、南港水头街紫祥主纂，由陈正发收藏保管。

富源南山《陈氏宗谱》　现存1997年编修的木活字本9卷，陈诗荣、陈诗禹主修，云亭江博泉主纂。

坑门大贡《陈氏宗谱》　现存1991年编修的线装木活字本2卷，陈绍概主修、江志诚主纂。此谱现由陈维庆收藏保管。

云山牛运《范氏宗谱》　从康熙版本、民国33年（1944年）甲申版本至2004年最新版本，共修谱9次，现存电脑分卷本1卷2册，现存新谱由范则雄编纂，由范则宝保存。谱牒长32厘米，宽22厘米，厚0.8厘米，谱内印有谱序、名录、凡例、族规、家训、祖宗画像、祖宗墓葬地理位置图等。

云山横路《范氏宗谱》　有宗谱2004年最新版本分卷1册，谱牒长33厘米，宽22厘米，厚1厘米，谱存横路范叔约处。

云山神堂《范氏宗谱》　有宗谱2004年最新版本分卷1册，谱牒长33厘米，宽22厘米，厚1厘米，谱存神堂陈廷取处。

福掌陈世垟《吴氏宗谱》　现存2015年修编的电脑本不分卷1卷1册，谱牒长30厘米，宽20厘米，厚1.5厘米，谱有谱图、祖宗图像、谱序、凡例、圣谕十六条、祖训十则、宗祠记等，由陈世垟吴华周保管。

云山显后《殷氏宗谱》　自清乾隆五十四年（1789年）开始修谱至2004年，共修谱9次。现存2004年修编的电脑本分卷4卷1册，谱牒长31厘米，宽20厘米，厚1厘米，谱有谱序、祖墓图、宗祠图、正名考，现由显后殷兴源保管。

杨家边《刘氏宗谱》　现存2012年修编的电脑本1卷1册，谱牒长31厘米，宽20厘米，厚2厘米，由刘发斌保管。

（二）畲汉家训选辑

家训，是家谱重要组成部分，其对个人修身、齐家以及维护社会稳定发挥了重要作用。岱岭畲汉家谱都编写家训来约束家族，管教子孙。家训一般推崇忠孝节义，倡导礼义廉耻，要求尊重国法、和睦宗族乡里、孝敬父母长辈、修身齐家、勤劳慎守等等，以维持社会秩序，充分体现了儒家的伦理道德观。

1.畲族家训

（1）福掌李氏家训

古遗家规明训，裕后房族儿孙。

先祖后氏厚德，你我后人沾因。

但我族众人繁，贫富不以均匀。

富者休夸福分，穷者莫怨祖宗。

人生勤俭为本，懒惰难了终身。

父慈子孝尊重，兄友弟恭和平。

有子必须教读，有女谨慎闺门。

幼儿从小教训，惯惜骄养不成。

真经学习正业，饮赌两字害人。

只要公平义取，酒能好人误人。

兄弟同胞手足，休听内言伤情。

昔有张公百忍，九世同居不分。

江州陈氏孝和，家口七百余人。

家和人兴财旺，勿以小利相争。

亲富难靠大力，好歹还是族人。

邻里乡党和好，是非不入其门。

九族五伦敦重，国家法纪钦道。

此系人伦道理，族正万古标名。

世有朱子家训，后传传子传孙。

（引自福掌《李氏宗谱》）

（2）岱岭蓝氏家训

一曰孝父母：人生天地，父母至亲。三年怀抱，十月受辛。养育恩重，依恃情真。愿吾后裔，孝道是遵。

二曰和兄弟：孔怀兄弟，同气连枝，谊关手足，奏叶埙篪。张家宜效，田氏当师。愿吾一体，角弓谨之。

三曰别夫妇：居室夫妇，同坟并枕。鹿车同挽，鸿安相钦。共结丝罗，永结琴瑟。宜其家室，二南当吟。

四曰序长幼：乡党长小，大义须明。父事兄事，随行徐行。谦恭退让，温厚睦平。亲疏同爱，莫忤非争。

五曰睦宗族：一本宗族，怜恤是敦。少当敬老，卑莫犯尊。六世同居，九代共门。凡我同姓，古道勿谖。

六曰训子孙：本支子孙，习业宜专。为忠为孝，希圣希贤。农工安分，商卖耕田。各修其职，见异思迁。

（引自岱岭《蓝氏宗谱》）

（3）岱岭雷氏家训

一孝父母：人子之身，本乎父母。未离怀抱，三年劳苦。恩斯勤斯，惟恃惟怙。孝道有亏，百行难补。

二和兄弟：孔怀兄弟，一脉所生。手足圣谊，羽翼深情。兄当爱弟，弟宜恭兄。埙篪协奏，和乐有声。

三别夫妇：男女居室，人之大伦。附远厚别，礼经所申。夫妇义顺，父子相亲。举案齐眉，相敬如宾。

四序长幼：乡党长幼，义在和平。年长以倍，父事非轻。十年以长，兄事有情。应对进退，莫涉骄盈。

五睦宗族：譬如水木，宗族宜敦。千支万派，同一本源。何远何近，谁尊相亲。相亲相睦，推德推恩。

六严内外：凡为宫室，内外必辨。男不内入，女不外践。深闺固闉，严肃非浅。敬妻守礼，踰阈绝鲜。

七训子孙：子率不谨，父教不先。放辟邪侈，起于英年。严禁非为，子孙乃贤。诗书执礼，孝悌力田。

八勤职业：天生四民，业各有常。士谋道艺，农望收藏。作为在工，贸易维商。心安固守，无怠无荒。

九明利义：无地之间，物各有主。非吾所有，一毫莫取。见得思义，贤言训语。豪富一时，廉名千古。

十守官职：幸登宦籍，须警官箴。清慎与勤，三字思深。致君在身，泽民在心。勉尔后生，贪墨谁钦？

（引自岱岭《雷氏宗谱》）

2.汉族家训

（1）杨家边林氏家训

一曰忠。为士者，出则事君尽职，处则奉法善身。服农者不敢乱伦逆理，作奸犯科，早清国课为盛世，良民便是忠守。

二曰孝。圣贤教《孝经》难以缕述，吾人行孝之事难以尽言，要在自尽其诚而已。准乎吾分之所得为，视乎吾力之所能为。孰无父母，孰非人子，当其勉之。

三曰悌。兄弟本一气之亲，或因财产分授，致令兄弟相争，或听妻子谗言致兄弟不协。殊不知谊关手足，奏乐埙篪。各宜公平，共敦礼让，庶不失一气之情。

四曰勤。祖宗创造艰难之业，不可自我一人丧之。思到此则宜勤，能勤者，天不得而穷之。故儒士能勤，则名可成；庶人能勤，则利可就。

五曰俭。子孙未来无穷之泽，不可自我一人耗之。思到此则宜俭，富者能俭，所以惜福；贫者能俭，所以保身。

六曰矜孤。族中不幸有孤儿，上无父母可依，下无兄弟相助，为伯叔者须善为处置，俾勿失其所。凡殷实之家尤宜施惠，一以救覆之偏，一以弥伦常之缺。

七曰异姓抚子。既为吾后，凡遇丧祭，其本宗无服。若要归宗，例无携产分业。倘有恃强，族中人人得而攻之，毋许徇私庇护。

八曰戒争讼。与乡里人讼，徒倾财产；与宗族人讼，自践本根。饱无厌之胥吏，结不尽之祸胎。谚云：始而争气，继而受气，终则无气。诚哉是言也！故凡事当守一忍字，忍气自和气，而喜怒悉乎。

九曰坟宅树荫。风水有关，子孙虽贫，不得图利乱砍。

十曰祀产生息。原以应祀事之费而厚先人，子孙虽贫，不得典鬻。

十一曰藏谱之家。不得通同舞弊，私自添改，及转抄副本卖于异裔，以伪乱真。亦不得蓄意匿藏，有需要时不肯出示。

十二曰男女平等。不能歧视无男，女亦可继承。

（引自杨家边《林氏宗谱》）

（2）东宫郑氏家训

一孝祖宗：昭昭祖武，木本水源。创垂靡挚，功德常存。千秋一脉，万叶同根。尔凡子孙，宜敬宜尊。

二孝父母：人生天地，父母至亲。三年怀抱，十月艰辛。鞠育恩大，怙恃情深。愿尔后裔，孝道是遵。

三和兄弟：孔怀兄弟，同气连枝。谊关手足，奏叶埙篪。姜家宜效，田氏当师。维尔子孙，角弓戒之。

四和夫妇：居室夫妇，同穴同襟。鹿车共挽，鸿案相钦。同盟山海，永调瑟琴。内和外顺，二南当吟。

五序长幼：乡党长幼，大义须明。父事兄事，随行徐行。谦恭退让，温厚和平。入孝出悌，勿忤勿争。

六睦宗族：凡为宗族，恩爱宜敦。少须敬长，卑莫犯尊。十世同爨，九代同门。凡属一姓，古道勿谖。

七正心地：心为心主，惟危惟微。众理毕具，万事是依。宜葆固有，弗贡非几。存诚去伪，贤圣可希。

八谨言语：人心之动，因言以宣。兴戒在口，出好亦然。慎尔出话，凛若防川。隐恶扬善，孙子勉旃。

九端品行：制行立品，务要咸宜。一朝失足，千载贻讥。仁义为友，道德为师。不愧不怍，作圣之基。

十训子孙：少年天性，习惯自然。宜先教养，起于英年。严禁匪伪，子孙乃贤。诗书达理，孝悌力田。

（引自东宫《郑氏宗谱》）

（3）大厝基陈氏家训

一曰忠。天泽体异，堂廉分严。进必思尽忠，庶不负臣下之责；退不思补过，何以答君上之恩？

二曰孝。乾父坤母，祖德宗功。及时孝养，虽菽水足以承欢；稍勿诚敬，纵馨香终难感格。

三曰悌。父兄一体，子弟联名。兄事友事，悌弟斯为孝子；随行雁行，敬长莫非尊亲。

四曰信。言为身文，语贵事实。四海之内必有信，方能成九要；五伦之中苟无信，何以全达道？

五曰勤。春诵夏弦，朝耕夕织。莫虚度，此韶华可期；苟优游，夫岁月膏腴难恃。

六曰俭。布衣纳福，草舍藏春。甘守俭约，斯为闇然君子；若事奢华，终是的然小人。

七曰廉。盛衰有数，富贵在天。享分中之禄，自足招福；贪意外之财，何以禳灾？

八曰耻。大庭可掩，屋漏难欺。有一不如人，亦当立志；勿至之我辱，尚不回头。

（引自大厝基路下《陈氏宗谱》）

（4）南山陈氏家训

训子孙：必以敦伦睦族为先，不可互相嫌隙，致起是非。

士农工商各有正业，须守己安分，上畏国法，下畏清议，切不可游手好闲，坠入恶道。

戒诉讼，凡有争端，必须协力排解，公平处置，以完宗族之情分。

田粮须年清款，切不可挨延拖欠，自干罪庶。

家门内外必严必肃即工，人亦须知检察，最不可醉生梦死，如土木形骸。

族内不幸有蔑理败伦事，房族长须集众严加责罚，如果不服，始行鸣公。

斯文一脉必厚加培植，盖大则致用于朝廷，小亦足式于闾里，且荣宗耀祖、显亲扬名唯此一道也。

鳏寡孤独乃天下之穷民，最宜矜恤，而其中至难者尤莫如寡妇。苟能立志守义，是系正气终生之人，族内当敬之，如神不可蔑视；家贫而能守者，更为难得，房族当加以周恤，同力扶持，以成其苦态，全其大节，使之流芳百世，死者有知，应为感泣；无志守节者，不如早、早改适。盖天地间绝难事业，必具大志力者方做得来，未可望之愚妇人也。

为人而附入禽兽道者，莫过于叔嫂转书一事，苟有人心，必痛加禁止。如有不服禁，房族齐声出首，不许宽恕。若有隐忍含糊、将就其事者，是助他为恶，亦禽兽之类，罪孽不浅。须知事关天伦，神人共怒，报应惨烈，罪有不容于死者。

溺女一事最为灭绝天理，丧失良心。嗣后当深思猛省，除此恶俗，便为长进。子孙受得祖宗福荫，不然者反是。

坟墓之傍不宜轻动，无论左右上下，总不许后代附葬。斫砍荫木必致伤损子孙，历验不爽，慎勿贪图小利、罔顾祸福。即自枯者，亦宜锯切平泥，不可和根砍掘，以致震动。

（引自富源南山《陈氏宗谱》）

三、畲族歌集

岱岭畲族经过近500多年传承和创作，留下了大量畲歌，现存李先坤手抄歌本、雷开勇手抄歌本、蓝瑞桃手抄歌本、《岱岭畲族民间诗歌集》等，共有61册。

（一）李先坤手抄歌本

李先坤手抄畲歌歌本共有13册，收录1300余首畲歌，共计25万余字。手抄本保存完好。李先坤，畲族，1943年生于富源村斗塆自然村，历年来不断抄录历代传承的畲族民歌，同时自己大量创作畲族民歌，为岱岭畲族民间文化传承人之一。

（二）雷开勇手抄歌本

雷开勇手抄畲歌歌本共有17册，收录1600余首畲歌，共计20余万字。其中1册手抄本长28厘米，宽20厘米，厚2厘米，保存完好；另外16册手抄本长19厘米，宽13厘米，厚1厘米，保存完好。雷开勇，畲族，1955年9月生于富源村斗墌自然村白岩头，退休教师。21世纪以来，他不断抄录整理历代传承的畲族民歌，同时自己大量创作畲族民歌，为岱岭畲族乡畲族民间文化传承人之一。

（三）蓝瑞桃手抄歌本

蓝瑞桃手抄畲歌歌本共有30册，收录3000余首畲歌，共计12万余字。手抄本长19厘米，宽13厘米，厚0.6厘米，保存完好。蓝瑞桃，畲族，女，1965年4月生于坑门村横浚自然村，嫁给雷开勇为妻，是岱岭知名女畲歌手。21世纪以来，她不断抄录整理历代传承的畲族民歌，同时大量创作畲族民歌，为岱岭畲族民间文化传承人之一。

（四）《岱岭畲族民间诗歌集》

《岱岭畲族民间诗歌集》由雷开勇搜集编辑，为手抄本，成书于2008年初，共有40多页，收录岱岭4位畲族歌手代表性民歌400余首1.50万余字。2008年7月，该书成功申报温州市第一批非物质文化遗产。手抄本长19厘米，宽13厘米，厚2厘米，保存完好。

四、诗 词

岱岭地处苍南县最高山鹤顶山麓，风景优美。据现有文献记载，自明代以来，便有文人墨客前来吟咏，留下了一些诗词。岱岭本地当代一些诗文，又以郑允中最为有名，作品后编成诗词集《吟咏酬唱集》。本目仅收录古体诗。

1. 吴 任（生卒年不详）

吴任，字以仁，金舟乡夏口（在今钱库镇）人。明洪武二十三年（1390年）为明经进士，随后出任福州府都事，擢睢州府同知，有善政。59岁时解职归乡，民不忍去之，闭城攀辕三日，并作《德政歌》以酬吴任。

福鼎山

福鼎高标南斗傍，玉苍雁荡与低昂。

扶桑枝上看秋色，析木津头纳夜凉。

仙客凭云开户牖，天孙赐锦作文章。

谢公拟驻烟霞屐，诗句先题紫翠房。

引自《温州府志·卷二十二·词翰四·诗》

2. 项师契（生卒年不详）

项师契，字玄生，一作元甡，号仰平，明崇祯十五年（1642年）诸生，清代早期蒲门诗人，著有《三蒲综核》一书传世，诗仅见《十禽言》。为杜绝沿海居民接济郑成功反清军队，清廷于顺治十八年（1661年）闰七月初一下"迁海令"（即"迁界"），蒲门居民内迁10里，插木为界，界外房屋全部烧毁，部分岱岭居民迁居外地。项师契亲历"迁界"这一场浩劫，托鸟语，写了《十禽言_{并序}》，记录了"迁界"时当地老百姓的悲惨情景。

十禽言_{并序}

吾蒲于顺治十八年辛丑闰七月一日奉迁，大兵翌日抵蒲，尽驱男妇出城。三百年之生聚一旦俱倾，十万户庐经燹而尽。况时大火流金，狂霖漂石，僵饿载道，襁负塞途。或旅处深山喂虎之口，或颠连古渡葬鱼之腹，甚至鬻妻卖子，委壑填沟，万种惨伤，一言难尽。谁绘民图，叩九阍而呼吁；聊托鸟语，向三春以哀鸣。则十禽十言，尽是流离之景况；而一声一泪，无非危苦之情辞。如居高闻之，必动抚绥之念；即后人诵此，犹余琐尾之悲云尔。

播种百谷，八口十口须食足。弃膏腴，焚积谷，流落偷生佃南陌。秧针未下先定租，不管年荒年熟。快着意、播种百谷。

借屋住住，灶房卧房共一处。地作床，衣作被，居停之居神佛座。父母妻儿共坐眠，相看泪珠浑如注。那里去、借屋住住。

提葫芦，酒虽爱饮要钱沽。非宴乐，莫呼卢，充馔佳肴溪蕨蔬。千愁万恨推不去，付之一醉假模糊。勉强提葫芦。

脱却布裤，裤若脱了丑便露。机杼纱，刀尺布，裁就中衣针线做。悬釜专待米来炊，博得一餐也不顾。只得脱却布裤。

不如归去，家在昆阳尽头处。为海氛，罹播弃，哀鸣中露无家计。南鸟焚巢归北林，羽毛零落飞何树？谁敢说、不如归去。

（以上五首为男言）

行不动也哥哥，山路羊肠多坎坷。含羞耻，逐奔波，鞋弓袜小越关河。深闺不出涉远道，当此流离怎奈何？实行不动也哥哥！

泥滑滑，淤泥遍地泞罗袜。冒炎霖，忍饥渴，袅娜身儿挨跋涉。一步一跌苦难禁，不如坐此凭他杀。免得这、泥滑滑。

咳苦苦，这村不住搬哪都？没柴米，缺斋蔬，仰面告人颜先无。冷暖世情通相似，患难谁肯来相扶。徒自、咳苦苦！

天花发，春来红紫满头插。逞轻盈，媚风月，不须对镜浓涂抹。此来憔悴懒梳妆，只把青纱束飞发。休听它、天花发。

交交桑扈，桑在故园人在路。慎三眠，勤九度，蚕丝抽织绮罗富。于今百结不蔽身，谁想养蚕炫裙布。漫劳呼、交交桑扈。

（以上五首为女言）

3. 林东明（1620—1699年）

林东明，谱名文冕，字启生，号服周，蒲门中魁（今属马站镇）人，明季诸生，工诗文。清顺治十八年（1661）入伍清营，官封千总，后晋定国将军。参与平定"三藩之乱"毕欲告老回乡时，家乡蒲门仍在"迁界"之中，无奈定居江苏震泽。其《蒲门重兴》诗，将家乡地名巧妙串联起来，描绘出佛顶山、合掌岩等当地不同风光，诗中魁里与登科新旧地名重复出现，表达了诗人长期漂泊在外、强烈的思乡情愫。著有《悟雪子诗草》《服周吟稿》和《林东明诗》等。温州市图书馆今藏有林东明所著《悟雪子诗草》和《林东明诗》抄本。

蒲门重兴

蒲门闽浙两襟连，海水巧流牛鼻前。
佛顶当空岚气迥，仙岩合掌涧声悬。
岑山车岭亭亭竹，魁里登科步步莲。
积谷窑塘酬壮士，所城重整戴尧天。

4. 金以埈（生卒年不详）

金以埈，字嵩庵，辽东人。清康熙三十三年（1694年）平阳知县。秉性仁慈，御众宽厚，疑狱立决，消除积弊，崇文礼士，任上纂修康熙《平阳县志》。民国《平阳县志》有传。

福鼎山①

周鼎商彝状若何？命名象意却难磨。
岘山千古羊公在，为政当时惠爱多。

引自《乾隆县志·舆地志（下卷二）·山川》

---

① 福鼎山：又称佛顶山，今名鹤顶山，海拔990米，为苍南县最高峰，位于岱岭、矾山、凤阳三乡镇交界处。

5. 谢青扬（1794—1864年）

谢青扬，原名光昶，字次榆，号小嵋（也作小湄），亲仁乡矾山人。清道光癸卯（1843年）府学岁贡。孙锵鸣序其诗曰："力趋雅正，五七言律清婉有格，于唐贤中与许用晦（浑）、韦端已（庄）最相近，竟轶华（文漪）鲍（台）而过之。"著有《愈愚斋诗文集》。

登覆鼎山

瘦削不肤土，孤高无与俦。

常云晴亦雨，背日夏疑秋。

巨斧何年劈，仙踪亘古留。

凌虚振遥策，便拟把浮邱。

独立鸟飞外，遥看天尽头。

岚阴千里暮，雨色万峰秋。

长啸鸣鸾鹤，高歌动斗牛。

荡胸云海阔，东望正悠悠。

横阳名山川各十二景（二十四首录一）
覆鼎观棋

山形如覆鼎，故名。高出群峰之上，有石棋盘仙人迹。

独立鸟飞外，遥看天尽头。

常云晴亦雨，背日夏疑秋。

巨斧何年劈，仙踪此处留。

谁能询橘叟，一局几时休？

6. 华英（1818—1880年）

华英，原名斯英，字粲三，号含斋，蒲城人。增贡生。工诗，著有《含斋诗草》诗集。

与陈云亭同登佛顶山绝顶

群峰簇髻拥高寒，到此方知眼界宽。

万派分流趋碧海，四山回合拱仙坛。

超离下界三千仞，奇绝平生第一观。

相与举头天尺五，置身同在白云端。

7. 朱仁卿（1835—1920）

朱仁卿，名朱道报，字铭恩，生前诗作较多，写有《矾都八景》并配画。

鹤顶流丹

峭壁何年剑削成，偏于绝顶锡嘉名。

松间白鹤飞无影，竹外清泉泻有声。

林鸟空时山寺静，鲜花深处石床平。

九皋他日闻鹤唳，原有丹砂豢紫卿。

8. 郑允中（1900—1995年）

郑允中，又名时敬，东宫村人，生平爱好古典文学，尤爱格律诗词。晚年家居无事，喜与人唱和，与苏步青唱和最多。后编成诗集《吟咏酬唱集》，共收录其创作的诗词388首，共158页，于2015年6月由线装书局出版发行。其中又以《蒲门十景》较有名。

蒲门十景并序

蒲门山水之胜，昔有八景之称：即笔峰夕照、鹤顶积雪、岑山花井、铁场瀑布、仙岩合掌、老鹰怪石、蒲海潮声、霞峰暮色。但系传闻，而不时有诗人骚客为之吟咏。嗣因有嗜情山水风物好奇者，意谓蒲海潮声与霞峰暮色二景，纯属见贯，缥缈无物，普遍皆是，置不采纳。而将昔日之漏列湖井龙湫、蒲江九九、七星渔火、牛狮水库（即十八孔水库）等四景也加入为十景，以括胜概。余乃因鉴于此，有所凭借而兴趣，则在明窗静坐，浮想联翩，搜索枯肠，欣然命笔，随意揣摩，结合形容实际，稿凡三易，始得缀成俚句七绝及七律各十首，附后呈政。盖并非谓能文墨，亦不过聊以遣兴，得畅幽情而已。愿望吟坛诸君勿吝珠玉，赐予指教，避免贻笑大方，则斯景依稀，得有所归焉。是为序。

笔峰夕照

笔架三峰高插天，层岩耸翠缀云烟。

东临鹤顶迎飞雪，西送南尖落玉蟾。

半壁晓升沧海日，连峰夕照映原川。

何当乘兴登巅顶，一览群山在脚前。

鹤顶积雪

昨夜朔风骤冷寒，纷飞六出盖鹤冠。

晓看大地成银海，远眺群峰舞玉鸾。

万籁无声光皎洁，千村静寂气阑珊。

若当曙色骄阳出，雪霁山明更好看。

铁场瀑布

瀑布高悬铁岭边，遥看似练挂岩前。

泉流逐浪归东海，潭影浮光映碧天。

四溅珠玑喷玉雪，独留夕照敛云烟。

重来览胜鬓毛改，风景依稀似昔年。

岑山花井

借问花泉何处寻，晏公庙畔树阴森。

晶莹迎面明如镜，玉液清漪湛素心。

灵气夏凉冬煦暖，波纹风动影浮沉。

岑山有幸留胜迹，从此甘泉自古今。

牛狮水库

两峰对峙峡门开，积水源从千涧来。

潋滟绿波腾细浪，优游鳞甲出徘徊。

农田万亩资输溉，电火千村赖作煤。

功效技能人力事，胜天定论挺英才。

湖井龙湫

漫言地僻少人行，河岳钟灵便有名。

鸡犬相闻云雾里，山花缭绕屋边生。

龙湫遗迹今犹在，洞谷幽烟自纵横。

缅想当年龙跃去，定教霹雳使人惊。

仙岩合掌

神秀灵岩造物成，地跨闽浙接蒲城。

下观沧海波涛起，上矗云霄暮霭横。

陈桶题诗留胜迹，文漪和韵续前盟。

笔峰鹤顶遥相望，合掌终朝礼玉京。

蒲江九九

九九蒲江两岸平，湍流滚滚似蛇行。

秋风波上鲈鱼跃，夏日船头丝竹行。

万亩农田资灌溉，一竿垂钓得怡情。

当年伟绩禹功在，永保千秋万古名。

七星渔火

漫江渔火落秋星，又似荧光飞不停。

月色朦胧灯影前，橹声欸乃夜云青。

弄潮不怕浪涛险，举网惟愁鱼鳖零。

堪叹年年风雪里，裂肤堕指更劳形。

老鹰怪石

老鹰怪石擅稀奇，十二地支形肖之。

若指似驴偏似马，乍看如鸽复如鹕。

生成洲岛烟波里，阅尽风霜雨雪时。

堪叹渔樵终忽视，独留骚客为吟诗。

蒲门十景
笔架夕照

三峰突兀插青天，仰望巍峨未敢前；

夕照风光无限好，天然图画眼中悬。

鹤顶积雪

积雪鹤峰气凛寒，风飘万点午栏干；
夜来戍阁灯灿烂，疑是蜃楼缀鹤冠。

铁场瀑布

铁场瀑布泻岩前，澎湃声嚣山谷传；
俯瞰碧潭深百尺，形如鸳鸟水中眠。

岑山花井

岑山花井擅清漪，灵气独钟冬夏宜。
惟是千秋无涸旱，甘泉一勺万家施。

牛狮水库

牛尾狮头陵谷幽，两峰对峙挟溪流。
千寻积水游鱼乐，亭榭玲珑缀栈头。

湖井龙湫

湖井龙湫神物成，至今遗迹绿苔生。
当年破壁龙飞去，定有风雷霹雳声。

仙岩合掌

合掌仙岩障浙边，气凌太姥接云烟。
岚阴日出生颜色，影落牛湖青黛妍。

蒲江九九

逶迤蒲水类羊肠，九十九湾入海洋。
犹似神龙游大地，湍流日夜贯桥梁。

七星渔火

七星渔火似流荧，万顷寒江玉宇清。
风静波平星灿烂，千帆竞发任纵横。

老鹰怪石

天生怪石独称奇，千载旧闻未见之。

知是玲珑堪玩赏，欲吟色相使人痴。

颂扬苏步青三要[1]

三好名人各有缘，鲁徐而后独公贤。

谦虚下问心无愧，刻苦耐劳志始坚。

严肃三桩推第一，立功四化务当先。

宜将箴训铭斋右，赢得古今劝世篇。

奉和苏老早梅诗原韵二首

昔闻和靖卧云处，梅子鹤妻爱入神。

玉貌霜姿娇欲语，冰肌雪骨净天尘。

堪怜共缀孤山路，不见当年放鹤人。

毕竟风光人不觉，天教香讯报新春。

寂寞园林落日昏，岁残天气转乾坤。

先教技干钟神秀，渐吐香心调色纯。

玉貌冰肌清有意，幽香疏影扫无痕。

若思欲尽花经眼，除却孤山无二村。

和苏步青先生怀台湾诸亲友诗

中元良夜气清幽，桂魄高悬万籁秋。

银汉沙河朝北斗，金风玉露遍神州。

共吟明月东坡句，却咏思归玉棨楼。

但隔鸿沟衣带水，情牵两地使人愁。

---

[1] 1985年2月18日，《浙江日报》载有名人学习"三"字诀，鲁迅的"三不怕"：不怕慢、不怕落后、不怕失败。徐特立的"三法"：日积月累法、古今中外法、借书摘抄法。苏步青的"三要"：要严肃、要谦虚、要刻苦。

和苏步青先生荣任复旦校长

识荆别后每神驰，怅望天涯思不支。

半夜梦君情缱绻，五更魂返意迷离。

岁寒松柏公尤健，日暮桑榆我晚时。

纵学养生宗叔夜，会教寿考庆期颐。

9. 林志珍（1911—1986年）

林志珍，字杰，杨家边村人。长期在台湾地区国民党军队任职，官至中将。

梅花山庄①

皓首无苗膝前虚，梅花山庄景色宜。

置身别墅无烦虑，颐养天年心旷怡。

叹无嗣②

两代无嗣侄儿继，叔侄父子何差异？

游子莫思天伦乐，但求相传谱有支。

10. 陈英佐（1929年— ）

陈英佐，马站人，苍南县诗词学会会员，曾担任马站中学校长。著有《闲居吟草》《吟香斋诗文选》，代表作有诗歌《石钟山》等。

笔架山夕照

笔架三峰高插霄，晨曦暮霭景妖娆。

岚光尽假西山下，浩气全凭东海潮。

极目可穷千里外，登天只剩两寻遥。

夜深似有仙人语，一统江山赖天朝。

---

① 林志珍自军中退休后居住的一幢敬老别墅坐落在梅花山庄内。

② 林志珍与夫人刘祥凤（四川人）仅育有一女，嫁给陈姓男子，自己由侄儿林良樵兼嗣。

第二节　铭　刻

乡境内铭刻数量不多，主要有匾额、对联、碑刻等。其中匾额均为木制，由名人书写，悬挂在大屋厅堂，用于表彰为人做事事迹突出的在世人物；碑刻多在古井、古道、坟墓上出现，古井、古道碑刻用于记载建造过程及禁止事项。一些古屋如大厝基古宅、吴家童古宅还存有一些刻工精细、装饰精美的石刻、砖雕、木雕，但保存状况不佳，2014年以来时有失窃现象。

一、匾　额

岱岭畲族乡古代匾额遗存数量不多，主要为有社会名望者而立，以记载其功德，题匾者均为清代七品以上官员。

1. "冰节松龄"木匾

清康熙五十七年（1718年），中宪大夫、知温州府正堂事、钦升按察司副使、加四级纪录九次陶范撰书，佚名刻。红樟木匾额长宽150厘米×70厘米，黑色匾面楷书阳刻汉字4行，中刻"冰节松龄"4个大字，右侧题款"知温州府正堂事钦升按察司副使加四级纪录陶　为节妇杨门李氏立"，右侧下方题写"康熙五十七年闰八月谷旦"。冰洁白无瑕，冰节指妇女贞洁；松树为长寿之树，松龄指长寿之人。此匾嘉奖青年失夫、子幼贞节、为人公正、德高望重、深得邻里尊敬的大厝基杨门李氏。匾存大厝基村杨氏祠堂内，保存完好。

2. "全贞裔盛"木匾

清康熙六十年（1721年）二月，赐进士第、文林郎、知温州府平阳县正堂事、加二级王元位撰书，佚名刻。红樟木匾额长宽155厘米×72厘米，粉红色匾面楷书阳刻黑色汉字4行，中刻"全贞裔盛"4个大字，右刻"知温州府平阳县正堂事加二级王　为节妇杨门李氏立"，右侧下方题写"康熙六十年二月谷旦"。全是指十全十美，贞指贞洁，裔盛指后裔众多、事业发达。是匾嘉奖年轻守寡、作风正派、扶子成人、德高望重、家族中兴、邻里和睦、后裔昌盛的大厝基杨门李氏。匾存大厝基村杨宏般家中，保存完好。

3. "怀葛秀民""经明行修"木匾二面

"怀葛秀民"于清道光八年岁序戊子桂月（1828年）八月，由清代进士、诗人林芳（字光锡，号芷生，玉环楚门人，曾任武昌、洪洞、石楼等县知县）赠予陈世垟吴姓始迁祖吴大烈，以表彰他重视对家庭成员的培养和教化民众有功。吴大烈（1770—1852年），于乾隆五十三年（1788年）由蒲门长沙入迁，经过几年苦心经营，积累了大量财富，修造宅院，购置田产，结交名士，与松山朱凤辉、平阳鲍台、金乡顾讷、福鼎林滋秀及同乡华文漪等过从甚密，并结识祖籍钱库林家塔的林芳。其孙吴可仁（1821—1890年）官居五品训导，其孙吴可生、吴可清均为六品官员，家显一时，文盛数世。匾外侧不设边框，采用古老传统的泥塑堆砌法制作，内板由多块杉木板拼合而成，上用麻布粘合，再用青瓦粉拦墨漆填抹，涂层较厚，字体完全凸突于平板之上，字形苍劲有力，颜色厚重喜庆。匾前不落款，后款字径较小，直接刻于匾额表面，内描金粉，字体端正规矩。匾面长宽178厘米×68.5厘米，中间行书阳刻"怀葛秀民"4个大字。怀葛为传说上古君王无怀氏、葛天氏的并称，其世民风淳朴，路不拾遗，无忧无虑；秀，聪明也，意谓吴大烈教化民众有功。木匾除字体外的黑色面层大部分受损剥落，仅余匾额右上方"□□芳赠题"和下方"芷生林芳"红色方形私人朱印，朱印间隔适度，边框整齐，布局丰满，线条匀称，刀法圆转，钤印清晰，刻者佚名。"怀葛秀民"木匾1996年10月被盗，2016年春节被公安部门破案追回，现存福掌村陈世垟吴家老厝大厅，保存基本完好。

"经明行修"匾以樟木制作，中刻"经明行修"4个大字，右刻"温州总镇孙，左刻为吴一峰（即吴可仁）立，清同治五年（1866年）九月谷旦"。经明即明经，指通晓经学要旨；修，指完好、端正。赠匾者温州总镇孙某以"经明行修"来赞赏吴一峰通晓经学、品德端正。

二、碑 刻

乡境内碑刻数量不多，主要为墓碑、井碑、路碑、桥碑、烈士纪念碑。墓碑记载先人的籍贯、生卒年月等，井碑记载修建水井的缘由以及保护水井的村规民约等，路碑、桥碑记载修路建桥缘由及出资人姓名等，烈士纪念碑记载烈士的生平事迹等。

1. 郑应聪夫妻墓碑

立于东宫村顶台后鲤鱼岗。清乾隆壬申年（1752年）冬郑国瑛等立石，佚名书刻。碑青石质地，高70厘米，宽47厘米，阴刻楷书5行，上横刻"荣阳郡"（当为"荥阳郡"），中竖刻"岱岭太祖考应聪、妣林氏之墓"，右刻"乾隆壬申年冬立""祀男：国瑛、国瑄、国玺"，左刻"福地坐落本里官朗鲤鱼墓，坐卒向乙戌辰坐西向东""祀男：国瑞、国典　阳裔孙仝奉祀"。保存完好。

2. 郑维谋夫妻墓碑

立于东宫村大埦78省道边。清嘉庆九年（1804年）重孙在誉等立，佚名书刻。碑青石质地，高58厘米，宽52厘米，阴刻楷书5行。上方横刻"荣阳郡"（当为"荥阳郡"），中正上方竖刻"清祖"，竖刻"考汉周考维谋，妣范氏妣潘氏墓"，右刻"清嘉庆九年（1804年）甲子葡月谷旦"，左刻"大房重孙在誉，二房在宝、在信，三房在口仝立"。保存完好。

3. 鸣山圣井石碑

立于富源村斗塆自然村，为清道光二十九年（1849年）刻立。佚名书刻。碑垂直式青石质地，高120厘米，宽45厘米，厚18厘米，中间阴刻"鸣山圣井"4个大字，字体清晰；右边楷书阴刻"道光二十九年"，字体模糊。鸣山圣井详见本志第六卷"社会事业·水电"。

4. 共汲所志碑

立于杨家边村方圆双连井旁洗衣台上，清咸丰十一年（1861年）四月刻立。碑青石质地，高55厘米，宽36厘米，厚10厘米，碑额楷书阳刻"共汲所志"4字，单字高6厘米，宽6厘米，正文楷书阴刻竖书9行，满行14字，格局别致，保存完整。

共汲所志碑文

书载五行，一曰水，而出乎巽原；续前圣，造作于井，以遂民生。吾祖始迁于处而获兹水，祖之幸也。迄今族姓繁多，时常滥用，以致于泥。余窃自思："夫水上供神灵，下养人生，固不得已而增修焉。"于是，乃仰诸家历捐孔方，遵太史，并监族人攻治，使不日仍新。维合族严禁，以致净洁。若违，罔复宽宥。

咸丰十一年四月口日立。林氏合族等

5. 重修南山岭碑

立于富源村南山岭上坡约500米处路侧，清同治十年（1871年）八月平阳县知事立，佚名书刻。碑文记述当地居民捐资重修南山岭是为了方便闽浙两省过往行人及商贾出入，同时记载捐资者姓名和捐资金额。碑垂直式青石质地，高106厘米，宽56厘米，厚10厘米，额阴刻楷书"重修南山岭碑"6个大字，单字高5厘米，宽5厘米；楷书阴刻17行，单字高2.5厘米，宽2.5厘米。左刻"大清同治十年岁次辛未仲秋月吉旦"，右刻首事者名号。保存基本完好，部分文字残损，难以辨认。

重修南山岭碑文

闻之古渚道途之改，合自冬官，所谓司空以时平易道路也。而夏官合方氏、秋官野卢氏，各掌其政，可谓经营尽善矣。此处为浙闽通衢，岭不甚峻而崩，德正不少，爰□鸠集本境好义者为之修建。因列其所捐钱文于后，所捐自贰佰五以下不载。

董事陈鸣伦、陈鸣月捐钱伍拾两，周允荣同捐钱柒两，陈日区、陈日著、陈日苗同捐钱伍两，陈□□、陈□□、陈□□同捐钱肆两，郑□南派同捐钱叁两，陈鸣□同捐钱叁两，陈玉莲同捐钱壹仟伍，陈日珠同捐钱贰两，吴一峰同捐钱贰两，林仲江捐钱贰两，梁丕益捐钱壹仟伍，杨建□同捐钱壹仟贰佰，郑义兴同捐钱壹两，林起商派下同捐钱壹仟，郑正举捐钱壹两伍，林起任捐钱壹两半，林仲折捐钱壹两，林凤僖捐钱壹两，郑亦入捐钱壹两，陈鸣会捐钱壹两，陈日众捐钱壹两，陈日宝捐钱壹两，陈大池同捐钱壹两伍，郑泰兴捐钱壹两，林仲瑜捐钱壹两，杨建林捐钱壹两，徐东嵩捐钱壹两，梁玉椿捐钱壹两，林孟敬捐钱伍百，陈日坦捐钱伍百，林孟补捐钱伍百，林永皇捐钱叁百伍，郑亦令、郑亦□捐钱叁百伍，林永兴捐钱六百，郑合晏捐钱叁百伍，梁章胥捐钱叁百伍，周元祚捐钱叁百伍，林仲钺捐钱叁百，林仲士捐钱叁百。

大清同治十年岁次辛未仲秋月吉旦

6. 利济桥题字

立于福掌村的利济桥中跨桥石板东侧，楷书阴刻"利济桥"3字，单字高18厘米，宽13厘米；西北侧桥板外券面楷书阴刻"大清光绪三十年岁次甲辰仲冬之月建"，单字高12厘米，宽10厘米。利济桥详见本志第一章"建置沿革·人文环境"。

7. 福掌烈士纪念碑

1977年8月平阳县人民政府立。烈士后代蓝景通书，佚名刻。第二次国内革命战争时期，福掌人民在中国共产党领导下，成立抗租团，进行抗租、抗税、抗捐、抗债、抗丁斗争，反抗国民党统治。民国25年（1936年）10月，蒲门防务会对福掌地方进行"清剿"，烧毁民房124间，14位革命志士先后牺牲。中华人民共和国成立后，平阳县人民政府于1977年春在福掌村后山78省道边坡上修建了占地130平方米的烈士公墓，安葬14位福掌畲族革命烈士。是年8月，在墓前正中竖立纪念碑1座，青石质地，楷书阴刻，碑高172厘米，宽68厘米，正上方阳刻红五星，中间竖刻"革命烈士永垂不朽"8个大字，背面横刻

14行革命烈士姓名、生卒年月、牺牲地点。纪念碑底座基长102厘米，宽52厘米，龙凤花圈图案。石碑保存完好。

8. 福掌革命烈士纪念碑

2015年10月苍南县民政局立于福掌村委会前面，以纪念刘英率部经过福掌80周年。佚名书刻。碑青石质地，高450厘米，宽120厘米，厚30厘米，正面中间竖刻"革命烈士永垂不朽"8个大字，右边竖刻"发扬革命传统"，左边竖刻"继承革命遗志"。背面阴刻14位革命烈士姓名、生卒年月、牺牲地点，碑正中顶上方安放红五星。碑底座长250厘米，宽170厘米，龙凤花圈浮雕图案。纪念碑四周用青石栏杆共10档围成6角形，占地面积150平方米。

9. 坝头桥碑

立于东宫村坝头桥边，郑德菊、林时川、林时良等立于2008年冬，碑青石质地，高130厘米，宽80厘米，一面有字，楷书阴刻，书刻佚名。地处东宫村的坝头大桥原为石桥，位于南山、龙凤、斗塆、朗腰4个自然村（后合并成富源村）通往乡政府的必经之路上。2006年遭受17级超强台风"桑美"袭击，被特大洪水冲毁。郑德菊、林时川、林时良等主持筹资修建石拱桥，捐资者和义工人数达114人。碑文详细记载了捐资者姓名和捐资金额，其中畲民蓝氏、雷氏、李氏、钟氏占三分之一多。石碑保存完好。

第三节　契约与对联

岱岭契约文书有私契和公约两种。其中私契在村民日常生活、生产中经常用到，十分普遍，主要用作房屋、土地买卖，分家、赘婿、继嗣、借款、典当等的凭证；公约主要有村规民约等，刻在石碑上竖立在道路或者水井旁边，或者写在纸上张贴到村头巷尾人流较多处，作为人们的行为准则，要求人人遵循。乡境内对联主要集中在宗祠、道观、宫庙中。每年春节农家均贴春联以示喜庆。丧葬之家在死者葬礼之前，有文化品味的亲朋好友送来挽联；过年家属则贴丧联，以示对逝者的哀悼。但乡境内高水平的对联不多，名人撰写的对联更少。

一、契　约

（一）私契文书

"官有公法，民从私契。"历史以来，乡境内民众多用私契来记录房屋、土地买卖，租赁、借款、典当等重大交易，以及分家、赘婿、继嗣等家庭、家族事务，以此来确定签约双方（或多方）的权利和义务，减少矛盾纠纷，维持社会稳定。其中房屋和土地要优先卖给亲属，血缘越近价格越低，并请有文化、有地位的族人或地方头人（村干部）或邻居，用毛笔在红纸上写下契约，要写明房屋、土地买卖缘由、价格、四至、不能反悔等内容。分家书必须请母舅和叔叔、伯伯等当证明人。赘婿、继嗣要请族长、亲属等相关人员当证明人，以免今后惹来麻烦。房屋、土地买卖和分家、赘婿、继嗣契约写罢，买（事）主要给代笔人一个红包，并宴请代笔人、证明人等相关人员。20世纪90年代前，私契多用毛笔书写，一式两份或多份，当事人双方（或多方）和代笔人、证明人签字、盖章或按指模（早年文盲画押代替签字），以留作凭证。20世纪90年代后，多为电脑打字文本，也有手书文本，用毛笔字书写文本逐渐减少。

草山出卖契约　蓝景明卖山契约一纸，民国21年（1932年）七月蓝景明立。文中记载："蓝景明因家庭贫困，心甘情愿将祖业遗留草山壹片，坐落五十四都大岭内垟寮仔，托中说合出卖给堂侄蓝清益为业。三面言定，时值大洋两块零壹角，即日随契亲收完讫，此山场树木一切在内全卖，目前关系清白。既卖以后，此山场树林听从侄永照管，叔儿不敢生端。此业既卖以后，永无取赎，此两相心愿，各无后悔，恐口无凭，有立契人、见中人、代笔人画押。"契约本色草纸，楷书墨色。纸幅33×42厘米，13行23字，保存完好。今存大厝基村小岭蓝春远处。

（二）规矩民约

详见第三章："政治与民族事务·行政管理"。

二、对　联
（一）鹤顶山联[①]

清·朱钦恩　撰

径迹类羊肠，想岩嶂参差，石也成羊疑恍惚；

山名标鹤顶，望烟云缥缈，仙乎似鹤记依稀。

清·项崧　撰

山以鹤顶名，高处独凌霄汉上；

仙余鸿爪在，遗踪犹剩雪泥中。

---

① 当地村民于21世纪初修建鹤顶山祥云寺清基时挖出几条石柱，发现石柱上刻有以上二联。

佚名 撰

庙镇鹤峰凌云千仞天穹近，

殿前圣泉胜概无涯惠四方。

（二）宗祠联

坑门蓝氏宗祠联

佚名 撰

功建前朝，帝誉高辛亲敕赐；

名垂后裔，皇孙王子免差徭。

大厝基杨氏宗祠联

佚名 撰

画锦增荣千家喻；

拾金不昧四知传。

大厝基路下陈氏宗祠联

佚名 撰

报本敬亲，是为至德要道；

光前裕后，祈望孝子贤孙。

杨家边梁氏宗祠联

当代·梁奕产 撰

敲响满江红金鼓；

高吟齐天乐颂词。

春祀秋尝，颂宗功祖德；

文华武耀，树族望家风。

杨家边林氏宗祠联

佚名 撰

扎根于浙境，派衍西河世泽长；

溯本夫闽南，堂开九牧家声远。

东宫郑氏宗祠联

佚名　撰

蒲邑分流承统绪；

达波衍派绍箕裘。

（三）挽　联

挽郑赞谟

陈重辉　撰

马帐传经，愧我不曾为弟子；

鹤楼晏驾，哭公也合等先生。

第八章 习俗信仰

清乾隆二年（1737年），闽浙总督郝玉麟、福建巡抚卢焯具奏："普天之下最善良者莫畲民若也，男耕女馌，恪守法纪，其风俗近古。"（《雷氏宗谱·释明畲字义》）。岱岭畲族生活习俗、生产习俗、人生礼俗、岁时习俗、信仰习俗均有自己特色，"三月三"、"九月九"等民族节日与众不同。

2012年3月24日始，乡政府相继在东宫村、富源村举办"三月三"民族民俗文化节，在云遮村举办"九月九"畲歌会，影响力不断扩大，受到国家民委、浙江省民族宗教委和市县领导的赞扬，温州、福建宁德等地游客纷纷前来参加活动。尤其是"三月三"广场文化活动开展的婚嫁表演、手工制作豆腐、捣糍粑、跳竹竿舞、畲族盘歌对歌、文艺晚会等一系列活动，充分展现了地方民族风俗，提升了畲乡知名度，促进了当地乡村旅游业的健康发展。汉族风俗信仰也有自己的特色，民间信仰内容十分丰富。

第一节 习 俗

岱岭畲族衣食住行自有一套习俗，女装与汉族有较大区别。畲族食俗与众不同，喜欢自己采集、加工食品；酒俗也与当地汉族有所不同，有客人光临，家家户户拿出自己的酒菜参与宴请，十分热情好客；家中必备茶叶，以茶待客。住俗和行俗与当地汉族大同小异。

一、生活习俗

（一）服 饰

1978年改革开放前，岱岭畲族服饰质料多为自织的苎布和棉布，着色多为青、蓝二色。畲族女装主要有凤凰装（含钉花衫）、八角罗裙、绣花鞋等，畲族妇女常用装饰还有花带、头饰、手镯、戒指、花鞋等。改革开放以后，服饰逐渐汉化。至2015年，日常服饰已与当地汉族无异。

1. 女　装

岱岭畲族妇女传统服饰包括头饰、手镯、戒指、衣裙、拦腰和花鞋等，较畲族男装有特色。其中头冠制作复杂，银发夹、耳坠、戒指样式比较简单，手镯多为银质，这些饰物大多也是订婚信物和陪嫁饰品。20世纪50年代，在岱岭畲村和附近集市上还经常看到畲族妇女穿着民族服装。1978年改革开放之前，畲族女青年结婚之日，要将辫子改梳成"簪"，头上插银"拦头花"3朵，还有"金针花"等银器。上衣是绣有八仙图案的"大襟衣"，下身配上1件绣有双龙头的四开罗裙，腰系一条宽1尺、长1.20丈、两端用手工搓成的巾须各1尺（用蚕丝织制的手巾），脚穿自制绣花鞋。有钱的畲家姑娘出嫁时除了穿凤凰装、头上戴凤冠等银饰以外，还有一项不可缺少的是红头盖，其大小与现今所用无异，刺绣图案略有差别。但畲族新娘的红头盖并不盖在头上，因为头上已有凤冠等装饰，于是新娘就把它对折再对折，双手拇指、食指和中指捏住2个角，平举在与自己眉毛差不多高的地方来遮脸。1978年改革开放后，岱岭畲族妇女除了喜庆节日穿着民族服饰外，日常生活、劳动穿着与周边汉族已经无异。21世纪后，仅极少数畲家仍珍藏着女装上衣、裙、花鞋和头冠。原因是旧时畲家姑娘结婚制作一套完整的头冠、礼服价格不菲，一般家庭制作不起，陪嫁时向别人借用；有陪嫁的，也大多按风俗在去世时作随葬品了。

（1）头　饰　岱岭畲族妇女装饰除衣服外，尚有钗钏之类以助其美。女装头饰主要有头冠、银簪、银发夹、耳坠、银针、银插、银锁、罩头巾等。

头　冠　岱岭畲族妇女头冠由冠身、裹布、串珠飘带、花饰银片、银簪等组成。顶上有帽，以2寸许之毛竹管制成，外裹以布，上置1寸许长方小板，板两端系以珠穗，两旁复贯以长珠串，经耳际垂于双肩。帽下周围更以银制三花插头上，复有珠串由前额垂及眼际。冠身为一竹筒（或用竹壳编成），呈牛角状，长约3寸，下端开一弧形切口，上裹红布条，外镶各种花纹和神像的银片，作七星、八仙、十二生肖等形状，绕以数串白色珍珠或红色缨珞。两侧各饰两条蓝色串珠分垂于两肩，前缨后尾。

银　簪　畲民称"银花"，2015年，岱岭畲族博物馆、福掌村雷某、富源村雷某和云遮村牛皮岭自然村蓝某各保存1套畲族妇女头饰凤冠，其中蓝某所藏为光绪丙午年（1906年）福鼎大坪头银匠蓝茞福制作的畲族妇女头饰凤冠及部分银饰品，制作工艺精细。1套银花共3支，1支"拦头花"盛装时插在额头；2支"凤花"分别插在左右两侧。每支银花的正中上方都有1个红色绒球，几十根细软银丝末端饰有八仙人物和祥瑞动物如凤鸟、狮子、麒麟等。"拦头花"较"凤花"宽大，位于银花最下层的12只凤鸟，每只凤鸟嘴里叼着1串布有吉祥图案的银片链子，组成一道可以飘动的漂亮银帘。

金针花，为银花中的一种，一端用5条弹簧状银丝连着5朵银豆花，稍有晃动就叮当作响。这种银花以装饰为主。这种银饰多为殷实人家所用，或盛装时用。

银　针　是一种以固定发髻为主要功能的插件，呈四棱形、针状，大头一端的颈部，有3根银链子分别连着1粒银豆。当银针插在发髻上时，3粒银豆就自然垂下，头部稍有晃动，便会发出声响。这种银饰多为殷实人家所用，或盛装时用。

银　插　一般畲族妇女头饰常用一种最普通、最实用的银插长7—8厘米，呈U字形。挽成发髻后，在外面扎上发网，分别在发髻左、右、上3个方位各插进1根银插予以固定。用这种方法固定的发髻，妇女上山劳动，甚至在头背上压上几十斤重柴草，也不会散乱。

银　锁　有多样吉祥纹饰，下面垂挂短银链和银铃，显得雍容华贵。有的畲族妇女盛装时在脖子上悬挂银锁（银牌）。

罩头巾　为方形或略长方形，边长约1—1.20尺，两头留有缨穗，有的在4个角上镶上铜钱和锡制饰物，用以压重，防止行走时飘落。头巾多在上山背扛柴草时罩头护发，老年妇女冬天用它罩头保暖。

（2）服　装　有礼服和便服2种，其中礼服有凤凰装、长裙等，以妇女盛装大襟花边衣（凤凰装饰上衣）和新娘凤凰装最具代表性；便服有便衫等。古时大襟绣花衣刺绣工艺广泛流传于各个畲村，最引人注目的是大襟上绣有八仙图案。当前节庆活动中所见畲族服饰绣花装饰，绝大多数采用工业化生产的花边纹饰。其中仍保留着传统服饰的一些主要特点和风格。

凤凰装刺绣　又称绣花，多用彩色丝线刺绣在绸缎布面，常用针法有手针、锁针、打籽针和盘金绣等，绣品五彩缤纷、艳丽明快、风格独特，充分体现畲族女性对美好生活的希冀和对凤凰的崇拜。凤凰装是岱岭畲族妇女礼服中的主要装束，历史悠久。传统凤凰装分上衣、下衣和头饰（银饰）3部分。上衣畲语音译为"钉花衫"（详见下文），俗称大襟绣花衣，刺绣技艺精湛。富有的畲家在女儿出嫁前几个月，都会请几位裁缝师傅到自家制作一套凤凰装和几套陪嫁服装。新娘出嫁时，通常穿绣有八仙或者七仙女图案的上衣。仙女图案寓意逍遥、快乐、幸福，凤凰寓意如意、吉祥，牡丹表示年轻、美丽。乡境内2015年还保存清末民初时期制作的凤凰装上衣3件。

　　1人刺绣1件完整的凤凰装上衣大约需要1个月时间，完成1套凤凰装大约需要2个多月，1件普通上衣也要20多天。因工艺精细，费时费钱，中华人民共和国成立后，传统大襟绣花衣刺绣工艺在多地已经失传。富源村民蓝瑞桃是浙江省非物质文化"畲族刺绣"代表性传承人，她年轻时跟丈夫祖父雷子位学习手工刺绣，工艺精湛。为传承民族手工技艺，她走访一些老艺人，并仿照雷子位制作的刺绣花边衣，刺绣八仙图、双龙戏珠等几十件大襟花边衣出售或赠送给亲朋好友，获得好评。现带几位青年女徒弟。2012年以来，相继有浙江大学教授、浙闽两省几十家民俗文化研究团体和温州电视台等媒体前来采访。

　　凤凰装衣料以自织的苎、棉、蚕丝土布为主，刺绣分为"插花"和"挑花"两种。"插花"是在描好图案的衬底布上用绣花针穿引彩色线，穿插出半凸的各种实体形象。"挑花"是根据图案颜色，编织成彩色图案。这些图案构图严密、配色协调、色彩斑斓、鲜艳夺目，富有民族特色：卷镶在凤凰装领口、襟边的布料颜色要根据服装的布料来调配，如蓝配黑或红，看起来特别鲜艳美丽；两袖口上用与上衣布料不同的五种花边或用彩色线直接刺绣五环，以五环代表畲族盘、蓝、雷、钟、李5个姓氏；每1环的宽度为1—3厘米，环数能多不可少。环肩上的五行跟两袖口上的五环也表示相同的寓意。最精致的还是右胸口上的一块梯形似的画面，上下底和高分别为4寸、5寸和8寸，边沿有直、斜、弯形围绕的栏杆，有"米芽儿"等3种刺绣装饰。刺绣题材有传说人物图像，如八仙、金童玉女、七仙女、老寿星等；有动物图像，如梅花鹿、凤凰、鸳鸯等；有植物图像，如牡丹、梅花、菊花、荷花等；还有被畲族人视为吉祥物象征的云朵、小桥流水等。配上一条绣有精美图案的飘带挂在右边襟，其长度须和衣服等长。

　　除了婚礼，畲乡各村落每逢喜庆佳节，畲族青年妇女歌手也要穿上凤凰装上衣，戴上特色头饰登台演唱。非歌手青年妇女也要穿上凤凰装上衣，戴上头饰，打扮得漂漂亮亮去捧场。

　　钉花衫　是凤凰装上衣，也是畲民礼服，一般是畲族姑娘结婚时娘家的陪嫁礼物，在婚礼、迎宾、做客、参加对歌或者节日活动时穿着。上衣为黑色大襟右衽，有衬里，面料大多是绸缎、呢类等优质布料。胸前从中线至右侧部分，沿衣襟边缘有一幅色彩鲜艳的图案，绣花图案为四边形，宽4寸，右边长衣在4—5寸，沿上边斜沿衣襟边缘而做；左边顺胸前中线延伸至领口，长约6—7寸。图案内容，或花鸟虫鱼，或吉祥动植物，或人物形状，周边围一道或数道齿状或其他几何图案的花纹。衣领为中、高竖领，领上通圈绣有动植物花纹，领根处围以彩色细布条和多色齿状花纹；衣领布色或用衣服本色，或与袖口所镶彩色布条相同。颌下领口有1个布扣或银、铜衣扣，左右各镶钉1个直径约2厘米的红绒球。衣襟右侧腋下处无衣扣，但缝有一对布条供穿着时固定之用。上衣后裾长于前裾，衣襟两侧开衩，右襟开衩处缝有1粒布扣，有的还在右侧两襟缝1个口袋。袖口绣有数色花纹图案，袖端向外翻折，并缀以数道宽窄不一的红边或红缘相间之布条做装饰。

八幅（角）罗裙　早年，岱岭畲族青年女子在出嫁时除了穿凤凰装外，还要围1件八幅罗裙。裙长2.20尺，加上包腰头横布0.35尺，总长2.55尺。横布颜色与裙面颜色有所不同，腰头长3.50尺，上沿缝着一条长6尺多的丝花彩带，用于缠腰固定。裙面分4幅围布，每幅围布宽1.15尺，每幅腰头对中折0.25尺缝成2层，再把每2幅缝连在一起两边对称，围布边沿用几种不同的花纹花边或者用彩色线刺绣。最引人注目的是加缝在当中的那幅宽0.80尺、长2.55尺的牌面，它用花边或刺绣隔分为5格大小不同的正方形、长方形，每个方格内用彩色线刺绣着不同的图案，如双喜、牡丹、凤凰等吉祥物，而且各吉祥物呈对称布局，表示5个姓氏善良、勤劳、聪慧的畲族兄弟姐妹心连心，共同建设美好的家园。牌面两边还配上刺绣着各种花鸟图案的飘带。

长　裙　也是畲族妇女一种礼服。早年，畲族妇女时尚穿长裙，在结婚时也穿素面长裙。《平阳县志》记载：畲族姑娘"结婚时尚穿素面长裙，裙面镶有两条纵式云纹白色带饰，下面镶有两条白色带，中缀红色花饰"。该裙裙头为蓝色，裙身为青色，裙头长（腰围）3.50尺，裙长（高）2.50尺（含裙头4寸）。裙身（下摆）为2副，每副宽2.50尺；2幅下摆于前正中高叠4寸，在腰身两侧的裙头处，裙身（下摆）上沿各拆口褶，裙头上缝着花带。据传统这种长裙作为礼服，是加穿在裤子外面的，穿着素面长裙后还在腰间扎1条彩色丝巾。丝巾为真丝草绿色。本地称之手巾。该丝巾宽1尺，长1.20丈（含两头的网结缨穗各1尺），在腰间扎两圈后结于腰前，丝巾两头垂于素裙外面，作为装饰。

便　衫　是畲族妇女传统便装，在日常生活中穿着。上衣也大襟右衽式，一般用苎麻布制成，胸前右侧也有与礼服相类似的绣花图案，但是比较简单，低领或无领，低领的衣领一般没有绣花，袖口镶缝彩色布条，较少而单调，除肩和衣襟边缘外，其他无衬里。

围　兜　畲族传统女装都搭配围兜，而且做工精细。岱岭畲族妇女盛装时所用围兜，今已无从考查，但日常生活劳动时所用的围兜十分普遍。20世纪六·七十年代，畲民的围兜是用白纱和青纱纺织而成，只有经纱与纬纱自然织成的本色简单图案。长（高）约1.20尺，宽约1.40尺，上沿镶有织花带，主要用于劳动时束腰和擦手，使干活更灵便。

拦腰裙　也称拦腰，多为蓝布裙头、青（黑）布裙身。裙头4寸，双层（8寸对折），上沿镶有织花带；裙身2—2.40尺，总长2.40—2.80尺。有的人束上拦腰裙时，裙身下沿与裤脚几乎平齐。拦腰裙主要在做家务时使用，是过去畲民随身系带之物，上山、下地时都会扎上它，让手脚更利索；畲族妇女挑柴、背草下山，用它护头；天寒地冻时，老人、小孩用它束身保暖，或以扎在腰间的拦腰裙掩盖火笼取暖。

（3）花　带　花带是早年畲族妇女重要装饰物，少女有时作为礼物赠送情人，也是畲族出嫁姑娘的随嫁必需品，以多者为荣，图案新颖的更受称道。花带为畲乡妇女独特手工工艺制作，早年是测试畲家姑娘心灵手巧、本领高低的重要标志。编织花带是岱岭畲族妇女人人皆会的工艺，编织绣花彩带时间一般是在春节前后期间及农闲季节和雨雪天。学习织带工艺一般以家庭传教为主，亦有邻亲帮教。工具只需简单的织带架，或几支约20厘米长直径5厘米左右粗的圆竹扦，称织带竹；一块20余厘米长、2厘米宽，平板光滑、尖刀形的竹片，称织带摆，织时牵挂房柱、门环、野外树丫均可。原料：一是用自养蚕丝，以土绫线机绞成丝线，再用染料染成所需颜色；二是用自种棉花以土纺车纺成的细棉纱。畲族女性一般是在春节期间及农闲季节雨雪天织花带。编织的彩带品种繁多，工艺精湛，大多自用。以前学织带都以家庭传教为主，亦有邻里传教。至2015年，织花带工艺在大部分畲村已失传。但蓝瑞桃（今居富源村葡萄垟自然村）、蓝瑞芳（今居云遮村西塔自然村）姐妹仍在传承，所制彩带品种繁多。蓝瑞桃是浙江省非物质文化代表性传承人。蓝瑞芳曾在2013年参加苍南县第六届文化艺术节，在非遗进校园公益活动"彩带编织项目"中得过奖。姐妹俩带了19位青年女徒弟学织带工艺。所织彩带有3双、5双；织成一般平带，有11条、13条、15条，只有单数不能有双数等织成的花带和字带，可编织花卉、鸟兽、飞禽和文字的图案如五世其昌、百年好合、五谷丰登、勤俭持家等，编织彩带和字带是她们的拿手好戏。

（4）绣花鞋　畲族妇女出嫁或重大节日活动时穿绣花鞋，样式不尽相同。村里女性以前穿方头、单鼻2种绣花鞋，畲民俗称"四角花鞋"或"龙船花鞋"，色彩鲜艳，工艺精美。鞋底白棉布是用土制苎麻线纳成的"千层底"，下面数层用白布包边，上面5层用红布包边；鞋头正中缝一条中脊，但无红缨装饰，鞋口镶花边，鞋面两侧绣有对称的花形图案；后踵部位两侧绣云彩纹饰。

2.男 装

（1）服 装 旧时，畲族男人冬天多穿对襟衣衫，大管直筒裤，衣衫开襟处镶有月白色或红色花边，下摆开衩处绣有花朵；夏天多穿苎麻大襟短衫，衫长到膝，圆珠铜纽扣，衣领、袖口镶有花边。

（2）鞋 子 古代岱岭畲族男鞋样式未见到实物，据说为圆头圆口素面布鞋，与汉族无异。

（二）食 俗

岱岭境内畲族食俗包括吃俗、酒俗、茶俗、补冬等，吃俗中的米食花样众多，又以糍粑最有特色。畲民十分好客，家里来客时，必请客人饮茶。烧茶之后便煮点心，旧时最普遍的点心是一碗粉干或番薯粉丝，上放两个荷包蛋。如果家里一时无粉干、面条之类，或许会烧碗"蛋酒"（煎蛋烧米酒）作点心。之后用酒菜宴请客人。20世纪80年代前，畲族还有"合筵待客"习俗，即家中来了客人，同幢或同院邻居每户均要送一盘下酒菜肴和一壶黄酒，前来助兴，尽欢而散。乡境内畲族和汉族均有补冬习俗，但畲族更为讲究。

1.吃 俗

早年，岱岭畲族多居住在高山僻野，旱地多，水田少，产量低，主食为甘薯（俗称番薯），只有过年过节和接待客人才吃米饭。小孩也只吃甘薯饭拌少量米饭。民国22年（1933年），官方撰写的《平阳畲民调查》记载："畲民之出产，以山地农田生产之番薯为大宗，米麦次之……平阳畲民之主要食品，厥唯番薯，无论早午晚餐，均必具备。虽偶有食米，然不能引为常例。"这种状况一直延续到20世纪50年代。当地有"种到老，难到老，番薯丝吃到老"的民谣。20世纪80年代后，随着联产承包制的实施、水利设施的改善和科学技术的发展，乡境内水稻产量大幅度提升，多数畲民才以大米为主食；面食主要以生面作为点心，供村民劳作过程中充饥或用来招待客人。早年因为贫穷，畲民菜肴较简单，自种蔬菜以芥菜、萝卜、葱、蒜、芹菜、南瓜、冬瓜、丝瓜最常见，蕨菜、马齿苋、苦菜、黄花菜、野生蘑菇等也是日常菜肴，加工方法有晒制、腌制、浸制、蒸制等。在小农经济条件下，岱岭畲族自制食品的方法属于常识，并形成一套饮食习俗。

（1）米 食 是岱岭畲族主食，花样众多，其中大米有籼米、粳米、糯米3种。以稻米制作的各种糕点，统称为粿。畲家很重视传统节日，如"三月三"吃乌米饭，清明节吃清明糕，端午节包粽子等，"七月半"必食九层糕，过年必备年糕。但不论过什么节日，都要做糍粑。点心多用粉干。高粱糕用高粱制作，这种糕味道清香，口味较浓，是畲民喜爱的食物，制作方法与年糕相同。

糍　粑　畲家逢节必做，俗语说："大人生日一臼粿，小子生日一双蛋。"糯米糍是畲族特色食品，也是畲民庆典与待客的最高规格传统食品，只有逢年过节、婚嫁寿庆或招待贵宾，才会制作。岱岭畲族在传统婚俗"请表姐"时一定要舂糯米糍，否则会觉得不排场。宴请贵客亦然。畲民认为，糯米是当地最好的米，用最好的米加工成糯米糍来招待客人是最诚挚、最热情的。再说，香甜的糯米糍有美好、甜蜜的寓意。糯米糍制作方法是：将糯米用清水浸透12个小时后，放进饭甑蒸熟，趁热放在石臼里，直到把糯米饭舂到与年糕一样为止。捞上放在已铺好芝麻粉或黄豆粉的板床上，糯米糍粘上芝麻粉或黄豆粉时，自然就不黏手了，用手把它捏成小圆饼状，放在簸箕上晾凉就可食用。晾干后为防止干裂，要把它放在木桶里盖上盖保存。现在人们把它用食品袋包装起来放到冰箱里，保存时间更长一些。食用时先把锅擦干（不能粘水滴），把糯米糍放进锅里用文火慢烤，锅温60℃左右最合适，20分钟后即出锅食用。这种糯米糍混合着糯米、芝麻、黄豆粉等香味，白花花、香喷喷，软绵绵又不黏手，口味极好。当地畲歌这样称赞糯米糍："新打夯槌十有势，舂糕表兄舂嘿嘿。夯臼来舂糯米糕，芝麻齿糕真盖世。"

年　糕　是岱岭畲族逢年过节必备食品，也是迎亲待客桌上佳肴和春耕大忙季节点心。过大年时大户人家要消费大米200—300斤，小户人家也要70斤左右。年糕用精粳米制成，味道清香，色乳白雅观，性柔软。炒、蒸、煮汤等因人而异。传统舂年糕，先将粳米用水浸透12个小时，将米捞起放入溲箕（一种细竹篾编制的密眼大型竹篮）里用清水冲洗净米浆，然后用石磨磨成米粉。再将米粉放在大木桶里，加入适量清水调和成团粒结构，放进铺有蒸巾的饭甑里，大锅水沸时放入饭甑，待饭甑冒出蒸汽时再盖上盖子，数分钟后甑里大量蒸汽冲出时年糕就熟了。将蒸熟的米粉（俗称"粿花"）放进石臼里，由一个年富力强者用7字形的木柄夯锤先擂后舂，另一个人配合着拨、翻年糕，将年糕舂得均匀、有弹性、有黏度时，取出放在粿板上制成大小适中的圆形粿条，再放进用硬木制成的年糕印中用手压紧后就成有花纹的糕条。晾干后保存，大多数用清水浸在大缸里，并经常换注清水，可保存至端午节。

清明糕　也叫清明粿、鼠曲糕，是当地清明节必食食品。鼠曲草在清明前后生长旺盛，新叶毛茸茸半卷形，好像狗耳朵，畲民称"狗耳"，所制糕点畲民也称狗耳糕。狗耳糕制作跟年糕相似，在米粉上加上鼠曲鲜草拌匀后，一起放进饭甑里蒸熟即可。它与年糕的区别是其有鼠曲的清香味，畲族、汉族都十分喜欢，清明节家家户户都舂清明糕。清明糕可炒、可蒸，不宜烧汤。畲民过清明节时，必须要用清明糕来敬请祖宗，祈求祖宗保佑家庭平安、五谷丰登、六畜兴旺。岱岭畲乡流传这么一句话："清明糕食了田里反。"意思说，畲民食用清明糕，表明春耕大忙即将到来，大家都要到田野里干活，这段日子就没有空闲了。

九层糕　是畲族"七月半"必备食品。每逢"七月半"来临之际，畲民就要提早两天蒸九层糕。选上好大米用水浸透12个小时后，捞上来放入溲箕里用水冲净，然后再放入大木盆里加上清水。如果要蒸咸糕，要在木盆里放入适量食盐；要蒸粳糕须加入"粳水"。"粳水"制作方法为：选新鲜干净的稻草若干烧成灰，待草灰凉后放入溲箕里，把溲箕放在大木盆上用开水反复冲淋，让大盆里"粳水"沉净后，加入盛米的盆里用勺子拌匀后用石磨磨成米浆。然后将大锅里的水烧开，将蒸笼铺上蒸巾放进大锅上预热2分钟，等蒸笼冒气，再用碗或者勺子把米浆倒入蒸笼里，盖好笼盖，加大火力，5分钟后第1层熟了，陆续加第2层、第3层，一直加到蒸笼八分满为止，一个九层糕就可以出锅了。以前只有咸糕和粳糕两种。进入21世纪，畲族妇女用桂圆肉、葱头油、精肉布丁、鸡肉布丁、枸杞等加入九层糕，使之别有风味。有女儿出嫁的畲家，中秋节也炊制九层糕给女儿带回婆家，分送邻居，称"玩头年"。

米　面　是畲民常用食品，逢年过节家家户户都有制作。米面的加工方法很简单：将大米浸透后，用石磨磨成浆，大锅里倒入半锅水，把煎盘架在大锅里，当锅里的水烧沸时，在煎盘内擦上一些食用油后倒入一小碗米浆，并用专用木梳把米浆理平，盖上锅盖。蒸汽将米浆蒸熟时，把煎盘里的米面拎起一个角，搭在一根一尺多长的小竹管上，再将整片米面挂到竹竿上晾凉。冷却后便可切成细条，回锅煮食。如不在近日食用，也可晒干后保存。

粉　干　是当地点心用料，畲民称米粉，用早稻大米加工而成，耐贮存，可炒、可煮，十分方便，主要用于烧点心招待客人或者给家中劳动力作餐间的点心。在畲村，一户人家来了客人，同住一座房子的几户人家都会烧点心招待。再加上用甘薯淀粉制作的番薯粉丝，逢年过节时这两种食品家家户户都要存储百斤以上。岱岭不产粉干，畲民主要到附近集市上购买。

（2）豆制品　因乡境内畲族历史以来素有在地头坎尾种植冬大豆的习惯，大豆有一定种植面积，故大豆与当地居民的日常生活息息相关，他们用大豆来养豆芽、晒豆豉（酱）、做豆腐，以解决日常用餐中的蔬菜问题。

养豆芽　黑豆芽是畲民爱吃的食品。首先将黑豆用水浸泡几小时，捞在竹篮里，上面盖一层纱布或软草，每天浇水二三次（冬天用温水），经过数天便长出豆芽。逢年过节家家户户都制作。这种黑豆是畲民自种的"田埂豆"，粒大味香。

晒豆豉（酱）　先将黄豆或者豌豆、蚕豆（须去皮），用水浸透、煮熟，放在晾壶上自然发酵，等豆坯长毛后，放到陶质酱壶里，配以适量食盐，摆在露天场地上，白天在太阳下暴晒，晚上让它自然冷却，通过1个月的发酵制成，味道鲜美异常。畲民晒制豆豉（酱）主要供自用。

做豆腐　一般只在过年或者农家有红白喜事用量较多时才会做。

（3）菜干、腌菜　因就地取材、容易保存，晒制、腌制菜品是乡境内畲族家中常见菜品。最普遍的是芥菜、萝卜、九头缨（雪菜），其中芥菜可谓是畲族农家当家菜。畲民加工芥菜的方法有多种，如晒菜干，腌瓮菜和腌咸菜等。

菜　干　把青芥菜切成1—2厘米大小碎段，晒1天，揉捻1次，次日再晒，再揉捻，直至晒干即可。

腌瓮菜　先按晒菜干方法进行，在菜尚未晒干时，加入适量盐和姜或辣椒，装进瓮里压紧。瓮菜微酸，可做很多菜品佐料，如烧鲜鱼、烧粉干与面条等。用芥菜腌制咸菜有两种做法：一种是腌"水菜"，先将芥菜在太阳下晒1天，使茎叶变软，然后用手工揉捻，加入适量食盐腌制。此种"水菜"微酸，口感较脆，不能保存太久。另一种是将芥菜用腌制"水菜"的方法腌制1遍（稍少加盐，可不揉捻），6—7天后择晴天"回菜"。"回菜"时把"水菜"捞出来，放搭好的竹竿架上晒1—2天，除去水分而成"咸菜坯"，再把每一二株"咸菜坯"缠成一长形菜卷，一层菜坯一层盐地腌入陶缸内，并压上石块。2—3天后，即泛菜卤。如菜卤不能淹没菜坯，则需调制盐汤补充菜卤。此咸菜味香异常，能够保存年余，可全年食用。

萝卜、九头缨（雪菜）　萝卜多被晒成萝卜丝、萝卜条，便于较长时间保存食用；有的还将萝卜烧熟后加食盐腌制存放，作为夏季解暑防病的食疗佳品。"九头缨"主要用于腌制水菜，方法与腌制芥菜相同。

（4）野　菜

野菜是乡境内畲民常用食物，畲民除了自己食用外，多余的便随行就市。春夏季最普遍的是山蕨菜、苦菜、青草芯和野竹笋等，苦菜、青草芯先用沸水焯烫，拿清水漂洗后烹食；山间小竹笋采摘后去壳，沸水焯烫，再烧煮食用或者晒干保存。

山蕨菜 山蕨菜是乡境内常见野菜。用沸水焯过后，或者鲜炒，或者稍事腌制后冷拌，都是很好的时令菜品。有的人家拿山蕨菜用沸水焯烫后，加食盐腌制，能保存较长时间不变质，食用时再把盐分淡化，或炒、或拌，鲜香如初。尤其是经过揉捻的山蕨菜，口感特好。

苦椎豆腐 为乡境内最有特色的野菜加工品，用秋季采摘的壳斗科树木（主要是苦椎、麻栎等）果实制成。加工方法是：先将果实去壳，把果仁用水浸煮多次，去掉涩味，再磨浆制成豆腐状，切片晒干收藏。食用时，先浸煮使其变软，再回锅炒制。"苦椎豆腐"有清凉解毒功效，是夏季饮食佳品。

2. 酒 俗

畲族男女多有饮酒习惯，这与畲民居处山高水冷、劳动繁重艰辛有关。畲谚说："金厝边（邻里），银亲戚。"20世纪80年代前的正月初二至十五，主家"请人客"（即招待客人）时，同幢或同院邻居每家都会烧上一盘下酒菜，提来一锡壶温好的黄酒，端到主家桌上，或称添菜送酒，或称送酒助兴，形成畲族"合筵待客"的独特风俗。添菜送酒者或早或迟，不受拘束。客人依长幼顺序就座，然后由各家主妇为他们斟上一杯黄酒，客人一定要喝每家最少一杯酒，同时品尝各家菜肴，以表示对各家的尊重。会唱畲歌的客人和主人会对上几首畲歌，主人唱表达招待不周意思的畲族山歌，客人唱表示感谢一类的山歌，尽欢而散。平时，畲族也有"合筵待客"习俗。这个习俗直到20世纪80年代后才逐渐消失。

3. 茶 俗

茶是岱岭畲家必备饮品，畲民有常年饮茶习惯。他们认为茶不仅解渴，也能治病。畲族男女订婚、受聘、婚礼等均离不开茶，分别称为定亲茶、受聘茶、洞房茶等。当男方向女方送聘礼时，女方必须以茶叶回礼，并以对歌形式接待男方喝茶、洗脚。结婚时，前往迎亲的男方伴娘伴郎身挂装有豆米和炒熟的茶叶（俗称"轿米"）的红布袋，将轿米撒向花轿内，寓意招财进宝，象征吉祥如意。而茶具也是必备嫁妆之一。婚礼上，"卵茶"必不可少，新娘只能低头饮茶，不可吃卵，以示稳重；新娘还须向端茶者回送"红包"（称卵茶包）。进洞房时，新娘要喝配有生姜、红糖的"三口茶"。闹洞房时要吃"茶泡"。传说很久以前，东海边住着一个叫张顺的木匠，有位鲤鱼姑娘为报答木匠放生之恩，与其结为伉俪。当地有位老财主窥其姿色，企图霸占。鲤鱼姑娘随机应变，说口渴要喝茶。当喝下3口茶后，即吐出茶水，化为滔滔白浪吞没了财主。因此，进洞房喝"三口茶"象征驱邪避灾、化危为安的吉利之意，代代相传。

畲民把自用红茶装在特制茶叶篓里，放在干燥的楼上保存。灶边墙上常挂一个小茶篓，存放少量茶叶供随时取用。畲民烧饭时，必先烧开水在灶头泡上大钵头茶，供家人饮用；上山干活带一壶茶，以备口渴时喝；祭祖必须有茶。畲民十分好客，家里来客人，哪怕是邻居串门，也必先烧水泡茶敬客，以示敬重，决不能用原已泡好的茶给客人喝，否则视为不敬。泡了茶，要待稍凉时用双手端给客人，不能只用1只手。习惯将碗里的茶连冲3次开水，一喝就是3大碗。客人若不喝第2碗，会被认为没有礼貌。畲乡民谣云："一碗苦，二碗补，三碗洗洗肚。"因为畲族把请客人吃点心称为"吃（喝）茶"，真正意义上的喝茶就说"喝便茶"。

4. 补 冬

立冬以后气候逐渐变冷，人们为保护自己身体强壮，在立冬节气吃一些营养丰富的补品，称"补冬"。岱岭家家户户都有补冬习惯，当地村民到市场上买些补品，有的畲民上山挖掘红牛奶子（天仙果）、野棉花（梵天花）、鸭脚趾（龙芽草）、金腰带（蔓茎葫芦茶）、鸡屎藤、鸡骨草（柳叶牛膝）、马兰菜（马兰）、乌脚鸡（扇叶铁线蕨）、红根子（珍珠草）等草药来煎汤取汁，用汁加上自酿的黄酒炖煮自家饲养的鸡、鸭、羊肉或买来的猪脚吃，或取乌不歇（楤木）根煮汁烧饭吃，什么时辰立冬，就在什么时辰吃。现在人们生活水平不断提高，晚餐还烧几盘小菜，一家团聚喝杯酒。

（三）居 俗

乡境内畲民刚入迁时搭草寮而居，过着艰苦的创业生活。尔后民居经历了从草房、瓦房到套房的演变过程，并形成了一套独特的建房习俗。与汉族习俗类似。

1. 建 房

在岱岭农村，建房算是头等大事，早早就要做好准备。平时要省吃俭用，农作物收成，自己好的舍不得吃，大多卖掉，一分一厘积储起来，一生奋斗，梦想建间房子。有的人想建间房子，白天去打工，晚上回家加班加点干活。山民困难更大，有的物资车子拉不到，都要自己挑、扛。尽管如此，乡境内农村建房，90%家庭透支，如家有5万元，就想建8万元房子；有10万元，就想建15万元房子。但房子建好后，他们会努力把债还清。当地俗话称："一年辛苦，百年安。"

（1）择　基　1978 年前，畲民大多还笃信"风水"，哪怕是建草房也要请风水先生选址定向，同时勘定房前屋后另建厕所、猪栏、牛栏、灰楼（即灰窝，用来堆积肥料和草木灰）位置，房前台阶、大埕出入口构筑都有讲究。如周围环境或视野内有某处不合"风水"时，要通过开挖水池或者填土造林等方法营造风水；如有某种犯忌，则设置"石敢当"来化解；等等。先看好一块地，自己觉得满意，便请风水先生带上罗盘来测定，风水先生一是确定新建房屋坐向，如坐北朝南、坐东朝西、坐东北朝西南或坐东南朝西北；二是根据房主家人出生年月，会不会犯冲，不犯冲就可择日开工搭建。乡境内畲民都充分利用自然地理条件，选择依山临涧、相对宽敞之地营造居所，村落都处山腰、山坳处，既能避风、朝阳，又可防灾，同时又临近水源，可在源头筑井，或是把毛竹对半剖开去节后作槽引流入宅，解决人畜饮水问题。一些畲民选择住户较少、处于林木环抱之中，或是具有丰富山地资源的高山僻壤之处筑屋栖身，既便于放牧、垦荒、耕作，又能安全生存。畲族特别喜欢在房前屋后种植竹木、茶叶及各种水果，以营造一个良好的居住环境。

（2）破　土　畲民凡挖地基等动土行为，无论规模大小，一般事先请风水先生选定"宜动土"的吉日 × 时辰，举行"破土"仪式后方可动工，以防"煞气"伤害主家与劳作者。破土时，主家要给风水先生红包。如涉及古墓、古迹的开山挖石活动，除事先选吉日、请师公设供举行"破土"仪式外，还要在工地立符案，并每日上香。畲家坟墓左首一般设有"后土"神位。

（3）基　建　岱岭地处山区，平整宅基地时，一般 1 间厝基土石方少的要十天八天，多的要一二个月，多数人家全家男女老小齐上阵，挑的挑，抬的抬，不分昼夜干，舍不得请人帮工。有的请亲朋好友帮忙，可以不用工资，给饭吃就行，这次你请他帮忙，下次他请你帮忙。请帮工则要保证一天 4 餐，另加香烟 1 包，一天算下来也要几十元钱。宅基平整后，石块、砖块、瓦片、木材陆续运来，以前都用人工挑或者抬，有的人家建房，需要整整挑 2 个月。接着请泥水匠起墙脚、"定磉分金"（磉即房柱脚下石础，分金是定座向），请木匠切木、做梁，泥水匠给墙壁安放窗户、木匠立柱都要选吉日进行，主家都要给师傅红包。

（4）上　梁　农村上梁，意味着房屋已落成，要选好日子中潮涨时辰举行上梁仪式，以选卯时或辰时较多，这 2 个时辰都在上午，表示"早发""吉利"。上梁之日，要请 2 位福大命好者抬栋梁，畲民称"抱梁"。然后用背小孩的背单缚好栋梁两端。檐前摆 3 张八仙桌、2 张放栋梁、1 张放供品。阴阳先生将下方中间贴有"荣华富贵"等吉祥词语红纸的栋梁平架在 2 张八仙桌上，扎上红布，设供祭请毕，栋梁从新建房子前门进入。阴阳先生喊"进梁"，"抱梁"者抱着栋梁，两头木柱上木匠和帮工用背单慢慢把栋梁平行拉到柱顶。同一幢房子无论几间，要同时升梁，平衡而上，寓意这几户日后财丁发展平衡。此时鸣炮奏乐，木匠把栋梁放入梁位。阴阳先生喊"财进、丁进、五谷进！"木匠按顺序，在栋梁边各挂一把木制发兴锤，寓意财丁兴旺；在栋梁两头挂上两只蓝色或青色五谷布袋（装35—60斤稻谷），寓意五谷丰登；在主梁下辅梁两头各挂1只灯笼，寓意好运来。挂毕，主人家给阴阳先生、"抱梁"者、木匠每人送一个红包（比建房其他红包金额要大些），给现场围观乡邻分汤圆和糖果等。上梁仪式完毕，房主人请泥水匠、木匠、帮工、亲朋好友喝上梁酒，畲民叫办上梁酒。亲戚、朋友多的办十几桌乃至几十桌，亲戚、朋友少的办三五桌。前来的亲戚朋友要给主人家挂红，以前都是买布匹，现在用现金红包较多，有钱的主要亲戚甚至挂金戒指或金项链。酒宴毕，主人家将汤圆赠送给客人。办酒当日，建房工匠不出工，工资主家须照给。2000年以后，农村劳动力大量从事二、三产业，岱岭农村经济起了很大变化，农民收入不断提高，迁居城镇的越来越多，所建房屋全为砖混结构2—3层楼房，上梁仪式简化，亲朋好友来庆贺时，有的在家办几桌酒大家热闹一下，有的去酒店就餐。上完梁，木匠钉椽子，泥水匠盖瓦，房屋框架基本建成。

2. 房 式

乡境内畲村民居经历了从草房、瓦房到套房的演变过程。

（1）草 房 畲民称"草寮"，由畲民自己动手，邀乡邻帮助搭建而成。中华人民共和国成立前，岱岭畲村大多数畲民住草房，偏僻山区少数贫困户至20世纪90年代仍住草房。直至1999年6—7月，苍南县政府投入48万元，对全乡103间茅草房、油毡房进行拆除，新建瓦房3500平方米，岱岭才彻底消灭人居草房。

畲村草房有两种：一种是不住人的草寮，主要是用于堆柴草、放置粪桶，一般为"介"字形，用4根竹木做柱子，只盖房顶遮雨，无围墙。另一种是人居草房，多用3—4根木头或毛竹做柱子，柱头埋地尺余，上架3根横条，中柱顶端前后各斜架稻草编成的苫子或杉树皮当瓦，叫"一壁"主架；两壁主架便可搭建一间房，"三壁"就可搭建两间房，按此类推。由于草房相对低矮，只有一层可用，一般人家都要搭建2—3间。草房多为单家独栋。岱岭地处东南沿海，夏季台风频繁，一般草房四面筑有石墙，以抗御台风。制作草房的草苫，先选取2米多长的竹竿或木条作为草苫骨，一般选用新鲜的冬稻草（不用早稻草，因早稻草易腐烂)，一把一把缚到竹竿或木条上(缚在根茎一头)即可。偏僻山区也有用茅草做"草苫"盖屋，较持久耐用。茅草屋既不通风，也不卫生。

畲村还有一些木架草房，畲民一次性建成瓦房有困难时，先用建瓦房格式做好每壁木柱结构，全部或部分用茅草盖顶，待有钱时再上檩钉椽，盖成瓦房。一般情况下，草房正房做厅间，置神龛，也作会客、用餐的地方。灶间设在正房后半间或边间后半间，卧室设在边间前半间，后半间作仓库储存粮食等。畜栏、厕所都在主房处另建，但厕所一般建于南方，地基必须低于房屋地基。

住草房都筑土灶，本地称平灶。它无烟囱，利用锅灶余火加热汤罐，汤罐不像烟筒灶那样安在灶心，而是挂在灶门上方，俗称吊罐。平灶烟直排于草屋内，通过烟熏防潮，有利于延长寮架使用年限。一般农家把箍桶用的竹篾条，晒甘薯丝的篾匾等，也置于平灶上方熏烟防蛀。草房阴暗潮湿，容易失火。草苫风化腐烂后会漏雨，故一二年就需翻盖一次。草房在畲民心目中只是过渡房，无论住多少年草房，都千方百计地打拼，希望能住上瓦房。

(2) 瓦　房　是旧时畲民梦寐以求的住宅，以厅间为中心对称，有 3、5、7、9、11 间不等，一般为单数。大厝基村建于明弘治八年(1495 年)的杨氏大宅院遗址(今杨存玉祖宅)台门前曾遗留有直径 50 厘米的雕花石抱鼓(即门当)，2014 年被盗，现仍留有台门大型雕花石构件。畲村老瓦房多数是平房，木屋架、木门窗，以竹制隔离或木板隔间，盖小青瓦，边墙、后墙多为石墙。一般瓦房用 5 根木柱架成 1 扇(壁)，畲民俗称"五墩寮"(五柱厝)。数壁木柱之间各横以梁、檩，再钉椽盖瓦。房柱柱脚垫以石磉，石磉置于地面磉盘石上，以助柱头防潮防腐。每间房长度为鲁班尺 3.50—3.80 丈左右，"拖檐"一般长 1.10—1.30 丈，中柱高 1.86—2.36 丈。少数为 7 柱房。畲民瓦房与当地汉族瓦房结构相同，由于当地多石头，一些畲民喜欢用块石砌墙、筑台阶，所建房屋更具山区特色。

畲族祖厝瓦房正中间为大厅。从二步柱起，在后二步柱以木屏风(即照壁)隔断作厅堂，两侧留门，中间设神龛、神座，神龛两边雕刻有神话人物和木镜，门窗板柱上刻着青龙跃虎等图案。家族祭祀祖先、红白喜事都在厅间举行。厅堂间不铺楼板，方便竖放篾簟等较长农业生产用具。一些公用器物，如谷砻、风车、石磨、夯、石臼等，也摆放在厅间和门廊，以方便取用。厅间后段称后厅，通道放置杂物或者家禽笼具。如是楼房，楼梯架在照壁后面。房门通用木门。

大厅两侧厢房前段作卧室，经济条件好的铺地板，经济条件差的就用泥土夯平打实。厅边厢房后段多作厨房，灶头讲究朝西或朝北，一般安3口锅，靠墙处最大锅用于煮猪食，中间稍大用于烧饭，外端最小用于烧菜。靠墙一侧所设烟囱伸出屋顶，灶台上设有灶君神龛。灶门前用石条或砖砌灰塘存放灰烬，畲民叫"灶炉"。灶间摆放有水缸、大碗橱、小方桌椅，顶上悬铁钩挂各种竹篮，靠墙边还有各种缸坛等容器，方便取用。

早年，卧室按长幼顺序，以厅间为中心往两侧依次排列。卧室大多20平方米左右，靠壁置床，朝东或朝南。床前靠窗处摆一张抽屉桌（畲民称"桌柜"），上摆梳妆箱、锡烛台、油灯等，两侧摆两张木制八仙椅。床前两边分列衣柜（畲民称"裙橱"），床墙中间放马桶。一些平房建有低矮阁楼，多用作储物，缺房户也用作简易卧室。

岱岭现存古民居最早为清乾隆年间所建，清末民国年间建筑较多。富源村现存清代至民国初年古民居10幢，其中2幢保护较好。福掌、杨家边、东宫等村还存有一些清代至民国年间的古宅。

陈世垟吴宅 福掌村陈世垟自然村2座吴氏民居均为清代建筑（详见本志第一章"环境与建置沿革·人文环境"），现为苍南县文物保护点。

杨家边林宅 位于杨家边村狮子山北麓，坐东面西。始建于清乾隆三十三年（1768年）。由厢房、正屋组成三合院落。现存正屋建于块石垒砌的台基上，明间前设踏步，正屋面阔七开间，进深十三架七柱，分心前后双步梁带前后双步廊，次间起地面架空用木地板，上设阁楼，前檐使用双挑檐檩，明间用内额，前部使用挑斡，中间置神龛，供奉林氏祖灵神位。地面用三合土夯制，屋面双落翼硬山顶，盖阴阳合瓦。至今台门和围墙尚存。

东宫村郑宅 位于东宫村狮子山西南麓，坐西南面东北。始建于清咸丰三年（1853年）。由台门、厢房、跨院厢房、正屋组成合院式院落。第一进台门单间分心造，悬山顶。南厢房20世纪80年代建造；北厢房面阔三开间，进深九柱五架，分心前后双步梁带前后双步廊，上设阁层，屋面双落翼硬山顶。正屋建于块石垒砌的台基上，明间前设踏步三级，面阔九开间，进深十三架七柱，分心前后双步梁带前后双步廊，前檐使用双挑檐檩，明间后部设阁层，次间起地面架空用木地板，上设阁层，屋面双落翼硬山顶，正脊塑成尖叶状。跨院厢房面阔九开间，进深九架五柱，分心前后双步梁带前后双步廊，屋面硬山顶，盖阴阳合瓦。水井位于正屋后院，依院墙而筑，平面呈圆形，井壁用块石垒砌。围墙用块石砌筑。

富源郑振京宅 位于富源村顶峰自然村,坐西北面东南,由当地农民郑振京于民国10年（1921年）建筑,占地约1400平方米。为合院式建筑,有台门和围墙,正厝7间一层平房,左右厢房各3间一层平房,共有13间房子。进深九架五柱,分心前后双步梁带前后双步廊,屋面硬山顶,盖阴阳合瓦。房屋墙壁和围墙均用块石砌筑。宅院至今保存良好。

（3）砖混结构楼房 20世纪70年代末,岱岭出现砖混结构二层通天楼房。80年代以后,由于农村经济发展较快,农民住房条件有较大改观,居住面积大幅扩大,出现三层楼,一般一楼前半间是客厅和餐厅,后半间用作厨房;二楼前半间作书房,后半间作前辈卧室;三楼是后辈卧室。墙面装潢也由水泥石英改为瓷砖、马赛克。建屋时注意夯实地基,浇筑钢筋混凝土地圈梁,并在楼房前后筑有水泥阳台和大窗户,以便于通风采光。门扇或由木制改为铁门或防盗门,窗框或用铝合金、不锈钢,嵌茶色玻璃或钢化玻璃。屋内厨房、浴室、厕所俱全,便于小家庭居住。其中卫生间配备抽水马桶等排污设备,住房条件明显改善。

（4）套 房 2000年以后,随着农村城镇化的加速,东宫村居民宿舍和畲民异地脱贫移民点宿舍不再建传统独门独户的通天楼房,开始建设商住一体的城镇式套房,有二室一厅或三室一厅等。这种房子多建3层,少数4层,以节约土地,二楼以上住人,一楼作为商店或作坊,便于发展副业。

（四）行 俗

上街购物,见别人讨价还价,不插嘴。

等船候车,先来者先上,不争先恐后;狭路相逢,不可大摇大摆;遇有挑担者要主动靠边站,不可夺路。

向人问路不可无称呼,否则对方可以不回答。

进入别人家,不可带斧锄,不可撑伞,不说不吉利话语。

入丧事人家不可嬉笑。

上岭气喘未平息,不可喝水;行山路口渴,不可喝死水。

赶路后身上出汗,不可用冷水揩身洗脚;被冷雨淋湿后,忌用冷水洗澡。

二、生产习俗

畲族男女共耕,喜种茶苎,家家采集,户户畜养,20世纪60年代前还有狩猎活动。农忙季节送工盘工,相互帮忙,不计报酬。畲族认为,正月初七是人的生日，初八是稻谷生日，初九是上天生日，初十是上地生日，须以村为单位邀请师公摆放供品。中华人民共和国成立前年年设宴敬天谢地，祈求新年风调雨顺，庄稼春华秋实，粮食、经济双丰收。当地汉族生产习俗与畲族略有不同。

（一）耕　种

因耕地有限，乡境内畲族十分重视选种套种，以提高单位产量，耕种民俗独特。中华人民共和国成立前，家家户户种植茶树和苎麻，用多余产品换取必要的生活和生产资料。

1.选种套种

畲民十分注重选用良种，选产量高、晒干率高的甘薯种；选成熟早、颗粒饱满、整齐的高粱穗、玉米苞，整穗(苞)摘下来晒干，挂在通风干燥之处留作种子；在稻田里选择成熟最早、穗形最大、颗粒最多、最饱满的稻穗留作谷种。如果到人家田里选种子，翌年收成后，会送去10倍于种子数量的稻谷，以表谢意。发现亲邻有好的畜禽品种，也会借来配种。

畲族耕地主要是山园，多行套种和注重选种是世代相沿的关键性增产增收措施。在间作茶园中种植大麦、小麦、豌豆等春花作物，收成后再种上甘薯。栽培麦、豆、甘薯等作物时，也顺便给茶株除草、施肥。有的还在甘薯畦旁套种玉米、高粱，在地头坎尾种上冬大豆、豇豆。豇豆藤蔓悬挂在园坎或茶树上，日照充分，又通风，长势特别好，且豇豆与茶叶生产季节错开，不占地。

2.茶苎种植

茶叶、苎麻曾是岱岭畲家两大经济作物，20世纪70年代前几乎家家户户都有种植。此后，因化纤的普及，苎麻种植业在乡境内消失。

茶　叶　岱岭畲族人人喜欢喝茶，早年几乎家家户户种茶制茶。以间作茶园或者散株居多，茶叶多用于出售。采茶季节，全家动手采茶、制茶，初制绿茶、珠茶和"旗枪"出售给茶行，也出售茶青，多半是茶季扫尾时摘老叶做红茶自用。

苎　麻　是20世纪70年代前岱岭畲家常种的一种植物，主要用来纺成麻纱、织成麻布加工服装和制作蚊帐。详见本志第四章"经济·农业"。

3.农事禁忌

早年，乡境内畲族农耕有许多禁忌：涨潮时不能播撒谷种，否则以为次日秧田中的谷种会被海水波浪翻动，不扎根。拔秧时，先要双手泼水洗秧1分钟，否则以为双手会红肿，影响劳作。刚开始割稻，首先要用左脚在自己位置前方踩倒3株稻，方能开镰，否则以为会被稻风打去，双手会红肿，影响劳作。春分日不出粪，每月初一、十五忌挑人屎尿，据说这两天有菩萨下凡，忌不洁，否则人会有凶事发生。三月初三不下田，以免断水路，影响稻谷收成。认为立春、立夏、立秋、立冬前一天都是坏日子，诸事不宜，如不压甘薯，不播谷种，不插秧等，否则庄稼不易生长。立秋日也不下田，以免老鼠来偷吃谷子。十月十五日为五谷神生日，不许别人来家中拿1粒粮食。冬至不进菜园，以免所种蔬菜长虫子。忌孕妇跨越扁担，否则以为男人用此扁担会生疗。

（二）畜 养

岱岭境内畲民养牛、爱牛、护牛，用牛来耕地，用牛踏泥来做瓦坯、砖坯等，对牛特有感情。平时白天上山放牛，夜间给牛添加草料。农忙耕田季节，要在牛草料里添加精饲料，并送米酒拌鸡蛋、米饭汤等营养食品到田头给耕牛作"点心"。还在农历四月初八专门设立"歇牛节"来慰劳耕牛，给予它休息一天的特殊待遇。早稻收获后举办尝新节当天中午，煮白米饭时水量要多一点，盛出一勺米汤喂耕牛，表示感激耕牛的辛勤劳动。中华人民共和国成立之前，乡境内畲民禁食牛肉，老牛自然死亡后，要入土埋葬。中华人民共和国成立后，才开始吃牛肉，但必须杀7齿（7岁）以上老牛，而且要有生产队证明。1978年后，随着拖拉机等农业机械的普及，耕牛地位下降，一些农户饲养的牛已经成为菜牛，乡境内食用牛肉才开始普及。

畲族饲养母猪或母牛家庭，有敬拜栏神习俗。除农历每月初一、十五早晚两次在猪（牛）栏头上香外，还在母猪（牛）分娩1个月内择吉日于傍晚猪（牛）回栏后设供祭请栏神，称作"猪（牛）仔三消"：在猪（牛）栏内置方桌，摆3杯茶、5杯酒及牲礼若干，依猪（牛）仔数量多少，做多少个猪（牛）仔形状年糕供祭祀。并点烛燃香，通辞敬拜，祈求神灵护佑猪（牛）仔无病无灾，家里六畜兴旺。每茬猪（牛）仔出生，都要祭请栏神1次。

过大年时，在厅堂神龛、灶君、门神及门口埕天地等处点上"分岁香"的同时，要在鸡舍和牛、猪、羊栏处点上"分岁香"。

（三）采 集

岱岭畲族客山而居，赶山采集是畲民传统生产不可或缺的部分。赶山采集有食物类、药材类、器用类、饲料类等。食物类主要是野菜、野果、水产，其中野菜有蘑菇、蕨菜、野葱、山笋、苦菜、青草芯、野姜等，野果有猕猴桃、山楂、山油茶、黄栀等，水产有石蛙、溪蟹、溪鱼、泥鳅、黄鳝、溪螺等。中草药材主要有茯苓、何首乌、三叶青、金银花、茅草根、百合、板蓝根等。器用类有锄头柄、扁担坯、龙须草、箬叶、薪柴以及各种藤类等。饲料类主要是牛、羊、猪、兔的青饲料。

畲民赶山采集最普遍、最辛苦的是野外采薪。秋冬柴草堆成垛，用到翌年春夏时。除了供自家做燃料外，还挑到集市换取油盐酱醋，或是用草柴烧焦泥灰做肥料。21世纪后，挖树桩供做盆景之用，已成为赶山采集的新内容。

（四）狩 猎

岱岭地处山区，野兽时有出没，畲民狩猎目的主要是消除兽害，保证农业丰收，同时增加一些额外收入。上山前先拜请"打猎师傅"（即猎神），祷告"保佑子孙坐山，铳头落火，统尾保财"。祷告毕，将3炷香插在枪尖上，出发狩猎。路上忌说怪话和秽语。狩猎方法有3种：一是设伏捕捉，二是炸药杀伤，三是上山打猎。畲民根据不同野兽制作不同捕捉工具，在野兽出没地点挖陷阱，捕获野猪等野兽；或制造设置机关的木笼，笼内以小羊羔作诱饵，捕捉野兽；"长脚吊"是将绳索过竹筒一端结套圈笼于机关，另一端系于富有弹性的毛竹弓尾，并将套圈和机关埋于小土坑中伪装好，当野兽踏上机关，兽脚即被绳索套住，毛竹弓弹起，把野兽高高吊起来待捕。或将火药与碎陶瓷片一起包裹，外层裹以肉类等做诱饵，置于野兽出没处，一旦野兽啃咬，炸死或炸伤野兽。上山打猎，是用火铳或弓箭射杀野兽。形式有集体和单独两种，以后者居多。畲民上山打猎，有一些做法约定俗成：集体围猎时，要民主推荐一名年长、有经验、熟悉地理环境、作风公正的猎手当"打铳头"，成员必须听从他指挥；到狩猎地点后，分为"赶山"与"守靶"两批人，各司其职，"赶山"者靠精心驯养的猎狗将野兽赶到靶口，守靶者负责把野兽击中；狩猎结束，先用猎物祭谢"打猎师父"，烧香鸣枪庆丰收，然后分配猎物。平时，猎枪等狩猎工具不许妇女跨坐，否则视为不吉利。

畲族狩猎活动延续到20世纪60年代。今坑门村横浚自然村头红柴脚尚存1座打猎将军宫，另有一些宫庙配祀打猎将军神像供村民祭祀。

三、岁时节俗

由于长期与汉族杂居，岱岭畲族大多数节日习俗与当地汉族相同，但"二月二"会亲节、"三月三"歌会、"九月九"重阳节、"四月八"牛歇节则与汉族不同，仍然保持畲族特色。其中"二月二"会亲节源自与岱岭仅一山之隔的福建省福鼎市佳阳畲族乡双华畲族村，是浙南闽东特有畲族节日，岱岭畲族多在此日前往双华参加走亲会亲、盘歌等活动。

（一）畲族特有节俗

岱岭畲族特有节日有"二月二"会亲节、"三月三"歌会、"四月八"牛歇节，以"三月三"歌会开展得最为正常，也最为热闹。

1. "二月二"会亲节

"二月二"会亲节，是浙南闽东畲族独特传统节日。相传二月二是土地公生日，这天清早，畲民在自家厅堂燃香设供，用"鼠曲粿"做成的"冥斋""粿饼"祭请土地公及自家祖先；各畲村在本村宫庙举行祭祀祈福活动。福鼎市佳阳畲族乡双华村当天晚上举行"会亲节"活动，与之仅一山之隔的岱岭畲族多到现场观赏祭神和请神坐刀轿巡垟，观看戏班演出和木偶表演，畲族青年男女通宵达旦参加对歌、盘歌活动。"二月二"逐渐变成为岱岭与双华同过一个会亲节。清初迁界时，岱岭部分畲民被迫迁徙至双华，后子孙分散居住在闽东、浙南各地，因探亲路途遥远，乃定二月初二为会亲节，以便各地畲民到双华访亲友、叙家常，参加会歌活动。畲族家庭主妇正月很难腾出时间回娘家：初一不出远门，初二要给本村有寿诞的族亲烧点心、"请十饭"；自家来客要张罗宴请，邻家来客也要烧点心、请吃饭，如是新女婿则要全族轮着请；加上旧时实行族内婚，"大分散、小聚居"的分布，使得走亲路途都比较远，客人一住就是好几天。等到全村亲戚都走完，正月也过得差不多了。由于农历二月初二在春耕大忙季节之前，会亲会歌活动不影响农事，故正月未回娘家的女儿，都会在二月初一或初二回娘家，二月初二便演变成会亲节。娘家则以春"鼠曲粿"宴请、办歌会表示欢迎。客人回程时，主家还会给没有来的亲戚捎去两条做成长条印的"鼠曲粿"尝尝鲜。

岱岭畲族二月初二中餐吃芥菜饭风俗持续至今，当地百姓传说："二月二吃芥菜饭，大人、小孩一年不生疮疖。"据医书记载，芥菜具有良好的食疗作用，能够解毒消肿、明目利气、清热利尿、平肝凉血，还有治疗便秘等作用。

2. "三月三"

"三月三"是岱岭畲族最重要的节日之一，活动内容丰富多彩，富有民族特色。详见本志第五章"社会事业·文化·文化活动"。

3. "牛歇节"

畲谚说："人歇五月节，牛歇四月八。"农历四月初八是畲族"牛生日"，畲族要举办四月八"牛歇节"来慰劳耕牛，这个习俗至今仍在乡境内流传。四月初七晚，畲民就用米粥或甘薯丝粥等精饲料，甚至鸡蛋拌黄酒加入桂枝煲汤，用竹筒灌喂耕牛，以酬谢耕牛耕作之劳，使其身强体壮好耕作。四月初八这天，耕牛解缰卸犁不耕田，畲民还在当日凌晨牵牛上山吃露水草，并洗刷牛全身，继续用上述精饲料灌喂耕牛。"牛歇节"是畲族酷爱耕牛的典型表现。

（二）畲汉共同节俗

岱岭畲汉共同传统节日有春节、清明、端午节、七月七、七月半、中秋节、冬至等。

1. 春 节

春节是新年首个传统节日，畲汉过节习俗基本相同。正月初一头个时辰子时，挨家挨户开门，先去附近宫庙上香，再在自家厅堂神龛前摆上牲礼，点烛上香，烧大金纸，燃放烟花、百子炮，以示大吉，俗称"接新年"。再依黄历所说是年大吉大利属于东南西北哪个方向，即向哪个方向虔诚地拜三拜，以祈求今年大吉大利。从零点开始直到天明，整个村庄鞭炮声此起彼伏。正月初一早餐须吃索面（俗称长寿面），以求延年益寿；小孩到竹林摇竹，祈求像竹笋那样茁壮成长。过年期间还有不少禁忌：畲族过年须有肉，但春节不动刀，鸡鸭鱼肉菜等东西要在除夕之前切好备用，连燃料都要在除夕晚上准备充足；春节不挑水，生活用水要提前一天把水缸挑满。正月初一不说不吉利话，不打骂小孩，不上别人家借火种（畲族传说新年头一天没火种倒霉）。正月初一早上不叫醒，忌家长睡懒觉，已起床的当家人白天不能再躺在床上睡觉，否则以为春耕时田坎会崩塌，造成劳民伤财，费工费时，耽误春耕生产。正月初一至初四不扫地，否则以为新年财气会扫掉；如非扫不可，只能从门口往内扫，把垃圾先堆放在家中某个角落；到了初五早晨，当家人给厅堂神龛、灶君、门神上香，烧大金纸后，带领小孩把家里各个角落都清扫一遍，与这几天堆放的垃圾一起送出门口埕外大路边，焚烧时上香三炷，烧些大金纸，燃放双响爆竹，俗称"送年"，也称"开年驾"。正月初一至初五早晨，要在附近宫庙和自家厅堂点香烧金，一日早、晚2次；正月初一至初五，不准倒马桶，否则以为是对天地不敬，当年农业生产会歉收。从正月初二开始，邻居互相宴请，这家吃了吃那家，一直吃到初五；同时，给本村族亲中30岁以上整十寿诞者煮点心，走亲访友，或者招待来客"煮十饭"（要请寿诞者）。

2. 元宵节

农历正月十五日为元宵节，十三就"上灯"。 20世纪50年代初之前，大厝基村龙山桥头马仙宫每年都要组织几百村民和外村代表，参与请神灵巡游活动。除抬神像、乐队、扮演火锅婆等人以外，其余人员提着灯笼跟在神像后面，在本地各角落巡垟环村一周，再外出马站、沿浦、魁里、甘溪等地巡垟，晚夜进行"营灯"（手提灯笼照明）巡垟活动，整个活动持续到正月十八夜晚，即举行神像上殿安位仪式。此夜，整个片区每户都有一二位参加，各煮一二盘家常菜，一手提灯笼，一手提着菜和酒瓶，集中到宫庙举行"百家宴"谢灯活动。相传此活动会地安人顺，添丁添财。此后，进行合家团圆聚餐。

3. 清明节

清明节，岱岭人俗称祭祖节。畲汉两族清明节民俗活动基本相同，主要是踏青采集与扫墓祭祀。妇女、小孩走向田间地头采集绵草（汉族俗称鼠曲，畲语俗称稿伲、狗耳），摘取其嫩茎叶洗净晒干或青拌入米粉放甑蒸熟，再放入石臼舂制成鼠曲粿，作为清明节特色食品。清明节用鼠曲粿制作的冥斋用于两个场所：一是在老屋厅堂祭祀已合入所供香炉的列祖列宗，二是在扫墓时祭祀祖先。扫墓祭祀时间可灵活安排，可以在清明日前三后四这几天进行，既要清除坟墓表面的杂草异物，又要祭祀神明与祖先。要备办牲礼与香、烛、金纸、银纸、魂衣纸钱。扫地后还要在坟山围圈上挂上纸钱，并用小石头压上，一是标志坟地四至范围，二是表明该墓已祭扫过。中华人民共和国成立后，当地党委、政府和学校等均在清明节开展祭扫烈士墓活动，进行革命传统教育。

4. 端午节

农历五月初五是端午节，当地人称"五月节"，习俗畲汉大体相同。当地人认为菖蒲代表门神宝剑，艾草散发清香，故每年端午节，人们都会购买或采摘菖蒲和艾草扎成一束，挂在厅堂大门上的门神处用来辟邪祛秽。买些雄黄掺入白酒，相传饮后可解百毒、强身祛病；小孩不喝酒，大人会在小孩额头抹上雄黄，传说抹上雄黄，可避山林蛇虫侵害，保持体魄强健；取些雄黄酒喷雾在房前屋后，意在驱虫祛秽。并给小孩佩戴香袋、蛋袋。粽子是中午一家人聚餐必备食品，当地村民把早稻草烧成灰后用沸水淋出碱水用来浸米制作粽子，并用自然脱落的毛竹笋壳包竹壳粽，煮熟后有一种清香味。

但坑门村畲族和大厝基村小岭自然村畲族在五月初四过端午节，传说这天是坑门宫五显大帝福期，要用全猪和粽子祭请，然后将猪肉和粽子平均分给每户人家。1978年改革开放前，马站街仅有一个窄小菜市场，端午节早上去菜市场买菜的人很多，导致人流拥挤、菜价高。岱岭蓝氏村民曾因买海鲜不多而与商贩发生纠纷，经调解后，坑门村和大厝基村小岭自然村蓝氏畲民宁愿在端午节前一天五月初四过节，以便省工省钱。端午节要置办牲礼荤、素12盘菜和茶、酒、金银纸祭请祖居厅堂里的土地公及祖先。此习俗延续至今。

当地还有送新娘粽与孝粽习俗，送新娘粽（送头年节）在农历四月底进行。某家有人亡故后过第一个端午节时，不可淋灰碱水包粽，传说淋灰碱水会导致伤害亡故者的眼珠，故嫡亲在节前二三天内会煮粽子馈送该家，俗称送孝粽。此习俗延续至今。

5. 六月六

六月初六俗谓狗生日，当地民间传说："六月六土地公晒银。"此日若是晴天，挨家挨户都翻箱倒柜，曝晒冬服、棉被、书籍等物品，驱除湿气，以防虫蛀霉烂。

6. 尝新节

20世纪80年代前，当地畲汉村民在小暑与大暑之间，都要过一个简单而特殊的节日——尝新节，乡境内畲族俗称吃新节。本地俗话说："六月天天人尝新，十二月天天人娶亲。"村民在早稻登场前，将八九成熟的稻谷收割少许，脱粒、晒谷、碾米全过程都要用干净农具，不能玷污。择黄道吉日，用碾好的大米煮尝新饭。尝新当天中午煮白米饭时水量多一点，要盛出一勺米汤喂耕牛，表示感谢耕牛辛勤劳动。然后在自家大厅神龛前和本村宫庙神座前各摆上1张桌子。晚饭煮熟后，盛好尝新饭（若用陈米煮尝新饭，须在饭中插一穗稻穗），第1碗要端放到门口埕围墙上旁边，上3炷香，表示敬谢天地与五谷神；第2碗祭请灶君；第3碗祭请神龛里的祖先、土地公，并在饭前面再摆上盛满谷子的罐子，插上3炷香（宫庙和大厅无须放罐子、插香），上大金银纸钱和香烛，感恩天地，感谢神明，托福祖宗，盼望粮食大丰收。接着全家品尝今年所产新米饭。晚餐合家团圆，烧几个菜，邀请未在同一日过尝新节的亲朋好友来过吃新节，一同庆贺粮食丰收。

7. 七月七

农历七月初七是乞巧节，又称七夕节、女儿节，传说牛郎织女此夜在鹊桥相会。晚上，大人教小孩指认牛郎星和织女星。此节，外公、舅父给外甥孙、外甥送舌形面制甜饼——巧舌，俗称送"七月七"。首次送须送足12种：麻巧，外粘芝麻，较粗；椒盐巧，以椒盐为佐料，属巧舌中最美味者；珍珠巧，细而小，撒满芝麻；小儿巧，又称油酥，制成小孩状；还有松巧、双麻等。此日，家长剪去小孩手脚腕上"五色长命缕"，缚于巧舌，掷于屋顶，说是让喜鹊衔去搭鹊桥，供牛郎织女夜间相会，称"换巧"。又有女郎在月下穿针赌赛的"乞巧"习俗，向织女乞巧，希望成为能织善绣的"女红妙手"，此习俗今已消失。畲族民间传说，"七月七"炒黄豆、蚕豆等7种豆给小孩吃，能够保证他们在深山里放羊、牧牛时不怕"雷公"（打雷声音）。

8. 七月半

七月十五，岱岭民间称七月半、鬼节，道家称中元节，佛教称盂兰盆节，可谓僧道俗三合一。当地民众说："年冇看，节冇看，全看七月半。""双眼不值单眼看，尝新不值七月半。"故有人称七月半是"过小年"。家人晚餐要请没在同一日过节的亲朋好友一同来聚餐。旧时过七月半，各家各户都要蒸九层粿，用于在厅堂祭请先祖，仪式与家祭基本相同。但福掌、云遮畲族与多数汉族都在七月十三过鬼节，富源村白岩头自然村在七月十四过鬼节，原因同上文畲族提前一天过端午节。

9. 中秋节

八月十五畲汉两族均俗称团圆节。届时，全家老少相聚，若无故不到，要以"失踪"论处。旧时，外公或舅父要给外甥孙或外甥送月饼，谓"送八月十五"。小孩把小的月饼先吃了，最大的月饼留到中秋节晚上祭月：把月饼放在茶盘里，插上3炷香，捧到自家门口埕放在围墙顶上月光下赏月，香燃完再切掉分给全家人吃。乡境内畲族中秋节都有至祠堂祭祖习俗，宗祠内陈列祖图、祖杖，由族长率领，进行祭祀活动，祭毕聚餐，并有馈赠月饼习俗。早年有一种说法："八月十五开芋园。"那时岱岭大多居民家庭贫困，中秋晚餐只烧些芋头吃。现在过中秋节不同，合家团圆，要烧一桌好菜来聚餐。新媳妇于七月半回娘家住一个月，至中秋节回夫家，并带回娘家制作的九层糕，分给邻居"玩头年"。

10. 重阳节

农历九月初九重阳节，当地家家户户晚餐都烧几个菜，一家人聚餐，欢度重阳节。20世纪80—90年代，学校老师组织中高年级学生进行秋游，开展登高和野炊活动。云遮广利侯王信俗活动详见本志第五章"社会事业·文化·文化活动"。

11. 冬　至

冬至是中华民族传统节日，岱岭民间有"吃了冬至丸就算大一岁"的说法。当地家家户户吃汤圆，有的畲家还舂糯米糍。汤圆是冬至必备食品，用糯米粉制作，畲族称冬圆，有包馅、不包馅两种。舂糯米糍是畲家冬至过节常做的特色食品，也是畲族高规格待客的食品。冬至前后3天，要为亡故3年的亲人拾骨备葬，或为亲人破损的骨骸瓮换瓮（详见本节下文"人生礼俗·拾骨葬"）。

12. 廿四夜 掸新 备年货

廿四夜 农历十二月廿四谓廿四夜、小除夕，在外经商务工者要在此日前赶回家。此日，乡境内民间有祭灶君习俗（详见本章第二节"信仰·灶神信俗"）。1978年改革开放后，此习俗逐渐消失。

掸新 腊月下旬，各家各户都要进行一次大扫除，把一切家具、门窗、板壁和楼板都清洗一遍，干干净净地过年，谓掸新。饲养牲畜的家庭，在过年前就要择日出栏，把猪、牛、羊、鸡、鸭、兔等家禽、牲畜圈清理干净。屋后水沟、左右墙脚都要择日清理。

备年货 到了腊月廿日，家家户户备年货。畲民多数年货是自养鸡、鸭、兔。因有正月初不杀生习俗，家禽要在过年前2天宰好。过年猪肉必不可少，有的人家自养猪到过年杀，留下部分煮食或腌咸肉，多余卖给邻里。过年粿都在家捣制，邻居互相盘工帮忙。每户第一臼粿舂出来要先做三五个冥斋，用于大年卅或廿九日下午谢年（请神）和祭祖，其余做草鞋翘或用木模压长条，晾干后浸在水缸里待来年农忙季节当点心。除夕前2天，不少人家还会舂糯米糍、做盐卤豆腐，部分鲜吃，多余腌制豆腐腌（一种豆腐乳）。多数人家会淋黄豆芽、黑豆芽，少数年货如鱼鲞、粉干、面条、果品之类到集市选购。过年前，需备正月走亲访友的礼品，如女婿要备礼到岳父母家拜年。当家人要为家人添置新衣、鞋、帽、袜，准备过年穿。过去储藏条件不好，一些人家把鲜货晒成干货，如溪鱼干、腊猪肉、腊兔肉、腊鸡鸭等，作宴席待客之用。还买些花生、豌豆、瓜子，自家炒熟，过年时作零食。炒米家家户户都有制作，是很好的零食，又香又脆。

13. 除 夕

农历十二月最后一天为除夕，畲汉民众都要在家前门柱上贴对联、挂红灯笼。下午在自家厅堂或去附近宫庙，设供品祭请神灵或祖先。晚饭是一年中最丰盛的一餐，合家团聚吃辞岁酒，家长还给小孩分压岁钱。早时除夕之夜，畲族合家齐唱《高皇歌》，之后对唱山歌，忆旧述新，迎接新年的到来。20世纪90年代起，电视在乡境内得以普及，吃毕分岁酒，合家老少观看中央电视台春节联欢晚会节目。

吃分岁酒 晚上5时前后，全家聚餐，称吃分岁酒。为一年中最丰盛宴席，必有年糕、发菜丸、鱼等菜肴：头一道菜"发菜"与"发财"谐音，寓意来年发大财；年糕寓意一年比一年高，一年比一年好；桌上有鱼，寓意年年有余。21世纪后，一些有钱人家到酒店吃分岁酒，以提高饮食质量，省去许多麻烦。

照 夜　除夕之夜，每家每户灯烛通明到天亮，或由儿童提灯笼照看室内角落，称照夜，实为防贼。同时在厅堂神龛、灶君、门神，门口埋天地，鸡舍和牛、猪、羊栏以及木厕处点上分岁香。当家人最迟在除夕夜晚之前把债务还清，旧时，有的债主提着灯笼上门讨债，灯笼火不灭，可以讨到次日凌晨天蒙蒙亮。

煮过年饭　昔时正月初一，乡民一般不出门、不烧菜、不做饭，只吃年夜饭剩下的饭菜，叫初一吃排场。故有预煮满锅新年饭习俗，称过年饭，意为有盈余。

煨年猪　是畲汉共同习俗。除夕煮罢过年饭，家庭主妇把一个稍大干燥耐烧的大树根放在灶膛内，再把烧过未灭的火炭夹放树根一端，把树根点燃后，再把炉灰盖上，余火延续到新年初一早上而不灭，俗称煨年猪，又称过年留火种。中华人民共和国成立前，岱岭山区火柴很少，无打火机，而畲族新年初一不能向别家借火，故家家户户需煨年猪。煨年猪也有祈望来年养的猪长得快、长得大之意。20世纪90年代起，随着农村液化石油气的逐渐普及，新建房屋烧柴炉灶渐少，过年煨年猪习俗渐渐消失。至2015年，只有极少数山区畲族老人依然会煨年猪。

压岁钱　吃罢年夜饭，长辈要给前来拜祖的直系未成年人分发压岁钱，意味着他们又长一岁。过去，人们认为孩子魂魄不全，要用压岁钱压妖邪，才能保孩子健康成长。大人们给孩子压岁钱，是认为孩子如遇不测，可用身上之钱贿赂邪祟，以保生命，故孩子得到的压岁钱往往要压在枕头底下。而孩子盼过年那份压岁钱，以便购买自己心仪的东西。过去百姓生活困难，孩子们得到的压岁钱往往是一些小面额硬币。现在人民生活富裕，孩子们得到的都是大面额钞票。今天，也有成年人给上了年纪的直系或旁系长辈分发压岁钱，以表示孝敬。

四、人生礼俗

岱岭畲族生老病死有自己的一套习俗。男女通过对唱畲歌等形式进行自由恋爱，有服役婚现象；婚事中有请表姐、哭嫁、衔姐妹饭、退轿煞、留风水、撒轿米、分路钱、送踏路牛、食茶泡、擦新女婿等习俗。妇女产后有埋胎盘习俗。丧事中有唱畲歌习俗。人生礼俗与当地汉族明显不同。

（一）婚嫁礼仪

岱岭畲族乡畲汉两族婚礼仪式除畲族 "请表姐" "哭嫁" "拜堂" "撬蛙"外，流程差异不大。主要有合八字、看亲、定亲、择吉日、送日子单、裁剪（请表姐）、送盘担、送嫁酒、哭嫁、撬蛙、迎娶、挑灯、拜堂、闹洞房、食茶泡、答四句、回三日、回头年、抹新女婿、歇七月半等。

1. 合八字

当地俗称合婚。过去婚姻，由父母包办，媒人说合。双方父母认为门当户对，男家会托媒人索要女方的生庚，媒人从男方带去一个红包给女方，俗称"手信"，男家把男女双方的生庚，送请选日馆测算"八字"。如果"八字"和合可以联姻，男家便把女方生庚放在灶的烟筒头（灶君前）数日（一般为7天）。在这期间家里没有出现任何不吉的兆头，才能确定联姻。当地无论男方二婚还是女方二婚或双方都是二婚，双方见面谈妥了，男方要交给女方一件信物或红包做"手信"，女方也回赠一件信物，初婚不行此俗。

2. 看 亲

称"看人家"。女方家长择日，女方自己及其母亲、婶、姨、姑、嫂等由媒人带着，有的连同父亲一起到男方"看人家"，女方要了解男方的人品相貌、居住环境、财产情况与生活条件等等，有的连储灰间也要看，观察其家庭是否勤劳。同意这门婚事，女方接受男方给的红包；不同意，退还。

3. 定 亲

双方托媒人谈定聘礼、嫁妆等事宜后，男家择日到女家定亲，男方叔伯或堂兄弟一人和媒人一起同往，畲汉风俗相同。礼物有鸡酒面若干，猪前腿一只，糖果、聘金若干。20世纪70年代前，聘金有380元、420元、96枚银圆不等（经济条件差的家庭聘金可分几次交），还有插花银（新娘戒指、头饰银花）、三陪礼（给媒人、裁缝、木匠的红包）若干。聘金不同，女方嫁妆也不同。回礼（汉族称"拿生日"）时，用大红纸柬写明女方生庚，字数有双无单；畲族女方常用"算命"的"命纸"一张、七星猪蹄（猪前腿）、五色线、万年青枝叶及葱去叶留根茎用红纸条缚成一束。男方筹办晚宴宴请媒人与邻里、好友，俗称喝订婚酒。

4. 择吉日

结婚要先选日子，男家持男女双方生庚，请择日馆先生选定送日子单及迎娶的良辰吉日，并用红纸写明新娘出、进厅堂时间及冲肖者回避事宜。

5. 送日子单

今畲汉两族相同。男方选堂兄弟1人做挑郎，与媒人一起到女方家"送日子"，礼物有猪前腿1只、长寿面几斤、宰好的公鸡1只（两脚伸进锡壶内，女方只收腹部一点肉）。还有"三陪礼"（钱）、请媒人餐费、"插花钱"以及用于裁缝、木匠做嫁妆等红包开支。公鸡1只和日子单放在盘担上面，回礼有公母鸡各1只，猪脚酬谢媒人，还须有万年青枝条、五色线、葱去叶留根茎用红纸条1束以及芝麻籽。日子单选定的"裁剪"（开剪）日，男女双方分别请裁缝师傅，为新郎、新娘缝制婚日和平时穿的服装以及蚊帐、被子等。

6. 请表姐

早年，岱岭畲族姑娘临嫁前1个月，娘舅、姑妈、姨妈都要请她来家住上十天半月，以舂糯米糍的最高规格宴请她，俗称请表姐、做表姐。此时，娘舅要邀请附近同辈男青年歌手与临嫁外甥女对唱畲歌，俗称唱表姐歌。如果姑娘善唱畲歌，可连续唱几个夜晚，往往通宵达旦，歌词内容不重复称"不翻犁"。唱表姐歌与平常青年男女盘歌对唱有所不同，有一套传承久远的程序，男歌手须按传统风俗先演唱"黄蜂头"，再邀请姑娘回歌。"黄蜂头"分为"大喝"与"小喝"，亦称"大割""小割"。"大喝"要把第一种词曲一口气唱成。若底气不足，则改用"小喝"，再"分歌"。当地传统唱法，男青年须从房屋庭埕门楼"转斗"外唱起，到屋内大厅，途经各处而歌。"分歌"后姑娘回歌，男方才能进大厅左右分坐对歌。第一个夜晚唱到天亮，男歌手几人要凑一个红包钱若干给姑娘，称"唱表姐歌手信钱"。女方收去后唱《送郎歌》，唱毕，男方唱《送神歌》。男方黎明唱《送神歌》，意在将一些前来听歌的妖魔鬼怪送走，寓意主人家一切平安。

7. 送"盘担"

迎娶日的前一天，男家要给女方送"盘担"。本地畲汉两族所送"盘担"礼物各有差异，由媒人与新郎堂兄弟，或同辈其他亲属一人作挑工，同往女方，俗称"挑盘"。礼品有猪腿、鳗鱼鲞、墨鱼鲞等12盘，回礼一半当天下午返回。畲族俗称"挑猪肉"，礼品以前有规定，猪腿42斤、长印粿条42双、毛巾42条，还有蜡烛若干封（起媒的夜晚女方家各个角落照明用）、花炮、果盒一个（女方请祖先之用）、轿米一包（茶叶、盐、米各若干拌成，用于新娘起程撒向花轿）。再者嫡亲祖父母、叔伯、外公婆、娘舅等人，每户猪脚一只。男家还给媒人、挑工准备几个红包，在女家吃点心和办"起媒酒"时哭嫁之用。

8. 送嫁酒

又称起媒酒。男方接娶前一天，即女方送嫁之日，女家用红柬请外婆、舅妈、姨妈等嫡亲来喝送嫁酒时，带来礼品一般都是衣服布料和红包。当日上午挑工将"盘担"送到女家。吃完点心，女方姑嫂和姐妹们想为做新娘的姑娘讨红包，故意说挑来的猪肉瘦或说规定的数额不够，就用哭嫁声调，以歌代言唱给挑工对：

女方唱：你是今日担（挑）肉郎？

猪肉有皮又冇囊，

担得猪肉不像样，

冇够做油煮菜汤。

挑工对：我是今日担肉郎，

这块猪肉厚又肥，

够办你寮几桌酒，

又比礼数多斤两。

挑工和媒人要住一宿，次日上午随嫁妆与踏路牛一起返程。晚餐喝"起媒酒"，在席间，那班姑嫂姐妹们捧着一对红蜡烛，有的把干竹棍捶裂，点火后放在媒人座椅下燃烧，俗称为"照蛙""撬蛙"（红包），也用哭嫁的声调以歌代言：

女方唱：你是今日做媒婆，

双面好话讲几多？

你做媒人赚饭食，

红包不使等人攞。

媒人对：我是一个做媒婆，

东南西北媒我做，

天上冇云难落水，

世上冇媒亲难攞。

姑娘们用各种方法玩耍，千方百计把红包弄到手为止，场面热闹非凡。吃送嫁酒有时几桌人都帮姑娘们说话，找媒人麻烦。当地畲族办"起媒酒""撬蛙"讨红包的风俗现已失传。

9. 嫁 妆

早年，岱岭境内嫁妆一般有全厅面、半厅面两种。全厅面包括日常生活用品及常用家具样样齐全，其中裙橱（衣柜）必有4个。20世纪50年代前，富裕人家女儿出嫁，嫁妆就有几十件，屉桌等大小家具一应俱全，新娘穿着大襟钉花衫、八角罗裙、四角花鞋、拦头银花等，有的还要家里的水田几亩作为陪嫁（1株稻草头代表1亩地，掘几个摆放在八仙桌面上抬到新郎家，俗称"随临田"，田地租金归新娘作零用钱，此婚俗中华人民共和国成立后消失）。一般家庭除新娘婚日穿的服饰外，还有平时穿的服装十几套，当家被（大花被）、包被有好几件，屉桌、裙橱、大柜、脚盆与水桶、锡类制品齐全。半厅面指的是嫁妆不够全面，但日常生活用品不能缺少。女方家庭经济条件差的，除女儿几套服装外，有当家被、包被、蚊帐各1件，屉桌1张，裙橱1个，脚盆、水桶也不全，有的甚至连锡烛台、锡茶壶也没有，仅有1对锡酒瓶与其他一些小件东西作陪嫁。

10. 礼品和请柬

本地青年男子临婚前，家长一定要备礼品和请柬。母亲回娘家请同胞与堂兄弟及已婚姐妹等嫡亲。母舅在外甥婚日前天下午去吃起媒酒时，要带布料（做上衣一件）、酒包（钱若干）以及对联，另外还需备一个拜堂时给外甥的红包称"膝盖头"包。写对联也有讲究，娘家同胞兄弟年纪最大的要写长联（联纸长，字数多）张贴厅堂正柱，称"抱正柱"，其次先同胞，再堂兄弟，最后姨父，按年龄大小往厅门方向顺序张贴，若正柱外板壁贴不下的再往正柱里向贴，以此类推。不需横联，下联贴在左边，联对左中上贺某府外甥新婚志喜，下联右中上沿边写上母舅某某姓名贺，还有厅堂大门、喜门等对联20世纪前由新郎主家自备张贴上，以后由堂兄弟及好友张贴。

11. 迎 亲

娶亲那天，男家一大早就派出由带新娘、抬嫁妆、抬花轿、乐队等几十人组成的迎亲队伍，吹吹打打，天蒙蒙亮时到达女方家门外，女方家放鞭炮迎接亲队伍入埕院坐下，乐队不时吹打。过片刻女方端出茶和点心，让迎亲队伍吃喝。迎亲队伍吃后进房间内搬嫁妆，新娘则请来十几位女性朋友堵守不让搬，然后在媒人或女方长辈相劝下，再抢搬到庭院。

12. 哭 嫁

畲家姑娘出嫁，无论愿意与否，出嫁前二三天就开始哭嫁，以歌代言，哭唱与爹娘兄妹等人分手的心情，表示不愿意结束姑娘时代，不论谁来替她梳妆都不顺从，她对亲人有说不完的贴心话、哭不尽的惜别情。

父母哭女儿： 啊，啊女啊哈

　　　　择了日子仰定到啊女啊哈

　　　　细时难得等你大，

　　　　养你大来嫁别人啊哈

　　　　别人爷孃拿来养

　　　　自己爷孃隔山场啊女啊哈

女儿哭父母： 啊，啊爷啊孃啊哈

你分散好心焦啊，啊爷啊嬢啊哈

忖着爷嬢在心头啊，啊爷啊嬢啊哈

爷嬢岁有我冇顾啊哈

啊哥啊嫂照顾你啊爷啊嬢啊哈

梳头哭唱： 啊，啊姑啊哈

未梳头毛是人女罗姑啊哈

梳了头毛人儿媳啰姑啊哈

梳了头毛做女人啊啊姑啊哈

夫妻两人着贤惠啰姑啊哈

你对公婆着孝顺啊，啊姑啊哈

啊，啊嫂啊哈

头毛不使你来梳啊啊嫂啊哈

你来梳头不像样啰，嫂啊哈

从小到大梳辫子，啊啊嫂啊哈

一年到暗自己梳啰嫂啊哈。

到了男方来搬嫁妆时，新娘的姑嫂和同伴们派几个代表唱哭嫁歌：

啊啊，抬轿亲戚，

天也未亮你就行啊亲戚；

吹箫打鼓闹震天，吵了乡村人大小，

寮下大小人好睡啊亲戚啊哈……

迎亲队伍里的人们能对上就对，不对也可以。

畲族习俗，姑娘做新娘总是不肯梳妆，因为做姑娘梳的是辫子，头上系的是红绒线，戴的是耳牌，梳了妆成了新娘，梳的是髻，戴上头饰，穿上凤凰装称"女人"，又要离开父母与同伴。但媒人怕迎亲队伍回去太迟就催嫁，用歌代言，与伴娘对唱：

媒人唱： 良辰吉日做新娘，

劝你趁早梳好妆，

路头来远轿抬慢，

六亲九眷眼仰长。

伴娘对： 你做媒人心莫焦，

自然会契佢梳头，

嘎多路头不算远，

不会过周上门楼。

午时，抬嫁妆者去女方房间搬嫁妆，捆绑屉桌上陪嫁锡酒瓶、镜箱等物品需半个小时。伴娘们期间假意抢一下，以活跃现场气氛。因嫁妆要在新娘房间摆设，随嫁妆先到新郎家的踏路牛或踏路羊的脖子缠着红线，用诗花带作牵绳，由新娘年纪最小（一般10岁左右）的弟弟牵着走在抬嫁妆队伍前面"踏路"先行，媒人与挑猪肉者一起出发。随后，在嫂子、姑姑、婶娘、伯母中选一位家庭比较富裕、上下辈也齐全的给新娘梳妆，以歌代劝言，边梳边哭唱着：

啊啊××（称呼）啊哈，

未择日子都未到啊哈，

择了日子看定到啊××啊，

做人儿媳听人教，自己爷孃隔山场，

别人爷孃拾来养啊××啊哈……

梳妆后，打扮完毕由梳妆者牵着新娘去与父母拜别，母女对哭也是以歌代言：

女唱：啊啊爷啊孃啊哈！

孃分散真不甘啊爷孃哈，

双脚跪落孃面前啊爷孃哈，

女无帮娘久长活啊爷孃哈，

哥嫂帮你不使烦啊爷孃哈。

母对：啊哈女啊哈！

孃女分散好心焦啊女哈，

做人儿媳到人寮啊哈，

你孃言语吩咐尽啊女哈，

做人儿媳听人教啊女哈。

13.衔姐妹饭

帮工事先在厅堂八仙桌上摆"果盒酒"，点上香烛拜谢祖先，并端来一碗白米饭在桌沿边，梳妆人把新娘牵到桌旁，伴娘们唱衔饭歌："一口衔来压谷仓，二口衔来压银两，三口衔来姐妹饭，年年五谷都满仓。"接着新娘衔姐妹饭，至少三口不嚼。胞兄弟双手拎起衣襟，让她吐在衣襟上，然后倒进楼上谷仓，俗称"衔姐妹饭"。

14. 退轿煞、留风水、撒轿米、分路钱

做新娘，事先必备一块边长约3尺的正方形红布花巾来对折再对折，新娘用双手拇、中、食指捏着平举于自己额头遮着脸，由梳妆者牵扶出大厅时，新娘要做出不愿意离开家的动作。被牵上花轿，轿夫把门关上，新娘用左脚连续轻踢轿门3次，俗称"退轿煞"。然后轿夫锁上轿门抬轿。新娘兄弟及堂兄弟则把轿拉于寮门左右方向，进行三进三退留轿，俗称"留风水"。起程出门口埕外，由执大锣者鸣锣开道，执高灯者走在迎亲队伍前面。这时帮工撒出用茶叶、盐、米拌成的"轿米"（又称"茶盐米"），燃放鞭炮，来看热闹的邻里大小每人都能讨到一二元"分路钱"。礼仪结束，在乐队伴奏下，新娘坐花轿出发。

15. 拜　堂

迎亲队伍回到男方家门口埕外，燃放鞭炮迎接。花轿进埕停下，开轿门让新娘下轿，用茶盘端上两杯糖茶迎接新娘，杯里放有红枣、花生仁，祝福新娘新郎今后生活甜蜜，早生贵子。新娘一般象征性地尝一下或看一下，拿出一个红包放在茶盘上，这是新娘给的轿门包。事先选好一位新郎晚辈男孩，挑两只灯笼来到轿门前点亮灯，挑回大厅。新娘遮上脸，由牵拜人牵着，跟在挑灯后进厅堂。这时孕妇、"戴孝"者都要避开，传说新娘碰着孕妇、"戴孝"者，日后夫妻会不和睦。在厅堂神龛前，事先摆放1张桌面板横向的八仙桌，靠神龛向桌面上摆放供品"果盒酒"，一对锡烛台，左右两侧点燃大红烛各一对，下首左右桌角沿边摆放"桌角"一副、桌围一面，桌面左右两边挂着"挑灯"的灯笼，在桌左角边平行摆放一张太师椅并披上红毯，桌面左边放一个茶盘。将新娘牵扶到厅堂，1978年前都是司仪主持拜堂仪式，后由牵拜人员代替主持。拜堂仪式开始，男女两位牵拜人员各牵扶一人，女的把新娘牵扶往八仙桌沿边左上右下环桌一圈，站在桌角沿边前方，同时男的牵扶新郎右上左下同样站立。一拜天地，二拜高堂，三是夫妻对拜。根据祖传拜堂仪式，夫妻对拜有男拜女不拜的习俗。传说畲族始祖龙麒是"星宿"下凡，因番邦作乱，朝臣无法平定，高辛皇帝在四城门张挂皇榜："谁人平得番王乱，招为驸马，三公主许配为婚。"龙麒揭榜领旨平定番邦，回朝后皇上招龙麒为驸马，与三公主完婚，在金銮殿前拜堂，一是天地必须拜，二是金銮殿上坐的是父皇和母后娘娘千岁高堂要拜，后来相传二拜高堂祖先，新郎均行跪拜大礼，但新娘不下拜，只欠身鞠躬。因新娘穿戴视同"三公主"的化身，也不拜公婆。三公主认为自己是皇帝女儿，论爵位比驸马高，也不拜驸马。旧时拜堂仪式完毕，新娘仍由

牵拜人员扶站着，新郎面朝向太师椅待着。此时"受拜者"一般都会回避，新郎堂兄弟、朋友及帮工全部出发，一个也不能漏掉地寻找，先请外公、外婆，再请母舅、舅妈，姨父、姨妈等，以及新郎父、母、伯、叔等长辈，按年龄顺序依次拖、拉、推坐在太师椅让外甥跪拜，受拜者将事先准备好的红包放在桌面上的茶盘里。仪式结束后，把灯挑在前面，随后一人捧着拜堂那对大红烛，将新娘新郎送入洞房。本地拜堂仪式20世纪80年代后消失。

16. 正 酒

拜完堂，灯挑入新房，新娘给挑灯者一个红包。新郎新娘坐在床沿各吃一碗夫妻团圆丸，称"新娘丸"。这时邻里和来客大小进房讨"茶泡"（瓜子）。中午摆酒宴请宾客，称为"正酒"。与昨天晚餐的起媒酒有区别，请外公、外婆、娘舅、姨妈、媒人等人坐厅堂首席。娘舅未入座喜宴不能开席，娘舅未离喜宴不能散席。新娘在娘家事先备好的剥掉皮掰好的四季柚等装盘作为茶点，由新郎姐妹端上宴席，随时捧着茶盘带着新娘，从娘舅席开始向各席每位宾客敬奉糖茶，俗称"喝糖茶"。喝后每位要向新娘馈赠红包。正酒宴散后，娘舅等嫡亲长辈返程回家。告别时新娘送行递伞，娘舅还要馈赠"送伞包"。

17. 食茶泡

即闹洞房的俗称。新婚当晚，当地民间有闹洞房习俗，新郎邻里同辈男青年组织10人在新房设席"食茶泡"。新娘事先备一大盘花生、糖果、玉米花、饼干、柑橘等"茶泡"，并剥好柚子放在最中间上面，新娘用锡壶泡好糖茶，每人斟上一杯，新郎再备一桌酒宴招待，席间尽说吉祥话语。在酒桌上想吃水果等"茶泡"就得吟诵"四句"，俗称"答四句诗"，如："今日新娘进橱房，财喜双双会相逢；新娘有财又有喜，子孙代代状元郎。"吟完一首，新娘得拿出一些糖果给吟者，另一人接说。新娘"茶泡"拿来分，寓意旺子旺孙。直到深夜散席。参加"食茶泡"者每人得出钱若干，这些钱新娘与家长各得一半。俗话说："新娘房三天无大小。"结婚三天内，近邻长晚辈可随便进出洞房讨"茶泡"，本地称"新娘瓜子"。客人一进新房，新娘即会给一大把黄豆、花生、糖果等"茶泡"。

18. 回三天

畲族称"转三天"。青年男女结婚第3天，新娘胞兄弟（畲族称新舅）或年轻的堂兄弟一大早就来到新娘家看望姐妹，称叫三天。随后新娘偕新郎一同回娘家。除非路途遥远，一般都是当天返回，俗称"回三天"。新郎选一位兄弟或堂兄弟当挑工，送去饼干、水果、糖、豆等"茶泡"（即礼品）分给娘家近邻老幼，族内嫡亲每家一份；猪脚看新娘子亲属长辈有几户，每户要一个。到岳父母家后，岳父母和亲属都要煮点心给新娘新郎吃，新郎吃了把点心钱放在碗后(俗称点心钱)。中餐后新郎新娘回自家时，新娘的姐或妹或嫂子要给新郎送伞，同时新郎要拿出一个红包作为送伞钱。

19. 回头年、擦新女婿

翌年农历正月初二或初三，新娘胞兄弟一人来到新郎家。被款待后，下午与新郎新娘一同回家，称新娘"回头年"，称新郎"做新女婿"，分给族内嫡亲的礼物有猪脚或肉加饼干一份；近邻过去分风鼓包一份，现今分饼干一箱。凡收到礼物的近邻轮流宴请新郎、新娘和陪伴的新娘胞兄弟一人，俗称"请新婿"。最后一餐由岳父母家宴请，并且邀请宴请过新郎的所有户主作陪。做新婿往往要宿三五夜，户数多的村庄甚至十多夜。这几天，与新娘同辈分的女青年都要与新女婿玩耍，用灶炉里的烟灰与水或菜油拌成灰浆，放在双手心内悄悄靠近新女婿背后，抹上他的脸蛋，称"擦新女婿"或"挑炭"，一次抹上左右脸蛋称作一担，只抹到一个脸蛋称一头。假如不给他抹上几次，新女婿返程上路时会说大话，说你这个地方没柴烧，连炭挑也没有。"擦新女婿"习俗今已消失。

20. 歇七月半

翌年农历七月十五（七月半），新娘回娘家住上一个月时间，俗称"歇七月半"。在这个月里在娘家编织诗花彩带、捻苎丝等。到了八月十五中秋节，新郎去岳父母家把新娘接回过中秋团圆节，岳父母蒸一些九层糕（粿），让新娘新郎挑回家分给邻里。本地歇七月半的风俗到21世纪初已消失。

（二）生育习俗

岱岭畲族生育方面有自己的习俗，如产后埋胎盘就与乡境内汉族有明显不同，孕妇禁忌比汉族更多。

1. 孕期习俗与禁忌

岱岭畲族妇女妊娠期有许多讲究。家里会选择酿酒的最佳季节用最好的糯米酿造"月里酒"，米与水的比例为1：1.5，酝酿半年以上。酒酿好后密封存放，到生小孩时才启封，味道香醇。过去夫家还会适时准备衣帽鞋袜、裙子尿布等婴儿用品，多少各有不同，有两件必不可省：一条背小孩用的"背单"（用1.30—1.40丈长、2尺宽的整幅布制成）和一件畲语称之为"披裙"的披风。娘家同样要准备婴儿用品，其中衣物一般在婴儿出生报知时馈送。

妇女怀孕至4个月，长辈畲民以男左女右来判断该妇女怀的是男孩还是女孩，是男孩就会慢慢往左移，孕妇肚皮左凸右凹，怀女孩的会右凸左凹。

孕妇禁忌：尽量避免重体力劳动，适当增加营养，保证足够睡眠，保持平和心态；洗脸、洗衣服尽量用热水，避免洗冷水日后落下疾病；不看戏，尤其不能看木偶戏，恐胎儿花脸；忌吃牛肉、辣椒、酒等饮食；不能动手宰杀家禽、家畜，也不能看别人宰杀家禽、家畜，恐胎儿四肢残疾；不能用剪刀裁布做衣，不吃兔肉，恐致胎儿兔唇；不在别人家生孩子，恐风水被带走；不到丧事人家，亦不可看出丧，怕对人家不吉利；不能看人家结婚拜堂，不能进洞房，恐致新婚夫妻不和睦；不可跨过牵牛绳子、犁耙以及扁担，怕导致难产；快临产时，不能织毛衣、毛裤以及缝补衣服；不能随便搬动屋里、屋外原先固定放置的物件，就连砖、瓦也不能动；不能在房前屋后乱挖掘，不能在屋内屋外敲打、放炮，恐胎儿受惊。

2. 生产习俗

旧时，岱岭畲族乡妇女生育全都在家中进行，孕妇临产有祈望顺产做法，如打扫房前房后排水沟，疏通自家田地沟渠、田隙（出水口）。如遇难产，家人要开启产房内家具的门扇，拉动大小抽屉，开启房门、厅堂大门的门扇等，寓意让婴儿能顺利通过（出生）。

3. 产后习俗

岱岭畲族产后习俗与乡境内汉族大同小异，除产后埋胎盘与乡境内汉族有明显不同，其他大体类似。

埋胎盘　畲族妇女分娩后，如生下男孩，家人便把胎盘埋在大路石板下，让人踩过，以为孩子将来胆大，有作为。生女孩，则把胎盘埋在茶树下，使她长大采茶时能够心灵手巧。

报　知　小孩出生是一个家庭的大喜事。畲族传统习惯是小孩出生当天，要给邻居每家（一般为同一栋房屋者）送一大碗用鸡肉酒下的长寿面和2个红鸡蛋；女婿在小孩出生第3天，要备礼到岳父母家"报知"。报知所送礼品有：猪蹄膀一个或者猪肉2刀（相连不切断），放在"红桶仔"里；外加长寿面数斤，用红网兜挑到岳父母家。本地汉族也有报知风俗，但多称"报酒"，与畲族不同的是时间在分娩后第2天，女婿携一只雄鸡和一壶黄酒到岳父母家报喜；回礼很丰厚，且寓意吉祥。畲民回礼时必不可少的有：米若干斤（多少不限），鸡蛋三五十个，万年青一簇，束有五色线的手巾一条、石蛋两个，其中石蛋寓意小孩头如石坚、健康成长。有的还送婴儿用品或者鸡、兔等，婴儿用品多数人家都在出生之前准备完毕。岳母还要到女婿家帮助料理女儿的起居饮食，直至满月。

送　庚　岱岭畲族"送庚"，主客双方都十分看重。男女双方嫡亲多在孩子出生半个月内，至迟一个月内来"送庚"。"送庚"的客人都是嫡亲女眷，这与"月里房"禁忌相关。满月前的产房叫"月里房"，做"月里"期间，除丈夫外，其他男人不进"月里房"；凡进过月里房的人被视为不洁，不宜参与烧香祭祀、求神拜佛之类神事活动。"送庚"时，多数人会选个好日子相约到主家，所送礼品多是长寿面、鸡蛋与活鸡。嫡亲"送庚"时，通常要住一两夜，村中男青年要来对歌。凡送活鸡来的，主家都会回一只鸡腿，说是给小孩吃，并有手巾、袜子作回礼。带小孩来的，还要给小孩红包。

命　名　婴儿出生后几天，特别是第一胎，且是男孩，家中老人会特别重视命名这件事。他们选好日子，请来算命先生。算命先生则根据孩子出生时辰，看本命，孩子命中缺什么就补什么，从金、木、水、火、土中选一个作为偏旁，再根据宗族排行而定名。

满　月　孕妇分娩后，一般一个月内不外出串门，不能被风吹（用黑纱缠头或戴帽），一般不参加劳动，洗脸、洗澡要用温水。要吃鸡、鸡蛋、红酒、红糖、菜油等食品，忌食猪肉、猪油、鹅、青菜，不食稀饭。如家中劳力不足时，产后3天，要用山草药（干橙皮、石菖蒲）煎汤冲老酒洗脚后，便可出房操持家务；如有必要到野外，必须戴笠。岱岭畲族乡大多数畲民家庭没有为小孩办满月酒的习俗，有的家庭把"送庚"与"满月"合起来做。也许这与畲族经济贫困、居住偏远的状况有关，同时也因为送庚与满月时间相隔很短。但是，满月这一天一定要给小孩理发，称"剃满月头"，务必请理发匠到家里来，理发时要先在婴儿头上擦上熟蛋黄，头顶前部脑门处要留一片头发不理，称之"孝顺发"。理发匠理发时还说些吉祥的话，主家给理发匠烧点心、送红包。即使满月不宴请宾客，小孩的外公外婆还是会送来"糖龟"（一种掺杂红糖的龟形年糕）和红鸡蛋，馈送亲朋与邻居。

百廿天　小孩百廿天也称四个月。岱岭畲族绝大多数家庭不办酒宴，但要开荤。外婆家送来煮熟的猪唇，意为收涎；送来煮熟的鸡头，寓意知醒。汉族做小孩百廿天的也不多。无论畲族、汉族做百廿天，娘家都会馈赠小儿内外衣和帽鞋，一对银手镯和银脚镯，银手镯上挂着银花、银豆和银吮（一端形似奶头，婴儿可当奶头吸吮），摇动时会叮当作响。并送些煮熟的红鸡蛋，有的还送糖龟分发给邻居。

对 周 即周岁。受重男轻女封建思想影响，旧时畲家在男孩周岁时一般都会举办宴席，女孩周岁一般不办。外甥孙周岁，外婆家送小孩衣、裤、鞋、袜、帽一套要齐全。还要准备糖龟和染红壳的熟鸡蛋送到女婿家，分给其亲友和邻居，无论是几十户还是上百户，每户糖龟一双，红鸡蛋一个。经济条件好的外婆家还会打制银牌、银项圈给外孙佩戴，以祈求吉祥平安。

哺 乳 旧时，岱岭畲族妇女给孩子喂奶，一般喂到2—3岁左右。有的妇女因奶水不足，从孩子出生三四个月起，就用米糊来补充。她们把大米碾成粉，加水拌搅好放锅里蒸熟，端出来加放一点酱油或白糖就行。根据孩子年龄，可随时给孩子加大米糊量。

断 奶 旧时畲族小孩断奶，一般都在2—3岁左右。断奶要翻黄历选日子，一般选古历七月十五至八月十五前。以为如选不宜断奶的日子，恐断奶不成功。断奶时，母亲都会把孩子交给丈夫或婆婆带，自己回娘家住上几天，避免小孩纠缠吃奶。等孩子断好奶了，自己再回来。有的妇女没回娘家，就在自己乳头上沫上红粉，把奶头染红，谎称"奶割掉了"，或者在乳头上涂抹辣椒水让小孩辣上几回，同时增加一些零食，熬上几天才能达到断奶目的。

（三）学业习俗

岱岭畲汉学业习俗基本相同，中华人民共和国成立前有发蒙仪式。汉族考取庠生（又称生员、秀才）以上，以及后来的学校高中、师范毕业以上，都要摆酒庆贺。至2015年，乡境内儿童发蒙仍然要办酒宴庆贺。

1. 发 蒙

旧时，人们称私塾为蒙馆，儿童刚开始上学叫发蒙，亦称启蒙、上书堂。发蒙要选吉日，入学第一天，学童须由一位读过书而且家庭比较完美的大人引领入学，学童书包是外婆家新买，书包里有课本，课本要夹一根葱，"葱"跟聪明的"聪"同音，象征着小孩上学会很聪明；葱中通外直，预示学童脑子灵活好使。同时书包中放有砚台一个、毛笔一支、徽墨一块、白色粉板一块、擦布一块。进入蒙馆，先跪拜孔夫子（又叫文昌爷），后跪拜启蒙先生，蒙师手把手教新生描红字一张，写毕，蒙师加圈。新生拜谢蒙师出堂，向长辈亲友拜揖，长辈给他拜见钱。大户人家中午在家里摆上学酒，酒席首席上位必须请启蒙先生坐，外婆家要送状元糕分发给大家。中华人民共和国成立后，此俗消失。民国时期，外婆家给外甥孙发蒙送雨伞、书包、套鞋；1978年改革开放后仍有人送魁星糕、福寿糕、粽子、雨伞等；进入21世纪，送书包等学习用品及糕点、粽子、水果等，有的还分赠任课教师和同班同学。

2.毕业酒

旧时凡是科举考取庠生（又称生员、秀才）以上，以及后来的高中、师范毕业以上，都要摆酒庆贺。主家选好黄道吉日，写好请帖，邀请亲戚、朋友、同宗赴宴，同宗各祠堂须送红包贺喜。

（四）祝寿习俗

畲族老人极少做寿，但在50岁以上逢"整十"岁时，嫡亲会送活鸡、猪腿、布料之类礼物庆寿，俗称"做十"；正月（一般为正月初二），村中族亲都给老人送点心，并宴请一次，俗称"煮十饭"。点心为一大碗长寿面或炒粉干，"点心头"有煎鸡蛋三五（可二忌四）个和鸡肉、猪肉、虾干、木耳等。主家收下点心后，回礼一双长条年糕及糖果。村里如有几位逢"整十"岁的老人，则一并宴请。

汉族长辈生日，外甥、女婿要送厚礼。女婿除馈送长寿面及鸡鸭鱼肉外（叫送生日面），还须送寿糕、寿桃、红糖年糕、红烛，米制寿桃依年龄计数，60岁送60个。有的寿桃还插上米塑彭祖、麻姑、八仙过海等神话人物或故事，分列寿桃架上，富家还做龙凤大寿桃（男龙、女凤）甚至大型木制鎏金寿匾送到岳父家。一般亲戚送寿礼有长寿面、肉、寿幛、寿屏等礼物。做寿时，主家要分金戒指、银圆等贵重物品给晚辈；分给宾客礼物一般有寿桃、水果、蒸糕、红糖年糕等。蒸糕用糯米粉加糖粉蒸熟，上撒红绿丝、桂花、葡萄干之类，八角形，每个一斤左右，切块吃。现贺寿改送生日蛋糕，祝寿趋于简单，仅办酒宴庆贺。但寿宴座次仍沿袭古俗，必须由外甥坐头位（无外甥由女婿坐），由寿星给红包。寿宴首道主食为长寿面。高龄老人次年大寿，则先于除夕设家宴，宴请亲朋。

（五）丧葬礼俗

乡境内十分重视丧葬礼俗，丧葬前要选择墓地，建筑坟墓，制作寿枋、寿服等；丧葬中要沐浴更衣，报丧，讨位，供孝饭和灵前灯、照冥路，定向，起马祭（白祭），出殡，回龙，点主，做红祭等；丧葬后子孙要服孝、探墓、做七等。

1.丧葬准备

岱岭境内丧葬前准备主要有选择墓地，建筑坟墓，制作寿枋、寿服等。

选墓地 老人亡故后不论拾骨葬或棺葬，事先都须请地理师看风水选墓地：要主星高拱，两旁有飞鹅抱穴，鹅外左右有龙虎摆列，穴前有案山对照，龙虎外有一二生旺砂照穴，穴前有窝坦（即小明堂），龙虎外四围之水尽归中明堂。墓地要根据龙、穴、砂、水、向五字推出，龙要起伏屈曲，砂要缠护，抱穴朝案分明，穴要气脉窝藏、穴晕为的，水要逆朝横收、平净为佳，向要净阴净阳、依水所立。要克取龙气，龙气旺则人丁盛；二收水聚，水聚则财富；三取砂秀，砂秀则官高；四取局圆，局圆则悠久，使亡者主家财丁两旺，万事吉祥。云遮蓝品山深知地理奥秘，专攻风水学，曾为温州知府、平阳知县看过地穴，深得好评。清同治八年（1869年），温州知府、平阳知县分别赠送他"敦厚可风""美意延年"两块樟木匾（1987年9月25日因老屋失火焚毁）。

筑 坟 本地现存坟墓多为"交椅坟"，圹壁用砖砌成，黏合物以前用三合土（石灰、沙子、黄土），20世纪90年代以后用混凝土建筑。墓圹上筑一平台称酒台，供后人上坟祭扫摆香案、祭品之用；并立一块石碑，上书墓主姓氏郡名、葬者讳名、阳子孙谱名、坟墓坐向（分金）、安葬时间等，多数酒台及大埕围栏21世纪前用青石彩面铺围而成，21世纪初改用花岗岩建材。

制作寿枋、寿服 旧时人到50岁，殷实人家都会预置一副寿枋（棺材，又称百岁枋）和寿衣（又称百岁衣）、寿被，传说有压寿冲喜作用。寿衣包括衣、裤、鞋、帽、袜等；寿被为绸缎面，内加双层白布做里，四向包边制成；寿枕也不可缺少。过去请裁缝师傅来家缝制，今多上街购买现货。有女儿人家，这些花费都由嫁出去的女儿承担。

2.丧葬程序

岱岭境内丧葬中程序主要有沐浴更衣、报丧、讨位、供孝饭和灵前灯、照冥路、定向、做功德、起马祭（白祭）、出殡、回龙、点主、做红祭等。其中供孝饭和灵前灯、照冥路、起马祭（白祭）、回龙、点主、做红祭等程序有事死如事生的成分在内。20世纪50年代前，当地畲汉两族丧仪大同小异。20世纪50年代后，当地畲汉两族丧仪无异。

沐浴更衣 旧时人亡故后，由孝子或其家属以银子纸和茗香3炷到坑塘或水井旁烧化买水，水烧热洗身时不同辈分亲属暂时避开，由同性用毛巾沾湿前三后四擦身，俗称"沐浴"。早时还请乡间理发匠上门给逝者理发，不过以简便行事，也是"前三后四"。给亡者穿殓衣有讲究，上衣和裤子所穿的都是奇数。一般上衣穿5层或7层，夹衫（有内里）双层计算，棉衣作3层计算；下身穿短裤1条、长裤2条；脚穿长袜，头戴黑布帽。旧时穿衣前，孝子站在凳子上，先用大秤钩将死者需穿衣服等称一下（不挂秤砣），意为"尽秤尾"数量足。这种称衣习俗已消失。一般在死者辞世2个小时内，尸体还未僵硬时给死者穿衣；过了这段时间，则要待"一对时"（24小时）尸身软化后再穿。穿衣时，孝子要在衣服上"打火号"，用茗香在衣襟下端内里焚个小窟窿。穿衣、"打火号"时，孝子孝女都要唱哭歌，希望亡者四肢放松，好穿衣服，内容包括是谁给亡者穿衣、穿何衣、每层衣服"火号"打在什么位置、共穿多少层衣服，等等。

穿寿衣后，移尸体卧门板上抬到大厅堂边，放在两条长板凳上。本族房内人马并出，有的到嫡亲家去报丧；有的撤去卧床，将死者用过的席被等无用东西送到野外或坑沟边焚化。

报　丧　人亡时，要马上给嫡亲报丧。由于亡者家庭事务繁杂，一般都派邻居报丧。报丧者进门时，把雨伞倒头置放于厅堂壁边，主人就知噩耗，会煮荷包蛋做点心来接待报丧者。报丧者要全部吃光点心，否则主人不悦。如有时间，要让报丧者喝杯茶水，并回礼毛巾一条。报丧表述要婉转："老人家走去了。"或说"老去了""殁掉了"，不能直言"死了"。畲族丧母，要以娘家为大，要先去娘舅家报丧，哀歌唱道："我娘转去实为真，着落娘舅寮去报信；跪落娘舅面前讲，今晡我娘已归阴。"丧父，要以叔伯为大，须即向亲房叔伯报知："娘那老落娘家亲，爷老大郎步伯亲；全靠大郎叔伯好，嗳做功德谢恩人。"亡者有出嫁的女儿，也要尽早到女儿家报丧。女儿接到噩耗，随即回家，一路哭号。

讨　位　畲民有乳名、本名、世名和讳名四个名字，其中讳名供死者排座位用。族规规定：讳名按"念、大、小、百、千、万"六个字周而复始排行。但雷、钟二姓在大迁徙中，分别把念字和千字香炉丢失了，只按五个字排行，故雷姓无"念"、钟姓无"千"。女性去世要去娘家报丧；男性去世，由亲属向族长或祠长报丧。生前做寿棺（称徛寿寮）时，堂兄弟要族长将行第写明，并用红纸封好，做好寿棺要举行酒宴。外甥请娘舅行礼敬酒，娘舅把红纸包交给外甥，置放棺木内，俗称"讨位"。红纸包要待棺主去世时才能启封。过去女性生前未做寿棺木的，死后孝子孝孙按辈分大小跪在家门口，为首者手执茗香和托盘（内点蜡烛1对，黄酒2杯，红纸条粘鸡腿1对）。娘舅奔丧时，接过盘中2杯酒，右手2杯泼到远地"供奉亡者"，左手2杯俗称"娘家酒"，倒半杯右手杯中，举杯做饮状后，放到托盘，扶起孝子孝孙，再接过外甥手中茗香步进厅堂，把香插入香炉。接着了解亡者原因、安葬墓地、安葬时间等。讨位时娘舅奔丧跪接唱哀歌习俗今已失传。

供孝饭和灵前灯、照冥路　供孝饭本地称头天饭，方法与平常不同。用左手抓七把米，先放到锅里，后再放水，水只能放一次，不论饭是否夹生，饭烧好后盛到碗里，插上一双筷子，筷子大头向上，顶端夹着一小簇棉花，下放一个熟鸡蛋。在遗体上首设小方桌一张，桌板横放，桌上立香炉、烛台供孝饭，还放一盏昼夜长明的油灯，称灵前灯，个别地方把灯点放死者脚边，称作照冥路。桌旁再放一口铁锅供烧金银纸之用，并不断给死者烧香、添油、烧纸钱，称"赐生"。边烧边哭，道死者生前的为人及烧纸钱给死者之用和庇佑家里等内容。畲族一把眼泪一把鼻涕，以哭唱哀歌代言（没有固定歌词），会催旁人伤心流泪。遗体旁边放上孝子戴用的草冠、孝杖、缚腰草绳（每个儿子各备一份），还有各辈分穿的孝服与头白。假如遇上大雷雨，要给死者撑伞，旧时传说打雷闪电会使尸体发黑。

收　殓　收殓要请师公择日。收殓前要"赐生"，备若干碗小菜给亡人享用，如蛋、酒、豆芽、粉干、肉、豆腐、毛芋等12碗，若是农历闰年则用13碗。但一定有蛋、酒、毛芋，而且生毛芋是未去皮的。"赐生"供品置于遗体旁边，孝饭、死者香炉同桌。仪式结束后，供品和碗送去坑边丢掉，把毛芋埋在土里，让它"出生"，寓意让亡者灵魂"投胎再生"。收殓时，孝子身穿麻衣、头戴草冠、腰系草绳、手执孝杖。帮工事先备好牲礼，有茶、酒、冥斋、果盒、荤素祭品12筵，香、烛、金银纸若干，祭请通村地主、府县城隍、本坛祖师、鲁班仙师、九天玄女，最后烧化大金纸。接着，族内房亲晚辈30周岁以上者四人腰系白巾，把尸体移置棺内。随棺物有炉灰包粽三五个给亡者砸狗之用，不富裕人家铜钱几个，生前爱吃酒装一小瓶，死者是男人置烟筒，还有茶叶、盐、米、水等，再检查死者盖脸毛巾是否掀掉，寿衣穿得是否平整。孝子女穿麻衣，头戴草冠，手执孝杖，腰系腰白，晚辈戴头白，向亡者遗体号哭告别。收殓者盖上棺盖，钉上四枚棺钉后，将棺木移置于两条长板凳上，称"祭棺"（上马祭）。旧俗汉族将棺移置厅堂后"做七"，有的停棺多年不葬。

定　向　请师公在野外，选一块离亡者主家不太遥远，较偏僻又落弯的自家地。把地整平，按年利方向摆放2块上面平的石块来放置棺木，俗称"定向"。

做功德　岱岭境内老人辞世，民间都有做功德（又称开路、开火光）风俗。出殡前为亡者做功德，在畲族中被认为是很荣耀的事，是对亡者的最高哀悼仪式。乡境内有家人未做功德为之超度，亡人要在阴间备受苦难的说法，因而当地未做功德的亡人不能葬坟、不能入祠合炉。此指正常死亡者的亡魂。若是溺水、火烧、刀伤、在外毙命等"五伤""七伤"的非正常死亡，做功德时，还要加做"拔伤"。早年，畲民认为，亡魂如果没有得到超度，就会游离于阴阳之间，成为孤魂野鬼。

20世纪20年代，胡先骕在《浙江温州处州间土民畲客述略》中写道："治丧时，必邀请祭祀者八人穿青红色祭衣，在死者灵前咒诵，或祖先前歌舞，名曰功德。未做功德则不得葬，葬则认为不吉。"因此，富裕者场面搞得很大，贫者亦尽力周旋，劳民伤财。中华人民共和国成立后，当地畲汉族在做功德之前，将亡人收殓，出殡后或出殡仪式中穿插进行，请师公择日、开"料单"置办三牲供品及香烛和金银纸。有的还请师公制龛（灵厝），邀请族内邻人帮助用纸钱模具打做纸钱，一包一包分封取字号待用，在做功德中烧化给亡人。

做功德有大功德与小功德之分。大功德徛幡进表需要请十一二个师公，历时3—7天不等。最简单为"做长声"和小功德，岱岭地处山区，过去畲汉多数家庭经济贫困，老人去世绝大多数只做俗称"清光子"的小功德，民间有"清光子十八出"之说，内容包括：发符，念经（《度人经》第一部），请神，念经（《度人经》第二部），冥官供，念经（《度人经》第三部），贡王，招魂，水忏（上），水忏（中），请赦，水忏（下），成服，开火光，结牒，烧花、劝灵、合炉，化龛（化轿），送神。时间起鼓后吃中餐，功德做至当天午夜结束。中华人民共和国成立后，此习俗逐渐减少。

拔伤，是民间对非正常死亡者的亡魂所做的超度仪式，民间有"五伤""七伤""十伤"之说。"十伤"，为天地、水火、蛇虎、生产、自缢、牢狱、鬼祟、刀兵、恶疾、误病等"伤"，具体又被演绎为"三十六道伤门"，使死者在阴间不再重遭各种"伤门"所害，才使子孙后代安心太平无事。

招魂，做功德方式之一。人在野外跌死、溺水亡故、妇女产亡等非正常死亡，尸体不能抬入家中，要在屋外搭棚收殓（被雷击者棺材不能落地）招魂，祭毕送上山安葬。招魂分大小场，天数多场面就大，最小场也要3名师公。招魂时间有1天1夜、3天3夜、5天5夜、7天7夜，做一场功德分为几场到几十场，每几场都有不同的舞蹈表演形式。

起马祭（白祭） 老人亡故，乡境内历来均请风水先生择吉日举行起马祭。起马祭一般在死者下葬前一天下午举行，即在金瓮或棺材暂寄处进行祭祀仪式。先由主人家备办1担供品，俗称"陪祭"，摆放在离金瓮或棺材较近处。如亡人是女性，娘家侄儿、女婿、外甥或孙女婿、亡者侄女等都要置办一担"笾"担供品，请一位房亲挑担，称"挑祭"。祭品摆设完毕，除香菇、木耳、鸡、肉、鱼外，其余让观看热闹的民众自由抢走食用，越多人抢越好，俗称"抢祭"，流传至今。举行"起马祭"时，礼生唱礼为三重案式。

出 殡 出殡开始要张幡奏乐，燃放鞭炮，族内房亲2人或4人抬着金瓮或棺材出行。孝子头戴草冠（长孙行孝子礼也戴草冠），身着麻衣，腰系草绳，脚穿草鞋，手执孝杖，长子捧着亡者香炉，其他孝子一路扶棺而行，后跟随亲戚、朋友、族亲等，乐队奏乐随行。送葬亲属按辈分不同，所戴头巾布色有别：子女穿苎麻衣服；第3代孙辈为白色；第4代曾孙辈为蓝色；第5代玄孙为绿色；第6代来孙辈为红色；其中在3—5代孙辈的白、蓝、绿的头白当中要加缝一块边长2寸左右的红布或红花1簇。

后土祭请完毕，把冥斋打倒放在原位改成茶1杯、酒3杯，端掉果盒，换上白蜡烛，将八仙桌移放与坟圹对直做入室祭，由孝子孝孙拜敬，程式与起马祭相似，祭请完毕入室，按照所择时辰把骨骸瓮或者棺材头里脚外移入墓室，四周不能触及圹壁。旧时入室前，孝子脱下上衣，今用头白把墓室地面和金瓮擦拭一遍，金瓮位置须按辈分顺序放置。若是葬棺，一圹只能葬一个死者；若是夫妻同墓，位置为男左女右；若是父子同墓，子在父圹下位。

泥水匠封墓圹八九成时，要等风水先生"主山呼龙"。当风水先生说"鲁班师傅到"时，泥水师傅应声"鲁班师传到"，同时讲吉祥话，并从圹里燃点灯烛"出灯"分给孝子、孝孙每人1支，插于防风雨的灯笼内，同时封闭墓门。封圹时，风水先生给泥水匠和乐师讲一句吉祥语，然后放声唱驱邪退煞吉祥语。每唱一句，乐师用唢呐吹声接韵。呼龙结束后，风水先生把茶盘里罗经收起，把其他物品一把一把撒向墓埕，主家在墓埕拉着绸缎被面和红布袋承接，把接到的硬币、竹钉、稻谷挑回家放在楼上谷仓内，寓意财丁兴旺、五谷丰登。撒完从坟沿右边返回墓埕。

1978年后出殡，亲朋好友送花圈，中西乐队几班伴奏。至21世纪，丧葬仪式汽车、小轿车成龙，常规仪式从简。

回 龙 即回程。墓门封毕，在墓埕拜主接主毕，脱掉孝服，肩或臂缠绕红布或红绒线，俗称挂红。即可回程。孝子孝孙一人双手捧亡者灵炉走在最前面，接着一人捧着木主。其余孝子、孝孙手提子孙灯，队伍回到门楼外，已有晚辈儿媳或孙媳提前到家备好一杯糖茶放在茶盘里捧在手上，在门口埕转头墙外等候，称呼（爹、妈、祖父、祖母等）喝茶，把杯里糖茶倒一点香炉里，称晚辈孝顺长辈。

点 主 在坟埕或主家厅堂举行。点主中的"主"是指"木主"，即亡者牌位，木主内藏薄板，称之内函，上写亡者生卒日期，坟地山名和坟墓坐向和某圹，木主外函（正面）上边横写朝代，中行竖写某某郡某姓某某考妣神主，左行写"左昭"，右行写"右穆"，右边行下竖写"阳男某某奉祀"。写木主外函时，先将神主的"主"字写成"王"字，留待举行点主仪式时再加上一点而成"主"字，点主之称也由此而来。点主仪式须由两人进行，点主者称"题主翁"，司礼者称"礼生"。整个仪式配奏音乐，庄严肃穆，有条不紊。

做红祭　把亡者香炉、神主迎回家后，在厅堂做红祭，程序与"入室祭"相似，2张八仙桌平排横放，左边一张靠神龛，桌边最前面摆放香炉、神主，从祭过后土的供品中任选几盘做祭品。右边一张桌用来放子孙提回的灯笼。红祭毕，将神主摆放到厅堂神龛内右边，将亡者香炉里的香灰抓一点、香脚拔几支插到祖先香炉里，称"合炉"，或把香炉摆放神龛最右边，日后初一、十五以及年节同受子孙点香烧银奉祀。有的人家未设厅堂神龛，可送往宗祠，灵炉暂寄本房支下，待日后宗祠"进主"举行祭祀仪式，再合于先祖香炉，魂归灵位。

丧葬禁忌　寿棺非到其人亡故不可开启。办丧事时，孕妇不能近前，更不能参与。丧葬每个环节都要经师公选择日子，根据亡者生卒年庚从《百年经》里排出冲克者，在择日单里注明，并另写一张贴在门口、人群来往较多的墙壁上，标清冲克岁数，口头叮嘱有关人员，让冲克者避开。死者如果是子年出生，亲属如有午年出生的，不可送葬，说是子午相冲。

亡者入殓时，盖棺材盖时不能让太阳射线照到棺材里面，人的影子也同样不能初出现在棺材里面。出殓时，抬棺者不能让棺材接触到大厅门柱、门槛、门架和门楼转斗墙以及路旁障碍物。亡者家属与抬棺者不能触摸祭品，本月不能到任何宫庙里烧香。孝子女眼泪不能滴入棺内和棺材板上，假如滴到棺材板上要及时擦干。

旧时，送葬队伍返回时不走回头路，所有送葬人员回来集中在门口埕，由师公口衔符水喷雾净身；现灵符烧后放在脸盆中，在脸盆内加满水，让送葬者轮流洗手净身。

丧宴禁用大蒜，本地闽南话大蒜叫"蒜子"，与"损子"同音；丧宴不上炒猪排、炒羊排。治丧之家一周年内不烧早稻草灰淋碱水制作灰煎粽，传说淋碱水会伤害亡者眼睛。首个端午节，由嫡亲送孝粽给主家。七月半同样不蒸灰碱水九层糕（粿）。此习俗流传至今。

捡骨葬　早年乡境内绝大多数家庭较贫困，亡者事先备有寿墓棺葬者较少，大多数人发棺在野外风化3年后，以"瓦棺"即陶瓮进行拾骨葬。出殡时，先把棺材放在野外，棺材下面垫上石头，上盖草苫，待3年后破棺拾骨。拾骨一般选在冬至日或前后3天内进行。拾骨时亡者已出嫁女儿要在旁哭泣，孝子在旁监督是否根据人体结构从脚趾逐一按顺序拾起，头颅面与瓮门是否同方向等。拾骨完毕，口沿抹一圈白石灰，盖上瓮盖后把石灰抹均匀，以防雨水和蚂蚁之类小动物进入陶瓮。事先在陶瓮盖内用毛笔写清楚亡者姓名、生卒日期，以防子孙错认。如有亲人骨骸瓮破损需要清理换瓮的，都在这时进行。婴儿出生未久死亡，埋在土里时间又长，找不到骨骸，就在埋葬之处抓二三把泥土当作骨骸放在陶瓮内，用香炉召其阴魂送某庵堂，以祈求家庭平安。

3. 葬后程序

岱岭境内丧葬后主要有服孝、探墓、做七等。

服　孝　子孙为亡故老人办完丧事后事要戴孝。孝子、儿媳要在手腕套个苎麻线圈，或手臂上白布圈，要戴3年时间；女儿未婚用苎麻搓成线绳扎在辫子尾，已婚则用苎麻片扎成一支苎麻花插在髻上，用以戴孝。戴孝期间，亡者在未安葬之前一二周年之日，孝子备办牲礼，有茶、酒、鸡、肉、鱼等12簋，以及香、烛、银子纸祭请。每逢冬至节气，孝子最简单也要用汤圆一碗和银纸、香、烛祭请，祈求逝者保佑家庭平安。

探　墓　墓葬三日，主家男女老少、亲属及亲戚得去探墓，称探三天。主家带上豆种、树苗及工具，到墓地沿边，子孙人人参与栽种。种豆时要说些吉祥语，如"种豆种墓环，代代子孙出状元；种豆种过去，代代子孙出进士；种豆种过来，代代子孙出庠生"，以祈求子孙兴旺发达，财源广进。还带去一些染红鸡蛋，拿到坟龟对称轴顶端上滚下来，让孩子们抢，并烧若干大金和银纸，将带去的糖果分给参加者与邻里旁观者食用。

做　七　旧时本地汉族习俗，人死后，丧家以七日为一周期，每"七"都要哭奠，或请师公做法事。至七七四十九日，又要大做法场，奏乐送冥屋等至野外焚化。一般人家都于三七设奠，以结束对死者的悼念。20世纪50年代后，大多数人家葬后便撤去灵堂。岱岭畲族仅做一次"头七"，仪式非常简单。

第二节　民间信俗

岱岭居民笃信神灵，奉行多神崇拜，对祖灵、世俗神、自然神和鬼神都十分崇拜，祭祀的神灵不下几十个，每到初一、十五和岁时节日，都要烧香祭祀，祈求神灵保佑家庭平安、事业发达、人丁兴旺、农业丰收。有的居民甚至对附近的一块石头、一口水井也定时烧香祭祀。中华人民共和国成立前，一般用庙田收入举行祭祀活动，为全村祈福；1951年土地改革后，庙田被分给无地或少地农民耕种，祭祀活动费用只能挨家挨户集资，或抽号排列，按顺序出资"做福"，期望风调雨顺、五谷丰登。畲族尤其敬仰福德正神与陈十四娘娘，早年家中神龛必供奉这2个神灵。2015年，乡境内有县民族宗教局登记的宫庙28座，每座村落均有几座宫庙，现存宫庙大多建于清代。

一、自然崇拜

自古以来，因生产力低下，岱岭居民对大自然十分敬畏和崇拜，传承了一些自然神信俗，如土地神信俗、栏神信俗、厕神信俗、五谷神信俗、水母娘娘信俗、齐天大圣信俗、打猎将军信俗、灶神信俗、檐神信俗、石神信俗、井神信俗，当地老年妇女尤为信奉。

（一）土地神信俗

岱岭是一个纯农业乡，山地多、耕地少，农民主要依靠有限的耕地养家糊口，因而对土地十分崇拜。乡境内土地庙众多，无土地庙的村落也要在村中宫庙里配祀土地神，逢年过节进行祭拜，希望土地神能够保佑一方五谷丰登、六畜兴旺、风调雨顺、国泰民安。

1. 福德正神信俗

福德正神是中国民间土地神，岱岭人称"土地公""田头公"，乡境内畲汉居民都十分崇拜。畲族作为农耕民族，对土地公的奉祀尤为虔诚，畲村宫庙皆供奉土地公神像，土地公造型白须白发、笑容可掬，充分表现出慈祥温和的长者风范。畲家老屋厅堂神龛除供有本房先人牌位、香炉外，必供奉土地公神像。农历二月初二，畲村会在宫庙"做土地公福"祭祀。对家内土地公，畲民每月农历初一、十五早晚2次上香烧大金纸；清明、端午、七月半、过年等传统节日，在祭请先人之前祭请土地公。旧时畲族视"田头公"是管理本片农作物的神灵，人们在各片田园高处石头堆上或石壁旁，用3块石板砌盖神龛供奉，祈求其保佑这片作物丰收。神龛不许人们从上面跨过或在旁边大小便，祭祀仪式与祭祀"五谷神"无异。到此劳动，顺便上香；收获这片田地谷物"尝新"时，到此烧些大金纸简单祭祀一下；过年时，置办简单供品祭祀一下，烧些大金纸致谢。

云山村显后宫主祀福德正神，配祀昆山大王、白马明王、观音菩萨4尊神像。宫庙始建于清康熙年间，2013年重修正殿3间以及宫埕，占地面积500平方米，建筑面积200平方米。每年农历二月初二，周边信众前来举行祈福活动。

杨家边村土地公宫始建于清光绪十八年（1892年），1985年修建正殿三间及前埕与两侧围墙，占地面积100平方米，建筑面积80平方米，供奉福德正神、看牛大王、田都元帅3尊神像。周围民众每年农历十二月初四日在此举行祈福活动。

东宫村后亩宫始建于清嘉庆年间。1998年修建正殿1间，与前埕共占地约40平方米，宫内供奉玄天真武大帝、陈十四娘娘、齐天大圣、罗莽将军、福德正神5尊神像，周围村民每年农历三月初三在此举行祈福活动。

富源村八亩宫（详见下文玄天上帝信俗），主供福德正神。

2.地主盟王（地主爷）信俗

如果说福德正神是全国性土地神的话，那么地主盟王或者地主爷则是地方性的土地神。乡境内百姓既信仰全国性的土地神，也信仰地方性的土地神。福掌大宫又称宫山大宫，位于福掌村过溪宫山，清同治年间始建。曾有正殿5间，二进左右两侧厢房，前幢中央为戏台，民国25年（1936年）10月18日被国民党烧毁。2007年重建正殿3间及宫埕，占地约180平方米，供奉地主盟王、蓝府侯王、白马三郎等5尊神像。村民每年农历正月十三举行祈福活动，祈保地方太平。

大厝基村地主爷宫又称内宫，始建于南宋年间，正殿3间与前宫埕占地面积130平方米，建筑面积30平方米，宫里供奉地主爷、福德正神等神像。

（二）水神信俗

岱岭地处山区，旧时，当地经常面临缺水干旱的严峻状况，令百姓对水源十分渴望。水母娘娘和齐天大圣在当地百姓眼中，能够为他们带来雨水和农作物丰收，故对这2个神灵十分崇拜。乡境内供奉水母娘娘的水尾宫，均建在溪流的出水口。

1.水母娘娘信俗

乡境内地处高山的云遮村、福掌村均有此信俗。云遮新墓水尾宫始建于清道光年间，1990年修建正殿5间，占地面积500平方米，建筑面积200平方米，供奉水母娘娘等神像。福掌村陈世垟自然村水尾宫始建于清嘉庆年间初期，2015年重修正殿3间，宫埕三面围墙，占地约80平方米，供奉水母娘娘等神像。当地民众每年农历二月初二、五月二十、十月二十五在此祈福，祈求神灵庇佑地方太平、五谷丰登、六畜兴旺。

相传，水母娘娘柳春英为山西太原金胜村人，出嫁后常受婆婆刁难：所做饭菜，婆婆嫌缺盐少醋，常常倒掉要求重做；柳氏从山外数里挑水，婆婆嫌她身后桶里的水不干净而倒掉，只吃前桶，害得春英天天都得挑水。春英却毫无怨言。有一天，她正挑着水往回走，半路遇到一位老头，请求让他的马喝前桶的水。柳氏爽快地答应。如此三日，柳氏为此多挑了三趟水。第三天饮完马，柳氏正要返回重挑时，老人对她说："我是白衣大仙，你是位心地善良的大嫂，我送你一条马鞭，把它放在水缸里，用水时只要轻轻一提，水就会上涌，要多少就提多高。"说罢，老人和白马化作一朵白云而去。柳氏和四邻五舍从此免却了挑水之苦。

2. 齐天大圣信俗

大厝基村小岭自然村三皇宫（详见下文三皇信俗）内配祀有齐天大圣神像，当地村民于农历正月十三在此举行祈福活动，祈求神灵保佑社下农业丰收、子弟平安。东宫村后宙宫也配祀有齐天大圣神像，村民定期祭拜。

3. 井神信俗

当地村民认为水井也有神祇管辖，故有的古井（如杨家边方井）井壁上设有小小简易神龛，老年妇女每月农历初一、十五烧香祭拜，祈求神灵保佑清水长流，护佑村民身体健康。

（三）农业神信俗

1978年前，岱岭产业以农业为主，居民对农业神十分信奉，乡境内农业神信俗主要有五谷神信俗、栏神信俗、看牛大王信俗等。1978年后，随着农业地位的逐渐下降和科学技术的不断发展，这些信俗逐渐淡化。

1. 五谷神信俗

当地村民认为五谷神是管理各种农作物的神灵。本地虽无五谷神庙，旧时在春分后期早稻等农作物播种时，要置办供品祭请，祈求五谷神保佑农作物苗壮成长。传说农历五月廿五日为五谷神生日，乡境内各家备礼品供奉祭谢。

2. 栏神信俗

详见本章第一节"习俗·生产习俗·畜养"。

3. 看牛大王信俗

看牛大王又称牧牛大王，岱岭畲汉村民广泛信仰，乡境内宫庙中，有看牛大王神位的有14座。除与世代从事农耕有关，还因看牛大王故事就来源于岱岭所处的浙闽交界山区。

富源村朗腰自然村牛栏贡上钟宫，清末民国初年以3块石头板砌盖设立神龛。2001年新建正殿3间，左侧休息室1间，右侧厨房1间，宫前筑三面围墙，占地约100平方米。宫里供奉看牛一大王、看牛二大王、看牛三大王、梁氏仙姑、林氏仙姑、朱氏仙姑、福德正神7尊神像。农历十二月初一，附近村民在本宫举行祈福活动，祈求神灵保佑山场太平、牛羊成群、六畜兴旺。大厝基村的哪吒宫也供奉看牛大王神像，每年农历二月初十举行祈福活动。看牛大王传说故事详见本志第六章"语言与口传文学·民间故事"。

（四）其他信俗

乡境内其他信俗还有打猎将军信俗、灶神信俗、檐神信俗、厕神信俗、石神信俗、井神信俗等。20世纪60年代，畲族狩猎活动结束，打猎将军信俗淡化。20世纪90年代后，随着民间土灶的减少，灶神信俗逐渐淡化。檐神信俗、厕神信俗、石神信俗和井神信俗等随着人们文化程度的不断提高，也逐渐淡化。

打猎将军信俗　乡境内有3座宫庙塑有打猎将军神像。坑门村横浚自然村红柴脚打猎将军宫，原以3块石头砌盖神龛，始建于清康熙年间。1990年新建正殿3间，左侧厢房2间，右侧与埕前围墙，占地面积约70平方米。宫里供奉打猎将军、白面书生、看牛大王、福德正神等5尊神像。村民每年农历二月初九在本宫举行祈福活动，祈求神灵保佑社下人丁兴旺、地方太平。东宫村贡脚岭宫、云山村牛运盟官三郎宫也配祀有打猎将军神像。

灶神信俗　灶神即灶君，也称灶王、东厨司命，传说是玉皇大帝委派的主管人间饮食之神，"受一家香火，保一家康泰；察一家善恶，奏一家功过"。每到农历十二月廿四，上天向玉皇大帝禀奏民间家家户户一年来的功过，功多者天降之福寿，过多者天降之灾殃，过大者要减寿，故民间对灶神敬畏有加，农历十二月廿四这天，各家各户都要祭请灶神。乡境内畲民认为灶神是位女神，称灶君嬷；当地汉族认为灶神是位男神，称灶君公。过去山民都用薪柴煮饭、炒菜、烧茶。筑烟筒灶时，畲汉居民均要在烟囱边砌一个灶君亭供奉灶君，简单的贴张灶君神马像，像两边贴有"上天言好事，下界保平安"或"上天言好事，回宫降吉祥"之类对联，横批是"一家之主"。经济条件差的村民所砌无烟囱平灶，也供奉灶君。农历十二月廿四（有的在廿三）夜里，由家中女主人祭请灶君。祭请仪式与所用祭品很简单，一般只用糖果、汤圆、糕饼等供品，糖果常用又黏又甜的饴糖（即麦芽糖）代替，为的是让灶君吃后黏嘴，好在玉皇大帝面前多进美言、不提过失。祭毕，更换新灶君神像及对联，并燃放爆竹，称交年。之后把糖果、糕点分给小孩吃。岱岭民间在灶君面前言行有许多世代相传的规矩：凡焚香敬奉天地与祖灵，须同时敬奉灶君；上灶台烧煮之前须洗手；洗筷子时不能为了理平筷子而拿筷子头在锅里碰砸齐平；不能在灶台前骂人、发牢骚或讲粗话；烧火钳不能在灶橱石上敲打，刀斧利器不能搁在烟筒碑上；禁用灶火点香，要用蜡烛火点香；不能把污秽之物拿到灶膛里燃烧，不能让小孩往灶灰塘里排便；等等。

檐神信俗　檐神，俗称寮檐鬼，又称寮檐神。乡境内畲家老屋檐下常挂一个小竹筒，供奉檐神。旧时畲族认为天吊是专门伤害儿童的恶魔，凡小孩患病时出现眼球上翻、昏迷不醒症状，人称犯天吊、犯檐前、走马天罡。民间以为犯了"寮檐鬼"，患者魂魄即被"寮檐鬼"抓走。家人必须迅速在患者所居寮檐支撑一支竹竿，上挂米筛、镜子等祛邪之物，及时备办祭品请师公来招魂。招魂后，家人许诺要让患儿拜檐神为义父，并在自家厅堂灵炉边设立檐神灵位，用小竹罐做灵炉挂在板壁上，每月初一、十五烧香燃大金纸供奉，逢年过节置办牲礼祭请，祈求檐神保佑子女身体健康、平安成长；待子女16周岁或临结婚之时，要杀猪祭祀，作为谢礼，汉族称"拜天吊""拜檐神"，畲民称"拜门头干爹"。招魂结束，把秤钩上东西取下放在患者枕头边，上衣盖在身上。同时用一支青花竹尾段留二三盘不去枝叶，插在寮檐，警示邻里、乞丐不要在房屋周边喧闹，俗称"禁厝"。除家人外，病房12个时辰内，不许任何人进入探望，也不许任何人过问患者病情。如以上做法不能奏效，主家便考虑设筵祭祀神灵护佑。祭祀仪式一般要设"双筵"（上下两层供桌），做情旨，先通辞拜请诸多神灵，继而诵念一通神咒收魂，最后画写一张灵符，并将灵符烧于小儿衣服之上祭祀神灵，护佑仪式方告结束。

厕神信俗　与汉族厕神信俗有所不同，岱岭畲民称厕神为厕姑，敬祀厕神在厕间进行。一些畲村传说土厕没有厕神，只有木厕才有厕神，因而只对木厕奉祀厕姑。旧时农村厕所有两种，第一种是挖地坑，再以砖和蛎灰筑成土厕；第二种是用厚杉木板加竹篾，箍成一个直径约1.80米、高约2米的大粪桶作厕所的木厕。每经几个月至1年时间，须将木厕清空，重新换上竹篾箍，这就免不了要翻动木厕。旧时，如此翻动木厕有忌讳，恐犯动土而引发煞气，伤及劳作者或主家。因此，都要翻一翻黄历，选择在宜动土的日子里修理木厕，并给厕姑燃香。

石神信俗　富源村朗腰村自然村林厝溪边有一块奇石，当地村民称石干母、石圣母。传说清同治年间，附近某家孩子小时多病，拜石圣母为干义母后病愈。从此，拜石圣母做义子者，须在姓名中间加"石"字，如"某石某"，祈求石神庇佑义子身体健康、平安吉祥。每年除夕或前一二天，义子都需置办祭礼送到石神处祭谢，称谢年，直到长大结婚为止。2005年，众义子和附近村民捐资新建一座以奇石做后墙的一间宫庙，连同前埕，占地约30平方米，宫里供奉石圣母、福德正神2尊神像。每年农历正月初五，41位义子前来探望石义母，并在本宫举行聚餐和祈福活动。

二、世俗崇拜

（一）祖灵崇拜

畲族十分敬仰自己的祖先，各姓宗谱都有祖先龙麒传说，崇拜祖先形成畲族最原始、最基本和最核心的民族宗教神灵。畲族认为灵魂不死，称祖灵为"祖公(宗)神"，逢年过节皆祭祀祖先亡灵，虔诚至极。祭祖是岱岭畲族最隆重的敬拜祖灵活动，分为家祭、墓祭和祠祭3种。乡境内汉族也有祖灵崇拜现象，有的姓氏每年农历正月十五和八月十五在祠堂里举行春秋2次祭祖活动，祭拜祖灵。20世纪90年代后，春祭多改在正月初五举行，以便更多回乡者能够参与祭祀。

1.家 祭

家祭是岱岭畲族民众祖灵崇拜最普遍风俗。早年祭祖时，厅堂悬挂祖图，放置龙杖，老少聚集，瞻仰祖图，唱《高皇歌》，追忆始祖起源。现在这样的祭祖场景已少见，但每逢清明、端午、七月半和除夕4个节日，仍会在祖屋厅堂祭请祖灵，称请祖公，已分支房的在本支房进行。先在厅堂靠神龛或香案下摆放一张桌板横向八仙桌，这与平时日常生活用的桌板竖向摆放有所不同，是凡人宴食和祭请鬼神的区别。

八仙桌上摆放牲礼有一定规律。先祭请土地公、陈十四娘娘诸神，祈求神灵庇佑人口平安，六畜兴旺，家门清洁。接着祭请先人。家祭中受祭先人的范围，并非所有前辈先人，只是本房（或支房）历代亡故的直系亲属。有的地方受祭先人的范围有所差别，只祭请香火尚未送入祠堂、目前仍供奉在本宅厅堂的先人。从祭神到祭人的转换，本地习惯做法只是把八仙桌稍做挪动，将3个冥斋翻倒，重新上茶斟酒后，通辞受祭先人，请其就位享用。奉献3杯茶，5巡酒之后，祭请者同样要向祖先灵神报知居住地址、岁时节日，申明花筵牲礼，祈求神灵护佑家庭和睦平安，诸事顺利；并于散席前在供桌右侧烧化"大银（纸）"，嘱咐"堂上祖公、祖婆及一切神灵受领银钱，多则多分，少则少分，不得施者得多，少者全无"。最后告请先灵个个退位，返皈金炉，初一、十五受领子孙香烟，千年万载延续不断。

中华人民共和国成立后，一些畲民进入行政、事业和企业单位工作，家祭观念逐渐淡薄。特别是1978年后，许多畲民家庭迁至市镇，家祭逐渐消失。

2. 墓 祭

清明扫墓是中国传统习俗，当地清明墓祭风俗畲汉两族相同。但畲族尊祖敬宗意识更强，称扫墓、上坟为祭坟，即祭请安葬在坟中的先人。

墓祭有三种形式：第一种是祭祀始迁祖坟，由于年代久远，后裔分居四方，一般都会采取各房族（各居住地）轮流祭扫办法，也有支族统一置办，各居住地派代表参加祭坟。第二种是祭祀房派之坟，由本房派子孙组织祭扫。第三种是祭祀1个家庭或家族祖坟，由该家庭、家族进行祭坟。由于畲族旧时流行拾骨葬，所筑椅子坟1圹就能安葬12瓮骨骸，1座坟有3—5圹不等，有的还筑成双台坟或双连坟，1座坟墓安葬好几代人。岱岭畲族宗亲自古以来喜欢同父母及列祖列宗同穴安葬。如果不是因为路途太远和交通不便，祭坟时都会尽量多地动员族内人员参加。

传统祭墓一般要置办牲礼，但供品与祠祭有所不同：茶1杯，酒3杯，冥斋（鼠曲粿）3个，香菇、木耳、豆芽、笋干、鸡蛋、肉、鱼、水果等12箪。大金、银子纸、魂衣、香、蜡烛不能少，并备足糕饼。到坟山沿边挂纸时，先放张纸钱在上面压块小石块，视为该墓地边界和让人视为该墓已祭，同时在坟墓子孙埕左边酒桌摆放供品，点燃红烛1支，上香3炷，坟埕中处也上香3炷，片刻烧大金纸祭请土地公后，再把供品移摆在坟圹门上的酒台上，上香3炷，点燃白矿烛1对，祭请先祖。祭请坟头土地公时，要上香叩拜，并通辞。

祭请后土完毕，将供品从朝着坟墓左侧的后土改为朝向坟墓正中，并翻倒冥斋，重新上茶斟酒，以便祭请先人。祭请先人，也要先拜请先人赴宴，并按烧香、敬茶、献酒为序，通辞先灵；之后，照例向祖灵通报居住地、日期，言明清明佳节之时，备办牲礼祭扫坟莹，叩请祖灵"保庇农耕顺利，家庭平安。祈保一年四季，田园成熟，五谷丰登，一粒落地，万倍收成；牛羊六畜，槽前食粗糠，槽尾添斤两。灾病官符，口舌是非，垟头风吹散，垟尾水漂亡；凶星退去南海外，吉星移来照命宫，男如彭祖八百寿，女如麻姑几千秋。财源广进，寿气盈门，诸事顺利，万事太平。多福多寿多吉庆，日富日贵日康宁"。最后祈保祖吉祖妣魂全魄聚，超生乐园，恩留后代，福荫子孙。在散筵时还特关照祖先灵神"燃化白银（纸），各各领受，多则多分，少则少分。灵神安在本穴地，安居乐业保太平"。

无论畲汉，岱岭祭墓都有一个约定俗成规矩：燃放三通爆竹，才算祭扫完毕，才能分墓饼、糖果。在祭请后土时，燃放第一通爆竹（单响或双响）；祭请先人时，燃放第二通爆竹（单响或双响）；祭请结束时燃放一串百子鞭炮，为第三通爆竹。如果未放三通爆竹就分墓饼散场，要遭分墓饼的小孩奚落和叫骂。燃放三通炮之俗，除了有迎送神灵赴宴和退席之意外，还能让更多的人（尤其是小孩）知晓而前来观看，营造人丁兴旺的喜乐氛围。

3. 祠　祭

祠堂祭祖是岱岭畲汉两个民族最隆重的敬拜祖灵活动，包括春秋两祭和完谱醮（详见本章第四节"宗族·宗谱"）。20世纪80年代前，春秋两祭仪式隆重传统，参与人员广泛，祠堂所属各支房后裔都派代表参加，未到者须请假。

当地畲族宗谱《祠祀》记载，祠堂"祭期定元宵、中秋二节，陈器具馈，行三献礼。此虽有异朱徽公四仲及立春、冬至之祭，然虑世远俗疏，酌人情，宜土俗而出之，洵仁人孝子之心也"。坑门蓝氏祠堂供奉畲族始祖和本姓始祖考妣神主，因年代久远、后裔子孙支派繁多，每房派立一个祖先牌位，此后各代亡者都在本房派祖先牌位下合炉供奉。每逢节日，各支畲族宗亲都会置办牲礼，到祠堂举行祭祖活动；乡境内未建祠堂的，置办牲礼到各自祖居地祠堂祭祖。20世纪90年代之后，大量农村年轻人外出务工经商，上班时间多在正月初八左右，于是坑门畲族蓝氏宗祠将春祭时间定在农历正月初五，以便大家都能参加祭祖。

乡境内汉族春秋两祭方面，原先大厝基杨姓和陈姓、杨家边梁姓和林姓、东宫郑姓均在每年农历正月十五和八月十五举行春秋2次祭祖活动，祭拜祖灵；2013年以后，考虑到春节回乡参加祭祀的人数会较多，春祭也改在正月初五举行，其中东宫郑姓、大厝基陈姓取消秋祭，仅举行一次春祭活动。

祠祭仪式相当烦琐，供品除通常的茶酒糕粿、三牲祭礼、猪头肝外，有时还杀全猪、全羊供奉，有的甚至摆十二生肖"米塑粿"。祭时特聘礼生主持，鼓乐队吹奏，先祭请本祠的福德正神，再祭请历代祖先，程式与家祭大体相同，但更庄严肃穆。中间一般由族长或房长诵读祭文，族内众人或各房派代表一同参拜，烧大金银纸，燃放爆竹。祭拜仪式结束后，宗亲们在祠堂聚餐，讨论本宗族祠堂大事或资助贫困学生上大学等内容。餐毕，鞭炮齐鸣，大家互相祝福，之后告别。

（二）陈十四娘娘信俗

陈十四是东南沿海一带备受当地民众敬仰崇拜的神灵，也是岱岭畲汉两族民众共同信奉的女神，民间传说她具有除妖、解厄、医病、解难、救产、保胎等法力，汉民称其为陈靖姑，畲民称其为陈皇君或皇君嬷。20世纪70年代前，畲村老屋厅堂神龛内除了供有本房先人牌位香炉外，还供奉2尊神像：左边土地公，右边陈十四娘娘，逢年过节先祭请这2位神灵，再祭请先人；农历每月初一、十五早晚上香、烧大金纸。但正月十四早晨，民众只是去宫庙及自家厅堂神龛点烛焚香烧大金纸，没有为陈十四娘娘生日举行特别活动。个别塑有陈十四娘娘神像的宫庙，每日早晚2次上香，终年香火不断。此风俗延续至今。岱岭畲族多迁自陈十四娘娘故乡古田县相邻的罗源县，故与其有心理上的亲近感。

1. 陈十四娘娘宫

乡境内现有陈十四塑像宫庙五座，各宫庙活动时间不一。

大厝基村马仙宫主供陈十四娘娘神像，每年农历正月十五、四月初八、七月初七、十月十五代表春、夏、秋、冬四季，当地信众集中宫中做福，称作"奶娘节"，祈求陈十四娘娘等神灵庇佑地方风调雨顺、国泰民安。

南山宫位于富源村南山自然村下周溪边，占地340平方米，建筑面积200平方米。清光绪四年（1878）始建正殿5间；2001年建左侧厢房3间和右侧与埕前围墙。供奉陈十四娘娘、林九娘、李三娘、蓝齐侯王、林氏侯王、陈府侯王、福德正神7尊神像，每年农历二月初二和十二月二十四分别代表春、冬两季，村民在此祈福，春季祈求诸神庇佑万民顺利平安、万物丰收，冬季则对诸神谢恩。

陈十四娘娘宫位于云山村显后自然村龟子山路顶，于2001年扩建正殿3间，左右两侧厢房各3间，厨房宿舍3间以及宫埕，共占地半亩，宫里供奉观音菩萨、陈十四娘娘、林九娘、李三娘、福德正神等神像。周围民众每年农历正月十五在本宫举行祈福活动，祈求神灵保佑社下子弟身体安康，财丁两旺、如意吉祥。

陈皇君宫也叫九头垟宫，位于坑门村坑门岭自然村溪心，明永乐年间以3块石板龛设立神灵灵炉以供祭祀。1988年新建正殿1间，宫埕三面围墙，占地约30平方米。宫里供奉陈十四娘娘、林九娘、李三娘、福德正神4尊神像。村民于每年农历十月十九在本宫举行祈福活动。

2. 请房姆

从请房姆通辞的部分内容和灵符内"奉陈林李三位夫人敕令保安罡"字样可知，这也是一种信仰陈十四娘娘的民俗事象，是畲族祈求"奶娘"（陈十四娘娘的尊称）对小儿进行护佑的一项民俗活动。畲民认为，小孩不乖时不要打，夜晚更不能打，说是家人打小孩一下，房姆就会跟着打小孩2下。如遇小孩夜间啼哭难眠，就要备鸡腿1只，1寸见方熟猪肉1块，粉干1小碗，置于米筛内，摆在床上祭请"房姆"。并点烛1支，燃香3炷，通辞神灵。

（三）马仙娘娘信俗

1. 大厝基村马仙宫

又称娘娘宫或龙山桥头马氏真仙宫，约于明弘治年间始建于大厝基石鼓内。清嘉庆十六年（1811年）迁建龙山桥头时，有前后两进各5间，内有古戏台，两侧厢房6间。2008年拆建正殿5间、两侧厢房各4间、前幢门楼5间，中央建戏台，占地面积约600平方米，建筑面积约300平方米。宫里供奉马氏真仙、陈十四娘娘、林九娘、李三娘、叶元帅、罗相公、马相公、福德正神等9尊神像。

本宫四扇宫门分别为大厝基村一扇，大厝基村小岭自然村一扇，南山、斗墘、龙凤、朗腰4个自然村1扇，东宫、福掌、杨家边3个村一扇。祈福活动为农历正月十五、四月初八、七月初七、十月十五，由四扇宫门轮流负责，以正月十五最隆重，旧时聘请戏班或提线木偶戏演出。为祈求地方太平，四扇宫门民众还举行抬神巡垟活动，在岱岭各村落巡垟一周；若到马站、城门、魁里、沿浦、甘溪等地巡垟，晚上营灯（参加者手提灯笼照明）回宫。活动从正月十三上灯开始，至十八晚上谢灯、神像上殿、置办牲礼祭请神灵安位结束。

马氏真仙即马仙，岱岭境内俗称"娘娘妈"，是广泛流传于浙南闽东北的一位民间神祇。相传"娘娘妈"是一位能除妖辟邪、医病解难、惩恶扬善、护国佑民的神灵，岱岭2015年有65名少年儿童拜她为义干妈。旧时岱岭医疗条件较差，传说哪家小孩出麻疹，娘娘妈会化身成一位老医妈去察看患儿症状，保护其健康，当地遂有众多小孩家长寻求其庇护。

2. 祈雨习俗

乡境内祈雨习俗已有200多年历史。"文革"前，乡境内水利设施落后，农民靠天吃饭。立秋至白露期间，一旦发生秋旱，往往能使农业绝收。当年老人常说："种田只怕秋来旱，做人只怕老来难。"秋旱发生时，大厝基四扇宫门及外围村庄首事都会不约而同地聚到大厝基马仙宫来商量抗旱大事，推选20—30名首事主持办理。大厝基四扇宫门各负其责，外围乡村自愿参加。首事要求身洁心净，醮事期间（3—5天）不能回家。选好黄道吉日，邀请师公8—11人，第一天醮事要在马仙宫设坛摆宴，并请来地方举人做好2份净旨，一份呈玉皇大帝，一份求东海龙王。传说马仙能够上天恳求玉皇大帝恕罪济民、降雨救灾。第二天醮事要组织身洁心净人员30—50人，师公3—5人，身穿白衣、白裤，头戴白帽，赴矾山昌禅双剑龙井向海龙王祈雨。当地村民说："双剑龙井透东海，湖井龙井透老鹰。"老鹰即岱岭附近的东海小岛老鹰岛，位于赤溪镇信智社区韭菜园村附近。到龙井时摆上供品，师公上前祭祀神灵，其余人跪伏叩首静候；师公烧化净旨，祈求东海龙王降雨救灾时，首事提起木桶，内放半桶龙井水，待有虾类水生动物浮上水面时，随即用网捞上，放入木桶中带回家养好。待第四天凌晨组织100—200人，师公3—5人，带上吹打班，一路吹吹打打，把水生动物送回龙井中，感谢东海龙王赐雨救灾。祈雨途中不准讲秽话、不顺心话或怪话，不准干坏事，不准带雨伞、笠帽等遮阳挡雨物具，即使途中遇有风雨，所有出行人员不准用挡雨遮阳物件避雨，表示祈雨决心很大。第五天，师公身穿礼服，摆上供品，所有参加人员伏跪于案桌前礼拜叩首，师公把所有神灵一一送回本宫庙，并感恩各位神灵扶助保佑大事吉利圆满，一场五天祈雨大事就此圆满完成。1978年改革开放后，随着气象技术发展和水利工程建设，乡境内祈雨习俗消失。

（四）广利侯王信俗

广利侯王宫又称九师爷宫或云遮大宫，位于云遮村，始建于明崇祯年间，主供广利侯王，每年农历三月初三、五月十八、六月初六、九月初九，当地民众在此祈福，以九月初九最为隆重（历时3天，并进行请神灵降敕"武身"坐刀轿巡祥）。详见本志第五章"社会事业·文化·文化活动"。

（五）白马明王信俗

白马明王，也称白马爷、白马三郎，乡境内信仰较普遍，主祀宫庙只有白马爷宫1座，也称井口宫，位于富源村朗腰自然村田垅林厝坎脚，始建于清同治九年（1870年）。2006年重修正殿1间，宫埕三面围墙，占地面积50平方米，建筑面积30平方米，内供白马明王、黑马明王、红马明王、福德正神等5尊神像。乡境内其他神庙也多配祀白马明王，农历初一、十五供以香火。白马明王是闽地移民保护神之一，岱岭先民多从闽地入迁，白马明王信俗随之传入。畲民一般认为白马明王是汉闽越王无诸的嫡孙，汉族一般认为白马明王为"开闽圣王"王审知。

（六）杨府上圣信俗

杨府上圣又称杨府侯王、杨府爷、杨老爷，是浙南影响最大的民间神祇，也是我国东南沿海重要民间神祇之一，奉祀神庙有500多座，信众遍布浙江、福建和台湾3省。杨府上圣在浙南民间既是农业神，又是海神、财神。乡境内主祀杨府上圣的宫庙有2座。

呑头贡宫位于富源村龙凤自然村，始建于清光绪年间，民国年间重修。2001年修建正殿1间与宫埕，占地面积80平方米，建筑面积30平方米。宫里供奉杨府上圣、袁府上圣、陈府上圣、三官大帝、看牛大王、福德正神6尊神像。村民每年农历五月十六在本宫祈福，祈求神灵保佑甘薯等农作物不让病虫所害，以及人丁平安。

水尾宫位于福掌村水尾李厝坎脚，始建于民国年间。1992年修建正殿三间，宫埕三面围墙，占地面积270平方米，建筑面积180平方米。宫里供奉杨府上圣、矾山大王、看牛大王、戚伍相公、陈八大王、盟官三郎、巡山大王、福德正神等神像。民众每年农历十月二十三日起举行为时3天的祈福活动，祈求神灵保佑地方太平、财丁兴旺、五谷丰登，并邀请包括木偶戏班在内的剧团前来表演，邀请本县和福建省福鼎市、霞浦县青年男女畲歌手对唱畲歌，活动延续至今。

（七）其他信仰

1. 田都元帅信俗

始建于清同治年间的福掌村陈世垟自然村水尾宫和始建于清光绪十八年（1892）的杨家边村土地公宫，都供奉有田都元帅神像，水尾宫中的田都元帅还是主祀神像。田都元帅原名雷海青，福建莆田县人，唐玄宗时期著名宫廷乐师，被后人尊称为南方音乐界、戏剧界的保护神。田都元帅信仰流行于福建、台湾和浙南一带。

2. 黄九师公信俗

乡境内富源村和云遮村都有黄九师公信仰。富源村龙凤自然村布袋底坎脚宫，约始建于清嘉庆年间，以3块石板砌成神龛。民国29年（1940年）新建宫庙。2010重修正殿3间，左侧厢房3间，右侧与宫埕前围墙，占地约100平方米。宫里供奉黄九师公、太保公、陈十四娘娘、看牛大王、福德正神5尊神像。当地村民每年农历二月初二、七月十八、十二月二十四在本宫举行祈福活动。云遮村的九使侯王宫也供有黄九师公神像。

3. 蓝齐侯王信俗

乡境内多个畲村宫庙塑有蓝齐侯王神像。顶峰宫原来位于富源村东边观朗贡左侧后垟溪边，约始建清康熙年间。因小溪无桥梁与矴步相通，大雨天上香民众无法过溪，故于乾隆五十二年（1787年）移建到顶峰自然村，由龙凤、斗堄、朗腰、顶峰4地合建正殿5间和两侧厢房各5间，前幢门楼中央建有戏台。中华人民共和国成立前，宫内厢房办过私塾，1963年办过顶峰小学。1998年，为解决校庙并存问题，拆毁正殿。2003年，顶峰宫移建到龙凤自然村吞头溪边，有正殿3间，左右厢房各2间，埕前围墙占地约半亩，宫里供奉蓝齐侯王、圣母娘娘、林氏侯王、福德正神4尊神像。周围民众每年农历二月初二和十二月二十四在宫内举行祈福活动。

1958年前的每年元宵节期间，顶峰宫都要举行提闹灯活动，活动从正月十三上灯开始，至十八晚上谢灯、神像上殿、置办牲礼祭请神灵安位结束。活动期间，信众白天抬神外出巡垟，每巡到某栋房埕，乐队奏"八仙"庆贺；夜晚，巡垟者手提灯笼"营灯"回宫，同时每家把事先备好的一二盘家常菜送到宫内举行百家宴，祈求神灵保佑地方太平。2014年4月2日，在富源村举办岱岭畲族乡第二届"三月三"民族民俗文化节，顶峰宫"提闹灯"民俗活动得以恢复，但仅进行一天时间。

4. 三皇信俗

三皇庙，又称觉水庙，位于大厝基村小岭自然村，始建于清乾隆年间，1980年建成正殿3间与右边1间厨房以及前埕，占地面积100平方米，建筑面积70平方米，供奉伏羲、黄帝、炎帝、齐天大圣（当地称通天大帅）、妈祖娘娘、盘古大帝、看牛大王、南府侯王、雷府将军9尊神像，信众主要为大厝基小岭和北山2个自然村居民，每月初一、十五都有信众前来烧香祭拜，香火较盛。每年农历正月十三举行祈福活动，并抬神出巡。三皇是伏羲、黄帝和炎帝合称，被共同尊奉为华夏人文始祖，历代多有拜谒、公祭、民祭。传说中的伏羲画八卦而定四方，结网置教民以渔猎；神农炎帝共五谷而兴农事，尝百草开药圃；轩辕黄帝造农具，定节气。

5. 铁甲将军信俗

乡境内有多座宫庙供奉铁甲将军神像。福掌村坑尾龙井鸳鸯丘龙井宫始建于清雍正年间。1993年修建正殿一间以及宫埕，占地30平方米。宫里供奉铁甲将军、罗莽将军、白马三郎、福德正神4尊神像。

6. 盟官三郎信俗

盟官三郎也称命观三郎，包括盟官一郎、盟官二郎、盟官三郎3兄弟。云山村牛运自然村沟边盟官三郎宫始建于清顺治元年（1644年），道光元年（1821年）重建，2012年重修正殿五间以及宫埕，占地约100平方米。宫里供奉盟官一郎、盟官二郎、盟官三郎、盘古大帝、打猎将军、黄九师公、猎部圣相、地主尊神、伍府将军、戚伍相公、陈八大王、看牛大王、福德正神等14尊神像。周围村民每年农历正月十三、十月二十五在本宫举行祈福活动，祈求神灵保佑五谷丰登、地方太平。

7. 太平大王信俗

富源村斗塆自然村白岩头外贡太平大王宫，始建年间失考。清雍正中期重建在白岩头宫子岭，1980年移建此地。2014年重修正殿3间，右侧厨房1间，前埕与左右两侧围墙，占地约100平方米。宫里供奉太平大王、圣母娘娘、红面大王、巡山大王、地建将军、杨府上圣、千里眼、顺风耳等9尊神像，村民每年春冬在本宫举行祈福活动。

8. 戚五相公、陈八大王信俗

东宫村贡脚岭宫，始建于清嘉庆年间初期，清同治十二年（1873年）、1966年分别重建，2008年10月重建正殿三间、两侧厢房各两间及埕前围墙，占地280平方米。宫里供奉戚伍相公、陈八大王、白马明王、劝善大师、看牛大王、打猎将军等8尊神像。周围民众农历四月初八、十二月十九在本宫举行祈福活动，主要祈求外出经商财源滚滚、打工安全赚大钱，在家身体安康、添丁进财、学习进步等等。还有58位青少年拜戚伍相公、陈八大王为义父，祈求平安成长、万事如意吉祥。

9. 金花小姐、银花小姐信俗

徐加堂水尾宫位于福掌村，占地面积130平方米，始建时间不详，2015年秋季重建，宫庙一进二厢五开间，供奉金花小姐和银花小姐等神像。福期为农历七月初七，祈求人口平安、五谷丰登。

三、灵物崇拜

（一）神灵崇拜

主要有观音菩萨信俗、盘古帝王信俗、玄天上帝信俗、白鹤仙师信俗、五显大帝信俗、哪吒信俗等。

1. 盘古帝王信俗

盘古是民间传说中开天辟地之神。畲族历来尊崇盘古，畲族史诗《高皇歌》开头就唱道："盘古造天苦嗳嗳，冇日冇夜造出来；当初冇麻又冇苎，身穿树叶青苔苔。"岱岭现有配祀盘古帝王的宫庙9座。畲民如此尊崇盘古帝王，除了盘古是中华民族共同的创世神外，还由于盘古与道教最高神灵三清尊神的元始天尊有着不同寻常的关系，传说元始天尊前身便是盘古。畲族元始信仰本质上与道教有相通之处，神话传说中的畲族祖先还到茅山（有说闾山）学法。畲族如此认同道教，畲民敬奉"盘古帝王"自然也就顺理成章了。

2. 玄天上帝信俗

玄天上帝（清时为避康熙皇帝讳，改称真武大帝），即宋代道教北方之神玄武，元代被晋升为元圣仁威玄天上帝，明成祖时成为天子保护神，在汉族民间信仰中占有重要地位。传说他是盘古之子，于玉帝退位后继任天帝，生有炎黄二帝。元始天尊说法于玉清，下见恶风弥塞，乃命周武伐纣以治阳，玄武收魔以治阴，为主持兵事的剑仙之主，地位仅次于剑仙之祖广成剑仙。富源村朗腰自然村八亩宫，约始建于清同治年间，1956年重建，2010年重修正殿3间，左厢房1间，右侧与宫埕前围墙，占地70平方米，建筑面积40平方米，内供玄天上帝、福德正神、牛王八部将军、巡山大王、看牛大王5尊神像，村民每年农历二月初二、十月十三在此举行活动，祈求神灵保佑地方太平。

3. 观音菩萨信俗

岱岭畲族大多信仰观音菩萨，偶有在厅堂供奉观音菩萨神像，少数宫庙配祀观音菩萨神像。畲民信仰观音菩萨并不坐斋念经，只在初一、十五烧香敬拜，逢年过节一并设筵祭请。乡境内主供观音菩萨的宫庙有云山村显后自然村的龙水宫，配祀有陈十四娘娘、林九娘、李三娘、桃花娘娘、看牛大王、福德正神、五显大帝和王、杨二将军等神像。宫庙始建时间不详，重建于1990年冬。占地面积500平方米，建筑面积400平方米。每年农历正月十四，周边信众前来祈求平安。与一般宫庙不同的是，当地居民殷兴良夫妇作为庙祝，常住宫内。乡境内还有一些宫庙，如显后宫配祀有观音菩萨神像。

4. 白鹤仙师信俗

白鹤仙师是道教重要神祇，相传其为元始天尊弟子，尊师指点，周游天下名山，访仙学道，救黎民于水火，造福于民。后隐居灵虚山羽化成仙，被称为"康圣府白鹤大帝"。岱岭白鹤仙师信众众多，庙宇分布在坑门岭村和富源村。富源村白鹤仙师宫位于笔架山主峰下的石柱下左侧，清光绪年间中期，斗埼白岩头雷子良等人攀上石柱，发现顶端中央大小相等一字排开3个似凿过一样的灵炉，便在石柱下左侧坐西面东，用3块石板砌建神龛。2003年，斗埼村民用钢筋混凝土重筑神龛。2012年新建一间9平方米宫庙，供奉白鹤仙师、福德正神等4尊神像。

5. 五显大帝信俗

五显大帝，又称华光大帝、五显华光大帝、五显灵官、灵官大帝，为道家巫觋所祀之神。坑门村半岭自然村坑门宫，始建于清雍正年间，1981年修建正殿三间，宫埕三面围墙，占地约70平方米。宫里供奉五显大帝、白面书生、黄九师公、看牛大王、福德正神等8尊神像。周围村民在农历五月初四、六月初六、十月二十四举行祈福活动，祈求神灵庇佑地方太平、五谷丰登。富源村朗腰自然村钟厝外贡五显大帝宫（又称蛇口宫）始建于民国初年，2011年重修正殿三间，宫埕三面围墙，占地面积100平方米，建筑面积30平方米。宫里供奉五显大帝、黑马盟王、千里眼、顺风耳、看牛大王、福德正神等6尊神像，当地村民于每年农历十二月初一在本宫举行祈福活动。

6.哪吒信俗

大厝基村玫瑰园附近的哪吒太子宫，始建于南宋年间，重建于1958年，占地面积50平方米，建筑面积35平方米，供奉哪吒和看牛大王神像，每年农历二月初十，村民在此举行祈福活动，祈求神灵保佑子弟平安。

表4-8-2-1 2015年岱岭畲族乡民间信仰场所一览表

场所名称	地 址	主祀神像	始建年限	现建筑物建造年代	占地面积（平方米）	建筑面积（平方米）
地主爷宫	大厝基村	福德正神	南宋年间	1954	130	30
哪吒太子宫	大厝基村	哪 吒	南宋年间	1958	50	35
陈皇君宫（九头湾宫）	坑门村坑门岭	陈十四娘娘	约明永乐年间	1988	30	30
马仙宫	大厝基村	马仙娘娘	明弘治年间	2008	600	300
广利侯王宫	云遮村西塔	九使爷	明崇祯年间	2011	2330	1000
贡脚岭宫	东宫村贡脚岭	戚伍相公	清顺治年间	2008	280	100
显后宫	云山村显后	福德正神	清康熙年间	1993	500	200
顶峰宫	富源村龙凤	蓝齐侯王	约清康熙年间	2003	600	200
布袋底宫	富源村龙凤布袋底	黄九师公	约清康熙年间	2010	100	70
横岭头宫	坑门村横浚	打猎将军	清康熙年间	1990	70	40
坑门宫	坑门村半岭	五显大帝	清雍正年间	1981	70	45
罗莽将军庙	福掌村坑尾龙井	罗莽将军	清雍正年间	1993	30	30

续表1

场所名称	地 址	主祀神像	始建年限	现建筑物建造年代	占地面积（平方米）	建筑面积（平方米）
三皇宫	大厝基村小岭	三 皇	清乾隆年间	1980	100	70
水尾宫	福掌村	杨府上圣	清嘉庆年间	2015	80	80
后亩宫	东宫村	福德正神	清嘉庆年间	1998	40	40
水尾宫	云遮村新墓	水母娘娘	清道光年间	1990	500	200
白马爷宫	富源村朗腰田垵	白马爷	清同治九年（1870年）	2006	50	30
水尾宫	福掌村陈世垟	田都元帅	约清同治年间	1860	240	150
八亩宫	富源村八亩自然	福德正神	约清同治年间	1995	70	40
地主宫	福掌村	地主盟王	清同治年间	2007	180	180
南山宫	富源村南山下周	陈十四娘娘	清光绪四年（1878年）	2001	340	200
土地公宫	杨家边村石壁脚	福德正神	清光绪十八年（1892年）	1985	100	80
岙头贡宫	富源村龙凤岙头贡	杨府上圣	清光绪年间	2001	50	30
白鹤仙师宫	富源村笔架山	白鹤仙师	清光绪年间	2012	30	9
上钟宫	富源村朗腰顶钟	看牛大王	清末民初	2001	100	50
五显大帝宫（蛇口宫）	富源村朗腰顶钟	五显大帝	约民国初年（1912年）	2011	100	30
龙水宫	云山村显后	观音菩萨	不详	1990	500	400
斗墙岗宫	富源村斗墙白岩头	太平大王	失 考	2014	100	50

说明：此表依据苍南县民族宗教局提供的资料制作。

（二）鬼神崇拜

岱岭境内居民对鬼神十分崇拜。旧时，凡遇不明原因突发疾病或久病不愈，就会请童子、问灵姑，向神卜卦，继而请师公驱邪捉鬼。病家往往既请医生、也做法事，畲族俗语称："一头锣鼓一头药，两头总有一头着。"许愿、还愿、做福也是畲、汉居民祈福最普遍方式。至2015年，乡境内云山、东宫等村还有巫婆（俗称灵姑）、神汉跳神。

1. 收惊 过关

收惊、过关是对小孩采用的民俗仪式。

收　惊　岱岭境内俗称捉猫。1—6岁小孩因受到惊吓或者摔跤引起哭闹、夜间睡眠不安、抱在手上会发抖、消化不良等情形时，由其父母或亲人抱着，收惊先生站在小孩前面，口念符咒，双手在小孩头上比画。收惊也有文武之分，文的用符咒、佛讳化解，武的用符结（作法手势）来化解。

过　关　乡境内小孩1—9岁时，家长一般要请算命先生排八字、定时辰，推算小孩所犯关煞，请师公设道场过关。如小孩犯正关（即大关煞），需请尪师（武师公）打关。民间称男怕"天蛇"，女怕"天狗"。如犯"天蛇、天狗"，需乞讨三十六姓人家之米制成天蛇、天狗模样，尪师设坛操练"天兵天将"和闾山"神兵神将"，带小孩冲过三十六关，而后挥剑斩杀"天蛇""天狗"，整个道场费时一天。

2. 驱邪 捉鬼

旧时，岱岭本地畲、汉居民颇惧鬼。他们认为人除肉体外，还有"三魂七魄"。如果1个人因受惊吓"掉了魂"或被鬼神"骗走""摄走"了魂而魂不附体，或者遭鬼神摸着、打着被"伤"了魂，就会生病。

他们认为，人死后就变成鬼，鬼有善鬼、恶鬼之分。人在阳间生活，于白天劳作；鬼在阴间活动，于夜间出没。从日落到鸡鸣是鬼活动时间。人有"神旺"与"神衰"之别，"神旺"者也有"神衰"时。"神旺"者遭遇鬼，鬼会避退，不会被鬼所伤害；"神衰"者或"神旺"者在"神衰"时遭遇鬼，尤其是遭遇恶鬼，就会受到鬼的侵害。得到帝王封授和"吃皇粮者"不怕鬼，倒是鬼害怕这些人。

避邪驱邪有许多方法：如因鬼邪而得病者，最普遍的方法是请童子、问灵姑卜卦，或者找阴阳先生卜卦，在神灵"指示"下，"弄清"中了什么邪，或是什么鬼在作怪，然后请师公来驱邪，或者请尪师来捉鬼。对成人一般是扫风、镇煞、做禳、打尪、摆五斗；对小孩轻者一般是请房姆、收惊，重者要过关。仪式完成次日，病人所住的这一栋房屋要"禁厝"，时间为1—3天不等。

如属厉鬼，则不敢捉，而向之请求。虽然驱邪捉鬼并不能治病，但对病人和家属是一种心理安慰。

3. 扫风 镇煞

当遇不明原因起病时，一般会认为是鬼风、邪风所致。人一旦出现口、眼歪斜，或者皮肤无名肿痛等症状，便怀疑受到风邪侵害，需请尪师"扫风"。如果同栋房子有几人或共同劳作时有几人出现腹痛、呕吐等症状，便怀疑是犯"煞气"，即请尪师"镇煞气"，安镇宅大符。尪师"镇煞气"，需要类似扫风的"行罡作法"。如是在野外被煞气所伤，传说须在受伤原地"收煞"，而后才能将病人搬移回家。

4. 送火星

旧时岱岭境内住房大都是木结构，容易发生火灾。老人们认为火灾原因是房主有某种行为冒犯了神灵，为"天火"所烧。传说母鸡打鸣、老鼠咬尾等都是火灾预兆。故村民如遇母鸡打鸣、老鼠咬尾等情形，就会去占卜馆卜卦，请师公设道场"送火星"。相传火神是"火德星君"，五行中水能克火，因而"送火星"必祈请"水德星君"庇佑。将黑纸白字禳水灵符贴在横梁木柱上，在门廊木柱上挂上贴有灵符的小竹筒（意装神水），道场将结束时送"草船"。草船用稻草编成，船内备有柴米油盐和纸屋等物，两边各立一个草编的艄公。做道场时放在"三界桌"下，置于装满水的大盆里。送草船时，敲锣打鼓送到溪边，并用"青竹符"镇之，意将"火星"远送他方。如在溪边搭寮"送火星"，须与住房间数相同。

5. 卜卦

畲民有多种卜卦形式，其中一种叫问凳。若把木制三脚架倒放着，那么该三脚架即叫问凳架。卜卦时在本家香火桌上放一捧米，插上三炷香，放三个茶杯，用板凳架进行卜卦。若在三脚架上放1块木板，即叫问凳板。卜卦时问凳板两头背靠者坐2个人，一人口中念卜卦词，围着问凳板一圈圈转。要问什么事，两人停下来，用脚点三下，表示卜卦示意。相传在古代，畲民中有两公婆（夫妻）住在山洞里，养了1头猪。有一天猪突然失踪了，东南西北、山上山下、岩洞河涧都找了，就是找不到。两公婆很生气，背靠背坐在1块凳板上，凳板中间垫着1根圆木头，两公婆就坐在凳板上左转3圈，右转3圈，转来转去，最后被转得昏昏沉沉。忽然1人自言自语道："猪在东南竹林中吃笋。"随后两公婆就往那里去找，猪果然在那里吃笋。此事传开后，大家都认为凳板能显灵，以后每逢人们生病，遭遇天灾人祸、东西遗失、母鸡打鸣、半夜牛叫等意外事端，都要去卜问凳卦了。

6.许愿　还愿　做福　做醮

许愿、还愿、做福、做醮等活动，是本地畲、汉民族崇拜神灵习俗，以祈求神灵保佑家庭和地方平安吉祥。许愿、还愿与做福是乡境内居民个人或者家庭祈福最普遍的方式，做醮则系集体活动。

（1）许　愿　是指某人去敬拜神灵，祈求神灵保佑自己或家庭实现某个愿望，并在许诺愿望实现之后，以某种方式酬谢神灵。今时许愿大多是到自己认为很灵验的宫庙神像前焚香敬拜，向神灵通辞曰："××省××县××乡××村沐恩弟子（女性称信女）某某人，今为某事，于某年某月某日，三沐焚香，一心皈叩某某（神灵名）案前，祈求保佑家门清洁，男女平安，岁运兴通，身体健康……"许愿者当面告知神灵祈保的事项，或是外出赚钱、开矿顺利、操作安全、出入平安，或是贸易顺利、工厂发展、太平赚钱，或是读书上进、工作精进、求艺青云得步、升学榜上题名等等；同时承诺愿望实现之后如何酬谢神灵。

（2）还　愿　当许愿者认为愿望已实现，要按原先许诺酬谢神灵，称还愿。酬谢方式一般是置办全公鸡、肉等供品以及香、大金纸、烛，到原来许愿的宫庙神像前祭请，礼重的则置办"猪头肝"（由猪头、猪肝、猪肺及猪尾巴组成），最重的用全猪作谢礼。也有许愿时以多少"贡"做谢礼的，届时则备办多少"贡"的神话人物或吉祥动物为主题的纸扎工艺酬谢神灵。

旧时，许天愿（又称天地愿）要在露天设供许愿。还愿时也在露天设供，上下筵牲礼，但大多数是杀猪（限雄性菜猪），请尪师祭祀。自家未养猪，也可以租用别人家的猪还愿。有的人家还有还古愿做法，原因是因故卜卦时，"得知"前辈先人有愿未还，故此还却古愿。

（3）做　福　乡境内畲汉两族福日很多，一般在本村宫庙进行，有的宫庙每年进行数次。最为普遍的有农历二月初二"土地公福"、农历三月十五至四月初之间的"开垟福"（20世纪60年代前消失）和十月十五前后的"完冬福"，其他福日因村庙供奉的主祀神灵不同而在不同时间做福。做福过程繁简不一，一般都要置办供品（有的置双筵），请师公做情旨，燃化金银纸，祈求地方各业兴旺、人畜太平。一个村庄有多座宫庙的，除按福日祭请主祀神灵外，还要祭请各座宫庙土地神。有的地方福日还举行一些民俗活动，如大厝基正月十五做福时抬神像巡垟，云遮九月初九做福时组织"坐刀轿"和抬神像巡垟。

"开垟福"由集体组织，每村以宫门为准，年年积累公积金，费用由公积金又出；没有公积金的地方由首事决定，有的事办完再分摊开支，有的按人丁或按户数分摊开支。"开垟福"要邀请尪师1—3人筹办供品，时间大概一天。规模大小由参与人数多少而定，志愿参与者本村、外地人都可，场合大的办酒宴30—50桌，最少有10桌以上，似百家宴，以祈求五谷丰登、六畜兴旺。

做福主事称福首，一般通过抽签、卜筊杯产生。参加者要在神像前连卜3杯，谁先连续卜得3杯是圣杯（杯象一阴一阳），谁就是福首，并把本次做福所供"福头粿"交给他。规模较大的村，也有分成几境（片组）轮流做福的。1951年土地改革前，有些宫庙有福田，由福首收取田租办福；土地改革以后，福田分给无地或少地农民，办福费用一般向参与者收取一定数额现金或粮食，不足部分由福首补足。

（4）做醮 醮，原是指祈祷神灵的祭礼，后来专指道士、和尚为禳除灾祸、祈求地方平安与事业兴旺所做的道场。本地做醮，一般有太平醮、雷公醮、发财醮、开光醮、龟子醮、完谱醮等，醮期有3天、7天，最多做49天。3天以上道场要设"大布施"，就连乞丐也要设宴招待，花费极大，一般人家承担不起。岱岭因为经济不发达，居民一般很少做醮；畲民因为经济条件比汉族差，做醮的更少。民间即使做醮，醮期一般多为3天。做醮套路有请水、挂火、盖印、敕坊、做情旨、进表、放焰口、戏无常、办贡、送贡等，也可根据主家意愿有所增减，按卦书组织相应仪式。醮期中全场要吃素食，临结束的一餐才开荤。

醮有多种类型，但重头戏类似。一是竖灯篙，本地称竖幡。民间认为灯篙是请神招鬼最重要器物，做醮前数日就得竖立，意在邀请天上诸神前来共享功果，招引阴间孤魂野鬼共享孤食。灯篙数量1根、3根、7根不等，用既高又直的青毛竹，竹尾留几盘枝叶，竖在庙前空地或普度道场边，上挂旗、灯、布、钱等物，岱岭做醮还要挂"牛扁担"。二是摆道场，道场摆置纸制山神、土地神、四大元帅等神灵塑像，以及金山、银山等器物模型，用以敬祀鬼神。三是普度，家家户户准备家禽、果品、罐头、粉干、米粿等祭品，有的还杀猪宰羊，摆在道场牲礼架上祭请神灵与鬼魂。四是巡垟，参加做醮者抬着各种有关神像及器物列队巡垟，一路炮声震天，鼓乐齐鸣，所到村庄沿途住户燃放鞭炮迎接，场面热闹非凡。

龟子醮 多在立秋后处暑前做，此时天气炎热，稻禾生长旺盛，也是病虫害高发之时。旧时到这个季节，农民们纷纷下田除病灭虫，有的用菜油喷到田水上粘害虫，有的用农具泼水赶走稻飞虱……灾情严重到农民束手无策时，只好设醮祈保收成。这种醮事一般邻近几个村联合做,费用一般以田亩分摊。三天醮事期间,师公8—11人、首事20—80人、参与群众几百人一起跪拜叩首,企盼大风大雨到来,病虫害经风吹雨打被消灭八九分,农作物又焕发生机,丰收在望。此习俗20世纪70年代后消失。

完谱醮 乡境内每个姓氏宗谱纂成时,必须要做完谱醮(详见本章第四节"宗族·宗谱")。畲族因为经济条件相对较差,支族纂修宗谱完工时所做完谱醮也难得一见。

太平醮 以祈求平安为目的,又名祈安醮、平安醮、天醮、春醮等,以祈求风调雨顺、五业兴旺和地方平安。

开光醮 寺观或宫庙竣工时,为神佛开眼所举行,乡境内常见。

第三节 宗 教

岱岭居民主要信仰道教,少数人信仰基督教,信仰天主教和佛教者寥寥无几。因人口不多,经济不发达,乡境内宗教场所仅有2座道观和2座基督教堂,规模均不大。地处高山的云山基督教堂因人口大多已经移民下山,至2015年,信徒只剩下25人。天主教因信仰者不多,信徒就到附近的马站天主教堂礼拜。

一、道 教

岱岭境内居民以信奉道教为主,有2座道观,3名住观道士,均属全真教。其他道士均为散居道士,均属正一派,合计15人。乡境内居民信奉的神灵大多属于道教神。

(一)全真教

乡境内仅有的2座道观均属全真教,共有3名住观道士。

1.明云道观

俗称云遮菜堂,位于云遮村,始建年间失考,清光绪中期重建,属于全真教。1984年,赤溪褚宗桃来此持斋,修建正堂3间,两侧厢房和门楼各3间。1996年1月1日,经苍南县民族宗教局批准设立道观。褚宗桃2006年去世后,由其儿子褚加仕继任住持。2011年扩建文昌阁5间二层楼、宿舍6间三层楼,占地约3亩。2015年,仅有1名道士常住观中,其他数名住观者均是信奉道教的志愿者。与传统道观不同的是,明云道观也供奉三一教中老子、孔子、释迦牟尼3

座神像。

2. 白云道观

也称白云寺，位于云山村牛运自然村，光绪初期始建。2001年1月1日经苍南县民族宗教局批准设立后重建。道观占地约700平方米，有正堂3间（平房），左侧厢房4间、右侧厢房3间均为二层楼，另有1座凉亭。2名住寺道士皆为岱岭附近的沿浦镇人，另有数名老者在此修行。与传统道观不同的是，白云道观正堂未供老子等常规道教神像，而是供奉与道教有关的浙南民间神祇朱仙姑。其名称来历，可能与创建早期是佛教寺院后改民间信仰朱仙姑庙有关，最后在苍南县民族宗教局登记为白云道观，而今所挂的观名沿用原来名称——白云寺。

传说南宋高宗年间，平阳县北港进士朱壁膝下独女名叫婵媛，生得玉骨冰肌，貌如观音，自幼聪明，8岁能文，10岁能诗，14岁时先后到平阳闹村和南雁荡山西洞学道，修成正果。有一年夏秋间，北港一带瘟疫流行，朱婵媛亲自入山采药，治愈300多个病人，有3个濒临死亡的孩子也被救活过来。百姓感激万分，朱婵媛名气越来越大，影响波及周边数县。一天月夜，朱婵媛不知去向，人们传说她被观音大士带着升天去了。后来朱婵媛被宋高宗敕封为仙姑娘娘。朱仙姑能治百病，因而信奉者多为祈求身体健康而来，其中白云寺的影响遍及本县岱岭、马站、矾山、灵溪、龙港等乡镇乃至邻近的瑞安市，每月初一、十五香火最盛。

（二）正一派

岱岭道教正一派亦称正一道、天师道，明天启年间由闽南传入，至民国时渐趋衰落，"文革"时期几近绝迹，1978年后恢复活动。正一派分文教、武教两种，文教道士俗称师公，武教道士俗称尪师。居民凡需举行法事，或请师公主法，或请尪师主法。教派不同，道场科仪也不相同；民族不同，主法方言也不相同，汉族师公做法事时念闽南语，畲族师公做法事时念畲语。2015年，乡境内有13名师公和2名尪师，仅2人为汉族（大厝基村人），余皆畲族。21世纪开始，师公和尪师的区别越来越不明显，有融合趋势。

1. 师 公

师公为正一派俗家道士，受度牒于龙虎山张真人，称"受箓"，为人建斋醮，招魂、超度、求雨，还有还愿、逐煞、收惊等，演范道场主要有延生道场（设醮祈安、做褴集福等）、拔亡道场（超度诵经、理忏、功德达词等）等。

做褴是正一派师公道场，也称三元祈福（上元天官、中元地官、下元水

官）。民间有太平褊、保安褊、五斗褊之分，分别"保运途""消灾厄"和
"延生寿"。村民若自感家庭诸事不顺，或遇病久治不愈，便会做褊来祈保太
平健康。做褊一般要先去占卜馆卜卦，而后回家置"斗灯"。"斗灯"1个盛
八成谷或米，再把镜1面、市尺1支、剪刀1把插在内里，置放灶头牌上早晚上
香，继而请师公选日，事主需要置办牲礼、搭道场。根据事主经济实力，"做
褊"有半天、1天、3天道场可选。时间越长，道场规模越大，"进表出数"就
越多，开支也越大。3天以上道场有摆斗、褊星项目，本地又称五斗褊，部分
采用做醮仪式。岱岭自古以来就有做完谱醮、太平醮、开光醮、翻九楼等法
事，老人亡故要做功德。活动时间不定，一般做法事时间为奇数，1、3、5、7
天为多，有功德舞、招魂舞、进表舞等，师公都是边唱边舞，内容相当丰富，
当地有句俗语："师公巧好戏。"

乡境内早期师公传承者有坑门半岭石碑牌（坛号失考）传承人蓝子斌，龙
凤岭脚应化坛传承人雷李树、雷朝拱（号星明）、雷朝洪（号青山），福掌显
应坛传承人雷志清、雷必胜、雷顺坤（号责蓄）、雷昌喜（号盛弼），玄光坛
传承人蓝春雄（号忠华）。福掌显应坛和玄光坛已流传近10代。其他坛门已经
失传。至2015年，乡境内雷石富、雷顺坤、蓝加银、蓝瑞候、蓝祥义等畲汉两
族正一派师公有13人，分别是富源村龙凤岭脚自然村与福掌村、云遮村、坑门
村、大厝基村人，其中富源村有6人、坑门村有3人、大厝基村有2人、福掌村
和云遮村各1人。

2. 尪 师

尪师也称武师公，为正一派中的闾山派，明天启年间由闽南传入。尪师
尊陈十四娘娘为祖师，但不出家、不持斋，可以成家立业，与常人无异，故称
俗家道士。亦为人建醮、逐煞、求雨等等，演范道场有驱鬼招魂、打尪、翻三
界、翻九台祈雨等，但不做丧事功德。

当事主怀疑是鬼魔作怪而生病时，一般会选择尪师"打尪"，需卜卦、
置"斗灯"、办牲礼、设道场。与做褊不同的是，所请尪师所用法器有宝剑、
龙角、角杯等。尪师"打尪"时要行罡作法，一般是把鬼魔"捉拿"后，如同
"过关"所斩"天蛇""天狗"或"镇煞"所镇"凶煞"一样，将它们装进陶
罐，以神力镇压，深埋于山野偏僻之处，使其不能再危害凡人。仪式过程只用
锣鼓、龙角，而无其他吹奏乐器伴奏。师公道场则有锣鼓与吹奏乐器伴奏。

演庆坛传承人、富源村龙凤岭脚自然村的雷石富（号金星）曾祖父雷李
树是蒲门知名尪师之一，雷石富自幼随祖父雷朝洪学习，成了第9代传承人。

畲民钟显扬是云遮村西塔自然村人，为云遮村广利侯王宫"武身"，其祖父钟友陆、叔父钟大绸都是世代相传的九使爷"武身"，节日活动时参与坐刀轿巡垟。

二、基督教

基督教，乡境内也称耶稣教，相对于天主教，为基督教新教清光绪二十七年（1901年）传入。1958年"大跃进"期间，受"左"倾思潮影响，教堂被占用，教徒分散至农户家里做礼拜。1966年"文革"开始，教会活动被禁止，当地基督教徒分散到家庭进行秘密聚会。1978年12月，中共十一届三中全会后，宗教信仰自由政策重新得到落实，乡境内岱岭基督教堂和云山基督教堂恢复正常的宗教活动。岱岭还有18名基督教安息日会信徒，每周六到马站镇桥头村的桥新聚会点（又称三自爱国日会教堂）参加聚会活动。乡境内畲族少有信仰基督教者。

岱岭基督教堂 原为自立会教堂，现为三自爱国教堂，地处东宫村。清光绪二十七年（1901年），郑振德、郑志邱、郑时秋等随同蒲城华承发到金乡北门基督教堂礼拜。清光绪二十九年（1903年），到新建成的蒲城教堂礼拜。民国元年（1912年），马站建立聚会点，乡境内时有7名信徒就近到马站礼拜。民国7年（1918年），当地20名信徒集资购买5间平房（连同菜园666平方米）作为聚会点，以后信徒逐渐增加。民国34年（1945年），郑志邱长老去世，聘请马站基督教堂游存伯长老驻堂。中华人民共和国成立前夕，信徒增至65人，由郑时秋担任长老。1954年，郑时秋去世，由杨世凤继任。1958—1978年，教堂因故一度停止聚会，教堂被岱岭公社占用。中共十一届三中全会后，岱岭公社安排东宫村三排坵至坝头78省道边上一块杂地让其重建教堂，并提供一些老房拆除时多余的旧木料。1982年10月，4间二层新教堂建成，信徒增至180多人。1990年又增至310人。1992年，杨世凤去世，杨昌滔（任职3年）、林逢进（任职半年）、郑祖禹（任职3年）、林逢举（任职半年）先后继任长老。1997年7月，选举梁亦回继任，任职至今。1997年10月，将教堂拆建成一座5间二层楼房，占地面积415平方米，建筑面积315平方米，信徒330人。2003年6月，有信徒310人；2015年12月，有信徒338人。

云山基督教堂 云山基督教堂地处云山村，原为自立会教堂。清末民国初年，陈贵和、陈中庸、欧宣玉、刘修唐、刘朝开、刘修川、刘清木、洪成景等基督教徒到马站基督教堂礼拜。民国5年（1916年），随着当地基督教信徒的增加和经济条件的改善，为方便当地信徒礼拜，减少长途跋涉辛劳，云山村基督教信徒集资建成1座5间半的平房作为教堂，占地面积300平方米，建筑面积184平方米，其中厨房半间49平方米，时有信徒35人。长老为陈贵和、陈中庸、刘作成，聘请林绳武、朱步夫、金子芳、芹香、林秀定、萧玉卿等为驻堂教师，聘请云山小学教师陈庆三、叶大尧、朱成准等兼任教堂教师。中华人民共和国成立前夕，信徒增至60人。1958年因故停止聚会，云山大队在教堂开办碾米厂。1978年后，党的宗教自由政策得以落实，云山大队以碾米厂无法搬迁为由，用林场房子跟其调换。1981年10月，在原教堂上面一个山坡地建成4间平房作教堂，并建厨房，占地面积400平方米，建筑面积184平方米。时有信徒181人，长老范作平、刘论说、刘论祥。1990年，有信徒140多人。后因移民下山，来此聚会信徒渐少。2003年6月，信徒减至130人；2015年，信徒减至25人。

三、天主教

天主教，又称"罗马公教"，是基督教旧教。天主教于清光绪三十四年（1908年）传入蒲城，清宣统年间传入岱岭。但乡境内信徒一直不多，因而未建教堂，信徒皆到附近的马站天主堂礼拜。马站天主堂又称爱国会教堂，位于马站镇马站街，始建于清宣统三年（1911年）。1958—1978年，当地天主教因故两度停止聚会，马站天主堂成为当地群众团体活动场所。1978年12月，中共十一届三中全会召开后，党的宗教信仰自由政策得到落实，乡境内天主教徒恢复正常宗教活动。2015年12月，马站天主堂有信徒630人，其中包括岱岭畲族乡信徒58人。

第四节 宗 族

中华人民共和国成立前，以宗族族长为代表的乡绅治理在岱岭畲族乡畲族和汉族社会治理中发挥重要作用。中华人民共和国成立后，畲族、汉族宗族事务管理在建设乡村、维护社会安定团结、扶贫济困等方面仍然发挥着重要作用。

各宗族把祭祖、建祠、修谱列为族中三件大事，建宗祠、修宗谱、祭祖先，目的是增强宗族凝聚力。家庭遇到问题需要帮助，或是属于村落公共事务，首先由宗族出面处理。世代族内婚，使很多畲民亲上加亲，"山哈山哈，不是亲戚就是叔伯"的口头禅便是真实写照。

一、宗族管理

（一）宗族组织

乡境内每个宗族都有房派、族长，每个宗祠的宗谱中都有族规、家训来约束族内居民的行为，宗族组织在家族管理、社会治理中有一定的作用，许多政府难以解决的矛盾纠纷，通过宗族组织调解，往往更容易解决，因而宗族事务管理可以说是政府行政管理的重要补充。

1.房　派

宗祠支族组织成员有房派之分，凡是始迁祖有几个儿子就叫几房系，如有6个儿子，则分为6个房系，神龛按序排列：始迁祖居中央，左边排1、3、5房，右边排2、4、6房，裔孙属那一房永远不能改变。聚居一地为一派，有时会有变动。1978年改革开放后，岱岭境内畲民居住地不断变迁，后裔只能说现居住地派，不再说旧地派。汉族郑、林、杨等大姓因为人口较多，有时以房派组织宗族活动。各畲村均为多支族混居，房派观念淡薄，仅在一定状态下才有所表现。

2.族　长

中华人民共和国成立前，岱岭境内畲族和汉族均每一宗祠设一族长，主要负责宗祠修建、宗祠公共财产保管、宗谱修编和保管、扫墓祭祖、内外矛盾调解等事宜，其中族内矛盾由族长来裁决。族长一般由辈分高、年龄大、德高望重、办事公正者，或是热心公益事业、维护群众利益的贤能者担任。族长是当地首领，亦为解决当地一切纠纷的权威。每个村的公田多寡不一，作为宗祠公产，由族长管理，收入用于族内公益事业。中华人民共和国成立后，当村落贤能者成为地方政权认可的村务管理者时，无形当中就与族长角色合二为一，其双重身份强化了管理者权威。畲族若支族居住比较分散，非族长一人力所能及，则各村自然产生一二位头面人物（相当于准族长），一起协调解决。畲民对族长命令均极服从。外人前往调查，非先与畲族族长接洽，殊难奏效，其他事情也是这样。民国22年（1933年）印行的《平阳畲民调查》称："（畲民）怯于私斗，勇于公愤。遇有外侮，得到族长许可，即团结共赴战场，虽全家赴难，亦所不惜。"当地畲歌谣唱道："一打莫与争，二打莫看轻，三打着拼命，最后我光荣。"中华人民共和国成立后，由于畲民享有与汉民同等的权利和义务，随着时间推移，家族、支族观念逐渐淡化。若出现畲民合法权益受到侵害而通过正常渠道又得不到合理解决时，事主会主动要求族长出面联络、敦促。

3. 理事会

岱岭汉族、畲族均有宗祠理事会，负责处理宗祠里的宗族事务。其中畲族每个支族都设有由30—50人组成的宗祠理事会，其中大自然村2—3人，小自然村1—2人。7—9人组成的常务理事会由全体宗亲表决产生，再由常务理事会产生理事长1人、副理事长2—3人。理事会每届任期10—12年不等，并负责培养好下届班子候选人。要推选本支族辈分高、年纪大、有威望的人担任理事会成员。1978年改革开放后，宗亲对宗祠管理提出更高要求，多推选年轻、体健、有文化、懂法律、有公心、有组织能力的人进理事会班子，他们多为企业家、村干部、退休老师、退休干部和村里有威望的人士等，以便管理好宗祠事务。理事会人员必须严格要求自己，严格执行财经制度，用有限的钱办更多事，账目做到日清月结，一年一公布，阳光透明，以取信于全体宗亲。

（二）族规、家训

岱岭畲族、汉族历来重视宗族教化，谱牒中的谱序、跋、族规、家训是宗族教育的主要内容。早年，宗族家法教育往往借助宗祠完成，宗谱载有教育后代如何做人行事的族规家训，族规开头便讲如何为人，如"为人以孝悌为本，不可作忤逆事。倘有人面兽心、灭伦乱行者，谱内削名"，"子孙不许犯奸为盗、开赃聚赌及恃众逞凶、顽害宗族，违者鸣官究治"。同时重视睦族与互助："族中无论支派亲疏，而以祖宗视之，均同一体。纵有忌疑，应听族中理处，不许恃强逞凶，以致怂控，违者攻之。"畲族族规、家训对为数很少的畲族官绅也有所约束："族中绅衿，上重朝廷，下耀闾里。不许刀笔唆讼，恃势凌人。"族规对无嗣者如何承祧、祖坟保护、族产管理等都有明确规定。畲汉各姓氏族规、家训虽内容各异，但目标一致，目的是教育族人形成良好的生活和工作作风，乐善向上：一是教育子孙确立明确的志向；二是教育如何待人，包括善待父母，兼用一颗真心善待他人；三是培养勤奋好学的品质，提高个人的道德修养和精神气质；四是教育养成勤俭节约的作风。现存族谱多载有对违规成员的惩罚机制。凡是族人争吵或为田业纠纷等事，均由族长裁决。平时处理忤逆不孝、伤风败俗、欺凌弱小者，由族长召集议事，擂祠堂鼓，开祠堂门。族中如有人败坏全族名誉，由宗祠中处分之，或罚金钱、酒席，或责以杖，严重的谱中除名。重大案件经宗族调解不了，才诉之于官，但官府判决时仍须听取族绅意见。现族规均已废除，仅行辈称呼基本照旧。族规、家训详见本志第七章"民间文献·书籍·畲汉家训选辑"。宗族还经常通过祭祀、演戏等活动进行宗族教化。

（三）家族事务

1.分 家

旧时畲汉分家，按例要等幼弟结婚后才能举行分家仪式。也有一个或几个兄弟成婚、因家庭不和而先行分家，其未具备独立生活能力的幼弟仍和父母一起生活。也有父或母死后即分家的。分家一般选农历二月、四月、八月、十月的好日子，特别是二、八两月，以示公平，民谚称："二八月，两中平。"分家前几天，长辈选好筑灶和分家日子，先请泥水匠筑好各家灶台，配好柴仓、铁锅、火钳等。分家时请娘舅或叔伯等长辈到场，先议定分担赡养父母等办法，然后提出分家意见，如有争议由娘舅或叔伯等长辈裁定。分家时，要将父母财产按兄弟人数平均分；因长子担负家庭义务较多，长子、长孙分家时往往多得半分或多分一点，俗称"抽长子""贴长孙"；若有未婚小弟，要"抽讨亲本"，具体数额协商解决。之后请1位或几位有文化的亲属长辈来写分家书（又称"分家簿"）、做公证。分家书内容包括房子、田地等不动产，以及家具、农具、现金等，还有赡养长辈的义务等内容。分家书一式数份，户均一份，作为凭证，分别保管。参与立契约、做公证者均要在上面签字、盖章，文盲要画押。之后祭祖、燃放爆竹，各家分别从老灶中抽出1块旧砖砌入新灶，再从老灶引火点燃新灶柴草，生火出烟，象征兄弟同沾祖辈福泽。分家那天，各小家要摆发财酒，娘家要送齐橱、饭桌、米桶、盘碗等厨房用品，还要送1桌烧好的8种菜肴，以及汤圆、金团（一种外粘红糖熟米粉的大汤圆）、南瓜（俗称金瓜）、谷物等，以资助其成家立业。分家后不再吃大锅饭，兄弟各自奋发图强，有"分了家三年不见天"的说法，就是说大家埋头苦干。以前分家，除招女婿的女儿外，外嫁女儿无权继承财产。改革开放后，越来越多的家庭分家按照《中华人民共和国财产继承法》规定，实行男女平等的政策。

2.赡 养

畲汉大家庭分家后，兄弟自立门庭，但须奉养上辈。如父母仍有劳动能力，可自己做饭，儿子们每月或每季定期定额供给谷米与买薪（柴）买菜钱；或留给供养田，俗称"父母田"。父母无劳动能力，则由兄弟轮流安排吃饭，叫"吃轮家饭"，三五天或半月、一月一轮，轮到日子里，父母要到那家去，并帮助料理一些轻微家务事，如带孩子等。此俗今仍沿袭。

3.过 继

过继是指某人无子，而由其多子的兄弟姐妹将儿子送给他做嗣子，以继承香火的传统习俗。过继首选同胞兄弟儿子，其次是堂兄弟儿子，再次是姐妹儿子。过继要请人为证，立下契约，过继者名字入宗谱时要注明"承祧"或"兼嗣"（人丁不旺的往往一人兼嗣多人）或半绍（半过继，即所生儿子一半姓养父姓，一半姓生父姓），如果是外甥给舅舅做儿子还必须改姓。如雷开鹃系昌禅岙底支系雷启福第十三世孙，生于1958年农历九月初十，半绍给岱岭朗腰钟姓舅舅顶嗣，昌禅岙底《雷氏宗谱》和朗腰《钟氏宗谱》均有记载，昌禅岙底《雷氏宗谱》称其为半绍钟姓，记载为过继者有权继承财产，但必须承担赡养、送终、祭祀的义务。改革开放之后，乡境内男女平等观念深入人心，过继现象逐渐减少，宗族接纳更加宽容。

4. 结干亲

自古至今，乡境内畲汉多有认拜干亲习俗，一些汉族人家尤其喜欢与畲族乡邻认结干亲。改革开放前，结干亲一般仪式是：家人置备猪腿、长寿面和两套衣裤布料，带小孩到畲家拜认干亲；畲家视该小孩如同己子，给小孩做新衣，认为穿上畲家衣服能辟邪，使其平安成长。以后每月朔望之日，义母(干娘)清早做一碗白米饭和一碗有肉、蛋、五香豆腐的菜肴送给干儿子，希望其食用畲家饭菜后能健康活泼。干儿子家还礼，并热情招待，一直延续到小孩上学为止。每逢春节，干儿子要向义父母拜年，礼物通常是二三斤猪肉放在红色瓜瓣桶里，上放年糕、长寿面。义父母回赠压岁红包。端午节，干儿子要向义父母送鱼。义子结婚、生子都要向义父母送谢礼，酒席请义父母坐上宾位，礼遇与舅父同等。一些重情义者甚至几代人都当作亲戚来往。

5. 互 助

"送工""盘工"是乡境内世代流传的、淳朴的劳动互助习俗，是互助精神与善良品格的体现。在畲村，如果某家造房子、建坟墓，除雇请的木匠、泥水匠或其他技工需支付工资外，粗杂劳工都由亲邻帮助。这种出工帮助形式，畲民称"请工""送工"，即主家"请工"，提供膳食、点心和烟；亲邻"送工"，不收工钱。日后亲邻有事时，主家也以同样方式给予帮助。从主观上说，"送工"者并不指望"请工"者回报。

另一种情况是农忙季节需要劳动力帮助时，尤其是做犁田、插秧这些不一定人人能做的农活，或者是山地翻耕、挑肥上山等需要多人劳作的农活，亲邻之间"盘工"互助。这种"盘工"带有换工色彩，这次我帮你，下次你帮我。但不一定要做同样农活，也不要求做相同的天数，膳食、点心由主家提供。一些有特殊困难家庭，农忙季节也有"请工""送工"情况，亲邻都会施以援手，送上帮助。

畲族老人过世，主家因悲伤，丧葬仪式程序又十分繁杂，大小事情都托族内邻里帮忙，并在堂兄弟中选一人当理事，帮助料理丧事。前来帮助料理丧事者往往连续工作几天，直至丧事料理完毕，从不收取任何报酬。

畲族内部组织松散，主要用亲情、互助、团结、勤劳、诚实、勇敢与善良诸美德来感染他人。平日相处，无论蓝、雷、钟、李，均亲如骨肉；不拘熟悉与否，相爱若家人。乡境内曾经流行的谷会多是互助作用、又带计息性质的"楼梯会"，畲族以此来凝聚家族人心。

（四）行第排列

行第，也称字行，是宗族内辈分排行方式。畲汉两个民族历来十分讲究宗族的行第排列，所有宗谱均预先安排好族内行第，宗族内所有男性多按行第取名，以便区别辈分，营造长幼有序的宗族秩序。乡境内旧宗谱中，行第有名行、表字行和讳行3种。

1. 名　行

是正名（官名）的字辈，祖、父、子、孙名字得严格按名行的辈分取，古时不得随意。如福鼎菁寮支系坑门始祖雷世绵派下旧行第排列：世大启永元景鸣淑仲增朝；新行第排列：能承祖武，宏振家声，诗书继志，道学昌明。福掌钟姓旧行第为：天启应世，元文胜子，鸣朝廷有；新颁行第为：大显昌政，杨光思承，诗书忠孝，传至云礽，兴复邦家，济美斯年，立步先德，存心后贤。福鼎深垄支系福掌李姓派下旧行为：念肇世子文国士伯永必有忠信；新行第为：思宗荣昌盛，诗书振家声，竹林能挺秀，兰桂自腾芳。这些行第里面均包含了儒家忠孝节义礼智诚信等思想，希望子孙贤能有为，光宗耀祖。

1978年前，不管年龄大小，宗族内辈分小的均要称辈分大的为叔、公、太（堂曾祖父）等，不得直呼其名，这种教育从小孩刚学讲话就开始，使之养成尊敬上辈人（长者）的习惯。1978年后，境内行第出现四个新的变化：一是一些人取单名，单纯从名字中已经看不出行第的排列次序。二是一些女孩也按行第取名。由于实行计划生育，乡境内女儿户增多，加之男女平等观念深入人心，一些女孩子也与男孩一样按行第取名，并上宗谱。三是行第称呼有所革新。虽然宗族内行第排列依旧，但一些辈分大的年轻人开始称辈分小的长者为哥，以示尊敬；原来妇女均遵"丈夫尺妻"古俗，与自己的子女一样称呼丈夫的兄弟为叔叔、伯伯，今与丈夫一样称呼哥哥或直呼弟弟名字，对更大辈分称呼以此类推。四是同姓不同宗的人开始按照连环谱排列行第。21世纪后，乡境内有的姓氏虽然不同祖宗，但为了加强宗族之间的凝聚力和向心力，遂统一编制连环谱，对同一姓氏的行第进行统一排列，统一称呼。

2. 表字行

是表字（俗称书名）的字辈，也要按宗谱中事先安排好的辈分取。如岱岭坑门支系始祖蓝意必派下旧行第共排列十三世：意千万华应世廷子有光鸣政昌。光绪三十年（1904年）增修宗谱行第自十四世起再排列十六世：盛朝祥瑞，景星庆云，传家孝友，敦厚雄伦；表字行第排列次序为：志希圣哲，学守经文，贤声振国，道义忠君。

3. 讳 行

畲族还有讳名，是人去世后按习俗取的名，也要按辈分取，老谱里堂可见到。畲族族规规定，讳名按"念、大、小、百、千、万"6个字周而复始排行。但雷、钟二姓在大迁移中，把念字和千字香炉挑丢了，故这二姓只按5个排行，故雷姓无"念"、钟姓无"千"。

二、宗 祠

宗祠，也称祠堂，是宗族祭祀祖先、议论宗族事务、协商解决宗亲矛盾的场所。畲族刚入迁岱岭时并无宗祠，各支族用"祖担"代表宗祠；至明万历年间人口增多、有一定经济实力时，便在坑门村建立一座蓝氏宗祠。乡境内汉族，只有人口较多的杨氏、陈氏、郑氏、林氏、梁氏建有自己的宗祠。

（一）祖 担

据岱岭畲族各姓宗谱记载，广东潮州凤凰山是畲族发祥地，其先祖经罗源、闽东、平阳转徙岱岭。在艰难困苦的迁徙途中，各支族用"祖担"代表宗祠。"祖担"仅用2只竹箱，装上一只香炉和红布、龙头祖杖、笏板、铃刀、龙角、铃钟、神鞭，以及一套20条幅彩色祖图。"祖担"无固定存放处，谁家用后即由谁家保管，支族内某户举行传师学师仪式或老人去世后做功德需用"祖担"，要请本民族一名师公备办祭品到存放"祖担"之家进行祭祀，师公通读祭请通辞后，才能把"祖担"接回家。"祖担"只供本支族使用，其他支族不能相借。以"祖担"代表祖祠的支族，老人去世后不设灵位牌，只设一只亡灵香炉，做完功德后，即把亡灵炉灰并入本家供奉的历代祖先香炉，称送亡灵上祠堂。今"祖担"已无存。

（二）宗 祠

乡境内宗祠，是畲汉两个民族祭祀祖先、议论宗族事务、协商解决宗亲矛盾的场所，承嗣、子女财产分配、婚嫁离合事宜等都可在此解决。据现有宗谱资料，岱岭境内建筑年代最早的宗祠为始建于清顺治十六年（1659年）的杨家边石皮（壁）脚梁姓宗祠，蓝、杨、陈、郑、林四姓宗祠也均始建于清代，规模均不大，为砖木结构。至2015年，乡境内共有6座宗祠，汉族大姓郑、林、杨、梁、陈姓均建有自己的宗祠。这些宗祠均在21世纪经过了重修，有的建筑规模还有所扩大，并由砖木结构改建成为更为坚固的砖木钢筋混凝土结构，投资额在15万—238万元之间。限于当地有限的土地资源和经济条件，重修的宗祠占地面积在300—1070平方米之间，建筑面积在150—500平方米之间，多为一进单层，建得比较简陋；仅少数姓大族众、财力雄厚的大姓宗祠建得富丽堂皇，有的屋顶还盖以琉璃瓦。其中建筑规模最大的为地处杨家边村七亩的林姓宗祠，共有二进单层房屋18间，建筑面积500多平方米，总投资238万元。屋顶盖黑色琉璃瓦。一进设有中、左、右3道大门，均用黄铜皮包裹大门，富丽堂皇；墙体用大理石或花岗岩装饰，不设门窗。中厅宽5米，后步柱内侧起设神龛（用杉木雕刻）。屋檐下挂有宗祠牌匾。正殿各根柱子都挂有对联，中厅神龛前面一对祠堂全联，由宗祠负责；后由职务高低顺接，再按房系排列，以序进行挂联。杨家边梁姓宗祠2003年冬重建后，改称梁公纪念堂，但宗祠性质未变。畲族蓝、雷、钟、李4姓12个支系自迁居岱岭以来，除坑门蓝姓建立宗祠外，其他支系因周边祖居地已建有总祠而未再建分祠。21世纪初，地处坑门7亩的蓝姓宗祠采用砖木结构，仅有3间。2002年，随着经济的发展，坑门蓝姓认为宗祠是全族宗亲的标志和形象，宗祠规模大小、新旧是体现全族是否兴旺发达的标志，因而对宗祠进行了拆建。新建的宗祠二进两厢，每进各三间单层房屋，大门屋顶盖黄色琉璃瓦。

表4-8-4-1　　　2015年岱岭畲族乡宗祠一览表

宗祠名称	坐落村庄	始建年份	重修年份	占地面积（平方米）	建筑面积（平方米）	建筑结构
蓝氏宗祠	坑门	1572—1619	2002	300	204	砖木混单层二进
杨氏宗祠	大厝基	1799	2008	400	216	砖木混单层一进
陈氏宗祠	大厝基	1796—1820	1997	648	360	砖木混单层一进
郑氏宗祠	大厝基	1736—1795	2003	180	150	砖木混单层一进
林氏宗祠	杨家边	1870	2010	680	500	砖木混单层二进
梁氏宗祠	杨家边	1659	2003	1070	400	砖木混单层一进

三、宗 谱

宗谱,也叫家谱、族谱,是记载家族或宗族渊源、迁徙变化、传承世系和家族事迹的典籍文献。

(一)修 谱

修谱,即纂修宗谱,又称造谱、续谱。岱岭畲族、汉族均有自己的宗谱。其中人口较多的汉族陈、郑、林、杨、梁姓和畲族蓝姓因在乡境内建有自己的宗祠,每隔若干年就组织重修一次自家的宗谱;一些在乡境内没有建有宗祠的姓氏,则依附先祖迁出地宗祠修编宗谱。乡境内畲族、汉族历史上辗转迁徙,族众居住分散,修谱目的是承嗣和凝聚人心,收宗聚族,强化宗族认同感。习俗认为一登宗谱,则永不能变,故岱岭畲族把修宗谱列为头等大事,一般10年一小修,20年一大修,"如30年不修谱,谓之不孝"。

修谱是一项错综复杂的系统工程,涉及千家万户。修谱工作开始前,要成立领导班子,设总理事和分理事,各村配备协理;组织编纂机构,制定工作规则,传授工作技巧,阅读旧档序列,精通各项工作。随后进村入户,详细调查此段时间内每户人丁姓名、生卒年月日时、婚入嫁出、入赘出嗣、科举授官、墓穴地名、坐向贵庚、分金何支等,详列后造册。此项工作须在一年内完成。每户要出丁口银,作为修谱先生工资与诸项费用。修谱时,要撰写谱序、祠祀、众产、著作经事等,谱中要画先祖遗像,并替族中有业绩、地位者,如忠臣孝子、节妇烈女、名儒学者立传,有功名、职衔者填红字,其余人名用黑字。古代造谱,要有秀才以上功名者才能填红字;现代造谱,大专毕业以上就能填红字。要按辈分排行,以红线贯穿,记录本族人口生卒、娶妻、生子、女儿出嫁以及葬地情况。旧时,入谱均为男名,女子不记名,今宗谱男女皆记名。所谓行辈,即依世代划分辈分,全族有《行辈诗》,每代以人名第一字确定辈分。编谱费用一按丁口分派,二由族内富裕者赞助。谱牒编纂完成,用木活字印刷或手工正楷缮写若干册。20世纪90年代后,随着科技的进步,也有用电脑排版印刷的。乡境内畲族宗谱最早编纂于清道光二十一年(1841年),汉族宗谱最早编纂于清乾隆五十九年(1794年),均在儒学塾师参与下完成,详见本志第七章"民间文献·书籍·谱牒"。

(二)祭 谱

祭谱,也称圆谱或完谱。宗谱修缮完成后,要在宗祠内举行完谱醮,以示庆祝,主要仪式有拜谱、拜祭宗祠与祖墓,相当隆重:由师公设道场,手书祭文,向历代祖先宣读。祭文内容大致包括谱祭时间、各派子孙人丁数、修谱建祠情况，以及祝文等。完谱醮一般做3天，有的做5天，以超度本宗族在修谱时可能被漏登或有差错的先人，可能属于非正常死亡（即所谓有"五伤""七伤"者）但未作非正常亡故后事处理（如做功德时须"拔伤"）的先人。因此，做完谱醮除一般醮事程式外，一定要有"放焰口""大布施"，用以超度孤魂野鬼。同时也祭请神灵、祖灵，祈保阖族平安兴旺。修谱同时建新祠的，对始祖木主还要进行点主仪式。之后合族盛设完谱酒宴，每户人丁齐来聚餐，有的还演谱戏，同族相庆，邻村同姓宗族派首事前来庆贺。并将宗谱修成日定为拜谱日，此后每年该日统一举行拜谱仪式：有宗祠的，统一到宗祠中祭拜，宗祠案桌上摆列宗谱，每户都备香烛纸钱和馔品（酒菜）去祭拜；没有宗祠的，在家祭拜，仪式类同祭礼。

（三）阅　谱

宗谱修好后，有宗祠的，将宗谱请入宗祠供奉；没有宗祠的，将宗谱送到族中辈分最高或名望最大的族长处存放。宗谱不能随意翻动，如需查谱，须用福礼拜过宗祠方可开谱。查谱者要净手后才能翻阅。每逢农历六月初六晒谱一次，以驱蛀虫和防霉烂。

第九章　人物名录

　　岱岭畲族乡境内仅有800多年历史，除杨姓外，其余居民先祖多在明末清初迁此，加之地处偏僻，经济不发达，教育相对落后。清乾隆年间至清末，随着当地经济实力的不断增强，教育也有所发展，乡境内出现私塾，坑门、东宫、福掌陈世垟、杨家边等地少数汉族学子因受到良好教育，有19人考上庠生、贡生、监生。清宣统三年（1911年），随着鸣山学堂（岱岭畲族乡前身）的创办，乡境内人才逐渐增多。中华人民共和国成立后，乡境内教育明显改观。特别是1978年改革开放后，九年制义务教育得到了长足发展，汉族、畲族大学生层出不穷，还涌现一批硕士生、博士生，有的成了专家、教授，个个学有所长，为国家和社会作出了自己应有的贡献。

第一节　人物传略

　　据现有宗谱资料，岱岭畲族乡境内对人物有详细记载的始于清乾隆年间入迁陈世垟的吴大烈，其后裔中人才辈出，成为乡境内的名门大户。此后，本地梁氏、郑氏等也陆续出现一批人才。畲族直到中华人民共和国成立后才得到良好教育，此后人才不断涌现。本节对200多年来乡境内各村畲族、汉族地方知名人士和畲汉烈士生平事迹进行简要介绍，所载均为已经逝世人物，以生年为序排列。

一、畲族人物传略

　　本目简要介绍中华人民共和国成立后，岱岭乡境内蓝朝央、钟廷恩、蓝春听等3位已经去世的当地畲族乡党政主要领导的从政情况。

　　蓝朝央（1922—2008年）　畲族，坑门村人，中共党员。1951年5月参加工作，1956年12月加入共产党；1951年5月至1952年4月，在马站镇任干事。1952年4月至1953年10月，任马站镇副镇长。1953年10月至1956年3月，任坑门乡农会主任。1956年3月至1957年3月，任合作乡副乡长。1957年3月至1957年6月，任岱岭乡副乡长。1957年6月至1958年10月，任岱岭畲族乡副乡长。1958年10月至1959年10月，任岱岭管理区副主任。1960年10月至1961年8月，任中共岱岭大队党委副书记兼大队长。1961年8月至1961年10月，任中共岱岭管理区党总支副书记兼主任。1961年10月至1969年6月，任中共岱岭公社党委副书记兼岱岭公社社长。1969年7月至1977年8月，任中共岱岭公社党委副书记兼革委会主任。1977年8月至1980年10月任中共岱岭公社党委副书记兼革委会副主任。

钟廷恩（1927—2010年） 畲族，福掌村人，中共党员，大学文化，离休干部。1964年毕业于中南民族学院进修班。1955年3月至1956年3月，任岱岭乡乡长。1956年3月至1957年3月，任中共合作乡党总支副书记。1957年3月至1957年6月，任中共岱岭乡党总支副书记兼乡长。1957年6月至1958年10月，任中共岱岭畲族乡党总支副书记兼乡长。1959年3月至1960年3月和1961年8月至1961年10月，任中共岱岭大队（管理区）党总支书记兼主任。1961年10月至1969年7月，任中共岱岭公社党委书记。1969年7月至1970年12月，任中共岱岭公社党的核心小组组长、岱岭公社革命委员会第一副主任（主持工作）。1971年1月至1972年5月，任中共霞关公社党的核心小组副组长。1972年5月至1976年10月，任中共霞关公社党委副书记。1976年10月至1977年12月，任中共霞关公社党委副书记。1977年12月至1979年2月，任中共南坪公社党委副书记。1979年2月至1979年11月，任中共岱岭公社副书记。

蓝春昕（1956—2003年） 畲族，大厝基村小岭人，中共党员，少师学历。1973年9月至1975年7月，在矾山高中就读。1978年9月至1980年7月，在浙江丽水少数民族师范学校就读。1980年9月至1982年6月，在岱岭中心校任教师。1982年6月至1984年2月，任岱岭公社管理委员会副主任。1984年2月至1986年2月，任岱岭乡（畲族乡）乡长。1985年4月至1986年4月，任中共岱岭畲族乡党委副书记。任职期间，为东宫、朗腰、斗塆、南山、坑门、云遮、云山等村飞播植树造林、造福后代做出很大贡献。

二、汉族人物传略

本目主要介绍清乾隆年间至2015年，乡境内已经去世的科举、官宦、学者等人物的经历和事迹。

吴大烈（1770—1852年） 字应升，讳根，号树斋。少聪颖，爱好广泛。

12岁即挑鱼去百里外的福鼎贩卖。后因沉迷赌博，被父亲吴世新（起甫）逐出家门，幸得长兄吴大语妻金氏资助，方渡过难关。清乾隆五十三年（1788年），18岁的吴大烈由蒲门长沙迁居陈世垟务农，开垦荒山，建筑住宅，娶妻生子，成为陈世垟吴氏始迁祖。经过短短几年经营，他积累了大量财富，修造宅院，购置田产，结交郡内名士，与松山（今桥墩镇）朱凤辉、平阳鲍台、金舟乡顾讷、福鼎林滋秀及同乡蒲城华文漪等过从甚密。交往中，也结识了与众人来往密切的祖籍平阳林家塔（今属苍南县钱库镇）的玉环进士林芳。此外，吴大烈还与瑞安黄家、孙家等士绅家族保持联系。50岁时，援例入监。吴大烈生平急公好义，热心于地方修桥造路、赈灾救济等善事；为人宽宏大度，对欠债不还、剽掠其物、横逆其身、戏诱其子者，都既往不咎。其第三子吴正喜为监生，钦加按察使司照磨。其孙吴可仁官居五品翎部选训导，其孙吴可兴、吴可清均为六品官员，家显一时，文盛数世。生前，曾任知县的玉环进士林芳于清道光八年（1828年）为他赠匾"怀葛秀民"。去世后，同乡、岁贡、平阳城西龙湖书院山长谢青扬为他作传。

梁尚拱（1771—1837年）　字尚振，号向辰。杨家边村石皮脚人。庠生。曾在家乡创办私塾，为地方捐资造路，深受后人爱戴。

梁国栋（1815—1892年）　字章香，名兆兰，号巢民，杨家边村石皮脚人。贡生。为人忠厚。曾在家乡创办私塾，亲自教授。还在家乡修桥造路，深受民众拥护。

吴正喜（1828—1890年）　字方义，号仙舟。福掌村陈世垟人，吴大烈第三子。监生。钦加按察使司照磨，官九品。为人忠厚，为家乡办了多件实事。

吴可仁（1821—1890年）　字显忠，号一峰，别号春三。福掌村陈世垟人，吴大烈之孙。附贡生。钦加五品翎部选训导。热心地方教育事业，在家乡创办私塾，亲自任教，为蒲门、矾山等地培养了一批人才。还带头集资修桥造路，深得民众拥戴。温州总镇孙某清同治五年（1866年）九月为之赠匾"修行明经"。

吴可兴（1828—1877年）　字显良，号心亭。福掌村陈世垟人，吴大烈之孙。监生。钦加六品军功衔。

郑亦健（1839—1922年）　名依周，字永康，号步阶，又号顺卿。东宫村人。同治七年（1868）考取入泮第九名，庠生。曾在家集资创办私塾，修桥造路，深得邻里拥戴。

吴可清（1846—1906年）　字显杨，号震亭，吴可仁弟。福掌村陈世垟人。监生。钦加六品军功衔。为抵御外敌侵犯，曾在家乡教授武术，积极培训青壮年保家卫国。

吴成艺（1850—1928年）　字子苑，号羽卿，吴可仁次子。福掌村陈世垟人。附贡生。考取光绪丙子科府学第一名。

郑振谦（1852—1905年）　名培英，字嘉柔，号政三，又号琼圃。东宫村人。庠生，清同治十三年考取入泮第一名。因重视教育、创办私塾、教子有方，深得全族人爱戴。

梁树屏（1853—1889年）　字德蕃，名丕铨，号价人，杨家边村石皮脚人。庠生。生前积极捐资办学，修桥铺路，调解邻里纠纷，深受族人拥戴。

郑振挺（1860—?）　名景标，号锦卿，东宫村人。以军功六品补蓝翎守备，守温州右营，遇缺擢升荣任。从小习武，精通棍术，屡建奇功。回乡后创办武馆教授族人，深受后人爱戴。

吴成萱（1866—1913年）　字子惟，号蕃圃，吴可清长子。福掌村陈世垟人。监生。

郑慎斋（1873—1915年）　字惠忠，别号时言，讳赞谟，东宫村人。清光绪十九年（1893年）考中平阳廪生第十名。后毕业于上海美术专科学校，从事美术教育，编写过《高小美术课本》（上海青光书局1934年版）、《世界美术院选集》（上海广益书局1933年版，刘海粟作序）。还从事过词学研究。光绪三十一年（1905年），回乡创办私塾；宣统三年（1911年），创办鸣山学堂。后任蒲乡学堂讲席。民国2年（1913年），与颜临庄、范韫、林树棠、林毓椿、吴番圃等蒲门乡绅发起募捐1800枚银圆，在马站建造蒲门高等小学校新校舍。民国3年春，蒲门高等小学迁新址，郑慎斋被平阳县国民政府委任为校长，办学成绩显著，深受好评。江苏省收藏家协会报刊专业委员会主办的《藏书》创刊号介绍中国现代书籍装帧佳作，有郑慎斋书籍装帧作品11件，包括潘光旦著作封三等。其事迹入编《温州读书报》《河流日报》。

郑祖培（1897—1951年）　字最之，号叔滋，东宫村人。浙江省法政专科学校毕业，历任浙江杭州地方审判庭书记官、浙江陆军第一师少校秘书、蒲门高等小学校长、马站镇镇长、浙江省瑞安县教育科科长、平阳县矾山区区长。他热爱地方教育事业，捐资创办学校（私塾），民国12年（1923年）至14年担任蒲门高等小学校长，为马站片区培养了大批优秀人才。他还集资修桥造路，深受族人拥护。

郑允中（1900—1995年）　又名时敬，东宫村人。民国10年（1921年）

从浙江政法专科学校肄业。次年考入国民党中央军事政法学校武汉分校，翌年毕业。先后担任武汉军需处少尉文书，象山县、平湖县政府司法会计主任，桐乡县政府财政会计主任，平阳县收储科科长，马站镇镇长，金华地方审判厅录事、书记官等职。在金华地方审判厅工作长达13年，深得厅长郑汝璋的赏识，赞他"为人忠厚，办事认真"。民国31年秋一个夜间，他奉郑汝璋之命，与同事一起打开监狱，释放所谓"政治犯"的金萧支队40多人，并在黎明前召唤士兵鸣枪，以集体越狱上报，保存了金萧支队实力。后回故乡马站筹资100枚银圆，在沿浦岭尾、外洋创办盐场，以解数十户村民贫困，后因时局不稳而停办。晚年家居无事，喜与人唱和，著名数学家苏步青教授与他有唱和诗48首，后编成一部《吟咏酬唱集》。苏步青称赞他"尊诗高超，对仗工整，询老手也"。存世律诗420多首、赋20多篇、楹联58副。

林志珍（1911—1986年） 字林杰，杨家边村人。青年时代由同乡郑允中介绍，进入四川军政大学就读，毕业后在国民党军队任职。民国26年（1937年）抗日战争全面爆发后，随蒋介石入四川，在重庆卫戍区司令部任职。民国34年抗日战争胜利后，先后担任国民党军队旅长、师长。1949年跟随蒋介石去台湾，在台湾地区国民党海陆空联勤司令部任职，官至中将司令。1986年卒于台湾。有诗歌留世，详见第七章"民间文献·书籍·诗词"。

郑祖练（1937—2008年） 东宫村人，民国后期随父迁居平阳县鳌江镇。生前住陕西省西安市，教授级高级工程师。1955年毕业于浙江化工学院化学机械专业，曾任中国华陆工程公司副总工程师、国家化工设备设计技术委员会副主任委员、中国机电招标公司国家级评委、温州市东海油田开发和经济建设特聘高级顾问等职，享受国务院特殊津贴。长期从事化工机械和低温工程设计工作，担任设备专业负责人、总负责人、技术把关人、项目总经理、国际招标中标的CPE工程总经理。负责设计的低温工程及长距离液氢输送系统获1986年首届科学技术进步二等奖。1986—1994年，负责某厂液氢装置修复改造工程，被评为国家双优工程。主要著作有《液氢的输送及所用的管道和阀门》《关于地震力求取的若干问题》等。

郑德民（1939—2007年） 东宫村人。初中毕业后，以全县第一名成绩考上平阳中学。1959年考取浙江大学五年制机械制造专业。1964年毕业后，任教于上海同济大学，为副教授、硕士生导师，曾任教研室副主任等职。他长期从事机械制造教研工作，为国家科研作出重大贡献，深受学校领导和师生们的赞扬。著作有《画法几何习题集》《工程画法几何学》《机械设计制图手册》

《载重汽车挂图》，论文有《关于正投影图三维化的探讨》《关于培养学生想象能力和创造能力的探讨》《图学与美学相互渗透之探讨——兼论工程图学与设计的关系》等十余篇。

林时建（1946—2006年） 杨家边村人，中共党员。"文革"时期任三结合团工委书记，后到浙江长广煤矿任工人。回乡后，到中共马站区委工作组工作。1979年2月至1981年10月，任岱岭公社革委会副主任。其中1980年12月至1981年10月，兼任中共岱岭公社党委副书记。1981年12月至1984年2月，任中共岱岭公社党委副书记兼岱岭公社管理委员会副主任（主持）。1984年2月至1990年3月，任岱岭乡政府副乡长。1990年3月至1993年3月担任中共马站镇委宣传委员。1993年3月至1999年1月任中共岱岭畲族乡党委委员。

三、革命烈士传略

从民国24年（1935年）至1952年，乡境内共出现44位革命烈士，其中41位牺牲于第二次国内革命战争时期，1位（新四军烈士郑时接）1938年1月牺牲于"皖南事变"，1位（解放军烈士徐乃举）牺牲在东北，1位（中国人民志愿军烈士周忠辉）1952年牺牲在朝鲜开城。

蔡存王（1876—1936年） 富源村朗腰人。民国24年（1935年）8月参加福掌村赤卫队。民国25年（1936年）10月18日，国民党蒲门区反共防务会对中共鼎平县平阳中心区委驻地福掌进行清剿，他随部队转移到赤溪凤阳一带。后又遭华阳敌人袭击，与部队失散后回家隐蔽。是月被捕，在马站就义。

蓝景瓣（1880—1935年） 畲族，富源村龙凤人（原籍福鼎双华，因家贫入赘）。民国24年（1935年）在双华村参加鼎平县下东区肃反队。次年夏在福建省福鼎县（今为福鼎市）佳阳乡双华村被国民党军队抓捕，于蒲城西门外就义。

林良泉（1883—1936年） 杨家边村人。民国24年（1935年）参加革命，1936年在福掌村加入鼎平县平阳中心区游击队。是年10月18日，国民党蒲门区反共防务会清剿福掌时被捕，翌日在马站就义。

雷国资（1889—1936年） 宗谱作雷国诸，畲族，福掌村人。民国24年（1935年）任中共平阳中心区委文书，积极抄写文件和标语、传单。民国25年（1936年）10月在云遮村大垟隔被捕，经受严刑拷打后重伤，保释回家次日不治而亡。

雷子奎（1889—1937年） 畲族，福掌村人。曾为乡村教师。民国20年

（1931年）因逃壮丁，在福建厦门参加革命队伍，并返回家乡开展革命活动。民国24年10月，担任中共福掌村党支部书记，发动群众开展武装斗争，多次配合红军游击队攻击敌人驻地和进行反围剿斗争。民国26年（1937年）2月因叛徒告密，不幸在昌禅大姐家被捕，是年3月在矾山就义。

陈其清（1900—1936年）　富源村南山人。民国24年（1935年）担任中共平阳中心区交通员。民国25年10月中旬在家中被国民党蒲门区反共防务会逮捕，是月下旬牺牲于蒲城西门外。

梁其和（1891—1937年）　富源村龙凤人。民国24年（1935年）春，任中共鼎平县上东区委交通员。是年夏送信途经家中，被马站清乡队逮捕，受尽酷刑。民国26年7月保外就医，不久不治去世。

杨世麦（1894—1936年）　大厝基村人。民国24年（1935年）参加革命，任中共平阳区委交通员。次年10月，在岱岭东宫执行任务时，被国民党蒲门区反共防务会逮捕，在马站就义。

雷国寿（1894—1936年）　男，畲族，福掌村人。民国24年（1935年）参加福掌抗租团，积极抗租反霸。次年10月18日，国民党蒲门区反共防务会清剿福掌时，转移到赤溪顶架山隐蔽。因叛徒出卖，是月在凤阳垟贡被赤溪壮丁干部队逮捕，在赤溪就义。

范君程（1895—1936年）　云山村人。民国24年（1935年）参加中共鼎平县平阳中心区委工作。次年10月间到马站街探听敌情，不幸被捕，翌日上午在蒲城西门外就义。

侯汗花（1897—1937年）　女，杨家边村人。民国25年（1936年）入伍，为中共鼎平县游击队战士。民国26年2月，在泰顺峰文遭敌人包围，不幸中弹牺牲。

蓝成模（1898—1936年）　畲族，坑门村人。民国24年（1935年）参加革命，任中共平阳中心区委交通员。次年10月18日，在福掌杨府庙开会时被敌人包围，被捕后在蒲城就义。

雷马章（1898—1936年）　畲族，大厝基村人。民国24年（1935年）参加鼎平县平阳中心区游击队，是年加入中共。次年10日18日，国民党蒲门区反共防务会清剿福掌时被捕，在马站无尾桥就义。

雷宗贵（1900—1936年）　畲族，福掌村人。民国24年（1935年）参加福掌抗租团，任队员。次年10月18日，国民党蒲门区反共防务会清剿福掌时被捕，当日在马站就义。

雷大阳（1900—1936年）　畲族，福掌村人。民国24年（1935年）参加革命，为鼎平县平阳中心区基层干部。次年10月18日，国民党蒲门区反共防务会清剿福掌时，与雷必岩、雷国寿、雷文涨等一起向赤溪转移，途经凤阳垟头贡，被赤溪壮丁干部队逮捕，在赤溪就义。

林志闩（1901—1936年）　杨家边村人。民国25年（1936年）3月在福掌村参加鼎平县平阳中心区游击队，任战士。是年10月18日，国民党蒲门区反共防务会清剿福掌时被捕，在马站就义。

郑时接（1901—1938年）　东宫村人。民国24年（1935年）8月参加鼎平县平阳中心区肃反队。民国26年冬，编入闽浙边抗日游击总队。民国27年1月随新四军军部北上抗日，在皖南牺牲。

徐帮梅（1902—1936年）　福掌村人。民国24年（1935年）8月参加福掌抗租团，为队员。次年3月在马站山边村牺牲。

蔡存雕（1902—1936年）　富源村朗腰人。民国24年（1935年）秋，任中共鼎平县平阳中心区委交通员。次年10月18日，国民党蒲门区反共防务会清剿福掌时被捕，途中逃脱时中弹牺牲。

陈　红（1902—1936年）　富源村朗腰人。民国24年（1935年）参加革命，任中共鼎平县上东区委通讯员。是年11月调任中共下东区委通讯员。1936年冬在桥墩五凤一带活动时，因叛徒出卖被捕，在桥墩就义。

李友新（1903—1936年）　畲族，福掌村人。民国24年（1935年）参加平阳中心区游击队战士。次年10月18日，国民党蒲门区反共防务会清剿福掌时在家中被捕，翌日在马站就义。

陈绍完（1903—1936年）　云遮村人。民国24年（1935年）6月起，任中共鼎平县平阳中心区委交通员。次年10月，送信去凤阳乡交椅环雷汉答家，途经三十亩时，被赤溪壮丁干部队逮捕，因遭受酷刑而重伤，保外就医不久去世。

郑时琳（1904—1937年）　东宫村人。1935年参加革命，任中共鼎平县平阳中心区委交通员，在东宫村开一间南货店作交通联络站。1936年参加鼎平独立团，次年随独立团一部在柴头山被福鼎保安团包围，在突围时中弹牺牲。

蓝昌美（1905—1936年）　畲族，坑门村人。民国24年（1935年）参加中共鼎平县平阳中心区肃反队，后转鼎平县独立团。次年在福鼎县（今称福鼎市）店下南江地方与敌人作战中牺牲。

雷子翩（1906—1936年）　畲族，福掌村人，民国24年（1935年）参加革命，是年加入中国共产党，任鼎平县平阳中心区委联络员。次年10月18日，国民党蒲门区反共防务会清剿福掌时，因叛徒告密被捕，被就地枪杀。

范君好（1906—1936年）　富源村龙凤人。民国24年（1935年）入伍，任中共鼎平县上东区委工作人员。次年2月间，到马站街探听敌情，不幸被捕，翌日上午在蒲城西门外就义。

陈加香（1906—1937年）　坑门村人。民国24年（1935年）秋成为中共鼎平县平阳中心区委工作人员。次年调平阳独立团当战士。民国26年3月去石砰执行任务时被捕，是月中旬在藻溪就义。

徐加明（1907—1936年）　福掌村人。民国24年（1935年）参加中共平阳中心区肃反队，任队员。次年10月18日，国民党蒲门区反共防务会清剿福掌时被捕，在马站就义。

徐加雀（1909—1936年）　福掌村人。民国24年（1935年）冬参加抗租团，积极参加抗租反霸斗争。次年10月18日，被国民党蒲门区反共防务会逮捕，在马站捞蒲墩就义。

梁其来（1909—1937年）　富源村龙凤人。民国25年（1936年）参加鼎平独立团，为战士。次年1月在西坑岭三兜后垟地方与国民党军队战斗，后与部队失去联系，回家躲藏时遭告密，被国民党蒲门区反共防务会逮捕后，在蒲城西门外就义。

郑时宏（1912—1936年）　东宫村人。民国24年（1935年）8月参加鼎平县平阳中心区游击队。次年10月18日，在岱岭进行革命活动时，被国民党蒲门区反共防务会逮捕，翌日在马站塘沽头就义。

蓝朝化（1912—1936年）　畲族，云遮村人。民国25年（1936年）7月参加中共平阳独立团，任战士。是年11月，随部队进驻昌禅大心垟时被敌人包围，战斗中负伤被捕，在藻溪就义。

刘论语（1912—1936年）　云遮村人，民国25年（1936年）9月参加鼎平县游击队，任战士。是年11月，随部队进驻昌禅大心垟时被敌人包围，在突围中不幸被捕，在藻溪就义。

雷必岩（1913—1936年）　畲族，福掌村人。民国24年（1935年）参加福掌抗租团，进行抗租反霸斗争。次年10月18日，国民党蒲门区反共防务会清剿福掌时，转移到赤溪顶架山隐蔽。因叛徒出卖，是月在凤阳垟头贡被赤溪壮丁干部队逮捕，在赤溪就义。

郑振芳（1914—1936年）　东宫村人。民国24年（1935年）9月，在福鼎北坑头参加中共鼎平县平阳中心区游击队。次年10月18日被国民党蒲门区反共防务会逮捕，仕马站塘沽头就义。

雷天加（1914—1937年）　宗谱作雷天佳，畲族，福掌村人。民国24年（1935年）参加革命，为中共鼎平县平阳中心区委干部。次年10月18日，国民党蒲门区反共防务会对福掌进行清剿，他随中共福掌支部书记雷子奎转移至矾山昌禅坚持斗争。1937年2月，因叛徒告密，在昌禅被国民党武装逮捕，是年3月在矾山就义。

蓝朝完（1915—1936年）　畲族，坑门村人。民国24年（1935年）冬参加岱岭抗租团，次年加入中国共产党。是年10月18日，在福掌村被国民党蒲门区反共防务会逮捕，在马站捞蒲墩就义。

郑祖杯（1916—1936年）　东宫村人。民国24年（1935年）参加中共鼎平县平阳中心区游击队，次年，游击队在福鼎礁洞地方被国民党军队包围，突围时中弹牺牲。

蓝清丑（1916—1936年），畲族，福掌村人。民国24年（1935年）参加福掌抗租团，同时还为部队站岗放哨，传送信件。次年10月18日被国民党蒲门区反共防务会逮捕，在马站就义。

林永海（1917—1936年）　云遮村人。民国25年（1936年）8月参加平阳独立团，任一连二班班长。是年冬，一连在观美山岭执行任务时遭敌人袭击，他在突围中负伤，后经医治无效牺牲。

雷文涨（1918—1936年）　畲族，福掌村人，雷子奎长子。在父亲影响下，年仅15岁的他参加肃反队和贫农团。由于机智勇敢，地下党领导人林辉山经常把他带在身边，后来他担任中共蒲门区委地下交通员。民国25年（1936年）10月18日，国民党蒲门区反共防务会对福掌进行清剿，雷文涨和雷天阳、雷必岩、钟友拱、钟友钏等畲族革命青年转移到赤溪顶架山隐蔽。因叛徒出卖，被敌军1个排包围，钟友钏被当场枪杀，雷文涨等人被捕。雷文涨遭到严刑拷打，仍坚贞不屈，被枪杀于赤溪矴步头地方。

林建治（1924—1937年）　富源村朗腰人。民国24年（1935年）入伍，为中共鼎平县委勤务员。民国26年随部队到龙沙下宅，遭国民党19师追剿，被手榴弹炸死在石洞里。

徐乃举（1925—1950）　大厝基村人。民国36年（1947年）4月在东北入伍，编入中国人民解放军四十五军一三五师四〇三团七连，任战士。1950年在东北牺牲。

周忠辉（1927—1952年）　富源村南山人。民国37年（1948年）10月加入中国人民解放军，参加淮海战役、海南岛战役，荣获三等功1次，获得勋章1枚、纪念章2枚、纪念册1本。1951年参加中国人民志愿军，编入四十军二十八师三五三团三营七连，参加抗美援朝。1952年11月18日在朝鲜开城马踏里战斗中牺牲。

第二节　名　录

本节以列表形式，简要记载除本章第一节"人物传略"之外岱岭畲族乡籍乡科级以上干部名录，所属8个行政村党支部书记、村委会主任名录，小学高级职称以上教师名录，高等院校毕业生和在读大学生名录均收录专科以上人员。

一、岱岭籍乡科级以上干部名录

表4-9-2-1　1949—2015年岱岭籍乡科级以上干部名录

姓名	性别	出生年月	民族	籍贯	职务	工作单位
陈成足	男	1926.08	汉族	东宫村	乡　长	信智乡人民政府
郑祖贵	男	1934.03	汉族	东宫村	革委会主任	魁里公社
郑祖宣	男	1944.11	汉族	东宫村	主　席	马站镇人大主席团
李中仙	男	1947.03	畲族	福掌村	乡　长	岱岭畲族乡人民政府
林逢佑	男	1957.02	汉族	富源村	书　记	中共岱岭畲族乡委员会
郑祖洪	男	1957.07	汉族	东宫村	副局长	温州市市场监督管理局
郑祖团	男	1960.05	汉族	东宫村	主　席	岱岭畲族乡人大主席团
蓝祥秋	男	1962.01	畲族	坑门村	统战委员	中共赤溪镇委
郑存永	男	1965.07	汉族	东宫村	局　长	柘荣县国土资源局
林逢平	男	1968.12	汉族	富源村	主　任	苍南县政协提案委
郑德仕	男	1969.08	汉族	东宫村	副局长	温州浙南科技城管委会经济发展局
郑德菊	男	1970.10	汉族	富源村	常务副部长	中共苍南县委宣传部
雷兰英	女	1971.10	畲族	福掌村	乡　长	岱岭畲族乡人民政府
蓝加庆	男	1973.09	畲族	杨家边村	主　任	福鼎市场建设管理中心
蓝成子	男	1976.10	畲族	大厝基村	乡　长	岱岭畲族乡人民政府
蓝瑞仙	男	1977.12	畲族	坑门村	副书记	凤阳畲族乡人民政府

说明：本表工作单位为其最后一个工作单位，或职务最高时的工作单位。

二、村党支部书记、村委会主任名录

表4-9-2-2　1956—2015年村党支部书记、村委会主任名录

1. 大厝基村负责人任职情况

职　务	姓　名	任 职 时 间
党支部书记	林逢备	1956.03—1961.01
党支部书记	陈昌响	1961.01—1984.12
党支部书记	林逢助	1985.01—1996.10
党支部书记	林昌旺	1996.10—2005.05
党支部书记	杨昌珊	2005.05—2008.04
支部委员主持工作	杨昌付	2008.04—2013.10
党支部书记	杨昌想	2013.10—
村委会主任	林逢杭	1951.03—1951.11
村委会主任	林逢月	1952.01—1954.12
村委会主任	陈昌响	1956.03—1961.01
村委会主任	陈昌各	1961.02—1969.06
村委会主任	陈昌响	1969.06—1979.01
村委会主任	陈昌各	1979.01—1984.03
村委会主任	杨昌金	1984.03—1987.01
村委会主任	杨昌旺	1987.06—1996.10
村委会主任	杨昌珊	1996.10—2005.05
村委会主任	蓝成昌（畲族）	2005.05—

2. 杨家边村负责人任职情况

职　务	姓　名	任 职 时 间
党支部书记	林逢备	1961.01—1969.06
党支部书记	林良彦	1969.06—1984.03
党支部书记	林良坝	1984.03—2002.05
党支部书记	林逢秦	2002.05—
村委会主任	林逢被	1961.02—1969.06
村委会主任	林良彦	1969.06—1984.03
村委会主任	林时斌	1984.03—1999.06

续表

职　务	姓　名	任 职 时 间
村委会主任	林逢秦	1999.06—2002.05
村委会主任	林庆祝	2002.05—

3. 东宫村负责人任职情况

职　务	姓　名	任 职 时 间
党支部书记	郑兴闹	1956.02—1958.12
党支部书记	林良有	1959.01—1960.02
党支部书记	郑兴闹	1960.02—1983.12
党支部书记	郑祖记	1984.01—1985.01
党支部书记	郑祖英	1985.01—2005.05
党支部书记	郑德树	2005.05—2010.12
党支部书记	郑德助	2010.12—
村委会主任	郑祖让	1951.01—1951.11
村委会主任	郑祖记	1952.01—1979.01
村委会主任	郑兴闹	1969.06—1979.01
村委会主任	郑祖记	1979.01—1984.03
村委会主任	郑祖英	1984.03—1985.10
代村委会主任（东宫）	郑德树	1985.10—1987.06
村委会主任（顶台后）	郑德树	1987.06—1989.01
村委会主任	郑德儒	1989.01—2005.05
村委会主任	郑德助	2005.05—2010.12
村委会主任	郑存竹	2011.02—

4. 富源村负责人任职情况

职　务	姓　名	任 职 时 间
党支部书记	郑德勇	2001.08—2005.05
党支部书记	蓝成华（畲族）	2005.05—
村委会主任	钟学尾（畲族）	2001.08—2005.05
村委会主任	陈书宝	2005.05—

说明：2001年南山、龙凤、朗腰、斗塃4个村合并为富源村。

4—1. 南山村负责人任职情况

职 务	姓 名	任 职 时 间
党支部书记	郑祖县	1964.02—1970.01
党支部书记	陈其梅	1970.01—1984.03
党支部书记	陈诗禹	1984.04—1993.10
党支部书记	郑德勇	1993.10—2001.08
村委会主任	周招开	1964.02—1970.01
村委会主任	陈其梅	1970.01—1984.03
村委会主任	陈诗禹	1984.04—1987.06
村委会主任	郑德勇	1987.06—1993.10
村委会主任	陈诗朗	1993.10—1999.07
村委会主任	陈书宝	1999.07—2001.08
村委会主任	周孝和	1984.04—1985.04
村委会主任	郑德勇	1985.04—1987.06

4—2. 龙凤村负责人任职情况

职 务	姓 名	任 职 时 间
党支部书记	郑时品	1956.04—1958.12
党支部书记	蓝春崇（畲族）	1959.01—1961.01
党支部书记	雷成罗（畲族）	1971.01—1999.06
党支部书记	梁亦千	1999.06—2001.08
村委会主任	蓝春崇（畲族）	1956.04—1958.12
村委会主任	郑祖县	1959.01—1961.01
村委会主任	蓝春鸟（畲族）	1961.01—1962.02
村委会主任	蓝景钗（畲族）	1962.02—1963.01
村委会主任	蓝景添（畲族）	1963.01—1971.02
村委会主任	梁亦晃	1971.03—1984.03
村委会主任	梁亦千	1984.04—1987.06
村委会主任	梁亦千	1987.06—1999.06
村委会主任	蓝成华（畲族）	1999.06—2001.08

4—3.朗腰村负责人任职情况

职　务	姓　名	任 职 时 间
党支部书记	林逢左	1982.06—1984.12
党支部代书记	王加义	1985.01—1986.03
党支部书记	林逢左	1986.04—1990.08
党支部书记	钟光宗（畲族）	1984.04—1992.11
党支部书记	林庆元	1992.11—1999.10
党支部书记	钟学尾（畲族）	1999.10—2001.08
村委会主任	林逢左	1961.01—1987.04
村委会主任	钟光宗（畲族）	1984.04—1992.11
村委会主任	林庆元	1992.11—1999.10
村委会主任	钟学尾（畲族）	1999.10—2001.08

4—4.斗墕村负责人任职情况

职　务	姓　名	任 职 时 间
党支部书记	蓝春虎（畲族）	1982.06—1996.10
党支部书记	雷能县（畲族）	1996.10—2001.08
村委会主任	蓝春虎（畲族）	1961.01—1984.03
村委会主任	蓝成良（畲族）	1984.04—1989.01
村委会主任	蓝李成（畲族）	1989.01—2001.08

5.福掌村负责人任职情况

职　务	姓　名	任 职 时 间
党支部书记	雷宗悦（畲族）	1956.01—1985.01
党支部代书记	李中仙（畲族）	1985.01—1986.03
党支部书记	雷必虎（畲族）	1986.04—1990.08
党支部书记	雷进步（畲族）	1990.08—1999.06
党支部书记	雷顺狮（畲族）	1999.06—2002.05
党支部书记	雷顺强（畲族）	2002.05—2002.07
党支部书记	钟政芸（畲族）	2002.07—2004.03

职　务	姓　名	任　职　时　间
党支部书记	蓝瑞仙（畲族）	2004.03—2005.06
党支部书记	吴立敏	2005.06—2010.12
党支部书记	吴秀旺	2010.12—
村委会主任	李忠欣（畲族）	1952.01—1955.03
村委会主任	雷必胜（畲族）	1957.12—1984.03
村委会主任	雷进步（畲族）	1984.04—1989.01
村委会主任	李招某（畲族）	1989.01—1999.06
村委会主任	李树高（畲族）	1999.06—2002.05
村委会主任	吴立敏	2002.05—2005.05
村委会主任	雷顺强（畲族）	2005.05—2011.02
村委会主任	蓝成我（畲族）	2011.02—

6. 坑门村负责人任职情况

职　务	姓　名	任　职　时　间
党支部书记	蓝昌团（畲族）	1956.01—1984.12
党支部书记	蓝朝田（畲族）	1985.01—1996.10
副书记主持工作	蓝祥加（畲族）	1996.10—1997.06
党支部书记	蓝朝田（畲族）	1997.06—2010.12
党支部书记	郑思聪	2010.12—2013.10
党支部书记	钟显强（畲族）	2013.10—2017.03
村委会主任	蓝朝岩（畲族）	1951.01—1954.12
村委会主任	蓝昌诗（畲族）	1956.03—1969.06
村委会主任	蓝昌团（畲族）	1969.06—1970.12
村委会主任	陈立说	1970.02—1984.03
村委会主任	蓝朝田（畲族）	1984.04—1985.04
村委会主任	蓝朝乐（畲族）	1985.04—1987.10
村委会主任	蓝朝足（畲族）	1987.10—1993.10
村委会主任	蓝祥加（畲族）	1993.10—2008.05
村委会主任	陈永勇	2008.05—2011.02

续表

职　务	姓　名	任 职 时 间
村委会主任	蓝瑞圭（畲族）	2011.02—2013.12
村委会主任	陈顺鹏	2013.12—

7.云遮村负责人任职情况

职　务	姓　名	任 职 时 间
党支部书记	范则英	1961.01—1983.08
党支部书记	钟显荣（畲族）	1983.09—1999.06
党支部书记	叶思卿	2008.06—
村委会主任	赵能大	1953.01—1956.02
村委会主任	钟显烧（畲族）	1956.03—1966.01
村委会主任	陈维国	1966.02—1969.06
村委会主任	范则英	1969.06—1979.01
村委会主任	陈维国	1979.02—1984.03
村委会主任	蓝瑞松（畲族）	1984.04—1985.07
村委会主任	叶思卿	1986.08—1999.06
村委会主任	蓝景潮（畲族）	1999.06—

8.云山村负责人任职情况

职　务	姓　名	任 职 时 间
党支部书记	范则英	1956.01—1961.01
党支部书记	范恒存	1961.01—1984.12
党支部书记	郑祖团	1985.01—1986.03
党支部书记	陈廷解	1987.06—1999.06
党支部书记	范则平	1999.06—2005.05
党支部书记	刘论余	2005.05—2008.06
党支部书记	范叔居	2010.12—
村委会主任	范恒品	1951.01—1956.02

续表

职　务	姓　名	任　职　时　间
村委会主任	范恒存	1956.03—1956.12
村委会主任	陈朝茂	1957.01—1969.06
村委会主任	范恒存	1969.06—1970.02
村委会主任	陈朝茂	1970.02—1984.03
村委会主任	陈廷解	1984.04—1986.03
村委会主任	殷兴贵	1986.03—1993.10
村委会主任	范则共	1993.10—1999.06
村委会主任	刘论余	1999.06—2005.05
村委会主任	范叔居	2005.05—2010.12
村委会主任	刘荣响	2010.12—

三、岱岭畲族乡籍小学高级职称以上教师名录

表4-9-2-3　2015年岱岭畲族乡籍小学高级职称以上教师名录

姓　名	性别	出生年月	民族	职　称	评定时间
林逢芬	男	1942.01	汉	小学高级	1988.06
蓝瑞昌	男	1949.09	畲	小学高级	1999.01
雷顺延	男	1950.01	畲	小学高级	1998.01
林时良	男	1950.07	汉	小学高级	1999.01
郑德树	男	1950.10	汉	小学高级	2002.01
蓝朝某	男	1952.10	畲	小学高级	1998.01
蓝祥霞	男	1953.06	畲	小学高级	1999.01
林时历	男	1955.09	汉	中学高级	1998.01
雷开勇	男	1955.10	畲	小学高级	1998.01
蓝瑞南	男	1956.03	畲	小学高级	1999.01
雷能水	男	1956.07	畲	小学高级	1999.01
陈上足	男	1958.09	汉	小学高级	1998.01
杨素珍	女	1958.09	汉	小学高级	2002.01
郑德概	男	1962.05	汉	小学高级	1998.01
梁亦超	男	1962.12	汉	小学高级	1998.01

续表

姓 名	性别	出生年月	民族	职 称	评定时间
陈加远	男	1963.08	汉	小学高级	2003.02
吴守雄	男	1963.10	汉	小学高级	1998.01
郑德干	男	1964.04	汉	中学高级	1999.01
钟昌盛	男	1965.08	畲	小学高级	1998.01
郑德苗	男	1968.02	汉	小学高级	2002.02
温丽君	女	1969.02	汉	小学高级	2006.02
郑存都	男	1970.02	汉	小学高级	2005.02
陈萍萍	女	1970.05	汉	小学高级	2007.01
吴秀达	男	1970.06	汉	小学高级	2001.01
林超媚	女	1970.10	汉	中学高级	2014.01
蓝成同	男	1971.10	畲	中学高级	–
蓝加好	男	1971.09	畲	小学高级	2005.01
钟显威	男	1971.09	畲	小学高级	2004.01
陈礼仕	男	1972.01	汉	小学高级	2001.01
范兴朗	男	1972.09	汉	浙江大学讲师	–
钟显晚	男	1973.08	畲	小学高级	2003.02
郑存君	男	1974.05	汉	中学高级	2010.01
吴立钧	男	1975	汉	上海交通大学教授	–
蓝华子	男	1975.07	畲	小学高级	2004.01
林庆祺	男	1975.10	汉	小学高级	2003.02
李宗宣	男	1975.12	畲	小学高级	2005.02
林时云	男	1976.08	汉	中学高级	2003.02
郑美慧	女	1976.10	汉	小学高级	2005.02
郑文剑	男	1977.05	汉	浙江大学副教授、硕士生导师	–
蓝星杰	男	1978.07	畲	小学高级	2007.12
陈永旭	男	1978.10	汉	小学高级	2004.01
蓝瑞力	男	1978.11	畲	小学高级	2006.01
蓝景超	男	1979.01	畲	小学高级	2006.12
林 广	男	1979.05	汉	小学高级	2005.02
蓝瑞好	男	1979.05	畲	小学高级	2010.02
郑德晓	男	1980.06	汉	小学高级	2012.01

续表

姓　　名	性别	出生年月	民族	职　　称	评定时间
蓝景将	男	1980.08	畲	温州大学讲师	－
蓝加录	男	1982.03	畲	小学高级	2014.01
蓝加銮	男	1982.07	畲	小学高级	2010.02
雷祖汀	男	1987.09	畲	小学高级	2012.02

四、高等院校毕业生和在校生名录

岱岭畲族乡学校自1994年实行小学初中九年制义务教育后至2015年，毕业生被全国各地高等院校录取600多名，其中少数民族学生218名；高等院校毕业生372名，其中少数民族学生109名。因1978年改革开放后境内人口流动大，一些岱岭籍学生从小就不在岱岭上学，有的中途转学至城镇中小学，有的甚至已经与村里失去联系，故境内大专以上文化程度人员无法全面统计，以下表格仅收录已知岱岭畲族乡高校专科以上毕业生和在校生名录。

表4-9-2-4　2015年专科以上毕业生名录

1.2015年大厝基村专科以上毕业生名录

姓名	性别	出生年月	民族	毕业院校	学历	工作单位
周义忠	男	1953.07	汉	浙江农业大学	本科	苍南县财政局
杨昌欣	男	1958.09	汉	浙江林学院	专科	岱岭畲族乡林业站
杨彩虹	女	1961.05	汉	浙江师范大学	本科	苍南县灵溪镇第五小学
陈加远	男	1963.07	汉	温州师范学院	专科	苍南县教育局
金庆辉	男	1964.07	汉	温州商校	专科	杭州英泰会计师事务所
陈萍萍	女	1970.05	汉	温州师范学院	专科	灵溪镇第二小学
蓝承兵	女	1976.08	畲	空军雷达学院	专科	－
蓝成子	男	1976.10	畲	中央党校	本科	岱岭畲族乡人民政府
陈永旭	男	1978.10	汉	温州大学	本科	苍南县小
杨和暖	男	1978	汉	北京医科大学	本科	－
杨守宗	男	1980	汉	杭州师范学院（函授）	本科	浙江省进出口公司
杨巨明	男	1980	汉	浙江财经大学	本科	杭州市审计师事务所

续表1

姓名	性别	出生年月	民族	毕业院校	学历	工作单位
蓝建文	女	1980.11	畲	温州师范学院	专科	沿浦镇人民政府
蓝丁漩	女	1981.09	畲	浙江工业大学	本科	–
蓝丽金	女	1982.09	畲	浙江广播电视大学	专科	岱岭畲族乡人民政府
陈永党	男	1983.07	汉	宁波医药学院	专科	–
杨贤乐	男	1983	汉	浙江财经大学	本科	温州啤酒集团公司
杨小巧	女	1984	汉	丽水学院	专科	浙江天信仪表公司
杨望港	男	1984	汉	西安交通大学	本科	–
杨 锋	男	1985	汉	中国计量学院	本科	–
林兵青	女	1985.07	汉	吉林师范学院	本科	温州星海学校
陈 荣	男	1986.06	汉	温州职业技术学院	专科	温州医药公司
杨小红	女	1986.09	汉	浙江广播电视大学	专科	–
杨思路	男	1986	汉	浙江医药高等专科学校	专科	–
杨巨晃	男	1986	汉	杭州万向职业技术学院	专科	–
杨 彬	男	1987	汉	上海东华大学	本科	–
杨 昆	男	1987	汉	湖北荆门技术学院	专科	–
蓝加璇	女	1988.03	畲	浙江传媒大学	专科	–
杨思露	男	1988.07	汉	宁波医药学院	专科	–
陈 怀	男	1988.10	汉	浙江工业大学	研究生	–
蓝加旭	男	1988.12	畲	丽水职业技术学院	专科	–
杨 滨	女	1989.07	汉	上海大学	博士	上海外企公司
谢尚明	男	1990.06	汉	福建数控学院	专科	–
陈 威	男	1990.10	汉	温州职业技术学院	专科	–
蓝承真	男	1990.11	畲	浙江公路技师学院	专科	–
谢尚销	男	1991.09	汉	杭州交通大学	专科	–
刘万强	男	1991.10	汉	宁波工商职业技术学院	专科	–
杨燕燕	女	1994.07	汉	金华车辆管理学院	专科	–
杨雯雯	女	1994.02	汉	杭州商业职业学院	专科	–
蓝成植	男	1994.04	畲	浙江建设技术学院	专科	–
周 凯	男	1994.08	汉	上海同济大学	博士	美国凯歌互联网公司
陈 静	女	1995.06	汉	上海政法学院	专科	–
杨燕萍	男	1996.08	汉	杭州职业学院	专科	–
周 莉	女	1991.11	汉	温州职业技术学院	专科	温州越剧团

1. 2015年大厝基村专科以上毕业生名录

姓名	性别	出生年月	民族	毕业院校	学历	工作单位
梁亦超	男	1962.12	汉	温州师范学院	专科	苍南县教育局
梁世辉	男	1969.02	汉	西安政治学院	本科	
蓝加庆	男	1973.09	畲	福州大学	本科	福鼎市场建设管理中心
林庆祺	男	1976.07	汉	温州师范学院	本科	杭州滨江学校
林时云	男	1977.05	汉	杭州大学	研究生	浙江大学体育系
林时敏	男	1977.10	汉	浙江中医学院	本科	
林 晨	男	1978.05	汉	浙江工业大学	本科	
林 广	男	1979.05	汉	温州师范学院	专科	岱岭畲族乡学校
梁珊珊	女	1980.09	汉	浙江工业大学	本科	
林庆速	男	1982.10	汉	合肥大学	本科	苍南百一公司
梁徽霖	男	1984.08	汉	中国人民大学	本科	–
林时顷	男	1985.07	汉	杭州电子科技大学	研究生	
王 旭	男	1985.10	汉	浙江工业大学	本科	杭州服装有限公司
林 杰	男	1986.03	汉	北京黄埔学院	专科	
林 凯	男	1987.09	汉	北京科技大学	本科	苍南县地税局
梁世祥	男	1988.02	汉	浙江农林大学	本科	–
林晶晶	女	1988.03	汉	浙江万里学院	本科	
林时峦	男	1988.05	汉	浙江理工大学	本科	杭州市保险公司
梁亦菊	男	1989.02	汉	中国计量学院	本科	
梁世苗	男	1989.05	汉	南昌工学院	专科	
林 健	男	1990.02	汉	宁波大红鹰学院	专科	
林 雪	女	1990.02	汉	台州职业技术学院	专科	岱岭畲族乡人民政府
梁世君	男	1990.03	汉	浙江财经学院	本科	
梁世恩	男	1990.05	汉	福建农林大学	本科	
梁世月	男	1990.11	汉	福州经贸大学	本科	
梁世旭	男	1991.01	汉	杭州理工大学	本科	
林 春	女	1991.05	汉	南通大学	专科	北京锐仕方达人人力资源集团有限公司杭州第一分公司
梁徽廷	男	1991.06	汉	浙江理工大学	本科	
林小慧	女	1991.06	汉	宁波大红鹰学院	专科	岱岭畲族乡人民政府
林 望	男	1991.08	汉	浙江工业职业技术学院	专科	绍兴欧派家居用品有限公司

续表

姓名	性别	出生年月	民族	毕业院校	学历	工作单位
梁燕燕	女	1991.08	汉	北京工商管理学院	专科	-
林时渡	男	1991.09	汉	浙江财经大学	本科	-
林辉翠	女	1991.10	汉	浙江理工大学	本科	-
梁玲玲	女	1991.10	汉	湖州师范学院	本科	-
梁生幸	男	1992.03	汉	吉林工业大学	本科	-
梁娟娟	女	1992.06	汉	中国科技大学	本科	-
梁亦君	男	1992.08	汉	福州大学	本科	-
梁徽鹏	男	1992.08	汉	浙江农业商贸学院	专科	-
林　洁	男	1992.11	汉	武汉纺织大学	专科	-
林　健	男	1993.03	汉	浙江理工大学	研究生	-
梁徽相	男	1993.05	汉	福建莆田大学	专科	-
梁亦鹏	男	1993.06	汉	重庆大学	本科	-
林巧巧	女	1993.07	汉	浙江师范大学	本科	乐清市虹桥中学
梁徽坤	男	1993.09	汉	上海同济大学	本科	-
梁亦进	男	1994.03	汉	漳州工业大学	本科	-
梁世新	男	1994.04	汉	南昌医科大学	本科	-

3. 2015年东宫村专科以上毕业生名录

姓名	性别	出生年月	民族	毕业院校	学历	工作单位
郑德萍	男	1961	汉	上海大学	本科	苍南县卫生局
郑德概	男	1962.05	汉	温州师范学院	本科	马站小学
郑银萍	女	1963.05	汉	温州大学	本科	-
郑存永	男	1965.10	汉	福建农业大学	专科	柘荣县城关镇政府
郑德干	男	1965.05	汉	浙江师范大学	本科	灵溪第二高级中学
郑辉煌	女	1967.08	汉	温州师范学院	本科	赤溪中学
郑德苗	男	1968.01	汉	温州师范学院	本科	岱岭中心校
郑德胜	男	1969.02	汉	杭州大学	本科	马站高级中学
郑德仕	男	1969.06	汉	西北轻工业学院	本科	温州浙南科技城管委会经济发展局
陈永平	男	1970.07	汉	济南民政学院	专科	苍南县民政局
郑存都	男	1970.08	汉	温州师范学院	本科	岱岭畲族乡学校
郑存国	男	1971.09	汉	杭州大学	本科	苍南县检察院

续表1

姓名	性别	出生年月	民族	毕业院校	学历	工作单位
郑祖歆	男	1973.09	汉	温州师范学院	本科	马站镇蒲城小学
郑存君	男	1974.05	汉	温州师范学院	本科	苍南县灵溪镇第一中学
郑美慧	女	1976.10	汉	温州大学	本科	灵溪镇观美小学
郑文剑	男	1977.05	汉	南京工业大学	研究生	浙江大学管理学院
陈媚	女	1978.01	汉	厦门大学	本科	－
郑德慧	男	1978.09	汉	中央美术学院	本科	温州市房地产开发公司
郑茹燕	女	1979.11	汉	浙江东方学院	专科	苍南县民政局
郑德晓	男	1980.09	汉	温州师范学院	本科	灵溪镇第六小学
郑存日	男	1980.07	汉	浙江东方学院	专科	灵溪镇城管中队
郑元春	女	1981.05	汉	武汉工程学院	本科	
郑德璋	男	1982.10	汉	杭州商学院	本科	温州浙江亚龙集团公司
郑德本	男	1982.07	汉	浙江财经大学	本科	
郑军	男	1982.05	汉	浙江树人大学	专科	－
郑存丰	男	1982.04	汉	浙江海洋学院	本科	－
郑存峦	男	1983.08	汉	杭州商学院	本科	－
郑柳影	女	1984.03	汉	厦门大学	本科	温州市市场监督管理局
郑存勤	男	1984.11	汉	浙江农林大学	本科	－
郑存奏	男	1985.07	汉	中国计量学院	本科	无锡电子公司
郑英姿	女	1986.04	汉	温州师范学院	本科	苍南县金乡第二小学
郑存杰	男	1986.06	汉	浙江工业大学	研究生	
郑燕青	女	1986.10	汉	浙江大学宁波理工学院	专科	
郑燕燕	女	1986.12	汉	温州大学	本科	苍南县林业局
郑梦伟	女	1987.01	汉	湖北民政学院	专科	－
郑姿拉	女	1987.04	汉	温州大学	本科	
郑静	男	1987.07	汉	江西民政学院	专科	苍南县残疾人联合会
郑芳阳	女	1987.08	汉	杭州电子科技大学	本科	－
郑群	男	1988.03	汉	温州大学	本科	苍南县能源办公室
郑德权	男	1989.05	汉	浙江东方学院	本科	温州市龙湾区消防大队
郑德芳	男	1989.06	汉	中南民族学院	本科	－
郑存娜	女	1990.07	汉	宁波大学	本科	

姓名	性别	出生年月	民族	毕业院校	学历	工作单位
吴婷婷	女	1990.09	汉	温州师范学院	本科	平阳县水头镇学校
陈慧婷	女	1991.02	汉	浙江工业大学	本科	—
郑存为	男	1991.08	汉	宁波工程学院	本科	—
郑　洲	男	1993.04	汉	杭州外语学院	专科	厦门优尔电器公司
郑思东	男	1993.10	汉	河南科技大学	本科	
郑　涵	男	1993.06	汉	浙江科技学院	本科	

4.2015年富源村专科以上毕业生名录

姓名	性别	出生年月	民族	毕业院校	学历	工作单位
林逢平	男	1968.12	汉	中央党校	本科	苍南县政协
郑德菊	男	1970.10	汉	浙江水产学院	本科	中共苍南县委宣传部
蓝加好	男	1971.09	畲	温州师范学院	专科	灵溪镇凤池学校
陈书鹏	男	1979.05	汉	杭州大学	本科	—
雷神臣	男	1981.05	畲	温州职业技术学院	专科	
雷彩霞	女	1981.12	畲	温州农业学校	专科	中共苍南县委统战部
林辉煌	女	1982.01	汉	温州大学	本科	中共苍南县委党校
蓝加录	男	1982.03	畲	丽水学院	本科	马站小学
蓝加峦	男	1982.07	畲	丽水学院	本科	灵溪镇第一小学
蓝加勉	男	1983.01	畲	浙江理工大学	本科	
林晓春	女	1983.02	汉	中南民族大学	本科	苍南农商银行
雷延生	男	1984.05	畲	南京航空航天大学	研究生	上海中国商用飞机公司
林庆树	男	1985.01	汉	武汉大学	本科	—
雷小春	女	1985.03	畲	丽水学院	专科	
雷武团	男	1985.10	畲	杭州科技学院	专科	
雷武营	男	1985.11	畲	浙江科技学院	专科	
雷彩弟	女	1986.01	畲	丽水卫生学校	专科	杭州市口腔医院
雷爱桃	女	1986.09	畲	温州职业技术学院	专科	
黄莉莉	女	1986.10	汉	江西大学	本科	
雷祖听	男	1986.10	畲	浙江师范学院	本科	温州市第二高级中学
蓝彩凤	女	1986.12	畲	温州大学	本科	—

续表1

姓名	性别	出生年月	民族	毕业院校	学历	工作单位
雷　鸿	男	1987.05	畲	浙江工业大学	本科	苍南天信仪表厂
梁世国	男	1987.06	汉	浙江农林大学	本科	苍南农商银行
钟友中	男	1987.07	畲	浙江万里学院	本科	－
雷祖汀	男	1987.09	畲	丽水学院	专科	－
林金菊	女	1987.09	汉	温州大学	专科	马站小学
陈思思	女	1987.09	汉	温州职业技术学院	专科	－
陈书友	男	1988.03	汉	深圳南方科技大学	博士后	深圳南方科技大学
蓝丽生	女	1989.07	畲	丽水学院	专科	－
李彩凤	女	1989.09	畲	丽水学院	专科	－
黄玲玲	女	1989.10	汉	厦门大学	本科	－
林小丽	女	1989.11	汉	浙江工业大学	本科	苍南农商银行马站支行
蓝义伟	男	1990.03	畲	丽水学院	专科	－
蓝　军	男	1990.11	畲	浙江传媒学院	专科	－
雷香丽	女	1991.02	畲	丽水学院	专科	－
陈诗艺	男	1991.07	汉	浙江职业技术学院	专科	－
郭林界	男	1991.12	汉	温州工商管理学院	专科	－
雷步涨	男	1992.07	畲	温州职业技术学院	专科	－
雷煌煌	女	1993.05	畲	温州职业技术学院	专科	凤阳畲族乡人民政府
李健红	女	1993.08	畲	温州医学院	专科	－
蓝青青	女	1994.04	畲	温州职业技术学院	专科	－
蓝　印	男	1994.04	畲	温州职业技术学院	专科	－
蓝辉存	男	1994.04	畲	浙江农林大学	本科	岱岭畲族乡人民政府
林时锟	男	1994.07	汉	美国俄勒冈大学	本科	－
林时锴	男	1994.07	汉	上海电机学院	本科	－
梁小利	女	1994.08	汉	杭州职业技术学院	专科	－
蓝加喜	男	1994.09	畲	浙江商业学校	专科	－
蓝海娟	女	1995.05	畲	丽水学院	专科	－
蓝成勤	男	1996.02	畲	浙江工业大学	本科	－
雷苹苹	女	1997.04	畲	杭州机电学院	专科	－

续表2

姓名	性别	出生年月	民族	毕业院校	学历	工作单位
成玉迪	女	1997.06	汉	浙江警官学院	专科	杭州市公安局江干分局
林　海	男	1997.07	汉	兰州财经大学	本科	－
梁宝丽	女	1997.10	汉	台州电机学院	专科	－

5.2015年福掌村专科以上毕业生名录

姓名	性别	出生年月	民族	毕业院校	学历	工作单位
吴秀雄	男	1963.10	汉	温州师范学院	专科	矾山镇第一小学
钟昌盛	男	1969.07	畲	温州师范学院	本科	岱岭畲族乡学校
吴秀达	男	1970.06	汉	温州师范学院	专科	马站小学
蓝成同	男	1971.10	畲	温州师范学院	本科	苍南县民族中学
雷兰英	女	1971.10	畲	浙江农业大学	本科	苍南县住建局
吴立新	男	1971.12	汉	福州大学	本科	苍南县水利局
吴立均	男	1975	汉	上海交通大学	博士	上海交通大学
李秋生	女	1975.10	畲	杭州师范大学	专科	马站中心卫生院
李宗宣	男	1976.08	畲	浙江师范学院	本科	灵溪镇第四中学
吴小燕	女	1984.11	汉	浙江大学	本科	苍南绿童国际幼儿园
徐贤芬	男	1985.07	汉	浙江工商大学	本科	杭州奥尚贸易有限公司
吴华县	男	1985.09	汉	广西大学	本科	－
吴华雪	男	1987.02	汉	丽水学院	本科	－
吴华萍	男	1987.10	汉	湖州师范学院	本科	杭州娃哈哈集团公司
吴望雪	女	1988.07	汉	温州医学院	专科	－
吴银瑶	女	1987.08	汉	温州职业技术学院	专科	－
吴华良	女	1988.07	汉	浙江师范大学	本科	－
雷翠花	女	1988.09	畲	浙江工业大学	本科	杭州达利（中国）有限公司
雷大饼	男	1988.12	畲	丽水学院	专科	南宋镇人民政府
钟　贺	男	1989.08	畲	宁波大学	本科	马站镇第一小学
钟大涨	男	1990.04	畲	浙江万里学院	本科	部队服役
吴美茹	女	1990.06	汉	中国计量学院	本科	

续表1

姓名	性别	出生年月	民族	毕业院校	学历	工作单位
徐珊珊	女	1990.09	汉	浙江护士学院	专科	-
徐　跃	男	1991.01	汉	浙江工业职业技术学院	专科	-
雷建松	女	1991.01	畲	丽水学院	专科	-
雷开鹏	男	1991.03	畲	浙江东方学院	专科	-
钟正频	男	1991.05	畲	江西职业技术学院	专科	-
吴秀谊	男	1991.06	汉	浙江科技学院	本科	杭州泰康人寿保险公司
雷大彬	男	1991.08	畲	山东大学	本科	-
蓝日棠	女	1992.05	畲	浙江国际海运职业技术学院	专科	-
蓝加杰	男	1992.05	畲	浙江广厦职业技术学院	专科	-
吴婷婷	女	1992.07	汉	杭州电子科技大学	本科	-
雷朝樟	男	1992.10	畲	丽水学院	专科	-
雷娟红	女	1992.12	畲	浙江医药学院	专科	-
徐萍萍	女	1993.03	汉	温州医学院	本科	-
吴巧巧	女	1993.03	汉	丽水学院	本科	温州服装设计公司
雷顺乐	男	1993.05	畲	香港大学文学院	本科	-
雷海燕	女	1993.05	畲	杭州萧山学院	专科	-
雷昌理	男	1993.06	畲	浙江东阳学院	专科	-
吴妙玲	女	1993.07	汉	浙江东方职业技术学院	专科	-
吴华梓	男	1994.03	汉	宁波万里学院	本科	-
钟正车	男	1994.05	畲	江西民族学院	专科	-
雷佳佳	女	1994.10	畲	南昌技电学院	专科	-
徐贤杰	男	1996.04	汉	绍兴职业技术学院	专科	杭州鸣响广告有限公司
吴华雷	男	1996.07	汉	丽水学院	专科	-

6. 2015年坑门村专科以上毕业生名录

姓名	性别	出生年月	民族	毕业院校	学历	工作单位
蓝祥政	男	1956.10	畲	温州师范学院	专科	苍南县教育局

续表1

姓名	性别	出生年月	民族	毕业院校	学历	工作单位
蓝祥秋	男	1962.01	畲	中央党校	本科	中共赤溪镇委
蓝祥城	男	1973.01	畲	浙江大学	本科	中国沃尔玛（温州）
陈礼仕	男	1973.08	汉	温州师范学院	本科	灵溪镇第二小学
蓝华子	男	1975.08	畲	丽水师范专科学校	专科	灵溪镇第一小学
蓝瑞晔	男	1976.09	畲	浙江大学	本科	苍南县少年艺术学校
蓝瑞仙	男	1977.12	畲	中央党校	本科	凤阳畲族乡政府
蓝瑞好	男	1978.07	畲	温州师范学院	专科	岱岭畲族乡学校
蓝瑞力	男	1978.11	畲	丽水学院	专科	灵溪镇第二小学
蓝琴琴	女	1980.09	畲	温州大学	本科	苍南县第一实验小学
陈礼宝	男	1984.03	汉	浙江大学	本科	浙江英特集团
郑存条	男	1984.06	汉	台州学院	专科	–
蓝瑞叶	男	1984.07	畲	丽水学院	专科	
蓝景尚	男	1984.08	畲	温州建筑职业学院	专科	
郑松雪	女	1984.07	汉	武汉经济学院	专科	
蓝上城	男	1985.06	畲	丽水学院	本科	
郑玉松	女	1985	汉	南昌航天科技职业学院	专科	–
蓝加论	男	1987.06	畲	浙江理工大学	本科	农商银行马站支行
郑思练	男	1987.08	汉	宁波大学	本科	
蓝青青	女	1988.12	畲	宁波职业技术学院	专科	灵溪镇对务社区
蓝小杰	男	1989.05	畲	温州工商管理学院	专科	
蓝 欧	女	1989.08	畲	丽水学院	本科	马站小学
陈道铮	男	1989.11	汉	上海海事大学	研究生	上海海事大学
蓝朝良	男	1990.05	畲	丽水学院	专科	
柯荣荣	女	1991.06	汉	南京职业学院	专科	–
蓝秋月	女	1991.07	畲	温州职业技术学院	本科	
钟显威	男	1991.09	畲	东北师范大学	本科	灵溪镇第十中学
雷飞斌	女	1992.10	畲	浙江农林大学	本科	杭州农药公司
雷武营	男	1992.11	畲	江苏农业职业学院	专科	
柯维佳	男	1993.01	汉	温州职业技术学院	专科	–
陈婷婷	女	1994.08	汉	浙江万里学院	本科	温州长江汽车电子公司
蓝琳琳	女	1995.04	畲	金华职业技术学院	专科	苍南县住建局
陈芳芳	女	1995.08	汉	浙江旅游学院	专科	–

7. 2015年云遮村专科以上毕业生名录

姓名	性别	出生年月	民族	毕业院校	学历	工作单位
蓝瑞昌	男	1940.02	畲	浙江师范大学	本科	苍南县民族中学
蓝青权	男	1969.12	畲	浙江教育学院	专科	马站镇渔寮小学
陈礼瑶	男	1970.06	汉	温州大学	本科	灵溪镇第二高级中学
钟显晚	男	1973.08	畲	丽水学院	专科	灵溪镇第一小学
钟昌侨	男	1978.05	畲	中央党校	本科	苍南县商务局
蓝星杰	男	1978.07	畲	东北师范大学	本科	灵溪镇第六小学
蓝景超	男	1979.01	畲	丽水学院	本科	灵溪镇凤池小学
蓝景将	男	1980.08	畲	温州大学	本科	温州大学
蓝景满	男	1984.11	畲	浙江理工大学	本科	杭州筑梦网络有限公司
赵开涨	男	1986.04	汉	浙江大学	本科	温州市公安局
蓝瑞炮	男	1986.06	畲	宁波卫生职业技术学院	专科	－
蓝景瑶	男	1986.06	畲	宁波大学	本科	
蓝瑞勤	男	1986.10	畲	中南民族大学	本科	
叶思涛	男	1989.02	汉	杭州外国语学院	专科	
钟政银	男	1989.02	畲	浙江经贸职业技学院	专科	
蓝瑞好	男	1989.07	畲	浙江万里学院	本科	重庆华邦有限公司
蓝辉珍	女	1990.04	畲	泉州理工学院	专科	岱岭畲族乡人民政府
蓝星剑	男	1990.02	畲	温州职业技术学院	专科	
赵挥	男	1990.04	汉	桂林电子大学	专科	部队服役
蓝瑞坤	男	1990.05	畲	丽水学院	专科	－
雷顺余	男	1990.05	畲	温州职业技术学院	专科	－
蓝瑞潭	男	1990.06	畲	浙江经济职业学院	专科	－
蓝景进	男	1990.07	畲	宁波大红鹰学院	专科	
范珊珊	女	1990.07	汉	杭州万里学院	专科	
蓝星利	男	1990.08	畲	温州职业技术学院	专科	
林雅婷	女	1990.09	汉	浙江理工大学	本科	
蓝莉莉	女	1990.09	畲	丽水学院	专科	－
蓝萍萍	女	1990.09	畲	浙江艺术职业学院	专科	
钟政河	男	1991.10	畲	杭州技师职业技术学院	专科	
蓝星从	男	1990.11	畲	浙江义乌职业技术学院	专科	－
蓝星星	女	1991.04	畲	丽水学院	专科	大渔镇卫生院

续表1

姓名	性别	出生年月	民族	毕业院校	学历	工作单位
钟政权	男	1991.07	畲	浙江理工大学	本科	-
钟昌宾	女	1991.11	畲	江西南昌科技学院	专科	南昌国际装饰有限公司
蓝星勤	男	1993.05	畲	宁波纺织学院	专科	-
蓝瑞情	男	1993.08	畲	浙江交通职业技术学院	专科	-
蓝瑞伟	男	1993.08	畲	温州职业技术学院	专科	-
蓝景煌	男	1993.10	畲	温州职业技术学院	专科	-
钟政翼	女	1994.06	畲	衢州职业技术学院	专科	-
蓝小萍	女	1994.09	畲	绍兴职业技术学院	本科	-

8. 2015年云山村专科以上毕业生名录

姓名	性别	出生年月	民族	毕业院校	学历	工作单位
陈上足	男	1958.09	汉	温州师范学院	专科	岱岭畲族乡学校
范兴朗	男	1972.09	汉	浙江工业大学	博士	浙江大学
范兴旺	男	1975.10	汉	浙江理工大学	本科	-
范兴胜	男	1975.10	汉	北京师范大学	本科	北京招商证券公司
范叔熊	男	1979.05	汉	武警指挥学院	本科	
刘小丰	男	1984.05	汉	宁波职业技术学院	专科	瑞安先达电镀公司
蓝星守	男	1987.10	畲	浙江理工大学	本科	杭州维诺科技有限公司
范兴陶	男	1989.02	汉	宁波大学	本科	-
范则坎	男	1989.06	汉	浙江大学	本科	-
范兴超	男	1988.09	汉	台州学院	专科	-
范叔望	男	1989.11	汉	温州东方职业技术学院	专科	-
范小虹	女	1990.01	汉	杭州职业技术学院	专科	-
范叔焕	男	1990.02	汉	厦门大学	本科	-
蔡婷婷	女	1990.02	汉	杭州财经学院	专科	-
刘宝桂	女	1990.10	汉	温州职业技术学院	专科	-
范燕子	女	1990.12	汉	金华职业技术学院	专科	赤溪镇卫生院
范叔超	男	1990.11	汉	温州职业技术学院	专科	-
殷萍萍	女	1992.02	汉	宁波教育学院	专科	-
范兴吕	男	1992.07	汉	温州大学	本科	-
刘宝丽	女	1992.08	汉	浙江国际海运学院	专科	马站金心幼儿园

姓名	性别	出生年月	民族	毕业院校	学历	工作单位
刘宝贵	女	1990.10	汉	宁波大红鹰学院	专科	赤溪第一幼儿园
范小燕	女	1992.10	汉	金华职业技术学院	专科	平阳县闹村乡人民政府
范叔锋	男	1993.03	汉	绍兴职业技术学院	专科	浙江邮电工程有限公司
范叔涨	男	1993.06	汉	宁波大学	本科	－
蓝新新	女	1993.06	畲	浙江经济职业技术学院	专科	－
蓝春新	女	1993.06	畲	浙江长江职业技术学院	专科	－
陈维军	男	1993.10	汉	浙江影视学院	专科	马站镇人民政府
范叔旺	男	1994.07	汉	温州大学	本科	温州市第五十一中学

丛　录

一、岱岭籍学人主要专著

民国22年（1933年），东宫人郑慎斋编辑《世界美术院选集》，由著名美术家刘海粟作序，上海广益书局出版，此为岱岭最早正式出版的专著。次年，郑慎斋编辑出版的《高小美术课本》，对推动小学美术教育发挥出一定的作用。中华人民共和国成立后，乡境内学人主要有中国华陆工程公司副总工程师（教授级高工）、国家化工设备设计技术委员会副主任委员郑祖练和上海同济大学副教授、硕士生导师郑德民出版学术专著。1978年改革开放后，随着当地学人不断增加，专著逐渐增多，影响力不断扩大。

表4-10-1-1　岱岭籍学人主要专著一览表

书　名	出版社	作　者	生卒年月	民　族	籍　贯	备　注
世界美术院选集	上海广益书局	郑慎斋	1873—1915	汉族	东宫村	1933年出版
高小美术课本	上海青光书局	郑慎斋	1873—1915	汉族	东宫村	1934年出版
吟咏酬唱集（诗集）	线装书局	郑允中	1900—1995	汉族	东宫村	2015年出版
液氢的输送及所用的管道和阀门	－	郑祖练	1937—2008	汉族	东宫村	学术专著
关于地震力求取的若干问题	－	郑祖练	1937—2008	汉族	东宫村	学术专著
画法几何习题集	－	郑德民	1939—2007	汉族	东宫村	学术专著
工程画法几何学	－	郑德民	1939—2007	汉族	东宫村	学术专著
机械设计制图手册	－	郑德民	1939—2007	汉族	东宫村	学术专著
载重汽车挂图	－	郑德民	1939—2007	汉族	东宫村	学术专著
域外风情	－	郑祖洪	1957.07—	汉族	东宫村	游记作品集
神州踪迹	－	郑祖洪	1957.07—	汉族	东宫村	游记作品集

书　名	出版社	作　者	生卒年月	民　族	籍　贯	备　注
曾有所思	–	郑祖洪	1957.07—	汉族	东宫村	论文作品集
我写我说	–	郑祖洪	1957.07—	汉族	东宫村	工作报告集
见闻随记	–	郑祖洪	1957.07—	汉族	东宫村	新闻作品集

二、岱岭籍学人主要学术论文

中华人民共和国成立前，未见岱岭籍学人撰写的学术论文发表于学术刊物。中华人民共和国成立后，中国华陆工程公司副总工程师（教授级高工）、国家化工设备设计技术委员会副主任委员郑祖练，上海同济大学副教授、硕士生导师郑德民等岱岭籍学人陆续发表学术论文。1977年高考制度恢复后，岱岭一批新人考入国内名牌大学，有的在高校任教，有的进入大公司，有的进入中小学任教，在国内期刊上出版的学术论文逐渐增多，其中在浙江大学任教的范兴朗、郑文剑不仅发表数量较多，还经常被他人所引用。

表4-10-1-2　岱岭籍学人主要论文一览表

论文名	发表期刊	作　者	出生年月
关于正投影图三维化的探讨	–	郑德民	1939
关于培养学生想象能力和创造能力的探讨	–	郑德民	1939
图学与美学相互渗透之探讨——兼论工程图学与设计的关系	–	郑德民	1939
实验教学中融合研究性学习的思考与实践	–	郑德干	1964.04
初中数学问题变式教学模式探讨	《中学课程辅导教学研究》2011年18期	蓝成同	1971.10
立足过程促进发展——浅谈新课程改革与德育工作开展	《考试报》综合信息版658期	蓝成同	1971.10
让数学课"活"起来	–	蓝成同	–
当务之急——建立和谐	《考试报》综合信息版657期	蓝成同	1971.10

论文名	发表期刊	作 者	出生年月
碳纤维布加固裂缝混凝土梁的解析分析	–	范兴朗	1972.09
在三点弯曲荷载下的玻璃钢加混凝土梁的断裂分析的研究	–	范兴朗	1972.09
用断力学方法对玻璃钢加固混凝土梁脱粘和断裂过程的建模研究	–	范兴朗	1972.09
玻璃钢约束混凝土柱的抗压能力的有效分析方法的研究	–	范兴朗	1972.09
应变速率和围压对水泥、沥青砂浆抗压性能影响的研究	–	范兴朗	1972.09
长多跨U型钢梁在顶椎施工中的评价的研究	–	范兴朗	1972.09
用碳纤维加固的部分恶化的钢筋混凝土圆形柱的抗震性能评价的研究	–	范兴朗	1972.09
在温度和加载速率变化下的水泥沥青砂浆应力模型的研究	–	范兴朗	1972.09
基于广义Lambda分析逼近的结构可靠度计算方法	–	范兴朗	1972.09
微平面理论在混凝土保护层破坏模式分析中的应用	《水利水电科技进展》2010年第5期	范兴朗	1972.09
大初始缝高比混凝土试件双k断裂参数的实验研究工程学	《工程力学》第29卷第1期（2012年1月）	范兴朗	1972.09
断裂力学方法在UHTCC加固混凝土梁断裂行为分析中的运用	《水利水电科技进展》2014年第1期	范兴朗 吴 熙	1972.09 1985.04
自密实轻骨混凝土断裂全程分析	《水利水电科技进展》2014年第6期	吴 熙 范兴朗	1985.04 1972.09
自密实轻骨料混凝土的高温性能	《材料科学与工程学报》2014	吴 熙 范兴朗	1985.04 1972.09
有效激发学生学习积极性的几点做法	–	郑存君	1974.05
行到水穷处，坐看云起时	–	郑存君	1974.05
培养人文素质弘扬民族精神	–	郑存君	1974.05
培养人文素质，弘扬民族精神	–	郑存君	1974.05
无声的音乐，无形的美术	–	郑存君	1974.05

续表1

论文名	发表期刊	作　者	出生年月
点亮心灯的人	-	郑存君	1974.05
语文新课程的课堂教学思考	-	郑存君	1974.05
让美走进语文课	-	郑存君	1974.05
建筑智能化节能技术	-	郑文剑	1977.05
广电中心智能化建设需求和解决方案的探讨	《技术与工程》	郑文剑	1977.05
深圳某机关办公大楼既有建筑的节能分析报告	《同济大学学》2012年	郑文剑	1977.05
绿色建筑与智能建筑结合探讨	-	郑文剑	1977.05
建筑节能项目类型的差异性探讨	-	郑文剑	1977.05
中央空调系统冷源站节能改造项目设计与实施探讨	《智能建筑科》2014年	郑文剑	1977.05
智商性能的低速风力发动机布莱克勤斯研究设计	-	雷延生	1984.05
风力机振荡翼型动态失速特性的CFD研究	《太阳能学》2010 年	雷延生	1984.05
基于FAA适航要求的飞机燃油箱防爆技术研究	《民用飞机设计与研究》2011年第3期	雷延生	1984.05

后　记

　　《岱岭畲族乡志》是岱岭历史上第一部地方志。本志分为9章，共60余万字。并配地图和照片，以求全面系统地反映当地畲、汉两个民族的风土人情。

　　为了编好《岱岭畲族乡志》，尽可能向社会各界提供较为真实、准确、详尽、有正能量的图文资料，参与编写者如同蜜蜂一样采撷县志、书刊，如同考古一样发掘宗谱、档案，通过现场访问、实地采访，打电话和发短信、微信，不断搜集、积累岱岭畲族乡各种资料，经过反复增删、修改，并邀请有关方志专家、畲汉族长等审阅，终于赶在3年之内成书。

　　本志"概述""大事记"和第一章"自然环境与建置沿革"由杨道敏、郑维国编写。第二章"人口"由杨道敏和郑春萍编写。第三章"政治与民族事务"由杨道敏、李中仙、郑德树编写，郑维国补充粮食购销管理。第四章"经济"由杨道敏编写，郑维国补充土地制度变革、农业、农具变革、畜牧业，李中仙补充供销社、信用社。第五章"社会事业"由杨道敏、林时良编写，李中仙补充卫生、广播、电视、电影部分内容。第六章"民间文献"由郑德树、李中仙、杨道敏、郑祖团编写。第七章"语言与口传文学"由雷开勇编写，杨道敏补充畲语、畲歌、民间故事、谚语、谜语部分内容。第八章"习俗信仰"由雷开勇、杨道敏、李中仙编写。第九章"人物"由郑德树、李中仙、郑祖团、杨道敏编写。丛录由郑德树和杨道敏编写。最后由杨道敏统稿成书。在修编过程中，本志引用了雷必贵等先生撰写的有关书籍内容，岱岭畲族乡党委书记李辅正、乡长蓝成子、乡人大原主席郑祖团、云遮村党支部书记蓝景潮、赤溪镇统战委员蓝祥秋等提供了有关资料；苍南县志办公室主任钱克辉、苍南县民族宗教局副局长雷顺银，岱岭畲族乡及各村、各部门有关领导审阅了书稿，籍贯岱岭畲族乡的温州市场监管局原副局长郑祖洪对本书最后一稿进行了认真订正，《浙江通志》编辑办公室、省方志办公室、丽水学院、丽水电大等一批专家学者对本志进行了初审、复审和终审；夫人陈红卫从我接受修编任务开始，即帮助搜集整理资料，录入电脑，同时帮助拍摄照片，在此一并表示诚挚的感谢。

由于岱岭畲族乡建乡历史仅有62年，严重缺乏图文档案和资料，宗谱记载又有一些矛盾之处难以考证，给修志工作带来了种种不便，加上参与修编者水平有限，修编时间又紧迫匆忙，因而本志难免有这样、那样的错误和不足，恳请大家批评指正。

杨道敏

2020年3月

图书在版编目（CIP）数据

岱岭畲族乡志 /《浙江省民族乡（镇）志》编纂委
员会编 . -- 杭州 : 西泠印社出版社，2021.12
（浙江省民族乡（镇）志 ; 第四卷）
ISBN 978-7-5508-3574-0

Ⅰ . ①岱… Ⅱ . ①浙… Ⅲ . ①乡镇 - 地方志 - 苍南县
Ⅳ . ① K295.55

中国版本图书馆 CIP 数据核字 (2021) 第 226062 号

浙江省民族乡（镇）志
第四卷
岱岭畲族乡志

《浙江省民族乡（镇）志》编纂委员会 编

出版发行	西泠印社出版社
	（杭州市西湖文化广场 32 号 5 楼　邮编：310050）
网　址	www.xilingbook.com
责任编辑	杨　舟
责任校对	徐　岫
封面设计	陈晓雷
责任印务	冯斌强
激光照排	丽水市文汇印捷数码技术有限公司
印　刷	杭州丰源印刷有限公司
开　本	787mm×1092mm 1/16
印　张	34.5
字　数	618 千字
版　次	2021 年 12 月第 1 版
印　次	2021 年 12 月第 1 次印刷
书　号	ISBN 978-7-5508-3574-0
定　价	368.00 元

如发现印装质量问题，影响阅读，请与本社市场营销部联系调换。